Theresia Degener / Elke Diehl (Hrsg.)
Handbuch Behindertenrechtskonvention

Schriftenreihe Band 1506

Theresia Degener / Elke Diehl (Hrsg.)

Handbuch Behindertenrechtskonvention

Teilhabe als Menschenrecht – Inklusion als gesellschaftliche Aufgabe

bpb: Bundeszentrale für politische Bildung

Bonn 2015

Projektleitung: Elke Diehl
Lektorat: Yvonne Paris

Titelfoto: www.proinfirmis.ch / Kampagne »Wer ist schon perfekt«, Menschen mit Behinderungen stehen Modell für Schaufensterpuppen, Zürich 2013.
Umschlaggestaltung, Satzherstellung und Layout:
Naumilkat – Agentur für Kommunikation und Design, Düsseldorf
Druck: Druck- und Verlagshaus Zarbock GmbH & Co. KG, Frankfurt / Main

ISBN: 978-3-8389-0506-8

www.bpb.de

Inhalt

■ Kennzeichnet Praxisbeiträge

Anhang

Vorwort

Als Beauftragte der Bundesregierung für die Belange behinderter Menschen ist es meine Aufgabe, für das uneingeschränkte Recht auf Teilhabe und ein selbstbestimmtes Leben einzutreten. Dabei ist es mir ein besonderes Anliegen, die Vielfalt der Fähigkeiten und Möglichkeiten von Menschen mit Behinderung in das öffentliche Bewusstsein zu bringen.

Auch die Autor_innen und vor allem die Herausgeberinnen des vorliegenden Bandes haben diese Aufgabe zu ihrem Thema gemacht. Bewusstsein zu schaffen heißt Menschen mit ihren Bedürfnissen und Herausforderungen ins Blickfeld der Öffentlichkeit zu rücken und hierbei verschiedene Perspektiven zu berücksichtigen.

Ich möchte als Frau mit Behinderung in einer Gesellschaft leben, in der jeder Mensch, unabhängig von Hautfarbe, Geschlecht, Religion, Behinderung oder sonstigen Eigenschaften, die gleichen Rechte hat und ein Leben ohne Barrieren führen kann.

Es ist nicht der Mensch, der behindert ist, sondern es ist die Gesellschaft, welche die Menschen daran hindert, gleichberechtigte Mitglieder zu sein, und sie damit »be-hindert«.

Ein Meilenstein für die Durchsetzung der Rechte von Menschen mit Behinderung ist die Behindertenrechtskonvention der Vereinten Nationen (UN-BRK). Einer der Kontrollmechanismen in Deutschland für deren Umsetzung, die »Staatliche Koordinierungsstelle«, ist angesiedelt bei der Beauftragten der Bundesregierung für die Belange behinderter Menschen. Hier wird die Beteiligung der Zivilgesellschaft am Prozess der Umsetzung gewährleistet. »Nichts über uns ohne uns«, so entspricht es der Konvention.

Die uneingeschränkte Teilhabe an der Gesellschaft ist ein Menschenrecht, Menschen mit Behinderung haben in allen Lebensbereichen das gleiche Recht wie alle anderen Menschen auch. Ein Recht auf die gleiche Bildung, die gleiche Arbeit, die freie Wahl des Wohnortes und die Art der Lebensführung.

Für mich liegt darin ein klares Bekenntnis zur politischen Teilhabe von Menschen mit Behinderung. Es heißt, dass alle Menschen selbst bestimmen können, wo und mit wem sie leben oder wie sie mit ihrem selbst erwirtschafteten Geld umgehen möchten. In einer gleichberechtigten Gesellschaft sollte sich Arbeit für jeden Menschen lohnen.

Jeder Mensch mit Behinderung muss die Möglichkeiten haben, außerhalb von geschützten Orten zu arbeiten, zu wohnen – und gleichzeitig ganz selbstverständlich die für seine individuellen Bedürfnisse notwendige Unterstützung zu erhalten.

Auch die Darstellung von Menschen mit Behinderung in den Medien und in der Literatur war und ist abhängig vom Welt- und Menschenbild einer Gesellschaft – und damit ein Spiegel der gesellschaftlichen Debatte. Als Filmliebhaberin wage ich im Vorwort dieses Buches einmal den Blick über das politische Feld hinaus in die Kunst.

Besonders augenfällig in den letzten Jahren ist das Bild von positiven, dynamischen und selbstbestimmten Protagonisten mit Behinderung im internationalen Kino. Gleich mehrere Filme haben das Recht von Menschen mit Behinderung auf ein selbstbestimmtes Leben zu ihrem Thema gemacht, und zwar in vielfältiger Weise, sei es das Recht auf Abenteuer (*Ziemlich beste Freunde*, Frankreich 2011), das Recht auf Selbstbestimmung (*Vincent will Meer*, Deutschland 2010) oder auch das Recht auf eine selbstbestimmte Sexualität (*The Sessions*, USA 2012, und *Hasta la Vista*, Belgien 2011). Allen Filmen gemeinsam ist eine Hauptfigur mit Behinderung, die zwar durch ihre Behinderung geprägt ist, aber nicht von ihr eingeschränkt wird. Wenn jemand wie Vincent, ein junger Mann Ende zwanzig mit Tourette-Syndrom, sich von der Bevormundung seines Vaters und gegen den Aufenthalt in einer therapeutischen Wohneinrichtung entscheidet, so ist das die Emanzipation des Individuums von gesellschaftlicher Fremdbestimmung. Für die Rezipient_innen ist dies eine absolut nachvollziehbare Handlung der sympathischen Hauptfigur, deren Erkrankung zwar ein wichtiger, aber nicht alles entscheidender Faktor in ihrem Leben ist.

Der vielfach und zuletzt auch mit dem Deutschen Hörfilmpreis 2013 ausgezeichnete Film *Ziemlich beste Freunde* kreist ebenfalls um das Thema Teilhabe. In der Filmkomödie, die auf der wahren Geschichte des ehemaligen Unternehmers Philippe Pozzo di Borgo basiert, ist der infolge eines schweren Unfalls querschnittsgelähmte gleichnamige Protagonist zunächst sich selbst genauso fremd wie seinem neuen Pfleger. Dann jedoch taucht das Publikum in das Leben des querschnittsgelähmten Mannes ein, der zwar täglich auf Assistenz angewiesen ist, mit der Hilfe seines Pflegers jedoch zunehmend zu sich selbst findet und sein selbstbestimmtes Leben führt – ganz anders und trotzdem völlig »normal«.

Und hier liegt der Kern der Kinobotschaften und auch der Grund, warum ich diese Beispiele gewählt habe: Die Bedürfnisse jedes einzelnen Menschen mit Behinderung mögen verschieden sein und zunächst einmal fremd, die Gruppe der Menschen mit Behinderung ist so heterogen wie alle anderen Gruppen von Menschen. Allen gemeinsam ist aber das

Recht auf ein selbstbestimmtes Leben. Dafür müssen Wissen und Informationen in alle Bereiche des öffentlichen Lebens, in Politik und Gesellschaft gebracht werden.

Mit dem vorliegenden Buch ist es den Herausgeberinnen gelungen, Expert_innen aus verschiedenen Fachbereichen, Politik, Wissenschaft und Interessenvertretungen von Menschen mit Behinderung zusammenzubringen. Ein Werk, das Theorie und Praxis miteinander vereint, in dem es einen Bogen spannt von der historischen Entwicklung über den Wendepunkt der UN-Behindertenrechtskonvention bis hin zu heutigen Rahmenbedingungen und Entwicklungen in Deutschland und darüber hinaus. Ein weiterer Schritt in die richtige Richtung, das Thema Inklusion in der Öffentlichkeit zu verankern und mit Inhalt zu füllen.

Verena Bentele
Beauftragte der Bundesregierung für die Belange behinderter Menschen

Vorwort der Herausgeberinnen

Sechs Jahre nach Inkrafttreten der Behindertenrechtskonvention der Vereinten Nationen (UN-BRK) in Deutschland soll dieses Handbuch über wesentliche Inhalte der Konvention und ihre Anforderungen an Staat und Gesellschaft aufklären. Verbunden damit ist zugleich die Intention, zur Bewusstseinsbildung hinsichtlich der Menschenrechte von behinderten Personen sowie deren gleichberechtigter Partizipation in allen Bereichen der Gesellschaft beizutragen. Nicht zuletzt ergibt sich die notwendige Sensibilisierung hierfür aus der Konvention selbst: Mit ihr wurde das verpflichtende Versprechen verabschiedet, Vorurteile und Klischees in einem interaktiven Prozess zu überwinden sowie diskriminierenden Praktiken gegenüber Menschen mit Behinderungen wirksam entgegenzutreten.

Wie keine andere Menschenrechtsquelle hat die UN-BRK den öffentlichen Diskurs geprägt. Wie ein Lauffeuer hat sich die Erkenntnis verbreitet, dass die UN-BRK die Inklusion behinderter Kinder im deutschen Bildungssystem einfordert und Sonderwelten wie Förderschulen und Werkstätten für Menschen mit Behinderungen prinzipiell mit dem Geist der UN-BRK nicht vereinbar sind. Weder die Kinderrechts- noch die Frauenrechtskonvention der Vereinten Nationen haben eine vergleichbare Aufmerksamkeit in der deutschen Öffentlichkeit erlangt. Gleichwohl sind viele Fragen immer noch offen: Was verstehen wir unter Inklusion? Wer ist behindert? Was ist Behindertendiskriminierung? Woher kommt die UN-BRK und wohin führt sie uns? Wer ist mit ihrer Umsetzung betraut? Welche Akteur_innen haben welche Rolle? Welche Anforderungen stellt die UN-BRK an Behindertenpolitik und Behindertenhilfe? Wir hoffen, dass wir mit diesem Handbuch Antworten auf einige dieser und anderer Fragen geben und zur weiteren Diskussion anregen.

Um die überwiegend theoretisch orientierten Fachaufsätze mit der gelebten Wirklichkeit anschaulich zu verbinden, wurden sie dort, wo es sich thematisch anbot, mit Beiträgen aus der Praxis ergänzt. Dabei handelt es sich um unterschiedliche Textsorten, zum einen in Form von »Best-Practice-Beispielen«, die stellvertretend für eine Vielzahl anderer guter Beispiele stehen und in denen auch kritische Anmerkungen zu finden sind, zum anderen in Form persönlicher Erfahrungsberichte und Gesprächsaufzeichnungen. Alle Beiträge enthalten am Schluss eine Zusammenfassung. Der interdisziplinär angelegte Band ist inhaltlich in drei Teile gegliedert:

Teil I (»Historische Entwicklung, Begrifflichkeit und Paradigmenwechsel«) umfasst für das Verständnis der Gesamtthematik grundlegende Abhandlungen. Nach einem historischen Rückblick, an den sich das Praxisbeispiel eines Ausstellungsprojekts über Menschen mit Behinderungen in der Vormoderne anschließt, folgt eine Annäherung an den vielschichtigen Begriff der Inklusion und das ihm innewohnende Spannungsverhältnis. Ein weiterer Fachbeitrag beleuchtet neben der Entstehung der UN-BRK deren zentrale Inhalte und Prinzipien sowie den damit verbundenen Paradigmenwechsel; mit abschließenden Ausführungen zur Arbeitsweise des UN-Ausschusses für die Rechte von Menschen mit Behinderungen leitet er auf den nächsten Teil des Bandes über.

Teil II hat »die innerstaatliche Durchsetzung« der UN-BRK zum Inhalt und stellt die damit befassten Institutionen vor. Den Aufgaben und der Arbeitsweise der staatlichen Anlaufstelle *(Focal Point)*, der unabhängigen Monitoring-Stelle sowie der Einbindung der Zivilgesellschaft (»Nichts über uns ohne uns«) in diesen Prozess der Umsetzung und Überwachung ist je ein Beitrag gewidmet.

In Teil III, der sich mit den »Rahmenbedingungen« nach der UN-BRK auf dem »Weg in eine inklusive Gesellschaft« befasst, werden zwölf ausgewählte Themenfelder aufgegriffen, die von der Umsetzung der UN-BRK betroffen sind. Es sind strukturelle, institutionelle und mitunter auch legislative Änderungen notwendig, um den Zweck der UN-BRK nach Artikel 1 zu erreichen, »(…) den vollen und gleichberechtigten Genuss aller Menschenrechte und Grundfreiheiten durch alle Menschen mit Behinderungen zu fördern, zu schützen und zu gewährleisten und die Achtung der ihnen innewohnenden Würde zu fördern«. Wie weit diese Veränderungen gehen müssen, darüber bestehen angesichts des kontrovers geführten gesellschaftlichen und fachpolitischen Diskurses auch unter den Autor_innen dieses Handbuchs divergierende Ansichten.

Die Themenkomplexe des dritten Teils, in dem den Fachaufsätzen jeweils Beiträge aus der Praxis zugeordnet sind, beschäftigen sich mit den Bereichen Arbeit, Bildung, Barrierefreiheit, Gesundheit, selbstbestimmtes Leben, mehrdimensionale Diskriminierung, Teilhabe am politischen und kulturellen Leben, Medien und Sprache sowie den *Disability Studies* als interdisziplinäres Forschungsfeld. Mit Blick auf die internationale Dimension der Konvention schließen sich Beiträge zu den Themenfeldern Europäische Union, internationale Zusammenarbeit – mit der Darstellung eines weiteren Praxisbeispiels – und ein Exkurs über die Arbeit der Weltverbände von Menschen mit Behinderungen an. Den Abschluss des dritten

Teils bildet ein Essay, der die Thematik über den Kreis der Menschen mit Behinderung hinaus in einen breiteren Kontext rückt und sich kritisch mit Inklusion als sozialpolitischem Leitbegriff auseinandersetzt.

Der Anhang des Bandes enthält zur themenübergreifenden Orientierung eine Zeittafel einzelner Stationen und Ereignisse in der Menschenrechts- und Behindertenpolitik seit 1948, weiterführende Literatur- und Linkhinweise, einen Überblick zum Thema Medien und Behinderung sowie eine Zusammenstellung ausgewählter Adressen. Zu finden ist hier außerdem der Volltext der UN-BRK mit Verweisen auf weitere Versionen wie die Schattenübersetzung, den verbindlichen Wortlaut der englischen Fassung sowie die Übersetzung in Leichte Sprache und Gebärdensprache.

Ergänzend enthält eine DVD-ROM die barrierefreie Version dieses Handbuchs sowie – jeweils nach einer kurzen Einleitung – die Zusammenfassungen aller Beiträge in Leichter Sprache und auf Video-Clips in Gebärdensprache.

Auch wenn in diesem Buch vor dem Hintergrund der UN-BRK der Fokus auf Menschen mit Behinderung gerichtet ist, so stellt Inklusion kein Thema dar, das nur behinderte Menschen betrifft. Die Diskussionen um Inklusion in der Migrationsgesellschaft, um Geschlechtergerechtigkeit oder über Exklusion durch Armut deuten die Bandbreite der Inklusionsdebatte an. Einige Überschneidungen – etwa der Intersektionalitätsansatz (in dem Beitrag über »Mehrdimensionale Behinderung«), der die verschiedenen Merkmale und unterschiedlichen Gründe für Benachteiligungen einschließlich ihrer Wechselwirkungen in den Blick nimmt, sowie die Öffnung der Thematik auf andere von Exklusion betroffene Gruppen in dem Beitrag »Inklusion als sozialpolitischer Leitbegriff« – werden gleichwohl aufgegriffen.

Hinsichtlich Begriffswahl und Schreibweise haben wir uns einerseits für Toleranz und anderseits für Einheitlichkeit entschieden. Einheitlich wird in diesem Handbuch die gendergerechte Schreibweise durch Einfügung des *Gender Gap*-Unterstriches (z. B. Autor_innen) verfolgt. Mit ihm soll Raum für alle sozialen Geschlechter und Geschlechtsidentitäten geschaffen werden. Auch in der Frage bezüglich des Kürzels für die Vereinten Nationen haben wir uns einheitlich für das von der englischsprachigen Bezeichnung *(United Nations)* abgeleitete Kürzel »UN« entschieden.

Toleranz wird gegenüber der Beschreibung von behinderten Personen als Menschen mit Behinderungen (UN-BRK-Schreibweise), als behinderte Menschen, als Menschen mit Beeinträchtigungen oder als beeinträchtigte Menschen und auch gegenüber weiteren Terminologien geübt. Hierfür haben wir uns entschieden, weil es gute Gründe gibt, die eine oder andere Bezeichnung zu wählen. Wer »Menschen mit Behinderungen« schreibt, möchte sich vielleicht an der UN-BRK orientieren oder den Menschen in den Mittelpunkt stellen. Wer hingegen die Formulierung »behinderte Personen« verwendet, möchte vielleicht darauf hinweisen, dass Behinderung ein soziales Konstrukt ist, das gleichwohl Identitäten formt. Die Pluralität in der Schreibweise reflektiert hier auch die Pluralität in der Autor_innenschaft.

Dieses Handbuch soll jenen ein Wegweiser sein, die mit der Umsetzung der UN-Behindertenrechtskonvention befasst sind oder sich mit ihr befassen wollen: ob als Akteur_innen im Öffentlichen Dienst oder im Sektor der Sozial- und Gesundheitswirtschaft, ob als Mitglied der Zivilgesellschaft, als Arbeitgeber_in oder als Wissenschaftler_in oder Kulturschaffende_r. Daneben richtet es sich an Multiplikator_innen und politisch Interessierte. Das Ziel dieses Handbuches besteht darin, die UN-Behindertenrechtskonvention in der Mitte der Gesellschaft ankommen zu lassen. Dafür braucht es mehr als dieses Buch – wir hoffen aber, dass es einen nicht unwesentlichen Beitrag dazu liefert.

Wir danken allen Autor_innen für ihre fundierten Beiträge aus den jeweiligen Fachgebieten und Praxisfeldern sowie darüber hinaus für ihre kooperative Zusammenarbeit ebenso wie für die zahlreichen informativen und bereichernden Gespräche während des Entstehungsprozesses. Dank für ihre offene Gesprächsbereitschaft und Unterstützung besonders in der Anfangsphase des Buchprojektes gilt Ulf-D. Schwarz und Maik Nothnagel sowie Antje Welke, Ottmar Miles-Paul und Ina Döttinger. Danken möchten wir auch den Mitgliedern des Inklusionsbeirates, die sich dem Konzeptentwurf des Buches auf ihrer Sitzung gewidmet haben, und dem Deutschen Behindertenrat für wertvolle Hinweise sowie allen nicht namentlich genannten Gesprächspartner_innen für ihre Anregungen, die in die Entstehung des Bandes eingeflossen sind. Besonderer Dank gilt Reinhard Markowetz für seine fachkundige und konstruktive Begleitung sowie Ingo Bosse für seine weiterführenden Hinweise zum Thema Medien. Der Beratung durch Rainer Wallbruch sind wichtige Empfehlungen zur Barrierefreiheit des Bandes zu verdanken. Ebenfalls besonderer Dank gebührt Yvonne Paris für das sorgfältige und umsichtige Lektorat der Printfassung sowie Franziska Witzmann für das fachkundige Textlektorat der DVD-ROM.

Bochum und Berlin im Januar 2015

Theresia Degener und Elke Diehl

Teil I

Historische Entwicklung, Begrifflichkeit und Paradigmenwechsel

Christian Mürner / Udo Sierck

Der lange Weg zur Selbstbestimmung.

Ein historischer Abriss

Wenn heute von behinderten Menschen die Rede ist, fallen wie selbstverständlich die Worte Selbstbestimmung, Integration und Inklusion. Das war nicht immer so. Bis vor nicht allzu langer Zeit wurde Behinderung zuerst mit Begriffen wie Sorgenkind[1] und Hilfsbedürftigkeit assoziiert. Und zum historischen Abriss gehören die Erfahrungen von Demütigung und Ausgrenzung, von Verletzungen und Lebensbedrohung, dazu zählt aber auch die langsame Wandlung vom entmündigten Objekt zum handelnden Subjekt.

Philosophie und Bedrohung in der Antike – »... besser, nicht zu leben«

Der griechische Schriftsteller Plutarch lebte von etwa 45 bis 120 n. Chr., vor allem in Athen. Er unterrichtete an einer platonischen Akademie, bekleidete politische Ämter und schrieb die ersten Biografien berühmter Griechen und Römer, so unter anderem über Lykurg, den sagenhaften König im antiken Sparta (um 900 v. Chr.). Auf Lykurg geht nach Plutarch die folgende gesetzliche Anordnung zurück: »Das zur Welt Gekommene aufzuziehen unterlag nicht der Entscheidung des Erzeugers, sondern er hatte es an einen Ort zu bringen, Lesche (Sprechhalle) genannt, wo die Ältesten der Gemeindegenossen saßen und das Kind untersuchten und, wenn es wohlgebaut und kräftig war, seine Aufzucht anordneten und ihm eins der neuntausend Landlose zuwiesen; war es aber schwächlich und missgestaltet, so ließen sie es zu der so genannten Ablage (Apothetai) bringen, einem Felsabgrund am Taygetos. Denn sie meinten, für ein Wesen, das von Anfang an nicht fähig sei, gesund und kräftig heranzuwachsen, sei es besser, nicht zu leben, sowohl um seiner selbst wie um des Staates willen.«[2] Es gibt namhafte Interpreten, die betonen, dass solche überlieferten Textstellen von Plutarch – oder auch von Platon und Aristoteles – philosophische

Betrachtungen gewesen seien und keine gängige Praxis beschrieben hätten. Zudem sei der spartanische König Agesilaos II. (um 400 v. Chr.) selbst von Geburt an teilweise gelähmt gewesen.[3] Aber auch Philosophisches kann bedrohlich wirken. Prägend für die Antike »ist die Verknüpfung des Lebenswertes mit seinem Nutzen für die Gesellschaft«[4].

Im Mittelalter war dann die Verflechtung von Behinderung und Krankheit mit Schuld, Sünde und Strafe vorherrschend. Kranke und behinderte Menschen wurden einerseits als »Narren« Opfer von Zurschaustellungen und Exorzismen,[5] andererseits pauschal zum zwar namenlosen, aber »beliebten Objekt der Wunderheilung«[6].

Schon von Homer, dem berühmten Dichter vom Ende des 8. Jahrhundert v. Chr., heißt es, dass man nichts von seiner Person und Lebensgeschichte kenne, aber wisse, dass er blind war.[7] Diese Art der anekdotischen Reduzierung auf die Behinderung ist charakteristisch – und nimmt den entsprechenden mittelalterlichen Umgang mit vielen »Hofnarren« vorweg.

Dagegen geht es bei der folgenden Lebensgeschichte von Magdalena Emohne aus der Frühen Neuzeit um die kaum bekannte Überlieferung einer konkreten Darstellung einer Person mit Behinderung. Doch auch deren Möglichkeiten stehen unter der verhängnisvollen Macht der Verhältnisse.

»Wundergeburt« und Dämonisierung in Flugblättern der Frühen Neuzeit

Mit illustrierten Flugblättern begann im 16. Jahrhundert das Zeitalter der Massenmedien. Diese Flugblätter wurden auf den Jahrmärkten verkauft. Sie machten mit prägnanten Holzschnitten und Texten ungewöhnliche Ereignisse bekannt, berichteten von Unwettern, Himmelserscheinungen oder Verbrechen. Auffallend viele Flugblätter stellten »Wundergeburten« dar, vor allem von Personen mit körperlichen Behinderungen.

In einem erhaltenen Flugblatt wird ausdrücklich für »jedermann« angekündigt, dass ein Mann angekommen sei, welcher eine »Wundergeburt und Schöpfung Gottes« mitbringe, eine »Jungfrau«, die so noch nie gesehen wurde: Magdalena Emohne, geboren am 12. September 1596, in Ostfriesland unweit der Stadt Emden, im Dorf Engerhave (Engerhafe). Das Flugblatt bildet Magdalena Emohne in einer dunklen, reich verzierten Tunika ab. Sie sitzt auf einem Kissen mit großen Troddeln an den vier Enden. In der linken und rechten oberen Ecke des Bildes wird ein Vorhang angedeutet, der die Wirkung einer Bühnenvorstellung erzeugt. Magdalena Emohne schaut ernst und in die Ferne. Sie macht einen sympathischen

Eindruck. Der Text gibt an, dass Magdalena Emohne von Geburt an keine Arme habe, nur ein kleines Bein mit vier Zehen, mit dem sie selbst trinken könne. Auf dem Flugblatt ist dieser Fuß zu erkennen, der nach einem Glas greift. Der Text erläutert weiter, dass sie mit diesem einen Bein und Fuß auch viele andere Sachen verrichten könne. Zudem beherrsche sie mehrere Sprachen, sie könne Deutsch, Niederländisch, Italienisch und Französisch sprechen und lesen. Lieder singe sie auf Niederländisch und Französisch, sie sei bescheiden und unterhaltsam. Der Flugblatttext schließt mit dem Satz: »Wer nun die Jungfrau Lust hat anzusehen, der wolle sich verfügen.«[8]

Auf einem anderen Flugblatt wird Magdalena Emohne in gleicher Pose auf einem Kissen sitzend ohne Tunika dargestellt. Dieses Flugblatt zeigt sie, wie sie mit einem Schlüssel in ihrem Fuß dabei ist, eine kleine Truhe zu öffnen. Ihr nackter Körper wird im Bild verdinglicht. Dieses Flugblatt dient der Sensationslust des Publikums.

Magdalena Emohne starb qualvoll. Auf der Rückseite eines Flugblattes hat ein Zeitgenosse zu ihrem Tod notiert: »Diese Junckfraw hat ein Stuprum (= Unzucht) begang vnd ist darumb verprandt worden mit sambt ihrer Frucht wie M. Hieron(ymus) Schultheß gesagt hat.«[9] Als »Hexe« dämonisiert, erhielt sie die Rolle des Sündenbocks, man übertrug auf sie »Gottes Zorn«, denn die »Wundergeburten« oder »Monster« wurden als Hinweis auf die Apokalypse gedeutet.

Aussonderung und Zurschaustellung im 19. Jahrhundert

Spätestens mit Beginn der industriellen Revolution um 1830 und den damit einhergehenden veränderten Arbeits- und Wohnbedingungen zerfielen die familiären Hausgemeinschaften. Behinderte oder alte Familienmitglieder wurden zur Last, um die sich kaum noch jemand kümmern konnte. Um diesen »Störfaktor« aus den von der Arbeit erschöpften Familien zu entfernen, entstanden in den folgenden Jahrzehnten zahlreiche Heil- und Pflegeanstalten. Diese Phase des Beginns der umfassenden organisierten Aussonderung gilt gleichzeitig als Anfang der »sozialen Frage«, zu deren Lösung im nationalsozialistischen Regime die »Euthanasie«-Aktionen dienen sollten.

Im 19. Jahrhundert wurden außergewöhnliche Körper in der Medizin als »Monstrositäten« bezeichnet und populär als »Freaks«[10], als »Laune der Natur«, vorgestellt. Dabei harmonierte wissenschaftliches Denken mit kulturellen Vorstellungen des Normalen. Andererseits weckten die Menschen mit körperlichen Besonderheiten bei den Betrachtern Neugier und Faszination sowie gleichzeitig Abwehr und Distanzierung. Als Resultat mussten diese Menschen zwei Varianten des Umgangs ertragen. Die Humanwissenschaften begannen, sie dem öffentlichen Raum zu entziehen und die Anstaltsunterbringung zu begründen: Ihre Körperteile wurden vermessen, die Befunde aufgezeichnet und interpretiert. Die Körper wurden zu Objekten der Wissenschaft. Die Darstellungen in fachlichen Abhandlungen dienten als Beleg für die Vorstellung von »dem Anderen«. Gleichzeitig erblühten die Freakshows und Kolonialausstellungen in europäischen und nordamerikanischen Städten als profitorientierte Massenunterhaltung. Der aus Verfilmung und Literatur als »Elefantenmensch« bekannt gewordene Brite Joseph Merrick (1862–1890) verdingte sich als »Monster« auf Jahrmärkten, ein Beleg dafür, dass die Sensationslust des Publikums zum Broterwerb taugte. Das Bestaunen des Exotischen bekam zusätzlich eine rassistische Komponente, denn mit der kolonialen Eroberung wurden auch Angehörige fremder Völker mit ungewöhnlichem Aussehen als Trophäen präsentiert. Nach dem Ersten Weltkrieg funktionierten die Freakshows in Deutschland nicht mehr, weil die zahlreichen Kriegsopfer Teil des Straßenbilds geworden waren.

»Krüppelfürsorge« und Selbsthilfe um 1920

Im preußischen »Krüppelfürsorgegesetz« von 1920, das als die weltweit erste gesetzmäßige Vorkehrung und Verpflichtung zu medizinischer, schulischer und beruflicher Rehabilitation von behinderten Kindern, Jugendlichen und Erwachsenen gilt, findet sich folgender Satz in der »Ausführungsanweisung«: »Jede körperliche Abweichung vom Normalen wirft auf das Bewusstsein des Verunstalteten einen Schatten, trübt sein Selbstgefühl und bringt den Willen ins Stocken und Schwanken.«[11]

Neben dem Orthopäden Konrad Biesalski (1868–1930) hatte der »Krüppelpädagoge« Hans Würtz (1875–1958) maßgebenden Einfluss auf die Ausgestaltung des »Krüppelfürsorgegesetzes«. Sowohl Biesalski als auch Würtz gelten als Pioniere der Krüppelfürsorge, weil sie behinderte Jugendliche und Erwachsene in Ausbildung und Beruf bringen wollten. Gleichzeitig schufen sie neue Stigmatisierungen. So kommentierte Würtz das Gesetz in seinem 1921 veröffentlichten Buch *Das Seelenleben des Krüppels*. Er betonte, dass eine »Definition des Krüppels, die sich einseitig auf körperliche Gebrechen« stütze, nicht ausreiche, denn der »Bewegungsgehemmte ist auch im Gebrauch seiner Seelenkräfte behindert«.[12] Jedes »schulfähige Krüppelkind« sei nach den speziellen Methoden der »Krüppelseelenkunde« in »Krüppelschulen« oder »Krüppelheimen« zu unterrichten und zu erziehen. Allerdings stellte Würtz fest, dass sich »alle typischen Krüppelseelenmängel (...) in irgend welchen Formen auch bei Gesunden [finden]. Sie sind bei Krüppeln nur oft stärker betont, treten bei ihnen leichter bevor, nehmen bei ihnen leichter dauernde Gestalt an. (...) Man muss hier vorsichtig verfahren, muss sich stets vor Verallgemeinerungen sorglichst hüten.«[13] Die Würtz'sche »Krüppelseelenkunde« gilt als die historische Wurzel der weitreichenden »Sondererziehung«, sie geht konform mit dem gesetzlich festgelegten »Sonderschulzwang« und der vermeintlichen »Sonderstellung« behinderter Menschen. Gleichzeitig verfestigte das »krüppelpsychologische« Konzept »die Behauptung eines monokausalen Zusammenhangs zwischen körperlicher Konstitution und seelischer Verfassung« und »die ›Krüppelseelenkunde‹ bestimmte Menschen mit Körperbehinderung zu Objekten wissenschaftlicher Beobachtung.«[14]

Eine andere Perspektive entwarf der behinderte Schriftsteller Otto Perl (1882–1951). Er hatte in Berlin Philosophie und Volkswirtschaft studiert, bevor er 1926 sein Buch *Krüppeltum und Gesellschaft im Wandel der Zeit* publizierte. Darin verneint Perl die Frage, ob der Arzt, wie das die Behörden bevorzugten, stets »die zureichende Autorität« besitze, um selbstständig tätige, erwachsene »Krüppel« beurteilen zu können. Seelische Störungen träten zudem nicht häufiger auf als bei Gesunden. Zuvor hatte Otto Perl bereits 1919 in Berlin zusammen mit Hans Förster und Dr. Hermann Rassow den bis 1931 bestehenden »Bund zur Förderung der Selbsthilfe der körperlich Behinderten (Perl-Bund)« gegründet. Seither beanspruchte Perl für sich die Urheberschaft des Begriffs »Körperbehinderter« anstelle von »Krüppel«. Perls Ansichten beinhalteten neben dem Streben nach Selbstbestimmung aber auch die Forderung der Abgrenzung von schwerer behinderten Personen: Die »Notwendigkeit der Auslese der Strebsamen und Begabten aus der Masse derjenigen, die wesentlich Objekt der Fürsorge sind und bleiben müssen, bedarf noch der eifrigsten Ausbreitung unter den Gebrechlichen und unter denen, die die Vernunft oder das Herz der Mitarbeit an den Bestrebungen des Selbsthilfebundes der Behinderten drängt.«[15] Dieser Satz dokumentiert ein behindertenhierarchisches Denkmuster, in das die »guten« und die »schlechten« behinderten Menschen eingefügt werden. Es spielte der Behauptung, es gäbe »unwertes Leben«, für das jeder Aufwand vergebens sei, eine wesentliche Argumentation zu.

Die »Euthanasie« in der Zeit des Nationalsozialismus

Im Jahr 1920 erschien das Buch *Die Freigabe der Vernichtung lebensunwerten Lebens*, verfasst von dem renommierten Juristen Karl Binding (1841–1920) und dem angesehenen Psychiater und Neuropathologen Alfred E. Hoche

(1865–1943). Die Publikation der beiden Freiburger Professoren erregte große Aufmerksamkeit, weil es angesichts der Menschenverluste im Ersten Weltkrieg die Furcht vor dem Niedergang der »wertvollen« Deutschen berührte und ein nebulöses Gemeinwohl vor den Interessen des Einzelnen in den Vordergrund rückte. Vor diesem Hintergrund plädierte der Rechtswissenschaftler Binding für die straffreie Tötung von Menschen, die erstens wegen Krankheit oder Verwundung den Wunsch nach »Erlösung« besäßen, zweitens von »unheilbar Blödsinnigen« und drittens von Bewusstlosen, die nur zu einem »namenlosen Elend« erwachen würden. Den »Blödsinnigen« sprach Binding grundsätzlich einen Lebenswillen ab: »Sie haben weder den Willen zu leben noch zu sterben. So gibt es ihrerseits keine beachtliche Einwilligung in die Tötung, andererseits stößt diese auf keinen Lebenswillen, der gebrochen werden müßte.«[16] Für das Tötungsverfahren schlug Binding eine Gutachterkommission vor, bestehend aus je einem Arzt, Psychiater und Juristen, die einstimmig über Leben oder Tod entscheiden sollten. Die Vorschläge Bindings wurden aus medizinischer Sicht von Hoche unterstützt, der sich vornehmlich den »unheilbar Blödsinnigen« widmete. Diese bezeichnete er wahlweise als »Ballastexistenzen«, »geistig Tote«, »Viertel- und Achtelkräfte« oder als »Defektmenschen«. Für Hoche war »es eine peinliche Vorstellung, dass ganze Generationen von Pflegern neben diesen leeren Menschenhülsen dahinaltern, von denen nicht wenige 70 Jahre alt und älter werden.«[17] Als Kriterien für eine zu rechtfertigende Tötung versammelte Hoche Merkmale wie den »Zustand völliger Hilflosigkeit und der Notwendigkeit der Versorgung durch Dritte«, das »Fehlen des Selbstbewusstseins« sowie das »Fehlen irgendwelcher produktiver Leistungen« oder ein intellektuelles Niveau, »das wir erst tief unten in der Tierreihe wieder finden«.[18] Letztendlich lassen sich bei Binding und Hoche alle Gedanken und Formulierungen finden, die dann der nationalsozialistischen Propaganda gegen »unwertes« Leben dienten.

Als ein Resultat der rasse- und sozialhygienischen Debatten von Medizinern, Pädagogen, Juristen und Verwaltungsfachleuten in der Weimarer Republik ist das »Gesetz zur Verhütung erbkranken Nachwuchses« einzuordnen, das das nationalsozialistische Regime bereits 1933 verabschiedete. Auf der Grundlage dieses Gesetzes wurden an die 400 000 Menschen mit unterschiedlichen Behinderungen oder sozial auffällige Personen zwangssterilisiert. Weite Teile der Medizin, der Justiz, der Lehrerschaft und der Sozialämter beteiligten sich direkt oder indirekt an dieser Selektionsmaßnahme. Auf der Basis dieses allgemeinen Einverständnisses begannen im September 1939 die »Euthanasie«-Aktionen: Der Tötung von mehr als 5 000 Kindern in Kliniken angegliederten sogenannten Fachabteilungen folgte ab 1940 die »Aktion T4«[19], bei der nach einer nationalsozialistischen Statistik

70 273[20] Anstaltspatienten in den Tötungsanstalten Hadamar, Grafeneck, Sonnenstein, Brandenburg, Hartheim und Bernburg ermordet wurden. Ab August 1941 begann die »wilde Euthanasie«, das dezentrale Töten von behinderten und (psychisch) kranken Personen in den Heil- und Pflegeanstalten durch Hungerkost oder Injektionen. Den »Euthanasie«-Aktionen fielen an die 250 000 Personen zum Opfer. Proteste blieben selten. Nur wenige kümmerte Schicksale wie die des Spastikers Rolf Pfunfke, über den es im Entwicklungsbericht hieß: »Rolf ist jetzt in der Lage, einzelne Worte schlecht artikuliert, mit leiser tonloser Stimme herauszuhauchen. Seine seltenen Äußerungen sind sinnvoll (...). Kleine Vorgänge in seiner Umgebung hat er aufgefasst, Neues aber nicht dazugelernt. Charakterlich stehen die guten, gemütlichen Fähigkeiten Rolfs im Vordergrund. Er ist anhänglich, freudefähig, dankbar. Rolf ist empfindlich und will beachtet sein. Seine Stimmungslage ist sorglos-unbekümmert, kindlich heiter.«[21] Dreizehn Tage nach dieser Beurteilung wurde Rolf Pfunfke am 28. Oktober 1940 in der Gaskammer von Brandenburg ermordet. Neuere Forschungen stützen die Behauptung des ärztlichen Leiters der »Aktion T4«, Werner Heyde (1902–1964), Professor für Neurologie und Psychiatrie, im April 1941: »In 80 Prozent der Fälle sind die Angehörigen einverstanden, 10 Prozent protestieren, 10 Prozent sind gleichgültig.«[22]

Das »rehabilitative Heilregime« der DDR

Walter Ulbricht (1893–1973) der spätere Staatsratsvorsitzende der DDR, sagte 1945: »Es ist doch klar. Es muss demokratisch aussehen, aber wir müssen alles in der Hand haben.«[23] Galt dieses vielzitierte, zugleich verschleiernde wie bevormundende Diktum auch für den Umgang mit behinderten Menschen in der DDR? Betrachtet man die Frage unter dem Ansatz der Inklusion und Exklusion, ist sie zu bejahen, denn die Zugangsbedingungen für eine Teilhabe an der Gesellschaft wurden zentralistisch festgelegt. Folgenschwer war der Ausschluss von schwerbehinderten Kindern aus dem Erziehungssystem, sie wurden als »schulbildungsunfähig« dem Gesundheitssystem, also der Medizin und Psychiatrie, zugeordnet. Die Fachterminologie der DDR sprach nicht von behinderten, sondern von »geschädigten« Menschen und war damit biomedizinisch ausgerichtet und an der »Abweichung von der Norm« orientiert. Die »Förderunfähigen« wurden in psychiatrischen Anstalten als »Pflegefälle« auf die körperlichen Funktionen reduziert, depersonalisiert »gefangen, gequält, vergessen«.[24]

Für den Bereich von der medizinischen zur beruflichen Rehabilitation stellt sich die Situation differenzierter dar. Die Arbeitstherapie galt hier als Bindeglied. In den sogenannten Rodewischer Thesen – den Empfehlungen des Internationalen Symposiums über psychiatrische Rehabilitation, das in Rodewich (Vogtland) stattfand und das in der Folge offizielle Entwicklungsgrundlage für die Psychiatrie in der DDR von 1963 war – hieß es: »Dringend erforderlich sind Übergangslösungen zwischen kontinuierlichen arbeitstherapeutischen Einsätzen auf der einen und der vollen Erwerbsarbeit andererseits, zwischen der ambulanten Krankenbetreuung und der stationären Krankenbetreuung bisheriger Art.«[25]

Die »Rodewischer Thesen« enthielten für den Bereich der Psychiatrie fortschrittliche Forderungen, zum Beispiel nach »offenen Krankenstationen«, in denen ein »rehabilitatives Heilregime« überwiegt, das hieß, Zwangsmaßnahmen »auf das nur unbedingt erforderliche Minimum zu beschränken«.[26]

Die Verfassung der DDR proklamierte den staatlichen Schutz der Arbeitskraft und verbürgte das Recht auf Arbeit. In einer Anordnung von 1969 wurde definiert: »Geschützte Arbeit ist eine von physisch schwerstgeschädigten oder psychisch schwergeschädigten Bürgern in einem besonders ausgestalteten Arbeitsrechtsverhältnis unter spezifischen Bedingungen ausgeübte Tätigkeit. Sie ist möglich auf Geschützten Einzelarbeitsplätzen in Betrieben, in Geschützten Abteilungen in Betrieben, in Geschützten Werkstätten und in Heimarbeit.«[27] Damit wurde behinderten Erwachsenen die Möglichkeit geboten, entsprechend ihrem Leistungsvermögen und angepassten Arbeitsbedingungen »gesellschaftlich nützliche Arbeit« zu verrichten.

In seinem Referat auf dem X. Kongress der »Gesellschaft für Rehabilitation« stellte der von 1971 bis 1989 amtierende Minister für Gesundheitswesen der DDR, Ludwig Mecklinger (1919–1994), einen populären moralischen Maßstab vor: »Sage mir, wie du zu diesem Schwerstgeschädigten stehst und ich sage dir, ob du in deinem Handeln und Verhalten den Prinzipien sozialistischer Moral und Ethik gerecht wirst.«[28] Dahingestellt bleibt die Behauptung, dass der Sozialismus die einzige Gesellschaftsordnung sei, die dem »Geschädigten« ein erfülltes Leben bieten könne.

Von der Fremdbestimmung zur Selbstbestimmt-Leben-Bewegung

Behinderten Menschen in der Bundesrepublik Deutschland drohte nach 1945 eine »Karriere« der Fremdbestimmung, die im Sonderkindergarten und in der Sonderschule begann, in den Sonderarbeitsplätzen der Werkstätten für behinderte Menschen mündete und in Heimen und Anstalten endete.

Als erstes Lebenszeichen der politischen Behindertenbewegung gegen dieses System der Aussonderung gilt die Frankfurter Straßenbahnblockade im Mai 1974: Der Volkshochschulkurs »Bewältigung der Umwelt« um dem Publizisten Ernst Klee (1942–2013) und den rollstuhlfahrenden Sozialarbeiter Gusti Steiner (1938–2004) brachte in einer Aktion den Innenstadtverkehr zum Erliegen, um gegen die Behindertenfeindlichkeit von Bussen und Bahnen zu demonstrieren. Klee machte sich im gleichen Jahr mit seinem Buch *Behinderten-Report* einen Namen als engagierter Journalist, Steiner stellte mit dem provokativen Satz »Behindertsein ist schön!« das Behindertenbild auf den Kopf und ermutigte zur Kritik an der Aussonderung von der »Wiege bis zur Bahre«.

Nachdem das Frankfurter Landgericht 1980 in einem Urteil Klägern Schadenersatz zugebilligt hatte mit der Begründung, dass die Anwesenheit behinderter Menschen den Urlaubsgenuss mindern könne, versammelten sich 5 000 behinderte und nicht behinderte Personen vor dem Gerichtsgebäude zum Protest.

Und die bundesdeutsche Öffentlichkeit staunte nicht schlecht, als die zentrale offizielle Eröffnungsfeier zum UNO-Jahr der Behinderten in Deutschland 1981 in der Dortmunder Westfalenhalle empfindlich gestört wurde, weil Behinderteninitiativen mit einer Bühnenbesetzung das ohne kritische Anmerkungen geplante Spektakel der selbsternannten Behindertenexperten anprangerten. Sie setzten dem offiziellen Motto »Einander verstehen – miteinander leben!« ihre Plakate entgegen, auf denen zu lesen stand: »Jedem Krüppel seinen Knüppel!«.

Die erste »Krüppelgruppe« hatte sich 1977 in Bremen gegründet, die in Hamburg ein oder zwei Jahre später. Ein Diskussionsforum bildete die seit 1979 bundesweit vertriebene »Krüppel-Zeitung«, eine Publikation, die schon aufgrund des Namens Aufsehen erregte. Bis dahin war es völlig selbstverständlich gewesen, dass in Initiativen mit behinderten und nicht behinderten Mitgliedern die Nichtbehinderten den Ton angaben und von außen als Ansprechpartner gesucht wurden. Diese immer wiederkehrende Situation forcierte die Entstehung von weiteren Krüppelgruppen: Jetzt mussten die Nichtbehinderten draußen bleiben. Die Selbstbezeichnung »Krüppel« wirkte als Provokation. Sie erregte Aufmerksamkeit, ohne die über das traditionell geprägte Verhältnis zwischen behinderten und nicht behinderten Personen kein Disput möglich gewesen wäre.

Als 1981 in Bremen die Krüppelgruppe im Foyer des Rathauses mit einem Hungerstreik begann, um der Forderung nach Umrüstung des öffentlichen Personennahverkehrs Nachdruck zu verleihen, schwankte die Reaktion auf das Aufbegehren behinderter Frauen und Männer zwischen Verblüffung und Faszination, ging aber in Unverständnis über, als der Publizist Franz Christoph (1953–1996), provokanter Thesengeber der Krüppelszene, auf einer Rehabilitationsmesse in Düsseldorf 1981 dem damaligen Bundespräsidenten Karl Carstens die Krücke an das Schienbein schlug. Der Hieb zielte auf die Wohltäter, die zwar von Integration und Miteinander redeten, die offene und versteckte Diskriminierung behinderter Personen aber nicht wahrhaben wollten. Kurz darauf prangerte das Krüppel-Tribunal ein Wochenende lang mit Erfahrungsberichten, Referaten und Spielszenen Menschenrechtsverletzungen im Sozialstaat an. Zur Sprache kamen damals bereits Forderungen und Ideen, die sich fast dreißig Jahre später in der UN-Behindertenrechtskonvention wiederfinden lassen.

Die Selbstbestimmt-Leben-Bewegung initiierte Mitte der 1980er-Jahre eigene Beratungszentren nach dem Grundsatz »Behinderte Menschen wissen am besten, was behinderte Menschen benötigen«. Daneben entstanden Assistenzgenossenschaften, die die Kompetenz über die individuelle Pflege sichern und als Alternative zur Heimeinweisung stehen. Selbstverwaltete Betriebe bewiesen, dass Arbeit nicht zwangsläufig die Beschäftigung in einer Werkstatt für behinderte Menschen bedeuten muss. Und viel Engagement wurde überdies auch auf Veränderungen der gesetzlichen Ebene verwandt.

Nationale und internationale rechtspolitische Erfolge

Großer Jubel brach bei den Selbstbestimmt-Leben-Initiativen aus, als Ende 1994 im Artikel 3 des Grundgesetzes der Satz eingefügt wurde: »Niemand darf wegen seiner Behinderung benachteiligt werden.« Die Selbstbestimmt-Leben-Initiativen sowie alle etablierten Behindertenorganisationen feierten den Zusatz als großen politischen Erfolg. Es waren dann wesentliche Teile der Selbstbestimmt-Leben-Bewegung, die sich nach amerikanischem Vorbild für ein Antidiskriminierungsgesetz erfolgreich engagierten.

Das Diskriminierungsverbot des 2006 in Kraft getretenen Allgemeinen Gleichbehandlungsgesetzes hinterließ allerdings wenig Spuren im Alltag. Im Gegenteil muss die Selbstbestimmt-Leben-Bewegung sich spätestens seit den 1990er-Jahren gegen Stimmen behaupten, die behinderten Menschen das Existenzrecht abspricht. Die mit dem Namen des australischen Bioethikers Peter Singer[29] verknüpfte Debatte führte zu nachhaltigen Protesten, erinnert behinderte Menschen aber auch daran, dass Selbstbestimmung nicht mit grundlegender Akzeptanz zu verwechseln ist. Der Öffentlichkeit eigenen Stolz und gewonnene Würde zu präsentieren, war ein Ziel der »Pride Parade«, die im Sommer 2013 in Berlin das neue Selbstbewusstsein behinderter Menschen demonstrierte. In diesem Sinne neue Hoffnung weckt bei der Selbstbestimmt-Leben-Bewegung die Ratifizierung der UN-Konvention für die Rechte behinderter Menschen (UN-BRK). Die Perspektiven der angestrebten Inklusion, also die vorbehaltlose Zugehörigkeit und gleichberechtigte Teilhabe aller behinderter Personen in der Gesellschaft, sehen im Kontext realer Sozial- und Wirtschaftspolitik indes weniger rosig aus. Doch zweifelsfrei schreibt die UN-Konvention allgemein gültige Menschenrechte für behinderte Personen fest. Von diesem Ansatz aus betrachtet sind behinderte Menschen nicht länger Objekte von Wohltätigkeit und Fürsorge, sondern Menschen mit selbstverständlichen Rechten.

▶ Zusammenfassung

Bei dem Wort Behinderung denken viele Menschen an ein Sorgenkind und an Hilflosigkeit. Die Geschichte zeigt: Seit vielen hundert Jahren nahm man behinderte Frauen und Männer nicht ernst. Man hatte Angst vor ihnen, weil sie anders aussahen. Man baute für sie besondere Häuser, die Heime und Anstalten heißen. Vor hundert Jahren gab es das preußische »Krüppelfürsorgegesetz«. In ihm stand, dass behinderte Kinder und Erwachsene unterstützt werden müssen. Das Gesetz sagte aber auch: Wer behindert ist, der benimmt sich sonderbar.

Ebenfalls vor hundert Jahren begann das Nachdenken über die Tötung behinderter Menschen. Es hieß: Das Leben mit einer Behinderung sei nichts wert. In der Zeit des Nationalsozialismus wurden ungefähr 250 000 behinderte Menschen getötet.

Heute wollen behinderte Menschen leben wie andere auch. Deshalb gründeten sie die Selbstbestimmt-Leben-Bewegung. Das heißt: Behinderte Menschen wissen am besten, was behinderte Menschen brauchen.

Anmerkungen

1 »Sorgenkind« ist ein Begriff, mit dem die Heilpädagogik der 1930er- und 1950er-Jahre ihre Schüler_innen umschrieb, die »Aktion Sorgenkind« führte diesen Namen bis ins Jahr 2000, als sie sich in »Aktion Mensch« umbenannte.

2 Plutarch, Lykurgos, in: Ders., Große Griechen und Römer, Bd. 1, Zürich 1954, S. 146; siehe dazu auch Christian Mürner, Philosophische Bedrohungen, Frankfurt am Main 1996, S. 60.

3 Siehe Ernst Klee, Deutsche Medizin im Dritten Reich, Frankfurt am Main 2001, S. 41.

4 Wiebke Schär, »Wir sind bunt und frech – mutig und laut!«, Ein Geschichts-Lese-Buch über Scham, Aussonderung, Stolz und Emanzipation!, Interessenvertretung Selbstbestimmt Leben in Deutschland e. V. – ISL, Berlin 2014, S. 37.

5 Siehe ebd., S. 39.

6 Hans-Werner Goetz, »Debilis«, in: Cordula Nolte, Homo debilis. Behinderte – Kranke – Versehrte in der Gesellschaft des Mittelalters, Korb 2009, S. 46.

7 Siehe Süddeutsche Zeitung vom 06.05.2006.

8 Zitiert nach Eugen Holländer, Wunder, Wundergeburt und Wundergestalt, Stuttgart 1921, S. 126. Als »Fig. 63. Flugblatt vom Jahre 1596« ist hier Magdalena Emohne abgebildet, als Aufbewahrungsort des Blattes wird angegeben: »Nürnberg, Germanisches Museum«.

9 Zitiert nach Hans Scheugl, Showfreaks & Monster, Köln 1974, S. 52. Auf S. 54 werden zwei andere Darstellungen von Magdalena Emohne gezeigt, zitiert als »Flugblatt von 1616«, ohne Angabe des Aufbewahrungsortes.

10 Die Bezeichnung »Freak kommt aus dem Englischen und bedeutet in der Grundübersetzung ›abnorme Gestalt‹ oder ›Monstrum‹ (lat.: ›Ungetüm‹). Dementsprechend wurden Menschen mit sichtbaren Behinderungen im englischen Sprachraum als ›Freaks‹ bezeichnet. In so genannten ›Freak Shows‹ stellten behinderte Menschen ihre körperlichen Eigenarten zur Schau. Verbreitet waren sie vor allem in Amerika und England im 18. und 19. Jahrhundert.«, aus: Integration: Österreich/Beate Firlinger (Hrsg.), Das Buch der Begriffe. Sprache, Behinderung, Integration, Wien 2003, S. 25 (Anm. d. Red.).

11 Zitiert nach Arthur Schloßmann, Die öffentliche Krüppelfürsorge, Berlin 1920, S. 58.

12 Hans Würtz, Das Seelenleben des Krüppels, Leipzig 1921, S. 27.

13 Ebd., S. 78.

14 Petra Fuchs, »Körperbehinderte« zwischen Selbstaufgabe und Emanzipation, Neuwied 2001, S. 64 und S. 156.

15 Otto Perl, »Krüppeltum und Gesellschaft im Wandel der Zeit« [zuerst Gotha 1926, S. 55], zitiert in: H.-Günter Heiden/Gerhard Simon/Udo Wilken, Otto Perl und die Entwicklung von Selbstbestimmung und Selbstkontrolle in der Körperbehinderten-Selbsthilfe-Bewegung, Bundesverband Selbsthilfe Körperbehinderter e. V., Krautheim 1993.

16 Karl Binding/Alfred Hoche, Die Freigabe der Vernichtung lebensunwerten Lebens, Leipzig 1920, 1922 (2. Aufl.), S. 31.

17 Ebd., S. 55.

18 K. Binding/A. Hoche, wie Anm. 16, S. 55 ff.

19 Das Kürzel »T4« leitet sich ab aus dem organisatorischen Sitz der Anstaltsmorde, einer Villa in der Tiergartenstraße 4 in Berlin-Mitte.

20 Siehe Ernst Klee, »Euthanasie« im Dritten Reich, Frankfurt am Main 2010, S. 25.

21 Zitiert in Götz Aly, Die Belasteten, Frankfurt am Main 2013, S. 133.

22 Zitiert nach ebd., S. 283.

23 Zitiert nach Wolfgang Leonhard, Die Revolution entlässt ihre Kinder, Leipzig 1955/1990, S. 406.

24 Siehe dazu Uta König, Gefangen, gequält, vergessen. Behinderte Kinder in der DDR, in: stern, Heft 24 vom 07.06.1990, S. 26–36.

25 Zitiert nach Christian Mürner, Werktätige in geschützter Arbeit, Frankfurt am Main 2000, S. 26.
26 Zitiert nach ebd., S. 27
27 Zitiert nach Ch. Mürner, wie Anm. 25, S. 21.
28 Zitiert nach Ch. Mürner, wie Anm. 25, S. 109.
29 Peter Singer, Praktische Ethik, Stuttgart 1984.

Swantje Köbsell

LeibEigenschaften – eine barrierefreie Ausstellung über den Umgang mit Beeinträchtigungen in der Vormoderne

Entstehungshintergrund

Menschen mit ›besonderen‹ Körpern gab es zu allen Zeiten – wie jedoch wurde mit ihnen in früheren Epochen umgegangen, welche Rollen hatten sie in den jeweiligen Gesellschaften, welche Möglichkeiten der Teilhabe?

Diese Fragen beschäftigen seit 2007 die Mitarbeiter_innen des interdisziplinären Geschichtsprojekts »Homo Debilis« an der Universität Bremen, in dem Geschichtswissenschaftler_innen, Anthropolog_innen, Archäolog_innen, Kunsthistoriker_innen und Literaturwissenschaftler_innen gemeinsam der Frage nachgehen, »ob und in welchem Sinne die Kategorie ›Behinderung‹ vor der Moderne, das heißt im Mittelalter und in der Frühen Neuzeit bis etwa 1800, existierte.«[1]

Entwickelt wurde das Projekt auf der Basis des in Deutschland noch wenig bekannten Ansatzes der *Disability History*, ein ›Ableger‹ der *Disability Studies*, die auf dem Hintergrund politischer Behindertenbewegungen in den 1980er-Jahren in den USA und Großbritannien entstanden und sich seit dem Jahr 2000 auch in Deutschland zunehmend etablieren. Grundlage der *Disability Studies* ist ein Verständnis von Behinderung, das diese nicht als medizinische Tatsache begreift, sondern als eine aus dem Zusammenspiel von persönlichen Voraussetzungen (Beeinträchtigungen) und gesellschaftlichen Antworten darauf hergestellte Konstruktion, die von den jeweiligen historischen und kulturellen Bedingungen abhängig und somit veränderbar ist. Das Anliegen der *Disability Studies* ist die Erforschung der gesellschaftlichen, kulturellen und wissenschaftlichen Diskurse, in denen diese Konstruktion erfolgt.

Disability History betrachtet diese Fragen in ihrer historischen Gewordenheit und versucht so, eine neue Geschichtsschreibung zu entwickeln, die sich damit befasst, wie Gesellschaften jeweils ›Normalität‹ und ›Abweichung‹ definieren und herstellen, wie sie mit Abweichung umgehen, aber auch, welche Rolle dabei jeweils Machtverhältnisse und das verfügbare Wissen (beispielsweise über den menschlichen Körper) spielen.[2] Der kritische Blick der *Disability History* ist dabei vor allem auch auf Konzepte von Nicht_Behinderung gerichtet, »die für die späte Moderne fundamental sind: Gesundheit und körperliche Unversehrtheit, Normalität und Abweichung, Individualität und Subjektstatus, Identität und Autonomie, Vernunft und Menschenwürde, Gleichheit und Solidarität.«[3] Diese Herangehensweise wird als Chance gesehen, »nicht nur eine Geschichte der Behinderung, sondern auch die allgemeine Geschichte neu zu schreiben.«[4] Geschichte – und damit auch die Geschichte verkörperter Differenz – beginnt jedoch nicht erst mit der Moderne. Der Forschungsverbund »Homo Debilis« will diesbezüglich Licht in die Geschichte der Vormoderne bringen, in der Menschen mit einer Beeinträchtigung noch nicht als ›Behinderte‹, sondern entsprechend ihren Beeinträchtigungen als ›Lahme‹, ›Krüppel‹, ›Tobsüchtige‹ etc. bezeichnet wurden (siehe dazu auch den Beitrag von Christian Mürner/Udo Sierck → S. 25 ff.).

Idee und Umsetzung

Der Gedanke, die zu diesem Zeitpunkt vorhandenen Forschungsergebnisse mit ihren Bezügen zu aktuellen gesellschafts- und gesundheitspolitischen Fragestellungen im Rahmen einer Ausstellung der interessierten Öffentlichkeit zugänglich zu machen, entstand im Wintersemester 2009/2010 an der Universität Bremen. Die Idee war, durch den gezielten Blick auf Vergangenes die Besucher_innen dazu anzuregen, sowohl über eigene Einstellungen und Ansichten zum Thema Behinderung nachzudenken als auch gängige Klischees über die Vormoderne auszuräumen, die sich vielfach zwischen den Polen ›finster‹ und ›gute alte Zeit‹ bewegen.[5]

Wichtig war den Ausstellungsorganisator_innen, möglichst viele Menschen aus unterschiedlichsten Lebenszusammenhängen und Altersstufen anzusprechen, denn das Thema *Disability* (Behinderung) ist ein universelles Phänomen: Jede_r kann jederzeit davon betroffen sein – entweder mittelbar, wenn andere Menschen eine Beeinträchtigung erwerben, oder unmittelbar am eigenen Leibe. Auch ist durch die UN-Behindertenrechtskonvention die Inklusion bzw. die umfassende gesellschaftliche Teilhabe von Menschen mit Beeinträchtigungen festgeschrieben. Dies bedeutet, dass sich Menschen in allen gesellschaftlichen Bereichen mit dem Thema Nicht_Behinderung auseinandersetzen werden müssen – mittels der historischen Perspektive wird dies aus einer gewissen Distanz ermöglicht.

Von Anfang an klar war auch, dass die Ausstellung barrierefrei sein musste und sollte, um allen Interessierten den Besuch zu ermöglichen. Ein Baustein in der Umsetzung umfassender Barrierefreiheit war der weitgehende Verzicht auf die klassische museale Präsentationsform, bei der die Objekte in Vitrinen oder hinter Absperrungen ausgestellt sind und in Erklärungstexten beschrieben werden, was die Teilhabe zahlreicher Menschen ausschließt: zum Beispiel Kinder und Rollstuhlfahrer_innen, Blinde oder Menschen mit Lernschwierigkeiten. Dagegen setzten die Ausstellungsorganisator_innen ein Konzept, das möglichst viele der Objekte mit mehreren Sinnen erfahrbar machte.

An der Umsetzung der Ausstellungsidee waren neben der Projektleiterin Cordula Nolte und der Kuratorin Sonja Kienzler das ›Bremer Atelier zur Erforschung und Entwicklung visueller Botschaften‹ »ZwoAcht«, Studierende und Mitarbeiter_innen des Fachbereichs Geschichte an der Universität Bremen sowie eine Gruppe Studierender der Hochschule für Künste Bremen beteiligt, die im Rahmen eines Blockseminars das gestalterische Konzept der Ausstellung entwickelten und auch praktisch umsetzten. Begleitet wurde die Planungsphase von einem Beirat, in dem Vertreter_innen zahlreicher Initiativen und Verbände behinderter Menschen, die überwiegend selbst mit einer Beeinträchtigung leben, das Planungsteam im Hinblick auf Barrierefreiheit berieten und an der Entwicklung geeigneter Darbietungsmethoden entscheidend beteiligt waren.

Die Ausstellung

Gezeigt wurde die Ausstellung unter dem Titel »LeibEigenschaften« vom 1. März bis 30. April 2012 im Bremer Haus der Wissenschaften, das die zentrale Voraussetzung der baulichen Barrierefreiheit erfüllte. Inhaltlich war die Ausstellung in vier Bereiche unterteilt, die jeweils verschiedene Aspekte des Lebens mit einer Beeinträchtigung in der Vormoderne thematisierten. Unter der Überschrift »Das Bett« wurden Versorgung und Pflege beeinträchtigter Menschen angesprochen, im Ausstellungsbereich »Die Straße« ging es um Alltagsbewältigung, Teilhabe am Arbeitsleben sowie Hilfsmittel und ärztliche Kunst. »Der Wallfahrtsort« illustrierte die damalige Lebenssituation von Menschen mit Beeinträchtigungen anhand von Berichten über Wunderheilungen, die wichtige Quellen hinsichtlich der Fragestellung der Ausstellung waren, und »Die Wunderkammer« schließlich widmete sich vormodernen Sichtweisen auf das ›Andere‹.

Barrierefreiheit war in allen Bereichen der Ausstellung konsequent umgesetzt: Die elektrischen Türöffner am Eingang, das dreidimensionale Modell der Ausstellung, das Leitsystem am Boden und die Sound-duschen für Blinde und Sehbehinderte, die gebärdeten Begleittexte in Endlosschleifen auf Monitoren sowie die Texte in Leichter Sprache waren dabei ebenso zentrale Elemente wie die Nachbauten historischer Hilfsmittel sowie andere Gegenstände, die zum Begreifen im wahrsten Sinne des Wortes einluden und von den Besucher_innen überwiegend positiv bewertet wurden.

Die Ausstellung »LeibEigenschaften« hat zum einen gezeigt, dass die vormoderne Zeit durchaus Unterstützung und Teilhabe von Menschen mit Beeinträchtigungen, auch schweren, kannte. So finden sich Zeugnisse über die Versorgung und Pflege beeinträchtigter Familienangehöriger,[6] und auch in sogenannten Wunderberichten ist von beeinträchtigten Menschen und der Unterstützung durch das soziale Umfeld zu lesen[7]. Neben den Schriftquellen gibt es bildliche Darstellungen, aus denen sich zum Beispiel ersehen lässt, dass Menschen mit psychischen Erkrankungen versorgt wurden[8] oder – wie der armlose Stadtschreiber Thomas Schweickert (1542–1602) – durchaus beruflich Karriere machen konnten[9]. Zeugnisse dieser Art regen zum Nachdenken über das Thema Behinderung allgemein und den heutigen Umgang mit beeinträchtigten Menschen im Besonderen an. Zum anderen wurde durch die Umsetzung der Ausstellungsidee deutlich, dass es möglich ist, wissenschaftliche Erkenntnisse barrierefrei und somit für jede_n Besucher_in zu präsentieren. Barrierefreiheit, die mit Engagement, Kreativität, Fantasie, Lernbereitschaft und Lust am Neuen umgesetzt wird, wird zu einem ästhetischen und sinnlich erfahrbaren Erlebnis für alle Besucher_innen, das – ganz nebenbei – für das Thema Barrierefreiheit sensibilisiert und den Horizont aller Beteiligten erweitert. Die Umsetzung der Barrierefreiheit funktionierte jedoch nur, weil Menschen mit unterschiedlichsten Beeinträchtigungen als Expert_innen in eigener Sache von Anfang an in die Ausstellungsplanung aktiv eingebunden waren. Die Ausstellung hat damit in mehrfacher Hinsicht für weitere Projekte dieser Art Maßstäbe gesetzt.

▸ Zusammenfassung

Die Ausstellung »LeibEigenschaften«, die im Frühjahr 2012 im Bremer Haus der Wissenschaften gezeigt wurde, beleuchtete die Frage, wie im Mittelalter und in der frühen Neuzeit mit Menschen mit Beeinträchtigungen umgegangen wurde. Die Idee zu der Ausstellung hatte eine Forscher_innengruppe der Universität Bremen. Um sicherzustellen, dass kein_e Besucher_in ausgeschlossen wurde, gab es bei der Planung der Ausstellung einen Beirat, in dem Menschen mit verschiedensten Beeinträchtigungen die Organisator_innen der Ausstellung berieten und so dafür sorgten, dass die Barrierefreiheit in allen Bereichen konsequent umgesetzt werden konnte und somit für alle Besucher_innen die Inhalte der Ausstellung erfahrbar wurden.

Anmerkungen

1 Cordula Nolte, Aus der Forschung in die Öffentlichkeit – LeibEigenschaften als Beispiel für die Verwirklichung einer Ausstellungsidee, in: Cordula Nolte/Sonja Kinzler, Wissenschaft für Alle – in Ausstellungen barrierefrei präsentieren. Das Beispiel LeibEigenschaften, Kiel 2012, S. 17–25, hier S. 17.

2 Siehe Elisabeth Bösl/Anne Klein/Anne Waldschmidt, Disability History: Einleitung, in: Dies. (Hrsg.), Disability History. Konstruktionen von Behinderung in der Geschichte. Eine Einführung, Bielefeld 2010, S. 7–10, hier S. 8.

3 Anne Waldschmidt, Warum und wozu brauchen die Disability Studies die Disability History? Programmatische Überlegungen, in: Elisabeth Bösl/Anne Klein/Anne Waldschmidt (Hrsg.), wie Anm. 2, S. 13–27, hier S. 25.

4 A. Waldschmidt, wie Anm. 3, S. 26.

5 Siehe C. Nolte, wie Anm. 1, S. 19.

6 Siehe Bianca Frohne, »Mit Wüschen, Wäschen, Wachen und aller anderen gebührenden Pfleg ...« – Häusliche Krankenversorgung im 16. Jahrhundert, in: C. Nolte/S. Kinzler (Hrsg.), LeibEigenschaften. Der beschädigte Körper im Blick der Vormoderne, Bremen 2012, S. 35–38, hier S. 37.

7 Siehe Klaus-Peter Horn, Die Wundertaten des heiligen Willehad in Bremen, in: C. Nolte/S. Kinzler (Hrsg.), wie Anm. 6, S. 91–93.

8 Siehe Sarah Harms, Visuelle Repräsentationen ›behinderter‹ Menschen, in: C. Nolte/S. Kinzler (Hrsg.), wie Anm. 6, S. 42–48, hier S. 45 f.

9 Siehe Ivette Nuckel, »Der ist ohn Arm von Mutterleib geboren: Mit den Füssen schreib (...)« – Körperliche Beeinträchtigung in der städtischen Arbeitswelt des Spätmittelalters, in: C. Nolte/S. Kinzler (Hrsg.), wie Anm. 6, S. 55–58, hier S. 55 f.

Gudrun Wansing

Was bedeutet Inklusion?
Annäherungen an einen vielschichtigen Begriff

Der Inklusionsbegriff in der UN-Behindertenrechtskonvention

Der Begriff Inklusion[1] ist im deutschen Sprachgebrauch bis vor wenigen Jahren außerhalb des Wissenschaftskontextes kaum verwendet worden. Inzwischen hat er jedoch Einzug in eine breite Öffentlichkeit gehalten und wird in Deutschland gegenwärtig insbesondere im Zusammenhang mit Reformen des Bildungssystems diskutiert. Die zunehmende Verbreitung des Inklusionsbegriffs lässt sich wesentlich auf das Übereinkommen der Vereinten Nationen über die Rechte von Menschen mit Behinderungen (UN-Behindertenrechtskonvention) zurückführen, das seit 2009 auch für Deutschland Gültigkeit hat. Inklusion zählt dabei neben weiteren Grundsätzen wie Nichtdiskriminierung, Chancengleichheit, Zugänglichkeit und Teilhabe zu den Schlüsselbegriffen, die zentral sind für das Verständnis und die Interpretation der Konvention.

Trotz seiner raschen Verbreitung ist der Inklusionsbegriff bislang nicht eindeutig definiert. Es gibt vielmehr sehr unterschiedliche Auslegungen und Akzentsetzungen in verschiedenen wissenschaftlichen Disziplinen, Politikbereichen und praktischen Handlungsfeldern. Auch die UN-BRK liefert keine eindeutige Begriffsbestimmung, jedoch verleiht ihr menschenrechtlicher Hintergrund dem Inklusionsbegriff einen deutlich normativen, das heißt wertebasierten und richtungweisenden Charakter. So finden sich in der UN-BRK verschiedene Textpassagen, die den Begriff auf unterschiedlichen Ebenen inhaltlich füllen (vgl. Tab. 1): Als allgemeiner Grundsatz der Einbeziehung in die Gesellschaft (Artikel 3), als Verpflichtung zur vollen Einbeziehung in die Gemeinschaft (Artikel 19), als Maßgabe für die Ausrichtung des Bildungssystems (Artikel 24) und für die Ausformung des Arbeitsmarktes und des Arbeitsumfeldes (Artikel 27) sowie als Ziel und Zweck von Diensten und Programmen der Habilitation und Rehabilitation (Artikel 26).

Tab. 1: Übersicht über (ausgewählte) Textstellen zum Inklusionsbegriff in der UN-BRK

Artikel der UN-BRK	Inhaltlicher Kontext	Deutsche Übersetzung	Originaltext (englisch)
Artikel 3	Allgemeine Grundsätze	c) »die volle und wirksame Teilhabe an der Gesellschaft und **Einbeziehung in die Gesellschaft;**«	c. »Full and effective participation and **inclusion in society**;«
Artikel 19	Recht auf unabhängige Lebensführung und Einbeziehung in die Gemeinschaft	»Die Vertragsstaaten (…) treffen wirksame und geeignete Maßnahmen, um Menschen mit Behinderungen (…) ihre **volle Einbeziehung in die Gemeinschaft** und Teilhabe an der Gemeinschaft zu erleichtern (…)«	»States Parties (…) shall take effective and appropriate measures to facilitate full enjoyment by persons with disabilities of this right and their **full inclusion** and participation **in the community** (…)«
Artikel 24	Recht auf Bildung	(1) »(…) gewährleisten die Vertragsstaaten **ein integratives Bildungssystem** auf allen Ebenen und lebenslanges Lernen (…)«	1. »(…) States Parties shall ensure **an inclusive education system** at all levels and life long learning (…)«
Artikel 26	Habilitation und Rehabilitation	(1) »Die Vertragsstaaten treffen wirksame und geeignete Maßnahmen (…), um Menschen mit Behinderungen in die Lage zu versetzen, (…) **die volle Einbeziehung in alle Aspekte des Lebens** und die volle Teilhabe an allen Aspekten des Lebens zu erreichen und zu bewahren. (…)«	1. »States Parties shall take effective and appropriate measures (…) to enable persons with disabilities to attain and maintain (…) **full inclusion** and participation **in all aspects of life**. (…)«
Artikel 27	Recht auf Arbeit und Beschäftigung	(1) »(…) dies beinhaltet das Recht auf die Möglichkeit, den Lebensunterhalt durch Arbeit zu verdienen, die **in einem offenen, integrativen und für Menschen mit Behinderungen zugänglichen Arbeitsmarkt und Arbeitsumfeld** frei gewählt oder angenommen wird. (…)«	1. »(…) this includes the right to the opportunity to gain a living by work freely chosen or accepted in **a labour market and work environment that is open, inclusive and accessible to persons with disabilities.** (…)«

Eigene Darstellung, vgl. Übereinkommen über die Rechte von Menschen mit Behinderungen[2]

Die Problematik der Übertragung des Begriffs ins Deutsche

Fakt ist, dass der Begriff Inklusion in der offiziellen deutschen Übersetzung der UN-BRK tatsächlich nicht vorkommt, sondern nur in der englischsprachigen Version zu finden ist, und zwar als Substantiv *inclusion* sowie als Adjektiv *inclusive*. Die Richtigkeit und Angemessenheit der deutschen Übersetzung ist denn auch Gegenstand zahlreicher Diskussionen. Insbesondere die Übersetzung des Adjektivs *inclusive* mit »integrativ« im Zusammenhang mit dem Recht auf Bildung (Artikel 24) und auf Arbeit (Artikel 27) wird von verschiedenen Seiten heftig kritisiert.

Entscheidend für das Verständnis und die rechtliche Verbindlichkeit der UN-BRK ist jedoch nicht die deutsche Übersetzung, sondern wie der Inhalt der Begriffe nach der Auslegung der authentischen Sprachfassungen (zu denen die deutsche nicht gehört) bestimmt werden kann.[3] Auch um den Anschluss der deutschen Auseinandersetzung an internationale Entwicklungen und Diskussionen zu gewährleisten, sollte sich der deutsche Sprachgebrauch enger an die englische Terminologie anlehnen und die Begriffe Inklusion und inklusiv verwenden.[4]

Inklusion als pädagogisches Prinzip im Bildungssystem

Im englischsprachigen Kontext ist die Bedeutung des Inklusionsbegriffs wesentlich beeinflusst durch bildungspolitische und pädagogische Entwicklungen auf internationaler Ebene. Inspiriert durch Diskussionen in den USA und Großbritannien fand der englische Begriff *inclusion* Mitte der 1990er-Jahre Eingang in die viel zitierte sogenannte Salamanca Erklärung über Prinzipien, Politik und Praxis der Pädagogik für besondere Bedürfnisse[5] und verbreitete sich in der Folge weltweit.[6] Das Prinzip der Inklusion bzw. der inklusiven Bildung meint gemäß der Erklärung, »dass Schulen alle Kinder, unabhängig von ihren physischen, intellektuellen, sozialen, emotionalen, sprachlichen oder anderen Fähigkeiten aufnehmen sollen. Das soll behinderte und begabte Kinder einschließen, Kinder von entlegenen oder nomadischen Völkern, von sprachlichen, kulturellen oder ethnischen Minoritäten sowie Kinder von anders benachteiligten Randgruppen oder -gebieten«[7]. Während der traditionelle Ansatz der Integration zuvor die Aufnahme einzelner (ausgewählter) behinderter Kinder in die – weitgehend unveränderte – Regelschule vorsah, setzt das Prinzip der inklusiven Schule das gleiche Recht auf Bildung von *allen* Kindern voraus und zielt auf entsprechend grundlegende Schulreformen. Alle Regeleinrichtungen sollen so umgestaltet werden, dass die Verschiedenheit aller Kinder anerkannt und wertgeschätzt wird. Organisationen und Arbeitsweisen sollen von vornherein den unterschiedlichen Voraussetzungen und Bedürfnissen aller Schüler_innen gerecht werden. »Inklusion wird als Prozess (nicht Ergebnis) des Eingehens auf die Verschiedenheit des Bedarfs aller Lernenden gesehen, durch Erhöhung der Teilhabe an Lernprozessen, Kulturen und Gemeinschaften und die Reduzierung von Ausschlüssen aus dem Bildungswesen und innerhalb des Bildungswesens.«[8] Dieses Prinzip inklusiver Bildung findet inzwischen auch breite Anwendung im Kontext frühkindlicher Bildung, zum Beispiel in Kindertagesstätten. Darüber hinaus wird es als wirksames Mittel gesehen, um diskriminierende Einstellungen insgesamt zu bekämpfen und eine inklusive Gesellschaft zu gestalten. Die internationalen Entwicklungen im Bildungsbereich und die hierauf bezogene inhaltliche, vor allem pädagogische Bestimmung des englischen Begriffs *inclusion* liefern wichtige Orientierungen für die Auslegung des in der UN-BRK verwendeten Inklusionsbegriffs. Dessen Bedeutung reicht jedoch weit über den Bildungsbereich hinaus in alle Dimensionen des sozialen Zusammenlebens hinein.

Inklusion als universelles Prinzip einer demokratischen Gesellschaft

Inhaltlich am weitreichendsten greift der Inklusionsbegriff der UN-BRK als allgemeiner Grundsatz der »Einbeziehung in die Gesellschaft« (*inclusion in society*, Artikel 3 c). In diesem Sinne ist Inklusion zunächst als ein unbestimmter, wertneutraler Prozessbegriff zu verstehen, der seine qualitative Bedeutung erst mit der inhaltlichen Bestimmung gesellschaftlicher Verhältnisse entfaltet, wenn also beschrieben wird, von welcher Art und von welcher Qualität »Gesellschaft« ist oder sein soll.

In welcher Gesellschaft leben wir eigentlich?[9]

Auf diese (soziologische) Frage gibt es aus unterschiedlichen Gründen keine einfache Antwort, weil »Gesellschaft« ein vielschichtiges und dynamisches soziales Gebilde darstellt, das nur schwer zu greifen ist. Gesellschaft verändert sich im Zeitverlauf und im Wandel der sozialen, politischen, wirtschaftlichen und kulturellen Verhältnisse. Entsprechend vielfältig sind die verschiedenen Gesellschaftsbeschreibungen der Soziologie mithilfe von Zuordnungen wie »Wissensgesellschaft«, »Risikogesellschaft« oder »Erlebnisgesellschaft«. Charakteristisch für die moderne Gesellschaft ist, dass sie sich nicht als »großes Ganzes« im Sinne einer sozialen Einheit denken lässt, zu der man in allen Aspekten des Lebens entweder vollständig dazugehört oder von der man ausgeschlossen ist. Vielmehr stellt sich die Gegenwartsgesellschaft als eine (funktional) ausdifferenzierte Gesellschaft dar mit vielen unterschiedlichen Teilsystemen wie Bildung, Arbeit, Gesundheit, soziale Beziehungen, Recht, Politik oder Sport. Inklusion als Einbeziehung in die Gesellschaft ist vor diesem Hintergrund stets mehrdimensional zu denken, als eine Art Mehrfach-Inklusion in verschiedene Aspekte des Lebens (gleichzeitig), die sich über unterschiedliche Rollen des Individuums verwirklicht, zum Beispiel als Schüler_in, als Konsument_in oder Erwerbstätige_r, als Elternteil, Sportfan, Bürger_in usw. Neben dieser ausdifferenzierten Struktur lässt sich Gesellschaft anhand ihrer sozialen Ordnung beschreiben. Gemeint sind Werte und Normen, die als Richtschnur für das soziale Zusammenleben und als Maßstäbe für die Verteilung von Gütern und Lebenschancen in einer Gesellschaft gelten.

Inklusion soll Möglichkeiten zur Teilhabe und Selbstbestimmung eröffnen

In modernen Staaten ist die soziale Ordnung wesentlich geprägt von demokratischen und sozialstaatlichen Prinzipien, die umfassende wirtschaftliche, bürgerliche, kulturelle und soziale Rechte des Einzelnen auf gesellschaftliche Teilhabe zusichern: Von der Teilhabe an einem als angemessen geltenden materiellen Lebensstandard (Einkommen, Wohnen, Gesundheit) über die Teilhabe an der Verwirklichung von Rechten und politischer Mitwirkung (Partizipation) bis hin zur Teilhabe an kulturellen Errungenschaften wie Bildung und Selbstbestimmung.[10] Vor diesem Hintergrund meint Inklusion in einem allgemeinen Sinne die Anerkennung von Rechten und Pflichten, »die jedes Mitglied der Gesellschaft nicht nur formal, sondern in seiner Lebenswirklichkeit haben sollte. Sie erstreckt sich auf Chancengleichheit und öffentliche Mitsprache«[11].

Der Grundsatz der Inklusion ist in der UN-BRK untrennbar mit dem Grundsatz der vollen und wirksamen Teilhabe verbunden (siehe Tab. 1, dort Artikel 3). In Deutschland gilt Teilhabe als zentrale sozialpolitische Programmformel, und der Begriff ist sozialrechtlich verankert. So leitet er das gesamte System der »Rehabilitation und Teilhabe« für behinderte Menschen (Neuntes Buch Sozialgesetzbuch, SGB IX) und die Strategien gegenwärtiger Behindertenpolitik im Sinne der UN-BRK. Ziel ist es demnach, »dass Menschen mit Behinderungen gleichberechtigt mit anderen wirksam und umfassend am politischen und gesellschaftlichen Leben teilhaben können«[12]. Die Verwirklichung dieses Zieles ist jedoch nicht voraussetzungslos, sondern abhängig von konkreten gesellschaftlichen Voraussetzungen und Bedingungen (Umweltfaktoren), die Teilhabe unterstützen oder behindern können. So nützt zum Beispiel einem Rollstuhlfahrer die uneingeschränkte Anerkennung des Wahlrechts wenig, wenn Wahllokale nicht barrierefrei zugänglich sind, und ein Mensch mit Lernschwierigkeiten (sogenannte geistige Behinderung) benötigt politische Informationen in Leichter Sprache, um sein Wahlrecht verwirklichen zu können. Zu den Umweltfaktoren zählen nicht nur Gebäude, Produkte oder Technologien, sondern in einem weiten Sinne auch Gesetze, Anforderungen am Arbeitsmarkt oder die Verfügbarkeit sozialer Unterstützungsdienste. Der Grundsatz der Inklusion in der UN-BRK setzt als »soziale Dimension des Genusses von individuellen Rechten«[13] an diesen gesellschaftlichen Voraussetzungen für die Verwirklichung von Teilhabe an. Es geht darum, alle Lebensbereiche (Gesetze, Infrastruktur, Kommunikationswege, politische Beteiligungsformen usw.) so zu gestalten, dass sie *allen* Menschen gleichberechtigte Möglichkeiten zur Teilhabe eröffnen und niemanden aufgrund von persönlichen Voraussetzungen, wie Geschlecht, Alter oder Beeinträchtigungen, benachteiligen und ausgrenzen.[14] Für Menschen, die mit körperlichen, seelischen oder kognitiven Beeinträchtigungen leben, bedeutet Inklusion in diesem Sinne insbesondere, Bedingungen vorzufinden, damit sie

- ihren Aufenthaltsort wählen und entscheiden können, wo und mit wem sie leben (und sie nicht verpflichtet sind, in besonderen Wohnformen zu leben),
- ihre Begabungen und Fähigkeiten ein Leben lang voll zur Entfaltung bringen können (und sie nicht vom allgemeinen Bildungssystem ausgeschlossen werden) und
- ihren Lebensunterhalt durch frei gewählte oder angenommene Arbeit verdienen können (und sie nicht etwa durch Auswahl- und Einstellungskriterien auf dem allgemeinen Arbeitsmarkt diskriminiert werden).

Autonomie und Inklusion sind untrennbar

Es ist in einer freien Gesellschaft bedeutsam, Inklusion in diesem Sinne als Voraussetzung und Möglichkeit zur gesellschaftlichen Teilhabe zu charakterisieren. Geht man zum einen von der grundsätzlichen Autonomie[15] des Menschen aus, zum anderen von einer zunehmenden Vielfalt (Diversität) der Bevölkerung im demografischen Wandel und damit unterschiedlichen Überzeugungen, Lebensstilen und Vorstellungen eines »guten Lebens«, dann ist Inklusion grundsätzlich als freiheitliche Inklusion zu verstehen. »Inklusion ist ein kategorialer Hinweis auf den menschenrechtlichen Schutz freier sozialer Bezüge und Beziehungen, über die gesellschaftliche Zugehörigkeit erfahren und vermittelt wird.«[16] Dies bedeutet, dass Inklusion immer auch Optionen beinhalten muss, gegebene Möglichkeiten (freiwillig) nicht zu nutzen, zum Beispiel nicht einer bestimmten Religion anzugehören, sich nicht für Sport zu interessieren oder keine berufliche Karriere anzustreben.

Für behinderte Menschen ist dieser Aspekt der Selbstbestimmung vor dem Hintergrund einer langen Tradition ihrer Bevormundung und Fremdbestimmung von besonderer Bedeutung. Bereits in der Präambel der UN-BRK wird die Erkenntnis formuliert, »wie wichtig die individuelle Autonomie und Unabhängigkeit für Menschen mit Behinderungen ist, einschließlich der Freiheit, eigene Entscheidungen zu treffen«[17]. Die Freiheit des einzelnen Menschen steht keineswegs im Widerspruch zum Grundsatz der sozialen Einbeziehung (Inklusion), Autonomie und Inklusion sind vielmehr untrennbar miteinander verknüpft. »Erst in der wechselseitigen Verwiesenheit wird klar, dass Autonomie gerade nicht die Selbstmächtigkeit des ganz auf sich gestellten Einzelnen (...) meint, sondern auf selbstbestimmtes Leben in sozialen Bezügen zielt; und im Gegenzug wird deutlich, dass soziale Inklusion ihre Qualität gerade dadurch gewinnt, dass sie Raum und Rückhalt für persönliche Lebensgestaltung bietet.«[18] In dem dargestellten Sinne beschreibt Inklusion keinen besonderen Anspruch behinderter oder in anderer Weise benachteiligter Menschen, sondern es handelt sich um ein universelles, menschenrechtliches Prinzip des sozialen Zusammenlebens, das uneingeschränkt für die gesamte Bevölkerung und für alle Gesellschaftsbereiche Gültigkeit hat.

Inklusion in einer exklusiven Gesellschaft – zum kritischen Potenzial des Inklusionsbegriffs

Dass die Lebenssituation behinderter Menschen in der UN-BRK und in der gegenwärtigen Diskussion um das Thema Inklusion in Deutschland besondere Aufmerksamkeit erfährt, hat berechtigte Gründe. Denn ihre Rechte werden weltweit in vielerlei Hinsicht missachtet und sie sind besonderen Risiken ausgesetzt, diskriminiert, fremdbestimmt und sozial ausgegrenzt zu werden.[19] Auch in Deutschland zeigen sich in vielen Gesellschaftsbereichen nach wie vor soziale Benachteiligungen behinderter Menschen, zum Beispiel im Zugang zu Bildung und Beschäftigung, im Hinblick auf Gelegenheiten politischer Einflussnahme, bezüglich des Einkommens und der Gesundheit und insgesamt hinsichtlich ihrer Möglichkeiten, ein Leben nach eigenen Vorstellungen führen zu können.[20] Diese Situation ist keineswegs neu, aber erst mit der Anerkennung ihres Anspruchs auf uneingeschränkte Teilhabe und Selbstbestimmung werden faktische »Inklusionsrückstände« von Menschen mit Behinderungen sichtbar und als mögliche Verletzung von Rechten wahrgenommen. Auf paradoxe Weise legt die Erwartung von Inklusion (der Gesamtbevölkerung) den Blick frei auf faktische Prozesse der Ausschließung (Exklusion) bestimmter Personen und Personengruppen. So liefern sozialwissenschaftliche Beobachtungen zum Beispiel deutliche Hinweise darauf, dass sich die Teilhabe an Erwerbsarbeit – entgegen aller Inklusionsrhetorik – offenbar für bestimmte Bevölkerungsgruppen als zunehmend schwierig erweist.[21]

Dabei sein ist nicht alles

Die Probleme benachteiligter Bevölkerungsgruppen manifestieren sich weniger im prinzipiellen Zugang, sondern vielmehr durch begrenzte Möglichkeiten einer *erfolgreichen Teilhabe.* Nicht das olympische Motto des »Dabei sein ist alles« verheißt Lebensqualität und soziale Zugehörigkeit, sondern eine Form der Teilhabe, die zum einen den eigenen Lebensvorstellungen entspricht und zum anderen gesellschaftlich anerkannte Ressourcen vermittelt (wie formale Bildungsabschlüsse, materielle Absicherung, soziale Netzwerke). So ist in Deutschland über die Schulpflicht zwar der Zugang zu Bildung formalrechtlich für jedes Kind verwirklicht, die Chancen, qualifizierte Abschlüsse zu erwerben, sind jedoch nachweislich ungleich verteilt, und zwar in Abhängigkeit vom Geschlecht, vom sozialen Hintergrund, von der nationalen, ethnisch-kulturellen Herkunft sowie von vorhandenen Beeinträchtigungen oder zugeschriebenen Behinderungen. Widersprüchliche Entwicklungen werden auch auf dem Arbeitsmarkt sichtbar. So ist die Arbeitslosenquote zwar seit einigen Jahren insgesamt rückläufig, sodass man rein zahlenmäßig von einer Ausweitung der Inklusion im Sinne des Zugangs zur Erwerbsarbeit ausgehen kann. Allerdings erweist es sich für eine zunehmend größere Gruppe von Menschen als schwierig, eine stabile Beschäftigung zu finden, die ihren Fähigkeiten entspricht, den Lebensunterhalt (auch im Alter) sichert und mit gesellschaftlicher Anerkennung einhergeht. Dies betrifft nicht nur Personen mit fehlender oder geringer schulischer und beruflicher Qualifikation, sondern auch Menschen, die rechtlich als schwerbehindert gelten. Türöffner zum Arbeitsmarkt wie eine hohe Qualifikation, körperliche, seelische und geistige Leistungsfähigkeit, kontinuierliche Belastbarkeit, Flexibilität, Mobilität und Kommunikationsfähigkeit erweisen sich als Ausschlusskriterien für viele Menschen, die mit kognitiven, körperlichen oder seelischen Beeinträchtigungen leben. Ihr Ausschluss von einer Tätigkeit »unter den üblichen Bedingungen des Arbeitsmarktes«[22] wird in vielen Fällen durch eine Beschäftigung auf dem separaten Ersatzarbeitsmarkt, so in Werkstätten für behinderte Menschen (WfbM), kompensiert.

Es gibt also gegenwärtig Anlass, in Teilbereichen der Gesellschaft von »exklusiven« Zonen zu sprechen, zu denen nur ein bestimmter Kreis von Menschen Zutrittsmöglichkeiten hat.[23] Die Auswahlkriterien folgen dabei in erster Linie der ökonomischen, auf Gewinnmaximierung ausgerichteten Eigenlogik des kapitalistischen Wirtschaftssystems im globalisierten Wettbewerb. Die Orientierung an Maßstäben der Leistungsfähigkeit und der ökonomischen Verwertbarkeit scheint das Postulat der Inklusion der Gesamtbevölkerung in gewisser Weise zu unterlaufen. Das Aufmerksamwerden für diese Diskrepanz zwischen Anspruch (Inklusion und Teilhabe) und Wirklichkeit (Exklusion, Benachteiligung und Ausgrenzung) lässt das kritische Potenzial des Inklusionsbegriffs gegenüber sozialen Verhältnissen und widersprüchlichen gesellschaftlichen Entwicklungen erkennen.

Inklusion in einer wandelbaren Gesellschaft – zum Innovationspotenzial des Inklusionsbegriffs

Es sollte deutlich geworden sein, dass der Begriff Inklusion allein noch kein greifbares, positiv besetztes Ziel für das soziale Zusammenleben und individuelle Lebenschancen beschreibt. Die inhaltliche Qualität von Inklusion steht und fällt mit der Qualität faktischer Voraussetzungen und Bedingungen in den jeweiligen Gesellschaftsbereichen auf unterschiedlichen Ebenen. Diese Voraussetzungen sind nicht statisch, denn soziale Gebilde sind dynamisch, sie werden durch (politische) Entscheidungen und Handlungen gesellschaftlicher Akteure immer wieder neu hervorgebracht und sind somit veränderbar. »Der deutliche Unterschied zwischen dem Begriff der Integration und dem der Inklusion (...) besteht darin, dass Integration von einer gegebenen Gesellschaft ausgeht, in die integriert werden kann und soll, Inklusion aber erfordert, dass gesellschaftliche Verhältnisse, die exkludieren, überwunden werden müssen.«[24]

Die UN-BRK liefert erhebliche Impulse für gesellschaftliche Transformationen aus der Perspektive behinderter Menschen. Sie anerkennt das Leben mit körperlichen, seelischen und kognitiven Beeinträchtigungen als eine *normale*, und nicht eine abweichende oder defizitäre, Variante menschlicher Vielfalt und sieht beeinträchtigte Menschen als gleichwertige und gleichberechtigte Mitglieder der Gesellschaft. Alle gesellschaftlichen Lebensbereiche, einschließlich ihrer zugrunde liegenden Erwartungen und Maßstäbe sollen deshalb auf allen Ebenen so (um)gestaltet werden, dass sie die Voraussetzungen und Bedürfnisse beeinträchtigter Menschen berücksichtigen. Ihre Interessen sollen für die soziale und wirtschaftliche Ordnung von vornherein als zugehörig gelten und nicht als besonders wahrgenommen werden.

Gegenwärtige gesellschaftliche Bedingungen aus der Sicht beeinträchtigter Menschen zu hinterfragen und in deren Sinne zu verändern, birgt gewaltiges Innovationspotenzial für gesellschaftliche Veränderungen, und zwar »zum allgemeinen Wohl und zur Vielfalt ihrer Gemeinschaft« (UN-BRK, Präambel, Buchstabe m). So profitieren zum Beispiel von öffentlicher Information und Kommunikation in Leichter Sprache nicht nur Menschen mit kognitiven Beeinträchtigungen, sondern auch Menschen mit geringer politischer Bildung oder schlechten Kenntnissen der deutschen Sprache. Barrierefreie Verkehrsmittel erleichtern nicht nur die Mobilität für Verkehrsteilnehmer_innen mit Rollstühlen und Gehhilfen, sondern beispielsweise auch mit Kinderwagen. Ein Schulunterricht, der unterschiedlichen individuellen Lernvoraussetzungen gerecht wird, könnte den Bildungserfolg jedes einzelnen Kindes und das Bildungspotenzial für die Gesellschaft insgesamt erhöhen. Ein Arbeitsmarkt, der die Vielfalt von Beschäftigten schätzt und auch jenen Personen Beschäftigung und Anerkennung ermöglicht, die nicht allzeit mobil, flexibel, kontaktfreudig und zu jeder Zeit leistungsfähig sind, erweitert das Spektrum an zu nutzenden Begabungen und Fähigkeiten. Die »üblichen Bedingungen des Arbeitsmarktes« in diese Richtung zu verändern, könnte einen Beitrag zur Humanisierung des Arbeitslebens insgesamt liefern. Zugleich wäre darüber nachzudenken, wie materielle Sicherheit, Persönlichkeitsentfaltung und gesellschaftliche Anerkennung auch jenseits von Erwerbsarbeit verwirklicht werden könnten, um Menschen auch fern von ökonomischen Verwertungsinteressen tragfähige Lebensperspektiven zu eröffnen.

Grundsätzlich bedeutet Inklusion im Sinne der UN-BRK, gesellschaftliche Teilhabe für *alle* Menschen in *allen* Lebensbereichen auf der Basis gleicher Rechte zu ermöglichen. Dies erfordert an erster Stelle, die Verschiedenheit von Menschen (Diversität) einschließlich ihrer unterschiedlichen körperlichen, kognitiven und seelischen Voraussetzungen als gleichwertig anzuerkennen, und überdies, gesellschaftliche Bedingungen, Maßstäbe und Standards so weiterzuentwickeln, dass sie der Vielfalt der Bevölkerung im Rahmen eines erweiterten »Normalitätsspektrums« gerecht werden können. Damit die notwendigen Veränderungen die Interessen und Bedürfnisse beeinträchtigter Menschen von vornherein berücksichtigen, ist deren aktive Mitwirkung (Partizipation) an der Umgestaltung – einschließlich der politischen Entscheidungs- und Planungsprozesse – unverzichtbar. Ohne diese Voraussetzungen verkommt das Prinzip der Inklusion zu einer Strategie der Anpassung behinderter Menschen an vorhandene Bedingungen.

▸ Zusammenfassung

Inklusion bedeutet als Grundsatz der UN-Behindertenrechtskonvention (UN-BRK) in einem allgemeinen Sinne die Einbeziehung in die Gesellschaft. Es handelt sich um ein universell gültiges menschenrechtliches Prinzip mit dem Ziel, allen Menschen auf der Basis gleicher Rechte ein selbstbestimmtes Leben und die Teilhabe an allen Aspekten des gesellschaftlichen Lebens zu ermöglichen. Unter den gegenwärtigen wirtschaftlichen, sozialen und kulturellen Bedingungen erfahren Menschen mit körperlichen, kognitiven und seelischen Beeinträchtigungen häufig immer noch soziale Benachteiligungen und Ausgrenzungen sowie eingeschränkte Möglichkeiten, ein Leben nach eigenen Vorstellungen zu führen. Der Inklusionsbegriff trägt dazu bei, diese Unrechtserfahrungen wahrzunehmen, und er liefert Impulse für die Veränderung gesellschaftlicher Bedingungen, bei der Menschen mit einer Behinderung aktiv einbezogen werden müssen, um ihren Interessen und Bedürfnissen gerecht zu werden.

Anmerkungen

1 Abgeleitet aus dem Lateinischen *inclusio* für Einschließung.

2 Unter www.un.org/Depts/german/uebereinkommen/ar61106-dbgbl.pdf (Aufruf am 07.04.2014).

3 Der Verein für Menschenrechte und Gleichstellung Behinderter NETZWERK ARTIKEL 3 e.V. hat mit seiner Schattenübersetzung eine deutsche Version des Konventionstextes zur Verfügung gestellt, die dem verbindlichen (englischen) Wortlaut mehr entsprechen soll als die offizielle deutsche Übersetzung. Vgl. online unter: http://www.netzwerk-artikel-3.de/index.php?view=article&id=93:international-schattenuebersetzung (Aufruf am 07.04.2014).

4 Vgl. Valentin Aichele, Die UN-Behindertenrechtskonvention und ihr Fakultativprotokoll. Ein Beitrag zur Ratifikationsdebatte, Policy Paper No. 9, Deutsches Institut für Menschenrechte, Berlin 2008, S. 11 ff.

5 Die Erklärung wurde von den Mitgliedern der Weltkonferenz »Pädagogik für besondere Bedürfnisse: Zugang und Qualität« 1994 in Salamanca, Spanien, verabschiedet. Vgl. UNESCO (Hrsg.), Die Salamanca Erklärung und der Aktionsrahmen zur Pädagogik für besondere Bedürfnisse, online abrufbar unter: http://www.unesco.at/bildung/basisdokumente/salamanca_erklaerung.pdf (Aufruf am 07.04.2014). Zuletzt wurde diese Zielrichtung auf der Bildungskonferenz der UNESCO »Inklusive Bildung: Der Weg der Zukunft« in Genf 2008 bekräftigt.

6 Vgl. Gottfried Biewer, Grundlagen der Heilpädagogik und inklusiven Pädagogik, Bad Heilbrunn 2010, S. 124 ff.

7 Vgl. UNESCO (Hrsg.), wie Anm. 5, S. 4. Zur inklusiven Bildung siehe auch den Beitrag von Andrea Platte in diesem Band → S. 130 ff.

8 Vgl. G. Biewer, wie Anm. 6, S. 131.

9 Vgl. Armin Pongs, In welcher Gesellschaft leben wir eigentlich? Gesellschaftskonzepte im Vergleich, München 2000. Für eine Einführung in Gesellschaftsbegriffe vgl. auch Thomas Schwietring, Was ist Gesellschaft? Einführung in soziologische Grundbegriffe, Schriftenreihe der Bundeszentrale für politische Bildung, Bd. 1210, Bonn 2011.

10 Vgl. Peter Barthelheimer, Politik der Teilhabe. Ein soziologischer Beipackzettel, FES Working Paper, Berlin 2007, online abrufbar unter: http://library.fes.de/pdf-files/do/04655.pdf (Aufruf am 07.04.2014).

11 Anthony Giddens, Der dritte Weg. Die Erneuerung der sozialen Demokratie, Frankfurt am Main 1999, S. 120.

12 Bundesministerium für Arbeit und Soziales, Unser Weg in eine inklusive Gesellschaft. Der Nationale Aktionsplan der Bundesregierung zur Umsetzung der UN-Behindertenrechtskonvention, Berlin 2011, online abrufbar unter: http://www.bmas.de/SharedDocs/Downloads/DE/PDF-Publikationen/a740-nationaler-aktionsplan-barrierefrei.pdf?__blob=publicationFile, S. 17 (Aufruf am 07.04.2014).

13 Valentin Aichele, Inklusion als menschenrechtliches Prinzip: der internationale Diskurs um die Behindertenrechtskonvention, in: ARCHIV für Wissenschaft und Praxis der sozialen Arbeit, Berlin, 3 (2013), S. 34.

14 In Deutschland sind die Grundsätze der Chancengleichheit und des Verbots von Benachteiligung in Artikel 3 Grundgesetz und im Allgemeinen Gleichbehandlungsgesetz (AGG) manifestiert.

15 Abgeleitet von den altgriechischen Wörtern *autos* (selbst) und *nomos* (Gesetz): Eigengesetzlichkeit.

16 V. Aichele, wie Anm. 13, S. 35.

17 UN-BRK, Präambel, Buchstabe n).

18 Heiner Bielefeldt, Zum Innovationspotenzial der UN-Behindertenrechtskonvention. Essay No. 5, Deutsches Institut für Menschenrechte, Berlin 2009, S. 11, online abrufbar unter: www.institut-fuer-menschenrechte.de/essay_no_5_zum_innovationspotential_der_un_behindertenrechtskonvention_aufl3-2.pdf (Aufruf am 07.04.2014).

19 Vgl. World Health Organisation (WHO), World Report on Disability, Genf 2001, online abrufbar unter: http://www.who.int/disabilities/world_report/2011/accessible_en.pdf (Aufruf am 07.04.2014).

20 Vgl. Bundesministerium für Arbeit und Soziales, Teilhabebericht der Bundesregierung über die Lebenslagen von Menschen mit Beeinträchtigungen. Teilhabe, Beeinträchtigung, Behinderung, Berlin 2013, online abrufbar unter: http://www.bmas.de/SharedDocs/Downloads/DE/PDF-Meldungen/2013-07-31-teilhabebericht.pdf;jsessionid=DA25609E645D0A019B1D4CAA13369ED1?__blob=publication File (Aufruf am 07.04.2014).

21 Vgl. Heinz Bude/Andreas Willisch (Hrsg.), Das Problem der Exklusion. Ausgegrenzte, Entbehrliche, Überflüssige, Hamburg 2006.

22 So die rechtliche Formulierung für Erwerbsminderung.

23 Vgl. Gudrun Wansing, Inklusion in einer exklusiven Gesellschaft. Oder: Wie der Arbeitsmarkt Teilhabe behindert, in: Behindertenpädagogik 4 (2012), S. 381–396.

24 Martin Kronauer, Exklusion. Die Gefährdung des Sozialen im hoch entwickelten Kapitalismus, Frankfurt am Main 2010, S. 56.

Theresia Degener

Die UN-Behindertenrechtskonvention – ein neues Verständnis von Behinderung

Die Verabschiedung der UN-Behindertenrechtskonvention (UN-BRK) im Dezember 2006 durch die UN-Generalversammlung in New York leitete eine neue Ära in der internationalen Behindertenpolitik ein. Erstmals in der Geschichte der Vereinten Nationen (VN/UN) wurden die Menschenrechte für behinderte Menschen verbindlich festgeschrieben. Traditionelle Konzepte der Fürsorge und der Schonraumpolitik wurden normativ endgültig abgelöst. Die UN-BRK bricht viele Rekorde:

- Sie ist die erste Menschenrechtskonvention im neuen Jahrtausend.
- Sie ist in der Geschichte der Vereinten Nationen die in kürzester Zeit von der größten Anzahl von Staaten unterzeichnete Menschenrechtskonvention.
- Sie etabliert ein neues System nationaler Überwachung und erklärt die Entwicklungspolitik zur Menschenrechtsfrage.
- Sie kodifiziert erstmalig ein neues Modell von Behinderung: das menschenrechtliche Modell.

Dieser Beitrag stellt die Entstehungsgeschichte und den Inhalt der UN-BRK dar, ordnet sie in die Geschichte der Vereinten Nationen ein und begründet den neuen Charakter des menschenrechtlichen Modells von Behinderung. Die damit verbundenen Konsequenzen für die 151 Mitgliedsstaaten (Stand Ende September 2014) wurden bisher kaum verstanden.

Hintergrund und Entstehungsgeschichte der UN-BRK

Auf Initiative Mexikos beschloss die Generalversammlung der Vereinten Nationen am 19. Dezember 2001 mit der Resolution 56/168 die Errichtung eines Ad-hoc-Ausschusses, dem aufgegeben wurde, Vorschläge für eine Behindertenrechtskonvention zu erarbeiten. Dem waren vielfältige Forderungen von Organisationen der Behindertenbewegung nach einer Konvention vorausgegangen.[1] Fast zeitgleich veröffentlichte das Hohe Kommissariat für Menschenrechte eine Hintergrundstudie zum Stand der

Anwendung der damals existierenden sechs Kern-Menschenrechtsverträge[2] auf die Situation behinderter Menschen. Diese Studie enthielt auch die Empfehlung zur Erarbeitung einer neuen Menschenrechtskonvention für Menschen mit Behinderung.[3] Sowohl die Resolution 56/168 als auch die Hintergrundstudie waren der Startschuss für die Entstehung der Behindertenrechtskonvention.

In der Folge kam der Ad-hoc-Ausschuss in den Jahren 2002 bis 2006 zu insgesamt acht jeweils mehrwöchigen Arbeitssitzungen zusammen. Mitwirken konnten alle 193 Mitgliedsstaaten der Vereinten Nationen, deren Organisationen, zum Beispiel das Büro des Hohen Kommissars für Menschenrechte (OHCHR), die Weltgesundheitsorganisation (WHO), das Kinderhilfswerk (UNICEF), aber auch nationale Menschenrechtsinstitute und Nichtregierungsorganisationen (NRO). Als Beraterin der deutschen Bundesregierung nahm die Verfasserin an den meisten dieser Sitzungen teil, bei denen mehr als 100 Regierungsdelegationen und über 400 NRO (zumeist Behindertenorganisationen) zusammenkamen.

Die UN-BRK wurde unter schwierigen Bedingungen verhandelt. Zum einen befanden sich zuletzt über 900 Teilnehmende im Verhandlungsraum in New York – die jeweils eigene politische, kulturelle und religiöse Vorstellungen in die Auseinandersetzung einbrachten. Zum anderen – und das war ein Novum in der Geschichte der Menschenrechte – partizipierten die Vertreter_innen der Zivilgesellschaft in einem Ausmaß, dass sie nahezu paritätisch mit den Staaten agierten. Formell waren zwar nur die Staatenvertreter_innen stimmberechtigt, in der Sache galt jedoch das Credo der Behindertenbewegung: »Nichts ohne uns über uns.«

Vier Konfliktlinien

Bereits während der Erarbeitung des ersten Entwurfs der UN-BRK zeichneten sich vier Konfliktlinien ab,[4] die alle weiteren Sitzungen des Ad-hoc-Ausschusses beherrschen sollten.[5]

Der erste Konflikt kreiste um die Frage der rechtlichen Handlungsfähigkeit von Menschen mit Behinderung. Während die Arbeitsgruppe des Ad-hoc-Ausschusses, die den ersten Entwurf der UN-BRK im Januar 2004 vorlegte, mehrheitlich darin übereinstimmte, dass ein Paradigmenwechsel von der Stellvertretung zur assistierten Entscheidungsfindung bitter nötig sei, konnte dagegen zunächst kein Konsens über die Frage erzielt werden, ob für Ausnahmefälle rechtliche Stellvertretung zulässig sein sollte.

Die zweite Konfliktlinie betraf das Thema Zwangsbehandlung und Institutionalisierung. Während weitgehende Einigkeit darüber bestand, dass die Unterbringung in Heimen und Sondereinrichtungen mit einer an den Menschenrechten orientierten Behindertenpolitik nicht vereinbar ist, gab es Dissens in der Frage, wie explizit Zwangsbehandlung und Institutionalisierung verboten werden sollten. Insbesondere die Staatenvertreter_innen argumentierten für rechtsstaatlich abgesicherte Ausnahmetatbestände zur Zwangsbehandlung vermeintlich gefährlicher Menschen mit Behinderung. Expert_innen aus der Zivilgesellschaft plädierten hingegen für ein absolutes »Folterverbot«.

Die dritte Konfliktlinie betraf die Frage des Umgangs mit unterschiedlichen sozialen, religiösen und kulturellen Werten. Die Herausforderung bestand darin, einerseits behindertenspezifische Diskriminierungen, wie Zwangssterilisation, Heiratsverbote oder andere Einschränkungen der sexuellen und reproduktiven Selbstbestimmung, zu verbieten und andererseits die unterschiedlichen Wertvorstellungen in den Mitgliedsstaaten zu respektieren.

Das vierte Konfliktthema lässt sich mit den Stichwörtern Inklusion versus Segregation umschreiben. Während bei den meisten Beteiligten Einigkeit darüber herrschte, Inklusion im Allgemeinen als das anzustrebende Ziel zu sehen, gab es im Hinblick auf die Bereiche Bildung und Arbeit viel Dissens. So stritten beim Thema Bildung insbesondere die Blinden-, Taubblinden- und Gehörlosenverbände für ein Menschenrecht auf Sonderschulen zur Sicherung qualitativ hochwertiger Bildung und der eigenen kulturellen Identität, während es beim Thema Arbeit vornehmlich um die Frage ging, ob Werkstätten für Menschen mit Behinderungen als mögliche Alternativen zum ersten Arbeitsmarkt angesehen werden sollten.

Während der Verhandlungen wurde der anvisierte Paradigmenwechsel immer wieder infrage gestellt und mühevoll um Konsens gerungen. Schließlich wurde die UN-BRK zusammen mit dem Fakultativprotokoll nach dritter Lesung des Entwurfs am 25. August 2006 verabschiedet und – nach redaktioneller Überarbeitung – von der UN-Generalversammlung am 13. Dezember 2006 einstimmig verabschiedet.

Der Erfolg der Arbeit des Ad-hoc-Ausschusses lässt sich nicht nur am Text der Behindertenrechtskonvention ausmachen, der insgesamt einen klaren menschenrechtlichen Paradigmenwechsel in der Behindertenpolitik postuliert und in vielerlei Hinsicht innovativ ist. Er lässt sich auch an der Zahl der Unterzeichnerstaaten am 30. März 2007 ablesen. Über 80 Staaten – darunter auch Deutschland – unterzeichneten das Übereinkommen am ersten Tag der Auslegung zur Signatur. Damit ist die UN-BRK die am schnellsten verhandelte Menschenrechtskonvention mit der höchsten Anzahl von Erstunterzeichnerstaaten in der Geschichte der Vereinten Nationen.

Der Inhalt der UN-BRK

Die UN-BRK besteht aus zwei völkerrechtlichen Verträgen: dem Übereinkommen über die Rechte von Menschen mit Behinderungen (BRK) und einem Fakultativprotokoll (FP),[6] das besondere Verfahrensarten im Zusammenhang mit der Umsetzung der Konvention enthält.

Artikel 1 bestimmt als Zweck der UN-BRK »den vollen und gleichberechtigten Genuss aller Menschenrechte und Grundfreiheiten durch alle Menschen mit Behinderungen zu fördern, zu schützen und zu gewährleisten und die Achtung der ihnen innewohnenden Würde zu fördern.«

Wie die UN-Kinderrechtskonvention (UN-KRK) verfolgt die UN-Behindertenrechtskonvention einen ganzheitlichen Ansatz des Menschenrechtsschutzes mit staatlichen Achtungs-, Schutz- und Gewährleistungspflichten. Daneben enthält die Konvention auch Ziel- und Förderpflichten sowie Empfehlungen für staatliche und internationale Behindertenpolitik. Wie alle Menschenrechtsverträge ist auch die UN-BRK für die Vertragsstaaten bindend und hat somit zunächst öffentlich-rechtliche Wirkung. Darüber hinaus wirkt sie jedoch auch in den privatrechtlichen Bereich. Denn die Mitgliedstaaten sind gemäß Artikel 4 Absatz 1 e) verpflichtet, »alle geeigneten Maßnahmen zur Beseitigung der Diskriminierung aufgrund von Behinderung durch Personen, Organisationen oder private Unternehmen zu ergreifen«.

In personaler Hinsicht gilt die UN-BRK für alle Menschen mit Behinderung. Der Personenkreis wird nicht abschließend definiert, sondern in Artikel 1 beispielhaft beschrieben. Zur Gruppe zählen »Menschen, die langfristige körperliche, seelische, geistige oder Sinnesbeeinträchtigungen haben, welche sie in Wechselwirkung mit verschiedenen Barrieren an der vollen, wirksamen und gleichberechtigten Teilhabe an der Gesellschaft hindern können.«

Der Geist der UN-BRK ergibt sich neben ihrer Zweckbestimmung insbesondere aus den acht allgemeinen Prinzipien, die in Artikel 3 enthalten sind. Zu ihnen gehören das Prinzip der Autonomie und der damit verbundenen Achtung der Menschenwürde,[7] die Grundsätze der Nichtdiskriminierung, Chancengleichheit und Barrierefreiheit,[8] der Partizipation und Inklusion[9] sowie das Prinzip der Diversität behinderter Menschen und der Akzeptanz dieser Menschen als Teil menschlicher Vielfalt[10]. Die beiden letzten Grundsätze »die Gleichberechtigung von Mann und Frau«[11] und »die Achtung vor den sich entwickelnden Fähigkeiten von Kindern mit Behinderungen und die Achtung ihres Rechts auf Wahrung ihrer Identität«[12] unterstreichen die Bedeutung von geschlechter- und alterssensibler Behindertenpolitik.[13]

Artikel 4 definiert die allgemeinen Pflichten, welche die Vertragsstaaten bei der Umsetzung dieser Menschenrechtskonvention zu beachten haben, und ist daher als das »rechtliche Herzstück« für die Implementierung anzusehen.[14]

Das Thema der Bewusstseinsbildung wird in Artikel 8 noch einmal gesondert aufgeführt. Die Staaten sind aufgerufen, mit vielfältigen Maßnahmen »Klischees, Vorurteile und schädliche Praktiken gegenüber Menschen mit Behinderungen«[15] zu bekämpfen und in der Gesellschaft allgemein positiv über Behinderung aufzuklären. Dabei wird den Medien eine wichtige Rolle zugeschrieben.[16] Diese Obliegenheit gehört, wie die objektive Pflicht der Herstellung von Barrierefreiheit nach Artikel 9, zum Innovationspotenzial der Konvention.[17]

Die UN-BRK enthält mindestens siebzehn subjektive Menschenrechte.[18] Sie entsprechen den in der Allgemeinen Menschenrechtserklärung von 1949 und in den beiden internationalen Kern-Menschenrechtspakten (Zivil- und Sozialpakt von 1966)[19] enthaltenen Menschenrechten weitgehend.

Während der Verhandlungen wurde immer wieder betont, dass mit der Behindertenrechtskonvention keine neuen Menschenrechte oder gar Sonderrechte geschaffen werden sollten. Vielmehr sollte der vorhandene, universal anerkannte Menschenrechtskatalog auf den Kontext von Behinderung zugeschnitten werden. Ob die UN-BRK tatsächlich keine neuen Menschenrechte enthält, obwohl einige ihrer Artikel keine direkten Entsprechungen in anderen Menschenrechtsverträgen finden,[20] wird in der rechtswissenschaftlichen Literatur bereits diskutiert.[21]

Lösung der Hauptkonfliktlinien

Die vier oben erwähnten Hauptkonfliktthemen wurden in der verabschiedeten Fassung der UN-BRK folgendermaßen gelöst:

Das Menschenrecht auf gleiche Anerkennung vor dem Recht wurde in Artikel 12 als klare Absage an ein System der stellvertretenden Entscheidungsfindung formuliert. Alle Personen mit Behinderung werden als rechts- und handlungsfähig anerkannt.[22] Staaten haben die Pflicht, ein System der assistierten Entscheidungsfindung zugänglich zu machen.[23] Außerdem müssen die Vertragsstaaten dafür Sorge tragen, behinderte Menschen vor Missbrauch bei der Ausübung rechtlicher Handlungsfähigkeit zu schützen.[24]

Der Konflikt um Zwangsbehandlung und Institutionalisierung wurde ausgeräumt durch den Verzicht auf ein wörtliches Verbot einerseits sowie andererseits durch die Einbringung deutlicher Schutzrechte gegen derartige Behandlungen an verschiedenen Stellen im Übereinkommen. Neben einem allgemeinen Folterverbot (Artikel 15) ist in Artikel 16 der Schutz gegen Ausbeutung, Gewalt und Missbrauch festgeschrieben. Die körperliche und psychische Integrität wird durch Artikel 17 geschützt, und Artikel 19 verpflichtet die Vertragsstaaten, dafür Sorge zu tragen, dass Menschen mit Behinderungen selbstbestimmt außerhalb von Anstalten und anderen Sondereinrichtungen leben können.

Für die Berücksichtigung unterschiedlicher sozialer, kultureller und religiöser Werte wurden Kompromisse gefunden, die nicht hinter die Errungenschaften zurückfielen, die beispielsweise für Frauen auf Weltkonferenzen der Vereinten Nationen zum Thema Familienplanung und reproduktive Selbstbestimmung erzielt worden waren.[25] So sichern insbesondere Artikel 23 (Achtung der Wohnung und der Familie) und Artikel 25 (Gesundheit) behinderten Menschen ein Recht auf diskriminierungsfreien Zugang zu Partnerschaft, Elternschaft und Ehe sowie zu sexual- und fortpflanzungsmedizinischen Gesundheitsleistungen zu.

Die vierte Konfliktlinie Inklusion versus Segregation konnte zugunsten eines klaren Bekenntnisses zur Inklusion aufgelöst werden. Das Recht auf inklusive Bildung wurde nicht als Wahlrecht zwischen Sonder- oder Regelschule, sondern als Recht auf Inklusion im Regelbildungssystem ausgestaltet.[26] Hinsichtlich des Rechts auf Arbeit ist von einem »allgemeinen Arbeitsmarkt« die Rede.[27] Werkstätten für Menschen mit Behinderungen werden nicht ausdrücklich verboten, sie werden aber auch nicht als mögliche Alternativen zum ersten Arbeitsmarkt benannt.

Als Rahmenlösung aller Konfliktthemen, die sich während der Verhandlungen zu der Konvention ergaben, wurde eine umfassende Verankerung des Nichtdiskriminierungsprinzips gewählt. Dieses findet sich in jedem einzelnen verankerten Menschenrecht sowie ausführlich im allgemeinen Teil der UN-BRK. Mit Artikel 5 wurde diesem Prinzip eine eigenständige Norm gewidmet, die jede Form von Diskriminierung aufgrund von Behinderung verbietet und Maßnahmen zur Gleichberechtigung von Menschen mit Behinderungen fordert. In Bezug auf behinderte Frauen und Mädchen wird erstmals in einer Menschenrechtskonvention der Vereinten Nationen auch mehrfache Diskriminierung anerkannt (Artikel 6 Absatz 1).

Verglichen mit den anderen Kern-Menschenrechtskonventionen der Vereinten Nationen und im Besonderen mit dem deutschen Recht, enthält die UN-BRK ein weitergehendes Diskriminierungsverbot, gilt doch in ihr bereits die »Versagung angemessener Vorkehrungen« als Diskriminierung. Zu verstehen sind darunter gemäß Artikel 2 »notwendige und geeignete Änderungen und Anpassungen, die keine unverhältnismäßige oder unbillige Belastung darstellen und die, wenn sie in einem bestimmten Fall erforderlich sind, vorgenommen werden, um zu gewährleisten, dass Menschen mit Behinderungen gleichberechtigt mit anderen alle Menschenrechte und Grundfreiheiten genießen oder ausüben können«.

Auch im Umsetzungsteil (Artikel 33ff.) enthält die Konvention Regelungen mit hohem Innovationspotenzial. So wurden neben dem internationalen Überwachungssystem nationale Umsetzungs- und Monitoring-Strukturen etabliert, die das Menschenrechtssystem der Vereinten Nationen insgesamt weiterentwickeln werden.[28] Zusätzlich zu dem in Genf angesiedelten Überwachungsausschuss auf internationaler Ebene sieht die Konvention auf nationaler Ebene die Einrichtung sogenannter *Focal Points* und Koordinationsstellen sowie eine unabhängige Monitoring-Stelle vor, denen sowohl die allgemeine Umsetzung der UN-BRK als auch deren Überwachung obliegt. Ebenso gibt die Konvention vor, dass diese Prozesse unter Beteiligung von Behindertenverbänden erfolgen müssen.

Behinderung als Thema in der Geschichte der Vereinten Nationen

Der mit der UN-BRK erfolgte Paradigmenwechsel erschließt sich, wenn man sich die Geschichte der Behindertenpolitik der Vereinten Nationen seit ihrer Gründung im Jahr 1945 vor Augen hält. Aus heutiger Sicht lassen sich vier Phasen unterscheiden.

Die vier Phasen der Behindertenpolitik

Die erste Phase umfasst mehr als drei Dekaden von 1945 bis 1970, in der behinderte Menschen unsichtbare Bürger_innen waren und Objekte der Rehabilitation und Prävention. Das Thema Behinderung fiel nicht in die Verantwortung der Menschenrechtskommission, sondern in die der für Wohlfahrts- und Armutsfragen zuständige Sozialkommission der Vereinten Nationen.[29] Daneben war die Weltgesundheitsorganisation (WHO) als Sonderorganisation der Vereinten Nationen mit dem Fokus Gesundheit für das Thema zuständig. Die WHO legte das traditionelle dreigleisige Konzept der Definition, Prävention und Rehabilitation als Säulen nationaler und internationaler Behindertenpolitik an.

Die Dekade von 1970 bis 1980 bildete die zweite Phase, in der Behinderte als (Rechts-)Subjekte der Rehabilitation wahrgenommen wurden. Definition, Prävention und Rehabilitation blieben die tragenden Säulen der Behindertenpolitik, jedoch wurden nun erstmals Rechte von behinderten Menschen formuliert und in Form von »weichen« Völkerrechtsquellen – das heißt rechtlich unverbindlichen Resolutionen bzw. Deklarationen – verabschiedet. Die Erklärung der Rechte geistig behinderter Menschen von 1971 *(UN Declaration on the Rights of Mentally Retarded Persons)* proklamierte für Menschen mit kognitiven Beeinträchtigungen die gleichen Rechte wie für nicht behinderte Menschen, allerdings unter dem Vorbehalt des Möglichen.[30] Die vier Jahre später verabschiedete Erklärung der Rechte der behinderten Menschen *(UN Declaration on the Rights of Disabled Persons)* geht etwas weiter. Neben den sozialen, wirtschaftlichen und kulturellen Rechten wird auch der Katalog der zivilen und bürgerlichen Rechte für anwendbar erklärt, wenn auch mit dem erwähnten Schrankenvorbehalt.[31]

Obwohl beide Deklarationen den Beginn einer Ära der Anerkennung von Rechten behinderter Menschen seitens der Vereinten Nationen markieren,[32] erscheint es nicht sachgerecht, diese Dekade bereits als Beginn eines Menschenrechtsansatzes in der Behindertenpolitik der Vereinten Nationen zu sehen.[33] Dazu sind beide Deklarationen zu sehr auf soziale, wirtschaftliche und kulturelle Rechte begrenzt. Auch räumt der in den Texten evident werdende Schrankenvorbehalt ein, eine gesundheitliche Beeinträchtigung als legitimen Grund für eine Vorenthaltung von Menschenrechten anzusehen.

Die Ära der offiziellen Anerkennung der Menschenrechte behinderter Personen beginnt erst in den Dekaden von 1980 bis 2000, der dritten Phase, in der behinderte Menschen als Menschenrechtsobjekte wahrgenommen und dargestellt wurden. Sie beginnt 1981 mit dem Internationalen Jahr der Behinderten, gefolgt von der UN-Dekade der Behinderten (1983–1992) und endet mit der Beauftragung einer Studie über die Anwendung und den Nutzen der existierenden Menschenrechtsverträge durch das Hohe Kommissariat für Menschenrechte, die dann zwei Jahre später erschien.[34]

Zwei wichtige Dokumente wurden in dieser Phase verabschiedet, das »Weltaktionsprogramm für Behinderte« von 1982[35] und die »Rahmenbestimmungen für die Herstellung von Chancengleichheit für Behinderte« von 1993.[36] Obwohl als sogenanntes weiches Völkerrecht rechtlich nicht verbindlich, förderten sie die Verabschiedung von Antidiskriminierungsgesetzen in zahlreichen Mitgliedsstaaten der Vereinten Nationen.[37] Beide Dokumente markieren Meilensteine auf dem Weg zu einer gleichberechtigten Anerkennung behinderter Menschen, weil sie der traditionellen Triade – Definition, Prävention und Rehabilitation von Behinderung – eine vierte Zielvorgabe, die Chancengleichheit behinderter Menschen, hinzugefügt haben.

Zwar fallen in diese dritte Phase auch zwei wichtige Berichte der damaligen Menschenrechtskommission zum Thema Behinderung[38], doch erst mit den Arbeiten an einer rechtlich verbindlichen Menschenrechtskonvention traten Behindertenorganisationen, in denen behinderte Menschen sich selbst vertreten, massiv und auf allen Ebenen als Menschenrechtsakteure auf.[39]

Erstmals mit der UN-BRK wurde der gesamte Katalog der Menschenrechte auf den Kontext von Behinderung zugeschnitten. Und erst durch diese Konvention wurde das Thema Behinderung auch institutionell in das Menschenrechtssystem der Vereinten Nationen aufgenommen, namentlich das Hochkommissariat für Menschenrechte in Genf. Die vierte, bis heute geltende Phase der Behindertenpolitik der Vereinten Nationen beginnt daher im Jahre 2000, dem Zeitpunkt, ab dem Menschen mit Behinderungen als Menschenrechtssubjekte wahrgenommen werden.

Vom medizinischen über das soziale zum menschenrechtlichen Modell von Behinderung

Die UN-BRK steht für einen Paradigmenwechsel im Verständnis von Behinderung. Sie löst das medizinische Modell von Behinderung ab. Danach wird Behinderung als individuelles Phänomen betrachtet, dem mit medizinischen, therapeutischen und sonderpädagogischen Maßnahmen zu begegnen ist. Ersetzt wurde dieses Verständnis von Behinderung zunächst vom sozialen Modell, welches Behinderung als sozial-politisches, vorwiegend sozial konstruiertes Phänomen begreift.[40]

In den vergangenen 30 Jahren ist eine Vielzahl anderer Modelle von Behinderung entstanden.[41] Das soziale Modell von Behinderung aber blieb lange unangefochten das Leitmodell für die Kritik an einer Behindertenpolitik, die auf einem rein medizinischen Verständnis von Behinderung basiert. Die Kritik richtete sich gegen eine Behindertenpolitik, die Heime und andere Sondereinrichtungen als Schonräume legitimiert, die Barrieren als Schicksal deklariert und die Behinderung als legitimen Grund für Entrechtung determiniert. Das war auch der Anlass, warum das soziale Modell von Behinderung als Orientierung bei den Verhandlungen zur UN-BRK diente. Daraus ließe sich ableiten, die Konvention stelle die internationale Kodifizierung des sozialen Modells von Behinderung dar. Tatsächlich aber wurde eine Weiterentwicklung des sozialen Modells verabschiedet: das menschenrechtliche Modell von Behinderung. Der Begriff tauchte in den 1990er-Jahren in verschiedenen Publikationen auf, unter anderem in der von der Verfasserin gemeinsam mit Gerard Quinn veröffentlichten Hintergrundstudie zur UN-BRK.[42] Allerdings grenzt die Studie die beiden Modelle nicht voneinander ab, das soll im Folgenden anhand von sechs Thesen geschehen.

Sechs Thesen zur Abgrenzung des sozialen und des menschenrechtlichen Modells von Behinderung

– **Nur das menschenrechtliche Modell kann erklären, dass Menschenrechtsfähigkeit nicht durch gesundheitliche Beeinträchtigungen beschränkt wird.**

Während das soziale Modell erklären kann, wie die Gruppe behinderter Menschen sozial konstruiert wird, kann das menschenrechtliche Modell von Behinderung verständlich machen, warum Menschenrechtsfähigkeit Nichtbehinderung nicht voraussetzt. Der deutlichste Ausdruck dieser Annahme findet sich in Artikel 12 der UN-BRK, wonach alle behinderten Menschen als rechts- und handlungsfähig anzusehen sind.[43] Zu den Wesensmerkmalen unserer heutigen Menschenrechtstheorie gehört die Gewissheit, dass Menschenrechte universal sind. Das heißt, sie können weder durch Leistung noch Status erworben werden; sie können auch nicht aufgrund persönlicher oder zugeschriebener Eigenschaften oder Merkmale aberkannt werden.

– **Das menschenrechtliche Modell geht über Antidiskriminierung hinaus.**

Während das soziale Modell von Behinderung den Rahmen für eine Behindertenpolitik der Antidiskriminierung und Bürgerrechte bietet, gewährt das menschenrechtliche Modell einen umfassenderen rechtstheoretischen Rahmen. Es setzt die Interdependenz zwischen politischen und bürgerlichen Rechten auf der einen Seite sowie wirtschaftlichen, sozialen und kulturellen Rechten auf der anderen Seite voraus. Das soziale Modell diente in vielen Ländern als Wegbereiter für Gesetze, die architektonische Barrieren als Diskriminierung und Sonderschulen als eine mit dem Apartheid-System vergleichbare Segregation bewerten. Allerdings brauchen Menschen selbst in einer Gesellschaft ohne Barrieren und andere Diskriminierungen Schutz, Bildung, soziale Sicherheit und kulturelle Rechte. Das menschenrechtliche Modell von Behinderung setzt also nicht nur auf Rechte zum Schutz vor Diskriminierung, sondern auch auf Rechte zur Gewährleistung sozialer Sicherheit, eines angemessenen Lebensstandards und anderer Maßnahmen der Sozialpolitik. Das menschenrechtliche Modell bietet hier eine Weiterentwicklung des sozialen Modells an, weil es den gesamten Menschenrechtskatalog einfordert.

– **Das menschenrechtliche Modell wertschätzt Behinderung als Teil menschlicher Vielfalt.**

Das soziale Modell wurde frühzeitig insbesondere von feministischen Autorinnen kritisiert wegen der Ausblendung des Aspekts der Beeinträchtigung. Gemeint sind damit negative, schmerzhafte und auch schicksalhafte Auswirkungen, die eine Behinderung mit sich bringen kann.[44] Das menschenrechtliche Modell von Behinderung, wie es durch die UN-BRK kodifiziert ist, weist auch in diesem Punkt über das soziale Modell hinaus. Zwar findet sich im Text der Konvention kein ausdrücklicher Verweis auf Beeinträchtigung als eigenständiger Aspekt von Behinderung noch lässt sich eine Bezugnahme auf mögliche negative Auswirkungen auf die Lebensqualität durch gesundheitliche Beeinträchtigung ausmachen, jedoch garantieren der extensive Menschenwürdebezug und der Diversitätsansatz (Artikel 3 d), dass alle Menschen mit Behinderungen als Rechtssubjekte anerkannt werden. Und als Rechtssubjekte haben behinderte Menschen Anspruch auf Berücksichtigung mit all ihren Lebenserfahrungen, wenn es um die Entwicklung von Gerechtigkeitstheorien geht.

– **Das menschenrechtliche Modell berücksichtigt Identitätspolitik.**

Das soziale Modell von Behinderung dient der Analyse von Machtverhältnissen, ist jedoch nicht geeignet, Behinderung als Teil der Identität zu verstehen. Die Entwicklung und Pflege einer eigenen Subkultur dient der Wertschätzung dieser kollektiven Identität. Die UN-BRK berücksichtigt sowohl beeinträchtigungsbezogene als auch intersektionale Identität. So werden Blinde, Gehörlose und Taubblinde zum Beispiel im Kontext von Bildung und Kultur besonders erwähnt,[45] und Frauen und Kinder mit Behinderungen erfahren in den Artikeln 6 und 7 der Konvention Berücksichtigung. Als zusätzliche Identitätsfaktoren werden – wenn auch nur in der Präambel – genannt: »Rasse«[46], Hautfarbe, Geschlecht, Sprache, Religion, politische oder sonstige Anschauung, nationale, ethnische, indigene oder soziale Herkunft, Vermögen, Geburt, Alter und sonstiger Status.[47]

– **Das menschenrechtliche Modell bietet einen Rahmen für sensible Präventionsprogramme in der Gesundheitspolitik.**

Mit dem sozialen Modell wird seit vielen Jahren eine präventive Gesundheitspolitik kritisiert, die stigmatisierend ist oder das Lebensrecht von Menschen mit Behinderung grundsätzlich infrage stellt.[48] Das soziale Modell von Behinderung bietet jedoch keine Antwort auf die Frage, ob die Prävention von Beeinträchtigungen überhaupt legitim ist. Die UN-BRK verzichtet bewusst auf entsprechende Ausführungen zu Maßnahmen der primären Prävention.[49] Im Rahmen des Rechts auf Gesundheit (Artikel 25) finden sich lediglich Ausführungen zu Maßnahmen der sekundären Prävention. Der Artikel setzt Standards für eine inklusive, diskriminierungsfreie und an der Menschenwürde orientierte Gesundheitspolitik und enthält auch die Forderung nach »Leistungen, durch die (…) *weitere* Behinderungen möglichst gering gehalten oder vermieden werden sollen;«.[50] Damit stellt die Konvention klar, dass Maßnahmen der primären Prävention von Behinderung zwar Bestandteil des Rechts auf körperliche und geistige Gesundheit gemäß Artikel 12 des Internationalen Sozialpakts (ICESCR; auch kurz: UN-Sozialpakt) sein können, sie aber keine Umsetzung des Menschenrechts auf Gesundheit für behinderte Menschen darstellen. Die in Staatenberichten immer noch übliche Auflistung der Ausgaben für primäre Prävention als Nachweis für die Umsetzung der UN-BRK ist damit unsachgemäß.

– **Das menschenrechtliche Modell enthält den Fahrplan für eine inklusive globale Armutspolitik.**

Während das soziale Modell lediglich erklären kann, warum zwei Drittel der weltweit 1 Milliarde behinderter Menschen in den Entwicklungsländern leben, bietet das menschenrechtliche Modell einen Fahrplan für Veränderungen in der internationalen Armutspolitik. Behinderung und Armut bedingen sich gegenseitig. Wer arm ist, wird eher behindert geboren und erwirbt früher und schneller eine Beeinträchtigung. Wer behindert ist, verfügt seltener über die Ressourcen, der Armutsfalle zu entkommen. Mit Artikel 32 verfügt die UN-BRK über eine Norm, die sich mit inklusiver Entwicklungszusammenarbeit beschäftigt und enthält damit die Weichenstellung für eine wirksame Armutsbekämpfung, die auch behinderte Menschen erreicht.[51] Die Schlüsselbegriffe dazu lauten: *disability mainstreaming*, inklusive und behinderungssensible internationale Zusammenarbeit unter effektiver Partizipation von Menschen mit Behinderung und ihrer Interessenverbände. Das erste Spitzentreffen der Vereinten Nationen zum Thema Behinderung und Entwicklung[52] im September 2013 war denn auch Ausdruck der zunehmenden Bedeutung, die dem Thema international beigemessen wird.

Der internationale Ausschuss zur Überwachung der Umsetzung der UN-BRK

Wie alle Menschenrechtskonventionen der Vereinten Nationen hat auch die UN-BRK einen internationalen Überwachungsausschuss, der in Genf mehrere Wochen im Jahr tagt. Gewählt wird dieser von der Konferenz der Vertragsstaaten,[53] die jährlich in New York stattfindet. Der Ausschuss besteht aus 18 Expert_innen, die von den jeweiligen Regierungen vorgeschlagen werden, aber regierungsunabhängig sein müssen. Die Zusammensetzung des Ausschusses soll im Hinblick auf die Geschlechterzugehörigkeit und die geografische Herkunft ausgewogen sein. Die Mitglieder sollen sowohl Expert_innen in Sachen Menschenrechte als auch in Sachen Behindertenpolitik sein. Derzeit sind 17 der 18 Expert_innen selbst behindert, darunter 6 Frauen.

Der Ausschuss verfügt über drei Verfahren, mit denen er die Umsetzung respektive Einhaltung der Konvention überprüft. Diese sind erstens das Staatenberichtsverfahren, zweitens das Beschwerdeverfahren und drittens das Untersuchungsverfahren.[54]

Staatenberichtsverfahren

Das wichtigste und häufigste Verfahren ist das Staatenberichtsverfahren. Jeder Vertragsstaat muss zwei Jahre nach Ratifikation der Konvention – und danach alle vier Jahre – einen Bericht über die Umsetzung der UN-BRK im eigenen Land vorlegen. Dieser Bericht wird in einer öffentlichen Sitzung des Ausschusses in Genf mit Regierungsvertreter_innen des betreffenden Landes verhandelt. Die öffentliche Verhandlung, die ein bis zwei Tage dauert, endet mit den abschließenden Bemerkungen *(concluding observations)*, in denen der Ausschuss feststellt, ob das Land seine Pflichten aus der Konvention einhält oder verletzt und welche Schritte es unternehmen sollte, um die Implementierung zu verbessern. Die Einhaltung dieser Empfehlungen wird ebenfalls vom Ausschuss überprüft. Das Staatenberichtsverfahren soll kein Gerichtsverfahren darstellen, sondern einen konstruktiven Dialog mit den Staaten ermöglichen. Der Bericht der Vertragsstaaten liefert dafür die Grundlage, die aber durch weitere Informationen ergänzt wird. Neben Berichten anderer Abteilungen und Organisationen der Vereinten Nationen (zum Beispiel UNICEF) werden daher auch Berichte der Zivilgesellschaft (etwa Human Rights Watch) herangezogen. Besonders wichtig sind die sogenannten Parallelberichte (auch »Schattenberichte« genannt), die von den Organisationen der Zivilgesellschaft erstellt werden. Sie bilden eine verlässliche Grundlage für den Ausschuss, die Selbstdarstellung des Landes im Staatenbericht zu überprüfen. In der Regel sind diese Parallelberichte öffentlich, sie können aber auch Geheimdokumente sein, die einzelnen Ausschussmitgliedern oder dem Hohen Kommissariat für Menschenrechte zugeleitet werden. Auch auf diese Geheimdokumente greift der Ausschuss im Dialog mit den Staatenvertreter_innen zurück und konfrontiert sie mit Fakten über Menschenrechtsverletzungen bei behinderten Menschen in deren Land.[55]

In seinen abschließenden Bemerkungen, die der Ausschuss bis Ende 2014 für 19 Vertragsstaaten verabschiedet hat,[56] werden zahlreiche Menschenrechtsverletzungen aufgezählt. Besonders häufig geht es dabei um Entmündigungen bzw. die rechtliche Betreuung von Menschen mit psychosozialer oder kognitiver Beeinträchtigung, um Institutionalisierung Behinderter in Sonderwelten wie Heimen, Sonderschulen oder Werkstätten für behinderte Menschen sowie um Zwangsbehandlungen. Es geht mithin um genau jene Bereiche, die, wie oben dargelegt, auch bei der Entstehung der Konvention die zentralen Konfliktthemen waren. Indem der Ausschuss sich in seinen abschließenden Bemerkungen eindeutig zu diesen Konfliktthemen positioniert, leistet er eine erste rechtliche Auslegung der einzelnen Artikel der UN-BRK. Die abschließenden Bemerkungen werden deshalb in der Fachliteratur auch als »Rechtsprechung« der Vertragsausschüsse[57] gesehen.[58]

Beschwerdeverfahren

Eher einem Gerichtsverfahren ähnelt das zweite Verfahren des Überwachungsausschusses, das im Fakultativprotokoll (FP) zur UN-BRK geregelt ist[59] und deshalb auch nur gegen jene Vertragsstaaten geführt werden kann, die auch das FP ratifiziert haben. Hierbei geht es um Einzelbeschwerden von Menschenrechtsverletzungen. Sie können von den Betroffenen – die zumeist anwaltlich vertreten sind – selbst vor dem Ausschuss erhoben werden.[60] Der Ausschuss überprüft Zulässigkeit und Begründetheit der Beschwerde, Vertragsstaat und Betroffene werden schriftlich angehört. Danach entscheidet der Ausschuss, ob eine Vertragsverletzung vorliegt und – soweit gegeben – welche Maßnahmen der Vertragsstaat ergreifen sollte, um die Menschenrechtsverletzung wiedergutzumachen. Auch diese Empfehlungen werden vom Ausschuss überprüft. Von den über 200 eingegangenen Beschwerden hat der Ausschuss Ende 2014 acht entschieden; acht weitere sind anhängig. Anders als die Verfahren, sind die Entscheidungen des Ausschusses öffentlich. Obwohl der Ausschuss kein Gericht im eigentlichen Sinne ist, gelten auch dessen Entscheidungen über Einzelbeschwerden als »Rechtsprechung«[61]. Auch hier hat der Ausschuss bereits wegweisende Auslegungshilfen für die Normen der UN-BRK geleistet. So entschied er in dem Fall Nuysti u.a. gegen Ungarn[62], dass Staaten ihre Pflichten zur Herstellung von Barrierefreiheit aus Artikel 9 der Konvention verletzen, wenn sie es zulassen, dass private Banken ihre Bankautomaten nicht mit Braillezeichen versehen, damit auch blinde Kund_innen gleichberechtigten Zugang haben. In dem Fall Bujdosó u.a. gegen Ungarn[63] entschied der Ausschuss, dass Staaten ihre Pflicht zur Gewährung diskriminierungsfreier politischer Partizipation aus Artikel 29 UN-BRK verletzen, wenn sie behinderten Menschen, die unter Vormundschaft oder Betreuung stehen, das Wahlrecht verweigern.

Untersuchungsverfahren

Das dritte Verfahren ist ebenfalls im Fakultativprotokoll zur UN-BRK geregelt und ermöglicht es dem Ausschuss, Untersuchungen in einem Vertragsstaat anzustellen, wenn zuverlässige Angaben über schwerwiegende oder systematische Menschenrechtsverletzungen vorliegen.[64]

Neben diesen drei Verfahren verfügt der Überwachungsausschuss – wie alle anderen Vertragssauschüsse auch – über zwei weitere Instrumente, die der internationalen Überwachung der Umsetzung der UN-BRK dienen.

So erlässt er zum einen mit den Allgemeinen Kommentaren *(General Comments)* Interpretationen über Inhalt und sich daraus ergebende konkrete Staatenpflichten der einzelnen Normen der Konvention. Diese Allgemeinen Kommentare sind zwar rechtlich nicht verbindlich, gelten aber als hochrangige Auslegungen. Zwei Allgemeine Kommentare zu den Artikeln 9 (Zugänglichkeit) und 12 (Gleiche Anerkennung vor dem Recht) wurden im April 2013 während der 11. Tagung des UN-BRK-Ausschusses verabschiedet[65]. Drei weitere zu Artikel 6 (Frauen mit Behinderungen), Artikel 19 (Unabhängige Lebensführung und Einbeziehung in die Gemeinschaft) und Artikel 24 (Bildung) sind derzeit in Arbeit[66].

Mit den Stellungnahmen *(statements)* nimmt er zu aktuellen Menschenrechtsthemen Stellung; so gab der Ausschuss zum Beispiel eine solche zum Syrienkonflikt ab und machte darin auf die besondere Verletzbarkeit behinderter Menschen in diesem Konflikt aufmerksam.[67]

▸ Zusammenfassung

Der Beitrag gibt einen Überblick über die Entstehungsgeschichte der UN-Behindertenrechtskonvention (UN-BRK), die als ganzheitliche Menschenrechtskonvention den gesamten Katalog der Menschenrechte enthält. Die Einordnung der UN-BRK in die Geschichte der Behindertenpolitik der Vereinten Nationen zeigt, dass sie die letzte Etappe einer vier Phasen umfassenden Entwicklung darstellt. Erst in der letzten Phase, die mit der Entstehung der Konvention beginnt, sind behinderte Menschen zu Subjekten der Menschenrechtspolitik geworden.

Das mit der Konvention verabschiedete neue menschenrechtliche Modell von Behinderung wird anhand von sechs Thesen begründet und vom sozialen Modell von Behinderung unterschieden. Der letzte Teil des Beitrages stellt die Arbeitsweise und die Instrumente des seit 2009 existierenden internationalen Überwachungsausschusses zur Umsetzung und Einhaltung der UN-BRK vor.

Anmerkungen

1 So wurde die Forderung nach einer Menschenrechtskonvention bereits zwei Dekaden zuvor diskutiert. Zur Geschichte vgl. Theresia Degener, Disabled persons and human rights: the legal framework, in: Theresia Degener/Yolan Koster-Dreese (Hrsg.), Human rights and disabled persons: Essays and relevant human rights instruments, Dordrecht/Boston/London 1995, S. 9–39.

2 Internationale Konvention zur Beseitigung jeder Form der Rassendiskriminierung (1965); Internationale Konvention über bürgerliche und politische Rechte (Bürgerrechtspakt, 1966); Internationale Konvention über wirtschaftliche, soziale und kulturelle Rechte (Sozialrechtspakt, 1966); Internationale Konvention zur Beseitigung jeder Form der Diskriminierung von Frauen (1979); Internationale Konvention gegen Folter und andere grausame, unmenschliche oder erniedrigende Behandlung oder Strafe (1984); Internationale Konvention über die Rechte des Kindes (1989).

3 Siehe dazu Gerard Quinn/Theresia Degener, Human rights and disability. The current use and future potential of United Nations human rights instruments in the context of disability, New York/Genf 2002.

4 Für wertvolle analytische Hinweise in diesem Zusammenhang danke ich Andrew Begg, der an den Verhandlungen teilnahm als »rechte Hand« von Don MacKay, dem neuseeländischen Botschafter bei den Vereinten Nationen, der auch Vorsitzender des Ad-hoc-Ausschusses war.

5 Zur Geschichte der Verhandlungen vgl. Theresia Degener, Menschenrechtsschutz für behinderte Menschen. Vom Entstehen einer neuen Menschenrechtskonvention der Vereinten Nationen, in: Vereinte Nationen, 3 (2006), S. 104–110; Gerard Quinn, A Short Guide to the United Nations Convention on the Rights of Persons with Disabilities, in: Gerard Quinn/Lisa Waddington (Hrsg.), European Yearbook of Disability Law, Vol.1, Antwerpen et al. 2009, S. 89–114; Stefan Trömel, A Personal Perspective on the Drafting History of the United Nations Convention on the Rights of Persons with Disabilities, ebd., S. 115–138; Jochen von Bernstorff, Inklusion als Menschenrechtsprinzip. Zur Erweiterung des UN-Antidiskriminierungsschutzes durch eine Konvention über die Rechte behinderter Menschen, in: ZaöRV 4 (2007), S. 1041–1063 sowie online unter http://www.un.org/disabilities/default.asp?id=1423 (Aufruf am 08.12.2013).

6 BGBl. II 2008, S. 1419 ff. Siehe http://www.bundesanzeiger-verlag.de/bundesgesetzblatt.html (Aufruf am 02.05.2014).

7 Art. 3 a) UN-BRK.

8 Art. 3 b), e) und f) UN-BRK.

9 Art. 3 c) UN-BRK.

10 Art. 3 d) UN-BRK.

11 Art. 3 g) UN-BRK.

12 Art. 3 h) UN-BRK.

13 Weil behinderte Frauen und behinderte Kinder zu den besonders gefährdeten Gruppen gehören, die Menschenrechtsverletzungen ausgesetzt sind, wurden ihnen in der Konvention jeweils eigenständige Artikel (Art. 6 und 7) gewidmet.

14 Siehe Valentin Aichele, Die UN-Behindertenrechtskonvention und ihr Fakultativprotokoll: Ein Beitrag zur Ratifizierungsdebatte, Deutsches Institut für Menschenrechte, Berlin 2008, S. 6.

15 Art. 8 Abs. 1 b) UN-BRK.

16 Art. 8 Abs. 2 c) UN-BRK.

17 Zum Innovationspotenzial vgl. Heiner Bielefeldt, Zum Innovationspotenzial der UN-Behindertenrechtskonvention. Essay No. 5, Deutsches Institut für Menschenrechte, Berlin 2006 [3. akt. u. erw. Aufl. 2009]; zu der Unterscheidung zwischen subjektiven Rechten und objektiven Pflichten und Prinzipien vgl. United Nations/UN Office of High Commissioner for Human Rights/Inter-Parliamentary Union From Exclusion to Equality, Implementing the Rights of Persons with Disabilities. Handbook for Parliamentarians on the Convention on the Rights of Persons with Disabilities and its Optional Protocol, Genf 2007 (HR/PUB/07/6), S. 14 ff.

18 United Nations u. a. 2007, wie Anm. 17, S. 15 f.

19 Der Internationale Pakt über bürgerliche und politische Rechte (Zivilpakt) und der Internationale Pakt über wirtschaftliche, soziale und kulturelle Rechte (Sozialpakt) wurden am 16.12.1966 gemeinsam von der UN-Generalversammlung verabschiedet.

20 So etwa Art. 9 (Zugänglichkeit) oder Art. 19 (Unabhängige Lebensführung und Einbeziehung in die Gemeinschaft) UN-BRK.

21 Siehe dazu z. B. Frederic Mégret, The Disabilities Convention, in: Human rights quarterly: a comparative and international journal of the social sciences, humanities, and law 494 (2008), S. 499 ff.

22 Art. 12 Abs. 1 und 2 UN-BRK.

23 Art. 12 Abs. 3 UN-BRK.

24 Der UN-BRK-Ausschuss hat in seinem ersten Allgemeinen Kommentar die Staatenpflichten aus Art. 12 näher erläutert. Vgl. Committee on the Rights of Persons with Disabilities, General Comment No 1 (2014) Article 12: Equal recognition before the law CRPD/C/GC/1 vom 11. April 2014; siehe http://tbinternet.ohchr.org/_layouts/treatybodyexternal/Download.aspx?symbolno=CRPD/C/GC/1&Lang=en (Aufruf am 02.05.2014).

25 So etwa bei der Weltfrauenkonferenz in Peking 1995, siehe dazu United Nations, Report of the Fourth World Conference on Women (Beijing, 4.–15. September 1995), A/CONF.177/20, 1995, und bei der Internationalen Konferenz zu Bevölkerung und Entwicklung, Kairo 1994, siehe dazu United Nations, Report of the ICPD, A/CONF.171/13, 1994. Beide Dokumente zu finden unter http://www.un.org/en/ga/documents/symbol.shtml (Aufruf am 02.05.2014).

26 Art. 24 UN-BRK; siehe dazu Th. Degener, Die UN-Behindertenrechtskonvention als Inklusionsmotor, in: Rd JB, 2/2009, S. 200–219.

27 Art. 27 UN-BRK, hier Buchstabe j).

28 Vgl. dazu die Beiträge von Valentin Aichele, Ulrike Knospe/Christian Papadopoulos und Sigrid Arnade in diesem Band.

29 United Nations enable, The United Nations and Disabled Persons – The First Fifty Years, http://www.un.org/esa/socdev/enable/dis50y80.htm (Aufruf am 08.12.2013).

30 UN Declaration on the Rights of Mentally Retarded Persons, 20th December 1971, abgedruckt in Th. Degener, wie Anm. 1, S. 372. Siehe http://www.ohchr.org/

EN/ProfessionalInterest/Pages/RightsOfMentallyRetarded Persons.aspx (Aufruf am 02.05.2014).

31 UN Declaration on the Rights of Disabled Persons, 9th December 1975, Absatz 4: »Disabled persons have the same civil and political rights as other human beings; paragraph 7 of the Declaration on the Rights of Mentally Retarded Persons applies to any possible limitation or suppression of those rights for mentally disabled persons.«, abgedruckt in Th. Degener, wie Anm. 1, S. 374. Siehe http://www.ohchr.org/EN/ProfessionalInterest/Pages/RightsOfDisabledPersons.aspx (Aufruf am 02.05.2014).

32 Vgl. dazu bereits Th. Degener, wie Anm. 1, S. 18.

33 So aber auf der Internetseite des New Yorker Büros des Generalsekretariats der Vereinten Nationen, das für Behindertenfragen zuständig ist, siehe Anm. 29.

34 Siehe dazu G. Quinn/Th. Degener, wie Anm. 3.

35 United Nations, World Programme of Action concerning Disabled Persons, A/RES/37/52, 3rd December 1982. Siehe http://www.un.org/disabilities/default.asp?id=23 (Aufruf am 02.05.2014).

36 United Nations, Standard Rules on the Equalization of Opportunities for persons with Disabilities, A/RES/48/96, 20th December 1993. Siehe http://www.un.org/esa/socdev/enable/dissre00.htm (Aufruf am 02.05.2014).

37 Siehe dazu Theresia Degener, Antidiskriminierungsrechte für Behinderte. Ein globaler Überblick, in: Zeitschrift für ausländisches öffentliches Recht und Völkerrecht 65 (2005), S. 887–935.

38 Siehe dazu United Nations, Principles, Guidelines and Guarantees for the Protection of Persons Detained on Grounds of Mental Ill-Health or Suffering from Mental Disorder, United Nations publication (Report prepared by Erica-Irene A. Daes), Sales No. E.85 XIV.9, 1986; Leandro Despouy, Human Rights and Disabled Persons, United Nations publication, Sales No. E.92 XIV.4, 1993.

39 Siehe dazu Theresia Degener, Menschenrechtsschutz für behinderte Menschen. Vom Entstehen einer neuen Menschenrechtskonvention der Vereinten Nationen, in: Vereinte Nationen 3 (2006), S. 104–110; J. von Bernstorff, wie Anm. 5.

40 Siehe dazu Michael Oliver, The politics of disablement. A sociological approach, New York 1990; Michael Oliver, Understanding disability. From Theory to Practice, New York 1996.

41 Zuletzt das *capacity model*, siehe dazu Sophie Mitra, The Capability Approach and Disability, in: Journal of Disability Policy Studies 16 (2006) 4, S. 236–247; und das kulturelle Modell von Anne Waldschmidt, siehe dies., Brauchen die Disability Studies ein »kulturelles Modell« von Behinderung?, in: Gisela Hermes/Eckhard Rohrmann (Hrsg.), Nichts über uns – ohne uns! Disability Studies als neuer Ansatz emanzipatorischer und interdisziplinärer Forschung über Behinderung, Neu-Ulm 2006, S. 83–96.

42 G. Quinn/Th. Degener, wie Anm. 3, S. 13.

43 Dazu Valentin Aichele (Hrsg.), Das Menschenrecht auf gleiche Anerkennung vor dem Recht. Artikel 12 der UN-Behindertenrechtskonvention, Baden-Baden 2013.

44 Vgl. Jenny Morris, Pride Against Prejudice. Transforming Attitudes to Disability, Philadelphia 1991; Mairian Corker/Sally French (Hrsg.), Disability Discourse, Buckingham/Philadelphia 1999.

45 Art. 24 Abs. 3 und 4 sowie Art. 30 Abs. 4 UN-BRK.

46 Ich schließe mich der allgemeinen Kritik an dieser Begriffswahl an.

47 Präambel Buchstabe p) UN-BRK.

48 Vgl. Ian Basnett, Health Care Professionals and Their Attitudes toward and Decisions Affecting Disabled People, in: Gary L. Albrecht/Katherine Delores Seelman/Michael Bury (Hrsg.), Handbook of Disability Studies, Thousand Oaks 2001, S. 450–467; Franz Christoph/Christian Mürner, Der Gesundheits-Fetisch. Über Inhumanes in der Ökologiebewegung, Heidelberg 1990.

49 Siehe St. Trömel, wie Anm. 5. Unter primärer Prävention ist in diesem Zusammenhang die Vorbeugung der Entstehung von gesundheitlichen Beeinträchtigungen zu verstehen. Sekundäre Prävention zielt auf die Verhinderung von Verschlechterungen bereits existierender gesundheitlicher Beeinträchtigungen.

50 Art. 25 b) UN-BRK, Hervorhebung (kursiv) durch die Verfasserin.

51 Dazu der Beitrag von Gabriele Weigt in diesem Band → S. 365 ff.

52 Zu diesem Treffen siehe unter http://www.un.org/disabilities/default.asp?id=1590 (Aufruf am 08.12.2013).

53 Siehe Art. 40 UN-BRK. Die Konferenz der Vertragsstaaten wählt nicht nur die Mitglieder des Ausschusses, sie beschäftigt sich auch mit vielen inhaltlichen Fragen der Umsetzung der UN-BRK. Ihre Dokumente und Tagungen sind online einsehbar unter: http://www.un.org/disabilities/default.asp?id=1535 (Aufruf am 03.02.2014).

54 Staatenberichte: gemäß Art. 35 und 36 UN-BRK; Beschwerdeverfahren: gemäß Art. 1 bis 5 Fakultativprotokoll (FP) zur UN-BRK; Untersuchungsverfahren: gemäß Art. 6 und 7 FP zur UN-BRK.

55 Vgl. den Bericht aus Genf 4/2013 (hrsg. v. Theresia Degener), online abrufbar unter: http://www.efh-bochum.de/homepages/degener/index.html (Aufruf am 03.02.2014).

56 Argentinien, Australien, Belgien, China, Costa Rica, Dänemark, Ecuador, El Salvador, Korea, Mexiko, Neuseeland, Österreich, Paraguay, Peru, Schweden, Spanien, Tunesien, Ungarn.

57 Neben dem UN-BRK-Ausschuss gibt es noch neun weitere Vertragsausschüsse, wie etwa den Kinderrechtsausschuss oder den Ausschuss gegen Folter. Vgl. dazu http://www.institut-fuer-menschenrechte.de/menschenrechtsinstrumente/vereinte-nationen/menschenrechtsabkommen.html#c905 (Aufruf am 03.05.2014).

58 Vgl. Philip G. Alston/Ryan Goodman, International human rights. The successor to »International human rights in context: law, politics and morals«: text and materials, Oxford u. a. 2013, S. 792–807.

59 Art. 1 bis 5 Fakultativprotokoll (FP) zur UN-BRK.

60 Voraussetzung ist u. a. die Ausschöpfung aller Rechtsmittel auf nationaler Ebene sowie die Einreichung der Beschwerde beim UN-BRK-Ausschuss in einer der Amtssprachen der Vereinten Nationen. Der Ausschuss hat dazu ein Informationsblatt herausgegeben, online abrufbar unter: http://www.ohchr.org/EN/HRBodies/CRPD/Pages/OptionalProtocolRightsPersonsWithDisabilities.aspx (Aufruf am 02.05. 2014).

61 Siehe Anm. 58.

62 Committee on the Rights of Persons with Disabilities, Communication No. 1/2010, CRPD/C/9/D/1/2010, 21 June 2013. Siehe http://tbinternet.ohchr.org/_

layouts/treatybodyexternal/TBSearch.aspx?Lang=en&TreatyID=4&DocTypeCategoryID=6 (Aufruf am 02.05.2014).

63 Committee on the Rights of Persons with Disabilities, Communication No. 4/2011, CRPD/C/10/D/4/2011, 16 October 2013. Siehe http://tbinternet.ohchr.org/_layouts/treatybodyexternal/TBSearch.aspx?Lang=en&TreatyID=4&DocTypeCategoryID=6 (Aufruf am 02.05.2014).

64 Art. 6 Fakultativprotokoll (FP) zur UN-BRK.

65 Siehe http://www.ohchr.org/en/hrbodies/crpd/pages/crpdindex.aspx (Aufruf am 03.05.2014).

66 Die Entwürfe der Allgemeinen Kommentare zu Art. 9 und 12 UN-BRK sind online einsehbar unter: http://www.ohchr.org/EN/HRBodies/CRPD/Pages/DGCArticles12And9.aspx (Aufruf am 03.02.2014).

67 Die Stellungnahmen des Überwachungsausschusses sind online einsehbar unter: http://www.ohchr.org/EN/HRBodies/CRPD/Pages/CRPDIndex.aspx, zum Syrienkonflikt: http://www.ohchr.org/EN/NewsEvents/Pages/DisplayNews.aspx?NewsID=13736&LangID=E (Aufruf am 03.02.2014).

Teil II

Die innerstaatliche Durchsetzung der UN-Behindertenrechtskonvention

Ulrike Knospe / Christian Papadopoulos

Die Verantwortlichkeit der staatlichen Anlaufstelle (Focal Point)

Deutschland hat bereits Ende der 1990er-Jahre in der Politik für Menschen mit Behinderungen einen Paradigmenwechsel vollzogen. Dabei wurde der bis dahin sozial- und behindertenpolitisch verfolgte Fürsorgeansatz ersetzt durch die Leitgedanken von Teilhabe und Selbstbestimmung. Dieser Paradigmenwechsel hat sowohl im Neunten Buch Sozialgesetzbuch (SGB IX) als auch im Behindertengleichstellungsgesetz (BGG) seinen Niederschlag gefunden. Das Übereinkommen der Vereinten Nationen über die Rechte von Menschen mit Behinderungen (UN-BRK)[1] trat am 3. Mai. 2008 als völkerrechtlicher, multinationaler Vertrag in Kraft. Deutschland – das bereits 2007 zu den ersten Staaten gehörte, die das Übereinkommen und das Zusatzprotokoll unterzeichnet hatten – ratifizierte die UN-BRK schließlich am 24. Februar 2009. Am 26. März 2009 trat das Übereinkommen in Deutschland in Kraft.

Die UN-BRK steht im Rang eines einfachen Bundesgesetzes und bindet Bund und Länder. Für Behörden und Gerichte ist sie Hilfsmittel bei der Auslegung nationaler Normen. Damit ist sie auch in Deutschland zum zentralen Maßstab und zur Impulsgeberin einer menschenrechtskonformen und dem Gedanken der Inklusion verpflichteten Politik geworden.

Aufgaben

Um die Umsetzung der UN-BRK in den Vertragsstaaten zu unterstützen und zu gewährleisten, sieht das Übereinkommen in Artikel 33 die Schaffung einer oder mehrerer staatlicher Anlaufstellen, eines Koordinierungsmechanismus sowie eines Überwachungsmechanismus (Monitoring) vor.

In Deutschland hat das Bundesministerium für Arbeit und Soziales (BMAS) für die innerstaatliche Durchführung die Funktion der zentralen staatlichen Anlaufstelle, auch *Focal Point* genannt, übernommen.[2] Zu deren Aufgaben gehören unter anderem die Beratung der politischen

Entscheidungsträger_innen, die Koordinierung der Aktivitäten der verschiedenen Ministerien, die Bewusstseinsbildung über die UN-BRK innerhalb der Regierung, die Aufstellung eines Aktionsplans zur Umsetzung der UN-BRK sowie die Erstellung des turnusmäßigen Staatenberichtes.[3]

Mit der Aufgabe der Überwachung wurde die unabhängige Monitoring-Stelle[4] des Deutschen Instituts für Menschenrechte in Berlin beauftragt, die Aufgabe eines Koordinierungsmechanismus[5] ist bei der Beauftragten der Bundesregierung für die Belange von Menschen mit Behinderungen angesiedelt.

Abb. 1: Instanzen der interstaatlichen Umsetzung und Überwachung der UN-BRK (gemäß Art. 33 UN-BRK)

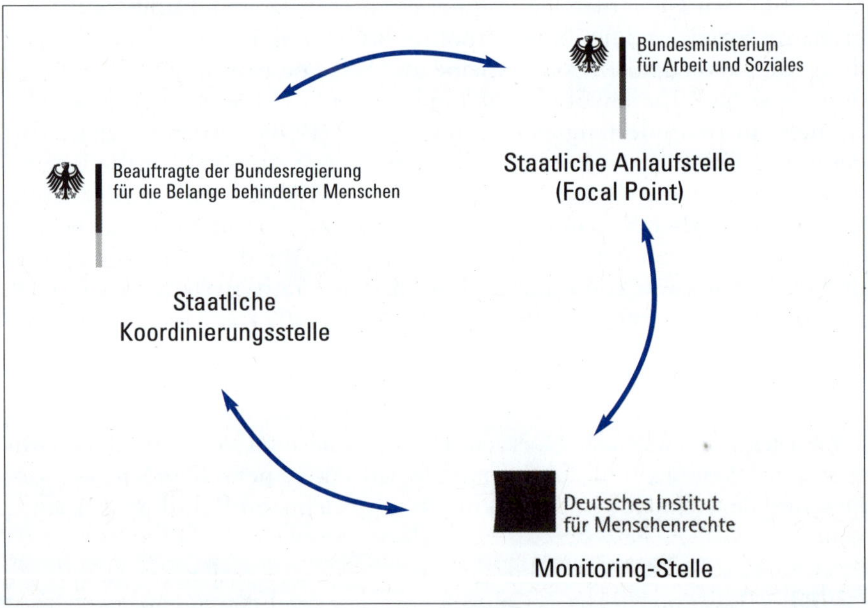

Quelle: Beauftragte der Bundesregierung für die Belange behinderter Menschen 2014

Staatenbericht

Zwei Jahre nach Inkrafttreten der UN-BRK legte Deutschland seinen ersten Staatenbericht[6] zur Umsetzung der Konvention vor. In diesem Bericht stellte die damalige Bundesregierung den Stand der Umsetzung der UN-BRK aus ihrer Perspektive dar und brachte dabei zum Ausdruck, dass die noch bestehenden Probleme und Defizite vielfach aus der Umsetzungspraxis resultieren. Insofern zielen die Maßnahmen der damaligen Bundesregierung darauf, zunächst alle Möglichkeiten einer konventionskonformen Rechtsanwendung in der Praxis auszuschöpfen, bevor – wenn dies nicht zum Ziel führt – auch Rechtsänderungen in Erwägung gezogen werden müssen.

Auf der Grundlage des Staatenberichtes und unter Berücksichtigung des »Parallelberichtes«[7], der den Stand der Umsetzung der UN-BRK aus Sicht der Zivilgesellschaft wiedergibt, wird Deutschland am 26. und 27. März 2015 vor dem Fachausschuss der Vereinten Nationen zur Umsetzung der UN-BRK angehört werden (siehe dazu auch den Beitrag von Theresia Degener → S. 55 ff.).

Nationaler Aktionsplan

Um die Umsetzung der Konvention umfassend in allen Politikfeldern voranzutreiben, hat das federführende Bundesministerium für Arbeit und Soziales gemeinsam mit den anderen Bundesressorts einen Nationalen Aktionsplan (NAP)[8] zur Umsetzung der UN-BRK entwickelt, der von der damaligen Bundesregierung mit Kabinettsbeschluss vom 15. Juni 2011 verabschiedet wurde. Damit wurde deutlich gemacht, dass Politik für Menschen mit Behinderungen nicht nur ein Feld der Sozialpolitik ist, sondern im Sinne des »*disability mainstreaming*« in allen Ressorts als Querschnittsaufgabe ihren Platz finden muss. Dieses Verständnis spiegelt sich auch in den über 200 Maßnahmen des Nationalen Aktionsplans wider, die sich auf verschiedene Politikfelder, wie etwa die Gesundheits-, Bildungs-, Beschäftigungs-, Bau- und Verkehrs-, aber auch die Innen- oder Entwicklungspolitik erstrecken. Die Bundesressorts haben sich in ihrem jeweiligen Politikfeld mit den Belangen von Menschen mit Behinderungen intensiv befasst und eigene Anlaufstellen benannt, die als zentrale Ansprechpartner und Koordinierungsstellen für die UN-BRK dienen. Auch die einzelnen Bundesländer haben entsprechende Anlaufstellen ins Leben gerufen.

Der auf einen Zehnjahreszeitraum angelegte Nationale Aktionsplan ist nicht als ein abgeschlossenes Dokument zu verstehen, sondern als ein dynamisches, lebendiges behindertenpolitisches Programm, dessen Prozesse und Inhalte evaluiert und regelmäßig weiterentwickelt werden müssen.

Die Ergebnisse einer im September 2013 vom BMAS in Auftrag gegebenen ersten wissenschaftlichen Evaluation des Aktionsplans wurden Ende November im Rahmen der Inklusionstage 2014 einer breiten Öffentlichkeit vorgestellt. Sie liefern umfängliche Erkenntnisse zum Umsetzungsstand der Maßnahmen sowie Aufschlüsse über das Funktionieren und die Wirkung der Prozesse. Zur Begleitung der Umsetzung des Nationalen Aktionsplans hat das BMAS überdies einen eigenen Ausschuss eingerichtet (NAP-Ausschuss), der auf Einladung des Ministeriums regelmäßig alle zwei Monate tagt.

Den Vorgaben der UN-BRK folgend, wurde der NAP in den verschiedenen Erarbeitungsphasen nicht nur unter breiter Beteiligung der Zivilgesellschaft (Auftaktveranstaltung, Visionenkongress, Maßnahmenkongress)[9] entwickelt, sondern auch durch die Einbindung von Vertreter_innen der Länder und weiteren relevanten Akteur_innen. Diese Vorgehensweise war darauf ausgerichtet, eine breite gesellschaftliche Diskussion hinsichtlich der Umsetzung der UN-BRK zu entfachen und insbesondere bis dahin nicht Beteiligte[10] mitzunehmen. Dies ist aus Sicht des BMAS gelungen und wird weiterentwickelt. Alle Anstrengungen müssen deshalb darauf gerichtet bleiben, den Aktionsplan, sowohl was die verschiedenen Prozesse als auch den Inhalt betrifft, weiter zu verbessern und fortzuentwickeln. Die für 2014 erwarteten Ergebnisse der Evaluation, die Prüfung des Staatenberichts und der Teilhabebericht der Bundesregierung von 2013 (→ S. 81 f.) werden hierfür wertvolle Erkenntnisse liefern.

Die Regierungsparteien haben sich in dem im November 2013 ausgehandelten Koalitionsvertrag ausdrücklich zur Leitidee der inklusiven Gesellschaft bekannt und erklärt, gemeinsam mit den Menschen mit Behinderungen und deren Organisationen den Nationalen Aktionsplan weiterentwickeln zu wollen. Darüber hinaus macht die seit Dezember 2013 amtierende deutsche Bundesregierung die Schaffung eines Bundesteilhabegesetzes zu einem zentralen behindertenpolitischen Vorhaben in dieser 18. Legislaturperiode.

Seit dem Inkrafttreten der UN-BRK in Deutschland 2009 sind zwar wichtige Schritte zur Verbesserung der Selbstbestimmung und Teilhabe behinderter Menschen unternommen worden, dennoch bleibt noch viel zu tun. Benötigt werden dabei die Unterstützung und das Engagement aller relevanten Akteur_innen auf Bundes-, Landes- und kommunaler Ebene. Die Tatsache, dass sich neben den staatlichen Akteur_innen auch Unternehmen und Institutionen, wie zum Beispiel die Deutsche Gesetzliche Unfallversicherung und die Deutsche Rentenversicherung, auf den Weg gemacht und eigene Aktionspläne entwickelt haben, zeugt von den Anstrengungen in der Zivilgesellschaft, ihren Teil zur Umsetzung der Inklusion in Deutschland beizutragen. Dabei gibt es sicher nicht den einen Königsweg. Wichtig ist aber, dass die Menschen am Ende tatsächlich Fortschritte spüren und die Umsetzung der UN-BRK in ihrer Lebenswirklichkeit ankommt.

Teilhabebericht

Der 2013 veröffentlichte Teilhabebericht der Bundesregierung hat, anders als die bis dahin publizierten Behindertenberichte, einen neuen Weg beschritten. »Die bisherigen Berichte haben sich darauf konzentriert, die in der jeweiligen Legislaturperiode ergriffenen Maßnahmen und Aktivitäten darzustellen. Die Lebenslagen von Menschen mit Behinderungen wurden hingegen nur unzureichend abgebildet.«[11] Den Lebenslagen nähert sich der Bericht mit dem Behinderungsbegriff der Internationalen Klassifikation von Funktionsfähigkeit, Behinderung und Gesundheit *(International Classification of Functioning, Disability and Health ICF)* der WHO an. Die ICF[12] bietet mit ihrem bio-psychosozialen Modell einen Ansatz, der es ermöglicht, Menschen mit Behinderungen nicht mehr aus einer rein medizinischen Sicht als Menschen mit Defiziten zu betrachten. Vielmehr begreift sie Behinderung als die Wechselwirkung von individuellen Beeinträchtigungen und gesellschaftlichen Barrieren. Auch wenn die UN-BRK bewusst auf eine Definition des Behinderungsbegriffs verzichtet, steht die ICF mit ihrer Definition von Behinderung dem Grundgedanken der Konvention sehr nahe. So formuliert die UN-BRK: »(...) Behinderung [entsteht] aus der Wechselwirkung zwischen Menschen mit Beeinträchtigungen und einstellungs- und umweltbedingten Barrieren, die sie an der vollen, wirksamen und gleichberechtigten Teilhabe an der Gesellschaft hindern«.[13]

Das Lebenslagenkonzept in der Sozialberichterstattung beschreibt die Wechselwirkungen zwischen den Handlungsmöglichkeiten und der tatsächlichen Lebenswirklichkeit der Menschen auf möglichst differenzierte und umfassende Art und Weise. Dabei werden nicht nur objektive Merkmale, sondern auch subjektive Einschätzungen berücksichtigt, beispielsweise in Form persönlicher Einstellungen, Selbsteinschätzungen oder durch die Bewertung immaterieller Dimensionen wie der sozialen Einbindung. Miteinbezogen wird auch, dass häufig spätere Lebenslagen durch frühere beeinflusst werden.[14] So bedingt beispielsweise eine schlechte Schulbildung schlechtere Zugangsbedingungen zum regulären Arbeitsmarkt.

Ziel des Teilhabeberichts ist es, eine empirische Grundlage zur Beschreibung der Lebenslagen von Menschen mit Behinderungen zu liefern. Dabei untersucht er, in Anlehnung an die ICF, welche Faktoren die Teilhabe einschränken, und andererseits die Umstände, die sich als förderlich für die Teilhabe erweisen. Damit vollzieht der Teilhabebericht einen Perspektivwechsel weg von den »Defiziten« des Einzelnen hin zu gesellschaftlichen Barrieren und Umweltfaktoren. Der Einzelne ist nach diesem Verständnis nicht behindert, sondern wird behindert. Davon ausgehend werden Handlungsnotwendigkeiten für Politik und Gesellschaft abgeleitet.[15]

Eine Besonderheit bei der Erstellung des Teilhabeberichts stellte die Einbeziehung eines wissenschaftlichen Beirates dar – in den auch Menschen mit Behinderungen durch ihre Organisationen entsandt wurden –, der den gesamten Prozess begleitete. Der Beirat hat die Erkenntnisse aus dem Bericht aus seiner Perspektive kommentiert und den Lebenslagenansatz dabei vor dem Hintergrund der menschenrechtlichen Perspektive beleuchtet: »Behinderte Menschen sollen ihre Menschenrechte vollständig und gleichberechtigt, ebenso wie nichtbehinderte Menschen, ausüben können. Folglich ist jeweils zu fragen, ob der Grundsatz für die Lebenslagen behinderter Menschen eingeschränkt ist oder nicht und wie bzw. in welchem Maß oder mit welcher Qualität der Grundsatz eingeschränkt oder erfüllt ist.«[16]

Der Teilhabebericht ist eine maßgebliche Grundlage zur Weiterentwicklung des Nationalen Aktionsplans, mit dem das Thema Inklusion auch in der 18. Legislaturperiode in der bundespolitischen Agenda fest verankert werden soll.

▶ Zusammenfassung

Der Beitrag beschreibt den Weg vom Inkrafttreten der UN-Behindertenrechtskonvention (UN-BRK) in Deutschland zum Nationalen Aktionsplan der Bundesregierung und dessen Zielsetzung als dynamisches behindertenpolitisches Programm, das im Sinne des »*disability mainstreaming*« alle Politikbereiche einbezieht. Weiterhin werden ausgehend von der staatlichen Anlaufstelle *(Focal Point)* die verschiedenen Stellen und Strukturen dargestellt, die bei der Umsetzung der UN-BRK in Deutschland mitwirken und für deren Überwachung verantwortlich sind. Schließlich gibt der Beitrag einen ersten Ausblick auf die Evaluation des Nationalen Aktionsplans und dessen Weiterentwicklung auch unter Berücksichtigung der Erkenntnisse aus dem Teilhabebericht der Bundesregierung 2013.

Anmerkungen

1 Siehe Bundesministerium für Arbeit und Soziales (Hrsg.), Übereinkommen der Vereinten Nationen über die Rechte von Menschen mit Behinderungen, Bonn 2011, online abrufbar unter: www.bmas.de/SharedDocs/Downloads/DE/PDF-Publikationen/a729-un-konvention.pdf (Aufruf am 11.04.2014).

2 Vgl. Beauftragter der Bundesregierung für die Belange der Menschen mit Behinderungen (Hrsg.), Die Staatliche Koordinierungsstelle nach Artikel 33 UN-Behindertenrechtskonvention 2010–2013, Berlin 2013, S. 8, online abrufbar unter:

http://www.behindertenbeauftragter.de/SharedDocs/Publikationen/DE/Staatliche Koordinierungsstelle.pdf (Aufruf am 17.06.2014).

3 Vgl. Deutscher Bundestag (Hrsg.), Von Ausgrenzung zu Gleichberechtigung, Verwirklichung der Rechte von Menschen mit Behinderungen, Ein Handbuch für Abgeordnete zu dem Übereinkommen über die Rechte von Menschen mit Behinderungen und seinem Fakultativprotokoll. Deutsche Übersetzung des Handbuches der Vereinten Nationen und der Interparlamentarischen Union, Berlin 2008, S. 95, online abrufbar unter: http://www.bundestag.de/bundestag/ausschuesse17/a11/UN-Konvention/UN-Handbuch.pdf (link muss aktualisiert werden).

4 Vgl. Beauftragter der Bundesregierung für die Belange der Menschen mit Behinderungen (Hrsg.), wie Anm. 2.

5 Vgl. ebd.

6 Vgl. Bundesministerium für Arbeit und Soziales (Hrsg.), Übereinkommen der Vereinten Nationen über Rechte von Menschen mit Behinderungen / Erster Staatenbericht der Bundesrepublik Deutschland / Vom Bundeskabinett beschlossen am 3. August 2011, Berlin 2011, online abrufbar unter: http://www.gemeinsam-einfach-machen.de/SharedDocs/Downloads/DE/StdS/UN_BRK/2011_08_03_staatenbericht.html?nn=1008758 (Aufruf am 17.06.2014).

7 Vgl. Allianz der deutschen Nichtregierungsorganisationen zur UN-Behindertenrechtskonvention (Hrsg.), Für Selbstbestimmung, gleiche Rechte, Barrierefreiheit, Inklusion! Erster Bericht der Zivilgesellschaft zur Umsetzung der UN-Behindertenrechtskonvention in Deutschland, Berlin 2013, online abrufbar unter: http://www.brk-allianz.de/index.php/parallel-bericht.html (Aufruf am 17.06.2014).

8 Bundesministerium für Arbeit und Soziales (Hrsg.), Unser Weg in eine inklusive Gesellschaft. Der Nationale Aktionsplan der Bundesregierung zur Umsetzung der UN-Behindertenrechtskonvention, Berlin 2011, online abrufbar unter: http://www.gemeinsam-einfach-machen.de/BRK/DE/StdS/Vorreiter/bund/bund_node.html (Aufruf am 17.06.2014).

9 Siehe ebd., Kapitel 5.1, Der Weg zum Nationalen Aktionsplan, S. 108.

10 Über ein Online-Beteiligungsverfahren wurde Menschen mit Behinderungen die Möglichkeit zur Beteiligung gegeben, die nicht in Organisationen eingebunden sind.

11 Bundesministerium für Arbeit und Soziales (Hrsg.), Teilhabebericht der Bundesregierung über die Lebenslagen von Menschen mit Beeinträchtigungen, Teilhabe – Beeinträchtigung – Behinderung, Bonn 2013, S. 9, online abrufbar unter: http://www.bmas.de/DE/Themen/Teilhabe-behinderter-Menschen/Meldungen/teilhabebericht-2013.html (Aufruf am 17.06.2014).

12 Vgl. Deutsches Institut für Medizinische Dokumentation und Information / World Health Organization (Hrsg.), ICF – Internationale Klassifikation der Funktionsfähigkeit, Behinderung und Gesundheit, Genf 2005, online abrufbar unter: http://www.dimdi.de/dynamic/de/klassi/downloadcenter/icf/endfassung/icf_endfassung-2005-10-01.pdf (Aufruf am 17.06.2014).

13 Bundesministerium für Arbeit und Soziales (Hrsg.), Übereinkommen der Vereinten Nationen über die Rechte von Menschen mit Behinderungen/Fakultativprotokoll zum Übereinkommen der Vereinten Nationen über die Rechte von Menschen mit Behinderungen, Bonn 2011, Buchstabe e der Präambel, online abrufbar

unter: http://www.bmas.de/SharedDocs/Downloads/DE/PDF-Publikationen/a729-un-konvention.pdf (Aufruf am 17.06.2014).

14 Vgl. Bundesministerium für Arbeit und Soziales (Hrsg.), wie Anm. 11, S. 10.

15 Vgl. ebd., S. 7 ff.

16 Bundesministerium für Arbeit und Soziales (Hrsg.), wie Anm. 11, S. 37.

Valentin Aichele

Unabhängig und kritisch: die Monitoring-Stelle zur UN-BRK

Am 26. März 2009 traten in Deutschland die UN-Konvention über die Rechte von Menschen mit Behinderungen (UN-BRK) und ihr Fakultativprotokoll in Kraft.[1] Die Konvention ist ein Meilenstein für den nationalen Menschenrechtsschutz: Sie stärkt den Anspruch, dass alle Menschen unabhängig von einer langfristigen Beeinträchtigung in Würde und Rechten gleich sind und Menschen mit Behinderungen voll und wirksam an der Gesellschaft partizipieren sollen.

Um die Rechte von Menschen mit Behinderungen im innerstaatlichen Bereich zu fördern, zu schützen und um die Umsetzung der Konvention zu überwachen, schreibt die UN-BRK den Staaten, die sich dem Abkommen angeschlossen haben, die Einrichtung einer unabhängigen Stelle vor.[2] Das Bundeskabinett hat 2008 beschlossen, diese Aufgabe dem Deutschen Institut für Menschenrechte zuzuweisen.[3] Ein Jahr später nahm die Monitoring-Stelle zur UN-Behindertenrechtskonvention ihre Arbeit auf. Wie der Name schon sagt, steht dabei ausdrücklich die Aufgabe des Monitorings im Mittelpunkt (engl. *to monitor* = beobachten, kontrollieren). In Leichter Sprache wird Monitoring mit »genau hinschauen« und »Einfluss nehmen« übersetzt.[4]

Dieser Beitrag stellt die Arbeit der Monitoring-Stelle vor, bietet einen Überblick über ihre Tätigkeiten und gibt einen Ausblick auf die Herausforderungen in den kommenden Jahren.

Verankerung, Personalstruktur und Finanzierung

Die Monitoring-Stelle ist verankert im Deutschen Institut für Menschenrechte in Berlin, der Nationalen Menschenrechtsinstitution (NMRI) Deutschlands. Dabei handelt es sich um einen im nationalen Menschenrechtsschutz besonderen Typ Organisation[5], der sich seit der Wiener Weltmenschenrechtskonferenz 1993 auf allen Kontinenten verbreitet hat und nunmehr in knapp 60 Ländern anzutreffen ist. Die Gemeinsamkeit dieser

Einrichtungen besteht darin, dass sie die Anforderungen an einen Standard (»Pariser Prinzipien«[6]) erfüllen und, jeweils nach dem Grad der Umsetzung dieser Prinzipien, von einem internationalen Gremium bei den Vereinten Nationen akkreditiert sind. Nur die voll akkreditierten Einrichtungen erhalten den A-Status[7].

Zu den Zielen des staatlich finanzierten und unabhängigen Instituts gehören die Förderung und der Schutz der Menschenrechte durch Information und Dokumentation, Beratung von Politik und Gesellschaft, anwendungsbezogene Forschung, Menschenrechtsbildung, Dialog und Zusammenarbeit im nationalen und internationalen Rahmen.

Die Monitoring-Stelle zur UN-BRK bildet im Institut eine eigene Abteilung. Drei der insgesamt sechs Mitarbeitenden sind wissenschaftlich und beratend tätig, je eine Person ist für die Assistenz innerhalb der Abteilung, die Verwaltung und die Kommunikation zuständig.

Mandat, Selbstverständnis und Aufgaben

Das Mandat der Monitoring-Stelle, die Umsetzung der UN-BRK zu begleiten, fußt auf der Konvention selbst. Dass die Konvention institutionelle Vorkehrungen in Gestalt einer unabhängigen Stelle erforderlich macht, ist menschenrechtlich sehr innovativ. In Deutschland erstreckt sich der Wirkauftrag der Monitoring-Stelle auf das gesamte Bundesgebiet und damit auf die verschiedenen staatlichen Ebenen Bund, Länder und Gemeinden. Der Fokus der Arbeit der Monitoring-Stelle lag von Anfang an auf Themenfeldern, die aufgrund der UN-BRK in Bewegung gekommen sind, beispielsweise auf der schulischen Bildung von Kindern mit Behinderungen. Hinzu traten allgemeine und für alle Bundesländer gleichermaßen wichtige Handlungsfelder. So äußerte sich die Monitoring-Stelle zu den Anforderungen an ein inklusives Bildungssystem, zu Aktions und Maßnahmenplänen für die Umsetzung oder die Fortentwicklung der Landesgleichstellungsgesetze nach Maßgabe der Konvention. Auf der Website der Monitoring-Stelle findet sich hierzu eine Übersicht zum Stand der Entwicklungen in den 16 Bundesländern.[8] Seit 2012 ermöglichen zudem länderspezifische Fördermittel, sich einzelnen Bundesländern verstärkt zu widmen.[9]

Im Rahmen ihres Aufgabenspektrums kommt der Monitoring-Stelle zunächst eine Klärungsfunktion in Bezug auf den Inhalt der UN-BRK zu: Was beispielsweise versteht die UN-BRK unter Inklusion, der Teilhabe von allen Menschen an der Gesellschaft? Was bedeutet das Diskriminierungsverbot in der UN-BRK? Welche staatlichen Verpflichtungen lassen sich aus dem Recht auf inklusive Bildung ableiten? Menschenrechte, wie sie in völkerrechtlichen Übereinkommen anerkannt sind, bilden anerkanntermaßen ein rechtliches Spezialgebiet. Die Fachkompetenzen zur Auslegung der UN-BRK hat die Monitoring-Stelle als Teil der Nationalen Menschenrechtsinstitution Deutschlands.

Diese Art Klärung hat die Monitoring-Stelle beispielsweise im Themenfeld Bildung angestrengt. So veröffentlichte sie 2011, in einer Zeit also, als sich die Kultusministerkonferenz der Länder über die Umsetzung der UN-BRK beriet, die »Eckpunkte zur Verwirklichung eines inklusiven Bildungssystems (Primarstufe und Sekundarstufe I und II)«. Die rechtliche Basis dieser Eckpunkte bildet das Recht auf inklusive Bildung, insbesondere die Verpflichtung aus der Konvention, ein inklusives Bildungssystem aufzubauen. Diese Verpflichtung gilt für alle Bundesländer; die Eckpunkte geben den Ländern eine Orientierung, was bei der Fortentwicklung des Schulrechts und in der schulischen Praxis beachtet werden sollte.

Um die Inhalte der UN-BRK in den staatlichen und gesellschaftlichen Bereich zu transportieren, nutzt die Monitoring-Stelle auch eine eigene Publikationsreihe: Die »Positionen« erscheinen zwei bis drei Mal jährlich und widmen sich Themen, die aufs Engste mit der UN-BRK im Zusammenhang stehen. So haben die bereits erschienenen Hefte über Aktionspläne informiert, für die politische Beteiligung und Mitwirkung von Menschen mit Behinderungen geworben, die Verpflichtungen seitens des Staates zum Abbau von gesellschaftlichen Barrieren und auch die Bedeutung der UN-BRK für Einzelfallentscheidungen durch Behörden und Gerichte dargelegt. Die Positionen erläutern Sachverhalte so verständlich wie möglich und zielen darauf, den Verpflichtungsumfang des Staates gemäß der UN-BRK herauszuarbeiten. Jede Heftausgabe enthält überdies eine Darstellung der Inhalte in Leichter Sprache.

Die Monitoring-Stelle hat weiter die Aufgabe, aktiv für die Rechte von Menschen mit Behinderungen einzutreten. Die vielfältigen Tätigkeiten der Monitoring-Stelle sollen also nicht zuletzt die staatlichen Stellen an die UN-BRK erinnern und dahingehend motivieren, die Konvention vollumfänglich einzuhalten und umzusetzen.

Damit verbunden ist die Beteiligung an politischen Diskussionen, am fachwissenschaftlichen Diskurs und an Entscheidungsprozessen. Die Monitoring-Stelle tut dies, neben den bereits erwähnten Publikationen, über mündliche oder schriftliche Stellungnahmen – etwa zu den Themen Wahlrecht oder Psychiatrie und Menschenrechte –, Mitwirkung bei Veranstaltungen, Medienarbeit – dazu gehören Pressemitteilungen und Pressegespräche – sowie die Beratung politischer Akteur_innen. Auch ist die Monitoring-Stelle in den letzten Jahren mehrfach der Einladung des Bundestages und der Landtage gefolgt, etwa zur öffentlichen Anhörung zum

Nationalen Aktionsplan der Bundesregierung zur Umsetzung der UN-BRK oder zur Änderung des Bundeswahlgesetzes.

Menschenrechtliches Monitoring

Monitoring bedeutet die Beobachtung der rechtlichen und gesellschaftlichen Wirklichkeit und Entwicklungen sowie das Sammeln von Informationen und Fakten; beim menschenrechtlichen Monitoring tritt zudem deren Bewertung im Lichte der UN-BRK hinzu.

So stellt sich etwa die Frage, welche Barrieren Menschen mit Behinderungen bei Wahlen erfahren. Dazu hat die Monitoring-Stelle 2011 eine eigene Anhörung durchgeführt und sich bei behindertenpolitischen Verbänden ein Bild gemacht, auf welche Schwierigkeiten Menschen mit Behinderungen stoßen, wenn sie wählen möchten.

Kenntnisse über die Lebenssituation von Menschen mit einem Handicap zu gewinnen in Form von Datenerhebungen und Statistiken, ist häufig sehr ressourcenintensiv. Eigene Datenerhebungen mittels sozialwissenschaftlicher Forschung kann die Monitoring-Stelle daher nur punktuell und sehr begrenzt durchführen. Die Monitoring-Stelle greift vielmehr auf existierende Datenbestände zu und befragt staatliche Stellen und zivilgesellschaftliche Organisationen, um deren Erkenntnisse kritisch miteinander abzugleichen. Sie wendet sich auch zunehmend mit konkreten Anliegen an Behörden in Bund und Ländern sowie an Verbände der Zivilgesellschaft, um konventionsrelevante Informationen zu erheben.

Ohne diese Informationen und Auskünfte ist es der Monitoring-Stelle nicht möglich, ihrem Mandat gerecht zu werden. Da die Arbeit der Monitoring-Stelle dazu beiträgt, dass Deutschland seine Pflichten aus der UN-BRK erfüllen kann, besteht insoweit auch eine Kooperationspflicht staatlicher Stellen.

Parallelberichterstattung

Ein wichtiger Tätigkeitsbereich im Zusammenhang eines menschenrechtlichen Monitorings besteht im Hinblick auf das internationale Berichtsprüfungsverfahren, dem sich Deutschland 2015 stellen muss.[10] Die Monitoring-Stelle wird im kommenden Verfahren eine aktive Rolle übernehmen und dem UN-Fachausschuss für die Rechte von Menschen mit Behinderungen, dem Vertragsorgan zur UN-BRK, eigene Informationen in Form einer Parallelberichterstattung liefern.

Stellungnahmen in gerichtlichen Verfahren

Die Monitoring-Stelle äußert sich in ausgewählten Fällen auch in Gerichtsverfahren. Sie tritt dabei nicht als Partei selbst in Erscheinung, sondern in einer neutralen Rolle. Ihre Stellungnahmen (auch »Amicus-Curiae-Stellungnahmen« genannt) dienen dazu, dem Gericht gegenüber menschenrechtliche Aspekte in Bezug auf einen Fall darzustellen in der Absicht, die richterlichen Grundlagen der Rechtsfindung und Entscheidung zu verbessern.

So hat sie beispielsweise zusammen mit der europäischen Gruppe der Nationalen Menschenrechtsinstitutionen eine Stellungnahme in einem Verfahren vor dem Europäischen Gerichtshof für Menschenrechte eingebracht. In diesem Fall wehrten sich fünf Frauen mit Behinderungen gegen den französischen Staat, weil sie, ohne eine Einwilligung abgegeben zu haben, sterilisiert worden waren. In einem weiteren Verfahren nahm die Monitoring-Stelle in einem Verfahren vor dem Bundesarbeitsgericht Stellung, welches über eine Arbeitsplatzkündigung eines HIV-infizierten Mannes zu befinden hatte.

Eine Ombudsfunktion nimmt die Monitoring-Stelle dagegen nicht wahr. Es ist also nicht die Aufgabe der Monitoring-Stelle, Beschwerden nachzugehen oder in Einzelfällen rechtlich zu beraten. Dies fällt in die Zuständigkeit anderer Institutionen, etwa der Antidiskriminierungsstelle des Bundes, der Bundesbehindertenbeauftragten oder eben der Gerichte. Sie gibt jedoch Auskunft über Beratungsstellen und verweist Hilfesuchende, die sich an sie wenden, entsprechend weiter.

Arbeitsweise

Die Monitoring-Stelle arbeitet unabhängig und gleichwohl eng mit Akteur_innen aus Staat und Gesellschaft zusammen. So kooperiert sie mit den für die Umsetzung der UN-BRK federführenden Ministerien in Bund und Ländern, mit der Bundes- und den Landesbehindertenbeauftragten sowie mit behindertenpolitischen Verbänden.

Für die Zusammenarbeit mit der Zivilgesellschaft pflegt die Monitoring-Stelle den Austausch in Form sogenannter Verbändekonsultationen.[11] Ziel dieser drei Mal im Jahr stattfindenden und inklusiven Veranstaltung ist der offene Erfahrungs- und Informationsaustausch mit den behindertenpolitischen Verbänden in Deutschland. Die Verbändekonsultationen bestehen seit 2009 und erfahren große Resonanz; es nehmen regelmäßig mehr als 30 Organisationen daran teil.

Die Monitoring-Stelle nimmt außerdem Gremienaufgaben wahr. So hat sie einen Beobachterstatus im Inklusionsbeirat und fungiert als Beraterin im Expertenkreis Inklusive Bildung der Deutschen UNESCO-Kommission. Auf internationaler Ebene ist sie aktiv in der Arbeitsgruppe der europäischen Nationalen Menschenrechtsinstitutionen, die sich mit der Umsetzung der UN-BRK befasst; deren Arbeit weist starke Bezüge zur Arbeit der Europäischen Union, des Europarats und den Vereinten Nationen auf.

Ziel ist die inklusive Gesellschaft

Ein halbes Jahrzehnt nach dem Inkrafttreten der UN-BRK ist Deutschland bei der Umsetzung einen großen Schritt weiter. Das Bewusstsein für bestehende Probleme und Barrieren ist in Staat und Gesellschaft gewachsen, ebenso wie die Bereitschaft zu handeln seitens des Staates. Zahlreiche Maßnahmen zur Umsetzung der UN-BRK sind ergriffen worden, beispielsweise die Entwicklung von Aktions- und Maßnahmenplänen sowie die Prüfung und die Änderung von Gesetzen hinsichtlich der Vorgaben der UN-BRK.

Gleichwohl ist Deutschland noch weit entfernt von der vollen Umsetzung der UN-BRK. So stehen grundlegende Verbesserungen in zahlreichen Lebensbereichen für Menschen mit Behinderungen noch aus, etwa im Bereich inklusive Bildung, beim gleichberechtigten Zugang zum ersten Arbeitsmarkt, im Bereich Wohnen in der Gemeinschaft. Im Allgemeinen bleibt der Abbau von strukturellen Barrieren, der systematisch und in allen Bereichen vorangebracht werden muss, als große Aufgabe bestehen, weil diese Hindernisse Fortbewegung, Kommunikation und damit gesellschaftliche Teilhabe eben behindern. Hinzu treten die Barrieren in den Köpfen, die ebenfalls zu den behindernden Faktoren gehören. Die inklusive Gesellschaft bleibt damit ein noch fernes, aber verbindliches Ziel.

Auf dem Weg zur vollen und wirksamen Partizipation von Menschen mit Behinderungen muss immer wieder an die Bedeutung ihrer Rechte im Sinne der UN-BRK erinnert werden. Das staatliche Handeln konsequent am Menschenrechtsansatz auszurichten ist eine Voraussetzung, damit die Umsetzung der Konvention zukünftig nicht nur ein Teilerfolg bleiben soll, sondern vielmehr vollständig gelingen kann.

Die Monitoring-Stelle hat die Umsetzung der UN-BRK in den vergangen Jahren kritisch und konstruktiv begleitet. Ihre Kernaufgabe liegt in der Klärung und Vermittlung der Inhalte der Konvention; dazu gehören das genaue Hinsehen und die fortlaufende Beobachtung und Beschreibung von

Entwicklungen ebenso wie die Bewertung aus menschenrechtlicher Perspektive und das Eintreten für die Rechte von Menschen mit Behinderungen. Sie wird weiterhin dazu beitragen, die dringlichen Handlungsbedarfe zu erkennen und die für die Gewährleistung der Rechte von Menschen mit Behinderungen wesentlichen Fragen nicht aus dem Blick zu verlieren – und sie wird die Verantwortlichen mit Entschlossenheit daran erinnern.

▶ Zusammenfassung

Um die Rechte von Menschen mit Behinderungen im innerstaatlichen Bereich zu fördern, zu schützen und die Umsetzung der Konvention zu überwachen, schreibt die UN-Behindertenrechtskonvention (UN-BRK) den Staaten vor, eine unabhängige Stelle einzurichten. Diese Stelle heißt in Deutschland »Monitoring-Stelle zur UN-Behindertenrechtskonvention« und ist beim Deutschen Institut für Menschenrechte in Berlin angesiedelt.
Der Beitrag stellt die Arbeit der Monitoring-Stelle vor, bietet einen Überblick über ihre Tätigkeiten und gibt einen Ausblick auf die Herausforderungen bei der Umsetzung der UN-BRK in den kommenden Jahren.

Anmerkungen

1 Siehe BGBl. 2008 II, S. 1419 ff.

2 Wortlaut von Art. 33 Abs. 2 UN-BRK: »(2) Die Vertragsstaaten unterhalten, stärken, bestimmen oder schaffen nach Maßgabe ihres Rechts- und Verwaltungssystems auf einzelstaatlicher Ebene für die Förderung, den Schutz und die Überwachung der Durchführung dieses Übereinkommens eine Struktur, die, je nachdem, was angebracht ist, einen oder mehrere unabhängige Mechanismen einschließt. Bei der Bestimmung oder Schaffung eines solchen Mechanismus berücksichtigen die Vertragsstaaten die Grundsätze betreffend die Rechtsstellung und die Arbeitsweise der einzelstaatlichen Institutionen zum Schutz und zur Förderung der Menschenrechte.«

3 Der Deutsche Behindertenrat hatte sich zuvor dafür ausgesprochen, dass das Institut die Monitoring-Funktion gemäß der UN-Behindertenrechtskonvention übernehmen solle.

4 Siehe die Fassung der »Positionen«, Heft Nr. 1, in Leichter Sprache, Monitoring: genau hinschauen. Damit behinderte Menschen die gleichen Rechte haben, Deutsches Institut für Menschenrechte/Monitoring-Stelle zur UN-Behindertenrechtskonvention (Hrsg.), Berlin (3. Auflage) Dezember 2012. Siehe auch unter http://www.institut-fuer-menschenrechte.de/monitoring-genau-hinschauen.html (Aufruf am 17.06.2014).

5 Siehe Valentin Aichele, Nationale Menschenrechtsinstitutionen. Ein Beitrag zur nationalen Implementierung von Menschenrechten, in: Studien zum Internatio-

nalen, Europäischen und Öffentlichen Recht, Band 12, Frankfurt am Main 2003, S. 41 ff.

6 Die »Pariser Prinzipien« regeln die Ausgestaltung von Nationalen Menschenrechtsinstitutionen. Dazu gehören z. B. die Aufgaben, die Zuständigkeiten, die Zusammensetzung, die Arbeitsweise und die Unabhängigkeit Nationaler Menschenrechtsinstitutionen. Siehe Vereinte Nationen, Generalversammlung, Resolution 48/134, UN-Dokument A/RES/48/134, 4. März 1994.

7 Den »A-Status« erhalten Nationale Menschenrechtsinstitutionen, die die Pariser Prinzipien vollumfänglich erfüllen.

8 Siehe http://www.institut-fuer-menschenrechte.de/de/monitoring-stelle.html (Aufruf am 17.06.2014).

9 So ist die Monitoring-Stelle z. B. vom Bundesland Berlin mit einer Normprüfung bestehender Berliner Gesetze beauftragt worden.

10 Bei diesem Verfahren wird der Staatenbericht, der von der Bundesregierung in regelmäßigen Abständen über den Umsetzungsstand der UN-BRK erstellt werden muss, geprüft von dem zuständigen internationalen Fachausschuss für die Rechte von Menschen mit Behinderungen.

11 Siehe http://www.institut-fuer-menschenrechte.de/de/monitoring-stelle/verbaendekonsultationen.html (Aufruf am 17.06.2014).

Sigrid Arnade

»Nichts über uns ohne uns!« – Die Zivilgesellschaft spricht mit.

Staatliche Koordinierungsstelle und Parallelbericht

Die UN-Behindertenrechtskonvention (UN-BRK) wurde unter dem Motto »*Nothing about us without us!*« (»Nichts über uns ohne uns!«) verhandelt. Mit diesem Geist einer umfassenden Partizipation der Zivilgesellschaft haben auch die Vereinten Nationen *(United Nations/UN)* Neuland betreten. Es verwundert nicht, dass diese neue Haltung gegenüber der Zivilgesellschaft in den Vertragstext eingeflossen ist, sodass sich die Vertragsstaaten mit der Ratifikation der Konvention zur Partizipation von Menschen mit Behinderungen bekennen.

Dieses Partizipationsgebot kommt insbesondere in Artikel 4 (Allgemeine Verpflichtungen) im Absatz 3 der UN-BRK zum Ausdruck: »Bei der Ausarbeitung und Umsetzung von Rechtsvorschriften und politischen Konzepten zur Durchführung dieses Übereinkommens und bei anderen Entscheidungsprozessen in Fragen, die Menschen mit Behinderungen betreffen, führen die Vertragsstaaten mit den Menschen mit Behinderungen, einschließlich Kindern mit Behinderungen, über die sie vertretenden Organisationen enge Konsultationen und beziehen sie aktiv ein.« In Artikel 33 (Innerstaatliche Durchführung und Überwachung) wird im Absatz 3 darüber hinaus die Beteiligung der Zivilgesellschaft beim Überwachungsprozess angemahnt. Und in Artikel 35 (Berichte der Vertragsstaaten) wird in Absatz 4 daran erinnert, dass auch bei der Erstellung der Staatenberichte besagter Absatz 3 in Artikel 4 gebührend zu berücksichtigen ist.

Was die Situation in Deutschland anbelangt, so haben Behindertenorganisationen die bislang praktizierten Formen der Partizipation durch die Bundesregierung bei der Umsetzung der UN-BRK vielfach kritisiert. So wurde beispielsweise die Zivilgesellschaft bei der Übersetzung der Konvention ins Deutsche durch das federführende Bundesministerium für Arbeit und Soziales nicht einbezogen, sodass die amtliche deutsche Übersetzung eine Vielzahl von Fehlern aufweist. Am schwerwiegendsten ist dabei die nicht korrekte Übertragung des englischen *inclusion* ins Deutsche als »Integration« (siehe dazu auch den Beitrag von Gudrun Wansing → S. 43 ff.). Obwohl es im Englischen wie im Deutschen beide Begriffe gibt, bezeichnen sie doch jeweils unterschiedliche Konzepte. Als Reaktion auf die fehlerhafte amtliche deutsche Übersetzung hat die Selbstvertretungsorganisation »NETZWERK ARTIKEL 3 – Verein für Menschenrechte und Gleichstellung Behinderter e. V.«[1] eine eigene korrektere Übersetzung als »Schattenübersetzung«[2] veröffentlicht.

In diesem Beitrag soll anhand von zwei Beispielen verdeutlicht werden, wie Partizipation gelingen kann.

Inklusionsbeirat und Fachausschüsse

Artikel 33 der UN-BRK schreibt eine staatliche Anlaufstelle *(Focal Point)* zur Umsetzung der Konvention vor und regt die Bestimmung eines staatlichen Koordinierungsmechanismus an, »der die Durchführung der entsprechenden Maßnahmen in verschiedenen Bereichen und auf verschiedenen Ebenen ermöglichen soll«. Weitere Vorgaben hinsichtlich der Definition und Ausgestaltung des Koordinierungsmechanismus macht die UN-BRK nicht.

Mit der Aufgabe wurde in Deutschland der oder die Beauftragte der Bundesregierung für die Belange behinderter Menschen[3] betraut, zunächst war dies der bis 2013 amtierende Behindertenbeauftragte Hubert Hüppe mit seinem Arbeitsstab.

Hüppe nahm das Motto »Nichts über uns ohne uns!« sehr ernst. Er bildete ein Gremium, das mehrheitlich aus Menschen mit unterschiedlichen Beeinträchtigungen besteht und sich selbst den Namen »Inklusionsbeirat« gab. Der Inklusionsbeirat arbeitet an der Schnittstelle zwischen staatlicher Ebene und Zivilgesellschaft und gewährleistet durch regelmäßige Kommunikation den fortlaufenden Informationsaustausch. Er nimmt außerdem eine Multiplikatorenfunktion wahr und trägt damit zur Bewusstseinsbildung bei. Eine wichtige Aufgabe des Inklusionsbeirats ist es weiterhin, relevante Akteur_innen der Zivilgesellschaft in den Umsetzungsprozess der UN-BRK einzubinden, was durch die Bildung von vier Fachausschüssen realisiert wurde, die sich ab 2011 mit den verschiedenen Themenfeldern der UN-BRK auseinandersetzten:

- Fachausschuss 1: Gesundheit, Pflege, Prävention, Rehabilitation;
- Fachausschuss 2: Freiheits- und Schutzrechte, Frauen, Partnerschaft und Familie, Bioethik;

- Fachausschuss 3: Arbeit und Bildung;
- Fachausschuss 4: Mobilität, Bauen, Wohnen, Freizeit, gesellschaftliche Teilhabe, Information und Kommunikation.

In den Fachausschüssen arbeiteten beispielsweise Vertreter_innen von Arbeitgebern, Gewerkschaften, Kirchen, des Deutschen Frauenrats, der Bundesarchitekten- und Bundesärztekammer, der Wohlfahrtsverbände, der Krankenversicherungen und Medienanstalten mit. Mitglieder des Inklusionsbeirats wirkten in den Fachausschüssen ohne Stimmberechtigung mit. Es wurden gemeinsame Positionspapiere, Konzepte oder Anschreiben erarbeitet, die Hubert Hüppe nach Zustimmung des Inklusionsbeirats an die verantwortlichen Stellen weiterleitete. Dazu gehörte der Appell an die Bundeskanzlerin und den Bundespräsidenten, ihre Weihnachts- bzw. Neujahrsansprachen zum Jahreswechsel 2011/2012 im Fernsehen auch unter Einbezug von Gebärdensprachdolmetscher_innen ausstrahlen zu lassen, was leider nicht umgesetzt wurde.

Der Fachausschuss 2 erstellte unter anderem mit Organisationen behinderter Frauen und dem Deutschen Frauenrat das Positionspapier »Frauen und Mädchen mit Behinderung besser vor Gewalt schützen«, das an die zuständigen Bundesministerien versandt wurde und inzwischen Eingang in die Arbeit weiterer Frauenorganisationen gefunden hat. Als weiteres Beispiel für die Fachausschussarbeit ist das Konzept zur Weiterbildung von Journalist_innen zum Thema Behinderung zu nennen, das vom Fachausschuss 4 vorgelegt und mit einer Veranstaltung des Grimme-Instituts bereits realisiert worden ist.[4]

Die Arbeit in den Fachausschüssen machte deutlich, dass es für eine ergebnisorientierte Arbeit sinnvoll ist, gemeinsame Standpunkte herauszuarbeiten und zu betonen, statt sich an Unterschieden abzuarbeiten. So können ungeahnte neue Allianzen entstehen, die durch die Bündelung der Kräfte verstärkt Wirkung erzielen.

Als weitere Aktivität der staatlichen Koordinierungsstelle bzw. des Inklusionsbeirats ist die »Landkarte der inklusiven Beispiele«[5] zu nennen. Hier werden vorbildliche Maßnahmen und Projekte für Inklusion in der Praxis vorgestellt, die teilweise von Akteur_innen der Zivilgesellschaft, teilweise von staatlichen Stellen initiiert sind. Aus der Vielzahl der Bewerbungen für die Inklusionslandkarte wählte eine Projektgruppe des Inklusionsbeirates die inklusiven Beispiele mit Vorbildcharakter für die Landkarte aus. Bis Ende April 2013 sind 550 Bewerbungen eingegangen, von denen die Projektgruppe 197 als inklusive Beispiele bewertete.

Mit dem Regierungswechsel Ende 2013 wurde das Amt der/des Beauftragten der Bundesregierung für die Belange behinderter Menschen neu besetzt: Seit Anfang 2014 bekleidet Verena Bentele diese Funktion, bis dahin vor allem als vielfache paralympische Goldmedaillengewinnerin im Biathlon bekannt. Mit Verena Bentele gibt es einige Veränderungen: Der Inklusionsbeirat arbeitet in leicht veränderter Zusammensetzung weiter. In den kommenden Jahren wird es nur noch drei Fachausschüsse mit einem veränderten inhaltlichen Zuschnitt geben. Die Inklusionslandkarte ist zu einem interaktiven Format weiterentwickelt worden. So wird vermutlich jede_r neue Amtsinhaber_in dem Koordinierungsmechanismus eine individuelle Note verleihen.[6]

Parallelbericht

Ein Beispiel für gelungene Partizipation und auch für erfolgreiche Zusammenarbeit sehr unterschiedlicher Gruppierungen ist die Erarbeitung des Parallelberichts zum Ersten Staatenbericht der Bundesrepublik Deutschland zur Umsetzung der UN-BRK, den das Bundeskabinett am 3. August 2011 beschlossen hat.

Bei den regelmäßigen UN-Überprüfungen von Menschenrechtskonventionen ist es üblich, dass es neben dem Staatenbericht auch ein oder mehrere Berichte der Zivilgesellschaft gibt.[7] Diese werden »Parallelbericht« oder gleichbedeutend auch »Schatten-« oder »Alternativbericht« genannt. Der zuständige UN-Ausschuss bezieht in sein Prüfverfahren neben dem Staatenbericht auch diese Äußerungen der Zivilgesellschaft ein. Dabei hat es sich als sinnvoll erwiesen, dass die Zivilgesellschaft *einen* koordinierten Bericht und nicht eine Vielzahl von Einzelberichten verfasst und einreicht.

Die Zivilgesellschaft hat sich dazu mit fast 80 Verbänden in der sogenannten BRK-Allianz[8] zusammengeschlossen, die im Januar 2012 gegründet wurde, um das Verfahren zur Staatenberichtsprüfung für Deutschland zur UN-BRK zu begleiten und insbesondere, um ebendiesen einen gemeinsamen Parallelbericht zu verfassen. Neben Selbstvertretungs-, Selbsthilfe- und Sozialverbänden haben auch die Wohlfahrtsverbände, Gewerkschaften, Elternverbände und weitere Initiativen in der BRK-Allianz mitgearbeitet. Koordiniert vom »NETZWERK ARTIKEL 3« einigten sich die Beteiligten in zehn themenspezifischen Gruppen auf gemeinsame Analysen, Positionen und Forderungen. Im März 2013 wurde der Parallelbericht unter dem Titel »Für Selbstbestimmung, gleiche Rechte, Barrierefreiheit und Inklusion« veröffentlicht und steht inzwischen in verschiedenen Formaten (als Gebärdensprachclips, in Brailleschrift, als Audio-CD etc.) zur Verfügung.[9] Er wird – in der UN-Amtssprache Englisch – in das Prüfverfahren des UN-Ausschusses im Jahr 2015 einfließen.

Der Parallelbericht kritisiert zum einen die bisherige Umsetzung der UN-BRK in Deutschland, zum anderen zeigt er Menschenrechtsverletzungen auf, denen behinderte Menschen in Deutschland immer noch ausgesetzt sind. Gleichzeitig werden Lösungsansätze thematisiert, die in konkrete Forderungen münden.

Im Folgenden sind einige Beispiele aus dem Parallelbericht für Menschenrechtsverletzungen und die jeweiligen Forderungen zur Verbesserung der Situation aufgelistet:

- Wahlrecht: Einige Gruppen von Menschen mit Behinderungen sind grundsätzlich vom Wahlrecht ausgeschlossen. Laut Bundeswahlgesetz (BWG) gilt das für Menschen, die in allen Angelegenheiten unter Betreuung stehen, sowie für Menschen, die eine Straftat im Zustand der Schuldunfähigkeit oder der verminderten Schuldfähigkeit begangen haben und in einem psychiatrischen Krankenhaus untergebracht sind. Forderung der BRK-Allianz: Diese Wahlrechtsausschlüsse im Bundeswahlgesetz sowie die gleichlautenden Regelungen in den Gesetzen über die Landtags- und Kommunalwahlen und im Europawahlgesetz (EuWG) der Bundesrepublik Deutschland widersprechen dem Völkerrecht und sind ersatzlos zu streichen.
- Zwangseinweisungen und -behandlungen: Zwangseinweisungen in die Psychiatrie haben in den letzten Jahren stark zugenommen, Zwangsbehandlungen sind dort an der Tagesordnung.
  Forderung der BRK-Allianz: Die entsprechenden Gesetze sind gemäß den Vorgaben der UN-BRK zu überarbeiten. Das Vorliegen einer Behinderung darf in keinem Fall eine Freiheitsentziehung rechtfertigen.
- Gewalt und Missbrauch: Behinderte Frauen sind zwei- bis dreimal häufiger von (sexualisierter) Gewalt betroffen als Frauen ohne Behinderungen.[10] Darüber hinaus weist das Gewaltschutzgesetz (GewSchG) Lücken auf, wenn die Gewalt ausübende Person gleichzeitig notwendige Assistenzdienste erbringt oder wenn Täter und Opfer in derselben Einrichtung leben.
  Forderung der BRK-Allianz: Die Gewaltprävention bezüglich behinderter Frauen ist zu intensivieren; das Gewaltschutzgesetz muss überarbeitet werden.
- Selbstbestimmtes Leben: Viele Menschen mit hohem Assistenzbedarf müssen gegen ihren Willen in Institutionen leben, weil die notwendigen Unterstützungsmaßnahmen dort kostengünstiger erbracht werden können.
  Forderung der BRK-Allianz: Es muss sichergestellt werden, dass Menschen mit Behinderungen ihren Wohnort und ihre Wohnform unabhängig von der Kostenfrage ihres Assistenzbedarfs frei wählen können.

- Inklusive Bildung: Der gemeinsame Unterricht von Menschen mit und ohne Behinderungen ist in Deutschland immer noch die Ausnahme. Nach wie vor werden Kinder sowohl gegen ihren eigenen Willen als auch den ihrer Eltern an Förderschulen verwiesen.
  Forderung der BRK-Allianz: Das Menschenrecht auf inklusive Bildung muss anerkannt und umgesetzt werden. Gesetzes- und Ressourcenvorbehalte sind zu streichen.
- Barrierefreiheit: In Deutschland wird die Privatwirtschaft bislang nicht per Gesetz zur Barrierefreiheit verpflichtet. Lediglich freiwillige Vereinbarungen sind vorgesehen.
  Forderung der BRK-Allianz: Fördermittel der öffentlichen Hand sollten generell an das Kriterium der Barrierefreiheit gebunden werden. Private Rechtsträger, die Einrichtungen und Dienste für die Öffentlichkeit bereitstellen, müssen per Gesetz zur Barrierefreiheit verpflichtet werden.
- Gesundheit und Pflege: Im deutschen Gesundheitswesen treffen behinderte Menschen auf vielfältige Barrieren. Dazu gehören bauliche Barrieren, fehlende Orientierungshilfen, Kommunikationsprobleme, ablehnende Einstellungen und Wissensdefizite. Bei pflegebedürftigen Personen treten immer wieder Pflegefehler auf.
  Forderung der BRK-Allianz: Alle Zugangsbarrieren für Menschen mit Behinderungen zum Gesundheitswesen sind abzubauen. Dazu ist beispielsweise das Thema Behinderung systematisch in Aus- und Weiterbildungen aller Gesundheitsberufe einzubeziehen. Pflegefehler sind durch verstärkte Kontrollen und Sanktionen gegenüber den Verantwortlichen zu bekämpfen.
- Angemessener Lebensstandard: Eine Behinderung führt in Deutschland häufig zu einem Leben in Armut. Ein Grund dafür ist, dass Assistenz- und Unterstützungsleistungen zur Teilhabe am gesellschaftlichen Leben nur einkommens- und vermögensabhängig bei einem Schonvermögen[11] von 2600 Euro gewährt werden.
  Forderung der BRK-Allianz: Behinderungsbedingte Nachteilsausgleiche müssen einkommens- und vermögensunabhängig geleistet werden.
- Erwerbstätigkeit: Behinderte Menschen sind doppelt so häufig arbeitslos wie Menschen ohne Behinderungen. Frauen mit Behinderungen sind besonders selten erwerbstätig. Für viele behinderte Menschen, die ohne Unterstützung nicht auf dem ersten Arbeitsmarkt tätig sein können, bleibt nur eine Beschäftigung in einer Werkstatt für behinderte Menschen (WfbM).
  Forderung der BRK-Allianz: Die Arbeitslosigkeit behinderter Menschen muss entschiedener bekämpft werden. Es müssen Alternativen zu einer Beschäftigung in einer WfbM geschaffen werden.

- Eltern mit Behinderungen: Wenn behinderte Menschen Eltern werden, erhalten sie gar nicht oder erst nach langen Kämpfen die notwendige Unterstützung. Teilweise werden ihnen stattdessen die Kinder weggenommen. Forderung der BRK-Allianz: Eltern mit Behinderungen müssen durch die Gewährung von Nachteilsausgleichen in Form von Elternassistenz oder begleiteter Elternschaft dabei unterstützt werden, ihre elterliche Verantwortung wahrzunehmen.

Soweit einige Details aus dem Parallelbericht. Deutschland wird 2015 vor dem zuständigen UN-Ausschuss in Genf geprüft, und die Zivilgesellschaft wird sich mit ihrem Parallelbericht in dieses Verfahren einbringen.

Partizipation sollte noch effektiver umgesetzt werden

Wie oben beschrieben, haben die Vereinten Nationen mit der umfassenden Beteiligung der Zivilgesellschaft neue Wege beschritten. Auch mit dem Koordinierungsmechanismus wurden neue Strukturen geschaffen, die hoffentlich von weiteren Behindertenbeauftragten fortentwickelt werden. Und nicht zuletzt sind so manche Organisationen der Zivilgesellschaft über ihre Schatten gesprungen und haben sich zu Kompromissen bereit erklärt, um einen starken gemeinsamen Parallelbericht zu schaffen – Beispiele gelungener Partizipation.

Nicht unerwähnt bleiben darf dabei die Tatsache, dass Selbstvertretungsorganisationen behinderter Menschen bislang fast nur auf ehrenamtlicher Basis unter einem hohen Maß an Selbstausbeutung Partizipation realisieren können. Wenn in Deutschland Partizipation von Menschen mit Behinderungen ernst genommen wird, dann müssen nach internationalem Vorbild auch die notwendigen Ressourcen für Selbstvertretungsorganisationen bereitgestellt werden, um eine tatsächliche und qualitativ hochwertige Partizipation der Betroffenen zu sichern.

Außerdem ist es sinnvoll, auch bezüglich der Partizipation das Rad nicht immer wieder neu zu erfinden. Deshalb ist es an der Zeit, nicht nur die Ressourcenfrage zu klären, sondern auch Standards für gute Partizipation zu formulieren. Wenn dabei alle Beteiligten partizipieren können, ist zu erwarten, dass das Motto »Nichts über uns ohne uns!« künftig noch effektiver umgesetzt werden kann.

▶ Zusammenfassung

Die UN-Behindertenrechtskonvention (UN-BRK), die unter dem Motto »Nichts über uns ohne uns!« entstanden ist, enthält die Verpflichtung zur Partizipation von Menschen mit Behinderungen in allen gesellschaftlichen Bereichen. Der Beitrag stellt zwei Beispiele gelungener Partizipation vor: Der »staatliche Koordinierungsmechanismus« bei der beziehungsweise dem Beauftragten der Bundesregierung für die Belange behinderter Menschen arbeitet mit einem Inklusionsbeirat und Fachausschüssen. Der Parallelbericht zum Ersten Staatenbericht Deutschlands zur Umsetzung der UN-Behindertenrechtskonvention wurde von fast 80 Organisationen der Zivilgesellschaft gemeinsam verfasst und wird 2015 in das UN-Verfahren zur Staatenberichtsprüfung einfließen. Gute Partizipation braucht Ressourcen und Beteiligungsstandards.

Anmerkungen

1 Das NETZWERK ARTIKEL 3 e.V. hat sich Ende 1996 als Nachfolger des »Initiativkreises Gleichstellung Behinderter« gegründet, der wesentlich am Zustandekommen des Benachteiligungsverbotes für behinderte Menschen im Grundgesetz mitgewirkt hat. Es ist ein bundesweit arbeitendes Netzwerk der Gleichstellungsinitiativen, das sich einer menschenrechtsorientierten Sichtweise von Behindertenpolitik verschrieben hat, siehe www.netzwerk-artikel-3.de (Aufruf am 31.03.2014).

2 Siehe www.nw3.de/index.php/vereinte-nationen (Aufruf am 31.03.2014).

3 Siehe www.behindertenbeauftragte.de (Aufruf am 31.03.2014).

4 Siehe www.grimme-institut.de/html/index.php?id=1763 (Aufruf am 31.03.2014).

5 Siehe www.behindertenbeauftragter.de/DE/Landkarte/Forms/Suche/Projekt Suchen_formular.html (Aufruf am 31.03.2014).

6 Die jeweils aktuellen Informationen sind unter www.behindertenbeauftragte.de oder www.behindertenbeauftragter.de zu finden.

7 Siehe dazu Verfahrensordnung des Ausschusses für die Rechte von Menschen mit Behinderungen, Artikel 52, online abrufbar unter: www.institut-fuer-menschenrechte.de/fileadmin/user_upload/PDF-Dateien/Pakte_Konventionen/monitoringstelle_2011/crpd_verfahrensordnung_des_ausschusses_fuer_die_rechte_von_menschen_mit_behinderungen_2010.pdf (Aufruf am 31.03.2014), und Mitteilung des Ausschusses für die Rechte von Menschen mit Behinderungen zur Partizipation der Zivilgesellschaft, online abrufbar unter: www.ohchr.org/EN/HRBodies/CRPD/Pages/NoteonCivilSocietyParticipation.aspx (Aufruf am 31.03.2014).

8 Siehe www.brk-allianz.de (Aufruf am 31.03.2014), Auszug aus dem Statut der BRK-Allianz: »Organisationen der Zivilgesellschaft in Deutschland haben sich zu einer Allianz für einen ›Koordinierten Parallelbericht‹ zusammengeschlossen. (...) Die BRK-Allianz wirkt in dem Verfahren der Staatenberichtsprüfung mit, insbe-

sondere übermittelt sie rechtzeitig einen gemeinsamen Bericht (einen so genannten ›Koordinierten Parallelbericht‹) an den UN-Fachausschuss für die Rechte von Menschen mit Behinderungen.«

9 Siehe www.brk-allianz.de/index.php/parallel-bericht.html (Aufruf am 31.03.2014).

10 Siehe http://www.bmfsfj.de/RedaktionBMFSFJ/Broschuerenstelle/Pdf-Anlagen/Lebenssituation-und-Belastungen-von-Frauen-mit-Behinderungen-Langfassung-Ergebnisse_20der_20quantitativen-Befragung,property=pdf,bereich=bmfsfj,sprache=de,rwb=true.pdf (Aufruf am 31.03.2014).

11 Als »Schonvermögen« wird im deutschen Sozialrecht der Vermögensanteil bezeichnet, den die Berechtigten nicht zur Finanzierung einer Sozialleistung einsetzen müssen. Es handelt sich also um den Geldbetrag, bis zu dem sie ansparen und den sie behalten dürfen.

Teil III

Der Weg in eine inklusive Gesellschaft – neue Rahmenbedingungen nach der UN-Behindertenrechtskonvention

Peter Trenk-Hinterberger

Arbeit, Beschäftigung und Ausbildung

Teilhabe am Arbeitsleben nach Artikel 27 UN-BRK

»Soziale Zugehörigkeit und Anerkennung werden nach wie vor wesentlich über die Teilhabe am Arbeitsleben in der Leistungsrolle des Erwerbstätigen vermittelt«, stellt Gudrun Wansing mit Recht fest.[1] Menschen mit Behinderungen sind dabei einem besonderen Risiko ausgesetzt, von dieser Rolle ausgeschlossen und damit marginalisiert und diskriminiert zu werden.[2] Zu den wichtigsten Zielen der UN-BRK gehört es deshalb, die Ausgrenzung behinderter Menschen am Arbeitsmarkt zu beseitigen und ihnen den prinzipiellen Zugang zu diesem Markt zu öffnen. Von zentraler Bedeutung ist dabei der Artikel 27 UN-BRK.

Um die Bedeutung dieses Artikels für die Teilhabe behinderter Menschen am Arbeitsleben analysieren und bewerten zu können, müssten eigentlich zunächst der gesamte Inhalt und der rechtliche Gehalt des Artikels im Einzelnen vorgestellt werden. Dies kann der vorliegende Beitrag schon deshalb nicht leisten, weil Artikel 27 UN-BRK zu den umfangreichsten Artikeln der Konvention gehört und allein sein erster Absatz elf Unterabsätze umfasst, die (zudem nicht abschließend, sondern nur beispielhaft) detaillierte Achtungs-, Schutz- und Leistungsverpflichtungen der Vertragsstaaten formulieren.[3] Der Beitrag konzentriert sich deshalb auf drei zentrale Leitideen des Artikels 27 UN-BRK in Absatz 1, deren Bedeutung für das Arbeitsleben von Menschen mit Behinderungen beleuchtet wird:

- Erste Leitidee: »So wenig Sonderarbeitswelten wie möglich« (siehe unten → S. 107 ff.);
- Zweite Leitidee: »Wenn schon Sonderarbeitswelten, dann so normal wie möglich« (siehe unten → S. 110 f.);
- Dritte Leitidee: »Verwirklichung eines inklusiven Arbeitsmarktes« (siehe unten → S. 111 ff.).

Bevor auf diese drei Leitideen eingegangen wird, die im Übrigen nicht streng voneinander getrennt werden können, da sie sich ergänzen und teilweise überschneiden, sind einige grundlegende Klarstellungen zu Artikel 27 UN-BRK geboten.

Recht auf Arbeit und Diskriminierungsverbot

Nach Artikel 27 Absatz 1 Satz 1, 1. Halbsatz UN-BRK »anerkennen« die Vertragsstaaten »das gleiche Recht von Menschen mit Behinderungen auf Arbeit«.[4] Damit wird das Recht auf Arbeit aus Artikel 23 Nr. 1 der Allgemeinen Erklärung der Menschenrechte (AEMR) und aus Artikel 6 Absatz 1 des Internationalen Pakts über wirtschaftliche, soziale und kulturelle Rechte (IPwskR)[5] aufgegriffen, im Hinblick auf Menschen mit Behinderungen bekräftigt und für die Situation von Menschen mit Behinderungen konkretisiert. Allerdings besteht ein Konsens darüber, dass aus dieser Verpflichtung der Vertragsstaaten kein Anspruch auf eine bestimmte Arbeitsstelle und damit auch kein subjektives Recht von Menschen mit Behinderungen auf einen konkreten Arbeitsplatz folgt. Geht es also insoweit nicht um einen individuellen Anspruch auf einen konkreten Arbeitsplatz, so liegt der Schwerpunkt der staatlichen Verpflichtungen aus Artikel 27 Absatz 1 Satz 1, 1. Halbsatz UN-BRK auf einer Beschäftigungspolitik (und insbesondere Arbeitsmarktpolitik) für Menschen mit Behinderungen, die – einschließlich der dafür erforderlichen Rechtsvorschriften – den drei genannten Leitideen verpflichtet ist und zugleich einem Gleichheitskonzept folgt, das dem Prinzip der Nichtdiskriminierung immanent ist, also einem Prinzip, das zu den wichtigsten der UN-BRK und zugleich zu den fundamentalen Menschenrechtsprinzipien gehört. Insofern enthält die Bestimmung des Artikels 27 Absatz 1 Satz 1, 1. Halbsatz UN-BRK auch eine Konkretisierung des allgemeinen Diskriminierungsverbots (Artikel 5 Absatz 2 und Artikel 2 Satz 3 UN-BRK). Diese Komponente der Nichtdiskriminierung wird in einzelnen Vertragspflichten, die in Artikel 27 Absatz 1 Satz 2 UN-BRK genannt werden, näher ausgestaltet (zum Beispiel in Artikel 27 Absatz 1 Satz 2 Buchstabe a) UN-BRK).

Arbeit und Lebensunterhalt, freie Wahl und Annahme der Arbeit

Nach Artikel 27 Absatz 1 Satz 1, 2. Halbsatz UN-BRK beinhaltet das Recht auf Arbeit die Möglichkeit, den »Lebensunterhalt durch Arbeit zu verdienen«. Man wird annehmen können, dass damit nicht ein Lebensunterhalt im Sinne eines rein physischen Überlebens, sondern ein angemessener Lebensstandard gemeint ist (unter Rückgriff auf Artikel 28 Absatz 1 UN-BRK – Angemessener Lebensstandard und sozialer Schutz), der zu weitestgehender Unabhängigkeit von staatlichen Transferleistungen bei der Existenzsicherung führt. Ferner garantiert Artikel 27 Absatz 1 Satz 1, 2. Halbsatz UN-BRK das Recht, die Arbeit frei zu wählen oder anzunehmen. Auf diese Weise wird der persönliche Aspekt der Arbeit betont, die nicht nur einen wirtschaftlichen, sondern auch einen eigenständigen Lebenszweck hat. Zudem verlangt die Regelung, dass der Arbeitsmarkt (als Ganzes) und das Arbeitsumfeld (als Ausschnitt aus diesem Arbeitsmarkt) eine bestimmte Eigenschaft aufweisen: Sie müssen offen, inklusiv[6] und für Menschen mit Behinderungen zugänglich sein. Aus diesen drei Eigenschaften, die unterschiedliche Aspekte betonen, sowie insbesondere aus einer Gesamtschau des Artikels 27 Absatz 1 UN-BRK (und dessen Vorgaben in den einzelnen Unterabsätzen der Buchstaben a) bis j), ferner aus dem Gedanken der beruflichen Rehabilitation (Artikel 27 Absatz 1 Buchstabe k) und Artikel 26 UN-BRK) und aus dem die gesamte Konvention prägenden Gleichheits- und Deinstitutionalisierungskonzept (vgl. zum Beispiel Artikel 5 und Artikel 19 Buchstabe a) UN-BRK) sowie schließlich aus Artikel 8 und 9 UN-BRK (barrierefreie Denk- und Verhaltensweisen sowie barrierefreie Umwelt) lassen sich die drei bereits genannten Leitideen folgern, aus denen konkrete Umsetzungsverpflichtungen und Realisierungsschritte abgeleitet werden können.

Erste Leitidee: So wenig Sonderarbeitswelten wie möglich

Aus dieser Leitidee folgt zunächst die Verpflichtung der Vertragsstaaten, durch geeignete Schritte dafür zu sorgen, dass es sowohl rechtlich als auch tatsächlich nicht nur ausschließlich institutionelle Sonderwege für Menschen mit Behinderungen im Bereich von Arbeit und Beschäftigung gibt, also zum Beispiel lediglich die alternativlose Beschäftigung in »beschützenden«, nur Menschen mit Behinderungen vorbehaltenen Einrichtungen oder den »automatischen« (alternativlosen) Übergang von der Schule in eine Beschäftigung in solchen »beschützenden« Einrichtungen. Die freie Wahl und Annahme der Arbeit darf für Menschen mit Behinderungen eben nicht auf »Sonderarbeitswelten« (also auf »Sonderarbeitsmärkte« und »Sonderarbeitsumfelder«) beschränkt werden. Die Vertragsstaaten der UN-BRK trifft dabei die Rechtspflicht, Rechtsordnung und Rechtswirklichkeit auf die Vereinbarkeit mit der Leitidee »So wenig Sonderarbeitswelten wie möglich« kritisch zu überprüfen. Die Diskussion dieser Leitidee ist inzwischen in vollem Gange, die in deren Rahmen gemachten Vorschläge und gestellten Forderungen sind freilich kaum mehr zu überschauen. Im Folgenden soll nur auf einige wenige Beispiele hingewiesen werden.

Vorgeschlagen wird, die »beschützenden« Beschäftigungseinrichtungen wie die Werkstätten für behinderte Menschen (WfbM) gänzlich abzuschaffen[7] oder jedenfalls ihre Laufzeit (bis zu ihrer Abschaffung) zu begrenzen, weil die Segregation in solchen Einrichtungen als Verletzung der Menschenrechte einzustufen sei.[8] Bemerkenswert ist in diesem Zusammenhang auch die Studie des UN-Hochkommissariats für Menschenrechte zur Arbeit und Beschäftigung von Menschen mit Behinderungen, in der ausgeführt wird, es sei »zwingend erforderlich, dass die Vertragsstaaten die Systeme geschützter Beschäftigung aufgeben und den gleichberechtigten Zugang von Menschen mit Behinderungen zum allgemeinen Arbeitsmarkt fördern«.[9] Wenn damit gemeint sein sollte, dass der Bereich der »geschützten Beschäftigung« (wie in den WfbM) vollständig beseitigt werden sollte, dann stellen sich zwangsläufig mehrere Fragen. So etwa, ob die UN-BRK tatsächlich die Teilhabe von Menschen mit Behinderungen ausschließlich am allgemeinen Arbeitsmarkt verlangt, und zwar auch von Personen mit Fähigkeitsbarrieren, bei denen gravierende Einschränkungen in der Einsatz- und Leistungsfähigkeit vorliegen und die – jedenfalls unter den gegebenen Arbeitsmarktverhältnissen (siehe dazu den Abschnitt Dritte Leitidee → S. 112 f.) – auf spezielle Strukturen angewiesen sind, um überhaupt eine Teilhabe am Arbeitsleben zu realisieren (siehe auch nachfolgend → S. 109). Des Weiteren kann man fragen, ob wirklich die alternativlose Teilhabe am allgemeinen Arbeitsmarkt das Anliegen der UN-BRK ist oder nicht vielmehr vorausgesetzt wird, dass die unstreitig stattfindende Exklusion aus dem allgemeinen Arbeitsmarkt lediglich so weit wie möglich reduziert wird, ohne dass notwendige Schonräume und Schutzrechte zerschlagen werden. Ferner ist zu fragen, ob die Forderung nach einer vollständigen Beseitigung von Sonderstrukturen nicht dankbar von denjenigen Kräften aufgegriffen wird, die vorgeben, dass der »Markt« aus eigener Kraft die Beschäftigung behinderter Menschen bewerkstelligen könne, oder die sich von einer Ausdünnung oder gar einem solchen Wegfall der Sonderstrukturen ein beträchtliches Einsparpotenzial erhoffen. Schließlich stellt sich die Frage, inwieweit eine solche Forderung mit der Interessenlage, den Bedürfnissen und vor allem den Wünschen der Betroffenen vereinbar ist, etwa nach einem schützenden und fördernden Erfahrungsraum, in dem eine Teilhabe am Arbeitsleben auch außerhalb des allgemeinen Arbeitsmarktes möglich ist, also Wünschen, die Artikel 3 Buchstabe a) UN-BRK (»Freiheit, eigene Entscheidungen zu treffen«) meint, damit die Betroffenen nicht einem fremdbestimmten Zwang (Teilhabe ausschließlich am allgemeinen Arbeitsmarkt) und damit einer Einschränkung ihrer individuellen Autonomie unterworfen werden.[10]

Anstatt zwischen der (sofortigen oder zumindest baldigen) Abschaffung der WfbM bis hin zum weitgehenden Bewahren der Einrichtungen in ihrer jetzigen Gestalt zu polarisieren, dürfte es den Vorgaben des Artikels 27 UN-BRK eher entsprechen, faktische Monopole im Bereich der »geschützten Beschäftigung« zu beseitigen, den öffentlichen Beschäftigungssektor auszubauen und innerhalb dieses Sektors die WfbM zu sozialräumlich organisierten »Sozialunternehmen« zu entwickeln, die mit dem allgemeinen Arbeitsmarkt (im Sinne einer Brückenfunktion) vielfältig vernetzt sind, die differenzierte Beschäftigungsmöglichkeiten organisieren und die solche Teilhabe am Arbeitsleben für alle behinderten Menschen bieten, die am allgemeinen Arbeitsmarkt ohne Chancen bleiben (und zwar auch für solche Menschen, die – im Gegensatz zur aktuellen Rechtslage nach § 136 Absatz 2 Satz 1 SGB IX – kein »Mindestmaß wirtschaftlich verwertbarer Arbeitsleistung erbringen«). Ein solcher Prozess der Umgestaltung zum Sozialunternehmen erfordert freilich vor allem eine Änderung der bisherigen strukturbestimmenden Rechtsgrundlagen, die seit Jahrzehnten nicht wesentlich verändert (allenfalls aus Einspargründen modifiziert) wurden und die institutionenbezogen, unflexibel und überholt sind, wie etwa die Regelungen des Rentenversicherungsrechts, die an die Tätigkeit in der Sonderinstitution und nicht an die Person anknüpfen. Wie ein solcher Umgestaltungsprozess entwickelt und verwirklicht werden kann, verdeutlichen unterschiedliche Vorschläge, die unter anderem im Bereich der WfbM selbst entwickelt worden sind.[11]

Im Rahmen des Artikels 27 UN-BRK geht es, wie gesehen, nicht primär um die Pro-und-Kontra-Debatte hinsichtlich der Existenz von Sondersystemen der Beschäftigung, sondern um die Reduktion und Umgestaltung dieser Sondersysteme sowie um Alternativen, die eine Brückenfunktion in den allgemeinen Arbeitsmarkt bilden können. Dazu gehören insbesondere die erweiterte Förderung von Integrationsprojekten (§§ 132 ff. SGB IX), beispielsweise durch zusätzliche Investitionen und Steuerentlastungen, bevorzugte Vergabe von öffentlichen Aufträgen und die Berufsausbildung in anerkannten Ausbildungsberufen. Auszubauen wären ferner weitere Übergangsinstrumente wie die Unterstützte Beschäftigung (§ 38a SGB IX), die dauerhafte Berufsbegleitung (Assistenz) sowie die dauerhaften Entgelt- und Mobilitätszuschüsse (»Minderleistungsausgleich«) an Arbeitsplätzen des allgemeinen Arbeitsmarktes. Nicht zuletzt wäre wesentlich intensiver als bisher der personenzentrierte Ansatz in Gestalt des Persönlichen Budgets (siehe § 17 Absatz 2 bis 4 SGB IX) zur Teilhabe am allgemeinen Arbeitsmarkt zu verfolgen, und zwar im Wesentlichen in drei Bereichen: dem Leistungsspektrum der Berufsförderung, der Eingliederung in Arbeit und Beschäftigung und der Sicherung von Beschäftigungsverhältnissen.[12]

Ausbildung als Schlüssel für spätere Berufschancen

Schulische und berufliche Ausbildung sind der Schlüssel für die späteren Chancen auf dem Arbeitsmarkt. Die UN-BRK verpflichtet deshalb die Vertragsstaaten dazu, im Rahmen eines inklusiven Bildungssystems sicherzustellen, dass Menschen mit Behinderungen ohne Diskriminierung und gleichberechtigt mit anderen Zugang zu allgemeiner Berufsausbildung haben (Artikel 24 Absatz 1 Satz 2, Absatz 5 Satz 1 UN-BRK). Zudem werden die Vertragsstaaten in Artikel 27 Absatz 1 Satz 2 Buchstabe d) UN-BRK verpflichtet, geeignete Schritte zu unternehmen, um Menschen mit Behinderungen Zugang zu allgemeiner Berufsausbildung zu ermöglichen.

In Modifikation der obigen Leitidee muss deshalb für diesen Bereich gelten: »So wenig Sonderausbildung wie möglich«. Dies bedeutet unter anderem, dass das separierende Förderschulsystem und der fast automatisierte Übergang von der Förderschule in Berufsbildungswerke oder WfbM zu beseitigen sind. Stattdessen ist da anzusetzen, wo sich die Berufsausrichtung entscheidet: in inklusiv strukturierten und ausgerichteten Schulen, die insbesondere individuelle Berufswegeplanung und berufliche Praktika (vorrangig auf dem allgemeinen Arbeitsmarkt) anbieten sowie die Bildung von Netzwerkstrukturen befördern (vor allem durch Einbindung von Sozialleistungsträgern, Unternehmen, Industrie-, Handels-, Handwerks- und Landwirtschaftskammern, Gewerkschaften sowie des öffentlichen Sektors). Ferner sind im dualen System Berufsausbildungen zeitlich, räumlich, inhaltlich und organisatorisch zu flexibilisieren sowie der Ausbildungsbereich des allgemeinen Arbeitsmarktes verpflichtend inklusiv zu gestalten (zu den Problemen eines inklusiven Arbeitsmarktes siehe aber unten Abschnitt Dritte Leitidee → S. 111 ff.). Schließlich muss – soweit im Einzelfall überhaupt erforderlich – die außerbetriebliche Berufsausbildung (zum Beispiel in Berufsbildungswerken) durch die Ausweitung betriebsnaher oder betrieblicher Anteile inklusiver gestaltet werden.

Zweite Leitidee: Wenn schon Sonderarbeitswelten, dann so normal wie möglich

Diese Leitidee beinhaltet das Postulat, diejenigen Sonderarbeitswelten, die aufrechterhalten werden (müssen), so auszugestalten, dass sie sich möglichst weitgehend an den normalen »regulären« Strukturen und Gestaltungen der allgemeinen Arbeitswelt ausrichten. Exemplarisch ist hier auf einige Vorschläge und Forderungen hinzuweisen, die im Hinblick auf diese Leitidee gemacht werden.

So könnte im Bereich der Ausbildung in der WfbM überlegt werden, ob nicht die bisherige Berufsbildung nach § 4 der Werkstättenverordnung (WVO) mit ihrem geringen Zeitbudget (als Kurzausbildung von zwei mal zwölf Monaten) durch eine Berufsausbildung zu ersetzen ist, die sich – entsprechend den Möglichkeiten und dem Zeitbedarf des Auszubildenden – an regulären (anerkannten) Ausbildungsabschlüssen (auf der Grundlage eines novellierten Berufsbildungsrechts) und damit an den Bedarfen des allgemeinen Arbeitsmarktes orientiert. In gleicher Weise wäre zu prüfen, wie der bisherige Arbeitsbereich (§ 5 WVO) umzugestalten ist, damit – je nach der unterschiedlichen Leistungsfähigkeit, Entwicklungsmöglichkeit sowie Eignung und Neigung des behinderten Menschen – in einem Bereich eine Arbeitstätigkeit mit hohem Lernwert gefördert und in einem anderen Bereich eine Arbeitstätigkeit verrichtet wird, die derjenigen auf dem allgemeinen (erwerbswirtschaftlichen) Arbeitsmarkt möglichst nahe kommt (einschließlich ausgelagerter Arbeitsplätze auf dem allgemeinen Arbeitsmarkt).

Entsprechend dieser Leitidee wäre insbesondere der Rechtsstatus der Beschäftigten in einer WfbM zu überdenken und zumindest so weit wie möglich einem regulären Arbeitsverhältnis mit tariflicher Entlohnung anzunähern. Ferner müssten Menschen mit Behinderungen auf sogenannten Außenarbeitsplätzen in Unternehmen und Behörden tariflich nach dem Grundsatz »Gleicher Lohn für gleiche Arbeit« entlohnt werden. Und schließlich wäre die Selbstvertretung der Werkstatträte (im Rahmen der Werkstätten-Mitwirkungsverordnung) durch Mitbestimmungsrechte (etwa im Hinblick auf Werkstattordnung, Beschäftigungszeiten, Arbeitsentgelte und Beendigung der Beschäftigung) zu stärken und finanziell abzusichern.

Dritte Leitidee: Verwirklichung eines inklusiven Arbeitsmarktes

Die UN-BRK lässt an keiner Stelle eindeutige Positionen oder Festlegungen in Bezug auf ein bestimmtes Wirtschaft- und Arbeitsmarktmodell erkennen. Erkennbar ist immerhin ein Grundgedanke, der sich so umschreiben lässt: Behinderte Menschen werden durch Diskriminierung abgehalten, auf dem allgemeinen Arbeitsmarkt tätig zu werden. Deshalb besteht aus Sicht der Konvention die Hauptaufgabe darin, diese Diskriminierung abzubauen, zum Beispiel – wie es Artikel 27 Absatz 1 Satz 2 Buchstabe a) bis k) UN-BRK detailliert aufführt – durch Verbot von »Diskriminierung aufgrund von Behinderung in allen Angelegenheiten im Zusammenhang mit einer Beschäftigung gleich welcher Art«, durch »Schutz vor Belästigung«, durch gleichberechtigte Ausübung von Arbeitnehmerrechten, durch »angemessene Vorkehrungen« am Arbeitsplatz, durch Bewusstseinsbildung im Hinblick auf die grundsätzliche Bereitschaft zur Beschäftigung behinderter Menschen (Artikel 8 UN-BRK: Abbau von Bereitschaftsbarrieren) und durch barrierefreie Arbeitsplätze (Artikel 9 UN-BRK).

Als »geeignete Schritte« (vgl. Artikel 27 Absatz 1 Satz 2 UN-BRK) zur Beseitigung der Diskriminierung kommen unter anderem (dauerhafte und verlässliche) finanzielle Anreize für Arbeitgeber und entsprechende Rechtsvorschriften in Betracht. Diese Schritte sind gemeint, wenn von Parteien, Gewerkschaften, Wohlfahrts- und Behindertenverbänden beispielsweise gefordert wird, dass für Arbeitgeber ein staatlich finanziertes Anreizsystem zu schaffen ist, um einen möglichst hohen Anteil der Arbeitsplätze mit behinderten Menschen zu besetzen.[13] Man könnte insofern formulieren, dass es hier um »marktkonforme« Schritte und um eine entsprechende Lesart des inklusiven Arbeitsmarkts geht, die da lautet: Die Vertragsstaaten der Konvention müssen gewährleisten, dass niemand – weil er behindert ist – von der Konkurrenz um Arbeitsplätze auf dem allgemeinen Arbeitsmarkt ausgeschlossen und insofern zu Unrecht diskriminiert wird. Dieser Konkurrenz muss sich jeder stellen können – und dafür braucht man bei Menschen mit Behinderungen bestimmte, auf sie zugeschnittene »marktkonforme« Maßnahmen, zu denen beispielsweise auch staatliche Beschäftigungsprogramme und steuerrechtliche Vergünstigungen für Unternehmen gehören.

Auf den Punkt bringen dies zwei Aussagen: Zum einen § 102 Absatz 2 Satz 2 SGB IX, wonach durch die begleitende Hilfe im Arbeitsleben schwerbehinderte Menschen befähigt werden sollen, »sich am Arbeitsplatz und im Wettbewerb mit nichtbehinderten Menschen zu behaupten«, zum anderen die bereits erwähnte Studie des UN-Hochkommissariats, die betont, wie wichtig Maßnahmen für behinderte Menschen sind, »um sicherzustellen, dass sie – auf der Grundlage der Gleichberechtigung mit anderen – wettbewerbsfähig auf dem allgemeinen Arbeitsmarkt sind«.[14]

Die Vorgaben der UN-BRK wird man freilich nicht nur auf die Option der »marktkonformen« Maßnahmen begrenzen dürfen. Gerade weil sich die Behindertenrechtskonvention nicht auf ein bestimmtes Wirtschafts- und Arbeitsmarktmodell festlegen lässt, bietet sich eine weitere Lesart an: Danach geht es nicht nur darum, innerhalb weiterhin unverändert bestehender Strukturen des Arbeitsmarkts und des Arbeitsumfelds durch Maßnahmen, die nichts an diesen Strukturen ändern, auch Raum für Menschen mit Behinderungen zu schaffen, sondern es geht auch darum, Arbeitsmarkt und Arbeitsumfeld (zum Beispiel Arbeitsprozesse) so zu gestalten, dass sie den unterschiedlichen menschlichen Lebenslagen gerecht werden und Menschen mit Behinderungen sich darin und auf die ihnen eigene Art mit Arbeitsleistungen einbringen können. Entscheidend ist dann nicht nur, Menschen mit Behinderungen wettbewerbsfähig für einen unverändert vorgegebenen Arbeitsmarkt zu machen, sondern diesen Arbeitsmarkt selbst durch staatliche Maßnahmen so umzugestalten, dass er seinerseits an die Lebenslage Behinderung angepasst wird.[15] Spätestens hier muss man aber die Frage stellen, wie sich eine so verstandene Leitidee eines zu verwirklichenden inklusiven Arbeitsmarktes zum real existierenden Arbeitsmarkt verhält, der vom ökonomischen und politischen Neoliberalismus geprägt ist und der vom Konkurrenzdenken, vom Gewinnstreben, von der betriebswirtschaftlichen Effizienz und von der Tendenz zur marktgesteuerten Selektion und Exklusion bestimmt wird.[16]

Bejaht man indes die Leitidee eines inklusiven Arbeitsmarktes im genannten Sinne, so wird man aus Artikel 27 UN-BRK die Pflicht der Vertragsstaaten abzuleiten haben, aktiv in die »Freiheit« der marktwirtschaftlichen Arbeitsweltstrukturen einzugreifen: Das Wirtschaftssystem und der von ihm geprägte Arbeitsmarkt hätten dann nicht allein (»selbstregulierend«) über die Teilhabechancen am Arbeitsmarkt zu entscheiden (und bei diesen Entscheidungen allenfalls Anregungen vor allem durch staatliche finanzielle Anreize für beispielhafte Initiativen, etwa für Aktionspläne der Unternehmen[17], ins Kalkül zu ziehen). Dies zeigen unter anderem die Erfahrungen mit dem Arbeitsschutz: Ohne gesetzliche Eingriffe und Verpflichtungen würden Unternehmen längst nicht so viel für den Arbeitsschutz tun, wenn überhaupt etwas tun, wie ein Blick in Länder der Dritten Welt lehrt. Zu Recht werden deshalb gesetzliche Maßnahmen gefordert, beispielsweise zur Optimierung der beruflichen Ausbildung behinderter Menschen, zur Herstellung von Barrierefreiheit am Arbeitsplatz, zu umfassenden angemessenen Vorkehrungen am Arbeitsplatz, etwa im Hinblick auf behinderungsgerechte Arbeitsplätze (§ 81 Absatz 4 SGB IX), zur Erweiterung der Mitbestimmungsmöglichkeiten von Menschen mit Behinderungen in der Arbeitswelt, zur Erhöhung der Pflichtquote und der Ausgleichsabgabe (§§ 71 ff. SGB IX), zur Erweiterung des Anwendungsbereichs von Integrationsvereinbarungen (§ 83 SGB X) und zu weitergehenden Verpflichtungen im Hinblick auf das Betriebliche Eingliederungsmanagement (§ 84 Absatz 2 SGB IX).

Rechtspflicht zur Realisierung einer humaneren und gerechteren Arbeitswelt

Resümierend bleibt festzustellen, dass die Vertragsstaaten die Rechtspflicht haben, entsprechend den zentralen Leitideen des Artikels 27 Absatz 1 UN-BRK einen Paradigmenwechsel einzuleiten und sich dabei von einer Vision zur Gestaltung einer humaneren und gerechteren Arbeitswelt leiten zu lassen, in der es – mit den Worten der Enzyklika *Laborem exercens* – dem behinderten Menschen »möglich wird, sich nicht am Rande der Arbeitswelt und in Abhängigkeit von der Gesellschaft zu fühlen, sondern als vollwertiges Subjekt der Arbeit, nützlich für das Ganze, um seiner Menschenwürde willen geachtet und berufen, (...) nach seinen Fähigkeiten beizutragen«.[18]

▶ Zusammenfassung

Menschen mit Behinderung haben das Recht, einen Beruf zu lernen. Sie sollen dort arbeiten können, wo Menschen ohne Behinderung auch arbeiten, zum Beispiel in Ämtern und Betrieben. Menschen mit Behinderung sollen selber entscheiden, ob sie mit Menschen ohne Behinderung zusammen arbeiten wollen oder ob sie in einer Werkstatt für Menschen mit Behinderung arbeiten wollen. Die Werkstatt für Menschen mit Behinderung muss sich aber ändern. Sie muss ein Sozial-Unternehmen werden. Menschen mit Behinderung sollen für ihre Tätigkeit eine angemessene Entlohnung erhalten. Sie müssen in der Werkstatt auch mehr Rechte bekommen. Deutschland soll mit Betrieben reden und ihnen Geld geben. Damit sie mehr Menschen mit Behinderung eine Arbeit geben. Und Deutschland soll dafür sorgen, dass Betriebe behinderte Menschen tatsächlich beschäftigen und dass behinderte Menschen einen Ausbildungsplatz erhalten.

Anmerkungen

1 Gudrun Wansing, Inklusion in einer exklusiven Gesellschaft. Oder: Wie der Arbeitsmarkt Teilhabe verhindert, in: Behindertenpädagogik, 51 (2012) 4, S. 381–396, hier S. 385.

2 So ist z.B. die Arbeitslosenquote schwerbehinderter Menschen seit Jahren fast doppelt so hoch wie die der nicht behinderten Menschen; siehe dazu Bundesagentur für Arbeit (Hrsg.), Der Arbeitsmarkt für schwerbehinderte Menschen, Nürnberg 2013.

3 Wegen der geringen praktischen Bedeutung des Art. 27 Abs. 2 UN-BRK – jedenfalls in Deutschland – erscheint es gerechtfertigt, nicht näher auf ihn einzugehen (Art. 27

Abs. 2 UN-BRK verpflichtet die Vertragsstaaten sicherzustellen, dass »Menschen mit Behinderungen nicht in Sklaverei oder Leibeigenschaft gehalten werden und dass sie gleichberechtigt mit anderen vor Zwangs- und Pflichtarbeit geschützt werden«).

4 Zur »Beschäftigung« (siehe die Überschrift zu Art. 27 UN-BRK sowie z. B. Art. 27 Abs. 1 Satz 2 und Art. 27 Abs. 1 Satz 2 a UN-BRK) gehört zum einen die nicht selbstständige und selbstständige Erwerbstätigkeit, zum anderen auch der Erwerb beruflicher Kenntnisse im Rahmen einer Berufsausbildung. Ferner wird man annehmen können, dass mit Beschäftigung auch das konkrete Beschäftigungsverhältnis im Rahmen einer nicht selbstständig ausgeübten Erwerbstätigkeit gemeint ist.

5 Das Recht auf Arbeit ist auch in anderen internationalen Rechtsinstrumenten kodifiziert, so z. B. in Art. 11 des Übereinkommens zur Beseitigung jeder Form von Diskriminierung der Frau, in Teil II Art. 1 der Europäischen Sozialcharta und in Art. 15 Abs. 1 der Charta der Grundrechte der Europäischen Union.

6 Im englischen Wortlaut der UN-BRK *inclusive*. Art. 50 Satz 1 UN-BRK legt die verbindlichen Wortlaute des Übereinkommens fest, zu denen der englische *(inclusive)* und der französische Wortlaut *(favorisant l'inclusion)* gehören. Die im Bundesgesetzblatt veröffentlichte deutsche Übersetzung der UN-BRK, die für das englische *inclusive* den Begriff »integrativ« verwendet, wird der Intention der genannten verbindlichen Wortlaute nicht gerecht (zu dieser Problematik siehe auch den Beitrag von Gudrun Wansing in diesem Band → S. 43 ff.). Zum inklusiven Arbeitsmarkt siehe den Abschnitt Dritte Leitidee, S. 111 ff. im obigen Text; zur Inklusion allgemein vgl. unten Anm. 15.

7 Siehe dazu Sigrid Graumann, Assistierte Freiheit – Von einer Behindertenpolitik der Wohltätigkeit zu einer Politik der Menschenrechte, Frankfurt am Main/New York 2011, S. 74.

8 So Uwe Frevert, Laufzeitbegrenzung für die Behindertenhilfe?, in: Der Paritätische Hessen (Hrsg.), Teilhabe am Arbeitsleben, Frankfurt am Main 2013, S. 8 f., der hinzufügt, dass die Betreiber von WfbM viel Geld verdienen und einen unverhältnismäßig hohen Aufwand betreiben, um ihre Positionen und Pfründe nicht zu verlieren.

9 Siehe Report of the Office of the United Nations High Commissioner for Human Rights – Thematic study on the work and employment of persons with disabilities, UN-Dok. A/HRC/22/25 vom 17.12.2012, S. 25 (Absatz 68), online abrufbar unter: www.ohchr.org): »*It is imperative that States parties move away from sheltered employment schemes and promote equal access for persons with disabilities in the open labour market*«; deutsche Übersetzung im obigen Text aus: Deutsches Institut für Menschenrechte (Hrsg.), Information der Monitoring-Stelle zur UN-Behindertenrechtskonvention anlässlich der Veröffentlichung der Thematischen Studie des UN-Hochkommissariats für Menschenrechte zur Arbeit und Beschäftigung von Menschen mit Behinderungen, Berlin 2013; online abrufbar unter: www.institut-fuer-menschenrechte.de). Anders wohl noch UNO-Resolution Nr. 48/96: Standard Rules on the Equalization of Opportunities for Persons with Disabilities, Rule 7 (Employment), Nr. 7, in der es heißt: »*For persons with disabilities whose needs cannot be met in open employment, small units of sheltered or supported employment may be an alternative*« (»Für Menschen mit Behinderungen, deren Bedürfnissen der regu-

läre Arbeitsmarkt nicht gerecht wird, können kleine Einheiten von geschützten oder unterstützten Arbeitsplätzen eine Alternative darstellen«; Übersetzung ins Deutsche vom Verfasser); online abrufbar z. B. unter: www.un.org.

10 Zu einem gesetzlich verankerten Wahlrecht (von behinderten Menschen, die nicht auf dem allgemeinen Arbeitsmarkt tätig sein können) zwischen der Tätigkeit in einer WfbM und einer Beschäftigung in einem Betrieb (mit erforderlicher Unterstützung) vgl. BRK-ALLIANZ (Hrsg.), Für Selbstbestimmung, gleiche Rechte, Barrierefreiheit, Inklusion! – Erster Bericht der Zivilgesellschaft zur Umsetzung der UN-Behindertenrechtskonvention in Deutschland, Berlin 2013, S. 67 (online abrufbar unter: www.brk-allianz.de).

11 Vgl. z. B. Frankfurter Verein für soziale Heimstätten e. V., Berufliche Teilhabe als System-Angebot, Frankfurt am Main 2010 (erhältlich über zentrale@frankfurter-verein.de); Landesarbeitsgemeinschaft Werkstätten für behinderte Menschen in Niedersachsen und Bremen, »Vorschläge zur Weiterentwicklung der Werkstätten für behinderte Menschen« von 2012 (online abrufbar unter: www.lag-wfbm-niedersachsen.de); Bundesarbeitsgemeinschaft Werkstätten für behinderte Menschen e. V. (Hrsg.), Maßarbeit – Neue Chancen mit Sozialunternehmen, Nürnberg 2011 (online abrufbar unter: www.bagwfbm.de).

12 Zum Persönlichen Budget siehe z. B. Peter Trenk-Hinterberger, Leistungen an behinderte Menschen, in: Thomas P. Stähler (Hrsg.), Inklusion behinderter Arbeitnehmer, Köln 2013, S. 214–224; zu allgemeinen Informationen über das Persönliche Budget siehe auch im Internet unter www.budget.bmas.de (Anm. d. Red.).

13 Zu solchen Vorschlägen und Forderungen zu Art. 27 UN-BRK vgl. z. B. BRK-ALLIANZ (Hrsg.), wie Anm. 10, S. 58 ff.

14 Vgl. Report of the Office of the United Nations High Commissioner for Human Rights (...), wie Anm. 9, Absatz 48: »*to ensure that they are competitive in the open labour market on an equal basis with others*« (deutsche Übersetzung im obigen Text wie bei Anm. 9 vom Deutschen Institut für Menschenrechte).

15 Zur Inklusion im Sinne der UN-BRK vgl. Gudrun Wansing, Der Inklusionsbegriff in der Behindertenrechtskonvention, in: Antje Welke (Hrsg.), UN-Behindertenrechtskonvention mit rechtlichen Erläuterungen, Berlin 2012, S. 93–103, ferner Klaus Lachwitz, Erläuterungen zu Art. 3 UN-BRK, in: Marcus Kreutz/Klaus Lachwitz/Peter Trenk-Hinterberger, Die UN-Behindertenrechtskonvention in der Praxis, Köln 2013, S. 81.

16 Siehe dazu G. Wansing, wie Anm. 1, S. 388 ff. Zum akademischen und politischen Neoliberalismus (z. B. zur Flexibilisierung und Deregulierung des Arbeitsmarktes) eingehend die Monografie von Bernhard Walpen, Die offenen Feinde und ihre Gesellschaft, Hamburg 2004. Bemerkenswert ist auch die Einschätzung, die Friedrich A. von Hayek, einer der wichtigsten Vertreter des Neoliberalismus, zu den wirtschaftlichen, sozialen und kulturellen Menschenrechten äußert: »Schon das kleinste Quäntchen von gesundem Menschenverstand hätte den Verfassern des Dokuments (Gemeint sind die Verfasser des entsprechenden Menschenrechtspakts – TH) sagen müssen, daß das, was sie zu allgemeinen Rechten erklären, in der Gegenwart und für alle vorhersehbare Zukunft vollkommen unerreichbar ist.« (in: Recht, Gesetz und Freiheit – Eine Neufassung der liberalen Grundsätze der Gerechtigkeit und der politischen Ökonomie, Tübingen 2003, S. 256).

17 Dazu Bundesministerium für Arbeit und Soziales (Hrsg.), Zusammenarbeiten – Inklusion in Unternehmen und Institutionen. Ein Leitfaden für die Praxis, Berlin 2013, mit zahlreichen Praxisbeispielen, darunter Boehringer Ingelheim, Aktionsplan 2012–2020 – Umsetzung der UN-Konvention über die Rechte von Menschen mit Behinderungen, Ingelheim 2012 (online abrufbar unter: www.boehringer-ingelheim.de, siehe dazu auch den Beitrag von Olaf Guttzeit in diesem Band → S. 118ff.).

18 Vgl. Papst Johannes Paul II., Enzyklika »*Laborem exercens*«, Vatikan 1981, unter IV. Nr. 22 (»Der behinderte Mensch und die Arbeit«), ferner Papst Franziskus, Apostolisches Schreiben *Evangelii gaudium*, Vatikan 2013, S. 36f. (»Nein zu einer Wirtschaft der Ausschließung«), beide online abrufbar unter: www.vatican.va.

Olaf Guttzeit

Inklusion in Unternehmen: Boehringer Ingelheim und UnternehmensForum

Angeregt durch die Politik hat Boehringer Ingelheim seit 2012 einen unternehmensspezifischen Aktionsplan, der soziale Verantwortung und kluges unternehmerisches Handeln in neu geschaffenen Strukturen mit kleinen Schritten nachhaltig zusammenführt und damit den nötigen gesellschaftlichen Kulturwandel unterstützt.

Inklusion bedeutet: Jeder Mitarbeiter und jede Mitarbeiterin gehört dazu und erfährt so, wie er und sie ist, Wertschätzung. Durch die Unterstützung von anderen kann jede_r sein bzw. ihr Bestes geben. Das ist das Verständnis von inklusiver Arbeitswelt bei Boehringer Ingelheim.

Boehringer Ingelheim ist ein unabhängiges, forschendes und produzierendes pharmazeutisches Unternehmen mit weltweit rund 46 000 Mitarbeiter_innen in 140 verbundenen Unternehmen. Das Familienunternehmen mit Stammsitz in Ingelheim am Rhein zählt weltweit zu den zwanzig größten forschenden Pharmaunternehmen.

Die Motivation zur Entwicklung eines unternehmenseigenen Aktionsplans

Soziale Verantwortung hat bei Boehringer Ingelheim eine lange Tradition: Seit mehr als 125 Jahren ist das Familienunternehmen ethischen Prinzipien verpflichtet, welche die Basis für das soziale und gesellschaftliche Engagement bilden und fest in der Unternehmensphilosophie verankert sind. Zum Beispiel gründete Albert Boehringer bereits 1902 eine »Fabrik-Krankenkasse« für seine Mitarbeiter_innen. Ein moderner Ausdruck dieser Tradition ist auch die unternehmensinterne Umsetzung der UN-Behindertenrechtskonvention.

Gesellschaftliche Verantwortung zu übernehmen bedeutet für Boehringer Ingelheim, die Teilhabe am ersten Arbeitsmarkt und das gemeinsame Arbeiten von Menschen mit und ohne Behinderung zu ermöglichen und zu fördern. Mit dem Aktionsplan zur Umsetzung der UN-Behindertenrechtskonvention (UN-BRK) verpflichtet sich das Unternehmen dazu, inklusive Strukturen zu schaffen und äußere Rahmenbedingungen zu verbessern.

Gleichzeitig geht es aber auch darum, Barrieren im Denken zu überwinden und ein neues »Grundverständnis« zu erreichen. Noch sehen viele Menschen ohne Behinderung vor allem das, was Menschen mit Behinderung nicht können. Es geht darum, diesen Defizitansatz in eine ressourcenorientierte Grundhaltung umzuwandeln. Hier soll der Aktionsplan zur Umsetzung der UN-BRK Wegweiser sein.

Die ersten Schritte

Die Landesregierung von Rheinland-Pfalz hat unter der Federführung des damaligen Landesbehindertenbeauftragten Ottmar Miles-Paul im Jahr 2010 als erstes Bundesland einen Aktionsplan zur Umsetzung der UN-BRK verabschiedet. Um die praktische Umsetzung in Rheinland-Pfalz zu fördern, trat die Landesregierung an Boehringer Ingelheim heran. In fruchtbaren Gesprächen konnten die Unternehmensverantwortlichen von der Idee überzeugt werden, einen eigenen Aktionsplan zu initiieren. Mit diesem Management-Commitment wurde ein Projektauftrag ins Leben gerufen, extern unterstützt vom Institut Mensch, Ethik, Wissenschaft (IMEW) unter der Leitung von Dr. Katrin Grüber.

Ein erster Schritt beleuchtete die Relevanz eines solchen Aktionsplans für das Unternehmen. Schnell war klar, dass es hier nicht nur um das Thema der sozialen Verantwortung geht, sondern dass hinter der Frage der Beschäftigung von Menschen mit Behinderungen auch ein betrieblicher Bedarf steht: Vor dem Hintergrund der demografischen Entwicklung steigt die Wahrscheinlichkeit, dass Mitarbeiter_innen bei längerer Lebensarbeitszeit im Laufe ihres Beschäftigungsverhältnisses eine Krankheit, eine Behinderung oder eine Schwerbehinderung erwerben. Schon aus betriebswirtschaftlichen Gründen ist daher sicherzustellen, dass das Potenzial dieser erfahrenen Expert_innen nicht verloren geht.

Entwicklung und Struktur des Aktionsplans

Gemeinsam mit den Standortbetriebsräten, den Schwerbehindertenvertrauenspersonen und den Arbeitgeberbeauftragten wurde eine Projektgruppe ins Leben gerufen. Dabei war es zunächst wichtig, ein gemeinsames Verständnis des Begriffs »Inklusion« zu erarbeiten und ihn in den betrieblichen Kontext zu stellen. Was bedeutet »Inklusion« ganz konkret bei Boehringer

Ingelheim, und wo steht das Unternehmen damit? Nach einer Bestandsaufnahme über die Aktivitäten zum Abbau von Barrieren konnten Ziele für insgesamt sieben Handlungsfelder formuliert werden. In einem nächsten Schritt erarbeitete die Projektgruppe gemeinsame Vorschläge für Maßnahmen, die geeignet scheinen, diese Ziele zu erreichen.

Kernstück: Das Verfahren zur Umsetzung

Aus den Erfahrungen bei der internen Umsetzung anderer kulturbeeinflussender Projektthemen wie etwa Demografie, Beruf und Familie oder *Diversity and Inclusion* entstand die Idee, die einzelnen Handlungsfelder als Schwerpunktthemen über mehrere Jahre zu bearbeiten. Das neu geschaffene Inklusionsteam, bestehend aus den Vertreter_innen der Betriebsräte, Schwerbehindertenvertrauenspersonen und Arbeitgeberbeauftragten, fungiert dabei als Steuerungsteam. Es bespricht Vorschläge mit den umsetzenden Fachbereichen und legt Maßnahmen fest. Dabei kommen SMART-Kriterien[1] zur Anwendung: Die Maßnahmen müssen eindeutig definiert und messbar, akzeptiert und realistisch sein und mit einem konkreten Zeitplan versehen werden. Die Geschäftsführung trägt die Verantwortung für die Umsetzung.

Nach der Bestandsaufnahme und Planung folgt eine Umsetzungsphase, die durch eine Evaluation im Folgejahr abgeschlossen wird. Diese Vorgehensweise soll die Nachhaltigkeit der Umsetzung sichern.

Umsetzungsphase und erste Erfahrungen

Das Schwerpunktthema im Jahr 2013 war »Bewusstseinsbildung und Öffentlichkeitsarbeit« – ein guter Auftakt, um die Inhalte der UN-BRK und ihre Bedeutung für die Arbeit vor Ort zu kommunizieren und die Mitarbeiter_innen und Führungskräfte zu sensibilisieren. Mit Werkszeitungsartikeln und Berichten im Intranet wurden gelungene Beispiele von Inklusion hervorgehoben. Besondere Aufmerksamkeit findet die jährlich stattfindende Ausstellung »Behinderte Menschen malen« auf dem Firmengelände, die vom Landesamt für Jugend und Soziales in Rheinland-Pfalz zur Verfügung gestellt wird. Hier wird in beeindruckender Weise deutlich, wie Kunst von behinderten Künstler_innen den Blick auf deren Potenzial lenkt.

Zudem konnte mit den verantwortlichen Gremien vereinbart werden, dass die Belange von Menschen mit Behinderungen zum Beispiel bei Baumaßnahmen von Anfang an berücksichtigt werden. In Führungskräftetrainings ist das Thema ein fester Bestandteil. Und dennoch: Immer wieder wurden Diskussionen geführt; in Zeiten von Effizienz- und

Effektivitätssteigerungsvorgaben bleibt zu vermuten, dass das Vorurteil »schwerbehindert = leistungsgemindert« hierbei eine unausgesprochene Barriere darstellt.

Das Resümee des ersten Jahres mit dem Aktionsplan[2] ist aber insgesamt als durchweg positiv zu bewerten. Ein Beispiel dafür ist die sukzessive Einführung von Untertiteln bei Unternehmensvideos zum Barrierenabbau für Gehörlose. Daneben wurde das Unternehmen im Jahr 2013 mit dem Sonderpreis für beispielhafte Beschäftigung von Menschen mit Behinderungen durch das Land Rheinland-Pfalz ausgezeichnet.

Inklusion ist kein Automatismus

Trotz aller positiven Entwicklungen zeigt die Erfahrung, dass Inklusion Zeit braucht. Ein engagiertes Inklusionsteam und die Unterstützung des Managements sind Grundvoraussetzungen für die erfolgreiche Umsetzung des Aktionsplans. Trotzdem gibt es immer wieder Hürden, deren Überwindung Zeit und Energie kosten. Dass der selbstverständliche Umgang mit Behinderungen gesellschaftlich noch nicht flächendeckend akzeptiert ist, zeigt sich zum Beispiel daran, dass die Anzahl der Bewerber_innen, die angeben, dass sie eine Behinderung haben, im Vergleich zur Gesamtzahl aller Bewerbungen verschwindend gering ist (im Jahr 2013 circa 190 gegenüber rund 35 000). Im Bereich der beruflichen Erstausbildung ist das Verhältnis mit 0,2 Prozent noch gravierender. Hier ist Aufklärungsarbeit notwendig, damit Unternehmen in der Rekrutierung die Möglichkeit einer Personalauswahl bekommen.

Bei der Einstellung und/oder Weiterbeschäftigung von Menschen mit Behinderungen benötigt das Unternehmen häufig auch Unterstützung von externen Expert_innen. Hier ist festzustellen, dass die Vernetzung der Partner im gegliederten System sehr stark von Einzelpersonen abhängig ist. Wünschenswert wäre hier eine Struktur, die *eine* Ansprechperson für den Arbeitgeber bietet, die sich um die verschiedenen Unterstützungsleistungen der Rentenversicherung, der Agentur für Arbeit, der Integrationsämter oder anderer Beteiligter verantwortlich kümmert.

Aber auch innerhalb des Unternehmens sind Strukturen notwendig, die Hilfestellung bieten können, wenn Arbeitsplatzanpassungen oder behinderungsbedingte Stellenprofilanpassungen notwendig sind.

Gemeinsam geht es besser

In diesem Zusammenhang engagiert sich Boehringer Ingelheim seit Jahren unter anderem auch im UnternehmensForum[3], einer unabhängigen Arbeitgeberinitiative zur Integration von Menschen mit Behinderung. In diesem Netzwerk wird Inklusion regelmäßig thematisiert. Der Austausch über betriebliche Erfahrungen ist zentrales Anliegen der hier vertretenen Arbeitgeberbeauftragten. Engagierte Öffentlichkeitsarbeit und Präsentation von guten Beispielen aus der Praxis haben letztlich auch dazu geführt, dass andere Unternehmen sich mit der Frage eines Aktionsplans beschäftigen. Inzwischen haben die BAHN AG, die SAP AG und der Energieversorgungskonzern RWE ebenfalls einen hausinternen Aktionsplan verabschiedet. Weitere Unternehmen wie der Frankfurter Flughafenbetreiber FRAPORT arbeiten ebenfalls an einem Konzept zur Implementierung.

Über das UnternehmensForum

Das UnternehmensForum wurde 2002 als branchenübergreifender Zusammenschluss großer und mittelständischer Unternehmen mit dem Ziel gegründet, die Wirtschaft für das Potenzial von Menschen mit Behinderung zu sensibilisieren. Es setzt sich seitdem engagiert für die Ausbildung, Beschäftigung und Weiterbeschäftigung von Menschen mit Handicap ein. Die Initiative dient dabei als bundesweite Plattform, um Erfahrungen auszutauschen, gute Beispiele zu erarbeiten und konkrete Anregungen zu entwickeln. Als öffentlichkeitswirksamer Zusammenschluss möchte das UnternehmensForum zu einem Perspektivwechsel in Bezug auf Menschen mit Behinderung anregen: Statt einer defizitorientierten Betrachtung stehen die Stärken im Fokus und werden als Bereicherung einer vielfältigen Unternehmenskultur wertgeschätzt.

Einen besonderen inhaltlichen Fokus setzt das UnternehmensForum bei seiner Arbeit auf die Ausbildung schwerbehinderter Schulabgänger_innen, das Betriebliche Eingliederungsmanagement[4] und die Integration von Menschen mit Behinderungen in Unternehmen. Der demografische Wandel sowie die Beschäftigung und Beschäftigungssicherung einer älter werdenden Belegschaft sind weitere zentrale Themen des UnternehmensForums. Weil gute Erfahrungen und erprobte Lösungen auch anderen Unternehmen dienen können, stellt das UnternehmensForum interessierten Vertreter_innen aus Wirtschaft, Gesellschaft und Politik Best-Practice-Beispiele und hilfreiche Informationen zur Verfügung.

▶ Zusammenfassung

Der Beitrag schildert am Beispiel des Unternehmens Boehringer Ingelheim, wie Inklusion von Mitarbeiter_innen mit Behinderung in Unternehmen erfolgreich gelingen kann. Nachgezeichnet wird dabei der Weg von der Entwicklung eines Aktionsplans über das Verfahren zur Umsetzung bis hin zu ersten Erfahrungen. Zur Sprache kommen neben den Grundvoraussetzungen im Unternehmen selbst auch notwendige äußere Rahmenbedingungen und deren Verbesserungsmöglichkeiten. Inwiefern ebenfalls andere Unternehmen von den guten Erfahrungen und erprobten Lösungen profitieren können, wird anhand der Arbeit des unabhängigen, branchenübergreifenden Zusammenschlusses UnternehmensForum dargelegt.

Anmerkungen

1 Die SMART-Kriterien lauten: spezifisch, messbar, attraktiv, realistisch, terminiert.
2 Zum Aktionsplan von Boehringer Ingelheim siehe online unter: http://www.boehringer-ingelheim.de/unternehmensprofil/verantwortung.html (Aufruf am 14.04.2014).
3 Zum UnternehmensForum e. V. siehe online unter: http://www.unternehmensforum.org/(Aufruf am 14.04.2014).
4 Die Arbeitgeberseite ist laut § 84 Abs. 2 SGB IX zu einem Betrieblichen Eingliederungsmanagement verpflichtet, wenn ein_e Beschäftigte_r im Laufe eines Jahres länger als sechs Wochen ununterbrochen oder wiederholt arbeitsunfähig war.

Annetraud Grote

Inklusion im Öffentlichen Dienst: Beispiel Paul-Ehrlich-Institut

Inklusion bedeutet in der Arbeitswelt, dass Menschen mit und ohne Behinderung unter passenden Rahmenbedingungen beweisen können, dass sie einen gleichwertigen Beitrag leisten, beispielsweise im Arbeitsfeld von Wissenschaft und Forschung. Um erfolgreiche Inklusion Wirklichkeit werden zu lassen, bedarf es eines Erkenntnisprozesses, dass dies keine Frage der Größe des Betriebs oder der Art der Branche ist, sondern bereits durch manchmal nur kleine Veränderungen viel erreicht werden kann. Ausschlaggebend ist das Bewusstsein, dass der Umgang mit Vielfalt dazu beiträgt, Barrieren aller Art und vor allem in den Köpfen der Menschen abzubauen.[1]

Dieser Herausforderung stellt sich das Paul-Ehrlich-Institut (PEI) seit vielen Jahren, indem es Menschen mit – auch sehr schweren – Behinderungen und den unterschiedlichsten Bildungsabschlüssen ausbildet, weiterqualifiziert und beschäftigt. Das PEI, das als Bundesinstitut für Impfstoffe und biomedizinische Arzneimittel Amtsaufgaben im Rahmen der Arzneimittelzulassung wahrnimmt, aber auch in der Forschung weltweit engagiert ist, stellt sich mit seiner inklusiven Beschäftigungsstrategie seiner Verantwortung als öffentlicher Arbeitgeber. Es zielt darauf, nicht nur als arbeitsmarktpolitisches Modell wahrgenommen zu werden, sondern bei anderen Arbeitgebern des Öffentlichen Dienstes, aber auch in der Privatwirtschaft, möglichst viel Nachahmung zu finden.

Arbeitsmarktpolitische Modelle zur Nachahmung empfohlen

Tandem-Projekte

Seit 1996 widmet sich das PEI verstärkt der Integration (aus heutiger Sicht würde die Verfasserin sogar behaupten der Inklusion) behinderter Wissenschaftler_innen. Im Rahmen mehrerer Projekte beschäftigte das PEI seit dieser Zeit zunächst eine Vielzahl von Hochschulabsolvent_innen mit Behinderung in den Bereichen Forschung und Verwaltung. Bei Bedarf wurden sie im »Tandem« von einer technischen Arbeitsassistenz unterstützt. Die Arbeitsassistenz bietet die notwendige arbeitsplatzbezogene Unterstützung und wird heute auch gesetzlich durch einen Rechtsanspruch gemäß §33 Absatz 8 Nr. 3 SGB IX garantiert.[2] Im PEI bestand die Besonderheit, dass die eingestellten Assistenzen, die zumeist im Labor mit einer technischen Ausbildung Hilfestellungen leisteten, um die körperlichen Beeinträchtigungen eines Kollegen oder einer Kollegin mit Behinderung auszugleichen, teilweise selbst eine Behinderung hatten. Die Finanzierung dieser Assistenzen erfolgte über Eigenmittel und Zuschüsse des Integrationsamtes und der Arbeitsagenturen.

In den wissenschaftlichen Tandems hingegen forschten und arbeiteten behinderte und nicht behinderte Akademiker_innen jeweils gleichberechtigt im Team an einem definierten Forschungsprojekt. Die akademische Unterstützungsleistung ging hier über die rein technische Assistenz hinaus: Sie lag beispielsweise bei einem sprachbehinderten Wissenschaftler in der Unterstützung bei Vorträgen, die nur durch eine Arbeitsassistenz nicht gewährleistet werden konnte. Dies stellte ein Novum dar, da sich durch die Schaffung von gleichberechtigten Kooperationen von behinderten und nicht behinderten Beschäftigten sowie die Bereitstellung von barrierefreien Arbeitsplätzen neue Integrations- und Qualifikationsmöglichkeiten eröffneten.[3]

Modellcharakter erhielten diese Projekte auch durch die Bemühungen, durch Gebäudeumbauten weitere Arbeitsplätze barrierefrei zu gestalten, wofür die bereits bestehende behindertenfreundliche Infrastruktur im Institut eine gute Voraussetzung bot. Neben der Installation einer Vielzahl von automatischen Türöffnern und dem Einbau barrierefreier Sanitärbereiche wurden Gehwege und Zufahrten geebnet.

Das innovative Element bestand insbesondere darin, dass auch Menschen mit Rollstuhl oder anderen schweren Einschränkungen die Möglichkeit gegeben wurde, experimentell im Labor zu forschen. Durch manchmal nur geringfügige Anpassungen in den Laborräumen wurden Tätigkeiten in diesem Bereich bis zur Sicherheitsstufe 3 möglich. So kam etwa die Höhenverstellbarkeit der Sterilbänke, an denen im Labor gearbeitet wird, dem Anspruch des selbstbestimmten und unabhängigen Arbeitens entgegen. Selbstverständlich erfolgte die Realisierung unter Einhaltung der Vorgaben der Arbeitssicherheit.

»Vieles ist möglich …« – ein EQUAL-Projekt

Von 2005 bis 2007 koordinierte das PEI im Rahmen der EQUAL-Initiative[4], eines arbeitsmarktpolitischen Programms der EU, das Projekt »Vieles ist möglich – Tandem-Partner in der Wissenschaft«[5]. Die Zielgruppe dieses Projekts wurde neben Wissenschaftler_innen auf Promovierende und Auszubildende mit Behinderung ausgeweitet. Zu den Projektpartner_innen zählten deutschlandweit mehrere Universitäten, Behörden sowie Industrieunternehmen. Europaweit waren weitere Partner beteiligt. In der Projektlaufzeit beschäftigte das PEI zusätzlich dank der Unterstützung des Europäischen Sozialfonds, nationaler Zuschüsse sowie aus Eigenmitteln drei Promovierende, zehn wissenschaftliche, sieben nichtwissenschaftliche Mitarbeiter_innen und drei Auszubildende mit den unterschiedlichsten Behinderungen. Ein wichtiger Effekt des Projekts war unter anderem auch der Aufbau eines aus den Projektpartner_innen hervorgegangenen dauerhaften Netzwerkes zur Förderung der Integration schwerbehinderter Wissenschaftler_innen in Deutschland. Auf der Basis dieses hieraus resultierenden Erfahrungsaustauschs und Wissenstransfers sowie aufgrund seiner koordinierenden Rolle im EQUAL-Projekt hat sich das PEI deutschlandweit und international zu einem gefragten Ansprechpartner für interessierte Arbeitgeber aus der freien Wirtschaft, für Universitäten und andere Forschungseinrichtungen entwickelt. Dementsprechend wurde das Institut auf nationaler und internationaler Ebene für seine Netzwerkarbeit ausgezeichnet.[6]

Weiterqualifikation nach dem Bachelor-Abschluss

Bereits während des EQUAL-Projekts wurde für die Projektverantwortlichen ein neues Problemfeld der akademischen Ausbildung von Menschen mit Behinderung offenbar. Ursache ist die Umstellung vieler Studiengänge auf das bestehende Bachelor-Master-System. Da der Bachelor-Abschluss bereits als berufsqualifizierender Abschluss gilt, verweigern einige Sozialhilfeträger eine Finanzierung des behinderungsbedingten Mehrbedarfs während des zweiten Teils der Ausbildung, dem »Master-Studium«. Ein fehlender Nachteilsausgleich führt dazu, dass Menschen mit Behinderung vom Erwerb weiterführender akademischer Qualifikationen ausgeschlossen werden. Um zumindest einige betroffene schwerbehinderte Bachelor-Absolvent_innen dennoch weiter zu qualifizieren und daneben die Öffentlichkeit für diesen Problemkreis zu sensibilisieren, initiierte das PEI von 2010 bis 2013 das bundesweit einzigartige ProBAs-Projekt[7], das sowohl im wissenschaftlichen als auch im administrativen Bereich die

Möglichkeit zur Weiterqualifikation im Sinne eines *Trainings on the Job* bot. Projektpartner_innen waren wiederum Arbeitgeber aus dem öffentlichen und privaten Bereich, aber auch Universitäten, Beratungs- und Selbsthilfeverbände. Im PEI selbst wurden sieben Absolvent_innen aus verschiedenen Disziplinen weiterqualifiziert, sieben weitere Bachelors wurden bei den genannten Projektpartner_innen eingestellt. Ziel des Projekts war es, den 14 Teilnehmer_innen im PEI und bei den Partnerorganisationen durch einen strukturierten Erfahrungs- und Wissenszuwachs bessere Chancen auf dem Arbeitsmarkt zu eröffnen. Eine Reihe von Weiterbildungs- und Schulungsangeboten und Hospitationen bei Unternehmen aus der Wirtschaft boten entsprechende Qualifizierungsmöglichkeiten. Nach Abschluss des ProBAs-Projekts kann auf eine erfolgreiche Öffentlichkeitsarbeit mit zahlreichen Veranstaltungen und einem großen Presseecho zurückgeblickt werden. Aber insbesondere die Tatsache, dass die meisten der im Rahmen des Projekts Beschäftigten eine Anschlussposition gefunden haben, spricht für dessen Erfolg.

Inklusionsprojekt für Auszubildende

Ein Effekt der Netzwerkarbeit ist die seit 2009 bestehende Mitgliedschaft des PEI im UnternehmensForum e.V. (siehe dazu den Beitrag von Olaf Guttzeit → S. 122), einem branchenübergreifenden Zusammenschluss von Konzernen und mittelständischen Firmen, der sich für mehr Inklusion von Menschen mit Behinderung in das Arbeitsleben engagiert. So besteht ein Ziel des UnternehmensForums darin, Menschen mit Behinderung den Zugang zu einer dualen Ausbildung zu ermöglichen. Daher hat das Forum in Zusammenarbeit mit Schulen, Unternehmen, Behörden und anderen Partnern das Inklusions-Projekt »Inklusive Ausbildung von Jugendlichen mit und ohne Behinderung« (InkA) gestartet, das vom PEI koordiniert wird.[8] In den Jahren 2013 und 2014 werden bundesweit jeweils 20 zusätzliche schwerbehinderte Auszubildende in verschiedenen Berufen eingestellt, die gemeinsam mit nicht behinderten Auszubildenden ihre Ausbildung absolvieren. Dabei werden vorhandene Ausbildungsstrukturen an die Bedürfnisse der schwerbehinderten Jugendlichen angepasst.

Inklusion im Arbeitsleben – ein Gewinn für alle

Während der Laufzeit der beschriebenen Inklusions-Projekte wurden verschiedene Barrieren identifiziert, deren Abbau eine erfolgreiche Inklusion von Menschen mit Behinderung in das Berufsleben erleichtern. Neben der Beseitigung der genannten physischen Barrieren sind Angebote wie zum Beispiel flexible Arbeitszeitmodelle und die Einführung von Telearbeit weitere förderliche Faktoren. Nicht zuletzt die beschriebenen Projekte und Maßnahmen – baulich, verwaltungstechnisch, finanziell und personell – haben dazu geführt, dass die Beschäftigungsquote schwerbehinderter Menschen am PEI im Jahr heute bei nahezu 20 Prozent liegt. Dies ist eine ausgesprochen hohe Quote angesichts der Tatsache, dass nach dem SGB IX Arbeitgeber verpflichtet sind, 5 Prozent ihrer Arbeitsplätze mit behinderten Menschen zu besetzen.

Viele der ehemals im Zuge der Projekte befristet eingestellten Menschen mit Behinderung arbeiten auch heute noch mit großem Engagement im Institut und zeigen ein starkes Zugehörigkeitsgefühl. Manche erlangten im Rahmen dieser Programme ihren Doktortitel. Andere kamen als bereits promovierte Forscher_innen für eine Postdoc-Phase und nehmen heute im Bereich der nationalen wie auch europaweiten Arzneimittelzulassung Aufgaben im PEI wahr. Bereits früh hat man im PEI realisiert, dass die Beschäftigung von Menschen mit Behinderung eine Win-win-Situation für das Institut als Arbeitgeber und die Beschäftigten gleichermaßen darstellt.

▸ Zusammenfassung

Der Beitrag stellt verschiedene Inklusions-Projekte des Paul-Ehrlich-Instituts (PEI) vor, die Beispiele für das Gelingen von Inklusion in Ausbildung, Weiterqualifizierung und Beschäftigung von Menschen mit – auch sehr schweren – Behinderungen und unterschiedlichsten Bildungsabschlüssen sind. Entscheidend für den Erfolg der Projekte des PEI ist das gewachsene Bewusstsein für die Leistungsfähigkeit behinderter Menschen und die Erkenntnis, dass auch das Institut selbst erheblich von der Beschäftigung von Menschen mit Behinderung profitiert. Die Inklusion behinderter Menschen fördert die interne Zusammenarbeit und trägt so wesentlich zum Erfolg sowohl des Arbeitgebers als auch der Beschäftigten bei. Dem PEI gelang die Entwicklung verschiedener arbeitsmarktpolitischer Modelle. Dabei wurde im Institut der Weg zu einer behindertenfreundlichen »Institutsphilosophie« weiter geebnet.

Anmerkungen

1 Siehe dazu auch die vom Bundesministerium für Arbeit und Soziales (BMAS) herausgegebene Broschüre »Zusammenarbeiten – Inklusion in Unternehmen und Institu-

tionen«, online abrufbar unter: http://www.bmas.de/DE/Service/Publikationen/a755-leitfaden-aktionsplaene.html (Aufruf am 17.06.2014).

2 Nähere Informationen zur Arbeitsassistenz siehe unter http://www.integrationsaemter.de/Fachlexikon/Arbeitsassistenz/77c545i1p/index.html (Aufruf am 17.06.2014).

3 Die seinerzeit bestehende Rechtsgrundlage zur Erlangung von Zuschüssen für dieses einzigartige Modell, das durch die damalige Zentralstelle für Arbeitsvermittlung (ZAV) unterstützt wurde, ist leider zwischenzeitlich entfallen.

4 Die aus dem Europäischen Sozialfonds geförderte Gemeinschaftsinitiative EQUAL endete zum 31. Dezember 2007, siehe unter http://www.equal.esf.de (Aufruf am 17.06.2014).

5 Siehe unter http://www.tandem-in-science.de/ (Aufruf am 17.06.2014).

6 Am 23.06.2010 wurde das Projekt »*Tandem in Science – Network for Integration Projects*« in der Kategorie »*Improving transparency, accountability and responsiveness in the Public Service*« von den Vereinten Nationen mit dem ersten Preis des *United Nations Public Service Award 2010 (UNPSA)* für die Region Europa und Nordamerika ausgezeichnet.

7 Das »Projekt zur Weiterqualifikation für schwerbehinderte Bachelor-Absolventen/-innen« (ProBAs) startete am 1. Januar 2010. Siehe dazu http://www.projekt-probas.de (Aufruf am 14.04.2014).

8 Informationen dazu siehe unter http://www.unternehmensforum.org/inklusionsprojekt.html (Aufruf am 17.06.2014).

Andrea Platte

Inklusive Bildung: Leitidee von der Kindertageseinrichtung bis zur Hochschule

Mit ihrem Artikel 24 zum Recht auf Bildung bewegt die UN-Behindertenrechtskonvention die internationale Bildungsdiskussion. Die deutsche Schattenübersetzung, die von Menschen mit Behinderungen erarbeitet wurde, überträgt Absatz 1 des Artikels mit folgendem Wortlaut: »Die Vertragsstaaten anerkennen das Recht von Menschen mit Behinderungen auf Bildung. Um dieses Recht ohne Diskriminierung und auf der Grundlage der Chancengleichheit zu verwirklichen, gewährleisten die Vertragsstaaten ein inklusives Bildungssystem auf allen Ebenen (…).«[1] Mit diesem Menschenrecht auf inklusive Bildung setzt die UN-BRK sowohl für den Aufbau eines inklusiven Bildungssystems als auch für den Zugang dazu verbindliche Maßstäbe.[2]

Nach einer Annäherung an den Begriff »Inklusive Bildung« erläutert der folgende Text, welche Konsequenzen für die pädagogische Umsetzung damit verbunden sind, dies mit jeweils spezifischem Blick auf den Elementarbereich, das Schulsystem und die Hochschulbildung.

In der Folge der Allgemeinen Erklärung der Menschenrechte (AEMR) – auch UN-Menschenrechtscharta genannt –, die am 10. Dezember 1948 von der Generalversammlung der Vereinten Nationen in Paris verkündet wurde, haben weitere, von den Vereinten Nationen verabschiedete Konventionen das Recht auf Bildung eingefordert, so etwa die 1990 in Kraft getretene UN-Kinderrechtskonvention. Als internationale Leitidee wurde inklusive Bildung, die kein Kind und keinen Jugendlichen aus Bildungsprozessen ausschließt, erstmals 1994 auf der Weltkonferenz »Pädagogik für besondere Bedürfnisse: Zugang und Qualität« in Salamanca formuliert.[3]

»Das Bildungssystem trägt die volle Verantwortung dafür, das Recht auf Bildung sicherzustellen«[4], formuliert die Deutsche UNESCO-Kommission (DUK) im Rahmen des weltweiten Programms »Bildung für Alle« *(Education for All, EFA)*, mit dem sich im November 2008 die Weltbildungsministerkonferenz der UNESCO in Genf das Ziel setzte, bis zum Jahr

2015 weltweit allen Kindern und Jugendlichen Bildung zukommen zu lassen: »Inclusive Education: The Way of the Future«.[5]

In den deutschsprachigen »Leitlinien für die Bildungspolitik« begründet daran anknüpfend die Deutsche UNESCO-Kommission inklusive Bildung in dreifacher Hinsicht: Die pädagogische Begründung verweist auf die Möglichkeit, in inklusiven Einrichtungen beim Spielen und Lernen auf individuelle Unterschiede einzugehen – zum Vorteil aller Kinder. Als soziale Begründung wird die Einstellung zur Vielfalt genannt, die nur im gemeinsamen Lernen und Spielen wachsen kann und die Basis für eine gerechte und diskriminierungsfreie Gesellschaft bildet. Drittens bezeichnet die ökonomische Begründung eine Schule für alle als weniger kostenintensiv im Vergleich zu einem komplexen System unterschiedlicher Schultypen.[6] International betrachtet stehen Industrie- und Entwicklungsländer vor der gemeinsamen Herausforderung, hochwertige und gerechte Bildung für alle Lernenden zu gewährleisten. Inklusive Bildung gilt dabei als Schlüsselstrategie zur Erreichung des Zieles einer »Bildung für Alle« und wird als fundamentales Prinzip des Rechts auf Bildung gesehen. Dieses Recht soll, so die »Thematische Studie des UN-Hochkommissariats für Menschenrechte zum Recht von Menschen mit Behinderung auf Bildung« vom März 2013, verwirklicht werden durch schrittweise angelegte Systemveränderungen und Transformationspläne zur Bekämpfung von Ausgrenzung und Segregation und bedarf der Umgestaltung von bestehenden rechtlichen und politischen Rahmenbedingungen.[7]

Seit dem Inkrafttreten der UN-BRK im Jahr 2009 prägt der Begriff der inklusiven Bildung auch die breite bildungspolitische Diskussion in Deutschland. Im Kontext der Verpflichtung zur Gestaltung eines inklusiven Bildungssystems entwickelt sich das Meinungsspektrum bezüglich dessen Realisierung kontrovers. Die Positionen reichen von der Beibehaltung des bestehenden Förder(schul)systems bis hin zu dessen Auflösung, verbunden mit einer grundlegenden Umwandlung des gesamten Bildungssystems[8]. Wenig zur Kenntnis genommen werden dabei die im deutschsprachigen Raum seit den 1970er-Jahren bestehenden pädagogischen Bestrebungen in Richtung des gemeinsamen Spielens und Lernens von behinderten und nicht behinderten Kindern, des gemeinsamen Unterrichts, der Bildung ohne Aussonderung mit wissenschaftlichen Begleitungen, vor allem im Elementar- und Primarbereich.[9]

Anfänge inklusiver Bildung in Deutschland: Integrative Prozesse in der Elementarpädagogik

Das erste Dokument, das gemeinsames Lernen von behinderten und nicht behinderten Kindern vorsieht, sind die Empfehlungen des Deutschen Bildungsrates zur pädagogischen Förderung behinderter und von Behinderung bedrohter Kinder und Jugendlicher aus dem Jahr 1974. Die Bildungskommission des Deutschen Bildungsrates unter Leitung von Jakob Muth (1927–1993) forderte darin eine Konzeption der »weitmöglichen Einbeziehung behinderter Kinder und Jugendlicher in den allgemeinen Unterricht« und eine »Vermeidung der Aussonderung«[10] in den Bereichen Frühförderung, Studium und Ausbildung der Lehrkräfte und schulische Förderung[11].

2006 stellt die Erziehungswissenschaftlerin Maria Kron für die Entwicklungen im Elementarbereich fest: »Nach etwa 25 Jahren der gemeinsamen Erziehung von Kindern mit und Kindern ohne Behinderung können wir im Elementarbereich auf bedeutende strukturelle Umwälzungen zurückblicken. Die gemeinsame Erziehung vor der Schule ist in den meisten Bundesländern Normalität geworden«[12]. Die Forderungen der 2008 in Kraft getretenen UN-BRK haben einen weiteren quantitativen Ausbau der integrativen Bildung, Betreuung und Erziehung im Elementarbereich angestoßen.[13]

Derzeit öffnen sich einerseits ehemals heilpädagogische Einrichtungen der Aufnahme von Kindern ohne (diagnostizierte) Behinderung wie andererseits auch Regeleinrichtungen vermehrt für Kinder mit zugewiesenem sonderpädagogischem Förderbedarf. Im Jahr 2011 wurden in Deutschland etwa 84600 Kinder mit besonderem Förderbedarf in Kindertageseinrichtungen oder in der Kindertagespflege betreut, 65,4 Prozent davon besuchten integrative Kindertageseinrichtungen. Im Jahr 2013 betrug dieser Anteil im Kindertagesbereich bereits 67 Prozent. Zum Vergleich: 39,2 Prozent der Kinder mit sonderpädagogischem Förderbedarf besuchten 2013 im Primarbereich eine integrative oder Regelschule, in der Sekundarstufe I waren es nur noch 21,9 Prozent.[14]

Der Elementarbereich bietet – das lassen die beschriebenen Entwicklungen, Erfahrungen und daraus generierten Erkenntnisse erwarten – positive Voraussetzungen für Veränderungen in Richtung einer inklusiven Bildungsgestaltung. Der gegenwärtige Ausbau von Betreuungsplätzen für 0–6-jährige Kinder sollte sich zugunsten einer weiteren Entwicklung konsequent auf Kindertageseinrichtungen konzentrieren, die ihre Arbeit an der Leitidee Inklusion ausrichten wollen, nicht zuletzt um hier ein Bewusstsein zu entwickeln: Die Identifizierung und Überwindung von Barrieren in Bildungsprozessen von Anfang an bedeutet die Realisierung des Rechts auf Bildung ohne Aussonderung bereits in Institutionen der frühen Kindheit; so werden Kinder und Eltern ermutigt, dieses auch im weiteren Verlauf ihrer Bildungslaufbahn einzufordern. Abzuwarten bleibt, ob der von der UN-BRK geforderte ausstehende Paradigmenwechsel, die vollständige Änderung des Bildungssystems in Richtung Überwindung der schulischen Segregation, im Zuge der breiter werdenden Reformbewegung vollzogen wird. Fest steht: Ohne grundlegende Änderung der pädagogischen Kulturen, Strukturen und Praktiken[15] kann inklusive Bildung nicht realisiert werden.

Eine Schule für alle: Elemente eines inklusiven Schulsystems

Im Jahr 1986 wurden bundesweit 897 Kinder, davon 166 (= 19 Prozent) mit sonderpädagogischem Förderbedarf, in 50 Integrationsklassen an 18 öffentlichen Schulen beschult. Die zu der Zeit in Praxis und Forschung generierten Erkenntnisse bewerten Frank J. Müller und Annedore Prengel aus aktueller Sicht wie folgt: »Die unterschiedlichen Akteure brachten gemeinsam ein schon Ende der achtziger Jahre ausformuliertes konsistentes Modell des Lernens in heterogenen Lerngruppen hervor, über das weitgehend Konsens besteht, das nur wenige Konfliktlinien aufweist und das bis in die Gegenwart Bestand hat.«[16]

Die langjährigen Erfahrungen in Deutschland, die sich vor allem durch die enge Kooperation von Schulpraxis und wissenschaftlicher Begleitung ausgezeichnet und weiterentwickelt haben, wurden jedoch im erziehungswissenschaftlichen und im sonderpädagogischen Kontext kaum zur Kenntnis genommen und finden auch in der aktuellen öffentlichen Diskussion zum Thema Inklusion wenig Beachtung: »Die Wirk- und Überzeugungskraft der Konvention [gemeint ist die UN-BRK – Anm. d. Red.] wäre größer, wenn alle wüssten, dass Inklusion – anders als meist vermutet – sehr gut erprobt ist.«[17]

Der Begriff »Inklusion« taucht erst mit Beginn des neuen Jahrtausends in der deutschen Bildungsdiskussion auf und stellt Heterogenität als fruchtbar für gemeinsames Lernen heraus. Die Frage, ob der aus dem angelsächsischen Raum stammende Begriff »terminologisches Spiel« oder »konzeptionelle Weiterentwicklung« sei,[18] ist seither vielfach diskutiert worden. Dass darüber nach wie vor Unklarheit besteht, zeigt sich beispielsweise in der Übertragung des englischen Begriffs *inclusion* mit »Integration« in der offiziellen deutschen Übersetzung der UN-BRK.[19] Diese Übersetzung wurde bereits während des Ratifikationsprozesses bei der Anhörung vor dem Arbeits- und Sozialausschuss[20] von Expert_innen und danach wiederholt kritisiert. Bindend ist die Konvention in der englischen Originalsprache und damit der Begriff *inclusive.* Aktuell wird der Begriff »Inklusion« im deutschsprachigen Diskurs häufig reduziert auf die schulorganisatorische und pädagogische Praxis der Unterrichtung von behinderten Kindern in den Regelschulen. In der Tradition von Forschung und Praxis des gemeinsamen Unterrichts betont der Begriff jedoch einen Perspektivenwechsel, der explizit ein weites und vor allem über eine Zielgruppe hinausgehendes Verständnis von Bildungsprozessen ohne Aussonderung einfordert: »Inklusion beansprucht in der Tat einen grundsätzlichen Wandel der grundlegenden theoretischen Sichtweisen und damit einen Paradigmenwechsel (...), vielmehr liegt die Zielsetzung in einem Miteinander unterschiedlichster Mehr- und Minderheiten«[21]. Artikel 24 UN-BRK konkretisiert das Recht auf Bildung und Partizipation für Menschen mit Behinderungen und betont gleichzeitig, dass »sich mit ›Inklusion‹ eine hoch anspruchsvolle pädagogische, am einzelnen – auch dem nicht behinderten – Menschen und gleichzeitig der heterogenen Gesamtgruppe ausgerichtete Praxis verbindet und ein inklusives System den höchsten Qualitätsstandards genügen muss«.[22]

Die Konvention erforderte eine gründliche Überarbeitung der »Empfehlungen zur sonderpädagogischen Förderung in den Schulen in der Bundesrepublik Deutschland« der Kultusministerkonferenz (KMK) aus dem Jahr 1994[23], sodass im Jahr 2008 begonnen wurde, diese fortzuschreiben und systematisch weiterzuentwickeln. Nach der Ratifizierung der UN-BRK im März 2009 stellte im Juni 2010 eine Fachtagung der Kultusministerkonferenz die pädagogischen und rechtlichen Aspekte hinsichtlich deren Umsetzung in den Mittelpunkt und verabschiedete am 18.11.2010 ein entsprechendes Diskussionspapier[24]. Im März 2011 wurde ein Entwurf für Empfehlungen zur inklusiven Bildung veröffentlicht und nach einer Diskussionsphase im Oktober 2011 als grundlegende Empfehlungen unter dem Titel »Inklusive Bildung von Kindern und Jugendlichen mit Behinderungen in Schulen« herausgegeben.[25]

Die Monitoring-Stelle des Deutschen Instituts für Menschenrechte (siehe dazu auch den Beitrag von Valentin Aichele → S. 85 ff.) hat am 31. März 2011 eine Stellungnahme zu den Empfehlungen der KMK in Verbindung mit »Eckpunkten zur Verwirklichung eines inklusiven Bildungssystems« veröffentlicht. Diese Veröffentlichung der Monitoring-Stelle präsentiert einen Einblick in Hintergrund und Entwicklung inklusiver Bildung im deutschen Schulsystem, eine differenzierte Würdigung der positiven wie auch der als kritisch einzuschätzenden Aspekte der oben erwähnten beiden Papiere der KMK und daraus resultierende Empfehlungen an die Länder, die KMK und den Bund. Als positiv hebt das Eckpunktepapier der Monitoring-Stelle unter anderem hervor, dass der »Rechtscharakter inklusiver Bildung« in den KMK-Papieren unterstrichen wird ebenso wie der damit verbundene »Zugang von Menschen mit Behinderungen zum allgemeinen Bildungssystem«. Positiv bewertet werden auch die Betonung von zieldifferentem Unterricht[26] und Nachteilsausgleichen (zum Beispiel die Gewährung zusätzlicher Zeit für das Schreiben einer Arbeit bei entsprechender Beeinträchtigung) sowie das Aufzeigen von Perspektiven, wie Sondereinrichtungen, etwa Sonder- und Förderschulen, in Kompetenz- und Förderzentren überführt werden können; auch wird positiv bewertet, dass Kinder und Jugendliche »in Bezug auf die Wahl ihrer Schule« gestärkt werden.[27]

Hingegen moniert die Monitoring-Stelle, dass beide KMK-Papiere die »verbindliche Richtungsentscheidung der Konvention für *ein* inklusives Bildungssystem« nicht widerspiegeln, die Aufrechterhaltung der schulischen Segregation als »konventionskonform« darstellen und die erforderliche zügige Anpassung der Rechtslage in den Ländern verkennen.[28] Auch Inklusionsforscher_innen und Vertreter_innen der traditionsreichen integrativ-inklusiven Praxis bedauern die Unverbindlichkeit und Unbestimmtheit der KMK-Empfehlungen und vermissen die klare Forderung eines inklusiven Bildungssystems.[29]

In ihrem Eckpunktepapier bezieht sich die Monitoring-Stelle des Deutschen Instituts für Menschenrechte auf die vier Strukturelemente Verfügbarkeit, Zugänglichkeit, Akzeptierbarkeit und Adaptierbarkeit, die erfüllt sein müssen, um inklusive Bildung zu realisieren, und benennt damit klare Maßnahmen zur Erfüllung rechtspolitischer Konsequenzen und Gesetzesänderungen. Damit werden Dimensionen fokussiert, die ursprünglich in den *General Comments* (Allgemeinen Bemerkungen) des UN-Sozialpaktausschusses[30] unterschieden wurden und nach ihren englischen Ursprungsbegriffen *4-A-Scheme* (»4-A-Schema«) genannt werden:

- Verfügbarkeit *(availability)*: Allgemeine Verfügbarkeit verlangt gemäß dem Vorrang des gemeinsamen Unterrichts von behinderten und nicht behinderten Kindern, dass ausreichend funktionsfähige Bildungseinrichtungen mit ausgebildeten Fachkräften und Materialien zur Verfügung stehen und dass die Schulträger gesetzlich verpflichtet werden, zugunsten einer gemeinsamen Beschulung Sondereinrichtungen in Kompetenzzentren als »Schulen ohne Schüler«[31] zu überführen.
- Zugänglichkeit *(access)*: Insbesondere für die schwächsten Gruppen (zum Beispiel Kinder, die durch Armut, Behinderung oder Migration benachteiligt sind) soll der diskriminierungsfreie Zugang zur Regelschule per Rechtsanspruch auf eine inklusive, wohnortnahe und hochwertige allgemeine Bildungseinrichtung garantiert sein. Dies bedeutet auch wirtschaftlichen und physischen Zugang ohne Barrieren. Hierzu

gehören als »angemessene Vorkehrungen« im Sinne der Begriffsbestimmungen von Artikel 2 Unterabsatz 4 UN-BRK[32] neben baulichen Veränderungen die Bereitstellung kontinuierlicher individueller Förderung in einer Schule für alle, die Gewährleistung von Nachteilsausgleich[33] und Hilfsmitteln sowie eine Veränderung der Unterrichtsstrukturen zu zieldifferentem Unterricht, *Team Teaching*[34] und multiprofessioneller Kooperation etc.

- Akzeptierbarkeit *(acceptability)*: Die Annehmbarkeit von Bildung bezieht sich auf Form und Inhalt. Diese sollen sich an den Lebenslagen der Kinder und Jugendlichen orientieren und relevant, kulturell angemessen und hochwertig sein. Das bedeutet etwa, dass die Bildungsziele einem inklusiven Bildungssystem entsprechen und auch die Lehrpläne in diese Richtung fortentwickelt werden.[35]
- Adaptierbarkeit *(adaptability)*: In Ergänzung dazu meint Adaptierbarkeit die Anpassung an sich verändernde Gesellschaften und Gemeinwesen und damit verbundene Erfordernisse an Aufbau und Verwirklichung eines inklusiven Bildungssystems.[36]

Während es bei den ersten beiden Begriffen um Fragen der äußeren Bedingungen und damit um die strukturelle Organisation und Entwicklung von Bildungseinrichtungen geht, so ist bei der Gewährung von Akzeptierbarkeit/*acceptability* und Adaptierbarkeit/*adaptability* hinsichtlich Formen und Inhalten des Lernens vor allem auch die didaktische Perspektive gefragt. Das Diskriminierungsverbot bezieht sich auf alle vier Strukturelemente und ist nicht etwa auf diskriminierungsfreien Zugang und allgemeine Verfügbarkeit beschränkt, sondern verlangt auch die qualitätvolle inhaltliche und methodische Ausgestaltung der Bildungsangebote für jede_n einzelne_n Lernende_n.

Die damit verbundene Aufforderung, die schulische Segregation zu überwinden, wird in den Bundesländern sehr unterschiedlich ausgelegt und umgesetzt: Als erstes Bundesland änderte Bremen im Jahr 2009 das Schulgesetz und konnte im Schuljahr 2010/11 mit 55,5 Prozent die höchste Anzahl von Schüler_innen mit sonderpädagogischem Förderbedarf in Regelschulen aufweisen, dicht gefolgt von Schleswig-Holstein (54,1 Prozent) und Berlin (39,1 Prozent). Zum Vergleich: Brandenburg benennt für das Schuljahr 2010/11 40,0 Prozent, das Saarland 39,1 Prozent, Hessen 17,3 Prozent und Nordrhein-Westfalen 11,1 Prozent. Zielmarke ist eine bundesweite »Inklusionsquote« von 80 Prozent bis zum Jahr 2020. Insgesamt ist die »Inklusionsquote«[37] von Schüler_innen mit Behinderung in Regelschulen bundesweit von 18,4 Prozent im Schuljahr 2008/09 auf 25 Prozent im Schuljahr 2011/12 angestiegen; allerdings hat der vermehrte »inklusive Unterricht« nicht zu einem Rückgang der Attestierung eines sonderpädagogischen Förderbedarfes geführt: Die »Förderquote« ist im genannten Zeitraum von 6,0 Prozent auf 6,4 Prozent gestiegen, was darauf hindeutet, dass zunehmend sonderpädagogischer Förderbedarf diagnostiziert wird. Auf dem Weg zu einem inklusiven Bildungssystem steigt gegenwärtig sowohl die »Inklusionsquote« (das heißt die Zahl der Kinder mit attestiertem Förderbedarf im Regelsystem) wie zugleich auch die »Förderquote« (das heißt die Zahl der Kinder, denen ein sonderpädagogischer Förderbedarf zugewiesen wird). Das lässt die Interpretation zu, dass hier der Versuch, Strukturen inklusiv zu gestalten, an den nicht vorhandenen inklusiven Kulturen scheitert. Es zeigt auch, dass in einem inklusiven Bildungssystem langfristig Mittelzuweisungen nicht an die Feststellung individueller Bedarfe gekoppelt sein können, sondern stattdessen Ressourcen den Bildungsinstitutionen zugewiesen werden sollten. Die in der integrationspädagogischen Praxis an nachgewiesene individuelle Bedarfe gekoppelte Zuweisung von Extra-Ressourcen wird in der Literatur als »Etikettierungs-Ressourcen-Dilemma« beschrieben und setzt die Klassifizierung und Kategorisierung fort, die eine inklusive Praxis ja gerade überwinden möchte.[38] Streng genommen spiegelt sich dieses Dilemma in der Bezeichnung »Inklusionsquote« selbst: Die Quote benennt den Anteil der im Regelschulsystem »angekommenen« Kinder mit sonderpädagogischem Förderbedarf und macht damit eine quantitative Aussage. Ob das System im Sinne der Salamanca Erklärung und der UN-BRK Verantwortung zu Veränderung und Anpassung übernommen hat, ob die aufnehmenden Bildungseinrichtungen tatsächlich eine Orientierung in Richtung inklusiver Bildung vorgenommen haben – das wird durch die »Inklusionsquote« nicht besagt und ist schwer mess- oder nachweisbar. Grundsätzlich wäre zu empfehlen, der Qualitätsentwicklung inklusiver Bildung den Vorrang zukommen zu lassen gegenüber steigender Quantität durch Platzierungsänderungen, das heißt der steigenden Anzahl von Schüler_innen mit sonderpädagogischem Förderbedarf im Regelschulsystem.

(Aus-)Bildung für inklusive Bildung: Auftrag für Hochschulen, Lehre und Forschung

Während Kindertageseinrichtungen und Schulen durch veränderte Gruppenkonstellationen unmittelbar mit neuen Aufgaben, Unsicherheiten und Kooperationen im Alltag konfrontiert werden, wirken durch die Leitidee der Inklusion verursachte Veränderungen auf Hochschulen weniger direkt ein, fordern diese jedoch auf mehreren Ebenen (vgl. Artikel 24 Absatz 5 UN-BRK). Inklusion muss als Konzept theoretisch vermittelt und zugleich als Bewusstseinshaltung reflexiv erlebt werden. Daraus ergeben sich folgende Fragestellungen:

– **Inwiefern ist inklusive Bildung Inhalt von Lehre und Forschung? Können Studierende sich auf ein inklusives Bildungssystem vorbereiten?**

Die Relevanz der inhaltlichen Orientierung zeigt sich zum Beispiel in der Ausschreibung von Professuren mit dem Themenschwerpunkt Inklusion/ Inklusive Pädagogik, in der Einrichtung und Erweiterung von Studiengängen und in der Ausweisung inklusiver Inhalte oder Module in Curricula und Studienverlauf. In der Lehrer_innenbildung ist die Kooperation von Sonderpädagogik und Allgemeiner Pädagogik und längerfristig die Verortung sonderpädagogischer Kompetenzen innerhalb der Regelpädagogik erforderlich. Auch in weiteren pädagogischen Studiengängen ist die Relevanz der Inhalte hinsichtlich des Einbezugs *aller* Kinder und Jugendlichen zu berücksichtigen.

– **Versteht die Hochschule sich selber als System, das inklusive Bildung realisiert? Gibt es strukturelle und (hochschul)didaktische Bemühungen zum Abbau von Barrieren und Benachteiligung?**

Auf der Grundlage dieser Fragen ist zu überprüfen, ob eine Hochschule beispielsweise in Form von Leitfäden und Beratungsstrukturen für ein Studium mit Behinderung, durch Nachteilsausgleich und Flexibilität oder durch Fortbildungen zu barrierefreier Didaktik die Voraussetzungen zu einer inklusiven Bildungseinrichtung bietet oder eine entsprechende Weiterentwicklung anstrebt.

Die Hochschulrektorenkonferenz (HRK) hat 2009 die Empfehlung »Eine Hochschule für Alle« veröffentlicht, um gemäß § 2 Absatz 4 HRG (Hochschulrahmengesetz) zu gewährleisten, »dass behinderte Studierende in ihrem Studium nicht benachteiligt werden und die Angebote der Hochschule möglichst ohne fremde Hilfe in Anspruch nehmen können«, mit dem übergreifenden Ziel, die »chancengleiche Teilhabe für alle Studierenden« zu sichern[39]. Beratungsstrukturen für Studierende mit Behinderungen bieten zum einen die Deutschen Studentenwerke[40], zum anderen die Hochschulen in unterschiedlicher Differenziertheit. 14 Prozent aller in Deutschland Studierenden gelten als behindert oder chronisch krank, wobei die Beeinträchtigungen im Alltag von den Studierenden größtenteils nicht unmittelbar als »Behinderung« wahrgenommen werden, aber von immerhin der Hälfte als erschwerend für das Studium erlebt wird (zum Thema Studium und Behinderung siehe auch den Beitrag von Birgit Rothenberg → S. 162 ff.).

Im Sinne des Abbaus von Barrieren führen einzelne Hochschulen exemplarische Projekte durch, hier sei etwa auf das Potsdamer Modellprojekt »Eine Uni für alle – Studium und Behinderung«[41] verwiesen: Ein gleichnamiger Qualifizierungsbaustein wurde in der Ausbildung für Erstsemestertutor_innen der Zentralen Studienberatung der Universität Potsdam verankert. Das Projekt ist darauf gerichtet, Neuimmatrikulierte mit Beeinträchtigung durch entsprechend geschulte Tutor_innen unter anderem mit den Studienanforderungen vertraut zu machen. Übergreifend zielt es auf die Etablierung inklusiver Strukturen im Sinne eines gleichberechtigten Studiums »für alle« und lädt explizit andere Hochschulen zum »Kopieren« dieses Modells ein. An der Universität zu Köln wird seit 2013 das Modellprojekt »PROMI – Promotion inklusive. Qualifikation und Promotion schwerbehinderter Akademikerinnen und Akademiker«[42] wissenschaftlich begleitet und evaluiert. Das durch das Bundesministerium für Arbeit und Soziales (BMAS) geförderte Projekt hat zum Ziel, Zugangsmöglichkeiten und nachhaltige Strukturen für schwerbehinderte Studierende und Mitarbeitende zu etablieren. Dazu werden bundesweit an 15 Universitäten Promotionsstellen für schwerbehinderte Absolvent_innen eingerichtet.

Will eine Hochschule sich als inklusive Bildungseinrichtung entwickeln – und damit Orientierung nicht nur für andere Hochschulen, sondern vor allem für ihre Absolvent_innen und damit deren zukünftige pädagogische Tätigkeitsfelder sein –, so müsste sie neben dem Abbau zielgruppenspezifischer Barrieren eine umfassende Entwicklung inklusiver Kulturen, Strukturen und Praktiken anstreben. Dazu gehört die Identifikation von Barrieren auch in anderen Bereichen, zum Beispiel durch die Erfassung der studentischen Heterogenität im Sinne eines Diversity Managements (vgl. dazu etwa das Vorgehen der Fakultät für Angewandte Sozialwissenschaften der Fachhochschule Köln in ihrem Aktionsleitfaden »Auf dem Weg zur Inklusiven Fakultät«[43]).

Die inklusionspädagogische Forschung ist durch die jährliche Tagung der Inklusionsforscher_innen im deutschsprachigen Raum geprägt. Die erste Tagung fand 1986 in Frankfurt am Main statt. Nannte sich die Forscher_innengruppe zur Gründungszeit noch »Integrationsforscher_innen«, so trägt der Tagungsband aus dem Jahr 2004 erstmals den Titel »Inklusive Pädagogik«. Die seitdem erschienenen Tagungsbände[44] vermitteln Einblick und Überblick in die Traditionslinien der Forschung, die ihren Ausgang im gemeinsamen Spielen und Lernen behinderter und nicht behinderter Kinder und in enger Wechselwirkung mit (oben beschriebenen) Praxisentwicklungen hatte und von da aus Spuren zu einer inklusiven Bildung aufgenommen hat. Diese versteht sich heute als normative Leitidee mit dem Ziel, Diskriminierung und Benachteiligung im Kontext von Differenzlinien wie Geschlecht, Ethnizität, Begabung, sozio-kulturelle Herkunft sowie deren Wechselwirkungen miteinander im Bildungssystem abzubauen. Wissenschaftler_innen mit ursprünglich sonderpädagogischer Expertise wenden sich heute dem Lehr- und Forschungsfeld inklusiver Bildung zu, ebenso Forscher_innen und pädagogische Fachkräfte aus der Allgemeinen Pädagogik.

Dabei stoßen unterschiedliche Perspektiven aufeinander: Inklusive Pädagogik wird (wie in diesem Beitrag) als pädagogisch zukunftsweisende Reform für ein insgesamt in die Kritik geratenes Erziehungs- und Bildungssystem vertreten oder aber in der Sorge um den Verlust sonderpädagogischer Kompetenzen und individueller Förderung mit Skepsis bedacht[45]. Um die Erforschung inklusiver Bildungsprozesse weiterzuentwickeln, wird es in der nächsten Zeit vor allem darauf ankommen, angrenzende Forschungsfelder, die sich mit Benachteiligung, Aussonderung und Diskriminierung befassen, zur Kenntnis zu nehmen und entsprechend Erkenntnisse zusammenzuführen, so zum Beispiel aus der Migrationsforschung.[46] Inklusionsforschung geht es dann nicht vorrangig um die Einbeziehung Einzelner oder konstruierter Gruppierungen, sondern um die Marginalisierung verursachenden Mechanismen – Zuschreibungsprozesse, tradierte Kategorisierungen, die Herstellung von sozialer Ungleichheit sowie Ordnungen zwischen Mehrheiten und Minderheiten und Machtstrukturen. In fortlaufender Vernetzung zwischen Forschung und pädagogischer Praxis sollte zudem didaktische Forschung sowohl für die Elementarpädagogik als auch für die Gestaltung von Unterricht und Ganztagsbildung und nicht zuletzt als Hochschuldidaktik weiterentwickelt werden. Dabei kennzeichnet die Didaktik inklusiver Bildungsprozesse über die individuelle Förderung hinaus vor allem die Gestaltung einer spezifischen Bildungs*gemeinschaft*. Als international eingesetztes Qualitätsentwicklungsinstrument hat sich auch in deutschen Bildungseinrichtungen inzwischen der Index für Inklusion[47] bewährt. Auf dem Weg zur Entwicklung inklusiver Kulturen, Strukturen und Praktiken begleitet er Reflexions- und Kommunikationsprozesse in Bildungseinrichtungen, sodass sowohl Barrieren »in den Köpfen« als auch notwendige Forderungen an Verwaltung, Kooperationen und Unterstützungssysteme deutlich werden.

Erheblicher Nachholbedarf

Fazit

Trotz der aufgezeigten Erfahrungen und Erkenntnisse in Forschung und Praxis ist ein inklusives Bildungssystem entsprechend der Vorgaben der

UN-BRK in Deutschland noch nicht annähernd erreicht. Die Bonner Erklärung zur inklusiven Bildung in Deutschland, die im März 2014 auf dem Bildungsgipfel der Deutschen UNESCO-Kommission »Inklusion – Zukunft der Bildung« verabschiedet wurde, fordert differenziert zur Umsetzung inklusiver Bildung auf und benennt die systematischen Anstrengungen, die notwendig sind, »um Exklusion im deutschen Bildungswesen zu überwinden und als Leitbild für Bildungspolitik und -praxis zu etablieren«[48]. Die Erklärung weist dabei auf den »erheblichen Nachholbedarf bei der Schaffung inklusiver Bildungsangebote« hin, den Deutschland im Vergleich zu europäischen Nachbarn hat sowie auf die Umsetzung internationaler inklusiver Bildung, die zeigt, »dass Inklusionsanteile von nahezu 100 Prozent möglich sind«.[49] Auch der im Juni erschienene Nationale Bildungsbericht »Bildung in Deutschland 2014«, dessen Schwerpunktthema die Analyse zur Bildung von Menschen mit Behinderungen bildet, weist auf strukturelle Probleme bei der Umsetzung inklusiver Bildung hin. Diese liegen zum Beispiel im komplexen Zusammenwirken von Bildungs- und Sozialsystem, in der bisher nicht einschlägigen Qualifizierung des Fachpersonals sowie im deutlich abnehmenden Anteil gemeinsam unterrichteter Schüler_innen mit zunehmendem Alter[50]. Veränderungen sind gefordert und stellenweise angebahnt. Im komplexen und langwierigen Prozess sei deswegen abschließend auf die »inklusiven Momente«[51] hingewiesen, die selbst innerhalb insgesamt segregierender Strukturen im pädagogischen Alltag zu finden sind, die auch in diesem Band beschrieben werden[52] und die eine in die Zukunft gerichtete Leitidee in der Gegenwart realisieren.

▶ Zusammenfassung

Das »Recht auf Bildung« wurde bereits in der Allgemeinen Erklärung der Menschenrechte 1948 formuliert. Inklusive Bildung, wie sie in Artikel 24 der UN-Behindertenrechtskonvention (UN-BRK) gefordert wird, verschärft den Anspruch, diese ohne Ausnahme, Ausgrenzung und Diskriminierung für jeden Menschen zu realisieren. Das erfordert grundlegende Veränderungen sowohl in rechtlichen als auch in strukturellen und pädagogischen Rahmungen und Konzeptionen. Die lange Tradition gemeinsamen Spielens und Lernens in Deutschland ist für eine flächendeckende Weiterentwicklung bisher wenig genutzt worden. Inklusion als bildungspolitische Leitidee bedeutet weit mehr als beispielsweise die Aufnahme von Schüler_innen mit zugewiesenem sonderpädagogischem Förderbedarf in Regelschulen, sondern weist die Richtung für eine grundlegende Reform des gesamten Bildungswesens.

Anmerkungen

1 Der Verein für Menschenrechte und Gleichstellung Behinderter, NETZWERK ARTIKEL 3, hat mit seiner Übersetzung der UN-BRK, der sogenannten Schattenübersetzung, eine Übertragung der Konvention ins Deutsche angestrebt, die enger an den Vertragstext in den verbindlichen Vertragssprachen (darunter Englisch) anlehnt. Siehe NETZWERK ARTIKEL 3 – Verein für Menschenrechte und Gleichstellung Behinderter e. V., Korrigierte Fassung der zwischen Deutschland, Liechtenstein, Österreich und der Schweiz abgestimmten Übersetzung: Übereinkommen über die Rechte von Menschen mit Behinderungen, o. O. 2009, S. 18, online abrufbar unter: http://www.netzwerk-artikel-3.de/dokum/schattenuebersetzung-endgs.pdf (Aufruf am 12.06.2014). Zur deutschen Schattenübersetzung siehe auch den Beitrag von Gudrun Wansing in diesem Band → S. 43 ff.

2 Siehe dazu Markus Krajewski/Thomas Bernhard, Artikel 24 Bildung, in: Antje Welke (Hrsg.), UN-Behindertenrechtskonvention mit rechtlichen Erläuterungen, Berlin 2012, S. 165.

3 »Das Leitprinzip, das diesem Rahmen zugrunde liegt, besagt, dass Schulen alle Kinder, unabhängig von ihren physischen, intellektuellen, sozialen, emotionalen, sprachlichen oder anderen Fähigkeiten aufnehmen sollen. Das soll behinderte und begabte Kinder einschließen, Straßen- ebenso wie arbeitende Kinder, Kinder von entlegenen oder nomadischen Völkern, von sprachlichen, kulturellen oder ethnischen Minoritäten sowie Kinder von anders benachteiligten Randgruppen oder -gebieten. Diese Bestimmungen schaffen eine Reihe von Herausforderungen an Schulsysteme«, zitiert aus: UNESCO, Die Salamanca Erklärung und der Aktionsrahmen zur Pädagogik für besondere Bedürfnisse, angenommen von der Weltkonferenz »Pädagogik für besondere Bedürfnisse: Zugang und Qualität«, Salamanca, Spanien, 7.–10. Juni 1994, 1994, online abrufbar unter: http://www.unesco.at/bildung/basisdokumente/salamanca_erklaerung.pdf (Aufruf am12.06.2014). Die Resolution wurde von 92 Regierungen und 25 Nichtregierungsorganisationen unterzeichnet. Sie fordert auf, das Prinzip der Bildung und Erziehung ohne Ausgrenzung auf politischer und rechtlicher Ebene anzuerkennen und umzusetzen. Damit wurde international ein Meilenstein gesetzt und ein Paradigmenwechsel in der Pädagogik eingeleitet.

4 Deutsche UNESCO-Kommission (DUK) e. V. (Hrsg.), Inklusion: Leitlinien für die Bildungspolitik, Bonn 2010, S. 15, online abrufbar unter: http://www.unesco.de/fileadmin/medien/Dokumente/Bildung/InklusionLeitlinienBildungspolitik.pdf (Aufruf am 12.06.2014).

5 Siehe dazu United Nations Educational, Scientific and Cultural Organization. International Conference on Education, Inclusive Education: The Way of the Future, 2008, online abrufbar unter: http://www.ibe.unesco.org/fileadmin/user_upload/Policy_Dialogue/48th_ICE/CONFINTED_48-3_English.pdf (Aufruf am 18.06.2014)

6 Siehe Deutsche UNESCO-Kommission (DUK) e. V. (Hrsg.), wie Anm. 4, S. 11.

7 Siehe dazu Deutsches Institut für Menschenrechte e. V., Information der Monitoring-Stelle zur UN-Behindertenrechtskonvention anlässlich der Veröffentlichung

der Thematischen Studie des UN-Hochkommissariats für Menschenrechte zum Recht von Menschen mit Behinderung auf Bildung (UN-Dok.A/HRC/25/29 vom 18. Dezember 2013), Berlin 2014, online abrufbar unter: http://www.institut-fuer-menschenrechte.de/uploads/tx_commerce/Information_der_Monitoring_Stelle_Studie_des_UN_OHCHR_zum_Recht_auf_inklusive_Bildung.pdf (Aufruf am 12.06.2014).

8 Siehe stellvertretend für die Entwicklung der Inklusiven Pädagogik: Ines Boban/Andreas Hinz, Der neue Index für Inklusion – eine Weiterentwicklung der deutschsprachigen Ausgabe, in: Zeitschrift für Inklusion-Online.net 2 (2013), online abrufbar unter: http://www.inklusion-online.net/index.php/inklusion-online/article/view/11/11 (Aufruf am 23.06.2014). Des Weiteren Hans Wocken, Zum Haus der inklusiven Schule. Ansichten – Zugänge – Wege, Hamburg 2013; Kersten Reich (Hrsg.), Inklusion und Bildungsgerechtigkeit, Weinheim 2012. – Siehe stellvertretend für die Beibehaltung des Förderschulsystems: Bernd Ahrbeck, Inklusion: Eine Kritik, Stuttgart 2014; kritisch zum Inklusionsbegriff: Ju-Hwa Lee, Inklusion – Eine kritische Auseinandersetzung mit dem Konzept von Andreas Hinz im Hinblick auf Bildung und Erziehung von Menschen mit Behinderungen, Oberhausen 2012.

9 Elementarbereich steht für Einrichtungen der frühkindlichen Bildung, d.h. Kindergärten und Kindertagesstätten. Primarbereich meint die Schulen der Primarstufe, d.h. die Grundschulen.

10 Deutscher Bildungsrat (Hrsg.), Empfehlungen der Bildungskommission »Zur pädagogischen Förderung behinderter und von Behinderung bedrohter Kinder und Jugendlicher«, Stuttgart 1974.

11 Vgl. Irmtraud Schnell, Geschichte schulischer Integration. Gemeinsames Lernen von Schüler_innen mit und ohne Behinderung in der BRD seit 1970, Weinheim/München 2003, S. 80ff.

12 Maria Kron, 25 Jahre Integration im Elementarbereich – ein Blick zurück, ein Blick nach vorn, in: Zeitschrift für Inklusion-Online.net, 1 (2006), o.S., online abrufbar unter: http://www.inklusion-online.net/index.php/inklusion-online/article/view/185/185 (Aufruf am 02.11.2014).

13 Siehe dazu Artikel 7 Absatz 1 UN-BRK: »Die Vertragsstaaten treffen alle erforderlichen Maßnahmen, um zu gewährleisten, dass Kinder mit Behinderungen gleichberechtigt mit anderen Kindern alle Menschenrechte und Grundfreiheiten genießen können«, sowie Artikel 24 Absatz 1 UN-BRK, nach dem die Vertragsstaaten sich verpflichten, ein inklusives Bildungssystem »auf allen Ebenen« und »lebenslanges Lernen« zu gewährleisten und, gemäß Absatz 2, sicherzustellen, dass »Menschen mit Behinderungen nicht aufgrund von Behinderung vom allgemeinen Bildungssystem ausgeschlossen werden«. Siehe die Übersetzung von NETZWERK ARTIKEL 3 – Verein für Menschenrechte und Gleichstellung Behinderter e.V., wie Anm. 1.

14 Als »integrativ« werden hier im Folgenden Einrichtungen bezeichnet, die eine Tradition in der gemeinsamen Bildung behinderter und nicht behinderter Kinder haben. »Inklusive« Institutionen kann es bei konsequentem Verständnis des Begriffs in einem segregierenden Bildungssystem nicht geben; von daher wird in diesem Beitrag nicht von »inklusiven« Bildungseinrichtungen gesprochen, sondern von Einrichtun-

gen, die sich zur Orientierung an der Leitidee Inklusion verpflichten und unter den gegebenen Bedingungen diese umzusetzen bemüht sind.

15 Vgl. Tony Booth/Mel Ainscow, Index for Inclusion – Developing Learning and Participation in Schools, Bristol 2011; Ines Boban/Andreas Hinz, (Hrsg.), Index für Inklusion – Lernen und Teilhabe in der Schule der Vielfalt entwickeln, Halle/Saale 2003.

16 Frank J. Müller/Annedore Prengel, Empirische Zugänge zu Inklusion in der Früh- und Grundschulpädagogik, in: Zeitschrift für Grundschulforschung, 6 (2013) 1, S. 11.

17 Deutsches Institut für Menschenrechte e. V., Stellungnahme der Monitoring-Stelle (31. März 2011)/Eckpunkte zur Verwirklichung eines inklusiven Bildungssystems (Primarstufe und Sekundarstufen I und II)/Empfehlungen an die Länder, die Kultusministerkonferenz (KMK) und den Bund, Berlin 2011, S. 5, online abrufbar unter: http://www.institut-fuer-menschenrechte.de/uploads/tx_commerce/stellungnahme_der_monitoring_stelle_eckpunkte_z_verwirklichung_eines_inklusiven_bildungssystems_31_03_2011.pdf (Aufruf am 07.02.2014).

18 Andreas Hinz, Von der Integration zur Inklusion – terminologisches Spiel oder konzeptionelle Weiterentwicklung?, in: Zeitschrift für Heilpädagogik (ZfH), 53 (2002) 9, S. 354–361. Zur Diskussion des Begriffs siehe auch den Beitrag von Gudrun Wansing in diesem Band → S. 43 ff.

19 Die deutsche Schattenübersetzung verwendet dagegen den Begriff »Inklusion«. Siehe dazu http://www.netzwerk-artikel-3.de/index.php?view=article&id=93:international-schattenuebersetzung (Aufruf am 12.06.2014). Zur Übersetzungsproblematik des Begriffs siehe auch den Beitrag von Gudrun Wansing → S. 43 ff.

20 106. Sitzung des Bundestagsausschusses für Arbeit und Soziales am 24. November 2008, vgl. dazu Ausschussdrucksache 18(11)1186 vom 21.11.2008, online abrufbar unter: http://www.sozialpolitik-aktuell.de/tl_files/sozialpolitik-aktuell/_Politikfelder/Arbeitsmarkt/Dokumente/neuordnung_amp_Instrumente_Anhoerung.pdf (Aufruf am 24.06.2014).

21 A. Hinz, wie Anm. 18, S. 354.

22 Deutsches Institut für Menschenrechte e. V., wie Anm. 17, S. 4.

23 »Empfehlungen zur sonderpädagogischen Förderung in den Schulen in der Bundesrepublik Deutschland« (Beschluss der Kultusministerkonferenz vom 06.05.1994 [o. O.], online abrufbar unter: http://www.kmk.org/fileadmin/veroeffentlichungen_beschluesse/1994/1994_05_06-Empfehlung-sonderpaed-Foerderung.pdf (Aufruf am 23.06.2014).

24 »Pädagogische und rechtliche Aspekte der Umsetzung des Übereinkommens der Vereinten Nationen vom 13. Dezember 2006 über die Rechte von Menschen mit Behinderungen (Behindertenrechtskonvention – VN-BRK) in der schulischen Bildung« (Beschluss der Kultusministerkonferenz vom 18.11.2010) [o. O.], online abrufbar unter: http://www.kmk.org/fileadmin/veroeffentlichungen_beschluesse/2010/2010_11_18-Behindertenrechtkonvention.pdf (Aufruf am 12.06.2014).

25 »Inklusive Bildung von Kindern und Jugendlichen mit Behinderungen in Schulen« (Beschluss der Kultusministerkonferenz vom 20.10.2011) [o. O.], online abrufbar unter: http://www.kmk.org/fileadmin/veroeffentlichungen_beschluesse/2011/2011_10_20-Inklusive-Bildung.pdf (Aufruf am 12.06.2014).

26 Zieldifferentes Lernen bedeutet, dass Lernende in einer gemeinsamen Gruppe/Klasse, aber mit unterschiedlichen Zielen oder nach unterschiedlichen Lehrplänen unterrichtet werden. Das trifft zum Beispiel auf ein Kind mit diagnostizierter ›geistiger‹ Behinderung im Regelschulunterricht zu.

27 Vgl. Deutsches Institut für Menschenrechte e.V., wie Anm. 17, S. 7.

28 Siehe ebd., S. 8.

29 Vgl. dazu u.a. Hans Wocken, Über die Entkernung der Behindertenrechtskonvention. Ein deutsches Trauerspiel in 14 Akten, mit einem Vorspiel und einem Abgesang, in: Zeitschrift für Inklusion-online.net, 4 (2011), o.S, online abrufbar unter: http://www.inklusion-online.net/index.php/inklusion-online/article/view/80/80 (Aufruf am 23.06.2014).

30 Der UN-Sozialpaktausschuss ist das Kontrollgremium, das verantwortlich ist für die Einhaltung des am 19.12.1966 von der UNO-Generalversammlung in New York verabschiedeten (und 1976 in Kraft getretenen) Internationalen Pakts über wirtschaftliche, soziale und kulturelle Rechte (kurz: UN-Sozialpakt/ICESCR. Die deutsche Fassung des UN-Sozialpakts ist online abrufbar unter: http://www.institut-fuer-menschenrechte.de/fileadmin/user_upload/PDF-Dateien/Pakte_Konventionen/ICESCR/icescr_de.pdf (Aufruf am 01.05.2014).

31 Siehe die Ausführungen unter »1) Verfügbarkeit« im Eckpunktepapier des Deutschen Instituts für Menschenrechte e.V., wie Anm. 17, S. 11f., hier S. 12.

32 Siehe die Ausführungen unter »2) Zugänglichkeit«, ebd., S. 13f., hier S. 13.

33 Siehe die Erläuterungen zum Nachteilsausgleich auf S. 135 dieses Beitrags.

34 *Team Teaching* meint das gemeinsame Unterrichten von zwei Pädagog_innen, das auf unterschiedliche Weise praktiziert werden kann und zu den Voraussetzungen gemeinsamen Unterrichts gehört. Vgl. Michael Schwager, Gemeinsames Unterrichten im Gemeinsamen Unterricht, in: Zeitschrift für Heilpädagogik, 62 (2011), S. 92–98, online abrufbar unter: http://gesamtschule-holweide.de/seiten/gu/schwager_gem_unterri2011.pdf (Aufruf am 12.06.2014).

35 Siehe die Ausführungen unter »3) Akzeptierbarkeit« im Eckpunktepapier des Deutschen Instituts für Menschenrechte e.V., wie Anm. 17, S. 15.

36 Siehe die Ausführungen unter »4) Anpassungsfähigkeit«, ebd., S. 16.

37 Vgl. Klaus Klemm, Inklusion in Deutschland – eine bildungsstatistische Analyse, Gütersloh 2013, online abrufbar unter: http://www.bertelsmann-stiftung.de/cps/rde/xbcr/SID-8D09B1FA-E8EC3992/bst/xcms_bst_dms_37485_37486_2.pdf (Aufruf am 12.06.2014).

38 Vgl. Hans Wocken, Von der Integration zur Inklusion. Ein Spickzettel für Inklusion, in: Gemeinsam leben. Zeitschrift für integrative Erziehung, 4 (2009), S. 216–219.

39 HRK Hochschulrektorenkonferenz, »Eine Hochschule für Alle« – Empfehlung der 6. Mitgliederversammlung am 21.4.2009 zum Studium mit Behinderung/chronischer Krankheit, Bonn 2009, S. 3, online abrufbar unter: http://www.hrk.de/uploads/tx_szconvention/Entschliessung_HS_Alle.pdf (Aufruf am 12.06.2014).

40 Siehe http://www.studentenwerke.de/main/default.asp?id=06100 sowie http://www.studentenwerke.de/de/behinderung (Aufruf am 23.06.2014).

41 Siehe Christoph Beier/Irma Bürger, »Eine Uni für alle – Studium und Behinderung«: Chancengleichheit für Studierende mit Behinderung an Hochschulen. Pro-

jektbericht und Leitfaden zur Umsetzung des Potsdamer Modellprojekts zur Qualifizierung von Erstsemestertutor_innen an anderen Hochschulen, hrsg. vom Deutschen Studentenwerk, Berlin 2010, online abrufbar unter: http://www.studentenwerke.de/sites/default/files/Tutorenprogramm%20Potsdam%20-%20Eine%20Uni%20f%C3%BCr%20alle.pdf. Siehe auch http://www.studentenwerke.de/sites/default/files/Tutorenprogramm.pdf (Aufruf am 12.06.2014).

42 Zu Informationen über das Projekt siehe http://www.wissenschaft.nrw.de/fileadmin/Medien/Dokumente/Hochschule/Diversity_Workshop/Behinderung_Krankheit_Gesundheit/Uni_Koeln_Pr%C3%A4sentationen_Erfolgreiche_Uebergaenge_hochqualifizierter_Menschen_mit_Behinderung.pdf (Aufruf am 12.06.2014).

43 Siehe Melanie Werner/Andrea Platte/Stefanie Vogt, Auf dem Weg zu einer Inklusiven Fakultät, [o. O.] 2014, in: Zeitschrift für Inklusion-online.net, o. S., online abrufbar unter: http://www.inklusion-online.net/index.php/inklusion-online/article/view/217 (Aufruf am 06.10.2014).

44 Irmtraud Schnell/Alfred Sander (Hrsg.), Inklusive Pädagogik, Bad Heilbrunn 2004; Carmen Dorrance/Clemens Dannenbeck (Hrsg.), Doing Inclusion, Bad Heilbrunn 2013.

45 Vgl. stellvertretend Bernd Ahrbeck, Inklusion: Eine Kritik [Reihe Brennpunkt Schule], Stuttgart 2014, sowie ders., Das Gleiche ist nicht für alle gleich gut, in: Frankfurter Allgemeine Zeitung vom 08.12.2011, Nr. 286, S. 8; Rainer Winkel, Das neue Wunschbild: alles inklusiv, in: ebd., S. 8. Beide Artikel sind online abrufbar unter: http://www.waldorf-net.de/j-r-s/archiv/0000050.pdf (Aufruf am 12.06.2014); Christian Geyer-Hindemith, Alle einschließen, wollen wir das?, in: Frankfurter Allgemeine Zeitung vom 10.06.2014, online abrufbar unter: http://www.faz.net/aktuell/feuilleton/debatten/inklusion-alle-einschliessen-wollen-wir-das-12980560.html (Aufruf am 23.06.2014).

46 Vgl. Iman Attia, Rassismusforschung trifft auf Disability Studies. Zur Konstruktion und Marginalisierung von »Fremdheit« und »Behinderung« als Andere [o. O.], online abrufbar unter: http://www.ash-berlin.eu/hsl/freedocs/265/Attia_ZeDiS_Rassismusforschung_trifft_auf_Disability_Studies_2013.pdf (Aufruf am 12.06.2014).

47 T. Booth/M. Ainscow, wie Anm. 15.

48 Deutsche UNESCO-Kommission e. V., Bonner Erklärung zur inklusiven Bildung in Deutschland, o. O. [Bonn] 2014, online abrufbar unter: http://www.unesco.de/gipfel_inklusion_erklaerung.html (Aufruf am 12.06.2014).

49 Vgl. ebd.

50 Siehe Autorengruppe Bildungsberichterstattung, Bildung in Deutschland 2014. Ein indikatorengestützter Bericht mit einer Analyse zur Bildung von Menschen mit Behinderungen [2014], online abrufbar unter: http://www.bildungsbericht.de/daten2014/bb_2014.pdf (Aufruf am 23.06.2014).

51 Vgl. Andrea Platte, Schulische Lebens- und Lernwelten gestalten. Didaktische Fundierung inklusiver Bildungsprozesse, Münster 2005.

52 Siehe dazu die Beispiele inklusiver Praxis im Bereich Bildung in den Beiträgen von Christina Lang-Winter → S. 147 ff., Wiltrud Thies → S. 154 ff. und Birgit Rothenberg → S. 162 ff. in diesem Band.

Christina Lang-Winter

Lern- und Lebensraum für behinderte und nicht behinderte Kinder am Beispiel einer inklusiven Grundschule

»Jeder hier ist einzigartig und das ist ein Glück!«
Schullied der Kettelerschule

Die Kettelerschule in Bonn-Dransdorf[1], einem sozialen Brennpunkt, arbeitet als inklusive Gemeinschaftsgrundschule und als offene Ganztagsschule (OGS).

Das eingangs zitierte Schullied spiegelt den Gemeinschaftssinn der Schule und bringt zum Ausdruck, dass die Besonderheit jedes Menschen wertgeschätzt wird, das heißt die individuelle Persönlichkeit und Lernausgangslage jedes Kindes, das einen eigenen Lernweg mit jeweils eigenen Herausforderungen mitbringt.

Rund 200 Kinder lernen hier miteinander von 8 bis 16 Uhr in jahrgangsgemischten sogenannten Lernfamilien[2]. Etwa ein Viertel aller Kinder hat einen sonderpädagogischen Förderbedarf, der schwerpunktmäßig in den Bereichen Lernen, emotionale und soziale Entwicklung, Sprache und Kommunikation, aber auch geistige körperliche und motorische Entwicklung sowie Autismus liegt. Das gemeinsame Lernen von behinderten und nicht behinderten Kindern ist für alle Lernfamilien selbstverständlich. Grundlage hierfür bildet die Erkenntnis, dass es die Stärken aller Kinder zu nutzen gilt. Die Klassen- und Förderschullehrer_innen sowie die Erzieher_innen der OGS arbeiten stundenweise in Teams, je nach den Bedarfen der Kinder und entsprechend vorhandener Ressourcen. Der Partizipation aller Mitglieder der Schulgemeinschaft kommt eine große Bedeutung zu.

Eine wichtige Voraussetzung dabei ist die Verpflichtung aller zu gegenseitiger Akzeptanz, Annahme und Hilfsbereitschaft. Keineswegs läuft bei dieser Arbeit alles glatt. Das Aufstellen und Verfolgen engmaschiger Zielformulierungen ist eine aufwändige und für alle Beteiligten oftmals nervenaufreibende Arbeit, die aufmerksame Beobachtungen, zahlreiche Gespräche im Team sowohl der Lehrkräfte/Erzieher_innen als auch mit den Kindern und deren Eltern erfordert.

Rituale, Strukturen und Organisationen im Schulalltag

Nach einem ihrer Leitbilder[3] versteht sich die Kettelerschule als ein Lern- und Lebensraum, an dem sich Kinder, Eltern und Mitarbeiter_innen gleichermaßen wohl fühlen. Bereits morgens bei der Ankunft in der Schule erleben die Kinder eine Verlässlichkeit in der eigenen Lernfamilie: Ihre wichtigsten Bezugspersonen des Lernens erwarten jedes Kind und ermöglichen ein individuelles Ankommen als guten Start in den Tag. Im Offenen Unterrichtsbeginn begrüßen erwachsene Begleiter_innen (Lehrer_innen, Erzieher_innen, Schulbegleiter_innen, ehrenamtlich Tätige) und Kinder sich, berichten vielleicht von ihren morgendlichen Erlebnissen oder kommen über einzelne Themen, Interessen oder Ziele des Tages ins Gespräch. Die Lehrkräfte nutzen diese Zeit, sich mit einzelnen Kindern beschäftigen zu können. Die Mitglieder der Lernfamilie, die das Kind den Tag über begleiten, kennen und unterstützen einander, sorgen gemeinsam für einen Zusammenhalt, der Sicherheit schafft, und sie lernen, Konflikte zu lösen. Die Identifikation mit der eigenen Gruppe und mit den Lernthemen der Lernfamilie bietet die atmosphärische Basis für erfolgreiches Lernen.

Weit über die Lernfamilie und das Tagesgeschehen hinaus sind die Leitgedanken der Schule und das Ziel der Identifikation auch in allen Konzepten, Planungen und der Organisation verankert: Offenheit, Partizipation aller und Demokratie. So tagen wöchentlich Klassenräte und im 14-tägigen Rhythmus das sogenannte Kinderparlament zur aktiven Mitbestimmungsmöglichkeit der Kinder, in dem sie bindende Entscheidungen für alle treffen. Wöchentliche Dienstbesprechungen der Lehrer_innen und der Erzieher_innen dienen dem Informationsaustausch. In der Inklusionsrunde treffen sich viermal pro Jahr gewählte Vertreter_innen aller Gremien und Berufsgruppen, Eltern und Kinder. Mithilfe des Index für Inklusion[4] werden sämtliche Aspekte des Schullebens regelmäßig evaluiert und bei Bedarf Arbeitsgruppen gebildet, um Veränderungen und Lösungen herbeizuführen. Ganz praktisch bedeutet dies, dass beispielsweise das Problem verschmutzter Toiletten immer wieder besprochen und ständig Lösungen in den verschiedenen Gremien, insbesondere in der Inklusionsgruppe, gesucht werden. Viele Lösungen, vor allem der Einsatz von Toilettensherrifs aus der eigenen Schülerschaft, haben viel bewirkt, gleichwohl steht das Thema weiterhin auf der Tagesordnung.

Das Schulleitungsteam plant langfristig und transparent. Absprachen werden frühzeitig getroffen, etablierte Strukturen konsequent umgesetzt unter Einbeziehung der Ergebnisse aus den Evaluationen. Die wöchentlichen Konferenzen, die dem pädagogischen und fachlichen Austausch dienen, werden im Jahreslauf ergänzt durch Entwicklungs- und Förderplankonferenzen wie auch Zeugniskonferenzen. In der zusätzlichen wöchentlichen, halbstündigen Dienstbesprechung der Lehrkräfte geht es um organisatorische Absprachen. Kollegiale Fallberatungen bieten allen Teampartner_innen zusätzliche Unterstützung im Einzelfall an.

Alle zwei Monate kommen alle Mitarbeiter_innen der Schule in der sogenannten Kettelerkonferenz zusammen. Im Rahmen dieses wichtigen übergeordneten Austausches finden Vorstellungsrunden, die Besprechung grundlegender Themen oder Termine ihren Platz.

Im Lernfamilienteam der Erwachsenen wird wöchentlich eine halbe Stunde verbindlich beraten. Alle Themen können hier behandelt werden, alle Teammitglieder benötigen diese Absprache für eine erfolgreiche und transparente Kooperation miteinander.

Einbindung der Schulgemeinde

Vereinbarte Dienste, Rituale wie die morgendliche Begrüßung und die aufgeführten Strukturen tragen zum positiven Schulklima bei und stärken die Verbundenheit wie auch die Einbeziehung der Schulgemeinde in zahlreichen Aktivitäten: So gehören zu den jährlich stattfindenden Aktionen beispielsweise ein lernfamilienübergreifender Lesewettbewerb, Projektwoche(n), Monatstreffen und ein Fest der Begegnung.

Kitas und weiterführende Schulen sowie der Stadtteilarbeitskreis und seine Arbeit sind ebenso maßgebliche Kooperationspartner wie Eltern und Sponsoren, die wichtige Projekte unterstützen. Alle gemeinsam sorgen auch schon im Vorfeld der Einschulung für einen positiven Schulstart und ein wertschätzendes Miteinander im Sinne des einzelnen Kindes und einer tragenden Gemeinschaft.

Unterrichtsentwicklung und Handlungsspielräume

Sukzessive hat sich der Unterricht an die Schulentwicklung und damit an die Kinder des Stadtteils angepasst: Frontalunterricht, in dem alle das gleiche zur gleichen Zeit erlernen, findet nur noch sehr selten statt und wurde ersetzt durch zieldifferentes Lernen. Dabei formulieren die Kinder selbst, woran sie arbeiten wollen, und werden mit ihren individuellen Zielen vor die Aufgabe gestellt, diese im Blick zu haben. Damit haben sich auch die Aufgaben und die Verantwortung der Lehrpersonen verändert: Sie begleiten jedes Kind bei der individuellen Lernentwicklung, dürfen gleichzeitig die vielen unterschiedlichen Ziele nicht aus dem Auge verlieren und müssen den Überblick über die gesamte Gruppe haben sowie sie kontinuierlich steuern.

In Einzel-, Partner oder Gruppenarbeit findet eine längere, konzentrierte Arbeitsphase in unterschiedlichen Fächern[5] statt. Die Schüler_innen arbeiten jeweils nach ihren Interessen, die Lehrer_innen begleiten sie dabei. Sie müssen den Kindern Möglichkeiten bieten, indem sie (auch) Materialien stellen, gezielt fragen und anregen, die Kinder herausfordern oder stärken, je nach Bedarf. Der Unterschiedlichkeit der Kinder, ihren Lernständen, den Zielvereinbarungen, ihren besonderen Bedarfen wird hiermit Rechnung getragen. Vor der Hofpause um 10.20 Uhr präsentieren und reflektieren die Kinder ihre Arbeitsergebnisse. Sie tragen vor, hören zu, fragen nach und geben Tipps und Lob zu den Vorträgen. Die Stunden nach der Pause gelten Fächern wie Englisch, Sport, Religion, Philosophie und dem Förderunterricht. Im Anschluss an das Mittagessen, an dem alle Kinder teilnehmen, und eine Pause findet eine gemeinsame Übungszeit statt, in der die Kinder teils mit Lehrer_innen, teils mit Erzieher_innen, teils alle gemeinsam an ihren Zielen weiterarbeiten, die jeweils gemeinsam formuliert wurden. Dies können inhaltliche Aufgaben in den Fächern sein, aber auch Konzentrationsübungen. Hausaufgaben gibt es darüber hinaus keine. Nach 15 Uhr finden Freispiel oder Arbeitsgemeinschaften (Trommeln, Musik, Sport oder Basteln) statt, wobei Kinder mit Assistenzbedarf auch am Nachmittag von Integrationshelfer_innen und Schulbegleiter_innen unterstützt werden.

Bei auftretenden Problemen werden Ursache und Lösung gleichermaßen miteinander herausgearbeitet. Für die Unterrichtspause etwa heißt es dann nicht mehr unbedingt, dass alle Kinder den Lernraum verlassen müssen, wenn sich herausstellt, dass ein autistisches Kind die Pause besser in Ruhe verbringt als mit vielen Kindern draußen.

Die notwendigen, regelmäßigen Lehrerfortbildungen und gemeinsamen Fortbildungsveranstaltungen mit den Fachkräften aus den anderen Berufsfeldern ermöglichen den Lehrkräften und Erzieher_innen den Erwerb von Diagnosefähigkeiten, um auch in schwierigen Phasen der Lernentwicklungen konstruktiv eingreifen zu können.

Materiell ist jede Lernfamilie für vier Grundschuljahre ausgestattet, damit alle Kinder auf ihrem jeweils individuellen Stand Lernerfolge verzeichnen können. Die Finanzierung dieser Voraussetzung für einen guten offenen Unterricht geht über die Standards einer Regelschule hinaus – etwa durch die Umstrukturierung der Lernmaterialen, eine alternative Schulbuchbestellung, die akzentuierte Gestaltung der Lernumgebung u. a. – und macht nicht zuletzt eine Förderung durch Sponsoren erforderlich.

Kinder für ihr Lernen eigenverantwortlich machen

In die Lernfamilien der Schule bringt das Kind seine Neugierde, Lernlust und Leistungsbereitschaft ein, an die die Lehrkräfte im Rahmen von Lerngesprächen anknüpfen. Lob und Anerkennung sind ständige Rückmeldungen an jedes Kind. Die Erwartung an die Kinder, sich zu beteiligen, die Sensibilisierung aller Kinder für deren Lernfortschritte, die Übertragung der Verantwortung für ihr Lernen an die Kinder, die Besprechung ihrer Fortschritte, ihres sozialen Verhaltens sowie ihres Arbeitsverhaltens und auch ihrer Lernziele gehören dabei zum Lernentwicklungskonzept. Die Kinder nehmen Stellung, erklären und planen zunehmend. In den Jahren der Grundschulzeit erweitert sich ihre Fähigkeit zur Übernahme der Verantwortung, entsprechend füllt sich ihr persönlicher Lernordner mit Diagnostiken, Lernzielkontrollen und Selbsteinschätzungen. Vom eigenverantwortlichen Lernen in der Gemeinschaft profitieren alle Kinder. Sie erleben, dass alle Menschen Stärken und Schwächen haben, und lernen, diese bei sich selbst und anderen anzuerkennen. Auch der Austausch mit Eltern ist darin eingebunden und stärkt die kindliche Entwicklung.

Die Lernumgebung ist übersichtlich und verständlich für die Kinder vorbereitet. Ein individualisierter Unterricht bietet jedem Kind die Möglichkeit, seiner Entwicklung und seinen Fähigkeiten entsprechend den ihm eigenen Platz für vielfältiges Handeln und lustvolles Lernen zu finden.

Über die Jahre der Schulentwicklung lässt sich heute konstatieren, dass die Empfehlungen für den Übergang der Kinder auf weiterführende Schulen sich kontinuierlich gesteigert haben. Alle Leistungen sind durchweg positiver, fast drei Viertel aller abgegangenen Kinder besuchen inzwischen Schulen, an denen sie mindestens einen Realschulabschluss erlangen können. Kinder mit sonderpädagogischem Förderbedarf erleben neben echter Beteiligung an der Gemeinschaft die Wertschätzung von Leistung und die Gewissheit, eigene Ziele erreichen zu können.

Bestandene und bestehende Herausforderungen

Die Kettelerschule hat eine rasante Entwicklung durchlaufen: Die Umwandlung von zehn jahrgangsbezogenen Klassen in acht jahrgangsgemischte Lernfamilien, in denen behinderte und nicht behinderte Kinder gemeinsam lernen, und die Einrichtung als offene Ganztagsschule fanden im Jahr

2006 teilweise Unterstützung, vor allem durch die Montag Stiftungen[6]. Die Erarbeitung eines umfassenden Konzepts für gemeinsamen Unterricht, ein zunächst schwieriges Schulklima, unbesetzte Schulleitungsstellen in einer Schule im sozialen Brennpunkt stellten hohe Anforderungen und ein hohes Konfliktpotenzial, die es zu bewältigen galt.

Veränderungen wurden aus der Schulgemeinde heraus entwickelt, die Schule passte sich den Bedürfnissen der im Stadtteil lebenden Kinder an.

So ermöglichen ein neues und ein umgebautes Schulgebäude auch eine Beschulung von Kindern mit Körperbehinderung, was vor 2008 nicht möglich gewesen wäre. Die umfassende Schulentwicklung ging mit der Einführung des Ganztagsbetriebes einher, die notwendige bauliche Maßnahmen verlangte. Dank der Unterstützung durch die Montag Stiftungen konnten Baumaßnahmen die Anforderungen pädagogischer Architektur berücksichtigen.

Die Verpflichtung, Noten für alle Kinder, die nicht lernzieldifferent unterrichtet werden, erteilen zu müssen, stellt das individuelle Lernen auf eine harte Probe.

Eine weitere Herausforderung besteht darin, das notwendige Fachpersonal an der Schule anzusiedeln und zu halten und die hierfür notwendigen finanziellen Ressourcen aufzubringen.

▸ Zusammenfassung

Die Kettelerschule in Bonn-Dransdorf stellt ihre inklusive Arbeit vor. Sie ist aus einer Schulentwicklung hervorgegangen, die sich eng an die Bedürfnisse aller Beteiligten angepasst hat. Identifikation und Gemeinschaft werden groß geschrieben, um alle Menschen als starke Mitglieder der Gemeinschaft einzubeziehen. Die umfassende Unterrichtsentwicklung ging Hand in Hand mit demokratischen Entscheidungen und wird gestützt von transparenter und umfassender Planung für das gesamte System. Im Mittelpunkt der pädagogischen Arbeit stehen die Kinder und ihre individuellen Lernfortschritte, ihre Bedarfe und Besonderheiten, wobei die Lösungssuche im Team gemeinsam mit Kindern, Eltern, Pädagog_innen und weiteren Beteiligten selbstverständlich geworden ist. Grundkonsens ist die inklusive Haltung gegenüber allen Kindern. Herausfordernd bleibt für alle das Notensystem, das im Widerspruch zur Inklusion steht.

Anmerkungen

1 Die Kettelerschule wurde 2013 mit dem Jakob-Muth-Preis für inklusive Schule ausgezeichnet; vgl. auch im Internet unter: http://www.jakobmuthpreis.de/(Aufruf am 05.05.2014).

2 Kinder der Klassen 1 bis 4 lernen gemeinsam und ganztägig jahrgangsübergreifend. Zum Team gehören Lehrer_innen und Erzieher_innen.

3 Zu den Leitbildern/Leitgedanken der Kettelerschule siehe im Internet unter: http://www.kettelerschule-bonn.de/53253199b7086d201/(Aufruf am 05.05.2014).

4 Der von Tony Booth und Mel Ainscow entwickelte *Index for Inclusion* (Index für Inklusion) ist ein Instrument zur Schulentwicklung. Er wurde von Ines Boban und Andreas Hinz ins Deutsche übersetzt, für deutschsprachige Verhältnisse bearbeitet und herausgegeben unter dem Titel »Index für Inklusion – Lernen und Teilhabe in der Schule der Vielfalt entwickeln«, Martin-Luther-Universität Halle-Wittenberg/ Fachbereich Erziehungswissenschaften 2003, siehe unter http://www.eenet.org.uk/resources/docs/Index%20German.pdf (Aufruf am 05.05.2014).

5 An der Kettelerschule gehören zur ersten Unterrichtsphase bis 10.20 Uhr die Fächer Deutsch, Mathematik, Sachunterricht und Kunst.

6 Zu der Arbeit der Montag Stiftungen siehe http://www.montag-stiftungen.de.

Wiltrud Thies

»Sophie-Scholl-Inklusiv« – ein Transfer- und Fortbildungsprojekt zur inklusiven Schulentwicklung

Mit dem zunehmenden Bekanntheitsgrad der inklusiven Sophie-Scholl-Schule Gießen[1] stieg die Zahl der Anfragen für Hospitationen, Vorträge und Beteiligungen an Fortbildungsveranstaltungen und Tagungen zum Thema Inklusive Schule. Um die Erfahrungen in der inklusiven Schulentwicklung organisiert weitergeben zu können, Gründungen und Entwicklungen inklusiver Schulen konzentriert mit multiprofessioneller Kompetenz begleiten zu können, wurde 2010 das Projekt »Sophie-Scholl-Inklusiv« ins Leben gerufen. Die Lebenshilfe Gießen e. V. ist als Gründerin der Sophie-Scholl-Schulen[2] auch die Trägerorganisation des inzwischen auf Dauer gestellten Transfer- und Fortbildungsprojekts, das in seinem Anfang bis zum Frühjahr 2014 durch die Bundesvereinigung Lebenshilfe mit getragen und durch Mittel der »Aktion Mensch« gefördert wurde.

Im Kern geht es bei allen Angeboten von »Sophie-Scholl-Inklusiv« um die Vermittlung und Ausdifferenzierung der Leitidee für inklusive Schulentwicklung gemäß den Vorgaben der UN-Konvention über die Rechte von Menschen mit Behinderungen (UN-BRK). Da schulische Prozesse in Richtung Inklusion grundlegend eine Haltungsänderung der Lehrkräfte voraussetzen, ist der Transfer positiver Erfahrungen in möglichst viele Schulen hinein hilfreich für eine Weiterentwicklung der Schullandschaft in Deutschland. Diejenigen Schulen, die wie die Sophie-Scholl-Schule Gießen den inklusiven Gedanken konsequent in die schulische Praxis umsetzen, übernehmen insofern eine wichtige Aufgabe hinsichtlich der Veränderung der Schullandschaft wie der Gesellschaft insgesamt: Wer sehen und erleben kann, dass und wie Inklusion in Schule und Unterricht funktioniert, ist eher bereit, sich selbst auf den Weg zu machen.

Hospitationsworkshop »Inklusive Schule erleben«

Als regelmäßiges Angebot an externe Interessierte wurde im Rahmen des Projekts 2011 zunächst ein Hospitationsworkshop eingerichtet, der je nach Bedarf einmal pro Monat oder einmal pro Quartal montags in der Primarstufe (Jahrgangsstufen 1–4) stattfindet. Am Beginn erleben die Workshop-Teilnehmer_innen den wöchentlich in der Sophie-Scholl-Schule Gießen stattfindenden Montagmorgenkreis, der einen nahen Einblick in die inklusive Schulkultur ermöglicht. Hier kommen alle Schüler_innen und die Mitarbeiter_innen zusammen, auch Eltern und Besucher_innen sind willkommen. Das etwa 20 minütige Programm wird wechselnd durch eine Lerngruppe gestaltet, die einen Beitrag aus dem Unterricht präsentiert und die ritualisierten Formen der Dienst-Absprachen, Pausenregelungen und des wöchentlichen Geburtstagsständchens selbstständig durchführt. Erwachsene sagen im Montagmorgenkreis nur dann etwas, wenn etwas Wichtiges für alle mitzuteilen ist. Im Anschluss an den Montagmorgenkreis sind Schulkonzept und Organisation der Sophie-Scholl-Schule Gegenstand von Präsentation und Diskussion im Workshop. Dazu gehören die Vorstellung der Grundidee der Schule, von Unterrichtskonzept und Prinzipien der Klassenzusammensetzung ebenso wie Ausführungen zur Praxis der Leistungsbeurteilung, zur Teamarbeit und zur Erziehungs- und Bildungspartnerschaft zwischen Schule und Eltern. Erläuterungen zum Ganztagskonzept und den räumlichen Rahmenbedingungen runden den inhaltlichen Einstieg ab. Im zweiten Teil des Workshops hospitieren die Teilnehmenden im inklusiven Unterricht und erhalten dann die Möglichkeit, die erlebte Wertschätzungskultur in Theorie und Praxis zu reflektieren. Überlegungen für den Einbezug der gesammelten Erfahrungen und Erkenntnisse in die eigene Weiterarbeit schließen den Workshop ab.

»Inklusive Schule – das geht!« Zweitägige Fortbildung mit Unterrichtsbesuch

Der Titel des ebenfalls seit 2011 angebotenen zweitägigen Fortbildungsformats verweist direkt auf den zu erwartenden Erfolg inklusiver Schulentwicklung: Eine inklusive Schule, das weiß man in Gießen aus langjähriger Erfahrung, ist machbar und bringt letztlich einen Gewinn für alle. Fachbezogene Befürchtungen vor Überlastung durch Inklusion sind hier aus eigener Erfahrung bekannt und für die Bearbeitung gut aufgehoben. Nach einer Einführung zu Konzept und Organisation der inklusiven Sophie-Scholl-Schule wird, im Sinne einer Ist-Soll-Analyse, die aktuelle Situation der Teilnehmenden in Bezug auf das Thema Inklusion in ihrem eigenen Arbeitsumfeld betrachtet. Davon ausgehend werden jeweils persönliche Ziele für die Praxis formuliert, die in Zwischenschritten erreichbar erscheinen.[3]

In einem nächsten Block nehmen die Teilnehmenden die Gebäude der Sophie-Scholl-Schule mit ihrem Raum- und Außenflächenangebot in Augenschein und erhalten so einen Eindruck über die gezielt auf die Bedarfe schulischer Inklusion abgestimmte Architektur. Dazu gehören Kriterien wie Transparenz und eine Körper- und Sinnesbehinderungen berücksichtigende Barrierefreiheit, die die Möglichkeit bieten, die Schule nicht nur als Ort des gemeinsamen Lernens zu erleben, sondern ebenso als Ort des gemeinsamen Spielens, Sich-Begegnens, der gemeinsamen Feier. Fragen der Teilnehmenden zur Unterrichtshospitation bilden den Abschluss des ersten Fortbildungstages.

Die Hospitation im inklusiven Unterricht am zweiten Tag findet in verschiedenen Lerngruppen der Primar- und/oder Sekundarstufe (also in den Jahrgängen 1–4 bzw. 5–10) statt. In einem daran anschließenden Seminarblock wird den Teilnehmenden Raum geboten zur Reflexion und Diskussion der Hospitationserlebnisse auf der Basis ihrer vorab formulierten Fragen und in Bezug zum pädagogischen Schulkonzept und seinen organisatorischen Ausformungen. Hier ergeben sich in der Regel mehrere inhaltliche Schwerpunkte, beispielsweise zu Inklusion und Jahrgangsmischung, zum pädagogischen Konzeptzusammenhang einer inklusiven Schule, zu geeigneten Unterrichtsformen und -methoden, zu Gelingensbedingungen und Hemmnissen für inklusive Schulentwicklung.

Die Rückmeldungen der Teilnehmenden zeigen durchweg, dass der vorhandene konkrete Praxisbezug den größten Gewinn der Fortbildung darstellt. Durch den direkten Transfer von Erfahrungen und Konzepten aus der inklusiven Schule und die Möglichkeit zum Abgucken und Nachfragen entstehen Motivation und eine positive Haltung zur Weiterentwicklung der eigenen professionellen Situation. Dabei kann und soll es nicht darum gehen, Konzept und schulische Praxis der Sophie-Scholl-Schule quasi als Abziehbild in anderen schulischen Umgebungen umsetzen zu wollen. Grundlegend für den Erfolg eigener Bemühungen der Teilnehmenden um inklusive Schulentwicklung sind vielmehr die aus der Ist-Soll-Analyse ihrer eigenen Situation gefolgerten möglichen Zwischenschritte zum Erreichen eines zu definierenden nächsten Zieles.[4]

Teamfortbildungen als Impuls für inklusive Schulentwicklung

Machen sich Schulkollegien gemeinsam auf den Weg zur Auseinandersetzung mit Inklusion, bieten sich vor allem auch Fortbildungen an, die an den betreffenden Schulen selbst stattfinden, meistens an »Pädagogischen Tagen«, die jedes Schulkollegium zweimal jährlich zur pädagogisch-konzeptionellen Weiterentwicklung nutzen kann. Solche Fortbildungen vor Ort schließen entweder ein einzelnes Kollegium ein oder auch die Kollegien benachbarter Schulen, etwa einer Grund- und einer Förderschule, die häufig viele Jahre quasi »kontaktfrei« nebeneinander existiert haben.

Ein solcher von außen gestalteter, aber auf die konkrete Situation der jeweiligen Schule(n) vor Ort konzentrierter Pädagogischer Tag[5] bietet die Chance, festgefahrene Kommunikationsstrukturen oder über Jahre fehlende Kooperationen zu beleben. Die zielgerichtete und erfahrene Moderation sichert einerseits den Einbezug der Teilnehmer_innen mit allen Bedenken, Fragen und Sorgen, andererseits aber auch ein schriftlich fixiertes Ergebnis mit klarer Handlungsperspektive für die Schulen selbst. Schulleitungen und für die inklusive Schulentwicklung aus Kollegium und Leitung zusammengesetzte Steuergruppen sind dann gefordert, den gemeinsam entwickelten Plan in der festgelegten zeitlichen Perspektive umzusetzen – oder in Absprache mit den Kollegien weitere Zwischenschritte oder eine geänderte Taktung vorzusehen.

Themenbezogene Fortbildungen und individuelle Beratungen

Das Projekt »Sophie-Scholl-Inklusiv« vereint Referent_innen, die alle in unterschiedlicher Weise mit der Praxis, dem Konzept oder den wirtschaftlichen Aspekten der inklusiven Schule vertraut sind. Aus diesem Pool kann je nach Bedarf vor Ort ein speziell zugeschnittenes Angebot mit Fortbildungsmodulen zu Themen der inklusiven Schulentwicklung, persönlichem Coaching und wirtschaftlichen Fragen bis hin zu einer Beratung und Begleitung in einem Schulgründungsprozess generiert werden. Die Kontaktaufnahme erfolgt in der Regel über die Autorin oder über die Homepage www.sophie-scholl-inklusiv.de.

Auf die multiprofessionelle Prozessbegleitung hat beispielsweise seit 2012 das Behindertenwerk Main-Kinzig bei der Gründung der inklusiven Sophie-Scholl-Schule Hanau 2013 erfolgreich zurückgegriffen. Neben individuell vereinbarten Inhalten gibt es im Rahmen des Projekts auch Fortbildungsangebote, die wiederkehrende Anfragen und Interessen bündeln, so etwa Fortbildungen zu inklusiver Unterrichtspraxis und Schulentwicklung, zur

Organisationsform der jahrgangsgemischten Stufenschule, zum Arbeiten in multiprofessionellen Teams, zu Fragen von Hoch- und Höherbegabung in der inklusiven Schule, zum inklusiven Musik- und Sportunterricht, zur »Inklusion im Bilderbuch«[6] oder zum Umgang mit unterstützenden Methoden zum individualisierten Arbeiten in der heterogenen Lerngruppe.

Geben und Nehmen: Vielseitiger Transfer

In allen Transferformaten findet ein spannender Austausch statt. In den beschriebenen Workshops und Fortbildungsangeboten, die Unterrichtsbesuche vor Ort in Gießen einbeziehen, hat einerseits die Sophie-Scholl-Schule Gießen die Information und Know-how anbietende Rolle inne und leitet Interessierte auf ihrem Weg zur Umsetzung inklusiver Schulentwicklung an. Andererseits bringen auch die Teilnehmenden selbst durch ihre Beobachtungen und Fragen neue Impulse mit, welche die Sophie-Scholl-Schule wiederum für ihren eigenen Entwicklungsprozess nutzen kann. In dieser Weise sind inklusive Schulen im besten Sinne entwicklungsintensive Schulen.[7] Die abrufbaren Fortbildungsbausteine werden nicht nur bundesweit angeboten und sorgen somit überregional für inklusive Bewegung und Entwicklung, sondern durchlaufen immer auch ihren »Test« im Kollegium der Sophie-Scholl-Schule Gießen selbst. Auch dadurch entstehen immer wieder neue Impulse für die eigene Schulentwicklung, für intensive Gespräche und neue Versuche in Unterricht und Schulleben.

Inklusion erfordert umfassende Reformen

Die UN-Konvention über die Rechte der Menschen mit Behinderungen verpflichtet zu inklusiver Schulbildung für alle Kinder und Jugendlichen (siehe dazu auch den Beitrag von Andrea Platte → S. 130 ff.). Damit ist mehr verbunden als etwa eine individuelle Haltungsänderung und ein paar Korrekturen am Methoden- und Zielspektrum der Einzelschule. Das Ziel inklusive Schule verpflichtet die Vertragsstaaten der Konvention vielmehr zu einer umfassenden Reform für ein Schulsystem, das jedes Kind unabhängig von seiner Herkunft, seinem Gesundheits- oder Entwicklungsstatus willkommen heißt und um seine bestmögliche individuelle Förderung unter gleichwertiger Sozialerziehung bemüht ist. In diesem Sinne verstandene inklusive Schulentwicklung kommt unterschiedslos allen Schüler_innen zugute – und genau das macht Inklusion aus: Eine Schule ist dann eine Schule für alle. Für die Verwirklichung dieses Ziels und die sich hieraus entwickelnden Bedarfe in der Schulpraxis stellt das Transfer- und Fortbildungsprojekt »Sophie-Scholl-Inklusiv« ein adäquates Angebot bereit.

▶ **Zusammenfassung**

Die Sophie-Scholl-Schule in Gießen, Grund- und Gesamtschule in freier gemeinnütziger Trägerschaft, ist eine der Leuchtturmschulen zur schulischen Inklusion in Deutschland. Sie entwickelte 2010 das Projekt »Sophie-Scholl-Inklusiv«, ein Fortbildungsprojekt für Lehrkräfte, Schulen, Schulträger und Schulgründungsinitiativen. Dabei geht es um die Vermittlung und Ausdifferenzierung der Leitidee für inklusive Schulentwicklung gemäß den Vorgaben der UN-Behindertenrechtskonvention (UN-BRK). In diesem Beitrag werden Ansatz und Praxis des Projekts und die damit verbundenen Fortbildungsformate im Bereich inklusive Schule im Einzelnen vorgestellt.

Anmerkungen

1 Die Sophie-Scholl-Schule Gießen ist 1998 aus einer Elterninitiative entstanden, arbeitete 10 Jahre als integrative Grundschule mit den Jahrgängen 1–6 und erhielt dann vom hessischen Kultusministerium die Genehmigung zur Schulerweiterung bis zum Jahrgang 10. Sie ist heute eine inklusive Grund- und integrierte Gesamtschule (IGS) mit den Jahrgängen 1–10. 2009 wurde die Schule mit dem Jakob-Muth-Preis für inklusive Schulentwicklung ausgezeichnet. Informationen über die Schule siehe www.sophie-scholl-schule-giessen.de, Informationen zu Fortbildungsangeboten und Workshops im Bereich Inklusion unter www.sophie-scholl-inklusiv.de.

2 Seit 2009 gibt es eine Sophie-Scholl-Schule in Bad Nauheim. Um beide Schulen in gleiche Trägerschaft zu überführen, wurde die gemeinnützige »Sophie-Scholl-Schulen-gGmbH« als Tochtergesellschaft der Lebenshilfen Gießen und Wetterau gegründet. Seit 2013 arbeitet eine weitere Sophie-Scholl-Schule in Hanau, dort unter der Trägerschaft des Behindertenwerks Main-Kinzig (BWMK).

3 Eine teilnehmende Grundschullehrerin beschrieb ihre Ist-Situation wie folgt: »Wenn die Integrationshelferin fehlt, fällt die Inklusion aus. Allein schaffe ich das einfach nicht. Ich rufe die Eltern des Kindes mit Assistenzbedarf an: Es kann an diesem Tag nicht zur Schule kommen.« Als Ziel formuliert sie: »Meinen Unterricht möchte ich so gestalten lernen, dass alle Schülerinnen und Schüler es gewohnt sind, individuell zu arbeiten und sich gegenseitig zu unterstützen. Wenn das gelingt, ist auch ein Ausfall der Unterstützungskraft nicht bedrohlich, sie kann dann durch die Mitschüler sowie durch die Lehrerin vorübergehend ersetzt werden.« Nach Diskussion in der Fortbildungsgruppe legte sie für sich die folgenden Zwischenschritte fest, um ihr Ziel zu erreichen:

- Bei der Hospitation am nächsten Tag der Fortbildung besonders auf beobachtbare Unterstützungsformen von Schüler_innen für Schüler_innen zu achten,
- sich mit Formen des kooperativen und des freien Lernens zu beschäftigen und hierzu mindestens ein Fortbildungsangebot im laufenden Halbjahr wahrzunehmen,

- sich mit der Kollegin der Parallelklasse kurzzuschließen, gemeinsam nach veränderten Möglichkeiten der Unterrichtsgestaltung zu suchen und sich durch Aufgabenteilung gegenseitig zu entlasten,
- die stundenweise anwesende Förderschulkollegin um Unterstützung hinsichtlich angepasstem Arbeitsmaterial zu bitten, das die Selbstständigkeit der Schüler_innen mit Behinderung fördert, sowie ebenso um Tipps für das Peer-to-Peer-Lernen, also das gegenseitige Lehren und Lernen unter den Schüler_innen.

4 Eine Teilnehmerin meldete den persönlichen Ertrag der Fortbildung so zurück: »*Inspirieren lassen*: Danke für das Beispiel, wie man Menschen von der Idee der Inklusion überzeugen kann, indem man selbst Idee und Praxis authentisch verkörpert. Ich fühle mich getragen von Ihrem ganz persönlichen ›…Das geht!‹
Abgucken: Im Unterricht einer Schule dabei sein, in der ein Viertel (!) aller Schüler_innen völlig unterschiedlichen festgestellten sonderpädagogischen Förderbedarf hat. Dabei kommt automatisch die Frage: Wer sind in dieser Gruppe die 5–6 Schüler_innen mit Behinderung? – und die Feststellung, dass das hier nicht so ein Thema ist und man als Fremde das gar nicht immer herausbekommt. Inklusion ist ein Modell für alle und Etikettierungen verschwinden, jedenfalls als Prozess gesehen. Bezogen auf die Methoden ist eigentlich gar nichts völlig Überwältigendes dabei gewesen. Beeindruckend fand ich vielmehr den gelebten Respekt und die Kooperation.
Ziele finden: Die Gruppe wurde sehr gut angeleitet, im Austausch untereinander die eigene schulische Situation mit Blick auf eine gewünschte inklusive Entwicklung zu analysieren, mit dem neu Gesehenen (›… das geht!‹) zu verbinden und mit klaren Zielvorstellungen für das eigene Handeln wieder zu fahren.«

5 Je nach inhaltlicher Zielsetzung und formalen Vorgaben wird der Pädagogische Tag von einer oder zwei Referentinnen des Projekts »Sophie-Scholl-Inklusiv« gestaltet. Der Ablauf eines Pädagogischen Tages zweier benachbarter Schulen, einer Grund- und einer Förderschule, der im Jahr 2013 stattfand, sah unter Beteiligung zweier Referentinnen beispielsweise folgendermaßen aus:
- Einführungsvortrag: »Inklusive Schule – das geht! – Konzept und Praxis der Sophie-Scholl-Schule Gießen«
- Auswahl von zwei Arbeitsschwerpunkten: »Inklusive Unterrichtsentwicklung« und »Zusammenarbeit der beiden Schulen in einem künftigen Schulnetzwerk für Inklusion – Annäherung von Grund- und Förderschule«, Bildung von zwei Arbeitsgruppen, die im Wechsel beide Themen unter Anleitung der Referentinnen bearbeiten:
  - Inklusive Unterrichtsentwicklung
    - Input zu Unterricht, Teamarbeit und Assistenz; Kriterien guten (inklusiven) Unterrichts: Was haben/tun wir? Wo gibt es Entwicklungsbedarf?; Arbeiten im Team: Vorteile, Vorbehalte, Möglichkeiten
  - Ein »Schulnetzwerk Inklusion«
    - Erhebung des Ist-Standes von Kooperation und Kommunikation der beiden Schulen; Vision/Ziele, z.B.: zeitweise kooperativer Unterricht, Kooperationen hinsichtlich Freizeit-/Nachmittagsgestaltung, außerschulischer Aktivitäten (Klassenfahrten, Museumsbesuche, Ausflüge, Schulfeste, Veranstaltungen, gemeinsame Fortbildungen); Zwischenschritte/Ressourcen (Wo kann

man beginnen, in welchen Schritten kann die Entwicklung geplant werden? Welche Mittel werden wofür benötigt, welche stehen zur Verfügung, wie viel und welches Personal ist wann notwendig?); Ängste, antizipierte Probleme

- Arbeitsphase der Schulkollegien (getrennte Kollegien, getrennte Räume): Wünsche und Angebote an die andere Schule für ein gemeinsames »Schulnetzwerk Inklusion«
- »Tauschbörse« mit wechselnden »Boten«: »Wir hätten gern von Euch...« – »Im Gegenzug bieten wir an...«
- Arbeitsphase im Plenum
- Diskussion der Visionen und gegenseitigen Erwartungen; Fixierung des »Tausch-Kontrakts«; Terminierung der Umsetzung (Teilschritte)

6 Siehe dazu Wiltrud Thies, Fred, der Frosch, und eine Schule für alle, München/Marburg 2014 [2. Auflage]; Dies., Eine Schule für alle – wie Kinder Inklusion ›lesen‹ und praktisch umsetzen können, in: Raabe Verlag (Hrsg.), Auf dem Weg zur inklusiven Grundschule (Sammelwerk Lehrkräfte), Stuttgart 2014.

7 Vgl. Wiltrud Thies, Inklusive Schulen sind entwicklungsintensive Schulen, in: Sabine Maschke/Gunhild Schulz-Gade/Ludwig Stecher (Hrsg.), Jahrbuch Ganztagsschule: Inklusion. Der Pädagogische Umgang mit Heterogenität, Schwalbach 2014, S. 136–149.

Birgit Rothenberg

Der Arbeitsansatz des Dortmunder Zentrums Behinderung und Studium als übertragbarer Weg zu einer »Hochschule für Alle«[1]

Auf hochschulpolitischer Ebene findet die Situation behinderter Studierender in der Bundesrepublik Deutschland seit den 1970er-Jahren Beachtung. 1976 verpflichtete das Hochschulrahmengesetz die Hochschulen, die »Bedürfnisse behinderter Studenten zu berücksichtigen«. 2009, gut 30 Jahre später, greift die Hochschulrektorenkonferenz die Unterzeichnung der UN-BRK für eine Selbstverpflichtung der angeschlossenen Hochschulen auf, um chancengleiche Studienbedingungen sicherzustellen und das Konzept einer »Hochschule für Alle«[2] zu verwirklichen. Das Herstellen allgemeiner Barrierefreiheit und die Gewährung angemessener Vorkehrungen sollen eine gleichberechtigte Teilhabe in den Hochschulen und Universitäten gewährleisten.

Aktuell liegt der Anteil an Studierenden mit gesundheitlichen Beeinträchtigungen bei 14 Prozent der Studierendenschaft.[3] Die Hälfte dieser Studierenden gibt an, die Beeinträchtigung wirke sich erschwerend auf das Studium aus. Diese 7 Prozent bilden die Gruppe der behinderten und chronisch kranken Studierenden – circa 2 Prozent der Studierendenschaft sprechen von einer (sehr) erheblichen Beeinträchtigung im Studium.

Gewachsene Willkommenskultur

Die Technische Universität Dortmund (TU Dortmund) nimmt mit dem Dortmunder Zentrum Behinderung und Studium (DoBuS) im Komplex Studieren mit Behinderung und chronischer Krankheit seit Jahren eine Vorreiterrolle ein.[4] Als bundesweit erste Hochschule begann sie im Jahr 1977 mit der systematischen Unterstützung behinderter Studierender, forschte im Bereich Behinderung und Studium, baute Barrieren an der Hochschule ab und entwickelte Unterstützungsbausteine. Das Behinderungsverständnis der politischen Behindertenselbsthilfe der späten 1970er-Jahre – »Die Lähmung ist nicht die Behinderung!«[5] – prägte als Wissen, dass Behinderung eine Folge von Barrieren und fehlender Subjekt-Umweltpassung ist, das Beratungsverständnis und den daraus entwickelten Arbeitsansatz.

Das DoBuS bietet heute Beratung, Dienstleistungen und Tutoriate für behinderte Studierende sowie Unterstützungsangebote für Mitarbeitende an. Neben dem Beratungsdienst behinderter und chronisch kranker Studierender (BbS) als Kern des Angebots gehören seit einer Reihe von Jahren auch ein Arbeitsraum und Hilfsmittelpool für behinderte Studierende und der Umsetzungsdienst zur sehgeschädigtengerechten Adaption von Studienmaterialien zum Dienstleistungsangebot.

Alle Unterstützungsangebote zeichnen sich durch langjährige und vielfältige Erfahrungen der DoBuS-Mitarbeitenden[6] aus sowie durch ein etabliertes Konzept, den sogenannten Dortmunder Arbeitsansatz[7].

Der Dortmunder Arbeitsansatz als etabliertes Konzept

Die Arbeit des DoBuS setzt zum einen bei der aktuell bestehenden individuellen Studiensituation an. Behinderte Studierende werden bei der Realisierung ihres Studiums unterstützt, um mit ihrer jeweiligen Beeinträchtigung trotz grundsätzlich behindernder Einbeziehung und segregierender Infrastruktur eine Chance auf Verwirklichung und Abschluss des Studiums zu haben. Im Fokus hierbei steht unter Einbeziehung aller beteiligten Akteure die Verbesserung der jeweils individuellen Studiensituation.

Zum anderen steht bei der Arbeit des DoBuS das angestrebte Ziel der chancengleichen Teilhabe in einer inklusiven Hochschule im Fokus. Die Umsetzung dieses Ziels erfordert, aussondernde Bedingungen mit dem damit einhergehenden Zwang zur individuellen Kompensation durch barrierefreie Angebote zu ersetzen, das heißt durch spezifische Bausteine und modifizierte Strukturen. Auf diese Weise wird die Notwendigkeit zur Kompensation und zur individuellen Unterstützung auf das durch die Beeinträchtigung bedingte Maß reduziert.

Beide Bereiche sind integrale Bestandteile des Dortmunder Arbeitsansatzes und der praktischen Arbeit des DoBuS. Die Aktivitäten sind in das *Diversity Management*[8] der TU Dortmund eingebunden, das die Verstetigung der erreichten Maßnahmen und Nachteilsausgleichsregelungen sichert. So ist beispielsweise der langfristige Ausbau eines Leitsystems für blinde und sehbehinderte Hochschulangehörige auf dem Campus durch einen »Masterplan Leitsystem« verbindlich vorgesehen. Auch der barrierefreie Neu- und Umbau von Gebäuden der TU durch ein abgestimmtes Beteiligungsverfahren sowie umfassende »Planungs- und Ausführungshinweise« ist gesichert.

Abb. 1: Dortmunder Arbeitsansatz

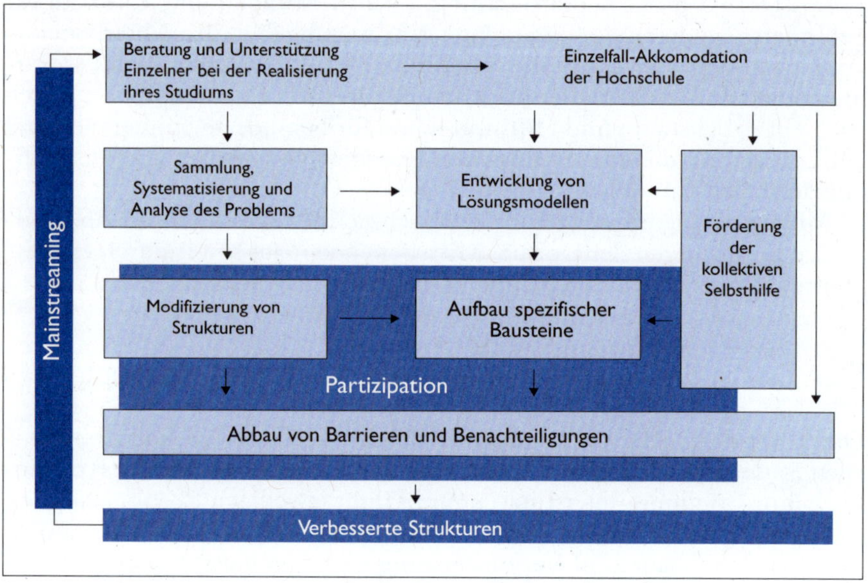

Quelle: Birgit Rothenberg, Das Selbstbestimmt Leben-Prinzip und seine Bedeutung für das Hochschulstudium, Bad Heilbronn 2012, S. 305.

Der vom DoBuS beschrittene Weg zur inklusiven Hochschule beginnt mit der Beratung und Unterstützung der einzelnen Studierenden bei der Realisierung ihres Studiums. Dies umfasst die Sammlung, Systematisierung und Analyse der dabei erkannten Probleme und in einem ersten Schritt die Entwicklung individueller Lösungsmodelle, die dem jeweiligen Studierenden im Sinne individueller Kompensation eine Bewältigung mit den erkannten Barrieren ermöglichen. Auf überindividueller, struktureller Ebene wird der Abbau der ermittelten Barrieren und Benachteiligungen vom Aufbau spezifischer Unterstützungsbausteine und von der Modifizierung bestehender behindernder Strukturen begleitet und unterstützt.

Der mit dem Dortmunder Arbeitsansatz beschrittene Weg ist ausgerichtet an dem in der Beratung identifizierten, aktuellen Bedarf der behinderten und chronisch kranken Studierenden; er verfolgt den Grundsatz der Nutzerorientierung und Nutzerbeteiligung und führt aufgrund seines kontinuierlichen Fortschreitens zu einer stetigen Annäherung an das Ziel einer »Hochschule für Alle«.

Das Beispiel der TU Dortmund führt mit den Angeboten des DoBuS vor Augen, wie die schrittweise Annäherung an das Ziel einer »Hochschule für Alle« und somit an ein inklusives Hochschulsystem gelingen kann.

Unterstützungsangebote

Das Angebot des Beratungsdienstes behinderter und chronisch kranker Studierender (BbS) umfasst die unmittelbare Unterstützung der Studierenden mit Behinderung oder chronischer Erkrankung. Die konkrete Studiensituation erfordert aber nicht selten weitergehende Gespräche mit Lehrenden, Studienfachberatenden und Prüfungsausschüssen. Auch Fragen der Finanzierung des Lebensunterhaltes (BAFöG-Leistungen u.a.), der Hilfe und Pflege bedingen weitere Kontakte ins soziale Umfeld, nicht selten werden Bedarfsfeststellungen durch das DoBuS als unterstützende Stellungnahmen für die Rehabilitationsträger (überwiegend die Träger der Eingliederungshilfe/SGB XII) oder konkrete Interventionen bei Leistungsverzögerungen oder -verweigerungen nötig. Inhalte der Beratung sind sowohl der Umgang mit der eigenen Beeinträchtigung und deren Auswirkungen im Studium als auch die Bewältigung bestehender Barrieren im Hochschulsystem. Das erstreckt sich auf Fragen wie den Einsatz von Hilfsmitteln und Studienassistenz, die Erarbeitung studien(gang)spezifischer Strategien, den Rechtsanspruch auf Nachteilsausgleich bei Prüfungs- und Studienleistungen und zunehmend die Möglichkeiten einer Modifikation des Studienverlaufs, seit das Bachelor/Master-System mit seinem rigiden Modulsystem ein individualisiertes Studieren erschwert. Durchschnittlich nehmen pro Semester mehr als 300 überwiegend nicht sichtbar behinderte und chronisch kranke Studierende der TU Dortmund (insgesamt 30000 Studierende) die Beratung in Anspruch. 2013 wurden außerdem mehr als 80 vorwiegend körper- und sinnesbehinderte Studieninteressierte an ihren Schulen und im Rahmen der »Schnupper-Uni für behinderte Studieninteressierte« mit den Studienbedingungen vertraut gemacht. Der Übergang in den Beruf wird durch die Vermittlung von Firmen-Kontakten, Coaching-Angebote und einen speziellen Absolvierenden-Informationstag begleitet.

Der Arbeitsraum und Hilfsmittelpool für behinderte Studierende (AfB) ist ein Medien- und Arbeitsraum für Studierende mit Bedarf an adaptierten Arbeitsplätzen. Zu den Nutzenden des Arbeitsraums gehören insbesondere blinde und sehbehinderte sowie manuell beeinträchtigte

Studierende. Drei Computer mit Scanner, Braille-Zeile und Sprachausgabe, mehrere PCs mit Vergrößerungssoftware, Bildschirmlesegerät und Sprachausgabe, ein arbeitsplatzunabhängiges Bildschirmlesegerät sowie arbeitsplatzunabhängig einsetzbare Spezialtastaturen stehen dort neben konventionellen Hilfsmitteln (zum Beispiel Braille-Schreibmaschine oder Lupen) zur Verfügung. In der Zentralbibliothek können blinde und sehbehinderte Studierende an einem weiteren adaptierten Computer-Arbeitsplatz arbeiten, dieser ist netzwerktechnisch mit dem Arbeitsraum verbunden. Transportable Hilfsmittel und zwei Notebooks mit Braille-Display bzw. Vergrößerungssoftware für sehbehinderte Studierende, ein Notebook mit Spracheingabemöglichkeit für manuell beeinträchtigte Nutzer_innen sowie eine FM-Anlage[9] für die Kommunikation mit hörbehinderten Studierenden können für den Einsatz in Lehrveranstaltungen ausgeliehen werden.

Der Umsetzungsdienst zur sehgeschädigtengerechten Adaption von Studienmaterialien (UD) wird von sehbehinderten Studierenden, deren in der Regel normalsichtigen Kommiliton_innen sowie von Lehrenden genutzt. In ihrem Auftrag werden schriftliche und grafische Studienmaterialien, die schriftlichen Unterlagen, die von allen Teilnehmenden einer Lehrveranstaltung gelesen werden müssen, in eine von den visuell beeinträchtigten Studierenden gewünschte Medienform (Braille-Schrift, Großdruck, adaptierte Datei) umgesetzt. Die Adaption erfolgt nach wissenschaftlichen Kriterien, die sich an den »E-Buch-Standards der Bundesfachkommission für die Überprüfung von Lehr- und Lernmitteln für blinde Schülerinnen und Schüler« orientieren. Alle umgesetzten Texte werden archiviert und, soweit es sich um veröffentlichte Texte handelt, an den bundesweit vernetzten »Katalog der sehgeschädigtengerecht aufbereiteten Medien online« (Sehkon)[10] gemeldet. Über diesen Katalog werden weitere sehbehinderte und blinde Studierende anderer Hochschulen auf den Umsetzungsdienst des DoBuS sowie das in die Universitätsbibliothek der TU integrierte Angebot für sehbehinderte und blinde Bibliotheksnutzende aufmerksam, um die umgesetzte Literatur ausleihen zu können.

Besondere Bedeutung haben Arbeitsraum und Umsetzungsdienst in den letzten Jahren für die zahlreichen Klausuren am Ende jeden Semesters erhalten. Sinnes- und körperbehinderte Studierende können die Klausuren an adaptierten PCs schreiben, für Studierende mit einer Sehbeeinträchtigung werden die Klausuraufgaben sehgeschädigtengerecht adaptiert.

In Tutoriaten erhalten behinderte Studierende Gelegenheit, sich in Kleingruppen mit den studienrelevanten Auswirkungen ihrer Behinderung auseinanderzusetzen und Strategien zur Kompensation zu erproben und zu entwickeln. Im Arbeitsraum werden spezielle EDV-Tutoriate angeboten, in denen sowohl die Handhabung der jeweiligen Spezial-Hard- und Software vermittelt wird als auch die Anwendung dieser Assistiven Technologie[11] auf die geforderten hochschul- und studiengangspezifischen Programme.[12] In Assistenztutoriaten setzen sich behinderte Studierende gemeinsam mit anderen, an Assistenz interessierten behinderten Studierenden, ihren *Peers*, mit den formalen und praktischen Anforderungen des Einsatzes von Studienassistenz[13] auseinander, um diese Form des selbstorganisierten Ausgleichs von Beeinträchtigungen und zur Bewältigung von Barrieren im Studium umsetzen zu lernen.

Zu den Unterstützungsangeboten für Lehrende und Mitarbeitende aus Studienberatung, Zulassungs- und Prüfungs-Verwaltung gehören Fach-Beratung, Information und Weiterbildung, unter anderem zu den Themen Nachteilsausgleich und barrierefreie Hochschuldidaktik. Aktuell werden im Rahmen eines DoBuS-Projektes weitere Informationsmaterialien erstellt und Sensibilisierungs- und Qualifizierungsmodule erprobt, um Lehrende, Tutor_innen sowie Mitarbeitende der Prüfungsverwaltung für die Situation behinderter und chronisch kranker Studierender zu sensibilisieren und ihre Offenheit und Bereitschaft, an Nachteilausgleichen mitzuwirken, zu erhöhen.

Die »Hochschule für Alle« lebt von der Willkommenskultur, die ihre Mitglieder gestalten.

▶ Zusammenfassung

Die Technische Universität Dortmund begann 1977, behinderte Studierende in ihrem Studium zu beraten und konkret zu unterstützen. Die Entwicklung von Lösungsmodellen und ihre Umsetzung zu strukturell verankerten Angeboten erfolgten schrittweise nach Bedarf. Dies ermöglichte eine ständige Weiterentwicklung des Systems Hochschule unter Einbeziehung behinderter Studierender sowie Absolvent_innen als qualifizierte Expert_innen ihrer eigenen Beeinträchtigung. Der Dortmunder Arbeitsansatz versteht (jede) Hochschule als lernendes System, das sich an selbstbestimmungsfördernden Grundsätzen orientiert und in enger Kooperation mit den behinderten Studierenden über Maßnahmen und Unterstützungsangebote zu einer nicht aussondernden »Hochschule für Alle« entwickelt.

Anmerkungen

1 »Eine Hochschule für Alle« bezieht sich auf die Empfehlung der Hochschulrektorenkonferenz auf der 6. Mitgliederversammlung am 21.04.2009, siehe unter http://www.hrk.de/uploads/tx_szconvention/Entschliessung_HS_Alle.pdf (Aufruf am 01.03.2014). »Eine Hochschule für alle« war bereits 1999 Titel des Pilot-Projekts zur didaktisch-strukturellen Verbesserung der Studiensituation behinderter Studierender an der Uni Dortmund, siehe auch Birgit Drolshagen u. a., Eine Hochschule für alle, Würzburg 2002.

2 »Eine Hochschule für Alle« – Empfehlung der Hochschulrektorenkonferenz auf der 6. Mitgliederversammlung am 21.04.2009, siehe Anm. 1.

3 Siehe Bundesministerium für Bildung und Forschung, Die wirtschaftliche und soziale Lage der Studierendenschaft in Deutschland; Ergebnisse der 20. Sozialerhebung, siehe unter http://www.sozialerhebung.de/erhebung_20/soz_20_haupt (Aufruf am 01.03.2014).

4 Zum Arbeitsansatz des Dortmunder Zentrums Behinderung und Studium (DoBuS) siehe die entsprechenden Informationen im Internet unter http://www.dobus.tu-dortmund.de/cms/de/home/ (Aufruf am 01.03.2014).

5 Siehe dazu auch den Abschnitt »Von der Fremdbestimmung zur Selbstbestimmt-Leben-Bewegung« in dem Beitrag von Christian Mürner/Udo Sierck in diesem Band → S. 32 ff.

6 2014 teilen sich zwei Kollegen und drei (schwer)behinderte Kolleginnen zweieinhalb unbefristete Stellen im DoBuS, zwei (schwer)behinderte Kolleginnen arbeiten halbtags befristet in Projekten.

7 Für einen ausführlichen Überblick über das Angebot und die Arbeitsweise des DoBuS siehe B. Drolshagen u. a., wie Anm. 1.

8 *Diversity Management (DIM)* hat das Ziel, soziale Vielfalt innerhalb einer Organisation oder eines Unternehmens konstruktiv zu nutzen. Aufgaben des DIM sind es, eine produktive Gesamtatmosphäre im Unternehmen zu erreichen, soziale Diskriminierungen von Minderheiten (Geschlecht, Ethnie, Alter, Behinderung, sexuelle Orientierung, Religion) zu verhindern und die Chancengleichheit zu verbessern.

9 Eine FM-Anlage erleichtert als Frequenzmodulations-Lösung Trägern von Hörgeräten das Sprachverstehen über Distanzen.

10 Siehe unter http://www.ub.tu-dortmund.de/sfbs/sehkon.html (Aufruf am 01.03.2014).

11 Assistive Technologien (auch Assistierende Technologien) sind der aus dem Englischsprachigen entliehene Begriff für Unterstützungstechnologien, die zunehmend in Ausbildung und Studium sowie im Erwerbsleben an Bedeutung gewinnt. Ein erster Studiengang »Assistive Technologien« fokussiert assistives Hightech-Design für das Alltagsleben und die Mobilität älterer oder kranker Menschen, siehe dazu http://tgm.jade-hs.de/web/file/Studiengang_Assistive_Technologien/Allgemeine_Informationen.php (Aufruf am 01.03.2014).

12 Nach dem Erwerb grundlegender Kenntnisse in der Handhabung von z. B. Punktschriftzeile, Vergrößerungs- oder Spracheingabesystemen wird die Anwendung dieser Technik beim Einsatz von Textverarbeitungs-, Präsentations-, Kalkulations- oder Literaturverwaltungsprogrammen erlernt.

13 So recherchieren blinde und sehbehinderte Studierende über den Einsatz von Assistent_innen, die sie häufig aus der Studierendenschaft gewonnen und angelernt haben, beispielsweise in Archiven, manuell beeinträchtigte und gehörlose Studierende lassen Mitschriften in Lehrveranstaltungen erstellen, und körperbehinderte Studierende erbringen Anforderungen in Laboren und Praktika.

Andreas Bethke / Klemens Kruse / Markus Rebstock / Felix Welti

Barrierefreiheit

Barrierefreiheit im Sinne der UN-BRK

Barrierefreiheit ist einer von insgesamt acht Grundsätzen der UN-Behindertenrechtskonvention.[1] Sie wird für die gesamte Konvention in einem eigenen Artikel geregelt[2], und sie ist Teil weiterer Rechte, zum Beispiel auf Bildung, auf Gesundheit, auf Arbeit und auf Teilhabe am kulturellen und politischen Leben.

Während die amtliche deutsche Übersetzung *accessibility* aus dem englischen und *accessibilité* aus dem französischen Vertragstext mit »Zugänglichkeit« übersetzt, hält die sogenannte Schattenübersetzung[3] dies für eine Verkürzung des Inhalts und verwendet stattdessen »Barrierefreiheit«. Für die rechtliche Auslegung sind allerdings gemäß Artikel 50 nur die verbindlichen Wortlaute maßgebend, zu denen die deutsche Übersetzung nicht gehört.[4] Da sich der Begriff »Barrierefreiheit« in Diskussion und Gesetzgebung in Deutschland durchgesetzt hat, wird er auch im Folgenden verwendet. Eine Stellungnahme zur Frage der richtigen Übersetzung ist damit nicht verbunden (zur Problematik der deutschen Übersetzung siehe auch den Beitrag von Gudrun Wansing → S. 43 ff.).

Was bedeutet Barrierefreiheit?

Die UN-BRK definiert Barrierefreiheit nicht explizit. Artikel 9 legt fest, dass Menschen mit Behinderungen einen gleichberechtigten Zugang zu folgenden Bereichen haben müssen:[5]

- physische Umwelt,
- Beförderung[6],
- Information und Kommunikation, einschließlich Informations- und Kommunikationstechnologien und -systeme,
- Einrichtungen und Dienste, die der Öffentlichkeit offenstehen oder für sie bereitgestellt werden.

Barrierefreiheit meint daher den Zugang zu diesen Bereichen, die »der Öffentlichkeit offenstehen oder für sie bereitgestellt werden«[7], und damit Vorbedingung für die Teilhabe am öffentlichen Leben sind.[8] Das deutsche Recht definiert Barrierefreiheit in den Behindertengleichstellungsgesetzen von Bund und Ländern, die im Einklang mit der UN-BRK ausgelegt werden können und müssen.[9]

Daneben verwendet die UN-BRK den Begriff adjektivisch. »Barrierefrei« als Eigenschaft bedeutet die Abwesenheit umweltbedingter Barrieren. Das sind solche, die aufgrund einer bestimmten baulichen, technischen oder anderen Gestaltung bestehen, also zum Beispiel Treppenstufen am Eingang, die von einem Menschen, der einen Rollstuhl nutzt, nicht überwunden werden können, oder Internetseiten, die nur mit einer Maus navigierbar und damit für einen blinden Menschen nicht zugänglich sind, da dieser die aktuelle Bearbeitungsposition des Cursors auf dem Bildschirm (symbolisiert durch einen Pfeil oder eine Hand) nicht sehen kann.

Universelles Design

Die UN-BRK definiert zwar nicht die Barrierefreiheit, dafür aber das »Universelle Design«[10]. Hier findet sich die positive Beschreibung von Maßnahmen der Gestaltung, die in gleicher Weise für gestalterische Maßnahmen der Barrierefreiheit verwendet werden könnte. Die Anforderungen an das Universelle Design entsprechen denen an eine barrierefreie Gestaltung. Universelles Design weist zudem über die Belange behinderter Menschen hinaus, berücksichtigt bei der Gestaltung der Umwelt also auch die geschlechtliche, ethnische, kulturelle, sprachliche, altersmäßige etc. Verschiedenheit der Menschen.

Barrierefreiheit und Diskriminierung

Erst allmählich wird im Rechtsverständnis in Deutschland die Vorstellung aufgegriffen, dass im Unterlassen einer baulichen, technischen oder anderen Gestaltung eine verbotene Diskriminierung liegen kann. Die UN-BRK beschreibt dies mit dem Begriff des Unterlassens »angemessener Vorkehrungen«[11]. Dieser aus dem britischen und US-amerikanischen Recht stammende Begriff ist zuerst über die Europäische Gleichbehandlungsrahmenrichtlinie[12] in das deutsche Recht gelangt, die 2006 mit dem Allgemeinen Gleichbehandlungsgesetz (AGG) umgesetzt wurde. Der Sache nach ist der Gedanke des Diskriminierungsschutzes durch angemessene Vorkehrungen schon früher in der Rechtsprechung zum Benachteiligungsschutz behinderter Menschen aufgetaucht.[13]

Eine Diskriminierung bezieht sich immer auf eine konkrete Person oder auch eine Vielzahl konkreter Personen. Die unbestimmte Allgemeinheit kann nicht diskriminiert werden. Barrierefreie Gestaltungen sind aber gerade Gestaltungen, die im Vorgriff auf spätere Nutzungen unabhängig von konkreten Nutzer_innen erfolgen.[14] Ob die gefundene Gestaltung am Ende nicht diskriminierend ist, kann sich daher erst in der konkreten Nutzung erweisen.

Sollte eine Gestaltung nicht barrierefrei sein, so liegt eine Diskriminierung nur dann vor, wenn die fehlende zusätzliche Vorkehrung, die die Gleichbehandlung erst herstellt, keine »unverhältnismäßige oder unbillige Belastung«[15] darstellt. Eine fehlende barrierefreie Gestaltung ist daher nicht in jedem Fall auch eine verbotene Diskriminierung. Allerdings beugt jede barrierefreie Gestaltung einer Diskriminierung vor.

Der Abbau bestehender und die Vermeidung zukünftiger umweltbedingter Barrieren bleiben gleichwohl verpflichtend. Führt die Barriere zu einer individuellen Diskriminierung, ist ihre Vermeidung unmittelbar geboten. Dagegen kann die Barrierefreiheit als solche auch erst »nach und nach« hergestellt werden, wenn sie »nur« der Verwirklichung sozialer, wirtschaftlicher und kultureller Menschenrechte dient.[16] Doch ist auch hier zu differenzieren: Barrieren zum Beispiel in Bildungs- oder Gesundheitseinrichtungen betreffen zwar den Bereich sozialer Menschenrechte, der diskriminierungsfreie Zugang zu ihnen im Einzelfall kann gleichwohl unbedingt geboten sein.

Maßnahmen zur Umsetzung

Allgemein verpflichtet die UN-BRK die Vertragsstaaten, zur Umsetzung der Barrierefreiheit geeignete Maßnahmen zu treffen, um den gleichberechtigten Zugang zu den genannten Bereichen zu gewährleisten.[17] Diese Verpflichtung wird mit weiteren Unterzielen und Maßnahmen konkretisiert, von denen hier nur diejenigen genannt werden, die für alle oder mehrere Bereiche gelten:

- (bestehende) Zugangshindernisse und -barrieren festzustellen und zu beseitigen,[18]
- Schulungen zu Fragen der Barrierefreiheit anzubieten,[19]
- Forschung und Entwicklung zu Universellem Design zu betreiben, zu fördern und sich bei der Entwicklung von Normen und Richtlinien für Universelles Design einzusetzen.[20]

Speziell für Einrichtungen und Dienste, die der Öffentlichkeit offenstehen oder für sie bereitgestellt werden, verlangt die UN-BRK zusätzlich:

- Mindeststandards und Leitlinien für die Barrierefreiheit auszuarbeiten, zu erlassen und zu überwachen,[21]
- sicherzustellen, dass private Rechtsträger alle Aspekte der Barrierefreiheit für Menschen mit Behinderungen berücksichtigen.[22]

Zur Umsetzung der Verpflichtungen haben die Vertragsstaaten einen gewissen Spielraum.[23]

Die Feststellung und die Beseitigung von Zugangsbarrieren umfassen alle Arten von Barrieren, also nicht nur die umweltbedingten, gestalterischen Barrieren, die für die Barrierefreiheit typisch sind, sondern auch rechtliche[24], finanzielle[25], einstellungsbedingte[26] und weitere Barrieren[27].

Der gleichberechtigte Zugang muss zur bestehenden wie zur neu zu schaffenden physischen Umwelt in gleicher Weise gegeben sein. Wenn Vertragsstaaten zunächst stärkere Anstrengungen in Bezug auf Neugestaltungen vorsehen, etwa weil bei diesen ein gleichberechtigter Zugang regelmäßig kostengünstiger oder bautechnisch einfacher herzustellen ist, ist dies aus Sicht der UN-BRK zwar nicht von vornherein zu beanstanden, ändert aber nichts an der Verpflichtung, einen gleichberechtigten Zugang auch im Bestand zu gewährleisten, die umso stärker ist, je mehr die Barrieren in den gleichberechtigten Genuss der Menschenrechte durch behinderte Menschen eingreifen.

Die UN-BRK unterscheidet auch nicht danach, ob der jeweilige Rechtsträger dem Privatrecht oder dem öffentlichen Recht unterliegt.[28] Allerdings werden private Rechtsträger nicht unmittelbar verpflichtet. Vielmehr müssen die Vertragsstaaten geeignete Maßnahmen ergreifen, um sicherzustellen, dass auch Private alle Aspekte des gleichberechtigten Zugangs berücksichtigen und dieser am Ende auch erreicht wird.

Zum Stand der Umsetzung in Deutschland

Öffentliche Gebäude und Wohngebäude

Anwendungsbereich

Erfasst werden zum Beispiel Justizgebäude[29], Rathäuser, öffentliche Versammlungsstätten, Wahllokale[30], Schulen, Theater, Museen, Bibliotheken, Sportstätten[31], Gesundheitseinrichtungen, Einkaufsstätten, Bahnhöfe, Flughäfen und Kirchen. Ausdrücklich nennt Artikel 9 UN-BRK Wohnhäuser, obwohl sie ausschließlich privat genutzt werden. Sie werden im Sinne der Konvention »für die Öffentlichkeit bereitgehalten«, wenn sie der Allgemeinheit zum Kauf oder zur Miete angeboten werden. Auch alle übrigen Gebäude können durch eine Änderung der Nutzung in den Bereich der Vorschriften zur Barrierefreiheit gelangen. Entsprechend verlangt das Bauordnungsrecht präventiv bei Neu- und Umbauten die Barrierefreiheit zu berücksichtigen, unabhängig davon, ob eine Nutzung durch behinderte Menschen geplant ist.[32]

Stand der Umsetzung

Der Erlass von Mindeststandards und Leitlinien ist – in Bezug auf das bloße Hineinkommen in Gebäude und in Räume innerhalb von Gebäuden – verhältnismäßig weit fortgeschritten und institutionalisiert.

Ein Bedarf an weiterer Konkretisierung besteht für die Modernisierung von Bestandsbauten. Die Landesbauordnungen enthalten primär Regelungen für genehmigungspflichtige Neu- und Umbauten, nicht aber für den Baubestand. Auch die in Bezug genommenen DIN-Normen sind mit Blick auf Neubauten formuliert.[33] Die sachgerechte Übertragung der konkreten Neubaustandards aus den DIN-Normen auf Bestandsgebäude setzt allerdings eine entsprechend fundierte fachliche Expertise voraus.

Ferner besteht ein Bedarf an zumindest bundesweit gültigen Mindeststandards in Bezug auf die Nutzung der in den Gebäuden vorgehaltenen Dienste und Einrichtungen, vor allem dort, wo deren Barrierefreiheit – wie für Verwaltung und Leistungserbringer im Sozialrecht[34] – bereits unmittelbar gesetzlich geboten ist.

Noch nicht ausreichend gewährleistet ist die Überwachung der Mindeststandards. Immer wieder werden insbesondere öffentlich zugängliche Gebäude neu errichtet, ohne dass die rechtlich vorgeschriebene Barrierefreiheit in vollem Umfang beachtet würde. Ursachen sind Planungsprozesse, bei denen Barrierefreiheit nicht von Anfang an berücksichtigt wird, zum Teil auch fehlende fachliche und finanzielle Ressourcen. Nachholbedarf besteht zudem bei der Aus- und Weiterbildung für alle einschlägigen Berufe und Funktionsträger. Deren fehlende Kenntnis wird immer wieder als ein Grund erkannt, warum die Vorschriften des barrierefreien Bauens nicht eingehalten werden.[35]

Obwohl nach Artikel 31 UN-BRK geeignete Informationen zu sammeln sind, anhand derer die Umsetzung der BRK überprüft werden kann, kann nicht abschließend beurteilt werden, inwieweit in Deutschland ein gleichberechtigter Zugang zu den der Allgemeinheit offenstehenden Gebäuden für Menschen mit Behinderungen gegeben ist.[36]

Am weitesten umgesetzt ist vermutlich der gleichberechtigte Zugang für körperbehinderte Menschen, und zwar zu öffentlich zugänglichen Gebäuden, die seit Inkrafttreten der entsprechenden Verpflichtungen vor etwas mehr als zehn Jahren neu gebaut wurden,[37] unabhängig davon, ob sie in öffentlicher oder privater Trägerschaft entstanden sind.

Die Berücksichtigung von Anforderungen anderer Formen und Ursachen von Behinderung, etwa der sinnesbehinderten Menschen, ist deutlich schlechter gewährleistet. Das hängt unter anderem damit zusammen, dass die zugrunde liegenden DIN-Normen entsprechende Anforderungen erst seit Kurzem berücksichtigen. Zudem hat der Erkenntnisprozess, welche Barrieren für bestimmte behinderte Menschen in Bezug auf den Zugang zu öffentlich zugänglichen Gebäuden bestehen, zum Teil auch erst unlängst begonnen. Das gilt insbesondere für die Belange lernbehinderter und psychisch behinderter Menschen.[38]

Die Beseitigung von Barrieren bei Bestandsbauten ist schon heute unter anderem vorgeschrieben für die Gebäude von Sozialleistungsträgern und Räume, in denen Sozialleistungen ausgeführt werden, also auch Arzt- und Therapiepraxen, Kindergärten, Jugendeinrichtungen und Bildungsträger der Arbeitsförderung[39] (siehe dazu auch die Beiträge von Peter Trenk-Hinterberger → S. 105 ff., Andrea Platte → S. 130 ff. und Matthias Schmidt-Ohlemann → S. 204 ff.). Dem ersten Anschein nach werden hier, wie ebenso bei Gebäuden weiterer öffentlicher Träger, die der Allgemeinheit offenstehen, und solchen Gebäuden, die weitgehend öffentlich finanziert werden, wie zum Beispiel Bahnhöfen, Anstrengungen zur Beseitigung von Barrieren bei Bestandsbauten unternommen. An systematischen Plänen zum Erreichen von Barrierefreiheit fehlt es aber bisher. Bestandsbauten in privater Trägerschaft, zum Beispiel Gasthäuser, Cafés und Einkaufsstätten, weisen selbst für Rollstuhlnutzende vielfach noch keinen gleichberechtigten Zugang auf.

Bei Wohnungen stimmen alle Schätzungen bzw. regional begrenzte Analysen darin überein, dass es zu wenige Wohnungen gibt, um den Bedarf für mobilitätseingeschränkte Personen zu decken.[40] Der Bedarf würde auf absehbare Zeit auch dann nicht gedeckt, wenn ab sofort alle neu gebauten Wohnungen einen gleichberechtigten Zugang für alle Menschen gewährleisteten. Demnach ist erforderlich, dass zum einen die geltenden Landesbauordnungen für eine größere Anzahl von neu- und umgebauten Wohnungen Barrierefreiheit verlangen als bisher und zum anderen Modernisierungen sehr viel stärker für die Herstellung von Barrierefreiheit genutzt werden. Dies wiederum erfordert zusätzliche öffentliche Fördermittel, weil sich eine Refinanzierung über Mieten angesichts der zu erwartenden Einkommensentwicklung nicht erwarten lässt.[41] Daneben muss das Know-how im Sinne des Universellen Designs für Wohnungen deutlich verbessert bzw. erst entwickelt werden.[42]

Beförderung und Beförderungsmittel

Anwendungsbereich

Flugzeuge, Personenschiffe, Eisenbahnen, Busse, Straßenbahnen und Taxen fallen in den Anwendungsbereich von Artikel 9 UN-BRK, Privatflugzeuge, Privatboote, selbst genutzte Pkw und andere für die eigene Nutzung bestimmte Fortbewegungsmittel hingegen nicht, obwohl sie wie Wohnungen auf dem allgemeinen Markt angeboten werden, denn mit der Beförderung ist diejenige durch eine andere Person gemeint. Persönliche Fortbewegungsmittel sind Gegenstand von Artikel 20 UN-BRK (Persönliche Mobilität).

Stand der Umsetzung

Neben den im Abschnitt »Maßnahmen zur Umsetzung« aufgeführten Maßnahmen verlangt Artikel 20 UN-BRK, dass die Vertragsstaaten die eigene Fortbewegung von Menschen mit Behinderungen dadurch erleichtern, dass sie erschwinglich wird.[43] Diese Verpflichtung kann unter anderem durch einen »erschwinglichen« öffentlichen Personenverkehr gewährleistet werden.

Für einen Teil schwerbehinderter Menschen besteht im öffentlichen Personennahverkehr bereits weitestgehend Kostenfreiheit.[44] Dieses Recht nutzt aber nur denjenigen, für deren Mobilitätsbedürfnisse ein entsprechendes Nahverkehrsangebot zur Verfügung steht, das sie auch erreichen und nutzen können. Inwieweit zudem Mobilitätseinschränkungen auch bei (schwer)behinderten Menschen bestehen, die nicht nach dem SGB IX Anspruch auf Freifahrt haben, ist nicht hinreichend erforscht.

Für die Beförderungsmittel Flugzeug, Eisenbahn, Bus und Schiff gibt es jeweils unmittelbar anwendbare EU-Verordnungen, die die rechtliche Gleichbehandlung regeln.[45] Umweltbedingte Barrieren werden dabei nur am Rande behandelt. Die Verordnungen erlauben in zwei Fällen ausnahmsweise die Beförderung eines behinderten Menschen zu verweigern: zum einen, um geltenden Sicherheitsanforderungen nachzukommen, und zum anderen, wenn die Beförderung wegen der Bauart des Beförderungsmittels oder der Infrastruktur nicht unter zumutbaren Bedingungen möglich ist.

Stark diskutiert wird derzeit, in welchen Fällen die Beförderung in Fahrzeugen des öffentlichen Verkehrs verweigert werden darf, zum Beispiel weil entweder ein Rollstuhl nicht so befestigt werden kann, dass er weder für die Person, die den Rollstuhl nutzt, noch für die anderen Fahrgäste eine Gefahr darstellt, oder weil das genutzte orthopädische Hilfsmittel die üblichen Maße von Rollstühlen überschreitet (zum Beispiel bestimmte Elektro-Scooter).[46] Teilweise wird auch das Beförderungsrecht wegen einer fehlenden Eigenrettungsmöglichkeit in Zweifel gezogen. Solche Argumente können aber nicht per se zur Aufrechterhaltung von umweltbedingten Barrieren gerade bei neuen Beförderungsmitteln herhalten. Da die Europäische Union als eigene Rechtspersönlichkeit der UN-BRK beigetreten ist, ist diese auch zur Auslegung des Europäischen Rechts heranzuziehen[47], was unter anderem dazu führt, dass die noch bestehenden baulichen Barrieren abgebaut werden müssen.

Technische Bestimmungen, die auch die gestalterische, baulich-technische Barrierefreiheit der Beförderungsmittel regeln, bestehen in Europa für den Eisenbahn-, Bus- und Personenschiffsverkehr.[48] Lediglich für Flugzeuge gibt es keine Vorgaben bezüglich der barrierefreien Gestaltung.[49] Derzeit ist überhaupt nicht absehbar, wann und wie solche Standards aufgestellt werden oder wenigstens das Problem behoben wird, dass es auf den meisten Kurz- und Mittelstreckenflügen keine barrierefreie Bordtoilette gibt.[50] Problematisch ist im Bereich des Flugverkehrs die internationale Organisationsstruktur, sodass selbst EU-Regelungen nur bedingt greifen können.

Zur Verbreitung barrierefreier Beförderungsmittel im Schienenpersonenverkehr sind keine verlässlichen Daten bekannt. Noch sind ältere Fahrzeuge in Betrieb, die zum Teil erhebliche bauliche Barrieren aufweisen. Probleme bereiten daneben die fehlende Barrierefreiheit gerade bei kleineren Bahnhöfen und Haltepunkten,[51] unterschiedliche Höhen von Bahnsteigen,[52] die einen barrierefreien Einstieg erschweren, und das Nichtvorhandensein von Personal außerhalb der üblichen Servicezeiten, wenn die Nutzbarkeit des Bahnsystems nur über manuell zu bedienende Unterstützungssysteme hergestellt werden kann.[53] (Zum Thema Mobilität siehe auch den Praxisbeitrag von Dirk Boenke/Heike Witsch → S. 189 ff.)

Das Personenbeförderungsgesetz (PBefG) schreibt für Nahverkehrspläne[54] vor, »die Belange der in ihrer Mobilität oder sensorisch eingeschränkten Menschen mit dem Ziel zu berücksichtigen, für die Nutzung des öffentlichen Personennahverkehrs bis zum 1. Januar 2022 eine vollständige Barrierefreiheit zu erreichen«.[55] Während im öffentlichen Personennahverkehr die Fahrzeuge im Stadtverkehr, insbesondere aufgrund der europarechtlichen Vorgaben, vielfach schon einen hohen Standard der Barrierefreiheit aufweisen, ist dies im Regionalverkehr sowie bei der Infrastruktur – gerade auch in ländlichen Regionen – noch häufig nicht der Fall.[56] Eine funktionierende bauliche Barrierefreiheit ist aber nur mit einem aufeinander abgestimmten Zusammenspiel von Fahrzeuggestaltung und Infrastruktur zu erzielen.

Information und Kommunikation

Anwendungsbereich

Von Artikel 9 UN-BRK umfasst sind alle Informations- und Kommunikationsmöglichkeiten, die der Allgemeinheit zur Verfügung stehen oder ihr eröffnet werden. Hierunter fällt auch die Eröffnung eines elektronischen Zugangs zur Verwaltung und zu den Gerichten, und zwar unabhängig davon, ob dieser durch den Staat selbst oder durch private Anbieter gewährleistet wird. Die individuelle Kommunikation in Briefen und E-Mails wird allerdings nicht von Artikel 9 UN-BRK erfasst. Hier sind zum Teil Artikel 13 UN-BRK (Zugang zur Justiz) und Artikel 21 UN-BRK (Recht der freien Meinungsäußerung, Meinungsfreiheit und Zugang zu Informationen) einschlägig.

Weitere Umsetzungsverpflichtungen

Der Bereich der allgemein zur Verfügung stehenden Informations und Kommunikationsmittel wird auch durch das Recht auf freie Meinungsäußerung und Meinungsfreiheit (Artikel 21 UN-BRK) angesprochen, zu dem das Recht auf Beschaffung und Zugang zu Informationen gehört. Um dies zu gewährleisten, verpflichten sich die Vertragsstaaten unter anderem:

- die Verwendung von Gebärdensprachen anzuerkennen und zu fördern,[57]
- Menschen mit Behinderungen für die Allgemeinheit bestimmte Informationen rechtzeitig und ohne zusätzliche Kosten in barrierefreien Formaten und Technologien, die für unterschiedliche Arten der Behinderung geeignet sind, zur Verfügung zu stellen.[58]

Stand der Umsetzung

Die Deutsche Gebärdensprache (DGS) ist als eigenständige deutsche Sprache, lautsprachbegleitende Gebärden sind als Kommunikationsform der deutschen Sprache anerkannt.[59] Für die individuelle Kommunikation mit Verwaltung, Gerichten und bei Sozialleistungen wird eine Dolmetschung finanziert.[60]

Ein Großteil der Verpflichtung öffentlicher Träger, für die Allgemeinheit bestimmte Informationen rechtzeitig und ohne zusätzliche Kosten in barrierefreien Formaten zur Verfügung zu stellen, wird bislang durch barrierefrei gestaltete Internetportale abgedeckt (vgl. den Praxisbeitrag von Christian Bühler/Birgit Scheer → S. 197 ff.), wobei Übertragungen in Leichte Sprache[61] und Gebärdenvideos auf Internetseiten in Deutschland für öffentliche Träger auf Bundesebene erst seit 2011 verpflichtend sind. Obwohl die Umsetzungsfrist für die Barrierefreie-Informationstechnik-Verordnung (BITV) 2.0. am 22. März 2014 endete,[62] sind Übertragungen in Leichte Sprache und Gebärdenvideos bisher noch viel zu wenig vorhanden. In den Ländern bestehen unterschiedliche Standards.

Öffentliche Träger lassen ihre Veranstaltungen vereinzelt in Deutsche Gebärdensprache übersetzen. Es ist aber nach wie vor keineswegs selbstverständlich, dass ein entsprechendes kostenfreies Angebot vorgehalten wird.

Soweit der elektronische Zugang zur Verwaltung des Bundes über das Internet ermöglicht wird, gelten die Anforderungen der BITV 2.0. Sie gelten aber nicht, wenn die Behörde einen Zugang über andere elektronische Möglichkeiten unabhängig vom Internet wählt. Die qualifizierte elektronische Signatur, De-Mail, das Elektronische Gerichts- und Verwaltungspostfach (EGVP), elektronische Bezahlverfahren und die Einsichtnahme in elektronische Akten sind dementsprechend derzeit nicht barrierefrei nutzbar.

Daran ändert auch das seit dem 1. August 2013 geltende E-Government-Gesetz des Bundes (EGovG) nichts.[63] Danach ist jede Behörde, die Bundesrecht ausführt, verpflichtet, einen elektronischen Zugang für die Übermittlung elektronischer Dokumente und zusätzlich den Zugang durch eine De-Mail-Adresse zu eröffnen.[64] Eine barrierefreie Ausgestaltung der elektronischen Kommunikation und der Verwendung elektronischer Dokumente »(...) in angemessener Form (...)«[65] wird dabei aber nur von den Bundesbehörden verlangt, nicht also von den Behörden der Länder und Kommunen, die Bundesrecht ausführen. Auch gilt die Barrierefreiheit nicht für den elektronischen Identitätsnachweis, elektronische Bezahlmöglichkeiten und die Einsicht in elektronische Akten.

Besser ist die Situation beim elektronischen Zugang zu den Gerichten.[66] Unter Anwendung der jeweils geltenden Standards der BITV sind blinden oder sehbehinderten Personen ab dem 1. Juli 2014 elektronische Formulare barrierefrei zugänglich zu machen, soweit sie eingeführt sind.[67] Ab dem 1. Januar 2018 sind elektronische Dokumente für blinde oder sehbehinderte Personen barrierefrei zu gestalten, soweit sie in Schriftzeichen wiedergegeben werden. Erfolgt die Übermittlung eines elektronischen Dokuments auf einem sicheren Übermittlungsweg, ist dieser barrierefrei auszugestalten.[68]

Wie der vorhandene Bestand an Informationen in Bibliotheken und Archiven nach und nach in barrierefreien Formaten und Technologien zur Verfügung gestellt werden kann, ist nur in Ansätzen absehbar.

Barrierefreie Formate fehlen insbesondere auch bei verschiedenen Notrufsystemen. So gibt es bislang noch keine Möglichkeit für einen Teil der hör- und sprachbehinderten Menschen, einen eigenen Notruf abzusetzen, der den Bedingungen eines Notrufes genügt.[69] Die zuständigen Behörden entwickeln derzeit eine entsprechende Notruf-App.[70]

Den größten Nachholbedarf gibt es bei den für die Allgemeinheit bestimmten Informationen und Kommunikationsdiensten privater Anbieter. Hier werden nur in seltenen Fällen barrierefreie Formate zur Verfügung gestellt.

(Massen-)Güter und Dienstleistungen

Anwendungsbereich

Produkte wie Waschmaschinen, Telefone, Fernsehgeräte und alle weiteren Massengüter gehören zur »physischen Umwelt«, zu der die UN-BRK ebenfalls einen gleichberechtigten Zugang verlangt, sofern sie nicht auf Bestellung für eine konkrete Person hergestellt werden.[71] Manche dieser Produkte, wie zum Beispiel Bankautomaten, können zugleich Dienste sein, die für die Öffentlichkeit bereitgehalten werden.[72]

Stand der Umsetzung

Seit 2006 gilt das allgemeine zivilrechtliche Benachteiligungsverbot wegen einer Behinderung bei der Begründung, Durchführung und Beendigung zivilrechtlicher Schuldverhältnisse, die typischerweise ohne Ansehen der Person zustande kommen.[73] Damit sind zumindest bei Dienstleistungen erhebliche Teile des Marktgeschehens dem Grunde nach erfasst.

Ausnahmen gelten für diejenigen Bereiche, in denen zivilrechtliche Schuldverhältnisse ein besonderes Nähe- und Vertrauensverhältnis voraussetzen, zum Beispiel bei der Vermietung von Einliegerwohnungen.[74] Weitere Ausnahmen sind bei Vorliegen eines sachlichen Grundes, namentlich der Vermeidung von Gefahren, vorgesehen.[75] Doch kann das Gebot angemessener Vorkehrungen auch gebieten, die Gefahrenquellen zu minimieren, die zum Beispiel bei Fahrgeschäften oder in Schwimmbädern als Begründung dafür angeführt werden, dass behinderte Menschen hierzu keinen gleichberechtigten Zugang haben.

Ansatzweise wird der Markt für Massengüter und Dienstleistungen für Menschen ab 50 Jahre entdeckt, weil diese Kundengruppe aufgrund des demografischen Wandels wächst und verhältnismäßig zahlungskräftig ist. Da körperliche Einschränkungen mit dem Alter vermehrt auftreten, gibt es einen Zusammenhang zu barrierefreien Produkten. Daneben wird vermehrt über den Ansatz des Universellen Designs versucht, Produkte zu entwickeln und anzubieten, die von allen Kunden unabhängig von einer Behinderung genutzt werden können.[76]

Von einem gleichberechtigten Zugang zu den Massengütern des täglichen Lebens kann jedoch bisher nicht gesprochen werden. Sofern es überhaupt geeignete Produkte gibt, besteht selten eine Auswahlmöglichkeit, wie es für die konventionellen Waren zutrifft. Bei einer nachträglichen Anpassung sind die Produkte häufig auch teurer und anfälliger für Mängel.

Zukunftsaufgaben

Barrierefreiheit ist in Deutschland unterschiedlich weit realisiert. Sie funktioniert dort noch vergleichsweise gut, wo sie rechtlich abgesichert ist, sei es über unmittelbare gesetzliche Vorschriften, sei es über Bedingungen für Fördergelder. Auch dort, wo Institutionen öffentliche Aufgaben wahrnehmen, besteht zumindest teilweise schon Sensibilität für die Notwendigkeit gleichberechtigter Teilhabe behinderter Menschen.

Die Forderung der Barrierefreiheit zum gleichberechtigten Zugang für Menschen mit Behinderungen zu den der Allgemeinheit offenstehenden Bereichen des öffentlichen Lebens ist vergleichsweise jung. Bei ihrer Weiterentwicklung sind vor allem der verstärkte Aufbau und die Systematisierung von Grundlagen und anwendungsorientiertem Wissen entscheidend. Derzeit fehlen insbesondere verlässliche Zahlen zum erreichten Stand in Deutschland, in einigen Bereichen immer noch Standards oder Leitlinien, ebenso wie wissenschaftliche Untersuchungen zu bestehenden Standards und praxisnahe Umsetzungshilfen. Die Verbände von Menschen mit Behinderungen fordern daher eine unabhängige Fachstelle für Barrierefreiheit[77], eine Forderung, die auch aus der Wissenschaft unterstützt wird.[78] Damit einhergehen muss ein Prozess der weiteren Professionalisierung und der Bewusstseinsbildung über die rechtlichen Verpflichtungen und die gesellschaftliche Relevanz, die aus den Forderungen der UN-BRK ableitbar sind.

Das Behindertengleichstellungsgesetz auf Bundesebene ist gerade von der Bundesregierung auf seine Vereinbarkeit mit der UN-BRK geprüft worden.[79] Für die auf Bundesebene geltenden verkehrsrechtlichen Regelungen ist eine vergleichbare Evaluation geplant. Entsprechende Bemühungen der Länder, Kommunen und Sozialleistungsträger sind zum Teil noch erforderlich.[80] Problematisch könnte aber vor allem sein, ob das Niveau der derzeitigen finanziellen Förderungen zur Verbesserung der Barrierefreiheit gehalten werden kann. So finanziert der Bund zum Beispiel eine Vielzahl von Leistungen der einzelnen Länder auf dem Gebiet des öffentlichen Personennahverkehrs.[81] Hier werden die bis zum Jahr 2019 abzuschließenden Verhandlungen über den Finanzausgleich zwischen Bund und Ländern eine wichtige Rolle spielen. Darüber hinaus sollte die Vergabe öffentlicher Mittel konsequent an die Berücksichtigung von Barrierefreiheit gebunden werden, und zwar nicht nur im Verkehrswesen.

Der größte Nachholbedarf besteht im privatwirtschaftlichen Bereich. Hier dürfte ein breiteres Bewusstsein dafür, dass fehlende Barrierefreiheit im Einzelfall eine verbotene Diskriminierung aufgrund der Versagung angemessener Vorkehrungen sein kann, zu mehr Barrierefreiheit führen. Die Standards zur Konkretisierung des bestehenden Benachteiligungsverbots nach dem Allgemeinen Gleichbehandlungsgesetz (AGG) könnten entweder durch privatrechtliche Vereinbarungen oder unmittelbar gesetzlich geregelt werden.

▶ Zusammenfassung

Barrierefreiheit wird in der UN-Behindertenrechtskonvention (UN-BRK) in einem doppelten Sinn verstanden. Sie bedeutet zunächst den gleichberechtigten Zugang für Menschen mit Behinderungen zu den für die Nutzung der Allgemeinheit bestimmten Bereichen der physischen Umwelt, der Beförderung, der Information und Kommunikation sowie der sonstigen Einrichtungen und Dienste. Daneben bedeutet »barrierefrei« eine Gestaltung der Umwelt, die Menschen mit Behinderungen nicht von einer gleichberechtigten Nutzung ausschließt. Der erreichte Stand der Barrierefreiheit ist in den einzelnen gesellschaftlichen Bereichen unterschiedlich. Dasselbe gilt für die zur Weiterentwicklung der Barrierefreiheit notwendigen Maßnahmen. Sie reichen von rechtlichen Regelungen (und der Anwendung geltenden Rechts) über die Zur-Verfügung-Stellung finanzieller Förderprogramme bis hin zu wissenschaftlicher Expertise und gesellschaftlicher Bewusstseinsbildung.

Anmerkungen

1 Siehe Art. 3 f) UN-BRK. Im Folgenden beziehen sich Artikel ohne Gesetzeskürzel auf die UN-BRK.
2 Art. 9.
3 Online abrufbar unter: http://www.nw3.de/index.php/vereinte-nationen (Aufruf am 09.03.2014).
4 Siehe dazu Markus Kotzur/Clemens Richter, Anmerkungen zur Geltung und Verbindlichkeit im deutschen Recht, in: Antje Welke (Hrsg.), UN-Behindertenrechtskonvention mit rechtlichen Erläuterungen, Berlin 2012, Rn. 14. Peter Trenk-Hinterberger, in: Marcus Kreutz/Klaus Lachwitz/Peter Trenk-Hinterberger, Die UN-Behindertenrechtskonvention in der Praxis. Erläuterungen der Regelung und Anwendungsgebiete, Köln 2013, Einführung, Rn. 53.
5 Art. 9 Abs. 1 Satz 1.

6 Den Verfassern scheint der englische Begriff *transportation* besser mit »Beförderung« ins Deutsche übertragen.

7 Vgl. P. Trenk-Hinterberger, wie Anm. 4, Art. 9 Rn. 5.

8 Vgl. Committee on the Rights of Persons with Disabilities, General Comment No. 2 (2014), Article 9: Accessibility (adopted 11 April 2014), Abs. 1 und durchgängig, online abrufbar unter: http://tbinternet.ohchr.org/_layouts/treatybodyexternal/Download.aspx?symbolno=CRPD/C/GC/2&Lang=en (Aufruf am 01.06.2014).

9 Vgl. Felix Welti, Barrierefreiheit als Rechtsbegriff, in: Die Öffentliche Verwaltung (DÖV), 2013, S. 795–802; Ders., Rechtliche Voraussetzungen von Barrierefreiheit in Deutschland, in: Anja Tervooren/Jürgen Weber (Hrsg.), Wege zur Kultur – Barrieren und Barrierefreiheit in Kultur- und Bildungseinrichtungen, Köln 2012, S. 67–84.

10 Art. 2 Unterabschnitt 5.

11 Art. 5 Abs. 3 in Verbindung mit Art. 2 Unterabschnitt 3 u. 4.

12 Richtlinie 2000/78/EG v. 27.11.2000, online abrufbar unter: http://eur-lex.europa.eu/legal-content/DE/TXT/?qid=1400420812657&uri=CELEX:32000L0078 (Aufruf am 18.05.2014).

13 Vgl. Anna-Maria Fuerst, Behinderung zwischen Diskriminierungsschutz und Rehabilitationsrecht, Baden-Baden 2009; Eva Kocher/Johanna Wenckebach, § 12 AGG als Grundlage für Ansprüche auf angemessene Vorkehrungen, in Soziales Recht 1, 2013, S. 1728; Felix Welti, Das Diskriminierungsverbot und die »angemessenen Vorkehrungen« in der BRK, in: Rechtsdienst der Lebenshilfe 1 (2012), S. 13; BVerfG v. 08.10.1997, 1 BvR 9/97, BVerfGE 96, 288–315.

14 Vgl. Committee on the Rights of Persons with Disabilities, wie Anm. 8, Abs. 25; vgl. F. Welti, wie Anm. 9.

15 Art. 2 Unterabschnitt 4.

16 P. Trenk-Hinterberger, wie Anm. 4, Art. 9 Rn. 3.

17 Art. 9 Abs. 1 Satz 1.

18 Art. 9 Abs. 1 Satz 2. Die amtliche deutsche Übersetzung scheint hier den Konventionstext nicht ganz richtig wiederzugeben. Nach dem englischen Vertragstext besteht eine Verpflichtung zur Feststellung und Beseitigung von Barrieren, nach dem deutschen Text sind diese nur mögliche, dem Ermessen der Vertragsstaaten anheimgegebene Maßnahmen.

19 Art. 9 Abs. 2 c).

20 Art. 4 Abs. 1 f).

21 Art. 9 Abs. 2 a).

22 Art. 9 Abs. 2 b).

23 Siehe Theresia Degener, Welche legislativen Herausforderungen bestehen in Bezug auf die nationale Implementierung der UN-Behindertenrechtskonvention, Erstveröffentlichung, in: behindertenrecht 2 (2009), S. 34 ff. Siehe http://www.netzwerk-artikel-3.de/attachments/095_Degener%202009-Legislative%20Herausforderungen.pdf (Aufruf am 15.11.2013).

24 Vgl. Art. 30 Abs. 3.

25 Vgl. Art. 20 b), 21 a), 28 Abs. 2 a).

26 Vgl. Präambel e).
27 Dazu gehört z.B. auch das Fehlen von fachspezifischem Know-how. Damit ist das Kennen aller Grundlagen und Beherrschen aller Fertigkeiten gemeint, die notwendig sind, um Barrierefreiheit sachgerecht umzusetzen. Vgl. Committee on the Rights of Persons with Disabilities, wie Anm. 8, Abs. 16.
28 Vgl. Art. 9 Abs. 2 b).
29 Art. 13. Vgl. Committee on the Rights of Persons with Disabilities, wie Anm. 8, Abs. 37.
30 Art. 29 Abs.1 a), Nr. (i).
31 Art. 30.
32 Für öffentlich zugängliche Gebäude gilt dies allerdings nur für den allgemein zugänlichen Bereich. Einzelheiten dazu siehe unter www.wegweiser-barrierefreiheit.de (Aufruf am 17.06.2014).
33 Alle Bundesländer, mit Ausnahme von Nordrhein-Westfalen, haben die DIN 18040–1 – Barrierefreies Bauen – Planungsgrundlagen – Teil 1: Öffentlich zugängliche Gebäude. Oktober 2010; DIN 18040–2 – Barrierefreies Bauen – Planungsgrundlagen – Teil 2: Wohnungen. September 2011 – allerdings in unterschiedlichem Umfang – als technische Regeln *rechtsverbindlich* in Bezug genommen. NRW geht davon aus, dass die DIN-Normen zum barrierefreien Bauen *als anerkannte Regel der Technik* anzuwenden sind. Einzelheiten dazu siehe unter www.wegweiser-barriere freiheit.de (Aufruf am 17.06.2014).
34 § 17 Abs. 1 Nr. 4 SGB I.
35 Vgl. Bundesministerium für Verkehr, Bau und Stadtentwicklung (BMVBS) (Hrsg.), Auswirkungen des Gesetzes zur Gleichstellung behinderter Menschen (BGG) und zur Änderung anderer Gesetze auf die Bereiche Bau und Verkehr. FE 70.0703/2000, Köln/Mainz 2004, S. 429; Markus Rebstock, Instrumente zur Umsetzung der Barrierefreiheit im öffentlichen Personennahverkehr. Fallstudie zur Anwendbarkeit in ländlich geprägten Tourismusregionen, Erfurt/Trier 2009, S. 139.
36 Vgl. BMVBS (Hrsg.), ebd., S. 118: Obwohl keine konkrete Aussage getroffen wird, wird darauf verwiesen, dass »Anforderungen an die Barrierefreiheit [...] bei neuen baulichen Maßnahmen des Bundes [...] überwiegend erfüllt [...] [werden]. Dabei ist eine deutliche Abstufung [...] von Neubauten über große Um- und Erweiterungsbauten bis hin zu sonstigen (z.B. kleineren) Bauten und baulichen Anlagen zu verzeichnen.«
37 Vgl. Anm. 36.
38 Vgl. Bundeskompetenzzentrum Barrierefreiheit e.V. (Hrsg.), Barrierefreiheit für Menschen mit kognitiven Einschränkungen. Kriterienkatalog, Berlin 2011.
39 § 17 Abs. 1 Nr. 4 SGB I.
40 Vgl. z.B. Bundesministerium für Verkehr, Bau und Stadtentwicklung (BMVBS) (Hrsg.), Wohnen im Alter. Marktprozesse und wohnungspolitischer Handlungsbedarf, Bearbeiter: Kuratorium Deutsche Altershilfe, Schriftenreihe Forschungen, Heft 147, Berlin 2011, S. 11; Thüringer Ministerium für Bau, Landesentwicklung und Verkehr (Hrsg.), Wohnungsmarktbericht Thüringen. Beobachtung und Ausblick, Erfurt/Berlin 2012, S. 56f. u. S. 86f.
41 Vgl. dazu den 2. Bericht der Bundesregierung über die Wohnungs- und Immobilienwirtschaft in Deutschland vom 17.10.2012, online abrufbar unter: http://www.

bmvbs.de/SharedDocs/DE/Artikel/SW/wohnungs-und-immobilienbericht-2.html (Aufruf am 20.12.2013).

42 Ein diesbezüglicher Ansatz ist das in der Schweiz etablierte Konzept des »anpassbaren Wohnungsbaus«. Vgl. Gerhard Loeschke, Wohnen im Alter – oder was lässt sich aus dem Rätsel der Sphinx von Theben ableiten? Online abrufbar unter: http://nullbarriere.de/loeschcke-wohnen-im-alter.htm (Aufruf am 07.05.2014).

43 Art. 20 a).

44 § 145 Abs. 1 Satz 1 SGB IX. Nutzungsberechtigt sind nur schwerbehinderte Menschen, bei denen im Schwerbehindertenausweis eines der nachfolgend genannten Merkzeichen eingetragen ist: »G« (erhebliche Gehbehinderung), »H« (Hilflosigkeit), »Bl« (Blindheit), »Gl« (gehörlos). Voraussetzung ist ein Beiblatt mit Wertmarke zum Schwerbehindertenausweis, das beim zuständigen Versorgungsamt i. d. R. gegen eine Gebühr erhältlich ist.

45 Verordnung (EG) Nr. 1107/2006 über die Rechte von behinderten Flugreisenden und Flugreisenden mit eingeschränkter Mobilität, online abrufbar unter: http://eur-lex.europa.eu/legal-content/DE/TXT/?uri=CELEX:32006R1107 (Aufruf am 01.06.2014); Verordnung (EG) Nr. 1371/2007 über die Rechte und Pflichten der Fahrgäste im Eisenbahnverkehr, online abrufbar unter: http://eur-lex.europa.eu/legal-content/DE/ALL/?uri=CELEX:32007R1371 (Aufruf am 01.06.2014); Verordnung (EU) Nr. 181/2011 über die Fahrgastrechte im Kraftomnibusverkehr und zur Änderung der Verordnung (EG) Nr. 2006/2004, online abrufbar unter: http://eur-lex.europa.eu/legal-content/EN/TXT/?qid=1401635329761&uri=CELEX:32011R0181 (Aufruf am 01.06.2014); Verordnung (EU) Nr. 1177/2010 über die Fahrgastrechte im See- und Binnenschiffsverkehr und zur Änderung der Verordnung (EG) Nr. 2006/2004, online abrufbar unter: http://eur-lex.europa.eu/legal-content/EN/TXT/?qid=1401635442196&uri=CELEX:32010R1177 (Aufruf am 01.06.2014).

46 Vgl. Deutsche Bahn AG, Leitfaden für die Mitnahme orthopädischer Hilfsmittel, S. 12, online abrufbar unter: http://www.bahn.de/p/view/mdb/bahnintern/zielgruppen_-_msc/handicap/zugangsregeln_leitfaden/mdb_124435_leitfaden_fuer_die_mitnahme_orthopaedischer_hilfsmittel_august_2013.pdf (Aufruf am 18.05.2014). Das SGB IX macht die kostenfreie Mitführung sonstiger orthopädischer Hilfsmittel davon abhängig, ob »die Beschaffenheit des Verkehrsmittels dies zulässt« (§ 145 Abs. 2).

47 Siehe z. B. das Urteil des EuGH vom 11.04.2013 in den verbundenen Rechtssachen C 335/11 und C 337/11 (Ring und Skouboe Werge), Rn. 28–30, auf Deutsch online abrufbar unter: http://eur-lex.europa.eu/LexUriServ/LexUriServ.do?uri=CELEX:62011CJ0335:DE:HTML (Aufruf am 01.06.2014). Anlässlich zweier dänischer Kündigungsrechtsstreitigkeiten stellte der Europäische Gerichtshof fest, dass die UN-BRK integrierender Bestandteil der Unionsrechtsordnung ist und Rechtsakte der Europäischen Union nach Möglichkeit in Übereinstimmung mit der UN-BRK auszulegen sind.

48 Richtlinie 2008/57/EG über die Interoperabilität des Eisenbahnsystems in der Gemeinschaft, online abrufbar unter: http://eur-lex.europa.eu/legal-content/DE/ALL/?uri=CELEX:32008L0057 (Aufruf am 01.06.2014); Entscheidung 2008/164/EG der Kommission vom 21.12.2007 über die technische Spezifikation für die

Interoperabilität bezüglich »eingeschränkt mobiler Personen« im konventionellen transeuropäischen Eisenbahnsystem und im transeuropäischen Hochgeschwindigkeitsbahnsystem, online abrufbar unter: http://eur-lex.europa.eu/legal-content/EN/TXT/?qid=1401636551578&uri=CELEX:32008D0164 (Aufruf am 01.06.2014); Richtlinie 2009/45/EG über Sicherheitsvorschriften und -normen für Fahrgastschiffe, online abrufbar unter: http://eur-lex.europa.eu/legal-content/EN/TXT/?qid=1401636872870&uri=CELEX:02009L0045-20100629 (Aufruf: 01.06.2014); Richtlinie 2006/87/EG über die technischen Vorschriften für Binnenschiffe und zur Aufhebung der Richtlinie 82/714/EWG des Rates, online abrufbar unter: http://eur-lex.europa.eu/legal-content/DE/ALL/?uri=CELEX:32006L0087 (Aufruf am 01.06.2014).

49 Vgl. §§ 19d, 20b LuftVG.

50 Vgl. Allianz der deutschen Nichtregierungsorganisationen zur UN-Behindertenrechtskonvention (BRK-Allianz) (Hrsg.). Für Selbstbestimmung, gleiche Rechte, Barrierefreiheit, Inklusion! Erster Bericht der Zivilgesellschaft zur Umsetzung der UN-Behindertenrechtskonvention in Deutschland, S. 23, online abrufbar unter: http://www.brk-allianz.de/index.php/parallel-bericht.html (Aufruf am 20.12.2013). Der Bundesregierung liegen Daten dazu nicht vor, vgl. Antwort der Bundesregierung vom 13.12.2011 auf die Kleine Anfrage der Abgeordneten Markus Tressel u. a., Bundestags-Drucksache 17/8126, Antwort auf Frage 18, online abrufbar unter: www.bundestag.de (Aufruf am 17.06.2014).

51 Nach Angaben der Deutschen Bahn AG werden im Jahr 2016 4 169 von 5 427 Verkehrsstationen stufenfrei sein, also 77 %, vgl. Antwort der Bundesregierung vom 06.09.2013 auf die Kleine Anfrage der Abgeordneten Dr. Ilja Seifert u. a., Bundestags-Drucksache 17/14719, online abrufbar unter: www.bundestag.de (Aufruf am 17.06.2014). Nach Angaben der BRK-Allianz, wie Anm. 50, sind nur 50 % der Bahnhöfe barrierefrei nutzbar. Die BRK-Allianz gibt dazu keine Zeitangabe.

52 Vgl. hierzu die Angaben in der Antwort der Bundesregierung vom 22.08.2013 auf die Kleine Anfrage der Abgeordneten Ulrike Gottschalck u. a., Bundestags-Drucksache 17/14608, Antworten auf die Fragen 1. bis 5., online abrufbar unter: www.bundestag.de (Aufruf am 17.06.2014).

53 Vgl. BRK-Allianz (Hrsg.), wie Anm. 50, S. 23.

54 In einem Nahverkehrsplan sollen »... Anforderungen an Umfang und Qualität des Verkehrsangebotes, dessen Umweltqualität sowie die Vorgaben für die verkehrsmittelübergreifende Integration der Verkehrsleistungen ...« festgelegt werden (§ 8 Abs. 3 Satz 2 PBefG). Ob ein Nahverkehrsplan aufzustellen ist, richtet sich nach dem jeweiligen Landesrecht.

55 § 8 Abs. 3 PBefG, Ausnahmen sind demnach nur zulässig, wenn sie im Nahverkehrsplan konkret benannt und begründet werden.

56 Dazu Hartmut Reinberg-Schüller, Barrierefreier ÖPNV als Element der Daseinsvorsorge und der Servicekette. Derzeitiger Stand und zukünftige Entwicklung. Unveröffentlichter Impulsvortrag. 6. Sitzung des Fachausschusses »Mobilität, Bauen, Wohnen, Freizeit, gesellschaftliche Teilhabe, Information und Kommunikation« des Inklusionsbeirates, Berlin, 12.06.2012; Verband Deutscher Verkehrsunternehmen (VDV) – VDV Förderkreis e. V. (Hrsg.), Barrierefreier ÖPNV in Deutschland, Düsseldorf 2012, S. 230.

57 Art. 21 e).

58 Art. 21 a).

59 § 6 Abs. 1 u. 2 BGG.

60 Im Verwaltungsverfahren (§ 9 BGG und entsprechende Regelungen in den Landesbehindertengleichstellungsgesetzen, § 19 Abs. 1 Satz 2 SGB X), im Gerichtsverfahren (§ 186 GVG; Nr. 9005 Absätze 3 und 4 des KostV zum GKG [Anlage 1]), bei der Ausführung von Sozialleistungen, insbesondere bei ärztlichen Untersuchungen und Behandlungen (§ 17 Abs. 2 SGB I). Darüber hinaus »aus besonderem Anlass« (§ 57 SGB IX). Für eine gleichberechtigte Teilhabe gehörloser Menschen an der Gesellschaft fehlt es insbesondere an der Finanzierung entsprechender Dolmetschungen im ehrenamtlichen und im Freizeitbereich.

61 Die Leichte Sprache stellt eine Weiterentwicklung der Sprachstufe A1 nach dem Gemeinsamen Europäischen Referenzrahmen für Sprachen (GeR) dar, um Texte auch für Menschen mit Lernbehinderungen verständlich zu machen. Regeln der Leichten Sprache sind für Deutschland erstmals vom Verein »Mensch zuerst« im Jahr 1999 veröffentlicht worden. Demnach kann insbesondere nur dann von »Leichter Sprache« gesprochen werden, wenn Übertragungen von Menschen mit Lernbehinderungen abschließend auf ihre Verständlichkeit geprüft werden. Die Regeln werden mittlerweile vom »Netzwerk Leichte Sprache« weiterentwickelt. Empirische Untersuchungen zur Leichten Sprache sind den Verfassern nicht bekannt.

62 § 4 Abs. 2 BITV 2.0.

63 Gesetz zur Förderung der elektronischen Verwaltung (E-Government-Gesetz) vom 25.07.2013 (BGBl. I S. 2749), online abrufbar unter: http://www.gesetze-im-internet.de/egovg/index.html (Aufruf: 19.05.2014). Auf Landesebene gibt es entsprechende Gesetzesvorhaben in Berlin und Sachsen. Beide Gesetzesentwürfe enthalten zwar Regelungen zur Barrierefreiheit, die aber vergleichbar der bundesgesetzlichen Regelung unvollständig sind.

64 § 2 Absätze 1 und 2 EGovG.

65 § 16 EGovG.

66 Vgl. Gesetz zur Förderung des elektronischen Rechtsverkehrs mit den Gerichten (E-Justice-Gesetz) vom 10.10.2013 (BGBl. I S. 3786), online abrufbar unter: http://www1.bgbl.de/(Aufruf am 19.05.2014)

67 § 191a Absatz 3 Gerichtsverfassungsgesetz (GVG) in der ab dem 01.07.2014 geltenden Fassung.

68 § 191a Absatz 3 Gerichtsverfassungsgesetz (GVG) in der ab dem 01.01.2018 geltenden Fassung.

69 Eine SMS genügt dem beispielsweise nicht, weil nicht innerhalb weniger Sekunden sichergestellt werden kann, ob der Notruf angekommen ist. Sie kann daher nur für eine Übergangszeit eine Notlösung darstellen.

70 Vgl. http://www.notfall-telefax112.de/aktion-notfall-telefax-112/notruf-app-kommt/index.html (Aufruf am 20.12.2013).

71 So auch Committee on the Rights of Persons with Disabilities, wie Anm. 8, Abs. 13.

72 Vgl. Committee on the Rights of Persons with Disabilities, Communication No. 1/2010, online abrufbar unter: http://www.ohchr.org/EN/HRBodies/CRPD/Pages/Jurisprudence.aspx (Aufruf am 20.01.2014).

73 § 19 Abs. 1 Nr. 1 AGG.
74 § 19 Abs. 5 AGG.
75 § 20 Abs. 2 Nr. 1 AGG.
76 Vgl. IDZ DesignPartner Berlin GmbH u. a., Impulse für Wirtschaftswachstum und Beschäftigung durch Orientierung von Unternehmen und Wirtschaftspolitik am Konzept Design für Alle, Berlin 2009; Zentralverband Sanitär Heizung Klima, Pressemeldung vom 04.02.2013: ZVSHK freut sich über hohe Resonanz auf den internationalen Produkt-Award »Badkomfort für Generationen«, online abrufbar unter: http://www.zvshk.de/presse/medien-center/pressemitteilungen/details/artikel/6444-manfred-stather-prsident-zentralverband-sanitr-heizung-klima/ (Aufruf am 10.01.2014).
77 Vgl. http://www.deutscher-behindertenrat.de/ID147481 (Aufruf am 01.06.2014).
78 Siehe M. Rebstock, wie Anm. 35, S. 127 ff. Ähnlich fordern die Autor_innen der Evaluation des Behindertengleichstellungsgesetzes (BGG) des Bundes, dass eine zu gründende Agentur Verbänden, Behörden und Unternehmen die »erforderliche soziale, medizinische, technische und rechtliche Fachkompetenz« zur Verfügung stellen sollte. Siehe Felix Welti (Leitung) und Henning Groskreutz/Daniel Hlava/Diana Ramm/Tonia Rambausek/Johanna Wenckebach (wissenschaftliche Mitarbeit), Evaluation des Behindertengleichstellungsgesetzes im Auftrag des Bundesministeriums für Arbeit und Soziales. Abschlussbericht, Kassel, 31. Mai 2014, S. 505, online abrufbar unter: http://www.bmas.de/SharedDocs/Downloads/DE/PDF-Publikationen/Forschungsberichte/fb-445.pdf?__blob=publicationFile (Aufruf am 07.10.2014).
79 Hierzu ist ein Evaluationsbericht erstellt worden: Siehe F. Welti u. a., wie Anm. 78. Bei der Vorstellung des Berichts am 16.09.2014 wurde angekündigt, dass die Bundesregierung eine Änderung des BGG erarbeiten und vorlegen will und ein Inkrafttreten zum 01.01.2016 anstrebt.
80 Das Land Berlin z. B. hat die Monitoring-Stelle zur UN-BRK damit beauftragt, den rechtlichen Handlungsbedarf zu prüfen, vgl. Projekt »Monitoring-Stelle Berlin«, siehe unter: http://www.institut-fuer-menschenrechte.de/aktuell/news/meldung/article/gesetzgeberischer-handlungsbedarf.html (Aufruf am 19.05.2014). Andere Bundesländer führen in unterschiedlicher Art und Weise hausinterne Normprüfungsverfahren durch.
81 Gemäß Art. 106a, 125c Abs. 2 Satz 2 GG.

Dirk Boenke / Heike Witsch

Mobilität ohne Barrieren – regionale Beispiele

Die folgende Auswahl regionaler Beispiele stellt keinen Anspruch auf Vollständigkeit, sondern ist eine exemplarische Auswahl aus unterschiedlichen Städten und Regionen in Deutschland. Sie soll das Spektrum der möglichen Maßnahmen zeigen, die zur Verbesserung der Zugänglichkeit des öffentlichen Personennahverkehrs umgesetzt werden.[1]

Region Frankfurt am Main: Auskunft für barrierefreie Reiseketten

Wollen Menschen mit Behinderungen oder anderen Einschränkungen Bus oder Bahn fahren, dann ist es für sie wichtig, genau über die Ausstattung von Haltepunkten und Fahrzeugen Bescheid zu wissen: Kann ich ohne Stufen ins Fahrzeug einsteigen? Gibt es eine Rampe oder einen Aufzug zum Bahnsteig? Ist ein Blindenleitsystem im Bahnhof vorhanden? Informationen zu diesen und anderen Fragen können Menschen mit Einschränkungen in der Region Frankfurt am Main (derzeit Frankfurt, Offenbach und S-Bahn-Verkehre) im Vorfeld zuhause am Computer abfragen.[2]

Eingegeben werden können dazu Ausgangsort und Zielort der Reise, entweder Haltestellen oder auch Adressen. Auch kann etwa der Benutzer seine Informationsabfrage weiter eingrenzen, indem er eingibt, welche Einschränkung er hat, etwa eine Seh- oder Gehbehinderung, ob er auf einen Fahrstuhl am Bahnsteig oder Rampen am Bus angewiesen ist. Die Auskunft berücksichtigt diese Angaben bei der Auswahl einer geeigneten Verbindung mit Bus und Bahn. Das Programm weiß beispielsweise, ob an einer Haltstelle kein Aufzug vorhanden ist oder ob dieser gerade außer Betrieb ist. Ebenso werden Verspätungen von Bussen oder Bahnen berücksichtigt. Dann bietet die Auskunft eine andere Fahrstrecke oder eine Fahrt zu einem anderen Zeitpunkt an. Informationssysteme wie das in der Region Frankfurt am Main wurden auch in anderen Städten bzw. Regionen (beispielsweise in Hamburg, Berlin und München) umgesetzt und weiter ausgebaut.

Nürnberg: Barrierefreie Fahrkartenautomaten

Nicht alle Menschen mit Behinderungen dürfen kostenlos öffentliche Busse und Bahnen benutzen oder haben eine Jahres- oder Monatskarte. Beim individuellen Fahrkartenkauf ist nicht immer jemand vor Ort, der einem bei der Bedienung des Fahrkarten-Automaten assistieren kann. Früher trafen viele Menschen mit einer Behinderung auf unüberwindliche Hürden, da der Schlitz für den Geldeinwurf für sie nicht zu erreichen war oder die richtigen Tasten nicht aufgefunden werden konnten.

Neue Fahrkartenautomaten, wie sie in Nürnberg an den stärker frequentierten Haltestellen von Bus und Bahn stehen, wurden in der Zusammenarbeit mit Menschen mit unterschiedlichen Behinderungen entwickelt.[3] Bei diesen Automaten sind alle wichtigen Funktionselemente so angeordnet, dass zum Beispiel Rollstuhlbenutzer_innen einen problemlosen Zugang dazu haben. An der Vorderseite der Automaten sind zudem Leitlinien angebracht, die man ertasten kann. Die angebrachte Punkt- und Pyramidenschrift[4] ermöglicht es blinden und sehbehinderten Menschen, den Geldeinwurf oder die Fahrkartenausgabe zu finden. Außerdem lenken helle, kleine Lampen die Aufmerksamkeit immer auf die jeweils richtige Stelle am Automaten, indem sie dort blinken, wo zum Beispiel das Geld eingeworfen werden muss oder die Fahrkarte ausgegeben wird. Dies macht den Fahrkartenkauf auch für nicht behinderte Menschen schneller und einfacher. Die Automaten verfügen des Weiteren über eine Sprachfunktion: Diese lässt sich über eine Schaltfläche auf dem Bildschirm aktivieren. Über einen Lautsprecher kann man so beispielsweise die Information erhalten, welche Fahrkarte man für eine Verbindung kaufen muss und wie viel sie kostet. Diese Funktion ist aus Gründen der Lärmvermeidung so eingestellt, dass die Lautstärke der Sprachausgabe nachts verringert ist. Alternativ steht ein Kopfhörer zur Verfügung.

Die Automaten sind auch mit Bildschirmen ausgestattet, auf denen die jeweiligen Informationen in großer Schrift und mithilfe starker Kontraste dargestellt sind. Wahlweise kann man durch Berühren des Bildschirms in einer Ecke einen besonderen Modus einschalten, bei dem statt des üblichen Auswahlmenüs nur noch vier Symbole angezeigt werden (»Vier-Ecken-Modus«). Mit diesen Symbolen kann man, unterstützt durch die Sprachausgabe, die Auswahl steuern und eine Fahrkarte kaufen. In diesem Modus stehen die Funktionen »Vorwärts«, »Zurück«, »Ja« und »Nein« zur Verfügung.

Diese Steuerung vereinfacht blinden und stark sehbehinderten Menschen, aber auch älteren Menschen und Kindern die Bedienung.

Zudem enthalten die Automaten einen Scanner, der den Strichcode auf einem bereits gekauften Fahrschein lesen kann. Nachdem der Automat die Information über den gewünschten Fahrschein eingelesen hat, ist lediglich die Betätigung einer weiteren Taste erforderlich, um den Fahrschein der gleichen Preisstufe erneut zu kaufen.

Reutlingen: Ein Orientierungssystem für den Busverkehr

In der baden-württembergischen Großstadt Reutlingen gibt es 17 Buslinien. Damit sich alle Menschen, die mit dem Bus fahren möchten, besser orientieren können, wurde in Reutlingen für den Stadtbusverkehr ein besonderes Orientierungssystem entwickelt und umgesetzt.[5] An der Entwicklung dieses Systems waren auch Menschen mit unterschiedlichen Behinderungen beteiligt.

Jede Buslinie und die dazugehörigen Informationselemente haben jeweils ein unterschiedliches Symbol und eine andere Farbe. Dabei sind die Symbole nicht willkürlich gewählt: So fährt beispielsweise die Buslinie mit einem Ball auf der Fahrtzielanzeige zum Fußballstadion, die Linie mit einem Kreuz zum Krankenhaus. Fahren die Busse in die Stadtmitte zum Busbahnhof, dann zeigt die Anzeige das Tübinger Tor, ein Stadttor mit Turm von der mittelalterlichen Stadtbefestigung in der Innenstadt.

An einem zentralen Umsteigepunkt in der Stadtmitte treffen sich alle Buslinien des Stadtverkehrs. Damit man dort unter den vielen Haltestellen die richtige findet, steht an jeder Haltestelle eine große Figur aus Metall. Ihre Farbe entspricht derjenigen der jeweiligen Buslinie. Jede Figur hält zudem jeweils das Symbol der Buslinie hoch. An der Seite der digitalen Anzeigetafeln und an den Informationsvitrinen an den Haltestellen sind ebenfalls die Farbe und das Symbol der jeweiligen Linie angebracht. Die Informationsvitrinen enthalten neben dem Linienplan, auf dem die Haltestellen der jeweiligen Buslinie dargestellt sind, einen Plan mit einer Übersicht über alle Buslinien (mit Farben und Symbolen) des Stadtverkehrs, den sogenannten Linienstern. Als zusätzliche Hilfe kann jeder Fahrgast an den Informations- und Verkaufsstellen der Verkehrsgesellschaft einen kostenlosen Satz »Merkkärtchen« erhalten. Dabei handelt es sich um faltbare Linienpläne für die Jacken- oder Handtasche. Auch die Merkkärtchen tragen das Symbol der jeweiligen Buslinie und sind in der entsprechenden Farbe gekennzeichnet. Das Symbol auf dem Merkkärtchen für eine Buslinie kann der Fahrgast mit dem Symbol auf der Fahrtzielanzeige des Busses vergleichen und so die Linie, mit der er fahren möchte, leichter finden.

Das Reutlinger Orientierungssystem wurde im Jahr 2007 offiziell eingeführt und hilft seitdem hauptsächlich Menschen mit kognitiven Beeinträchtigungen sowie Menschen mit Seh- und Leseschwächen dabei, selbstständig mit dem Bus zu fahren. Aber auch Kindern, älteren Menschen und Besuchern der Stadt hilft es, sich im Reutlinger Busverkehr schneller zurechtzufinden.

Dresden: Ein Bordstein für den barrierefreien Einstieg in Bus und Bahn

Zur Vermeidung von langen Umwegen beim Umsteigen von einem Verkehrsmittel in ein anderes sollten Busse und Bahnen an einer gemeinsamen Bahnsteigkante halten können. In der Regel ist dabei ein bequemer Einstieg ohne Stufe und Spalt in beide Fahrzeugarten nicht einfach zu realisieren, insbesondere dann, wenn Niederflur-Linienbusse und Niederflur-Straßen-/Stadtbahnen aufgrund technischer Gegebenheiten unterschiedliche Einstiegshöhen haben. Während bei Bussen die Einstiegsstufe durch ein Absenken des Busses zur Bordsteinkante der Haltestelle *(Kneeling)* verringert werden kann, ist bei Straßenbahnen ein solches Absenken nicht möglich. Bei Straßenbahnen liegt die Einstiegsstufe durch eine Anrampung des Zugangsbereichs zwar etwas niedriger als der übrige Fußboden im Fahrzeug, sie liegt aber dennoch höher als beim abgesenkten Bus. Um diesen Unterschied weitestgehend auszugleichen, muss der Bordstein an einer Haltestelle möglichst an die Einstiegshöhe der Straßenbahn angepasst sein. Bei so hohen Bordsteinen besteht jedoch die Gefahr, dass die Karosserie des Busses anstößt und das Fahrzeug beschädigt wird. Busse und Bahnen haben zudem unterschiedliche Spurweiten, sodass der Abstand zwischen Bordsteinkante und Fahrzeug ebenfalls unterschiedlich ausfällt: Die Straßenbahn fährt auf Schienen und hat daher in etwa immer denselben Abstand zum Bordstein. Der Bus dagegen braucht eine Hilfe, um mit möglichst wenig Abstand zum Bordstein zum Halten zu kommen. Dafür sind die Bordsteine oftmals besonders geformt, sodass auch der Bus sehr nah an die Bordsteinkante heranfahren kann, ohne dass das Fahrzeug Schaden nimmt.

Um sowohl den Höhenunterschied zwischen Einstiegsstufe und Bordsteinkante als auch den Abstand zwischen Fahrzeug und Bordsteinkante möglichst gering zu halten, wurde vor einigen Jahren in Dresden ein besonderer Bordstein entwickelt.[6] Dieser und ähnliche Bordsteine werden in vielen anderen Städten (so in Kassel, Stuttgart und Berlin) an gemeinsamen Haltestellen von Bus und Bahn verbaut. Von den üblichen Bordsteinen, die an Haltestellen verwendet werden, unterscheidet sich ein solcher Bordstein durch seine besondere Höhe (bis zu 23 cm), sodass ein Einstieg mit geringen Stufen in Bahnen wie in Busse möglich wird. Die spezifische Form der Steine erlaubt ein sehr nahes Heranfahren an den Bordstein, was gleichzeitig eine größtmögliche Verringerung des Abstandes zwischen Fahrzeug und Bordsteinkante beim Einstieg bedeutet.

Schleswig-Holstein: Barrierefreiheit im Schienennahverkehr – die Nord-Ostsee-Bahn

Barrierefreie Verkehrsmittel helfen behinderten Menschen, ihren Aktionsradius zu erweitern, um die individuellen Möglichkeiten der Teilhabe am gesellschaftlichen Leben wahrnehmen zu können.

Im Jahr 2003 gewann die Nord-Ostsee-Bahn (NOB) GmbH in Schleswig-Holstein die Ausschreibung für den Betrieb auf der Strecke Hamburg – Westerland/Sylt. Eine zentrale Aufgabe bei der Umsetzung wurde für das Unternehmen die in der Ausschreibung des Landes geforderte Barrierefreiheit in den Zügen. In Zusammenarbeit mit den Behindertenverbänden und dem Fahrgastbeirat in Schleswig-Holstein nahm die NOB die Planung für barrierefreien Fahrzeuge im Schienennahverkehr in Angriff, und seit Dezember 2005 werden die lokbespannten Züge mit Niederflureinstieg auf der Strecke Hamburg – Westerland eingesetzt.[7]

Bereits vor der Betriebsaufnahme wurde der Fahrgastbeirat Schleswig-Holstein mit Vertreter_innen des Bundesverbandes Selbsthilfe Körperbehinderter e. V. und des Blinden- und Sehbehinderten-Verbandes e. V. bei der Planung der Züge beteiligt. Unmittelbar nach der Betriebsaufnahme am 15.12.2005 erarbeitete die NOB gemeinsam mit mehreren Behindertenverbänden und einer auf das Thema Barrierefreiheit spezialisierten Agentur aus Flensburg ein Programm zur Barrierefreiheit. Dazu sind alle Eisenbahnverkehrsunternehmen gesetzlich verpflichtet.[8]

Diese intensive Zusammenarbeit von NOB und Verbänden besteht weiterhin. Sie wird zum Beispiel deutlich in der Schulung des NOB-Zugpersonals durch die Expertin für barrierefreien ÖPNV des Bundesverbandes Selbsthilfe Körperbehinderter. Da alle Reisezugwagen bei einer Bahnsteighöhe von 76 cm über Schienenoberkante einen höhengleichen Einstieg haben, ist für alle Fahrgäste der Ein- und Ausstieg bequem. Sehbehinderte und ältere Menschen sowie Fahrgäste mit Rollator, Gehstützen, Kinderwagen und schwerem Gepäck wissen das sehr zu schätzen.

Im sogenannten Steuerwagen gibt es eine mobile Rampe, die vom Zugbegleiter ausgelegt wird und auf der Menschen im Rollstuhl sicher in den Wagen fahren können. Fahrgästen mit handbetriebenem Elektrorollstuhl helfen die Zugbegleiter_innen auch ohne Rampe in jeden anderen Wagen des Zuges. Dadurch ist es möglich, dass Gruppen mit Menschen mit und ohne Rollstuhl zusammen in einem Zug fahren können. Gruppen sollten die Fahrt vorher anmelden, einzelne Fahrgäste müssen dies nicht. Das ist im Verkehrsvertrag zwischen dem Land Schleswig-Holstein und der NOB so festgelegt.

Im Steuerwagen stehen auch ein NOB-Streckenplan, der Schleswig-Holstein-Übersichtsplan und die Sitzplatz-Plaketten in Punkt-, Prismen- und Schwarzschrift[9] zur Verfügung. Ein weiteres Informationsblatt für sehbehinderte Fahrgäste ist beim Zugpersonal erhältlich. Im Außenbereich gibt es kontrastreiche Taststreifen, damit sehbehinderte Menschen den Türöffner am Zug leicht finden können.

Ein barrierefreies WC gibt es selbstverständlich auch. Leider ist es mit großen Elektrorollstühlen nicht immer nutzbar. Bereits bei der Planung der Züge haben die Behindertenverbände das für die Nutzung mit Elektrorollstühlen zu kleine Format kritisiert. Der Hersteller konnte jedoch 2003 keine größere Version anbieten. Inzwischen ist ein WC nach den derzeit gültigen Richtlinien der TSI PRM[10] erhältlich. Das Land Schleswig-Holstein will die NOB-Züge jetzt zwar grundsätzlich umgestalten – das WC soll aber aus finanziellen Gründen erst einmal im derzeitigen Zustand verbleiben. Die Verbände haben daraufhin ihre Zustimmung zu den Umgestaltungsplänen versagt.

Das Unternehmen NOB hat auch an die Belange hörbehinderter Fahrgäste gedacht, etwa durch die entsprechende optische Aufbereitung der Fahrgastinformationen im Zug, die gut lesbar sind. Auch sind die Lautsprecheransagen gut zu verstehen.

Überdies wurden Lokführer_innen und Zugbegleiter_innen durch den Bundesverband Selbsthilfe Körperbehinderter e. V. (BSK) im Umgang mit behinderten Menschen geschult, sodass sie deren Bedarfe erkennen.

▶ Zusammenfassung

Für viele Menschen mit einer Behinderung oder Einschränkung ist der öffentliche Personennahverkehr die einzige Möglichkeit, auch weitere Strecken selbstständig zurückzulegen. Die Verkehrsunternehmen haben in den letzten Jahren viel dafür getan, die Benutzung der öffentlichen Verkehrsmittel für Menschen mit Einschränkungen zu vereinfachen. Immer öfter wird das Konzept eines »Design für Alle« verfolgt, da diese Lösungen allen Menschen helfen, öffentliche Verkehrsmittel leichter zu benutzen. Es gibt beispielsweise im Internet Auskunftssysteme, die bei der Wegeplanung helfen. Fahrkartenautomaten erfüllen inzwischen die Erfordernisse von Menschen mit unterschiedlichen Behinderungen. Informationssysteme erleichtern durch eine einfache und einprägsame Gestaltung die Orientierung. Barrierefreie öffentliche Verkehrsmittel ermöglichen Menschen mit Behinderungen durch Erweiterung ihres Aktionsradius gesellschaftliche Teilhabe.

Anmerkungen

1 Weitere Beispiele und Informationen zum barrierefreien ÖPNV siehe Verband Deutscher Verkehrsunternehmen (VDV) – VDV Förderkreis e. V. (Hrsg.), Barrierefreier ÖPNV in Deutschland/Barrier-free Public Transport in Germany, Bearbeitung: Studiengesellschaft für unterirdische Verkehrsanlagen e. V. (STUVA), Meerbusch 2012, online abrufbar unter: http://www.alba-publikation.de/oxid.php/sid/01c77bde88849a10f1953a1198260326/cl/details/cnid/200/anid/a7c5024b7b7895dd7.95915084/Barrierefreier-OePNV-in-Deutschland-_-Barrier-free-Public-Transport-in-Germany/ (Aufruf am 17.06.2014).

2 Informationen siehe unter http://www.rmv.de/auskunft/bin/jp/query.exe/dn (Aufruf am 29.05.2014).

3 Informationen siehe unter http://www.vag.de/mod/pressearchiv/view/cp-m106/pressemeldung-1735/Fahrkartenautomaten-bekommen-neue-Bedienoberflaeche (Aufruf am 27.05.2014).

4 Punktschrift (oder Brailleschrift, benannt nach ihrem Erfinder Louis Braille) ist eine Schrift, die Buchstaben, Zahlen und andere Zeichen mit Punkten darstellt. Die Punkte sind erhaben und können daher mit den Fingern ertastet (»gelesen«) werden. Brailleschrift wird in der Regel von geburtsblinden Menschen erlernt. Pyramidenschrift wird mit Großbuchstaben und einem prismenartigen Querschnitt umgesetzt und ist daher ebenfalls zu ertasten. Sie verfügt über die üblichen Schriftzeichen und Zahlen, ergänzt um einige Sonderzeichen, weshalb sie von allen Menschen, die lesen können, gelesen werden kann (sehend oder taktil).

5 Informationen siehe unter https://www.stadtwerke-reutlingen.de/rsv/leitsystem.php?current=2 (Aufruf am 29.05.2014).

6 Siehe http://www.dvb.de/de/OePNV-fuer-alle/(Aufruf am 29.05.2014).

7 Siehe www.nord-ostsee-bahn.de (Aufruf am 07.06.2014).

8 Gesetzliche Grundlagen hierfür sind: §§ 4 und 8 BGG (Behindertengleichstellungsgesetz/2002), § 2 Abs. 3 EBO (Eisenbahn-Bau- und Betriebsordnung/1967). Siehe dazu auch im Internet unter: http://www.bmas.de/SiteGlobals/Forms/Suche/Servicesuche_Formular.html?nn=5328&resourceId=6604&input_=6416&pageLocale=de&templateQueryString=zielvereinbarungsregister+nord-ostsee-bahn&sortString=-score_&sortString.HASH=8acd158288b6c9e0da46&searchArchive=0&searchArchive.HASH=326829b0361405ca46e4&searchIssued=0&searchIssued.HASH=f3427ca2961450d8e0e4&searchbutton.x=16&searchbutton.y=7; http://www.bmvit.gv.at/verkehr/gesamtverkehr/barrierefreiheit/downloads/leitfaden_eisenbahnfahrzeuge.pdf (Aufruf für alle Links am 07.06.2014).

9 Siehe Anm. 4.

10 TSI (Technische Spezifikationen für die Interoperabilität) sind Spezifikationen für die Interoperabilität im Schienenverkehr innerhalb der Europäischen Union. PRM (engl. Abk. für *People with Reduced Mobility*): Personen mit Mobilitätseinschränkungen.

Christian Bühler / Birgit Scheer

Barrierefreie Informationstechnik

Im Folgenden wird dargestellt, wie Barrierefreiheit in digitalen Angeboten in der Praxis bisher umgesetzt ist. Dazu gehört ein Überblick über die Richtlinien in Deutschland und das Aufzeigen von Beispielen für Testtools, mit denen Barrieren im eigenen Angebot gefunden und beseitigt werden können. Häufig werden in der Praxis auch digitale Angebote Dritter genutzt, für deren Beschaffungsvorgang ebenfalls praktische Tipps gegeben werden. Verweise auf praktische Handlungsempfehlungen ergänzen den Beitrag.

Gesetzliche Grundlagen

Barrierefreie Informationstechnik wird häufig zwar auf den Bereich »Barrierefreies Internet« reduziert, sie umfasst aber viel mehr, so unter anderem auch die barrierefreie Nutzung von Software, Intranetangeboten, Selbstbedienungsautomaten mit grafischer Benutzeroberfläche, digitalen Dokumenten (zum Beispiel PDF, eBooks) und Apps für mobile Endgeräte.

Barrierefreiheit bedeutet, dass Menschen mit unterschiedlichsten Behinderungen die digitalen Angebote nutzen können.[1] Blinde Menschen surfen beispielsweise im Internet mithilfe einer Sprachausgabe, einem sogenannten Screenreader, den sie auf ihrem Computer installiert haben, und ggf. einer Braillezeile zur Ausgabe von Texten per Brailleschrift. Daher müssen alle Nicht-Text-Inhalte für diese Nutzergruppe Alternativtexte besitzen, damit die Sprachausgabe diese vorlesen kann. Das Gleiche gilt für Apps auf mobilen Endgeräten: Alle Inhalte müssen, in diesem Fall über die häufig bereits in die Geräte integrierte Sprachausgabe (zum Beispiel VoiceOver bei iOS, TalkBack bei Android), vorgelesen werden. Da blinde Menschen mit der Tastatur durch die Webinhalte navigieren bzw. bei mobilen Geräten mithilfe bestimmter Gesten auf dem Touchscreen von einem Element zum nächsten gehen, müssen alle Inhalte einer Webseite, einschließlich programmierter Inhalte, auf diesem Weg erreichbar und auch in einer sinnvollen Reihenfolge angeordnet sein. Dies ermöglicht gleichzeitig auch

Menschen mit einer manuell-motorischen Einschränkung die Bedienung der Webseiten mithilfe anderer angeschlossener Eingabegeräte. Für Menschen mit einer Sehbehinderung ist es zum Beispiel wichtig, dass die Inhalte vergrößert werden können. Das grafische Zoomen wird inzwischen von vielen Browsern und mobilen Geräten standardmäßig angeboten. Trotzdem ist es hilfreich, wenn zusätzlich eine Möglichkeit für die Schriftvergrößerung innerhalb der Webseiten angeboten wird (Abb. 1). Die Wahrnehmbarkeit muss grundsätzlich durch ausreichende Kontraste sichergestellt werden.

Abb. 1: Ausschnitt Schriftvergrößerung auf der Webseite www.imhplus.de (hier im Firefox-Browser); die Vergrößerung ist auf allen Seiten des Webauftritts sichtbar.

Insbesondere bei Apps muss bei der Programmierung darauf geachtet werden, dass die eingebaute Zoomfunktion der mobilen Geräte nicht aufgrund von Designfragen blockiert wird. Es sollten möglichst die Gestaltungsprinzipien[2] des Universellen Designs berücksichtigt werden, um allen Menschen den Zugriff auf die digitalen Angebote zu ermöglichen.

Auf Bundesebene gilt die Barrierefreie Informationstechnik-Verordnung (BITV) 2.0. Diese basiert auf den internationalen *Web Content Accessibility Guidelines (WCAG) 2.0*, die in Anlage 1 der BITV abgebildet sind. Die barrierefreie Gestaltung der genannten digitalen Medien und Angebote zusätzlich zu den Webangeboten ist entsprechend der BITV nicht für alle Bereiche der öffentlichen Verwaltung verpflichtend. Intranets und Software des Bundes fallen nur unter die Regelung, wenn es »öffentlich zugängliche« Lösungen sind.[3]

Apps für Smartphones und Tablets fallen ebenfalls unter die Richtlinien der BITV. Auch Bundesbehörden geben immer häufiger Apps heraus. Beispiele sind die Apps »Bundestag« und »Bundesrat« mit Informationen zu den jeweiligen Gremien oder die Ratgeber-App »Erste Schritte – Ihr Baby« des Bundesministeriums für Familie, Senioren, Frauen und Jugend. Da die Kriterien der BITV 2.0 technologieunabhängig formuliert sind, lassen sie sich auch auf Apps gut übertragen.

Eine Besonderheit der BITV 2.0 gegenüber den internationalen Standards ist die Forderung nach Grundinformationen zu einem Webangebot in Leichter Sprache und Deutscher Gebärdensprache (DGS). Dies soll Menschen mit Lernschwierigkeiten und gehörlosen Menschen die Teilhabe erleichtern, auch wenn nicht alle Informationen der Webangebote so bereitgestellt werden müssen (BITV Anlage 2).

Private Anbieter von digitalen Angeboten sind in Deutschland bisher nur indirekt über die UN-Behindertenrechtskonvention (UN-BRK) zur Barrierefreiheit verpflichtet, wenn die Inhalte zum Beispiel für die politische oder berufliche Teilhabe relevant sind.[4] Auf europäischer Ebene wurde im Rahmen des Mandates 376 eine Beschaffungsrichtlinie erarbeitet.[5] Dies wird möglicherweise auch Auswirkungen auf die Privatwirtschaft haben, wenn beispielsweise von der öffentlichen Verwaltung eingekaufte Software oder Informationsterminals zukünftig barrierefrei sein müssen.

In den einzelnen Bundesländern bestehen unterschiedliche Regelungen sowohl hinsichtlich der anzuwendenden Standards als auch in Bezug auf den Geltungsbereich der barrierefreien Informationstechnik. So müssen etwa in Nordrhein-Westfalen auch die Intranets der Dienststellen und Einrichtungen des Landes, der Gemeinden und anderer dem Land unterstehenden Einrichtungen barrierefrei gestaltet sein, was die Chancen der beruflichen Teilhabe von Menschen mit Behinderungen erhöht. Eine Übersicht der Landesgesetze und Verordnungen einschließlich der teilweise verfügbaren Aktionspläne der Länder zur Umsetzung der Richtlinien der UN-BRK hinsichtlich der Barrierefreiheit ist online verfügbar[6] (Abb. 2).

Abb. 2: Übersicht zum Stand der gesetzlichen Regelungen in den Bundesländern http://www.di-ji.de/r/laender bzw. www.di-ji.de/r/nrw

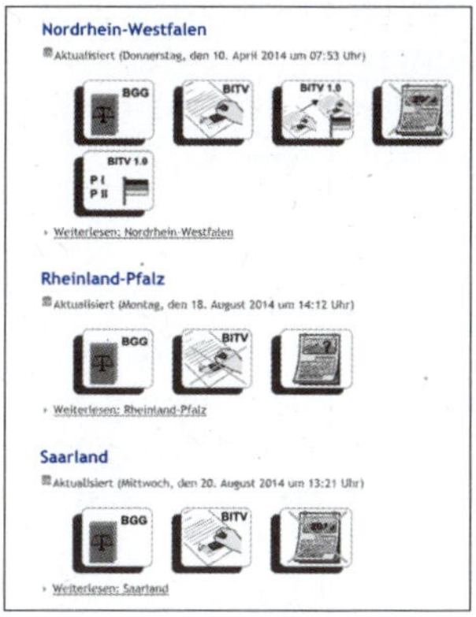

(a) Übersicht drei Bundesländer

(b) Detailansicht Nordrhein-Westfalen

Stand der Umsetzung und Möglichkeiten der Überprüfung

Um eine uneingeschränkte Teilhabe zu ermöglichen, müssen insbesondere eGovernment-Angebote einschließlich der Angebote zur ePartizipation, bei denen sich Bürger_innen aktiv beteiligen können, barrierefrei gestaltet werden. Unterstützung dabei bietet der »BITV-Lotse des Bundes«, der online frei verfügbar ist[7]. Er enthält zahlreiche Praxishilfen und Umsetzungsbeispiele für die Kriterien der BITV 2.0 sowie Hilfen bei der Umstellung eines BITV-1.0-konformen Webangebots auf die aktuellen Standards der BITV 2.0.

Positive Umsetzungsbeispiele für Angebote zur Bürgerbeteiligung finden sich im »Leitfaden Bürgerbeteiligung barrierefrei erfolgreich«[8]. Diese lassen sich teilweise auch auf andere Angebote übertragen, deren zentrale Aufgabe eine Interaktion mit den Nutzer_innen ist. Weitere Unterstützungsangebote in Form von Beratung, Testdurchführung, Online-Informationen und Schulungen sind durch die Projekte und Initiativen im Bereich Inklusive Informationstechnik gegeben (u. a. AbI[9], BIENE[10], BIK[11], Di-Ji[12], einfach für alle[13], Incobs[14]).

Die Kriterien für eine Barrierefreie Informationstechnik lassen sich den vier Grundprinzipien Wahrnehmbarkeit, Bedienbarkeit, Verständlichkeit und technologische Robustheit zuordnen. Angebote der öffentlichen Verwaltung erfüllen diese Kriterien aufgrund der gesetzlichen Verpflichtung häufig besser als private Anbieter bzw. Angebote der Privatwirtschaft.[15] Diese Tendenz hat eine Anfang 2013 gemachte Untersuchung des Di-Ji-Projekts zur Barrierefreiheit der Websites von Bundestagsabgeordneten und der Bundestagsfraktionen bestätigt.[16] Doch auch einige private Unternehmen haben eigene Aktionspläne zur Umsetzung der Barrierefreiheit nach der UN-BRK erstellt.[17] So konnten die Behindertenverbände im Rahmen von Zielvereinbarungen mit Unternehmen wie dem Pharmakonzern Pfizer oder der Kreishandwerkerschaft Rureifel Barrierefreiheit für deren Webangebote herstellen. Hierzu hat das AbI-Projekt eine Musterzielvereinbarung entworfen.[18]

Da in Deutschland erst ab März 2014 die Anforderung gilt, dass einige grundlegende Informationen auch in Deutscher Gebärdensprache und Leichter Sprache vorliegen müssen, ist dies bisher nur in wenigen Angeboten umgesetzt.[19] Ein Beispiel für ein Webangebot, in dem bereits jetzt mehr Inhalte als gesetzlich gefordert für Menschen mit Lernschwierigkeiten und gehörlose Menschen zur Verfügung werden, ist das Portal des Bundes www.einfach-teilhaben.de. Hinweise zur Umsetzung der Barrierefreiheit finden sich unter anderem im BITV-Lotsen und in der Dokumentation des Di-Ji-Kongress »Verständlich informiert – im Job integriert«.[20]

Der Stand der Barrierefreiheit kann während der Entwicklung eines digitalen Angebots unter Anwendung verschiedener Werkzeuge gut durch den Entwickler selbst überprüft werden. Abschließende Tests sollten möglichst von externen Prüfern durchgeführt werden. Einen Überblick über die verschiedenen verfügbaren Testtools für Webangebote, PDF-Dokumente, verständliche Sprache usw. bietet das Webangebot des Di-Ji-Projekts.[21] Automatische Testtools können zwar unterstützend genutzt werden, sie können aber nicht alle Aspekte der Barrierefreiheit prüfen.[22]

Hilfreich für Entwickler oder Redaktionen, die ihre Webangebote selbst überprüfen möchten, ist insbesondere das Dokumentations-Werkzeug »BaNu – Barrieren finden, Nutzbarkeit sichern« des Bundesverwaltungsamtes.[23] Dieses kann online nach einer Registrierung kostenfrei genutzt werden und führt schrittweise durch die Prüfung eines Angebots.

Ein erster Schritt zur nachhaltigen Sicherstellung der Barrierefreiheit ist die Auswahl eines autorenunterstützenden Systems, häufig *Content Management System (CMS)*, das die Erstellung barrierefreier Angebote unterstützt und möglichst auch selbst barrierefrei nutzbar ist.[24] Diese Systeme sollten vor der Beschaffung ebenfalls mit entsprechenden Checklisten überprüft werden.

Meldestelle für digitale Barrieren

Im Di-Ji-Projekt ist eine Meldestelle für digitale Barrieren bei der Bundesarbeitsgemeinschaft Selbsthilfe eingerichtet worden. Trifft eine Nutzerin oder ein Nutzer beispielsweise im Internet auf eine Barriere, so kann diese direkt der Meldestelle mitgeteilt werden, und zwar auf den »klassischen« Wegen sowie per Online-Formular, E-Mail oder mithilfe einer Webcam in Gebärdensprache.[25] Gemeldet werden können alle Arten digitaler Barrieren, zum Beispiel bei (Fahrkarten-)Automaten ebenso wie bei PDF- oder anderen digitalen Dokumenten oder auch Apps.

Dabei steht ein Browser-Addon[26] zur Verfügung, das nach der Installation den Meldeprozess beim Surfen erleichtert. Ein Beispiel für eine häufig gemeldete Barriere sind sogenannte grafische CAPTCHAs. Hierbei handelt es sich um Buchstaben und Zahlen in schlecht lesbaren Grafiken, die beispielsweise bei einem Anmelde- oder Bestellvorgang in ein Formular eingegeben werden müssen, um etwa den Erhalt von Werbung zu verhindern. Steht alternativ keine andere Möglichkeit zur Verfügung, beispielsweise ein Audio-CAPTCHA, ist dies für Menschen mit einer Sehbehinderung oder blinde Menschen eine unüberwindbare Barriere. Die Meldestelle nimmt in solchen Fällen Kontakt zum Anbieter auf und unterstützt diesen bei der Suche nach barrierefreien Lösungen.

▶ Zusammenfassung

Digitale Barrierefreiheit ist in Deutschland für die Webangebote des Bundes und der meisten Bundesländer verpflichtend geregelt. Um eine uneingeschränkte Teilhabe von Menschen mit Behinderungen zu ermöglichen, müssen aber auch andere digitale Angebote barrierefrei gestaltet sein. Dazu zählen zum Beispiel digitale Dokumente, Automaten und Apps. Bisher sind die digitalen Angebote der öffentlichen Verwaltung barrierefreier gestaltet als private Angebote, für die keine direkte Verpflichtung zur Barrierefreiheit besteht. Der Beitrag stellt unterstützende Angebote vor, die dabei helfen, digitale Medien und Angebote barrierefrei für alle zu gestalten. Dazu zählt zum Beispiel der BITV-Lotse des Bundes.

Anmerkungen

1 Vgl. dazu den Beitrag von Andreas Bethke u.a. in diesem Band → S. 178ff.
2 Vgl. http://ftb-esv.de/unieinl.html (Aufruf am 10.11.2013).
3 Siehe Bundesministerium für Arbeit und Soziales (BMAS)/Bundesverwaltungsamt (BVA), Verordnung zur Schaffung barrierefreier Informationstechnik nach dem Behindertengleichstellungsgesetz (Barrierefreie Informationstechnik-Verordnung – BITV 2.0), 2011; BITV 2.0, in: Bundesgesetzblatt, Jahrgang 2011, Teil I, Nr. 48, S. 1843–1859, online abrufbar unter: http://www.bgbl.de/banzxaver/bgbl/start.xav?startbk=Bundesanzeiger_BGBl#__bgbl__%2F%2F*[%40attr_id%3D%27bgbl111s1843.pdf%27]__1401714755940 (Aufruf am 30.05.2014).
4 Siehe dazu auch den Beitrag von Andreas Bethke u.a. in diesem Band → S. 178ff.
5 Vgl. http://www.mandate376.eu/ (Aufruf am 20.12.2013).
6 Siehe Digital informiert – im Job integriert – Di-Ji (Hrsg.), Di-Ji-Infothek – Rechtliches – Länder, 2013, online abrufbar unter: www.di-ji.de/r/laender (Aufruf am 09.11.2013).
7 Annika Nietzio/Frank Reins/Birgit Scheer/Rainer Wallbruch, BITV-Lotse einfach teilhaben, hrsg. v. Bundesministerium für Arbeit und Soziales (BMAS)/Forschungsinstitut Technologie und Behinderung (FTB), online abrufbar unter: www.bitv-lotse.de (Aufruf am 03.11.2013).
8 Vgl. Stiftung Digitale Chancen/Institut für Informationsmanagement Bremen, Leitfaden Bürgerbeteiligung barrierefrei erfolgreich, 2012, online abrufbar unter: www.digitale-chancen.de/transfer/downloads/md1005.pdf (Aufruf am 09.04.2013).
9 Vgl. http://abi-projekt.de/abi-projekt.html (Aufruf am 03.11.2013).
10 Vgl. http://www.biene-award.de/(Aufruf am 03.11.2013).
11 Vgl. http://www.bik-online.info/(Aufruf am 03.11.2013).
12 Vgl. Forschungsinstitut Technologie und Behinderung (FTB) (Hrsg.), Digital informiert – im Job integriert – Di-Ji, 2013, online abrufbar unter: http://di-ji.de (Aufruf am 03.11.2013).

13 Vgl. http://www.einfach-fuer-alle.de/(Aufruf am 03.11.2013).

14 Vgl. http://www.incobs.de/(Aufruf am 03.11.2013).

15 Vgl. Technosite/NOVA/CNIPA (Hrsg.), Monitoring eAccessibility in Europe: 2011 Annual Report, o. O. 2012, online abrufbar unter: http://www.eaccessibility-monitoring.eu/researchResult.aspx (Aufruf am 10.11.2013).

16 Siehe Anm. 12.

17 Siehe Anm. 6.

18 Siehe Anm. 9 und http://wob11.de/mustervertragstextuebersicht.html (Aufruf am 26.10.2013).

19 Vgl. Anm. 3, darin BITV 2.0 des Bundes, Anlage 2, Teil 1 und 2, und Forschungsinstitut Technologie und Behinderung (FTB) (Hrsg.), Mitten im Job: Verständlich informiert – im Job integriert. Unter Mitarbeit von Stefanie Helsper, Birgit Scheer und Julita Voigt, Dokumentation des Di-Ji-Kongresses 2012, Berlin, 19./20.09.2012, Wetter 2013; siehe auch unter http://ftb-esv.de/verlag.html (Aufruf am 17.06.2014).

20 Vgl. Anm. 12 wie ebenso Annika Nietzio, Leichte Sprache, in: Bundesministerium für Arbeit und Soziales (BMAS) (Hrsg.), BITV-Lotse einfach teilhaben, 2012, online abrufbar unter: http://www.bitv-lotse.de/BL/DE/2_Bestandteile/2_5_Verstaendlichkeit/2_5_b_Leichte_Sprache/2_5_b_leichte_sprache_node.html?selectedTab=0 (Aufruf am 03.11.2013); Annika Nietzio/Birgit Scheer/Christian Bühler, LNCS 7383 – How Long Is a Short Sentence? – A Linguistic Approach to Definition and Validation of Rules for Easy-to-Read Material, in: Klaus Miesenberger u. a. (Hrsg.), ICCHP 2012 (2), Berlin/Heidelberg 2012, S. 369–376; Birgit Scheer, Gebärdensprache, in: Bundesministerium für Arbeit und Soziales (BMAS) (Hrsg.), BITV-Lotse einfach teilhaben, online abrufbar unter: http://www.bitv-lotse.de/BL/DE/2_Bestandteile/2_5_Verstaendlichkeit/2_5_c_Gebaerdensprache/2_5_c_gebaerdensprache_node.html?selectedTab=0 (Aufruf am 03.11.2013).

21 Vgl. http://www.di-ji.de/r/testtools (Aufruf am 03.11.2013).

22 Vgl. Birgit Scheer, Testen von webbasierten Techniken, in: Christian Bühler/Jan Eric Hellbusch (Hrsg.), Barrierefreies Webdesign. Praxishandbuch für Webgestaltung und grafische Programmoberflächen, Heidelberg 2005, S. 302–321.

23 Vgl. http://www.banu.bund.de/(Aufruf am 03.11.2013).

24 Siehe Birgit Scheer, Entwicklung eines autorenunterstützenden Systems zur nachhaltigen Sicherstellung der Barrierefreiheit im Internet auf der Grundlage von Open-Source-Software, Aachen 2011.

25 Vgl. Digital informiert – im Job integriert (Hrsg.), Meldestelle für digitale Barrieren, 2013, online abrufbar unter: http://www.meldestelle.di-ji.de (Aufruf am 03.11.2013); Christian Radek/Birgit Scheer/Christian Bühler, Digital Barriers: Set Up And Operation Of A National Helpdesk. 2nd International AEGIS Conference and Final Workshop, Brüssel 2011.

26 Ein Addon erweitert die Browserfunktionalität, z. B. durch zusätzliche Schaltflächen. Es kann leicht installiert werden.

Matthias Schmidt-Ohlemann

Gesundheit und Rehabilitation in einem inklusiven Gemeinwesen

Artikel 25 der Behindertenrechtskonvention artikuliert die Rechte von Menschen mit Behinderung auf ein Höchstmaß an Gesundheit, Artikel 26 auf staatliche Vorkehrungen für ein Höchstmaß an Unabhängigkeit, umfassende Fähigkeiten und volle Einbeziehung und Teilhabe. In der Arbeitsgruppe zur Erarbeitung der UN-BRK[1] war die Zuordnung des Themas Habilitation und Rehabilitation zunächst strittig. Die Diskussion drehte sich um die Frage, ob es nicht dem Artikel Gesundheit eingegliedert werden sollte. Die Entscheidung ging jedoch schließlich zugunsten eines eigenständigen Artikels als Querschnittsartikel aus, da »Habilitations- und Rehabilitationsdienste und -einrichtungen in ein weites Spektrum von Lebensfeldern (...) hineinwirken«, so etwa die Bereiche Bildung, Beratung, Transport, Arbeit usw.[2]

Damit wird auch der Unterscheidung von Krankheit und Behinderung Rechnung getragen: Kranke Menschen werden im Gesundheitssystem behandelt (Therapie), behinderte Menschen erhalten Unterstützung für ihre Selbstständigkeit und Teilhabe (Rehabilitation). Auch wenn einer Behinderung eine gesundheitliche Beeinträchtigung (Krankheit, Unfall) zugrunde liegt, gilt, dass Behinderung keine Krankheit ist und ebenso umgekehrt, dass Menschen mit Behinderung gesund oder krank sein können.

Gesundheit nach Artikel 25 UN-BRK

Die Vertragsstaaten anerkennen mit Artikel 25 UN-BRK »das Recht von Menschen mit Behinderungen auf das erreichbare Höchstmaß an Gesundheit ohne Diskriminierung aufgrund von Behinderung«, das heißt, Menschen mit Behinderungen dürfen bei der Gesundheitsversorgung nicht benachteiligt werden, und sie haben Anspruch auf Gesundheitsleistungen, die sie ggf. in besonderer Weise speziell aufgrund ihrer Behinderungen benötigen. Dazu gehört auch die Option, aber eben nicht die Verpflichtung, die der Behinderung zugrunde liegenden Gesundheitsprobleme zu beseitigen.

Die Forderungen in Artikel 25 UN-BRK fokussieren drei zentrale Bereiche:

- Gleichbehandlung aller Menschen, unabhängig vom Vorliegen einer Behinderung bei der Gesundheitsversorgung. Dies bedeutet: Die Gesundheitsversorgung für Menschen mit Behinderungen darf sich in all ihren Leistungen nicht von der nicht behinderter Menschen unterscheiden, sie soll eine »unentgeltliche oder erschwingliche« Versorgung sein und von den Angehörigen der Gesundheitsberufe in gleicher Qualität erbracht werden (Buchstaben a) und d).
- Barrierefreiheit aller Zugänge und Dienstleistungen im Gesundheitswesen. Sie sollen so gestaltet sein, dass sie von Menschen mit Behinderungen gleichermaßen genutzt werden können (vgl. auch Artikel 2, 3 und 9 UN-BRK), und »so gemeindenah wie möglich« angeboten werden, »auch in ländlichen Gebieten« (Buchstabe c).
- Bereitstellung besonderer Gesundheitsleistungen, die »von Menschen mit Behinderungen speziell wegen ihrer Behinderungen benötigt werden (...) einschließlich Früherkennung und Frühintervention«, und auch solcher Leistungen, durch die, »auch bei Kindern und älteren Menschen, weitere Behinderungen möglichst gering gehalten oder vermieden werden sollen« (Buchstabe b).

Anders als oft in der politischen Diskussion behauptet, akzeptiert die UN-BRK das Recht von Menschen auf die Bereitstellung spezifischer Gesundheitsleistungen, die aufgrund einer Behinderung erforderlich sind, um den Bedürfnissen und Bedarfen von Menschen mit Behinderungen gerecht zu werden. Diese können spezielle Settings erfordern, beispielsweise mit deutlich größeren Zeitbedarfen für die Untersuchung und Behandlung, Unterstützung bei der wechselseitigen Kommunikation zwischen medizinischem Personal und Patient_in, zum Beispiel durch Nutzung von Unterstützter Kommunikation oder Gebärdendolmetschung und Einbeziehung enger Bezugs- und Vertrauenspersonen. Zur Vermeidung von Fehldiagnosen und Fehlbehandlungen ist bei der Diagnostik und Therapie der Einsatz speziell ausgebildeter und besonders erfahrener Expert_innen erforderlich, die mit den entsprechenden Fragestellungen häufig befasst sind. So sollte ein Mensch mit schwerer Mehrfachbehinderung beispielsweise die Chance haben, von einem Arzt oder einer Ärztin behandelt zu werden, der bzw. die bereits andere Menschen mit schwerer Mehrfachbehinderung behandelt hat. Dies gilt insbesondere auch dann, wenn mithilfe der medizinischen Behandlungskonzepte nicht die körperliche Beeinträchtigung selbst, sondern die Auswirkungen der

Behinderung auf die Aktivitäten und die Teilhabe positiv beeinflusst werden können. Das heißt, spezielle gesundheitsbezogene Leistungen sollten auch von Menschen mit bestimmten Behinderungen in Anspruch genommen werden können, wenn die Leistungen der Förderung ihrer Teilhabe und nicht der Behandlung einer Krankheit dienen. Auch geht es oft darum, die ärztliche Behandlung so zu gestalten, dass sie sich möglichst wenig einschränkend auf den Alltag auswirkt. Dies erfordert oft behinderungsspezifische Modifikationen der herkömmlichen ärztlichen und medizinischen Behandlungsmethoden.

Aspekte der Gesundheitsversorgung für behinderte Menschen in Deutschland

Das Postulat der Gleichbehandlung im Bereich der Gesundheitsleistungen, wie es Artikel 25 UN-BRK erhebt, ist in Deutschland nicht durchgängig verwirklicht: So ist nach wie vor noch ungelöst, wie Menschen mit Behinderungen eine Chance erhalten können, gleichberechtigt in eine private Krankenversicherung aufgenommen zu werden oder auch eine Lebensversicherung abzuschließen.

Das Vorliegen einer schweren Behinderung ist häufig mit einem erhöhten Armutsrisiko verbunden. Eigenbeteiligungen, Zuzahlungen und Aufzahlungen für Gesundheitsleistungen, die bei Menschen mit Behinderungen deutlich häufiger anfallen, können von diesen oft nicht oder nur unter Verzicht auf andere lebensnotwendige Güter aufgebracht werden. Hierin liegt eine Benachteiligung, die durch angemessene Vorkehrungen des Staates beseitigt werden muss.

Die Angebote im Gesundheitswesen, etwa in Arztpraxen, sind nicht durchgängig barrierefrei. So bestehen mannigfache Zugangsbarrieren baulicher Art, durch das Fehlen von Orientierungshilfen, durch ungelöste Kommunikationsprobleme, Stigmatisierungen, bei der Hilfsmittelversorgung usw.[3] Inzwischen gibt es zahlreiche Ansätze und Bemühungen, die Barrierefreiheit im Gesundheitswesen zu verbessern, beispielsweise im Nationalen Aktionsplan zur Inklusion, in den Aktionsplänen der Bundesländer sowie zahlreicher Organisationen und auch Unternehmen.[4]

In einzelnen Landstrichen sehen sich Menschen mit Behinderung vor erhebliche Schwierigkeiten gestellt, die notwendigen Gesundheitsleistungen zu erreichen, insbesondere schwerbehinderte und in ihrer Mobilität eingeschränkte Menschen. Dies gilt in einigen Landstrichen sogar für die hausärztliche Versorgung, durchgängig aber für die spezielle fachärztliche Versorgung in ländlichen Gebieten.

Spezialisierte Dienstleistungen für Menschen mit Behinderungen sind unzureichend verfügbar, insbesondere für Erwachsene. Während behinderte Menschen bis zum 18. Lebensjahr durch die Sozialpädiatrischen Zentren und Frühförderstellen in der Regel gut versorgt sind, fehlt es ihnen im Erwachsenenalter jedoch an spezialisierten Fachkräften und auch an qualifizierten Einrichtungen. Der im November 2013 ausgehandelte Koalitionsvertrag sieht hier Abhilfe vor, so unter anderem durch die Einrichtung Medizinischer Zentren für erwachsene Menschen mit Behinderung.[5]

Ein Weg zu einem inklusiven Gesundheitswesen ist die Stärkung der Patientenrechte und ihrer Vertretungen. Deshalb ist es erfreulich, dass in einigen Entscheidungsgremien Vertreter_innen von Patientenorganisationen zumindest einbezogen sind, so beim Gemeinsamen Bundesausschuss (G-BA), bei den Zulassungsausschüssen der Kassenärztlichen Vereinigungen etc. Dennoch reichen diese Beteiligungsrechte nicht aus.

Bei der individuellen Stärkung der Menschen mit Behinderung hinsichtlich ihrer Gesundheitsversorgung gewinnen zunehmend die Organisationen und Verbände der Selbsthilfe, die Interessenvertretungen behinderter Menschen und nicht zuletzt auch die Selbsthilfegruppen, die *Peer-Support*[6] organisieren, an Bedeutung.

Insgesamt ist festzustellen, dass § 2a im Fünften Buch Sozialgesetzbuch / SGB V (»Den besonderen Belangen behinderter und chronisch kranker Menschen ist Rechnung zu tragen«), der erst 2003 in das SGB V eingebracht wurde, noch weitgehend folgenlos geblieben ist. Deshalb sollte sich der Gesetzgeber verstärkt zu konkreten Vorschriften durchringen, um sicherzustellen, dass die Forderungen aus Artikel 25 UN-BRK tatsächlich umgesetzt werden.

Habilitation und Rehabilitation nach Artikel 26 UN-BRK

Die in Artikel 26 UN-BRK (Habilitation und Rehabilitation) formulierten Postulate sollen gewährleisten, dass Menschen mit Behinderungen in die Lage versetzt werden, ein »Höchstmaß an Unabhängigkeit, umfassende körperliche, geistige, soziale und berufliche Fähigkeiten sowie die volle Einbeziehung in alle Aspekte des Lebens und die volle Teilhabe an allen Aspekten des Lebens zu erreichen und zu bewahren« (Absatz 1).

Rehabilitation und Habilitation werden in der UN-BRK nicht definiert. Der erste Weltbericht zu Behinderung, der von der Weltgesundheitsorganisation gemeinsam mit der Weltbank als Beitrag zur Umsetzung der UN-BRK 2011 veröffentlicht wurde, enthält hilfreiche Definitionen[7]. Danach ist Rehabilitation zu verstehen als Bündel von Maßnahmen zur

Unterstützung von Menschen, die – möglicherweise – Schwierigkeiten haben, eine optimale Interaktion mit ihrer Umwelt zu erreichen bzw. aufrechtzuerhalten. Im Hinblick auf die Entstehung der Beeinträchtigung wird bei den Maßnahmen zwischen Habilitation und Rehabilitation unterschieden. Das heißt: Besteht die Beeinträchtigung von Geburt an oder ab der frühen Kindheit, spricht man von Habilitation, ansonsten von Rehabilitation. Letztere gilt allerdings als Oberbegriff. Rehabilitation zielt auf die Verbesserungen der individuellen Funktionsfähigkeit ab, so sollen beispielsweise die Fähigkeiten von Menschen mit Behinderungen verbessert werden, etwa bei der selbstständigen Nahrungs- und Flüssigkeitsaufnahme. Überdies erstreckt sich Rehabilitation auch auf Anpassungen in der direkten Umgebung von Menschen mit Behinderungen, etwa das Montieren eines Toilettenhaltegriffs.[8]

Fußend auf dem Grundgedanken der UN-BRK, dass alle Menschen für ihre Handlungsmöglichkeiten so viele Freiheiten haben sollen wie möglich – wobei die Konvention den Schwerpunkt auf die Teilhabe und die Zugehörigkeit, also die Inklusion legt –, bezieht sich Artikel 26 – im Sinne eines Querschnittsartikels – auf alle Bereiche des gesellschaftlichen Lebens. Demnach sind auch die Bereiche Wohnen, Freizeit, Arbeit, Bildung, Gesundheitswesen u. a. unter dem Gesichtspunkt der Förderung der umfassenden und selbstbestimmten Teilhabe behinderter Menschen zu gestalten: Habilitation und Rehabilitation werden nicht als ausschließlich auf das System der Gesundheitsversorgung beschränkte Aufgaben verstanden.

Andererseits aber wird in der UN-Behindertenrechtskonvention durchaus die Notwendigkeit spezieller Habilitations- und Rehabilitationsdienste und -programme als eigenständige Leistungsangebote festgestellt. Alle Programme und Maßnahmen sollen die Selbstbestimmung behinderter Menschen fördern, ihre Menschenwürde wahren und ihre »Einbeziehung in die Gemeinschaft und die Gesellschaft in allen ihren Aspekten sowie die Teilhabe daran unterstützen« (Artikel 26, Buchstabe b), das heißt, sie sind so zu organisieren, dass sie Inklusion tatsächlich fördern. Dies bedeutet, dass immer auch geprüft werden muss, ob Rehabilitationsdienste und -programme aufgrund ihrer Organisationstrukturen oder ihrer Inhalte dies vielleicht erschweren.

So kann es im Einzelfall sinnvoll sein, dass ein behinderter Mensch seine berufliche Bildung selbst organisiert, während es anderen wiederum entgegenkommen mag, in speziellen Einrichtungen mit den entsprechend vorhandenen Kompetenzen Unterstützung zu erhalten. Das ist zum Beispiel der Fall, wenn ein junger Erwachsener mit einer schweren körperlichen und Sinnesbehinderung sich von seinem Elternhaus lösen will und etwa in ein Internat mit angeschlossener Berufsfachschule für Menschen mit Behinderung wechseln möchte, da er sich eine eigenständige Lebensführung noch nicht zutraut und eine spezifische Förderung beim Lernen in Anspruch nehmen möchte, um einen entsprechenden Berufsabschluss zu erlangen.

Die UN-BRK gibt insofern im Artikel 26 nicht eine bestimmte Organisationsform von Habilitations- und Rehabilitationsdiensten und -programmen vor, sieht aber vor, alle Angebote strikt auf das Ziel der Teilhabe hin auszurichten und »so gemeindenah wie möglich« (Buchstabe b) anzubieten. Zudem akzentuiert der Artikel die Freiwilligkeit dieser Leistungen und Programme.[9]

Im Einzelnen fordert Artikel 26 für die Habilitations- und Rehabilitationsangebote:

Leistungen und Programme müssen »im frühestmöglichen Stadium einsetzen« (Buchstabe a), das heißt, die Beeinträchtigung der Teilhabe soll nach Möglichkeit von vornherein verhindert werden.

Da die Teilhabebeeinträchtigung viele Facetten aufweisen kann, sollen die Angebote auf einer »multidisziplinären Bewertung der individuellen Bedürfnisse und Stärken beruhen« (Buchstabe a). Das bedeutet, dass zum Beispiel nicht allein durch ein ärztliches Gutachten Teilhabechancen bestätigt oder verneint werden können und lediglich *eine* Disziplin für die Bestimmung von Bedarfen zuständig ist: Die Multidisziplinarität trägt der Vielgestaltigkeit der Problemstellungen bei der Förderung der Teilhabe Rechnung. Dies schließt die entsprechende Aus- und Fortbildung der Fachkräfte in Habilitations- und Rehabilitationsdiensten ein (Absatz 2).

Systematische Aufgabe der Vertragsstaaten ist es, die Umgebungsfaktoren inklusionsfördernd zu gestalten, das heißt, »die Verfügbarkeit, die Kenntnis und die Verwendung unterstützender Geräte und Technologien (…) für die Zwecke der Habilitation und Rehabilitation« zu fördern (Absatz 3). Dies geht über die Notwendigkeit der Versorgung des Einzelnen mit den entsprechenden Techniken weit hinaus.

Das System der Rehabilitation in Deutschland

In Deutschland ist das Recht zur Teilhabe behinderter Menschen am Leben in der Gesellschaft im Neunten Buch Sozialgesetzbuch (SGB IX) verankert.[10] Obwohl das SGB bereits viele Aspekte der UN-BRK antizipiert hat, ist es bislang in Deutschland nicht gelungen, die zahlreichen Schnittstellen im System der Rehabilitation zu überwinden und die Zusammenarbeit der Rehabilitationsträger und der Leistungserbringer so zu gestalten, dass die Verzahnung der verschiedenen Leistungen zur Ermöglichung der Teilhabe durchgängig funktioniert.

Positiv ist jedoch zu vermerken, dass es Elemente einer sozialen Rehabilitation, also zum Beispiel der Förderung der Teilhabe an der Gemeinschaft, gibt, und zwar in der sogenannten Eingliederungshilfe[11] mit ihrem grundsätzlich offenen, wenngleich praktisch begrenzten Leistungskatalog. Nachteilig, und mit der UN-BRK letztendlich nicht vereinbar, ist jedoch, dass diese Art der Rehabilitation rechtlich im System der Fürsorge angesiedelt ist. Damit sind zahlreiche Leistungen vermögens- und einkommensabhängig. Dies wird dem Geist der Konvention nicht gerecht, deren Forderungen darauf abzielen, dass alle Menschen mit Behinderungen Unterstützungen zur Teilhabe staatlicherseits ohne Barrieren erhalten. Hier ist nicht einsehbar, warum Leistungen der Eingliederungshilfe von Einkommen/Vermögen abhängig sein sollen.

Auch ist es bislang nicht gelungen, eine wirksame Unterstützung für den einzelnen Menschen mit Behinderung bei der Durchsetzung seiner Ansprüche zu organisieren. Im Dschungel der verschiedenen Vorschriften der einzelnen Sozialgesetzbücher etc. und in der oftmals im Alltag vorfindlichen praktischen Hilflosigkeit wäre es unbedingt erforderlich, dass Menschen mit Behinderung und ihren Bezugspersonen eine individuelle Fallunterstützung, Coaching, Management oder Ähnliches zur Verfügung stehen würden. Dies ist aber bislang nur in einigen wenigen Bereichen umgesetzt, zum Beispiel im Rahmen der gesetzlichen Unfallversicherung und einzelner Fallmanagementprojekte anderer Sozialleistungs- und Rehabilitationsträger.

Auch der Zugang zu Angeboten der medizinischen Rehabilitation, die ja unmittelbar der Teilhabeförderung dienen sollen, ist für Menschen mit Behinderung erschwert, die Hürden für die Inanspruchnahme vieler Leistungen sind aufgrund der gesetzlichen Regelungen (zum Beispiel § 40 SGB V[12]) und ihrer verwaltungsmäßigen Umsetzung zu hoch.

Insbesondere wird dem Postulat der Gemeindenähe sowohl bei der medizinischen als auch der beruflichen Rehabilitation nicht regelhaft und ausreichend Rechnung getragen. Dies gilt insbesondere auch für Maßnahmen der medizinischen Rehabilitation der Rentenversicherung, die oft wohnortfern erfolgen.[13] So werden diese vorwiegend in sogenannten Kurorten in anderen Bundesländern durchgeführt, und zwar aus der Tradition der Kurortmedizin heraus und mit der Begründung, dass eine Distanzierung vom alltäglichen Umfeld für den Erfolg einer Rehabilitationsmaßnahme notwendig sei.

Besonders nachteilig für Menschen mit Behinderungen ist aber, dass die inzwischen erprobte und bewährte Form der mobilen, also der aufsuchenden Rehabilitation bislang nur an wenigen Standorten in Deutschland angeboten wird, obwohl 2007 dazu eine eindeutige gesetzliche Grundlage in § 40 SGB V geschaffen worden ist[14]. Gerade für Menschen mit Beeinträchtigungen im Bereich der Mobilität, der Kognition, der seelischen Gesundheit und der Sinnesfunktionen, die konstant auf Assistenz anderer angewiesen sind, bieten sich sehr gute Chancen auf unmittelbare Förderung der Teilhabe im vorhandenen familiären Kontext oder in der eigenen Wohnung. Denn Mobile Rehabilitation wird mit einem vollständigen Rehabilitationsteam zu Hause (oder auch im Wohnheim) durchgeführt, zum Beispiel nach einem Schlaganfall oder nach der Operation eines schwer mehrfachbehinderten Erwachsenen, der schon vorher umfassend auf Hilfe im Alltag angewiesen war und für den eine fremde Umgebung hochgradig angstbesetzt ist. Auch Hilfsmittelversorgung, fördernder Umgang und Teilhabemöglichkeiten, etwa bei Fahrten der Familien, können hier optimiert bzw. entwickelt werden. Diese Behandlungsform unterstützt also auch diejenigen, die die tägliche Versorgung übernehmen. Dies gilt sowohl für jüngere Menschen mit Behinderung als auch für ältere Menschen, die ja ebenfalls aufgrund von Krankheiten und im Laufe ihres Alterungsprozesses auf Fremdunterstützung angewiesen sind. So wird die Chance vertan, den Menschen mit Behinderung, insbesondere auch im höheren Lebensalter, ein Leben in den eigenen vier Wänden zu ermöglichen. Hier könnte in Deutschland mit einem relativ geringen finanziellen Aufwand – Schätzungen gehen von circa 50 Millionen Euro (ohne Berücksichtigung möglicher Einsparungen) aus[15] – eine optimal barrierefreie und wirksame medizinische Rehabilitation gemeindenah angeboten werden. Dies gilt beispielsweise besonders auch für sehbehinderte Menschen und die Gruppe der nicht lautsprachlich kommunizierenden Menschen.[16]

In Deutschland ist die Forderung nach Nutzung und Verbreitung inklusionsfördernder Technologien auch unabhängig vom Einzelnen bislang noch nicht ausreichend umgesetzt; dazu gehören beispielsweise technologische Veränderungen in der Wohnung zur selbstständigen Bedienung von Haushalts- und Kommunikationsgeräten, die Nutzung des Internets mit speziellen erleichternden Softwareprogrammen, Hilfsmittel zur Unterstützten Kommunikation oder zur Ansteuerung bei schweren körperlichen Behinderungen, die elektronische Steuerung von Rollstühlen einschließlich mobiler Beatmungstechnologie. So gibt es zwar Förderprogramme zur Entwicklung neuer Technologien[17], jedoch fehlt bisher die systematische Evaluation der Versorgung mit solchen technischen Hilfen. Insbesondere steht hier seit vielen Jahren die Hilfsmittelversorgung im Bereich der gesetzlichen Krankenversicherung und der Eingliederungshilfe in der Kritik, bei der lange Wartezeiten, unsachgemäße Entscheidungen sowie Unter- und Fehlversorgungen beklagt werden. Auch Überversorgungen sind zu beachten.[18]

Zurzeit sind Menschen mit Kommunikationsbeeinträchtigungen von Maßnahmen der medizinischen Rehabilitation, abgesehen von wenigen Spezialangeboten in der postakuten neurologischen Rehabilitation[19], weitgehend ausgeschlossen, da sie als nicht rehafähig angesehen werden.[20] Für nicht sprechende und in der Nutzung der Kulturtechniken zur Kommunikation beeinträchtigte Menschen – sowohl aufgrund angeborener als auch erworbener Beeinträchtigung, zum Beispiel infolge spezifischer Erkrankungen – fehlt weitgehend eine entsprechende Beratungs- und Versorgungsstruktur, etwa durch Beratungsstellen für Unterstützte Kommunikation und technische Hilfen[21] (siehe dazu auch den Praxisbeitrag von Kathrin Lemler → S. 217 ff.).

Auch im Bereich des Wohnens bestehen zahlreiche offensichtliche und allgemein auch anerkannte Defizite.[22] So ist der Anteil derjenigen Menschen mit Behinderungen, die in großen stationären Wohneinrichtungen wohnen, noch zu groß. Kleingliedriges, gemeindenahes Wohnen bei gleichzeitiger Bereitstellung entsprechender Fachdienste wären sinnvolle Alternativen. Hier hat jedoch bereits ein Umbruchprozess begonnen. Allerdings ist nicht durchgängig sichergestellt, dass in den dezentralen Wohnformen auch die Fach- und Rehabilitationsdienste und -programme bereitstehen, von denen in Artikel 26 UN-BRK die Rede ist. Deshalb liegt hier die wesentliche Herausforderung: Zum einen die Wohnformen bedürfnisgerecht zu gestalten, zum anderen die fachlichen Dienste entsprechend dem multidisziplinär festgestellten Bedarf auch tatsächlich bereitzuhalten, damit im Bedarfsfall auf diese zurückgegriffen werden kann. Bei den Rehabilitationsträgern und vor allem auch bei Ländern und Bund liegt die Verantwortung, eine entsprechende Infrastruktur zu gewährleisten. Dazu bedarf es auch entsprechender Angebote der Leistungserbringer. Diese können sich nicht nur kleingliedrig auf Dörfer oder Quartiere beziehen, sondern müssen auch überregionale Dienste und Einrichtungen umfassen, wenn diese wegen besonderer Spezialisierung notwendig sind.

Die medizinische Rehabilitation sollte sich verstärkt an der beruflichen Inklusion orientieren. Wichtiges Ziel, gerade in den Rehabilitationsmaßnahmen der Rentenversicherung, ist auch für Menschen mit auf Dauer bestehenden gesundheitlichen Beeinträchtigungen, dass der Verbleib im Erwerbsleben oder die Wiedererlangung eines Arbeitsplatzes im ersten Arbeitsmarkt gelingt. Hier stehen medizinische Rehabilitationsmaßnahmen und konkrete teilhabefördernde Maßnahmen am Arbeitsplatz oft unverbunden nebeneinander. So beklagen zum Beispiel insbesondere kleine und mittlere Unternehmen, wenig Unterstützung zu erfahren, wenn sie Menschen mit Behinderungen beschäftigen wollen. Zum anderen bemängeln Menschen mit Behinderungen, dass ihnen zu wenig zugetraut wird und dass zu wenige Arbeitsplätze angeboten werden, die ihrem Leistungsstand entsprechen.

Solange inklusive Arbeitsplätze, auch für Menschen mit erheblicher Beeinträchtigung der Leistungsfähigkeit, nicht ausreichend zur Verfügung stehen und ihre Beschäftigung nicht finanziell gefördert wird, und solange nicht sichergestellt ist, dass sich Menschen mit Behinderungen zum Betrieb und den Kolleg_innen tatsächlich zugehörig fühlen und sie zugleich die notwendige rehabilitative Unterstützung, insbesondere auch gesundheitsbezogene fachdienstliche Leistungen, bekommen können, wird man spezifische Beschäftigungsangebote nicht vermeiden können.

Die aufgeführten Aspekte verdeutlichen die zahlreichen bestehenden Herausforderungen, nicht nur hinsichtlich der Umsetzung individueller Rehabilitationsmaßnahmen, sondern auch hinsichtlich der Gestaltung einer inklusiven Gesellschaft insgesamt, gemäß den Postulaten in Artikel 26 UN-BRK.

Eine umfassende Gesundheitsversorgung und ein leistungsfähiges System der Rehabilitation sind nicht nur Mittel zur Inklusion, sondern selbst Ausdruck von Inklusion in einer Gesellschaft, die ihren Mitgliedern das bereitstellt, was sie brauchen, und die sie befähigt, ihr Recht auf Teilhabe wahrzunehmen. Dabei soll gelten: Alles, was der Befähigung zur Teilhabe dient, soll auch der Inklusion dienen.

▶ **Zusammenfassung**

Artikel 25 und 26 nehmen in der UN-Behindertenrechtskonvention eine zentrale Stellung ein. Denn gesundheitliche Beeinträchtigungen können im Zusammenwirken mit der Umwelt Behinderung bedingen. Eine umfassende barrierefreie Gesundheitsversorgung ohne Diskriminierung, einschließlich spezieller Angebote, ist für Menschen mit Behinderung ein besonderes Anliegen. Sie ist jedoch in Deutschland noch unzureichend verwirklicht. Auch das in Deutschland umfassend ausgebaute System der Rehabilitation lässt noch viele Forderungen der Konvention offen und bedarf der Weiterentwicklung in Richtung Inklusion in allen Lebensbereichen ohne Begrenzung auf spezielle Einrichtungen.

Anmerkungen

1 Zur Erarbeitung der UN-BRK siehe auch den Beitrag von Theresia Degener in diesem Band → S. 55 ff.

2 Marcus Kreutz/Klaus Lachwitz/Peter Trenk-Hinterberger, Die UN-Behindertenrechtskonvention in der Praxis, Köln 2013, S. 269f.; zur rechtlichen Interpretation von Art. 25 und 26 der UN-BRK vgl. auch Felix Welti, Artikel 25 und 26 – Gesundheit, Habilitation und Rehabilitation, in: Antje Welke (Hrsg.), UN-Behindertenrechtskonvention mit rechtlichen Erläuterungen, Berlin 2012, S. 176ff.

3 Siehe dazu Beauftragter der Bundesregierung für die Belange behinderter Menschen (Hrsg.), Dokumentation der Abschlusstagung »Gesundheit für Menschen mit Behinderung« am 21.11.2011, online abrufbar unter: http://www.behindertenbeauftragte.de/SharedDocs/Publikationen/DE/AbschlussdokumentationGesundheitstagung_cm.pdf?__blob=publicationFile; zur Tagungsdokumentation 2010–2011 siehe unter: http://www.behindertenbeauftragte.de/SharedDocs/Publikationen/DE/DokumentationTagungsreihe.pdf?__blob=publicationFile (Aufruf für beide links am 24.06.2014).

4 Zu den Aktionsplänen siehe den Überblick auf der Website der Bundesbehindertenbeauftragten, online abrufbar unter: http://www.einfach-teilhaben.de/DE/Service/UN_BRK/UN_BRK_Teaser/UN_BRK_node.html (Aufruf am 06.07.2014).

5 Der Koalitionsvertrag der 18. Legislaturperiode des Deutschen Bundestages vom 27.11.2013 sieht die Einrichtung von Medizinischen Zentren für erwachsene Menschen mit Behinderung durch eine Ergänzung von § 119 SGB V vor.

6 Unter *Peer-Support* wird die Unterstützung durch »gleichartig« Betroffene bzw. »Gleichgestellte« *(peers)* verstanden, die gleiche Lebenserfahrungen gemacht haben. Die professionalisierte Form als Beratung wird als *Peer Counseling* bezeichnet. Sie wird in Art. 24 und 26 UN-BRK ausdrücklich gefordert. Vgl. dazu die »Fachinformation Peer Counseling« des Zentrums selbstbestimmt Leben Gießen e.V. (ZsL), online abrufbar unter: http://www.zsl-giessen.de/sites/default/files/Peer%20Counseling%20Darstellung%20ZsL%20G.pdf (Aufruf am 16.07.2014).

7 World Health Organization (WHO)/The World Bank, Weltbericht Behinderung, Genf 2011, deutsche Fassung, online abrufbar unter: http://www.brk-allianz.de/attachments/article/74/Weltbericht-Behinderung-2011-D.pdf, S. 92ff., hier S. 96 der deutschen Fassung (Aufruf am 16.07.2014).

8 Siehe ebd.

9 Artikel 19 UN-BRK legt darüber hinaus fest, dass diese Unterstützungsdienste im Sinne einer selbstbestimmten Lebensführung behinderte Menschen nicht verpflichten, in bestimmten Wohnformen zu leben (vgl. auch den Beitrag von Albrecht Rohrmann/Erik Weber in diesem Band → S. 226ff.).

10 Hier insbesondere die §§ 1 und 4 SGB IX, siehe unter http://www.gesetze-im-internet.de/sgb_9/ (Aufruf am 06.07.2014).

11 Siehe SGB IX: § 5 Nr. 4; §§ 55ff., SGB XII: § 8, §§ 53ff., siehe unter http://www.gesetze-im-internet.de/sgb_9/und http://www.gesetze-im-internet.de/sgb_12/ (Aufruf am 06.07.2014).

12 § 40 SGB V Abs. 1–3. Bestimmungen, die Hürden bei der Inanspruchnahme von Leistungen für medizinische Rehabilitation für Menschen mit Behinderung bedeuten, sind insbesondere die »Richtlinie des Gemeinsamen Bundesausschusses über Leistungen zur medizinischen Rehabilitation (Rehabilitations-Richtlinie)« vom 16. März 2004, online abrufbar unter: https://www.g-ba.de/downloads/62-492-882/

RL-Reha_2014-04-17.pdf (Aufruf am 16.07.2014) sowie die »Begutachtungsrichtlinie Vorsorge und Rehabilitation« des Medizinischen Dienstes des Spitzenverbandes Bund der Krankenkassen e. V., Essen, vom Februar 2012, online abrufbar unter: http://www.mds-ev.de/media/pdf/2012_02_06_BGR_final.pdf (Aufruf am 16.07.2014). Barrieren bestehen insbesondere für Menschen, bei denen bereits Pflegebedürftigkeit vorliegt.

13 Daten zur stationären wohnortnahen Rehabilitation liegen nicht vor. Ambulante wohnortnahe Rehabilitationsmaßnahmen machten 2013 nur circa 13 % aller Rehamaßnahmen aus. Siehe dazu http://forschung.deutsche-Rentenversicherung.de/ForschPortalWeb/contentAction.do?stataktID=CE7F61C1C01C03C5C1257CFA00283384&chstatakt_RehabilitationReha-Leistungen=WebPagesIIOP1421&open&viewName=statakt_RehabilitationReha Leistungen#WebPagesIIOP1421 (Aufruf am 06.07.2014). – Zur ambulanten Rehabilitation siehe Sachverständigenrat zur Begutachtung der Entwicklung im Gesundheitswesen, Bedarfsgerechte Versorgung – Perspektiven für ländliche Regionen und ausgewählte Leistungsbereiche, Gutachten 2014, BT Drucksache 18/1940, Teil I, Kap. 4. – Zu Konzepten der wohnortnahen beruflichen Rehabilitation siehe das Positionspapier »Wohnortnahe Berufliche Rehabilitation. Ein Konzept der Zukunft« der Bundesarbeitsgemeinschaft Wohnortnahe Berufliche Rehabilitationseinrichtungen (BAG WBR), Erfurt, online abrufbar unter: http://www.bag-wbr.de/daten/positionspapier_03.11.08.pdf (Aufruf am 16.07.2014). – Exemplarisch zu Schlaganfallpatienten siehe Wolfgang Fries/Paul Reuther/Uwe Meier, Ambulante wohnortnahe Rehabilitation von Schlaganfallpatienten – Aufgaben – Möglichkeiten – Grenzen [o. O o. J.], online abrufbar unter: http://neuro-therapie.de/pdf/schlaganfall_reha.pdf (Aufruf am 06.07.2014).

14 Bei der Reform des SGB V im Jahr 2007 wurde § 40 Abs. 1 so gefasst: »Reicht bei Versicherten eine ambulante Krankenbehandlung nicht aus, um die in § 11 Abs. 2 beschriebenen Ziele zu erreichen, erbringt die Krankenkasse aus medizinischen Gründen erforderliche ambulante Rehabilitationsleistungen in Rehabilitationseinrichtungen, für die ein Versorgungsvertrag nach § 111 besteht, oder, soweit dies für eine bedarfsgerechte, leistungsfähige und wirtschaftliche Versorgung der Versicherten mit medizinischen Leistungen ambulanter Rehabilitation erforderlich ist, durch wohnortnahe Einrichtungen.« Vgl. dazu Matthias Schmidt-Ohlemann, Der gesetzliche Auftrag zur Mobilen Rehabilitation: Chance zur Integrierten Versorgung älterer Pflegebedürftiger mit Teilhabe-Förderbedarf, in: Uwe Egner/Paul W. Schönle (Hrsg.), Rehabilitation und integrierte Versorgung, Bd. 16, Ulm 2008, S. 79–86. Zur Gesetzesbegründung siehe BT 16/3100 S. 211, online abrufbar unter: http://dipbt.bundestag.de/doc/btd/16/031/1603100.pdf (Aufruf am 16.07.2014).

15 Eigene Berechnung: Bei Umsatz von circa 500 000 Euro je Mobilem Rehabilitationsdienst und einer Gesamtzahl von 100 Einrichtungen in der BRD.

16 Siehe Matthias Schmidt-Ohlemann/Carola Schweizer, Mobile Rehabilitation: Eine Innovation in der ambulanten medizinischen Rehabilitation, in: Rehabilitation 47 (2008), S. 1–11.

17 Vgl. z. B. das Vorhaben des Bundesministeriums für Bildung und Forschung (BMBF), »Innovative Hilfen in der Rehabilitation und für Behinderte«, online abrufbar unter: http://www.gesundheitsforschung-bmbf.de/de/4349.php (Aufruf am 16.07.2014).

18 Siehe dazu die entsprechenden Stellungnahmen der Deutschen Vereinigung für Rehabilitation (DVfR) 2006 und 2009, online abrufbar unter: www.dvfr.de/stellungnahmen/(Aufruf am 24.06.2014).

19 Siehe BRK-Allianz (Hrsg.), Für Selbstbestimmung, gleiche Rechte, Barrierefreiheit, Inklusion! Erster Bericht der Zivilgesellschaft zur Umsetzung der UN-Behindertenrechtskonvention in Deutschland, Berlin [Februar 2013], online abrufbar unter http://www.brk-allianz.de/attachments/article/93/beschlossene_fassung_final_endg-logo.pdf (Aufruf am 02.11.2014).

20 Siehe Anm. 13 und 19.

21 Siehe dazu Matthias Schmidt-Ohlemann, Die Bedeutung der Unterstützten Kommunikation in Medizin und Therapie, Vortrag auf dem Fachtag Unterstützte Kommunikation, Stuttgart 2012, online abrufbar unter: http://www.dvfr.de/fileadmin/download/Veranstaltungen/120616_UK/Vortrag_Stuttgart_16_6_2012_UK_Medizin_S-O.pdf (Aufruf am 06.07.2014).

22 Siehe dazu den Beitrag von Albrecht Rohrmann/Erik Weber in diesem Band → S. 226 ff.

Kathrin Lemler

Unterstützte Kommunikation – mein Sprungbrett zur Selbstbestimmung

Mit dem Ziel, Ende 2014 meinen Master in Rehabilitationswissenschaften zu beginnen, verfasse ich derzeit meine Bachelor-Arbeit zum Thema Unterstützte Kommunikation (UK). Aufgrund einer Infantilen Cerebralparese (Athetose) sitze ich im Rollstuhl, bin auf 24h-Assistenz angewiesen und kann nicht über Lautsprache kommunizieren.

In diesem Beitrag möchte ich an meinem eigenen Beispiel verdeutlichen, dass eine Partizipation an der Gesellschaft für Menschen ohne Lautsprache nur möglich ist, wenn ihnen bereits im Kleinkindalter auf ihre individuellen Bedürfnisse zugeschnittene Methoden der Unterstützten Kommunikation in alltagsrelevanten Situationen vermittelt werden. Dies fordert bereits die UN-Behindertenrechtskonvention (UN-BRK), die das Recht auf »(...) die Verwendung geeigneter ergänzender und alternativer Formen, Mittel und Formate der Kommunikation (...)«[1] einschließt. Eine angemessene Kommunikation ist für alle Kinder nicht nur zwingende Voraussetzung, um am Bildungssystem partizipieren zu können, sondern Grundvoraussetzung für ein selbstbestimmtes Leben in der Gesellschaft.

Stationen meiner sprachlichen und kommunikativen Entwicklung

Sich mit anderen Menschen zu verständigen, bedeutet weit mehr als Informationen auszutauschen und Bedürfnisse zu äußern, »Kommunikation ist ein menschliches Grundbedürfnis und eine wichtige Bedingung für das subjektive Erleben von Lebensqualität«[2]. Durch aktives Kommunizieren entwickelt sich die Persönlichkeit, wodurch gesellschaftliche Partizipation erst möglich wird. In meinem Fall führte die gezielte, auf meine individuellen Bedürfnisse abgestimmte UK-Förderung zur Herausbildung meiner sprachlichen und kommunikativen Fähigkeiten und damit zu meiner Partizipation am regulären Bildungssystem und letztendlich zur Inklusion in die Gesellschaft.

Kindheit

Geboren wurde ich 1985 in Lahnstein. Bei meiner Geburt erlitt ich einen Sauerstoffmangel und bekam kurz darauf eine Hirnhautentzündung. Dennoch wurde meine Entwicklung von medizinischer Seite zunächst als unauffällig charakterisiert, lediglich von einer motorischen Entwicklungsverzögerung war die Rede. Erst als ich etwa anderthalb Jahre alt war, konfrontierte der Arzt meine Familie mit der Diagnose einer schweren irreparablen Hirnschädigung und mit der Perspektive, dass ich nie Laufen und Sprechen lernen würde.

Dennoch war ich ein sehr fröhliches, aufgewecktes und lebhaftes Kind. Ich lachte viel, und meine Augen schauten neugierig umher. Ich gluckste, wenn meine Mutter mich dazu animierte, und hörte ihr aufmerksam zu, wenn sie mir Geschichten erzählte. So gab ich ihr das Gefühl, dass ich großes Interesse am kommunikativen Austausch mit ihr hatte. Aus meinem Blick, aus der wachen Art und Weise, wie ich die Dinge in meiner Umgebung betrachtete, schlossen meine Eltern, dass ich sie verstehe. Vielleicht war es am Anfang nur die Hoffnung, die besonders meine Mutter antrieb. Jedenfalls setzte sie kurzer Hand voraus, dass ich dazu in der Lage war, mit ihr zu kommunizieren. Bereits im Alter von zwei Jahren konnte ich über das Ja-Nein-Konzept kommunizieren, das heißt durch Kopfschütteln oder Nicken zu antworten.

Mit zweieinhalb Jahren begann ich im Rahmen der Logopädie eine umfassende Schluck- und Esstherapie, gleichzeitig sollte durch Artikulationstraining meine Sprachfähigkeit verbessert werden. Doch diese Übungen führten zu keinem zufriedenstellenden Ergebnis, und meine Logopädin begann bald mit einer systematischen UK-Förderung auf der Grundlage der Symbolsprache BLISS. Diese wurde von Charles K. Bliss (1897–1985) entwickelt, der ursprünglich eine Weltsprache mit eigener grammatikalischer Struktur entwickeln wollte.[3] Ein Bliss-Symbol besteht aus einer Aneinanderreihung mehrerer grafischer Zeichen (piktografischen oder ideografischen Symbolen). Durch das Lernen dieser Symbole erfasste ich auch, dass zweidimensionale Zeichen eine sprachliche Bedeutung haben – eine zentrale Vorläuferfähigkeit zum Erlernen von Schriftsprache. Meine Sammlung wuchs im Laufe von vier Jahren auf circa 150 Symbole an. Nun konnte ich auch über Dinge sprechen, die nicht in meiner unmittelbaren Umgebung waren. Dazu zeigte ich mit meiner rechten Faust auf die Symbole, die man mir in einer Mappe anbot. Dennoch reichte die begrenzte Anzahl an Symbolen häufig nicht aus, denn ich wollte viel mehr mitteilen und wissen.

Einen ersten Ansatz von Integration erlebte ich im Jahr 1989, als meine Mutter durchsetzte, dass ich an zwei Nachmittagen in der Woche mit

Begleitung einen regulären Kindergarten besuchen durfte. Ich kommunizierte dort hauptsächlich über meine körpereigene, individuelle Mimik und Gestik und über das Dirigieren mit Blicken. Zusätzlich wurden mir auch im Kindergarten meine Bliss-Symbole zur Verfügung gestellt. Auch wenn mir dadurch erste Kontakte mit Gleichaltrigen ermöglicht wurden, reichten die zwei Nachmittage kaum aus, um die Bindung zu den anderen Kindern zu festigen. Interaktionen und Kommunikation mit der Gleichaltrigengruppe waren eher selten, weil es den Erzieherinnen an einer förderpädagogischen Vorbereitung und Schulung fehlte. Damit hätte man mir den Raum schaffen können, als gleichwertige Teilnehmerin der Gruppe akzeptiert zu werden.

Schulzeit

1992 wurde ich in die Regelklasse der Förderschule Neuwied-Engers mit dem Förderschwerpunkt körperliche und motorische Entwicklung eingeschult. Für meine Eltern war zu diesem Zeitpunkt eine integrative Beschulung noch unvorstellbar. In den ersten Monaten verständigte ich mich weiterhin mit meinen Bliss-Symbolen. Doch da es für UK weder genügend personelle noch zeitliche Ressourcen gab, initiierte meine Mutter auch weiterhin meine UK-Förderung, was meine Schule letztendlich tolerierte.

Das Schreiben lernte ich, indem ich mit Unterstützung der Lehrerin Buchstaben auf riesige Blätter malte. Mir wurde dazu ein Wachsmalklotz in die Hand geklemmt und ich schrieb geführt. So begriff ich die Entstehung der Buchstaben haptisch. Zusätzlich verbalisierte die Lehrperson durch langsames, gedehntes Sprechen die Entstehung der Wörter während des Schreibprozesses. Dies fördert die Entwicklung der phonologischen Bewusstheit, das heißt einer inneren Stimme, die Buchstaben im Kopf zu Wörtern verbindet. Erst ab der zweiten Klasse schrieb ich dann am PC, und der Schriftspracherwerb wurde durch eine synthetische Sprachausgabe unterstützt.

1993 bekam meine Mutter Kontakt zur Internationalen Gesellschaft für Unterstützte Kommunikation e. V. (ISAAC)[4] und besuchte zahlreiche Veranstaltungen und Fortbildungen. Dort lernte sie ein Buchstabiersystem kennen (siehe Abb.1).

Dieses System stellt auch heute noch mein effizientestes nicht elektronisches Kommunikationsmittel dar. Die Buchstaben werden über zwei gezielte Kopfbewegungen kodiert. Mit der ersten Kopfbewegung wähle ich einen der sechs eingezeichneten Blöcke, mit der zweiten wähle ich einen Buchstaben innerhalb dieses Blockes aus. Häufig kann mein_e Gesprächspartner_in nach einigen Buchstaben das Wort ko-konstruieren, das heißt aus dem Kontext unserer Interaktion das Wort oder den gesamten Satz vervollständigen. Etwas Übung vorausgesetzt, beschleunigt dieses System meine Kommunikationsgeschwindigkeit enorm. Es findet in allen alltäglichen Situationen, in denen es schnell gehen muss, seinen Einsatz, in einem Seminar ebenso wie im Badezimmer. Allerdings müssen meine Gesprächspartner_innen diese Methode erst erlernen, daher ist sie für eine Interaktion mit fremden Personen ungeeignet.

Abb. 1: Nicht elektronisches Kommunikationssystem, bei dem Buchstaben über gezielte Kopfbewegungen ausgewählt werden.

O	N	M	I	H	G	C	B	A
R	Q	P	L	K	J	F	E	D
Pf	Au	Ei	St	Z	Y	U	T	S
Ü	Ö	Ä	Eu	Sch	Ch	X/ß	W	V

Darstellung: Kathrin Lemler

Aus diesem Grund wollte ich im Alter von zehn Jahren eine technische Alternative nutzen, die mir im Gegensatz zu dem vom Gesprächspartner abhängigen Buchstabiersystem eine völlig eigenständige Kommunikation ermöglicht. Diesem Wunsch entspricht der Ansatz der multimodalen Kommunikation, bei dem unterschiedliche UK-Methoden in verschiedenen Alltagssituationen parallel angeboten werden.

Im Juli 1995 bekam ich meinen ersten Sprachcomputer, den sogenannten Delta-Talker. Dieser Computer verfügte über eine synthetische Sprachausgabe sowie ein statisches Display. Auf 184 Feldern befanden sich Symbole, die mithilfe der Wortstrategie Minspeak® zu Wörtern kombiniert wurden. Da es mir motorisch nicht möglich war, ein solches Gerät direkt per Hand zu bedienen, lief die Ansteuerung über zwei Kopfschalter, mit denen ich das gewünschte Feld auslösen konnte. Über Symbole zu Wörtern zu gelangen, bedeutete für mich zwar einen erheblichen Lernaufwand, war aber gleichzeitig eine gute Möglichkeit, mit nur wenigen Klicks Wörter auszuwählen. Der Delta-Talker ermöglichte mir erstmals eine unabhängige Kommunikation.

Obwohl ich zum Ende meiner Grundschulzeit eine Gymnasialempfehlung erhielt, stellte sich die Suche nach einer geeigneten Schule zunächst als schwierige Angelegenheit heraus. Das integrative Wilhelm-Remy-Gymnasium Bendorf lehnte mich nach einer Vorstellung vor dem gesamten Lehrerkollegium ab, da man mir aufgrund meiner fehlenden Lautsprache nicht zutraute, dem gymnasialen Leistungsniveau gewachsen zu sein. Ein 14-tägiger Probeschulbesuch an der Konrad-Adenauer-Regionalschule in Vallendar verlief überraschenderweise sehr viel positiver, obwohl man an dieser Schule bislang noch keinerlei Erfahrungen mit Schüler_innen mit Behinderungen gesammelt hatte. Der grundsätzlichen Bereitschaft des Lehrerkollegiums, vor allem aber der Entschlossenheit der Direktorin ist es zu verdanken, dass ich 2002 einen sehr guten Realschulabschluss an dieser Schule absolvieren konnte. Voraussetzung für meinen schulischen Erfolg war die Genehmigung und Finanzierung einer pädagogischen Fachkraft, das heißt eines sogenannten Integrationshelfers – in meinem Fall ein ausgebildeter Sozialarbeiter, der mich während der gesamten Schulzeit begleitete. Der Integrationshelfer war sowohl mit meiner körpereigenen Kommunikation und meinem Buchstabiersystem als auch mit meiner elektronischen Kommunikationshilfe vertraut. Auch im Unterricht verständigte ich mich hauptsächlich über mein Buchstabiersystem. Anfangs fungierte mein Integrationshelfer als Dolmetscher, später beherrschten auch einige Mitschüler_innen diese Art der Kommunikation. Den Delta-Talker hatte ich weiterhin, allerdings nutzte ich ihn mehr zum Schreiben und Referieren als zur spontanen Kommunikation.

Allmählich stellte sich heraus, dass der Delta-Talker meinen sprachlichen Fähigkeiten nicht mehr genügte. Bereits zum damaligen Zeitpunkt war ich sehr schriftsprachlich orientiert und wusste, dass Schreiben mir die größtmögliche Flexibilität in meiner Sprache bot. Deshalb suchte ich ein elektronisches, auf Schriftsprache basierendes Kommunikationssystem. Meine sehr eingeschränkten motorischen Fähigkeiten waren dabei eine Herausforderung. Die zentrale Frage war: Wie kann man mit möglichst wenigen Klicks effektiv schreiben? Diese Anforderung erfüllte eine spezielle Software namens ERIC (*Efficient Reduced Input Communication*, siehe Abb. 2), die ein Informatikstudent der Universität Koblenz-Landau 2001 im Rahmen seiner Diplomarbeit entwickelt hatte.

Die Software stellte eine mehrdeutige Tastatur dar. Auf lediglich drei Feldern waren alle Buchstaben des Alphabets angeordnet. Erst durch eine dem T9-System[5] bei Handys ähnliche Texteingabe wurde die Reihenfolge der eingegebenen Buchstaben eindeutig, und ein Wort entstand. ERIC ermöglichte mir das freie und zügige Schreiben mittels nur dreier Kopfschalter. Im Gegensatz zur Wortstrategie Minspeak® war ich nun nicht mehr auf festgelegte Symbole angewiesen. Durch den Einsatz von Schriftsprache stand mir nun ein unbegrenzter Wortschatz zur Verfügung.

Da ich an der Realschule meine Leistungsfähigkeit unter Beweis gestellt hatte, startete ich 2002 einen neuen Versuch am integrativen Gymnasium in Bendorf. Trotz intensiver Unterstützung durch ein engagiertes Team, das sich um die besonderen Bedürfnisse der Schüler_innen mit Körperbehinderung kümmerte, brachte mich das erste Schulhalbjahr bereits an meine körperlichen Grenzen. Dabei scheiterte ich nicht an meinen individuellen Fähigkeiten, vielmehr waren es die strukturellen Gegebenheiten, die mich an einem erfolgreichen Schulbesuch hinderten. So waren etwa die Pausen zu kurz, um mit dem Aufzug rechtzeitig in den nächsten Klassenraum zu gelangen. Ein Antrag auf Nachteilsausgleich beim Schulministerium brachte die von mir benötigten individuellen Anpassungen der schulischen Rahmenbedingungen. 2008 konnte ich dann nach insgesamt fünf Jahren die Oberstufe mit der Abiturprüfung abschließen.

Abb. 2: Benutzeroberfläche der schriftbasierten Kommunikationssoftware ERIC. Entwickler: Jörn Garbe

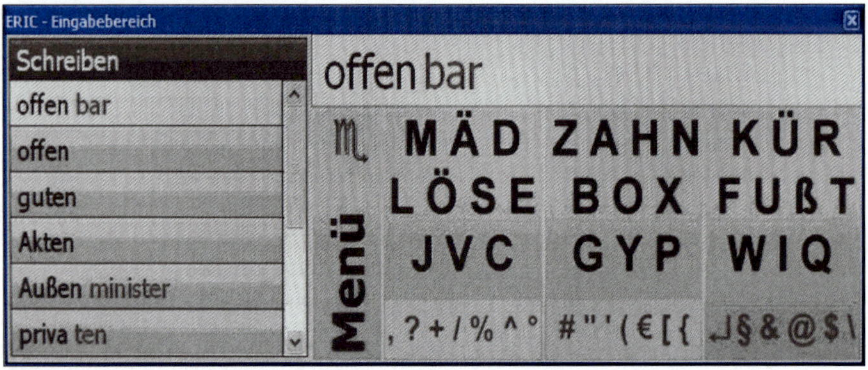

Bereits 2005 hatte ich über die Universität Koblenz-Landau Kontakt aufgenommen zu COGAIN, einem Netzwerk von Einrichtungen, Firmen und Universitäten, die Augensteuerungen für Menschen mit Behinderungen testen und entwickeln. Auf einer Konferenz probierte ich verschiedene Augensteuerungen aus und entdeckte diese Technik als optimale Ansteuerungsmöglichkeit für mich. Heute bediene ich das komplette Windows Betriebssystem über die Augen.

Studium

Bereits lange vor meinem Abitur war für mich klar, dass ich einmal im UK-Bereich arbeiten werde. Mehrere Schulpraktika in Beratungsstellen für UK und zahlreiche Vorträge, in denen ich meine persönlichen Erfahrungen als »Expertin in eigener Sache« schilderte, bestärkten mich darin, mein praktisches Wissen im Rahmen eines Studiums theoretisch zu fundieren und somit meine Möglichkeiten zu potenzieren, andere Menschen bei ihrer Suche nach geeigneten Kommunikationsalternativen zu unterstützen. Aus diesem Grund schrieb ich mich zum Wintersemester 2008/2009 im Studiengang Erziehungswissenschaften an der Universität zu Köln ein. Die gleichzeitige Eröffnung des Forschungs- und Beratungszentrums für Unterstützte Kommunikation (FBZ UK) erleichterte mir diese Entscheidung.

Vor Aufnahme des Studiums hatte ich Zeit, eine barrierefreie Wohnung zu suchen, meine 24h-Assistenz über das Persönliche Budget zu sichern und mir ein Netzwerk von Assistent_innen aufzubauen. Über das Arbeitgebermodell beschäftige ich derzeit sieben Mitarbeiter_innen, darunter eine qualifizierte Fachkraft in Vollzeit und sechs studentische Kräfte. Gerade zu Studienbeginn war die Organisation meiner Assistenz eine große Herausforderung, und es dauerte eine ganze Weile, in die Rolle der Arbeitgeberin hineinzuwachsen. Heute suche ich mir neue Mitarbeiter_innen eigenständig aus, arbeite sie ein, organisiere die Dienstplangestaltung selbstständig und traue mir zu, das Arbeitsverhältnis zu beenden, wenn die Mitarbeit nicht funktioniert (siehe dazu auch den Beitrag von Matthias Vernaldi → S. 241 ff.). Gleich zu Beginn müssen meine Assistent_innen alle meine Wege der Kommunikation sicher erlernen. Dies ist die zentrale Voraussetzung dafür, mich im Alltag zu unterstützen und mir ein höchstmögliches Maß an Selbstbestimmung zu ermöglichen.

Die Universität zu Köln berücksichtigt bis heute meine individuellen Bedürfnisse bezüglich der Gestaltung des Studiums. Sie bietet mir innerhalb der geltenden Studien- und Prüfungsordnung einige Nachteilsausgleiche, beispielsweise durch Verlängerung der Regelstudienzeit oder die Möglichkeit, anstelle von Klausuren Hausarbeiten zu verfassen. Dies erleichtert mir den Studienalltag. Solche individuelle Anpassung eines Systems führt zu mehr Teilhabe an Bildung.

Meine eingangs erwähnte Bachelor-Arbeit verfasse ich über das Projekt »UK-Scout«.[6] Im Rahmen dieses Projektes begleite ich über einen Zeitraum von einem Jahr zwei unterstützt kommunizierende Grundschülerinnen und berate das gesamte Team (Eltern, Lehrer_innen, Assistent_innen, Therapeut_innen) auf der Grundlage des Partizipationsmodells nach Beukelman und Mirenda bei der UK-Förderung.[7] Da eine erfolgreiche UK-Förderung nur in alltäglichen Kommunikationssituationen stattfinden kann, leite ich die Teams der Schüler_innen dazu an, die Methoden der UK systematisch in ihren bekannten Tagesablauf zu integrieren, um ihnen so mehr eigenständige Entscheidungen zu ermöglichen. Bei meiner Arbeit setze ich – neben meiner Erfahrung – mein im Studium gewonnenes, fachspezifisches Wissen ein, um andere Menschen ohne Lautsprache davon profitieren zu lassen.

Gesellschaftliche Partizipation durch alternative Kommunikationsmittel

Mit den vielfältigen Möglichkeiten Unterstützter Kommunikation konnte ich mich zunehmend differenzierter ausdrücken. Dies trägt bis heute in hohem Maß dazu bei, dass ich ein selbstbestimmtes Leben führen kann: Ich entscheide, wo ich wohne und wie ich meine Wohnung einrichte. Ich bestimme, ob ich eine Hausarbeit lieber jetzt schreibe oder doch noch ein Semester aufschiebe. Ich lege fest, wer mich im Alltag unterstützt. Ich entscheide, was ich wann koche oder mit welcher Freundin ich in welchen Kinofilm gehe.

Ich möchte mir gar nicht vorstellen, wie mein Leben ohne Unterstützte Kommunikation verlaufen wäre. Was wäre wohl gewesen, wenn meine Mutter nicht von Anfang an von meiner Kommunikationsfähigkeit überzeugt gewesen wäre? Wenn ich nicht immer wieder kompetente Menschen getroffen hätte, die für mich nach individuellen Lösungen gesucht hätten? Hätte ich eines Tages resigniert und frustriert aufgegeben? Vermutlich würde ich heute in einem Wohnheim für Menschen mit Behinderung leben und in einer Werkstatt anderen dabei zusehen, wie diese Schrauben sortieren.

Doch es kam anders: Heute bin ich eine junge Frau, die ihr Leben selbstverständlich in die Hand nimmt. Ich stehe kurz vor meinem ersten universitären Abschluss, strebe eine Karriere an der Universität an und möchte mich in meiner Arbeit auch weiterhin dafür einsetzen, dass es mehr Menschen ohne Lautsprache durch alternative Kommunikationsmethoden gelingt, besser an unserer Gesellschaft zu partizipieren. Das Maß und die Art der Teilhabe und Selbstbestimmung fallen dabei sehr unterschiedlich aus, verändern sich im Laufe des Lebens und sollten von den individuellen Voraussetzungen und Bedürfnissen jedes Einzelnen bestimmt werden. Für die eine Person bedeutet Selbstbestimmung die Entscheidung, ob die Musik an- oder ausgeschaltet oder ob das Brötchen mit Wurst oder Käse belegt werden soll. Für andere steht sie für eine freie Wahl des Arbeitsplatzes oder des Wohnortes. Ein individuell zugeschnittenes Angebot an UK-Methoden eröffnet die Möglichkeit, Selbstbestimmung und Teilhabe von Beginn an zu erfahren, ein Grundbedürfnis, das jedem Menschen uneingeschränkt ermöglicht werden muss.

▸ **Zusammenfassung**

Dieser Beitrag zeigt anhand der persönlichen Erfahrungen der Verfasserin, wie Menschen ohne Lautsprache durch Unterstützte Kommunikation Selbstbestimmung und Teilhabe ermöglicht werden kann. Die Verfasserin beschreibt die unterschiedlichen Hilfsmittel, durch die sie während ihres Umgangs mit den auf ihre individuellen Bedürfnisse zugeschnittenen Methoden der Unterstützten Kommunikation zunehmend differenziertere kommunikative Fähigkeiten entwickelte. Dies war ausschlaggebend für eine freie Entfaltung ihrer Persönlichkeit, der gleichberechtigten Teilhabe am regulären Bildungssystem und der vollständigen gesellschaftlichen Partizipation.

Anmerkungen

1 Zitiert nach Beauftragter der Bundesregierung für die Belange behinderter Menschen (Hrsg.), Die UN-Behindertenrechtskonvention, Bonn 2010, S. 37.

2 Staatsinstitut für Schulqualität und Bildungsforschung München (ISB), Kommunikation und Sprache, München 2003, online abrufbar unter: http://www.isb.bayern.de/download/8918/kommunikation_und_sprache.pdf (Aufruf am 18.06.2014).

3 Siehe dazu Vera Klein, Das Symbolsystem BLISS, München 2013.

4 Die Abkürzung ist abgeleitet aus dem Englischen und steht für *International Society for Augmentative and Alternative Communication*. ISAAC-GSC *(German Speaking Countries)* gehört als deutschsprachiger Verband diesem internationalen Netzwerk an.

5 Patentiertes System zur Eingabe von Texten auf den Tasten eines Mobiltelefons (*Text on 9 keys*; dt.: Text auf 9 Tasten).

6 Siehe dazu auch Martin Baunach/Kathrin Lemler, UK-Scouts am Start, in: Unterstützte Kommunikation isaac's zeitung, 3 (2013), S. 28 f.

7 Zu dem Partizipationsmodell siehe Ursula Braun/Ursi Kristen, Woran hakt es? Analysehilfe durch das Partizipationsmodell nach Beukelman/Mirenda, in: Unterstützte Kommunikation, 1–2 (2001), S. 6–10.

Albrecht Rohrmann / Erik Weber

Selbstbestimmt leben

Artikel 19 der UN-Behindertenrechtskonvention (UN-BRK) nimmt in der englischsprachigen Überschrift den Ansatz des *Independent Living* der internationalen Behindertenbewegung auf *(Living independently and being included in the community)*. In der offiziellen deutschen Übersetzung ist *Living independently* mit »Unabhängige Lebensführung« wiedergegeben. Die ebenfalls mögliche Übersetzung »Selbstbestimmt leben« verdeutlicht nicht nur den programmatischen Gehalt dieses Artikels treffender (zur Problematik der Übersetzung ins Deutsche vgl. auch den Beitrag von Gudrun Wansing → S. 43 ff.). Unabhängig von der Art und Schwere ihrer Beeinträchtigungen oder einer chronischen Erkrankung, fordern auch die Betroffenen unter diesem Motto die gleichen Chancen einer selbstbestimmten Lebensführung, wie sie für alle anderen Mitglieder einer Gesellschaft üblich ist. Die Herausforderungen, die sich aus diesem Artikel für die Organisation von Hilfen zur alltäglichen Lebensführung ergeben, sind sehr weitreichend.

Der Beitrag erläutert im Folgenden die aus Artikel 19 UN-BRK ableitbaren Rechte und Gestaltungsaufgaben und stellt sie der tatsächlichen Lebensrealität von Menschen gegenüber, die im Alltag auf Unterstützung angewiesen sind. Zudem werden Ansätze zur Verbesserung der Möglichkeiten eines selbstbestimmten Lebens vorgestellt.

Die Bedeutung von Artikel 19 der UN-BRK

Mit Artikel 19 der UN-BRK anerkennen die Unterzeichnerstaaten, »das gleiche Recht aller Menschen mit Behinderungen, mit gleichen Wahlmöglichkeiten wie andere Menschen in der Gemeinschaft zu leben«. In den Ausführungen des Kommissars für Menschenrechte des Europarates[1] wie auch in den Leitlinien der Expertenkommission zur Deinstitutionalisierung der EU[2] wird deutlich, dass dieses Recht nicht neu, sondern in allen grundlegenden Menschenrechtsdokumenten verankert ist. Wie die UN-BRK insgesamt formuliert Artikel 19 im Besonderen, welche Maßnahmen die Unterzeichnerstaaten ergreifen müssen, um das grundlegende Recht auf ein selbstbestimmtes Leben auch für Menschen mit einer Beeinträchtigung sicherzustellen. Dabei formuliert der Artikel unter dem Buchstaben a), dass Menschen mit Behinderungen »gleichberechtigt die Möglichkeit haben, ihren Aufenthaltsort zu wählen und zu entscheiden, wo und mit wem sie leben, und nicht verpflichtet sind, in besonderen Wohnformen zu leben«. Dies lässt sich nicht anders als ein individuell einklagbares Recht verstehen.

Artikel 19 nennt im Weiteren unter den Buchstaben b) und c) notwendige Maßnahmen zur Umsetzung dieses Zieles. Die erste lässt sich dabei als Gestaltungsauftrag verstehen, der sich an die politisch Verantwortlichen im Bund, in den Ländern und in den Kommunen, aber auch an die Rehabilitationsträger und die Anbieter von Hilfen richtet. Es soll sichergestellt werden, dass Menschen mit Behinderungen eine Vielfalt von Unterstützungsangeboten zur Verfügung stehen, die ihnen ein selbstbestimmtes Leben ermöglichen, sie sollen »Zugang zu einer Reihe von gemeindenahen Unterstützungsdiensten zu Hause und in Einrichtungen sowie zu sonstigen gemeindenahen Unterstützungsdiensten haben, einschließlich der persönlichen Assistenz (…)« (Artikel 19 Buchstabe b) UN-BRK).

Als weiterer Punkt wird gefordert, dass geeignete Maßnahmen ergriffen werden, damit »gemeindenahe Dienstleistungen und Einrichtungen für die Allgemeinheit Menschen mit Behinderungen auf der Grundlage der Gleichberechtigung zur Verfügung stehen und ihren Bedürfnissen Rechnung tragen« (Artikel 19 Buchstabe c) UN-BRK). So wird der Bezug zur Inklusion hergestellt, da ein selbstbestimmtes Leben nur möglich ist, wenn auch die öffentliche Infrastruktur für alle zugänglich ist. Dies unterstreicht, dass alle öffentlichen Stellen und Institutionen geeignete Maßnahmen ergreifen und nachweisen müssen, um Menschen mit Behinderungen gleichberechtigt ein selbstbestimmtes Leben zu ermöglichen.

Bedingungen der Unterstützung im Alltag

Menschen, die in ihrer alltäglichen Lebensführung auf Unterstützung angewiesen sind, haben in der Bundesrepublik Deutschland in erster Linie einen Anspruch auf Eingliederungshilfe nach dem Sozialgesetzbuch (SGB) XII[3], die eine Teilhabe in allen Lebensbereichen ermöglichen soll. Besteht ein pflegerischer Bedarf, so können auch Leistungen der Pflegeversicherung (SGB IX) und der Hilfe zur Pflege nach dem SGB XII in Anspruch genommen werden. In beiden Leistungsbereichen bestehen jedoch gesetzliche Regelungen, die der Selbstbestimmung von Menschen mit Behinderungen entgegenstehen. So müssen sie vor der Inanspruchnahme von Leistungen nach dem SGB XII – der Sozialhilfe – zunächst ihr eigenes Einkommen und Vermögen einsetzen, um die Unterstützung zu finanzieren. Ihre Wahlmöglichkeiten bezüglich der eigenen Wohnung und ihre Teilhabe sind durch diese materielle Belastung erheblich eingeschränkt. Des Weiteren gilt aus Gründen der Kosteneinsparung der Vorrang ambulanter Hilfen nicht, wenn »eine Leistung für eine geeignete stationäre Einrichtung zumutbar und eine ambulante Leistung mit unverhältnismäßigen Mehrkosten verbunden ist« (§ 13 SGB XII). Aufgrund dieses sogenannten Mehrkostenvorbehalts werden insbesondere Menschen mit einem hohen Unterstützungsbedarf häufig gezwungen, in besonderen Wohnformen zu leben, was einer freien Wahl des Aufenthaltsortes entgegensteht.

Auch die Leistungen der Pflegeversicherung reichen in den meisten Fällen nicht aus, um den tatsächlichen Unterstützungsbedarf zu realisieren. Die Leistungsberechtigten müssen die benötigten Hilfen dann selbst finanzieren oder sind auf Sozialhilfe angewiesen. Sie unterliegen so den oben dargestellten diskriminierenden Regelungen.

Obwohl es mittlerweile genügend Beispiele dafür gibt, dass Menschen, unabhängig von dem Ausmaß ihres Unterstützungsbedarfes, mit Assistenz in ihrer eigenen Wohnung leben können (vgl. den Praxisbeitrag von Matthias Vernaldi → S. 241 ff.), hält sich die Annahme eines ›stationären Hilfebedarfes‹ für bestimmte Menschen hartnäckig. Die Hilfsleistungen orientieren sich daher häufig nicht an den Bedürfnissen eines selbstbestimmten, privaten Lebens, sondern an der funktionalen Organisation von Leistungen im Rahmen einer stationären Versorgung. Die für die Eingliederungshilfe prägende Unterscheidung zwischen ›ambulanten‹ und ›stationären‹ Hilfen orientiert sich an der Versorgung von kranken Menschen. Während bestimmte Krankheiten ambulant behandelt werden, erfordern andere einen Krankenhausaufenthalt. Hier zeigt sich in gravierender Weise die fortdauernde Wirkung des medizinischen Modells von Behinderung, das durch die UN-Behindertenrechtskonvention überwunden werden soll (vgl. hierzu auch den Beitrag von Theresia Degener → S. 63 ff.).

So wird in der Eingliederungshilfe häufig auch bei der Unterstützung in der eigenen Wohnung von ›Plätzen im Betreuten Wohnen‹ gesprochen. Durchaus kritisch stellt der Bundesverband evangelische Behindertenhilfe (BeB) daher fest, dass »selbst Anbieter von Wohnhilfen und ambulanten Dienstleistungen, die in den letzten Jahren radikal umgesteuert haben, (…) bei selbstkritischer Bewertung feststellen müssen, dass Artikel 19 (…) noch nicht die Gegenwart der Lebensbegleitung von Menschen mit Behinderung in ihrem Alltag« beschreibt[4]. Immer noch fehlen in vielen Regionen in Deutschland flexible und inklusionsorientierte Unterstützungsdienste, die für ein selbstbestimmtes Leben notwendig sind. In der kommunalen Planung sind die ambulante Versorgung von Menschen mit Behinderungen und deren Pflegebedarf nicht hinreichend im Blick: Ihre Bedürfnisse wurden und werden im Wohnungsbau, bei der Planung des öffentlichen Verkehrs und einer öffentlichen Infrastruktur nicht genug berücksichtigt. So scheitern alternative Modelle einer Unterstützung häufig daran, dass zum Beispiel eine den individuellen Bedürfnissen entsprechende Wohnung entweder nicht gefunden werden kann oder nicht das für eine selbstbestimmte Lebensführung notwendige Umfeld bietet. Für die Allgemeinheit uneingeschränkt zugängliche inklusive Einrichtungen, wie die UN-BRK sie fordert, sind nur selten vorhanden.

Zur Lebenslage von Menschen mit alltäglichem Unterstützungsbedarf

Die Lebenssituation von Menschen mit einer Beeinträchtigung ist von einem sehr hohen Risiko der Armut geprägt. Die Benachteiligung am Arbeitsmarkt und die Heranziehung zu den Kosten der Unterstützung führen dazu, dass die meisten Menschen mit einem hohen Hilfebedarf auf dem Niveau der Grundsicherung leben. Da es in der Bundesrepublik kein Grundeinkommen gibt, das ein angemessenes Maß an materieller Sicherheit und Teilhabe bietet, sind die Teilhabemöglichkeiten für diesen Personenkreis stark eingeschränkt. Gleichzeitig sind die Anforderungen, die etwa an eine für Menschen mit Behinderungen geeignete Wohnung gestellt werden, deutlich weitergehender als für andere Bürger_innen. Die Wohnung stellt in viel höherem Maße den Lebensmittelpunkt dar. Von ihr aus müssen die für den Alltag wichtigen Orte in der Regel nahräumig oder mit öffentlichen Verkehrsmitteln erreicht werden. Die Wohnung muss den Erfordernissen der Unterstützung entsprechen, was im Einzelfall eine barrierefreie Ausstattung, die eine schnelle Erreichbarkeit von Krisendiensten oder generell den Einsatz von Unterstützungskräften in der eigenen Wohnung (Assistenz) bedeutet.

Den erhöhten Anforderungen stehen begrenzte materielle Ressourcen gegenüber, die Menschen mit Behinderungen zu benachteiligten Personen am Wohnungsmarkt machen. Sie sind daher stärker als andere auf den öffentlich subventionierten Wohnungsbau angewiesen. Gab es im Jahr 2002 noch 2,5 Millionen solcher Wohnungen, so waren es Ende 2010 nur noch 1,7 Millionen.[5] Gar keine verlässlichen Angaben gibt es über die Anzahl barrierefreier Wohnungen in Deutschland. Im aktuellen »Teilhabebericht der Bundesregierung über die Lebenslagen von Menschen mit

Beeinträchtigungen« wird jedoch davon ausgegangen, dass barrierefreie Wohnungen in erheblichem Umfang fehlen.[6]

Die oben dargestellten strukturellen und fachlichen Rahmenbedingungen führen dazu, dass gegenwärtig etwa 1 Million Menschen in Deutschland in stationären Pflegeeinrichtungen oder stationären Einrichtungen der Eingliederungshilfe leben. Das entspricht in etwa einem Prozent der Bevölkerung. Die Platzkapazitäten in stationären Wohneinrichtungen für Pflegebedürftige wurden erheblich erweitert. In den zehn Jahren von 1999 bis 2009 wurden insgesamt 2785 neue Pflegeheime mit etwa 200000 Plätzen geschaffen.[7] Ausweislich der Sozialhilfestatistik[8] erhielten am 31.12.2009 insgesamt 190263 erwachsene Menschen Eingliederungshilfe in einer Wohneinrichtung. Es ist davon auszugehen, dass der Umzug in ein Heim in den meisten Fällen nicht aus einer freien Entscheidung heraus, sondern aus einem Mangel an Alternativen geschieht. Auch bezogen auf einen möglichen Unterstützungsbedarf im Alter wünscht nur eine sehr kleine Gruppe den Wechsel in eine stationäre Wohneinrichtung, die Mehrheit hingegen bevorzugt den Verbleib in der eigenen Wohnung.[9] Die aufgezeigte Entwicklung macht somit deutlich, dass die Realität den Forderungen von Artikel 19 Buchstabe a) UN-BRK nach den gleichen Wahlmöglichkeiten noch entgegensteht.

Die Einrichtungen der Pflege weisen Durchschnittsgrößen von 64 Pflegeplätzen auf, während im Bereich der Eingliederungshilfe zumindest bei Neubauten eine Orientierung an 24 Plätzen beobachtet werden kann. Immer noch leben viele Menschen in diesen Einrichtungen unter Verletzung ihrer Privatsphäre in Doppelzimmern. Sie haben zudem keinen Einfluss darauf, wer mit ihnen in einer solchen Gemeinschaft lebt, was explizit im Widerspruch zu den Forderungen in Artikel 19 UN-BRK steht.

Nach dieser Vorschrift scheidet ebenfalls die Unterbringung in einer stationären Einrichtung aus, sofern sie nicht dem ausdrücklichen Wunsch der Leistungsberechtigten entspricht. Von einer Wahlfreiheit, wie sie die UN-BRK fordert, kann jedoch nur ausgegangen werden, wenn die Alternative des Lebens in einer eigenen Wohnung mit der benötigten Unterstützung gegeben ist. Dies entspricht aber wie dargelegt aufgrund der vorrangigen Orientierung an stationären Einrichtungen bislang in Deutschland nicht der Realität. Vor diesem Hintergrund verwundert es sehr, dass die Problematik nicht nur des Vorhandenseins, sondern des Ausbaus von stationären Einrichtungen im »Ersten Staatenbericht der Bundesrepublik Deutschland« zur Umsetzung der UN-Behindertenkonvention[10] nicht behandelt wird. Dies wiederum unterstreicht den oben herausgestellten bestehenden gesellschaftlichen und fachlichen Konsens über die Notwendigkeit einer stationären Versorgung von Menschen mit einem hohen Unterstützungsbedarf im Alltag. Kritische Anmerkungen zur Umsetzung von Artikel 19 UN-BRK sowie zum Staatenbericht finden sich im Parallelbericht der Zivilgesellschaft (BRK-Allianz).[11] Angesichts seiner Bedeutung mangelt es jedoch noch an einer Skandalisierung des Themas in der Gesellschaft.

Die Wahrnehmung der Möglichkeit eines selbstbestimmten Lebens

Die Lebenssituation von Menschen, die für die Bewältigung ihres Alltags auf Hilfen angewiesen sind, ist durch ein Mehr an Abhängigkeit geprägt. Der »Teilhabebericht der Bundesregierung über die Lebenslagen von Menschen mit Beeinträchtigungen« enthält die Auswertung der Daten einer repräsentativen Bevölkerungsumfrage, an der sich ablesen lässt, dass Menschen mit Beeinträchtigungen deutlich häufiger die Erfahrung machen, dass andere über ihr Leben entscheiden.[12] Der Anteil ist dabei besonders hoch bei jüngeren Menschen im Alter von 18 bis 29 Jahren. Diese Ergebnisse werden bestätigt durch eine in neun europäischen Ländern in den Jahren 2010 und 2011 durchgeführte Untersuchung zur Erfahrung des selbstbestimmten Lebens von Menschen mit Lernschwierigkeiten und Menschen mit chronisch psychischen Erkrankungen. Demnach machen Menschen mit Lernschwierigkeiten, die in großen Einrichtungen leben, sehr häufig die Erfahrungen, dass sie keine Wahlmöglichkeiten haben, keine oder nur eine eingeschränkte Privatsphäre. Sie fühlen sich abhängig vom Personal und sehen sich Gewalt- und Missbrauchserfahrungen ausgesetzt.[13] Bei der Durchsetzung des Rechts auf ein selbstbestimmtes Leben muss insbesondere der Situation von Menschen mit starken kognitiven Beeinträchtigungen Rechnung getragen werden, die ihre Ansprüche nur schwer artikulieren können und dabei beispielsweise eine rechtliche Unterstützung benötigen, damit wichtige Entscheidungen über ihr Leben nicht von anderen getroffen werden.

Auch Menschen mit psychischen Erkrankungen machen entgegen den Grundsätzen der UN-BRK (wie sie etwa auch in Artikel 17 und 19 formuliert sind) in stationären Einrichtungen häufig die Erfahrung eines Mangels an Privatsphäre, reglementierter Abläufe in der Organisation und eines Machtungleichgewichts zwischen den Bewohner_innen auf der einen und den Mitarbeiter_innen auf der anderen Seite[14] bis hin zu Zwangsmaßnahmen (vgl. dazu auch den Erfahrungsbericht von Bettina Jahnke → S. 248 ff.). Insbesondere bei einer Behandlung über einen längeren Zeitraum oder gegen den Willen der Betroffenen, wirft dies nicht nur Fragen der Einschränkung eines selbstbestimmten Lebens, sondern auch Fragen der

Rechtmäßigkeit einer Zwangsbehandlung auf. Der Sonderberichterstatter der UN über Folter und andere grausame unmenschliche oder erniedrigende Behandlung oder Strafe, legt die UN-Behindertenrechtskonvention zu Recht so aus, dass sie eine Zwangsbehandlung verbietet[15]. Er empfiehlt, »Dienstleistungen in der Gemeinschaft an die Stelle von Zwangsbehandlung und Unterbringung treten zu lassen. Diese Dienstleistungen müssen den von Menschen mit Behinderungen zum Ausdruck gebrachten Bedürfnissen entsprechen, die Autonomie, Entscheidungen, Würde und Privatsphäre des Betroffenen achten und das Gewicht auf Alternativen zu dem medizinischen Modell der psychischen Gesundheit legen«[16]. Auch das Deutsche Institut für Menschenrechte geht in seiner Stellungnahme zum Entwurf eines Gesetzes zur Regelung der betreuungsrechtlichen Einwilligung in eine ärztliche Zwangsmaßnahme[17] davon aus, »dass die Menschenrechte zu den Grundlagen der Psychiatrie in Deutschland gehören«[18] und dass »eine psychiatrische Behandlung ohne freie Zustimmung der betroffenen Person« menschenrechtlich fragwürdig ist[19].

Perspektiven

Die Überwindung einer institutionszentrierten Versorgung von behinderten und älteren Menschen ist in vielen Ländern ein Problem. Daher hat die Europäische Union eine Expertengruppe zum Übergang von institutioneller Betreuung zur Betreuung in der lokalen Gemeinschaft einberufen. Diese hat eine Arbeitshilfe erarbeitet, in der Schritte der Deinstitutionalisierung vorgeschlagen werden, an der sich auch der notwendige Prozess in der Bundesrepublik Deutschland orientieren kann.[20]

Teilhabebericht der Bundesregierung

Die Bundesregierung hat mit dem ersten »Teilhabebericht« einen neuen Weg der Berichterstattung zur Lebenssituation von Menschen mit Behinderungen eingeschlagen. Der Bericht macht zugleich deutlich, dass wesentliche Daten fehlen. So geben die Pflegestatistik, die Sozialhilfestatistik und die Statistiken der überörtlichen Sozialhilfeträger zwar Auskünfte über Leistungsberechtigte in ambulanten und stationären Settings, sie enthalten allerdings keine Anhaltspunkte, ob und inwiefern in diesen Settings ein selbstbestimmtes Leben möglich ist. Für die zukünftigen Teilhabeberichte wird daher eine Erhebung angestrebt, »inwieweit das in der UN-BRK festgelegte Wunsch- und Wahlrecht von Menschen mit Beeinträchtigungen hinsichtlich der Wohnform und des Wohnortes berücksichtigt wird«[21].

Darüber hinaus ist es angesichts der hohen Risiken von Menschenrechtsverletzungen unerlässlich, die Lebenssituation von älteren und behinderten Menschen in Heimen zu einem Schwerpunktthema zukünftiger Teilhabeberichte zu machen.

Entwicklung einer Strategie und eines Aktionsplanes

In Aktionsplänen auf allen Ebenen muss das Thema der Deinstitutionalisierung[22] und der Entwicklung inklusiver Strukturen für ein selbstbestimmtes Leben von Menschen mit Beeinträchtigungen thematisiert werden. Hier sind auch Aktionspläne der Leistungsträger und der in ihren Planungen weitgehend autonomen Anbieter von Alltagshilfen notwendig. Für jede einzelne stationäre Einrichtung muss ein Aktionsplan entwickelt werden, wie diese aufgelöst oder so umgestaltet werden kann, dass die Wohnmöglichkeiten dort der Logik des privaten Wohnens folgen und damit dem Anspruch auf ein selbstbestimmtes Leben entsprechen. Dazu gehörten mindestens ein eigener, abgeschlossener Wohnbereich und ein Mietvertrag, der nicht an die Erbringung von Unterstützungsleistungen gekoppelt ist.

Diese Entwicklung kann jedoch nicht allein von den Trägern der stationären Einrichtungen und den für die Finanzierung der Leistungen zuständigen Sozialleistungsträgern in Deutschland gestaltet werden. Vielmehr müssen auf kommunaler Ebene partizipative Prozesse zur Entwicklung eines inklusiven Gemeinwesens und inklusiver Sozialräume angestoßen werden, sodass öffentliche Räume und Einrichtungen für alle Menschen – behinderte wie nicht behinderte – zugänglich und nutzbar sind. Viele Kommunen haben sich bereits intensiv mit der UN-Behindertenrechtskonvention auseinandergesetzt, Beschlüsse zur Planung eines inklusiven Gemeinwesens gefasst und mit deren Umsetzung begonnen. Dabei ist jedoch häufig die Lebenssituation von Menschen mit einem hohen Hilfebedarf, die in stationären Einrichtungen leben, noch nicht hinreichend im Blick.

Schaffung eines geeigneten Rechtsrahmens

Der Gesetzgeber ist gefordert, die Benachteiligungen bei der Unterstützung im Alltag zu überwinden. Teilhabeleistungen wie Eingliederungshilfe und Hilfe zur Pflege sollten daher in einem aus der Sozialhilfe herausgelösten und verbesserten eigenen Teilhabegesetz geregelt werden. In diesem Gesetz muss die Unterstützung, unabhängig von Einkommen und Vermögen, als Nachteilsausgleich verstanden werden. Die Ausgestaltung der Leistungen muss sicherstellen, dass alle Menschen mit Unterstützungsbedarf ihren Wohnsitz frei wählen können. Der oben dargestellte sogenannte Mehrkostenvorbehalt muss ersatzlos gestrichen werden. Das Forum behinderter Juristinnen und Juristen hat dazu bereits einen Gesetzesentwurf vorgelegt.[23]

Das Baurecht und die Bauförderung müssen so ausgestaltet werden, dass in viel größerem Umfang als bisher barrierefreie Wohnungen entstehen und bestehende Wohnungen dem individuellen Bedarf angepasst werden können. Die Subventionierung des Neubaus von stationären Einrichtungen durch öffentliche Stellen muss hingegen gestoppt werden.

Entwicklung flexibler und inklusionsorientierter Dienste

In den vergangenen Jahren hat sich das Angebot an Unterstützungsdiensten sehr dynamisch entwickelt. Es orientiert sich in der Finanzierung aber immer noch sehr stark an der Unterscheidung ›ambulant‹ und ›stationär‹ und an Pauschalbeträgen, die dem individuellem Bedarf nicht gerecht werden. Notwendig ist aber die Orientierung an der individuell benötigten Hilfe. Leitend muss dabei das Modell der Assistenz werden. Eine solche Unterstützung geschieht im Sinne eines selbstbestimmten Alltags. Soweit dies möglich und gewünscht ist, verbleiben die Kompetenzen zur Lebensführung und Ausgestaltung der Hilfen bei den Assistenznehmer_innen. Der Erschließung von Ressourcen im Lebensumfeld der Nutzer_innen kommt eine wichtige Bedeutung zu.

Die Unterstützung nach dem Modell der Assistenz kann in vielen Fällen durch ein Persönliches Budget, bei dem die Leistungsberechtigten statt Sachleistungen einen Geldbetrag erhalten, mit dem sie ihre Hilfe selbst, mit oder ohne Unterstützung, organisieren können. Wenngleich die Gewährung eines Persönlichen Budgets möglich ist, bleibt dessen Inanspruchnahme aber bislang deutlich hinter den Erwartungen zurück. Für eine erfolgreiche Umsetzung von Artikel 19 UN-BRK ist es notwendig, die Inanspruchnahme Persönlicher Budgets zu vereinfachen und für Leistungsberechtigte attraktiver zu gestalten.

Wenngleich es zahlreiche Beratungsangebote für Menschen mit Behinderung und Pflegebedarf gibt, werden diese von den Betroffenen oft als unüberschaubar und verwirrend empfunden. Vor diesem Hintergrund ist es häufig von zufälligen oder willkürlichen Bedingungen abhängig, ob Menschen mit Behinderung und Pflegebedarf ein verlässliches Hilfearrangement für ein selbstbestimmtes Leben entwickeln können. Es ist daher sinnvoll, wenn bei den Reformbemühungen zum Teilhaberecht eine gemeinsame Planungsverpflichtung der beteiligten Akteure und eine

Federführung auf kommunaler Ebene hinsichtlich des Planungsprozesses verankert werden könnten.

Weiterentwicklung der Verfahren der individuellen Teilhabeplanung

Die Zersplitterung des Rehabilitationsrechts drückt sich auch darin aus, dass jeder Leistungsträger eigene Verfahren der Bedarfsfestellung und der individuellen Teilhabeplanung entwickelt hat. Die im SGB IX geforderten Ansätze zu einer Gesamtplanung greifen bislang nur unzureichend. Im Bereich der Pflegeversicherung sind die Verfahren der Feststellung einer Pflegestufe und eines freiwilligen Fallmanagements (Pflegeberatung) vollständig getrennt. Menschen mit Behinderungen und ältere Menschen brauchen frühzeitig eine intensive professionelle Begleitung, die Alternativen zur stationären Versorgung aufzeigt und den Unterstützungsprozess insbesondere hinsichtlich der Wahrung der Selbstbestimmungsrechte reflektiert. Auch hier ist anzustreben, dass dazu entsprechende einheitliche Regelungen im Rehabilitationsrecht und im Recht der Pflege verankert werden. Dem Aspekt der Beratung, die qualifiziert und von Interessen der Leistungserbringer weitestgehend unabhängig gestaltet werden sollte, ist in diesem Kontext eine besondere Bedeutung zuzumessen.

Sicherung der Qualität und Qualifizierung des Personals

Im Bereich der Eingliederungshilfe und im Bereich der Pflege haben sich sehr unterschiedliche Verfahren der Qualitätssicherung entwickelt. Diese orientieren sich bisher lediglich am Verbraucherschutz und an Expertenstandards; zukünftig sollten sie jedoch auch die Frage der Selbstbestimmungsmöglichkeiten und die Kontrolle von Diensten und Einrichtungen durch die Nutzer_innen mit einbeziehen.

Die Ausbildung des Personals ist sowohl im Bereich der Pflege als auch im Bereich der Eingliederungshilfe (insbesondere Heilerziehungspflege) traditionell an der Arbeit in stationären Einrichtungen orientiert. Für die Tätigkeit der Assistenz fehlen anerkannte Ausbildungen bislang weitgehend. Wenngleich Themen wie Selbstbestimmung und Assistenz in der Ausbildung wie auch in den Studiengängen zu sozialen Berufen zugenommen haben, fehlt den in diesem Feld professionell Tätigen häufig die Möglichkeit, ihr Handeln im Spannungsfeld von Unterstützung und Machtausübung zu reflektieren. Die Einbeziehung von Menschen mit Behinderungen in die Aus- und Fortbildungen würde deren Qualität erhöhen.

Psychiatrische Einrichtungen

Eine große Anzahl von Menschen mit psycho-sozialen Beeinträchtigungen lebt in Deutschland in psychiatrischen Einrichtungen. Nicht selten wurden sie zwangseingewiesen und werden zwangsbehandelt. Artikel 12 und 17 der UN-BRK setzen hier wichtige Menschenrechtsstandards für die Behandlung. So sind nach Artikel 12 behinderte Menschen gleichberechtigt als Rechtspersonen mit voller rechtlicher Handlungsfähigkeit anzuerkennen. Systeme der ersetzenden Entscheidungsfindung sind durch Systeme der assistierten Entscheidungsfindung zu ersetzen. Artikel 17 UN-BRK schützt die körperliche und seelische Unversehrtheit von Menschen mit Behinderungen. Das Bundesverfassungsgericht[24], der Bundesgerichtshof[25] und weitere höhere Gerichte haben mit Blick auf die UN-Behindertenrechtskonvention bereits die gesetzlichen Grundlagen der Zwangsbehandlung für rechtswidrig erklärt.

Das weite Feld der Psychiatrie kann im Rahmen dieses Beitrags nicht beleuchtet werden (siehe aber den Praxisbeitrag von Bettina Jahnke → S. 248 ff.). Es sei an dieser Stelle lediglich darauf hingewiesen, dass auch hier ein Bedarf der Deinstitutionalisierung besteht.

Die UN-Behindertenrechtskonvention: Appell und Auftrag zugleich

Die UN-BRK hat den Blick dahingehend geschärft, auch in der Behindertenhilfe Menschenrechtsverletzungen aufzudecken und zu analysieren. Auf der behindertenpädagogischen und -politischen Agenda steht die intensiv zu führende Auseinandersetzung mit der Annahme, dass die »(…) Institutionalisierung in Heimen und anderen Sondereinrichtungen selbst und die damit verbundene Ghettoisierung und Isolierung behinderter Menschen«[26] bereits »als strukturelle Menschenrechtsverletzung«[27] einzuordnen ist.

Dies ist Appell und Auftrag zugleich und setzt eine ›schonungslose Offenheit‹ unter allen beteiligten Akteur_innen voraus, wie es Franz Christoph, einer der Protagonisten der Krüppelbewegung, bereits in den 1980er-Jahren formuliert hat.[28]

▸ Zusammenfassung

Der Beitrag führt in die Aufgaben ein, die sich aus der Umsetzung der Forderungen in Artikel 19 der UN-Behindertenrechtskonvention ergeben. Das Recht auf eine selbstbestimmte Lebensführung bedeutet, dass niemand auf grund seines Unterstützungsbedarfes verpflichtet werden darf, in besonderen Wohnformen zu leben. Dazu sind sehr flexible Unterstützungsdienste wie auch inklusive Dienste und Einrichtungen für die Allgemeinheit notwendig. Neben den Änderungen der rechtlichen Rahmenbedingungen und der Weiterentwicklung von Unterstützungsangeboten sollte nach Meinung der Autoren für jede stationäre Einrichtung ein Aktionsplan entwickelt werden, wie diese aufgelöst werden kann oder wie sie durch Umgestaltung zu einem Angebot des privaten Wohnens werden kann, das ein selbstbestimmtes Leben ermöglicht. Auch die Psychiatrie ist unter dem Gesichtspunkt der Selbstbestimmung so zu reformieren, dass sie menschenrechtlichen Anforderungen entspricht.

Anmerkungen

1 Council of Europe – Commissioner for Human Rights (Hrsg.), The right of people with disabilities to live independently and be included in the community, Straßburg 2012, S. 11.

2 Europäische Expertengruppe zum Übergang von institutioneller Betreuung zu Betreuung in der lokalen Gemeinschaft (Hrsg.), Gemeinsame europäische Leitlinien für den Übergang von institutioneller Betreuung zu Betreuung in der lokalen Gemeinschaft. Leitfaden zur Umsetzung und Förderung eines fließenden Übergangs von der institutionellen Betreuung hin zu Betreuung in Familien und in lokalen Gemeinschaften für Kinder, Menschen mit Behinderungen, Personen mit psychischen Problemen sowie älteren Menschen in Europa, Brüssel 2012, S. 45 ff.

3 Die Eingliederungshilfe ist eine Leistung der Sozialhilfe. Wie alle Leistungen der Sozialhilfe ist sie nachrangig gegenüber den Leistungen anderer Sozialleistungsträger. Leistungsberechtigte müssen mit bestimmten Ausnahmen auch ihr Einkommen und Vermögen für die Hilfe einsetzen. Aufgabe der Eingliederungshilfe ist es, eine drohende Behinderung zu verhüten oder deren Folgen zu mildern und Menschen mit Behinderung in die Gesellschaft einzugliedern.

4 Bundesverband evangelische Behindertenhilfe e. V. (BeB) (Hrsg.), Selbstbestimmte Lebensführung und Einbeziehung in die Gemeinschaft. Ein Positionspapier des Bundesverbands evangelische Behindertenhilfe e. V. zu Artikel 19 der UN-Behindertenrechtskonvention, Berlin 2010, S. 6.

5 Vgl. Bundestags-Drucksache (BT-DS) 17/10425, S. 53, online abrufbar unter http://dipbt.bundestag.de/dip21/btd/17/104/1710425.pdf (Aufruf am 28.04.2014).

6 Siehe dazu Bundesministerium für Arbeit und Soziales (BMAS) (Hrsg.), Teilhabebericht der Bundesregierung über die Lebenslagen von Menschen mit Beeinträchtigungen. Teilhabe – Beeinträchtigung – Behinderung, Bonn 2013, S. 171 ff.

7 Siehe Statistisches Bundesamt (Hrsg.), Pflegestatistik 2009. Pflege im Rahmen der Pflegeversicherung. Deutschlandergebnisse, Wiesbaden 2011, S 23 f., online abrufbar unter: https://www.destatis.de/DE/Publikationen/Thematisch/Gesundheit/Pflege/PflegeDeutschlandergebnisse5224001099004.pdf?__blob=publicationFile (Aufruf am 28.04.2014).

8 Siehe Statistisches Bundesamt (Hrsg.), Statistik der Sozialhilfe. Eingliederungshilfe für behinderte Menschen 2009, Wiesbaden 2011, S. 26 f., online abrufbar unter: https://www.destatis.de/DE/Publikationen/Thematisch/Soziales/Sozialhilfe/Eingliederungshilfe_Behinderte5221301097004.pdf?__blob=publicationFile (Aufruf am 28.04.2014).

9 Vgl. Zentrum für Qualität in der Pflege (zqp), Kundenkompass Selbstbestimmung im Alter, Frankfurt am Main 2010, S. 16.

10 Vgl. Bundesministerium für Arbeit und Soziales (BMAS) (Hrsg.), Übereinkommen der Vereinten Nationen über Rechte von Menschen mit Behinderungen. Erster Staatenbericht der Bundesrepublik Deutschland. Vom Bundeskabinett beschlossen am 3. August 2011, Berlin 2011.

11 Siehe BRK-Allianz (Hrsg.), Für Selbstbestimmung, gleiche Rechte, Barrierefreiheit, Inklusion! Erster Bericht der Zivilgesellschaft zur Umsetzung der UN-Behindertenrechtskonvention in Deutschland, Berlin 2013.
Auszug aus dem Parallelbericht der BRK-Allianz vom Januar 2013 zu Artikel 19 UN-BRK, S. 35 ff., online abrufbar unter: http://www.brk-allianz.de/index.php/parallelbericht.html (Aufruf am 28.12.2013): »(…) Es fehlen flächendeckende, sozialräumlich orientierte Angebote, z. B. Assistenzangebote zu Kommunikation, Mobilität und Teilhabe, Wohnangebote oder unabhängige Beratungsleistungen, die für ein selbstbestimmtes Leben von Menschen mit Behinderung unabdingbar sind. Eine freie Wahl des Aufenthaltsortes kann deshalb unmöglich sein. Entgegen den Vorgaben der ›UN-Leitlinien‹ (…) schweigt der Staatenbericht dazu. Es wird nicht ausgeführt, inwieweit tatsächlich solche Angebote bestehen oder geschaffen werden sollen, um die Vorgaben des Artikels 19 BRK umzusetzen. Bleiben behinderte Menschen jedoch ohne ausreichend verfügbare Assistenz, entstehen oft Abhängigkeiten von staatlichen Stellen, aber auch von Angehörigen und/oder Bekannten, die die fehlenden Assistenzleistungen ersetzen müssen. (…)
Insbesondere Menschen mit hohem Hilfebedarf werden z. B. aus Kostengründen regelmäßig auf eine Unterbringung in einer Einrichtung verwiesen, anstatt ihnen das von ihnen gewünschte Leben in der eigenen Wohnung mit Assistenzleistungen zu ermöglichen. (…) Die in Artikel 19 BRK vorgesehene freie Wahl der Wohnform ist somit nicht gewährleistet. Kostenträger finanzieren eine ambulante Sozialhilfeleistung nämlich nur, wenn diese Leistung nicht mit ›unverhältnismäßigen Mehrkosten‹ gegenüber einer ›zumutbaren‹ stationären Leistung (zum Beispiel einer Heimunterbringung) verbunden ist (sog. Mehrkostenvorbehalt, vgl. § 13 Abs. 1 Satz 3 SGB XII). Was ›unverhältnismäßig‹ und ›zumutbar‹ ist, dürfen Kostenträger bestimmen. Der Mehrkostenvorbehalt verletzt so Recht auf eine frei

wählbare Wohnform und verstößt damit gegen die UN-BRK. Auch die Monitoring-Stelle ist der Auffassung, dass einer Behörde kein Ermessen mehr zusteht, einen Antrag auf Wohnen mit ambulanter Unterstützung abzulehnen. (...)
Ein fehlendes Angebot an Information, Beratung und Unterstützung und sich daraus ergebende Ängste vor unzureichender Versorgung außerhalb einer Einrichtung, zudem auch Scheu vor oder fehlende Kraft für langwierige, auch gerichtliche Auseinandersetzungen verstärken vielfach den Effekt, in stationäre Wohnformen gedrängt zu werden. Wenn sich Menschen mit Behinderungen, insbesondere Menschen mit hohem Unterstützungsbedarf, im Rahmen ihres Wunsch- und Wahlrechts für eine stationäre Wohnform entschieden haben, so ist darauf zu achten, dass sowohl die personelle als auch die räumliche Ausstattung der Einrichtung den Bedarfen der BewohnerInnen entspricht. (...)
Das Persönliche Budget könnte eine Leistungsform sein, die Menschen mit Behinderungen ein selbstbestimmtes Leben erleichtert, gerade auch bei trägerübergreifenden Sachverhalten. Oftmals wird es aber von Leistungsträgern in erster Linie als Einsparmöglichkeit missbraucht, so dass entgegen der gesetzlichen Konzeption in Budgetkonferenzen um Einzelleistungen gerungen werden muss. Ohnehin sind trägerübergreifende Budgets die Ausnahme: Von allen Persönlichen Budgets sind nur 1% trägerübergreifend. (...) Auch unabhängig vom Persönlichen Budget sind die Verfahren zur Bedarfsermittlung kompliziert und von Einsparungsdruck geprägt, insbesondere im Falle von umfassenden oder speziellen Bedarfslagen. (...)
Die Eingliederungshilfeleistungen sind leistungsrechtlich im SGB XII verortet, es gilt also das Bedürftigkeitsprinzip des Sozialhilferechts. Das bedeutet, dass Menschen mit Behinderungen bei der Inanspruchnahme von Teilhabeleistungen in der Regel vorrangig ihr Arbeitseinkommen und Vermögen aufbrauchen müssen. (...)
Forderungen der BRK-Allianz:

- Die Teilhabeleistungen für Menschen mit Behinderungen sind in einem aus der Sozialhilfe herausgelösten, eigenständigen Leistungsgesetz zu regeln. Teilhabeleistungen sind für Menschen mit Behinderungen vollständig unabhängig von Einkommen und Vermögen zu gewähren.
- In den Sozialräumen sind flächendeckende, inklusive Angebote zu schaffen, die selbstbestimmtes Wohnen und selbstbestimmte Teilhabe an der Gesellschaft ermöglichen. Dazu gehören Wohnangebote, Angebote (u.a.) persönlicher Assistenz sowie unabhängige Beratungs- und Informationsangebote inklusive der jeweiligen Finanzierung. Den spezifischen Bedarfen von Gruppen wie taubblinden Menschen oder Autisten ist Rechnung zu tragen.
- Der Mehrkostenvorbehalt in SGB XII, § 13, Absatz 1, Satz 3 ist zu streichen.
- Die Deckelung der Pflegesachleistungen nach § 43a SGB XI ist aufzuheben.«

12 Siehe dazu Bundesministerium für Arbeit und Soziales (BMAS) (Hrsg.), Teilhabebericht der Bundesregierung über die Lebenslagen von Menschen mit Beeinträchtigungen, wie Anm. 6, S. 182 ff.

13 Siehe European Union Agency for Fundamental Rights (FRA) (Hrsg.), Choice and control: the right to independent living. Experiences of persons with intellectual disabilities and persons with mental health problems in nine EU Member States, Luxemburg 2012, S. 41.

14 Siehe ebd., S. 63.

15 UN-Dok. A/HRC/22/53 vom 01.02.2013. Der Text folgt der vom Deutschen Institut für Menschenrechte vorgelegten Übersetzung, online abrufbar unter: http://www.institut-fuer-menschenrechte.de/uploads/tx_commerce/Information_der_Monitoring_Stelle_anlaesslich_der_deutschen_Uebersetzung_des_Berichts_des_Sonderberichterstatters_ueber_Folter_und_andere_grausame_unmenschliche_oder_erniedrigende_Behandlung_oder_Strafe_Juan_E_Mendez.pdf (Aufruf am 28.04.2014).

16 Siehe ebd., S. 26.

17 Bundestags-Drucksache (BT-DS) 17/11513 vom 19.11.2012.

18 Stellungnahme der Monitoring-Stelle zur UN-Behindertenrechtskonvention anlässlich der Öffentlichen Anhörung am 10. Dezember 2012 im Rahmen der 105. Sitzung des Rechtsausschusses des Deutschen Bundestages, S. 3, unter http://www.institut-fuer-menschenrechte.de/uploads/tx_commerce/Stellungnahme_der_Monitoring_Stelle_zur_UNBRK_anlaesslich_der_Oeffentlichen_Anhoerung_am_10_12_2012_im_Rahmen_der_105_Sitzung_des_Rechtsausschusses.pdf (Aufruf am 15.11.2013).

19 Valentin Aichele in: »Monitoring-Stelle fordert Enquete-Kommission zu Psychiatrie-Reform«, Pressemitteilung vom 16.01.2013, online abrufbar unter: http://www.institut-fuer-menschenrechte.de/index.php?id=215&tx_ttnews[tt_news]=634&cHash=deed700e087bf49d4a79b06f520af011 (Aufruf am 28.04.2014).

20 Europäische Expertengruppe zum Übergang von institutioneller Betreuung zu Betreuung in der lokalen Gemeinschaft (Hg.): Gemeinsame europäische Leitlinien für den Übergang von institutioneller Betreuung zu Betreuung in der lokalen Gemeinschaft. Leitfaden zur Umsetzung und Förderung eines fließenden Übergangs von der institutionellen Betreuung hin zu Betreuung in Familien und in lokalen Gemeinschaften für Kinder, Menschen mit Behinderungen, Personen mit psychischen Problemen sowie älteren Menschen in Europa, Brüssel 2012; online verfügbar unter http://deinstitutionalisationguide.eu/wp-content/uploads/2013/04/Common-European-Guidelines_German-version.pdf (Aufruf am 21.07.2013).

21 Siehe Anm. 6, S. 418.

22 Vgl. hierzu grundlegend Wolfgang Jantzen, »…die da dürstet nach Gerechtigkeit«. Deinstitutionalisierung in einer Großeinrichtung der Behindertenhilfe, Berlin 2003.

23 Vgl. Forum behinderter Juristinnen und Juristen (Hrsg.), Gesetz zur Sozialen Teilhabe. Gesetz zur Änderung des SGB IX und anderer Gesetze, Bremen 2013.

24 BVerfG Beschluss vom 23.03.2011 AZ 2 BVR 882/09 sowie Beschluss vom 12.10.2011, AZ 2 BVR 633/11.

25 BGH Beschluss vom 20.06.12 AZ XII ZB 99/12 und AZXII ZB 130/12.

26 Theresia Degener, Menschenrechtsschutz für behinderte Menschen. Vom Entstehen einer neuen Menschenrechtskonvention der Vereinten Nationen, in: Deutsche Gesellschaft für die Vereinten Nationen (DGVN) (Hrsg.), Vereinte Nationen. Zeitschrift für die Vereinten Nationen und ihre Sonderorganisationen, 54 (3) 2006, S. 104.

27 Ebd.

28 Franz Christoph, Behindertenstandpunkt, in: Sozialmagazin 3/1980, S. 56–59.

Matthias Vernaldi

Durch Persönliche Assistenz zu einem selbstbestimmten Leben – ein Erfahrungsbericht

So viel vorweg: Meine Assistenten verwirklichen nicht meine Selbstbestimmung. Das muss ich selbst tun. Aber ihre Arbeit stellt die Grundlage dafür dar. Bevor ich das an meinem Beispiel aufzeige, zum besseren Verständnis kurz etwas zur Entstehung und zu einigen Rahmenbedingungen dieser Hilfeform.

Historie

In den 1970er-Jahren adaptierte die in Westeuropa sich gerade formierende emanzipatorische Behindertenbewegung die Idee der Persönlichen Assistenz von der Selbstbestimmt-Leben-Bewegung in den USA *(Independent Living Movement)* und realisierte sie mit Zivildienstleistenden. Das Hilfeverhältnis wurde hier erstmals umgekehrt: Nicht mehr die helfenden Personen machten als Fachleute die Vorgaben, sondern die Menschen, die die Hilfe benötigten.

Bald musste diese Arbeit von bezahltem Personal geleistet werden. Es entstanden Assistenzgenossenschaften und -dienste. Fast gleichzeitig bildete sich Ende der 1980er-Jahre ein Modell heraus, in welchem der behinderte Mensch als Arbeitgeber fungiert, der seine Assistenten bei sich anstellt. Persönliche Assistenz kann also von einem Dienst angeboten werden, oder der Assistenzbedürftige organisiert sie sich in Form der Arbeitgeberschaft selbst.

Mit der Einführung der Pflegeversicherung musste die Hilfe zur Pflege, über die Persönliche Assistenz zu großen Teilen finanziert wird, nach Leistungskomplexen abgerechnet werden, in denen die Verrichtungen dezidiert beschrieben wurden. Das stellte die Persönliche Assistenz infrage. Es gab bundesweit Proteste und auch Bemühungen, eine Lösung zu finden.

So entstand im Land Berlin in der Zusammenarbeit der Senatsverwaltung für Gesundheit und Soziales und den Betroffenen ein neuer Leistungskomplex – der LK 32 »Persönliche Assistenz für behinderte Menschen«.

Die Kompetenzen der Menschen, die Assistenz benötigten

Der LK 32 listet nicht auf, welche Verrichtungen mit wie viel Punkten[1] abgerechnet werden. Somit wird nicht vorgeschrieben, wie mit den behinderten Menschen und ihrem Alltag umzugehen ist. Vielmehr wird die Zeit bezahlt, die der Assistent vor Ort ist und dem Assistenzbedürftigen zur Verfügung steht. Im Zentrum stehen dabei die Kompetenzen des behinderten Menschen, die die Persönliche Assistenz kennzeichnen:

- Personalkompetenz (Bestimmung darüber, wer arbeitet),
- Orts- und Zeitkompetenz (Bestimmung darüber, wo und wann gearbeitet wird),
- Anleitungskompetenz (Bestimmung darüber, was getan wird und wie es getan wird),
- Finanzkompetenz (Bestimmung darüber, wie das Geld, das für die Assistenz zur Verfügung steht, konkret angewendet wird).

Kompetenz wird hier also eher im ursprünglichen Sinne als Befugnis und Zuständigkeit und nicht als Fähigkeit verstanden.

Arbeitgeberschaft und Persönliches Budget

Ich nehme seit 1995 Persönliche Assistenz in Anspruch. Seit dem 1. April 2000 organisiere ich sie als Arbeitgeber. In Form des Persönlichen Budgets erhalte ich die Leistungen der Hilfe zur Pflege des Sozialamtes und der Pflegeversicherung seit August 2006. Jeden Monat bekomme ich eine Summe überwiesen, die in etwa dem Betrag entspricht, der für mich an einen Assistenzdienst gezahlt würde. Ich habe eine Kalkulation vorgelegt, die darstellt, wie diese Summe zustande kommt: Mein anerkannter Bedarf an Assistenzstunden zuzüglich weiterer bezahlter Stunden wie Dienstbesprechungen, Urlaub und Krankheit, daraus abgeleitet Löhne, Zuschläge, Versicherungen, Steuern, Kosten für Beratung und Begleitung, Verwaltung und Sachkosten. Mit der Bewilligung schließt das Sozialamt eine Zielvereinbarung mit mir ab, die festlegt, wie das Geld einzusetzen und wie das gegenüber dem Amt zu dokumentieren ist.

»Leistungsberechtigt« – so das Amtsdeutsch – bin ich, weil ich eine Krankheit habe, die von Geburt an die Nerven absterben lässt, welche Impulse an die Muskelfasern geben. Meine Muskulatur konnte sich nicht hinreichend entwickeln. Bald begann sie sogar, sich zurückzubilden. Ich lernte nie laufen. Heute bin ich faktisch bewegungsunfähig. Wenn nicht ständig jemand in meiner Nähe ist, der mir hilft, bekomme ich sehr bald Schmerzen und kann sogar in Lebensgefahr geraten.

Im klassischen Hilfeverhältnis ist eine solche extreme Abhängigkeit ziemlich einseitig gewichtet: Ich bin grundsätzlich der Empfangende, das Personal hat grundsätzlich die Funktion der Gebenden. Zudem gibt es Arbeitsverträge, Stellenbeschreibungen, Anweisungen und verschiedene inner- und außerbetriebliche Standards, die vorgeben, was sie mit mir zu tun haben. In der Assistenz gibt es hingegen eine stärkere Ausgewogenheit, auch wenn meine existenzielle Abhängigkeit natürlich immer noch ungleich schwerer wiegt. Aber ich gebe hier vor, was zu tun ist. Als Arbeitgeber hängt die Möglichkeit des Assistenten, seinen Lebensunterhalt zu bestreiten, wesentlich von mir ab.

Personalkompetenz

Mein Alltag gestaltet sich kaum anders als der meiner nicht behinderten Nachbarn und Freunde, die keine Behinderung haben, wenn es darum geht, über welche Bereiche ich verfüge und wo meine Verantwortungen liegen. Ich wohne in einem Altbau in Berlin-Neukölln. Wie aufgeräumt meine Wohnung wirkt und wie sauber die Küche ist, liegt an mir. Wann ich am Morgen aufstehe, wenn ich einen Termin am Vormittag wahrnehmen muss, ob ich am Abend vorher zeitiger zu Bett gehe und ob ich mich ohne Frühstück auf den Weg mache, entscheide allein ich. Ich lade Gäste ein und bereite ihnen einen ganzen Tag lang ein 7-Gänge-Menü. Ich kann spontan in einem Café um die Ecke einen Espresso trinken oder kurz vor 22 Uhr noch schnell den Einkauf erledigen. Wie leistungsfähig mein Laptop ist oder wie gut der Wein, den ich bei einem Rendezvous anbiete, hat damit zu tun, wie viel Geld ich dafür erübrigen kann. Wenn meine Schwester mit ihren Kindern zu Besuch kommt, übernachten sie in meiner Wohnung, auch wenn diese eigentlich zu klein dafür ist. Ich bin im behindertenpolitischen Bereich und in der Beratung ehrenamtlich tätig – ziemlich umfangreich sogar. Die dafür erforderlichen Absprachen und Terminierungen nehme ich vor, ohne mich mit den Personen, von denen ich meine Hilfen erhalte, absprechen zu müssen.

All das stellt für Menschen mit umfangreichen Behinderungen keine Selbstverständlichkeit dar. Wer in einer Einrichtung untergebracht ist, wer seine Hilfen von einer Sozialstation oder Angehörigen erhält, kann nicht sechs Freunde unvermittelt über Facebook abends zum Whisky einladen. An heißen Tagen nachmittags zur Erfrischung unter die Dusche? Es gibt

Duschzeiten. Toilettenzeiten gibt es vielerorts auch. Wer sie nicht einhalten kann, wird gewindelt. Menschen werden durch das Hilfesystem entwürdigt und ihrer elementarsten Rechte als Person beraubt. Hier von Inklusion zu reden, wäre zynisch.

Assistenz hingegen lässt mich teilhaben, weil ich ähnlich einem nicht behinderten Menschen leben kann. In einem unterscheidet sich mein Alltag jedoch deutlich von dem anderer. Es ist immer ein Assistent in meiner Nähe. Wenn der eine seine Schicht beendet und nach Hause geht – in seine Privatheit und Intimität –, beginnt die Schicht des anderen. Privatheit und Intimität sind für mich überhaupt erst mit Assistenten herzustellen. Ich bin rund um die Uhr sieben Arbeitsplätze.

Meine Assistenten wissen fast alles über mich: wie ich meinen Tag einteile, welche Websites ich besuche, wie hoch die letzte Rechnung für den Reifenwechsel an meinem Kleinbus war, wie viel und was ich esse, welche Konsistenz mein Kot hat, wie ich morgens rieche, wie oft ich die Socken wechsele, wie die Sauerstoffsättigung meines Blutes ist und ob ich mit der schönen Frau, die ich zum Abend eingeladen habe, wirklich nur den guten Wein trinke. Diese engste Verwobenheit mit meiner Privatsphäre gehört zu ihrer Arbeit, ebenso dass ihre Bedürfnisse gegenüber den meinen hintenanstehen.

Es ist wichtig, dass ich mir diese Menschen aussuchen kann. Sie waschen mich und wischen mir den Hintern. Sie geben mir mein Essen in den Mund und setzen mir die Getränke an. Wenn ich husten muss, drücken sie den Brustkorb oder setzen ein medizinisches Gerät zur Abhusthilfe ein, putzen mir die Nase, wischen Schweiß und Tränen ab.

Dazu ist keine vorherige Qualifikation nötig. Wichtig ist, dass wir uns miteinander halbwegs wohlfühlen. Es gibt einige Leute, die mir sympathisch sind. Doch den ganzen Tag mit ihnen zusammen sein möchte ich nicht, geschweige denn, sie meine Nägel schneiden lassen. Eine grundsätzliche Eignung als persönlicher Assistent gibt es nicht. Wer für den einen passt, kann bei einem anderen durchaus Abwehr auslösen.

Bevor ich einen neuen Assistenten einstelle, finde ich heraus, ob er in der Lage ist, mit meinem Körper umzugehen. Ich merke das an der Art und Weise, wie er mich anfasst, zieht und hebt. Selbstverständlich kommt es auch darauf an, dass man, was politische Ideen, religiöse Vorstellungen und den Lebensstil betrifft, nicht allzu weit auseinander liegt. Für mich ist das allerdings gegenüber der körperlichen Ebene und der des alltäglichen Umgangs zweitrangig.

Natürlich ist es auch wichtig, sich von einem Assistenten trennen zu können. Mit größerer Vertrautheit kommt es mitunter zu Distanzlosigkeit, (meist gut gemeinter) Bevormundung oder Verweigerung gewisser

Arbeiten. Die Möglichkeit zur Konfliktlösung – selbst unter Hinzuziehung einer Supervision, gar einer Mediation – ist auf diesem sensiblen Feld begrenzt. Oft geht es nicht einmal darum, dass ein schwerer Fehler gemacht wurde oder ständig Teile des Arbeitsvertrags nicht erfüllt wurden. Es kann passieren, dass man gegen Menschen, gerade wenn sie Teil der eigenen Banalität sind, Abneigungen entwickelt. An einem solchen Punkt das Assistenzverhältnis zu beenden, ist legitim. Als Arbeitgeber muss mir allerdings bewusst sein, was es für meinen Mitarbeiter bedeutet, erwerbslos zu werden.

Orts- und Zeitkompetenz

Mein Leben erfordert einen ziemlich hohen Organisationsaufwand. Trotzdem gibt es Spontaneität und unvorhergesehene Ereignisse. Es kann und soll nicht ausschließlich nach Plan laufen – auch nicht nach Dienstplan. Den gibt es natürlich. Ich lege ihn regelmäßig zusammen mit meinen Assistenten fest. Dienstanfang und -ende richten sich nach meinem Alltagsrhythmus. Manchmal, wenn ich verreise oder wichtige Termine habe, kann sogar der Dienstumfang davon betroffen sein. Aber auch meine Assistenten können ihre Interessen in die Planung einbringen. Selbstredend muss ich auch am Heiligen Abend oder zum CSD Assistenz haben. Der Dienstplan darf keine Lücken aufweisen. Das ist für mich überlebensnotwendig. Auch wenn bei einer Grippewelle zwei Mitarbeiter krank werden und einer in den Alpen Winterurlaub macht, kann die Arbeit nicht ruhen.

Wenn ich kurzfristig auf eine Party gehen möchte, muss das möglich sein, selbst wenn das den Dienstplan verändert – genauso wie der spontane Ausflug nach Potsdam oder der Nothilfebesuch beim Schulfreund in Hildesheim, der sich gerade von seiner Frau getrennt hat.

Anleitungskompetenz

Genauso wichtig wie die Personalkompetenz ist die Anleitungskompetenz.

Ich habe keine andere Möglichkeit, meinen Alltag zu strukturieren, als detailliert anzusagen, was zu tun ist. Wenn ich koche, stehe ich mit in der Küche und gebe die Arbeitsschritte, Zutaten und Mengen genau vor. Gelingt das Gulasch, ist es mein Erfolg, misslingt es, mein Versagen. Ich entscheide, wann Staub gewischt oder die Toilette gesäubert wird. Es ist meine Sache, im Spätherbst an den Reifenwechsel zu denken. Und wenn ich im Aquarium eine neue Bepflanzung vornehmen möchte, geschieht das, selbst wenn der Assistent der Meinung ist, dass es dringlicher wäre, die Wäsche der letzten drei Wochen zu sortieren und die Küche aufzuräumen.

Was für die meisten Menschen so selbstverständlich ist, dass sie kaum darüber nachdenken, wird für mich zu einem Prozess, der die Einbindung eines anderen Menschen erfordert. Das ist die einzige Möglichkeit, selbstbestimmt mit meiner Leiblichkeit umzugehen. Wenn es mich am linken Oberarm juckt, muss ich meinen Assistenten bitten, mich zu kratzen und seine Finger zu der Stelle leiten. Ich muss es ansagen, dass ich mein Gesicht sehr dünn und mit kleinen Kreisbewegungen eingecremt haben möchte. Es gibt sehr viele alltägliche, zunächst einmal nebensächlich erscheinende Dinge, die Individualität und Intimität herstellen. Als Beispiele seien die Rasur genannt, vor allem die Intimrasur, oder die Art, den Waschlappen zu durchfeuchten, ob der Kaffee heiß geschlürft oder lau getrunken wird. Solche Dinge finden in der üblich definierten Pflege kaum einen Platz. Wenn sie von Pflegebedürftigen eingefordert werden, werden sie eher als Zumutung empfunden. Meine Assistenten sind dagegen ausdrücklich dafür da, auch so etwas für mich umzusetzen.

Ein Körper wie der meine, einer, der sich schon über Jahre hin nur noch ansatzweise selbst bewegen kann, ist meist auch sehr schmerzempfindlich. Ich muss nachts beim Auf-die-Seite-Drehen auf eine spezielle Art an der Hüfte gefasst werden. Mein Knie darf nur bis zu einem gewissen Winkel gestreckt werden. Damit ich stabil auf der Toilette sitze, muss meine rechte Hand auf einem bestimmten Bereich meines Oberschenkels liegen. All das lässt sich auf keinem noch so gut aufgestellten Pflegeseminar lernen, nur bei mir direkt. Es dauert etwa ein dreiviertel Jahr, bis ein Assistent bei mir so viel Routine und Sicherheit entwickelt hat, dass wir mit weniger Anspannung miteinander umgehen können und ich zum Beispiel beim Anziehen nicht jeden Handgriff benennen muss.

▶ Zusammenfassung

Persönliche Assistenz ermöglicht Menschen mit umfangreichen Behinderungen, einen von ihnen geprägten Nahbereich entstehen zu lassen, Privatheit und Intimität zu beanspruchen und Selbstbestimmung zu verwirklichen. Dazu bedarf es ausreichender Hilfen, die mehr als nur Sattheit und Sauberkeit garantieren. Vor allem aber muss das Hilfeverhältnis insofern umgekehrt werden, dass die Person, die die Hilfe bekommt, auch vorgibt, wer sie ausführt, zu welchen Zeiten und an welchen Orten sie erfolgt, was wie getan wird und wie die zur Verfügung gestellten finanziellen Ressourcen konkret angewendet werden.

Anmerkungen

1 Einzelne Verrichtungen werden in Leistungskomplexen zusammengefasst (zum Beispiel Waschen, Ankleiden, Zähneputzen in der kleinen Morgentoilette). Diese sind mit Punktwerten hinterlegt. Die Leistungserbringer (Pflegedienste) handeln mit den Pflegekassen und dem überörtlichen Sozialhilfeträger aus, welcher Entgeltbetrag pro Punkt gezahlt wird.
Es gibt ein klassisches Dreieck: Der Leistungsberechtigte (Pflegebedürftige) erhält die Leistung vom Leistungserbringer (Pflegedienst), den er selbst auswählt. Das Entgelt zahlt der Leistungsträger. Das ist die Versicherung (Pflegekasse) und oft ergänzend das Sozialamt (nämlich dann, wenn der Pflegebedürftige nicht in der Lage ist, den Betrag, der über den Höchstbetrag der Pflegeversicherungsleistung hinausgeht, selbst aufzubringen).

Bettina Jahnke

Einmal Psychiatrie und zurück – ein Erfahrungsbericht

»Für Deutschland gibt es derzeit keine belastbaren Zahlen darüber, wie viele Menschen in Deutschland ohne freie und informierte Zustimmung behandelt wurden[1]*. Die Anzahl insbesondere der ärztlichen Zwangsbehandlungen (pharmakologische Behandlung, Fixierung und Isolierung) pro Jahr ist unbekannt; es gibt lediglich Schätzungen. Ein Überblick über die bundesweite Anzahl der gerichtlichen Entscheidungen, mit denen sich Betroffene zur Wehr setzen, fehlt (…).«*

Valentin Aichele, Deutsches Institut für Menschenrechte e. V., auf der Jahrestagung der »Aktion Psychisch Kranke« (APK), 2012[2]

Meine Wegstrecke durch das System Psychiatrie

Insgesamt sieben psychotische Episoden habe ich im Zeitraum von 2008 bis 2010 durchlebt. Gegen meinen Willen musste ich mich in der Klinik behandeln lassen. Daher kenne ich »die Geschlossene« nicht nur von außen, sondern auch von innen recht gut.

Glücklicherweise habe ich das System Psychiatrie in Deutschland weitestgehend unbeschadet überstanden. Das ist keine Selbstverständlichkeit. Ich fühle mich im Jahr 2014 sogar gesünder als im Jahr 2007.

Aber diese Wegstrecke glich mitnichten einem Spaziergang. Es fühlte sich eher an wie eine mehrspurige Achterbahnfahrt mit Steilkurven, nicht ausgeschilderten Weggabelungen und unverhofftem Gegenverkehr.

Ein Blick zurück.

Rückblicke

Herbst 2007

Im Zuge einer Trennungskrise stellen sich bei mir anhaltende Schlafstörungen ein. Meine Wahrnehmung verändert sich. Traum- und Wacherleben vermischen sich wieder und wieder. Ich leide unter extremen Anspannungszuständen.

Schließlich suche ich einen niedergelassenen Psychiater auf, der sich von mir meine Lebensumstände schildern lässt, um zu schlussfolgern: »Frau Jahnke, das ist sehr beachtlich, was Sie leisten. Hut ab. Aber auf Dauer sind Sie mit den Belastungsfaktoren, wie ich sie hier ausmachen kann, nicht durchhaltefähig. Sie sind alleinerziehende Mutter. Sie stehen als freiberufliche Journalistin unter permanentem Existenzdruck. Sie sind ständig unterwegs auf Dienstreisen. Sie befinden sich in einer schweren Beziehungskrise. So ein Leben ist auf Dauer nicht lebbar. Für niemanden. Darum mein ärztlicher Rat für Sie: Lenken Sie Ihr Leben in andere Bahnen. Als Unterstützung empfehle ich eine Gesprächstherapie und ein Neuroleptikum als Bedarfsmedikation.«

Jahreswende 2007/2008

Die räumliche Trennung von meinem Freund ist vollzogen. Da unklar ist, ob dies nur eine Zwischenlösung ist, bleibt vorerst das gemeinsame Konto.

Ich beginne eine Gesprächstherapie.

Februar 2008

Meine Familienangehörigen veranlassen eines Abends die erste Zwangseinweisung, nachdem ich immer wieder in Parallelwelten abdrifte und kaum mehr ansprechbar bin.

Am nächsten Tag werde ich in der Klinik aus dem Schlaf gerissen und einem Richter vorgeführt. Da sitze ich in Unterwäsche auf meinem Bett, umringt von drei Männern und einer Frau.

Der Vater meiner Tochter möchte, dass ich mir im Krankenhaus einmal eine Auszeit nehme, um neue Kraft zu schöpfen.

Der Oberarzt drängt darauf, mich wenigstens vier Wochen in der Klinik beobachten zu dürfen, um eine vernünftige Diagnose fällen zu können.

Der Stationsarzt verfolgt schweigend das ganze Geschehen.

Immer wieder falle ich schaftrunken in mich zusammen. Erst langsam realisiere ich, dass da gerade über meinen Kopf hinweg ein Freiheitsentzug verhandelt wird. Ich schalte mich in die Diskussion ein: »Ich will unbedingt nach Hause! Ich fühle mich auf der Station äußerst unwohl und halte dies für keinen angemessenen Ort, um zu genesen. Zu Hause warten meine beiden Töchter auf mich. Außerdem stecke ich mitten in den Dreharbeiten zu einem wichtigen Filmprojekt.«

Am Ende verfügt die Richterin längstens einen einwöchigen Zwangsaufenthalt.

Und zum ersten Mal in meinem Leben ist mein Rechtsstaatsempfinden nachhaltig erschüttert.

War ich allen Ernstes alternativlos und ohne Vorabsprache mit Arzneidrogen sediert und ohne anwaltlichen Beistand einem Richter vorgeführt worden? Reichten vage Spekulationen um meine Eigen- und Fremdgefährdung in einem richterlichen Beschluss auf der Basis juristischer Allgemeinplätze und ärztlicher Interpretationsfreiheit tatsächlich aus, um mich einzusperren?

Sommer 2008

Mein nervlicher Zusammenbruch im Hochsommer markiert die endgültige Trennung zu meinem Exfreund, nachdem ich einen Riesenberg Schulden und eine Liebschaft in der halbjährlichen Trennungszeit bilanzieren musste.

Im sich anschließenden vierwöchigen Klinikaufenthalt schottet mich das Klinikpersonal von der Außenwelt ab. Die Väter meiner beiden Töchter beschließen daraufhin, die Kinder zu sich zu nehmen.

Als ich nach meinem Zwangsaufenthalt nach Hause zurückkehre, stehe ich mit dem Rücken zur Wand. Die Wohnung ist für mich allein finanziell nicht länger zu halten. Ich bin plötzlich zweifach unterhaltspflichtig. Ich weiß nicht, ob ich weiterhin für meinen Arbeitgeber tätig sein darf.

Mein Gesprächstherapeut will die in der Klinik angesetzte Akutmedikation beibehalten, ohne Rücksicht auf die von mir geschilderten Nebenwirkungen, wie zum Beispiel Behinderungen beim Autofahren durch extreme Lichtempfindlichkeit, Beklemmungen durch ein eingeschränktes Sichtfeld, über Stunden anhaltende massive Einschlafschwierigkeiten durch kribbelnde Füße nach abendlicher Medikamenteneinnahme …

Er stellt mich vor die Wahl: Entweder, ich akzeptiere die in der Klinik angesetzte Medikamentendosis, oder er breche die Behandlung ab. Mein Argument, dass ich mich mit dem Medikament außerstande sehe, weiterhin zu arbeiten, ignoriert er.

Als ich mich für den Behandlungsabbruch entscheide, gibt mir der Therapeut eine Negativprognose mit auf den Weg, die fast einem Fluch gleicht: »Und übrigens, ich kenne Ihren Krankheitsverlauf. Erst verlieren Sie Ihren Führerschein, danach Ihren Job, und dann sind Sie ganz unten.«

Februar 2009

Die Abstände meiner psychotischen Schübe werden länger, die Schübe schwächen sich ab. Es folgt ein weiterer kurzer Klinikaufenthalt, der für mich inzwischen an Schrecken verloren hat. Ein wesentlicher Grund hierfür: Den mich behandelnden Oberarzt kenne ich inzwischen näher aus Begegnungen außerhalb des stationären Settings durch mein Engagement in der Gemeindepsychiatrie.[3]

Nach dem Abbruch der Gesprächstherapie im Sommer 2008 hat er mich bei meinen Versuchen einer eigenverantwortlichen Medikation immer wieder bestärkt. Er gibt mir Ausgang von der »Geschlossenen«, damit ich an den Auswahlgesprächen für eine neue EX-IN-Peerausbildung teilnehmen kann. EX-IN bedeutet *Experienced-Involvement*, zu Deutsch: Einbeziehung Psychiatrie-Erfahrener. Dahinter steckt eine systematische, angeleitete Hilfe zur Selbsthilfe.[4]

Sommer 2010

Inmitten meiner EX-IN-Ausbildung erleide ich einen Rückfall, als ich mich im Rahmen meiner Biografiearbeit zu einem schweren Trauma aus Kinderzeiten vorarbeite. Ich baue einen Autounfall mit Totalschaden und lande diesmal nicht auf der Station des mir bekannten Oberarztes. Dennoch gewährt er mir im Rahmen seiner Möglichkeiten Beistand. Er ist mit anwesend, als die richterliche Anhörung erfolgt. Er unterstützt die von mir gewählte niedrige Medikamentendosis. Erstmals darf ich erleben, wie die Psychose langsam abflacht, statt dass sie gewaltsam abgeschnitten wird. Ich habe den Eindruck, die Krankheit eigenständig zu bewältigen, indem ich mir Stück für Stück einen Weg zurück in die Realität bahne.

Sanktioniert wird dieser Genesungserfolg von einem Machtkampf. Im Sachverständigengutachten für das Gericht behauptet die Assistenzärztin, ich sei »krankheitsuneinsichtig« und habe das Medikament in der Vergangenheit willkürlich halbiert oder verdoppelt. Ich interveniere, zunächst mit Erfolg. Nachdem die verantwortliche Oberärztin auf Station mir in meiner Rechtsauffassung beigepflichtet hat und einen Friedensschluss mit der Assistenzärztin empfiehlt, bei dem beide Seiten ihr Gesicht wahren können, entschwindet sie in den Urlaub. Die Assistenzärztin geht daraufhin auf Konfrontationskurs und zieht alle Register. Diesmal hat sie Erfolg. Mein Einspruch wird in zweiter Instanz abgelehnt.

Aus der Klinik entlassen, verliere ich zunächst meinen Führerschein. In meiner Not wende ich mich an den niedergelassenen Psychiater, bei dem ich im Jahr 2007 zuletzt vorstellig war, weil er auch Sachverständiger für verkehrspsychiatrische Gutachten ist. Wir treffen eine Behandlungsvereinbarung über den Zeitraum von zwei Jahren. In dieser Zeit setzen wir gemeinsam und sehr, sehr kleinschrittig das Neuroleptikum ab.

Seit 2010 bin ich seither psychosefrei. Seit 2012 bin ich arzneidrogenfrei.

Das psychiatrische System in Deutschland hat mir diesen Weg zurück in die Freiheit und in ein selbstbestimmtes Leben NICHT geebnet. Vielmehr waren es vom System emanzipierte Menschen, auf die ich vertrauen durfte.

Meine Bilanz lautet darum: Die Psychiatrie in Deutschland gleicht einer Blackbox. Auf das bestehende System ist gegenwärtig kein Verlass. Im Zweifel schützt es sich selbst wirkungsvoller als die Menschen darin.

Darum pflichte ich auch Valentin Aichele und seiner Forderung bei: »Menschenrechte müssen weitaus stärker zum Ausgangspunkt und zur Leitlinie für die Entwicklung der psychiatrischen Versorgung gemacht werden.«[5]

▶ Zusammenfassung

Der Erfahrungsbericht handelt von einer Journalistin, die – ausgelöst durch eine Trennungskrise – psychisch schwer erkrankt. Aufgrund wiederkehrender Psychosen ist sie gezwungen, sich sowohl in ambulante als auch in klinische Behandlung zu begeben. Nicht alle Hilfsangebote sind geeignet, den Genesungsprozess zu unterstützen. Im Gegenteil. Weit verbreitetes Schubladendenken unter Fachpersonal wirkt als Hemmschuh. Einige Interventionen sind zu weitgehend und gefährden eine autonome Lebensführung.

Anmerkungen

1 Vgl. Deutscher Bundestag, 17. Wahlperiode, Antwort der Bundesregierung; Drucksache 17/10712 vom 17.09.2012.

2 Valentin Aichele, Vortrag »Konsequenzen aus der UN-Konvention – auch in der Psychiatrie«, in: Aktion Psychisch Kranke/Peter Weiß/Andreas Heinz (Hrsg.), Gleichberechtigt mittendrin – Partizipation und Teilhabe, Tagungsdokumentation Berlin, 6./7. November 2012, S. 109, online abrufbar unter: http://www.apk-ev.de/publikationen/Band%2039.pdf (Aufruf am 17.06.2014).

3 Mit Gemeindepsychiatrie werden Angebote der Sozialpsychiatrie bezeichnet, jenseits der großen Kliniken und Praxen niedergelassener Psychiater_innen. Dies können etwa Kontakt- und Beratungsstellen sein oder Dienste des Betreuten Wohnens.

4 EX-IN ist hervorgegangen aus einem europäischen Pilotprojekt, in dessen Rahmen 2005–2007 ein Curriculum, Methoden und Lehrmaterialien entwickelt wurden. Zertifizierte EX-IN-Erfahrungsexpert_innen arbeiten im Bereich der sozialen Rehabilitation zum Beispiel als Genesungsbegleiter_innen, Dozent_innen oder Referent_innen, in der Lehre und Forschung, als Konzeptentwickler_innen und Berater_innen.

5 V. Aichele, wie Anm. 2, S. 106.

Gisela Hermes

Mehrdimensionale Diskriminierung

Das Leben eines gesellschaftlich benachteiligten Menschen wird nicht nur durch ein Merkmal, beispielsweise Behinderung, bestimmt, sondern durch zahlreiche unterschiedliche Faktoren, die sich in ihrer Gesamtheit diskriminierend auswirken können. So gehören Menschen immer mehreren Merkmalsgruppen gleichzeitig an, wie behindert/weiblich oder Migrantin/alt oder türkisch/homosexuell. Andreas Merx stellt fest, dass sich der zentrale Grund für eine Diskriminierung nicht immer genau bestimmen lässt, da gerade die Kombination verschiedener Merkmale ein Motiv für eine Diskriminierung sein kann. Menschen, die mehrere Diskriminierungsmerkmale in sich vereinen, sind besonders stark von Benachteiligungen betroffen.[1] Laut Julia Zinsmeister bildet das weibliche Geschlecht hierbei die größte Schnittmenge; sie schreibt: »In der Geschichte und in der Gegenwart wurden weibliche Mitglieder bestimmter Minderheiten stets in spezifischer Form diskriminiert und verfolgt.«[2]

Dem Problem der mehrfachen Diskriminierung aufgrund der Geschlechtszugehörigkeit trägt die UN-Behindertenrechtskonvention (UN-BRK) Rechnung, indem konkrete Regelungen für behinderte Mädchen und Frauen geschaffen wurden.

Mehrfachdiskriminierung von Mädchen und Frauen mit Behinderung

Die UN-BRK erkennt grundsätzlich an, dass sich die Lebenssituation behinderter Frauen und Männer aufgrund ihrer Geschlechtszugehörigkeit unterscheidet, wobei Frauen eine stärkere gesellschaftliche Benachteiligung erfahren. Artikel 6 UN-BRK Absatz 1 nimmt explizit Bezug auf die mehrfache Diskriminierung von Frauen mit Behinderungen: »Die Vertragsstaaten anerkennen, dass Frauen und Mädchen mit Behinderungen mehrfacher Diskriminierung ausgesetzt sind, und ergreifen in dieser Hinsicht Maßnahmen, um zu gewährleisten, dass sie alle Menschenrechte und Grundfreiheiten voll und gleichberechtigt genießen können.« Zusätzlich wird in weiteren Bestimmungen der Konvention ausdrücklich auf genderbezogene Aspekte hingewiesen. Referenzen finden sich in der Präambel[3] sowie in den Artikeln 3 (Allgemeine Grundsätze) und 8 (Bewusstseinsbildung).

Wie sich das gemeinsame Auftreten von Geschlecht und Beeinträchtigung auf die Lebenschancen behinderter Frauen und Männer auswirkt, soll im Folgenden näher beleuchtet werden.

»Ist es ein Junge oder ein Mädchen?« Diese Frage wird üblicherweise als erste nach der Geburt eines Kindes gestellt, und sie verweist darauf, dass unsere Gesellschaft durchgängig zweigeschlechtlich strukturiert ist. Ob ein Mensch männlichen oder weiblichen Geschlechts ist, hat Auswirkungen auf seinen gesamten Lebensverlauf und auf seine Bildungs- und Teilhabechancen.[4]

Frauen und Männer werden in unserer zweigeschlechtlich konstruierten Gesellschaft an unterschiedlichen gesellschaftlichen Normen gemessen. So steht bei der Bewertung von Frauen die Übereinstimmung ihres Körpers mit vorherrschenden Schönheitsidealen im Vordergrund, mit der zugleich sexuelle Attraktivität und Fortpflanzungsfähigkeit verbunden werden. Des Weiteren beinhaltet die weibliche Geschlechtsrolle, trotz steigender Berufstätigkeit von Frauen, noch immer das Bild von der Frau als Versorgerin, als Hausfrau und Mutter, und auch heute noch werden Frauen aufgrund ihres Geschlechtes benachteiligt, wie unter anderem Zahlen zur ungleichen Entlohnung von Frauen und Männern bei gleicher Arbeit (bis zu 22 Prozent Unterschied) belegen.[5] Bei der männlichen Geschlechtsrolle dominieren dagegen in fast allen Gesellschaften und Epochen Stereotype wie Erfolg, Überlegenheit und Macht.

Das vorherrschende starre Geschlechtersystem ist jedoch zunehmend einer kritischen Hinterfragung ausgesetzt. So wird das Geschlecht heute nicht mehr als etwas gesehen, das uns von Natur aus gegeben ist und das deshalb zwangsläufig unsere Verhaltensweisen und Rollen bestimmt. Vielmehr werden die Zweigeschlechtlichkeit und die damit verbundenen Geschlechterrollen als gesellschaftliche Konstruktion verstanden.

Bereits seit den 1970er-Jahren haben sich zur Unterscheidung des biologischen und des sozialen/kulturellen Geschlechts die englischen Begriffe *sex* und *gender* in der Geschlechterforschung *(Gender Studies)* durchgesetzt. *Gender* – das soziale und kulturelle Geschlecht – wird demzufolge im alltäglichen Handeln und durch Kommunikation immer wieder neu hergestellt *(doing gender)*.[6] Mit dem Genderbegriff soll die angebliche Selbstverständlichkeit bzw. Naturgegebenheit von Geschlechtsrollenunterschieden infrage gestellt und das hierarchische Macht- und Herrschaftsgefälle zwischen Mann und Frau, das zu großen sozialen Ungleichheiten führt, kritisch betrachtet werden. Die zunächst als hilfreich bewertete Unterscheidung zwischen *sex* und *gender* wird jedoch in der Geschlechterforschung problematisiert, seit Judith Butler auch das biologische Geschlecht *(sex)* zur sozialen Konstruktion erklärt hat.[7] Franziska Bergmann u. a. schreiben hierzu: »Entscheiden vornehmlich Naturwissenschaften wie Biologie und Medizin darüber, welche körperlichen Merkmale für welches anatomische Geschlecht bedeutsam sind, so reproduzieren diese Disziplinen (...) herrschende kulturelle Normen und zementieren die geltenden Geschlechterverhältnisse. Nach Judith Butler ist selbst die Anatomie ein soziales Konstrukt, das die gesellschaftlichen Machtverhältnisse und damit die Geschlechterordnung festschreibt.«[8] Seither wird die Frage kontrovers diskutiert, ob auf die Kategorie »Geschlecht« als analytische Kategorie in der Gendertheorie überhaupt verzichtet werden kann.[9]

Ähnlich wie »Geschlecht« ist auch »Behinderung« ein gesellschaftliches Konstrukt, das von Menschen gemacht und somit veränderbar ist. Da Behinderung immer im Verhältnis zu den aktuell geltenden Normvorstellungen in einer Gesellschaft steht und sich Normalitätsvorstellungen verändern, ist auch das Verständnis von Behinderung stetig im Wandel. Eine klare Definition des Begriffs Behinderung erweist sich deshalb auch als grundsätzlich schwierig. Seit den 1970er-Jahren wird zunehmend die von behinderten Menschen selbst entwickelte soziale Sichtweise[10] diskutiert: Demnach entsteht eine Behinderung erst durch die Wechselwirkung zwischen einer individuellen Beeinträchtigung und gesellschaftlichen Barrieren. Zwar wird das soziale Modell auf politischer Ebene immer stärker anerkannt – und auf ihm fußt auch die UN-Behindertenrechtskonvention –, auf gesellschaftlicher Ebene konnte sich diese Sichtweise jedoch bisher nicht durchsetzen. So dominiert in der konkreten Alltagspraxis, in Institutionen, im Sozialraum und in den Köpfen der meisten Menschen nach wie vor der medizinische Blick, der Behinderung als individuelles Merkmal, als negative körperliche, psychische oder kognitive Abweichung eines Menschen von einem gesellschaftlich definierten gesundheitlichen Normalzustand und daher als Defizit versteht.[11] Die Beeinträchtigung wird zum Hauptmerkmal des Individuums erhoben, hinter dem alle anderen Merkmale des betroffenen Menschen verschwinden. Deutlich wird dieses unter anderem durch die gängige Benutzung des reduktionistischen Begriffs »der Behinderte«, unter dem Menschen mit jeglicher Art von Beeinträchtigung, unabhängig von ihrer Religionszugehörigkeit, ihrem Familienstand, ihrem ethnischen Hintergrund oder ihrer Geschlechtszugehörigkeit zu einer vermeintlich homogenen Gruppe zusammengefasst werden. Der Behinderte ist nach diesem Verständnis ein geschlechtliches Neutrum.

Obwohl behinderte Menschen in der Öffentlichkeit als geschlechtliche Neutren, als Behinderte, und eben nicht als Frauen und Männer wahrgenommen werden, wirken sich die weiblichen und männlichen Geschlechtsrollenstereotypen dennoch grundlegend auf ihre sozialen Teilhabechancen aus, das heißt, behinderte Frauen und Männer finden aufgrund ihrer Geschlechtszugehörigkeit sehr unterschiedliche Lebenschancen vor.[12]

Der Zusammenhang zwischen Geschlecht und Behinderung wird seit Beginn der 1980er-Jahre in wissenschaftlichen Publikationen und in Schriften von betroffenen Frauen untersucht.[13] Einigkeit herrscht bei allen Autor_innen hinsichtlich der Feststellung, dass sich das Zusammentreffen von behindertenfeindlichen und geschlechtsspezifischen Gesellschaftsstrukturen insbesondere für behinderte Frauen benachteiligend auswirkt. So kommen auch die Autor_innen des ersten Gender-Datenreports der Bundesregierung aus dem Jahr 2005 zu folgendem Ergebnis: »Mehrfachdiskriminierung behinderter Frauen ist in vielen Lebensbereichen nachweisbar (Anerkennung der Schwerbehinderung, Bewertung von Berufs- und Familienarbeit, ökonomische Situation, Pflege u.a.).«[14]

Während in den vergangenen Jahren einige, wenn auch nicht sehr zahlreiche, Studien Erkenntnisse zu verschiedenen Lebenslagen behinderter Frauen gebracht haben, ist die Forschung in Bezug auf behinderte Männer noch immer »genderblind« (zur Forderung einer gendersensiblen Erhebung statistischer Daten vgl. auch → S. 261). Ähnlich wie im Bereich der allgemeinen Genderforschung zeigt sich auch in Bezug auf Behinderung und Geschlecht eine eher einseitige Beschäftigung der Literatur mit der Lebenssituation von Frauen. Die allgemeine Behindertenforschung hat sich bisher nicht mit geschlechtsdifferenzierten Betrachtungen befasst und die Kritische Männerforschung fokussiert auf das Thema der Nichtbehinderung.[15] Es gibt deshalb keine Studien und somit kaum Wissen über die Situation von behinderten Jungen und Männern.

Wo und wie sich geschlechtsspezifische Diskriminierungen bei behinderten Mädchen und Frauen konkret zeigen, wird im Folgenden beispielhaft anhand der zentralen Aspekte Schönheitsnormen, Sexualität und Mutterschaft sowie Ausbildung und Arbeit dargestellt.

Weibliche Schönheitsnormen und traditionelle Geschlechterrolle

Wie nicht behinderte Frauen so werden auch Frauen mit Beeinträchtigung an patriarchalen Normen der körperlichen Schönheit und Attraktivität und an ihrer Fähigkeit gemessen, die traditionelle Geschlechterrolle der attraktiven Geliebten, Hausfrau und Mutter erfüllen zu können. Weichen Frauen von den vorherrschenden Schönheitsnormen ab, so wird ihnen die Fähigkeit zur Erfüllung dieser weiblichen Rolle und somit ihre gesamte Weiblichkeit abgesprochen. Frauen, die mit einer Beeinträchtigung aufgewachsen sind, hat sich häufig von klein auf vermittelt, dass sie nicht den weiblichen Schönheitsnormen entsprechen und die klassische Frauenrolle als Partnerin und Mutter für sie nicht infrage kommt.[16] Dieses trifft insbesondere auf Mädchen und Frauen mit kognitiven Beeinträchtigungen zu.

Behinderte Frauen werden aber nicht nur an Weiblichkeitsnormen gemessen, sie sind gleichzeitig von der ganzen Bandbreite gesellschaftlicher Vorurteile und Diskriminierungen gegenüber behinderten Menschen allgemein betroffen. Das klischeehafte Bild von »den Behinderten« als schwache, abhängige, entscheidungsunfähige und unattraktive Menschen trifft sie noch stärker als behinderte Männer. Die weibliche Rolle als Partnerin, Versorgerin und Mutter steht behinderten Frauen seltener als Option zur Verfügung, und der Anpassungsdruck an gesellschaftliche Idealvorstellungen vom weiblichen Körper und der damit verbundenen sozialen Akzeptanz ist daher für behinderte Mädchen und Frauen besonders groß.[17]

Sexualität, Mutterschaft und Behinderung

Hinter der Vorstellung, dass behinderte Menschen geschlechtsneutrale Wesen ohne Sexualität und Kinderwunsch sind, verbirgt sich laut Ulrike Schildmann ein gesellschaftlich tief verwurzeltes eugenisches Denken, nämlich die Vorstellung, dass sich behinderte Menschen möglichst nicht fortpflanzen sollen, weil sie ihre Behinderung vererben oder der Gesellschaft durch zusätzliche Kosten bei der Erziehung ihrer Kinder zur Last fallen könnten.[18] Da behinderten Frauen eine Mutterschaft grundsätzlich nicht zugetraut wird und diese auch nicht erwünscht ist, ist es ihnen leichter möglich, einen Schwangerschaftsabbruch oder eine Sterilisation durchführen zu lassen, als angemessene Unterstützung für das Austragen einer Schwangerschaft zu erhalten.[19]

Das gesellschaftlich produzierte Bild des partner- und kinderlosen Behinderten stimmt jedoch nicht, denn viele behinderte Menschen werden Mütter und Väter wie nicht behinderte Menschen auch. Dieses trifft vor allem auf behinderte Menschen zu, die nicht in einer Sondereinrichtung leben (müssen). Weil bei behinderten Frauen nicht mit einer Mutterschaft gerechnet wird, sind alle Bereiche, die mit der Geburt und auch der Erziehung/Freizeitgestaltung von bzw. mit Kindern zu tun haben, nicht auf deren Bedürfnisse eingerichtet. So gibt es kaum barrierefreie Frauenarztpraxen, die insbesondere für Rollstuhlfahrerinnen zugänglich sind. Auch gynäkologische Abteilungen in Krankenhäusern sind selten auf behinderte Mütter eingerichtet (siehe auch den Beitrag von Matthias Schmidt-Ohlemann → S. 204 ff.). Krabbelgruppen, Kindergärten, Schulen und Orte mit weiteren Kontakt- und Freizeitangeboten sind für körper- und sinnesbehinderte wie etwa gehörlose Eltern meist unzugänglich. Mütter, die aufgrund ihrer Beeinträchtigung persönliche Assistenz im Alltag benötigen, erhalten diese oft nicht, da hierfür die gesetzliche Grundlage fehlt.[20] Nicht nur die behinderten Frauen selbst, sondern auch deren Familien werden so durch mangelnde Barrierefreiheit und fehlende Hilfen ausgegrenzt. Zwar sind auch behinderte Väter von vielen dieser Schwierigkeiten betroffen. Da die Verantwortung für die Versorgung der Kinder jedoch noch immer überwiegend bei den Frauen liegt, trifft sie die gesellschaftliche Ausgrenzung besonders stark.[21]

Insbesondere für Männer und Frauen mit einer kognitiven Beeinträchtigung ist es dagegen fast unmöglich, Sexualität und Elternschaft zu leben. Dieses wird durch fremdbestimmende Strukturen in Wohneinrichtungen und Heimen verhindert; dazu zählen die Unterbringung in Mehrbettzimmern, gleichgeschlechtliche (Wohn-)Gruppen, fehlende private Rückzugsmöglichkeiten und ebenso die negative Haltung der (oft kirchlichen) Heimträger gegenüber Sexualität, Elternschaft und Behinderung. Und wenn Frauen mit kognitiver Beeinträchtigung ein Kind bekommen, dann sind ihre Möglichkeiten, gemeinsam als Familie zu leben, äußerst begrenzt.[22] Sie werden in den meisten Fällen entweder von den Kindern getrennt oder leben in speziellen Mutter-Kind-Wohneinrichtungen[23], deren Konzepte in der Regel an der traditionellen Rollenverteilung zwischen den Geschlechtern orientiert sind: Väter kommen darin selten vor.

Laut Artikel 23 Absatz 1 UN-BRK müssen die Vertragsstaaten »wirksame und geeignete Maßnahmen zur Beseitigung der Diskriminierung« von behinderten Menschen in allen Fragen ergreifen, die »Ehe, Familie, Elternschaft und Partnerschaften betreffen«. Damit behinderte Frauen und Männer das in der Konvention geforderte Recht auf freie und verantwortungsbewusste Entscheidung über die Anzahl ihrer Kinder wahrnehmen können, sind zahlreiche Maßnahmen erforderlich. Sexualaufklärung bzw. sexuelle Bildung und menschenwürdige strukturelle Bedingungen in Einrichtungen und Heimen, die das Recht auf Intimität und Privatsphäre achten, sind hierfür erste grundlegende Bedingungen. Um die Benachteiligungen gegenüber nicht behinderten Müttern (und Vätern) abzubauen, müssten alle Bereiche, welche die Geburt und die Erziehung von Kindern betreffen, umfassend barrierefrei gestaltet sein. Eine gesetzlich verankerte Elternassistenz, die insbesondere von behinderten Müttern benötigt wird, ergibt sich aus Artikel 23 Absatz 2 UN-BRK, in dem sich die Vertragsstaaten dazu verpflichten, »Menschen mit Behinderungen in angemessener Weise bei der Wahrnehmung ihrer elterlichen Verantwortung« zu unterstützen.

Sexuelle Gewalt

Obwohl sie in der Öffentlichkeit nicht als sexuelle Wesen wahrgenommen werden, erleben behinderte Mädchen und Frauen einer Studie des Bundesministeriums für Familie, Senioren, Frauen und Jugend zufolge zwei- bis dreimal häufiger sexuelle Gewalt als andere Personengruppen, da sie als machtlose Wesen und somit als wehrlose Opfer gelten. In besonders hohem Maße sind psychisch erkrankte Frauen, die in stationären Einrichtungen leben, und gehörlose Frauen betroffen. Zwar besteht auch bei beeinträchtigten Männern ein höheres Risiko für sexuelle Übergriffe, jedoch sind sie insgesamt wesentlich seltener betroffen als Frauen.[24]

Neben den Risikofaktoren, die für alle Mädchen und Frauen bestehen, Opfer sexueller Gewalt zu werden, gibt es bei behinderten Mädchen und Frauen darüber hinaus weitere Faktoren, die das Risiko sexueller Übergriffe begünstigen: Dazu gehören die Erziehung behinderter Mädchen zur Anpassung, das Verdrängen und die Reglementierung ihrer sexuellen Bedürfnisse und ihr oft mangelndes Wissen über den eigenen Körper. Da die sexuellen Übergriffe häufig im Rahmen der Pflege geschehen, stellen die äußeren Gegebenheiten in Sondereinrichtungen weitere Risikofaktoren dar; so fehlen dort Einzelzimmer, Wasch- sowie Toilettenräume sind oft nicht abschließbar[25] und das Recht auf Privatsphäre wird meist nicht geachtet.

Artikel 16 Absatz 1 UN-BRK legt fest, dass die Vertragsstaaten sowohl gesetzliche wie auch sonstige Maßnahmen zum Schutz behinderter Menschen vor Gewalt und Missbrauch treffen. Hingewiesen wird auch auf geschlechtsspezifische Aspekte, also auf die besondere Situation von Mädchen und Frauen. Zur Veränderung der beschriebenen Situation ist eine umfassende Gewaltprävention notwendig, die auf verschiedenen Ebenen ansetzt: zum einen individuell bei den behinderten Mädchen/Frauen, zum anderen an den strukturellen Bedingungen. Die rechtliche Verankerung gleichgeschlechtlicher Pflege wäre zum Beispiel ein wichtiger Schritt zum Schutz pflegebedürftiger Mädchen und Frauen. Im Sinne des Inklusionsgedankens sollten außerdem Frauenberatungsstellen, Notrufe und Zufluchtsstätten barrierefrei gestaltet und Berater_innen speziell für die Arbeit mit behinderten Mädchen und Frauen qualifiziert werden.

Ausbildung und Arbeit

Von Kindheit an lernen Mädchen und Frauen mit einer Körper- oder Sinnesbehinderung, dass eine Berufstätigkeit für sie eine besonders hohe Bedeutung hat, weil sie sich selbst versorgen und von staatlicher Hilfe unabhängig sein sollen. Diese Auffassung spiegelt sich in einer Festschrift der großen Rehabilitationseinrichtung Lichtenau e. V., wo es heißt, »(…) dass der männliche Körperbehinderte leichter in der Lage ist, einen gesunden Ehegatten zu finden wie das körperbehinderte Mädchen«; damit »ist für dieses der Beruf nicht nur die Grundlage der wirtschaftlichen Existenz, sondern darüber hinaus die Erfüllung ihres Lebens schlechthin.«[26] Zwar stammt diese Aussage aus dem Jahr 1954, jedoch findet sich die beschriebene Einstellung hinsichtlich der beruflichen Ausbildung behinderter Mädchen/Frauen auch nachweislich in späteren Zeiten.[27]

Die berufliche Selbstverwirklichung und finanzielle Unabhängigkeit behinderter Frauen scheitern oft bereits am bestehenden Rehabilitationssystem. Dort werden sie in besonderem Maße benachteiligt, denn die Angebote der Einrichtungen orientieren sich überwiegend an männlichen Erwerbsbiografien. Ausbildungsberufe, die über das enge Berufsspektrum traditionell »männlicher« Berufe hinausgehen, Berufe mit Aufstiegsmöglichkeiten, Teilzeitausbildungen oder auch Kinderbetreuungsangebote fehlen weitgehend. »Trotz stärkerer Beachtung der Belange behinderter Frauen durch das SGB IX zeigt sich, dass Frauen mit Behinderungen in den Maßnahmen der Bundesagentur für Arbeit zur beruflichen Erst- und Wiedereingliederung deutlich unterrepräsentiert sind. Sowohl bei Erst- als auch Wiedereingliederungen stellen Frauen nur 37 bis 38 Prozent der Teilnehmerinnen und Teilnehmer an den Eingliederungsmaßnahmen«.[28] Obwohl sie bessere Schulabschlüsse vorweisen können, sind behinderte Frauen auf dem Arbeitsmarkt deutlich stärker in Teilzeitbeschäftigungsverhältnissen oder Niedriglohngruppen zu finden.[29] Sie arbeiten besonders häufig in Berufen des privaten und öffentlichen Dienstleistungssektors.[30] Staatliche Hilfen für behinderte Menschen, wie etwa zur beruflichen Rehabilitation, sind häufig an eine vorherige Berufstätigkeit oder Ausbildung geknüpft, die viele behinderte Frauen aber nicht vorweisen können. Der Teilhabebericht der Bundesregierung dokumentiert denn auch, dass Frauen mit Beeinträchtigungen wesentlich häufiger in armutsgefährdeten Haushalten leben als Männer mit Beeinträchtigungen.[31] Die geschlechterspezifische Ungleichheit ist in diesem Bereich wesentlich stärker ausgeprägt als bei nicht behinderten Menschen.

Artikel 27 UN-BRK (Arbeit und Beschäftigung) beschreibt das »gleiche Recht von Menschen mit Behinderungen«, den Lebensunterhalt durch Arbeit zu verdienen (siehe auch den Beitrag von Peter Trenk-Hinterberger → S. 105 ff.). Dieses gilt somit auch für behinderte Frauen. In der konkreten Ausgestaltung würde dies insbesondere eine Anpassung des Berufsbildungssystems an die Bedürfnisse behinderter Mädchen und

Frauen und die Ermöglichung einer breiteren Berufswahl bedeuten. Weitere erforderliche Maßnahmen zum Abbau von Benachteiligungen behinderter Frauen auf dem Arbeitsmarkt sind die Evaluation bestehender Arbeitsmarkt- und Förderprogramme im Hinblick auf ihre Auswirkungen für behinderte Frauen und die Schaffung spezieller Förderprogramme.

Gender Mainstreaming in der Behindertenpolitik

Zur Bekämpfung geschlechtsspezifischer Benachteiligungen müssen die Vertragsstaaten der UN-BRK die Genderperspektive künftig bei ihren Maßnahmen zur Umsetzung der Konvention grundsätzlich mit berücksichtigen. Dies macht zunächst die geschlechtsspezifische Erhebung aller Daten über Behinderung erforderlich, da die jeweils spezifische Situation behinderter Frauen und Männer bisher nur sehr unzureichend erfasst ist. Daten und Fakten sind jedoch grundlegende Voraussetzungen, um eine gendergerechte Behindertenpolitik planen und umsetzen zu können. Des Weiteren muss im Sinne des *Gender Mainstreaming*[32] in Zukunft bei allen Maßnahmen, die behinderte Menschen betreffen, bedacht werden, welche Auswirkungen diese jeweils auf behinderte Frauen und auf behinderte Männer haben. Sigrid Arnade und Sabine Häfner[33] fordern dazu unter anderem die Erstellung eines speziellen Aktionsplanes zur systematischen Verbesserung der Situation behinderter Frauen. Dieser soll gemeinsam mit den betroffenen Frauen erarbeitet und fester Bestandteil von Gesamt-Aktionsplänen zur Umsetzung der UN-BRK sein.

Auch der UN-BRK-Ausschuss, der die Staatenberichte prüft, misst dem Thema Gender große Bedeutung bei und erwähnt dieses in jeder »Abschließenden Bemerkung« *(Concluding observation)* zu den einzelnen Staatenberichten. So wurde beispielsweise dem Land Österreich im Jahr 2013 geraten, spezifische und effiziente Maßnahmen zur Gleichstellung behinderter Mädchen und Frauen zu verabschieden, die Genderperspektive in der Behindertengesetzgebung und -politik zu verankern und barrierefreie Angebote für behinderte Mädchen und Frauen zu schaffen.[34]

Die hohe Bedeutung, die dem Thema Gender im BRK-Ausschuss zukommt, zeigte sich auch an der Durchführung eines halben Tages der allgemeinen Diskussion *(half day of general discussion)* zum Thema Frauen und Mädchen mit Behinderungen im April 2013. Im Rahmen dieser Veranstaltung referierten Expert_innen aus Zivilgesellschaft, Wissenschaft und Organisationen der Vereinten Nationen und diskutierten mit den Staatenvertreter_innen.[35]

Mehrdimensionale Diskriminierung und Intersektionalität

In der Wissenschaft wird zunehmend versucht, den Menschen nicht nur auf ein Merkmal, etwa eine Beeinträchtigung, zu reduzieren, sondern ihn ganzheitlich zu betrachten, indem mehrfache Benachteiligungen in den Blick genommen werden.

Der recht junge Intersektionalitätsansatz, der Menschen als Träger_innen verschiedener Merkmale versteht und der die unterschiedlichen Gründe für Benachteiligungen gemeinsam und nicht getrennt betrachtet, schafft die Möglichkeit, die Auswirkungen vielfältiger Diskriminierungsaspekte in der Gesamtsicht zu untersuchen. Ausgrenzungs- und Diskriminierungserfahrungen werden dabei im intersektionalen Ansatz nicht einer Rechenlogik folgend addiert, sondern die Wechselwirkungen verschiedenster Diskriminierungskategorien werden in die Analyse einbezogen, die wiederum zu neuen Formen der Benachteiligung führen.[36]

Wie und ob es jedoch überhaupt möglich ist, verschiedenste Diskriminierungstatbestände in all ihren Facetten zu erfassen, ist fraglich. Jürgen Homann und Lars Bruhn machen auf diese grundsätzliche Schwachstelle des Intersektionalitätsansatzes aufmerksam und fragen, wie dieser Ansatz die zu erfassenden Wirkungszusammenhänge in ihrer Gesamtheit erforscht und abbildet, »(…) ohne in einen Erkenntnistotalitarismus zu verfallen, der die Selbstvertretung und Selbstbestimmung von Behinderung betroffener Menschen unterwandert.«[37] Es ist sicher schwierig, in einer Analyse alle Diskriminierungsmerkmale gleichberechtigt zu berücksichtigen. Jedoch ist es sinnvoll, die Auswirkungen, die durch die Überschneidungen zentraler Diskriminierungsmerkmale entstehen, gemeinsam zu betrachten. Die Europäische Union hat acht Kerndimensionen entwickelt, die zu sozialer Benachteiligung führen und die in ihren Überschneidungen untersucht werden sollten. Diese sind: das Geschlecht, die Rasse, die ethnische Herkunft, die Religion, die Weltanschauung, eine Behinderung, das Alter und die sexuelle Orientierung.[38]

Anhand der beiden Merkmale »Migrationshintergrund« und »Behinderung« soll im folgenden Abschnitt die Notwendigkeit der Berücksichtigung intersektionaler Aspekte bei der Umsetzung einer inklusiven Gesellschaft aufgezeigt werden.

Migrationshintergrund und Behinderung

In Deutschland leben schätzungsweise 1 Million behinderte Migrant_innen[39], über die kaum Wissen existiert. In verschiedenen gesellschaftlichen Bereichen wird jedoch offensichtlich, dass behinderte Menschen mit Migrationshintergrund aufgrund beider Merkmale erhebliche mehrfache Benachteiligungen erfahren. So sind beispielsweise muttersprachliche und leicht verständliche Informationsmaterialien über Hilfsmöglichkeiten kaum zugänglich, Beratungseinrichtungen sind selten interkulturell geschult und mehrsprachige Mitarbeiter_innen in beratenden Institutionen kaum zu finden.[40] Wichtige Informationen über Rechte und Unterstützungsangebote erreichen diese Zielgruppe deshalb nicht. Behinderte Kinder mit Migrationshintergrund werden aufgrund von Sprachdefiziten überdurchschnittlich oft an Förderschulen verwiesen.[41] Anschließend wechseln sie meistens in eine Werkstatt für behinderte Menschen, wo sie für einen so geringen Stundenlohn arbeiten, dass sie zum Leben auf ergänzende Sozialleistungen angewiesen sind.[42]

Die Zugangsbarrieren zu Bildung und Arbeit, und damit verbunden zu Selbstbestimmung und gesellschaftlicher Teilhabe sind in Deutschland für behinderte Migrant_innen wesentlich höher als für Herkunftsdeutsche mit Behinderung. Besonders stark benachteiligt sind behinderte Frauen mit Migrationshintergrund. Sie zeigen in der Gruppe der in Deutschland lebenden behinderten Menschen insgesamt das niedrigste Bildungsniveau. Nur etwas mehr als die Hälfte von ihnen hat überhaupt einen beruflichen Abschluss.[43] Die Autor_innen des Gender Datenreports der Bundesregierung aus dem Jahr 2005 stellen fest, dass die Erwerbsbeteiligung schwerbehinderter nichtdeutscher Frauen am geringsten ist. Nur jede vierte Frau mit Migrationshintergrund hat demnach einen Arbeitsplatz.[44] Die hohe Erwerbslosenquote der Migrantinnen mit einer Behinderung führt vor Augen, dass diese noch schlechtere Chancen auf dem Arbeitsmarkt haben als alle anderen behinderten Menschen[45] und besonders stark von Ausgrenzung betroffen sind.

Die UN-BRK gilt für alle behinderten Menschen. Die Bedarfe von Migrant_innen mit Behinderung sind daher – auch vor dem Hintergrund, dass ihre Zahl stetig ansteigt – bei der Umsetzung der Konvention dringend zu berücksichtigen. Wünschenswert sind in diesem Kontext Studien zum Zusammenwirken der Diskriminierungsmerkmale »Behinderung« und »Migrationshintergrund«, die einen Einblick in Diskriminierungslagen ermöglichen und Änderungsbedarfe konkret aufzeigen.

Benachteiligungen perspektivisch abbauen

Die Auseinandersetzung mit mehrdimensionaler Diskriminierung macht deutlich, dass viele Menschen nicht nur wegen ihrer Beeinträchtigung, sondern aufgrund weiterer Merkmale benachteiligt werden. Die Benachteiligungen, die aus den Überschneidungen verschiedener Diskriminierungsmerkmale entstehen, müssen künftig stärker als bisher erforscht werden und in die Debatte zur Umsetzung der UN-Behindertenrechtskonvention einfließen, um perspektivisch Diskriminierungen abzubauen und Verbesserungen für alle behinderten Menschen zu schaffen.

▶ **Zusammenfassung**

Die UN-Behindertenrechtskonvention erkennt an, dass behinderte Mädchen und Frauen mehrfach diskriminiert werden. Die Konvention fordert die Vertragsstaaten auf, deshalb besondere Maßnahmen zum Schutz dieser Gruppe zu ergreifen. Behinderte Frauen treffen zum Beispiel im Falle einer Schwangerschaft oder Mutterschaft auf große Hindernisse, sie erleben wesentlich häufiger sexuelle Gewalt als nicht behinderte Frauen, sie werden auf dem Ausbildungs- und Arbeitsmarkt stark benachteiligt und sind besonders oft von Armut bedroht. Es gibt viele weitere Gründe für Mehrfachdiskriminierungen behinderter Menschen wie etwa ihre Zugehörigkeit zu einer Religion, ihre sexuelle Orientierung oder die Tatsache, dass sie einen Migrationshintergrund haben. Die Benachteiligungen, die aus den Überschneidungen der verschiedenen Diskriminierungsmerkmale entstehen, müssen besser erforscht und bei der Umsetzung der UN-Behindertenrechtskonvention dringend berücksichtigt werden.

Anmerkungen

1 Vgl. Andreas Merx, Von Antidiskriminierung zu diversity: diversity-Ansätze in der Antidiskriminierungspraxis, o. O. 2006, online abrufbar unter: http://www.migration-boell.de/web/diversity/48_825.asp (Aufruf am 11. 08. 2013).

2 Julia Zinsmeister, Mehrdimensionale Diskriminierung: Das Recht behinderter Frauen auf Gleichberechtigung und seine Gewährleistung durch Art. 3 GG und das einfache Recht, Baden-Baden 2007, S. 131.

3 Buchstabe p) (Mehrfachdiskriminierung), Buchstabe q) (Gewalt), Buchstabe s) (Gender Mainstreaming).

4 Besonders problematisch war und ist diese starre Geschlechterteilung bisher für Menschen, die nicht eindeutig männlich oder weiblich sind. Seit 2013 wird zumindest auf rechtlicher Ebene anerkannt, dass Menschen auch intersexuell sein können. Eltern sind nun nicht mehr gezwungen, sich bei der Eintragung ihres Kindes in das Geburtenregister für eines der beiden vorherrschenden Geschlechter männlich/weiblich entscheiden zu müssen. Vgl. hierzu Heribert Prantl, Männlich, weiblich, unbestimmt, in: Süddeutsche Zeitung vom 16.08.2013, online abrufbar unter: http://www.sueddeutsche.de/leben/geschlechter-im-deutschen-recht-maennlich-weiblich-unbestimmt-1.1747380 (Aufruf am 19.03.2014).

5 Vgl. Antidiskriminierungsstelle des Bundes (Hrsg.), Gleiche Arbeit, ungleicher Lohn? Zahlen und Fakten zu Entgeltungleichheit in Deutschland und Europa, Berlin 2012, online abrufbar unter: http://www.antidiskriminierungsstelle.de/SharedDocs/Downloads/DE/publikationen/Faktensammlung_Entgeltungleichheit.pdf?__blob=publicationFile (Aufruf am 07.12.2013).

6 Vgl. Regina Becker-Schmidt, Geschlechterdifferenz – Geschlechterverhältnis; soziale Dimensionen des Begriffs »Geschlecht«, in: Zeitschrift für Frauenforschung: Facettten der Vielfalt – Beiträge zu einer Dekade Frauenforschung in der Bundesrepublik (Teil I) 11 (1993) 1/2, S. 37–46.

7 Vgl. Judith Butler, Das Unbehagen der Geschlechter, Frankfurt am Main 1991.

8 Franziska Bergmann/Franziska Schüssler/Bettina Schreck, Einführung, in: dies., Gender Studies, Bielefeld 2010, S. 10.

9 Vgl. Eva Waniek/Silvia Stoller (Hrsg.), Verhandlungen des Geschlechts. Zur Konstruktivismusdebatte in der Gender-Theorie, Wien 2001.

10 Vgl. David Pfeiffer, The Philosophical Foundations of Disability Studies, in: Disability Studies Quarterly, 22 (2002) 2, S. 3–23.

11 Vgl. Anne Waldschmidt, Brauchen die Disability Studies ein »kulturelles Modell« von Behinderung?, in: Gisela Hermes/Eckhard Rohrmann (Hrsg.), Nichts über uns – ohne uns! Disability Studies als neuer Ansatz emanzipatorischer und interdisziplinärer Forschung über Behinderung, Neu-Ulm 2006, S. 83–96.

12 Vgl. Bundesministerium für Arbeit und Soziales (Hrsg.) Teilhabebericht der Bundesregierung über die Lebenslagen von Menschen mit Beeinträchtigungen, Berlin 2013, S. 160, online abrufbar unter: http://www.bmas.de/SharedDocs/Downloads/DE/PDF-Meldungen/2013-07-31-teilhabebericht.pdf?__blob=publicationFile (Aufruf am 05.06.2014).

13 1983 veröffentlichte Ulrike Schildmann unter dem Titel »Lebensbedingungen behinderter Frauen. Aspekte ihrer gesellschaftlichen Unterdrückung« die erste wissenschaftliche Arbeit zur Situation behinderter Frauen. Im Jahr 1985 erschien ein von behinderten Frauen selbst erstelltes Buch, das noch immer als Standardwerk zum Thema gilt: Carola Ewinkel u. a. (Hrsg.), Geschlecht: behindert. Besonderes Merkmal: Frau. Ein Buch von behinderten Frauen, München 1985. Es folgten mehrere wissenschaftliche Untersuchungen zur Lebenssituation behinderter Frauen, von denen u. a. die beiden folgenden in Fachkreisen Beachtung fanden: Nicole Eiermann/Monika Häußler/Cornelia Helfferich, Live. Leben und Interessen vertreten – Frauen mit Behinderung. Lebenssituation, Bedarfslagen und Interessenvertretung von Frauen mit Körper- und Sinnesbehinderungen, Stuttgart 1999, und Bundesministerium für Familie, Senioren, Frauen und Jugend (Hrsg.), Lebenssituation und Belastungen von Frauen mit Beeinträchtigungen und Behinderungen in Deutschland – Kurzfassung, Bielefeld/Frankfurt am Main/Köln/Berlin 2012; online abrufbar unter: http://www.bmfsfj.de/RedaktionBMFSFJ/Broschuerenstelle/Pdf-Anlagen/Lebenssituation-und-Belastungen-von-Frauen-mit-Behinderungen-Kurzfassung,property=pdf,bereich=bmfsfj,sprache=de,rwb=true.pdf (Aufruf am 05.06.2014).

14 Vgl. Bundesministerium für Familie, Senioren, Frauen und Jugend (Hrsg.), Gender-Datenreport. Kommentierter Datenreport zur Gleichstellung von Frauen und

Männern in der Bundesrepublik Deutschland. Im Auftrag des Bundesministeriums für Familie, Senioren, Frauen und Jugend, München 2005, S. 525, online abrufbar unter: http://www.bmfsfj.de/doku/Publikationen/genderreport/root.html (Aufruf am 05.06.2014).

15 Vgl. Swantje Köbsell, »Besondere Körper« – Zum Diskurs der Behindertenbewegung und der Disability Studies zu Geschlecht und Körper. Vortrag im Rahmen der Ringvorlesung »Behinderung ohne Behinderte!? Perspektiven der Disability Studies«, 21.05.2012, Universität Hamburg, online abrufbar unter: http://www.zedis-ev-hochschule-hh.de/files/koebsell_21052012.pdf (Aufruf am 02.11.2014).

16 Vgl. C. Ewinkel u. a. (Hrsg.), wie Anm. 13.; vgl. auch Claudia Franziska Bruner, Körperspuren. Zur Dekonstruktion von Körper und Behinderung in biografischen Erzählungen von Frauen, Bielefeld 2005.

17 Vgl. Gisela Hermes, Behinderung und Normalität, in: Heike Schnoor (Hrsg.), Leben mit Behinderungen. Eine Einführung in die Rehabilitationspädagogik anhand von Fallbeispielen, Stuttgart 2007, S. 69–78.

18 Vgl. Ulrike Schildmann, Zusammenhänge zwischen Behinderung und Geschlecht – Grundlagen für Gender Mainstreaming in der Arbeit mit behinderten Menschen. Vortrag im Rahmen der Auftaktveranstaltung »Gender und Behinderung« des Landschaftsverbandes Rheinland, Köln, 31.10.2007, online abrufbar unter: http://www.lvr.de/app/resources/schildmann.pdf (Aufruf am 05.06.2014).

19 Vgl. Gisela Hermes, Behinderung und Elternschaft leben – Kein Widerspruch! Eine Studie zum Unterstützungsbedarf körper- und sinnesbehinderter Eltern in Deutschland, Neu-Ulm 2004.

20 Für körperbehinderte Mütter und Väter ist beispielsweise Assistenz bei der Mobilität, Unterstützung bei der Kinderpflege und Hilfe im Haushalt wichtig. Sehbehinderte und blinde Eltern benötigen dagegen eher Assistenz bei der Beaufsichtigung von Kleinkindern, bei der Mobilität außer Haus oder später bei der Hausaufgabenbetreuung. Ob und wie viel Assistenz eine behinderte Mutter oder ein behinderter Vater benötigt, ist sehr unterschiedlich. Ein gesetzliches Recht auf Elternassistenz besteht bisher nicht. Dieses wird jedoch als dringend notwendig erachtet, damit behinderte Eltern mit Unterstützungsbedarf grundsätzlich in die Lage versetzt werden, ihre Kinder ohne zusätzliche große Kraftanstrengungen aufziehen und am gesellschaftlichen Leben teilnehmen zu können. Vgl. hierzu Gisela Hermes, Behinderung und Elternschaft leben – kein Widerspruch. Eine Studie zum Unterstützungsbedarf körper- und sinnesbehinderter Eltern in Deutschland, Neu-Ulm 2004; Julia Zinsmeister, Staatliche Unterstützung behinderter Mütter und Väter bei der Erfüllung ihres Erziehungsauftrages. Rechtsgutachten im Auftrag des Netzwerks behinderter Frauen Berlin e. V., Nürnberg/Köln 2006, online abrufbar unter: http://www.kompre.org/elternassistenz/doku/rechtsgutachten.pdf (Aufruf am 05.06.2014).

21 Vgl. ebd.

22 Vgl. Ursula Pixa-Kettner (Hrsg.), Tabu oder Normalität? Eltern mit geistiger Behinderung und ihre Kinder, Heidelberg 2006.

23 Vgl. dies., Elternschaft von Menschen mit geistiger Behinderung, Ergebnisse einer empirischen Nachfolgestudie und mögliche Schlussfolgerungen, in: Geistige

Behinderung. Fachzeitschrift der Bundesvereinigung Lebenshilfe für Menschen mit Geistiger Behinderung e. V., Marburg 2007, Nr. 4, S. 309–322.

24 Vgl. Bundesministerium für Familie, Senioren, Frauen und Jugend (Hrsg.), wie Anm. 13.

25 Vgl. ebd.

26 Hessisch-Lichtenau, Denkschrift vom Januar 1954, S. 12–15; archiviert im Archiv des Diakonischen Werkes in Kurhessen-Waldeck, Kassel unter: DWKW A >(66 A,/CI 3, Hessisch-Lichtenau, Denkschriften 1949–1951, zitiert nach Raimund Hug-Biegelmann, »Dem ganzen Leben nach Leib und Seele helfen«, Geschichte von Lichtenau e. V. 1954–2009, Hessisch-Lichtenau 2009, S. 112.

27 Vgl. hierzu u. a. C. Ewinkel u. a. (Hrsg.), wie Anm. 13.

28 Marion Michel/Monika Häußler-Sczepan, Die Situation von Frauen und Männern mit Behinderung, in: Bundesministerium für Familie, Senioren, Frauen und Jugend (Hrsg.), Gender-Datenreport, Berlin 2005, S. 573, online abrufbar unter: http://www.bmfsfj.de/doku/Publikationen/genderreport/01-Redaktion/PDF-Anlagen/kapitel-neun%2cproperty%3dpdf%2cbereich%3dgenderreport%2csprache%3dde%2crwb%3dtrue.pdf (Aufruf am 05.06.2014).

29 Vgl. ebd., S. 566 ff.

30 Vgl. M. Michel/M. Häußler-Sczepan, wie Anm. 28, S. 566.

31 Bundesministerium für Arbeit und Soziales (Hrsg.), Teilhabebericht der Bundesregierung über die Lebenslagen von Menschen mit Beeinträchtigungen, Berlin 2013, S. 160, online abrufbar unter: http://www.bmas.de/SharedDocs/Downloads/DE/PDF-Meldungen/2013-07-31-teilhabebericht.pdf?__blob=publicationFile (Aufruf am 05.06.2014).

32 *Gender Mainstreaming* ist eine Strategie in der Geschlechtergleichstellungspolitik. Auf der Basis der Erkenntnis, dass es keine geschlechtsneutrale Wirklichkeit gibt und dass Frauen und Männer in unterschiedlicher Weise von politischen und administrativen Entscheidungen betroffen sind, soll das Thema Gender in allen gesellschaftlichen Bereichen verankert und die Gleichberechtigung zwischen Frauen und Männern gefördert werden. Konkret bedeutet *Gender Mainstreaming*, dass die Lebenssituationen und Interessen von Frauen und Männern bei politischen Vorhaben oder in Institutionen und Organisationen von vornherein und selbstverständlich berücksichtigt werden müssen. Vgl. hierzu Bundesministerium für Familie, Senioren, Frauen und Jugend, Strategie Gender Mainstreaming, online abrufbar unter: http://www.bmfsfj.de/BMFSFJ/gleichstellung,did=192702.html (Aufruf am 08.06.2014).

33 Vgl. Sigrid Arnade/Sabine Häfner, Interpretationsstandard der UN-Konvention über die Rechte von Menschen mit Behinderungen (CRPD) aus Frauensicht, Berlin 2009, online abrufbar unter: http://www.netzwerk-artikel-3.de/attachments/article/91/091_i-standard-lang09s.pdf (Aufruf am 05.06.2014).

34 Vgl. Committee on the Rights of Persons with Disabilities, Concluding observations on the initial report of Austria, adopted by the Committee at its tenth session, 2.–13. September 2013, online abrufbar unter: http://www2.ohchr.org/english/bodies/crc/docs/co/CRC-C-AUT-CO-3-4_en.pdf (Aufruf am 20.03.2014).

35 Eine Dokumentation der Veranstaltung siehe im Internet unter: http://www.ohchr.org/EN/HRBodies/CRPD/Pages/DGD2013.aspx (Aufruf am 05.06.2014).

36 Vgl. Swantje Köbsell, Gender und Behinderung. Von der Doppelten Diskriminierung zur Intersektionalität. Unveröffentlichter Vortrag, gehalten im Rahmen der Hildesheimer Gespräche zu »Gender und diversity« am 11.11.2009 an der HAWK Hildesheim, Fakultät Soziale Arbeit und Gesundheit.

37 Jürgen Homann/Lars Bruhn, Piep, piep, piep, wir haben uns alle lieb! Also alles diversity? Sind letztlich alle behindert? Vortrag im Rahmen der Ringvorlesung »Behinderung ohne Behinderte?! Perspektiven der Disability Studies«, Universität Hamburg, 24.01.2011, online abrufbar unter: http://www.zedis.uni-hamburg.de/www.zedis.uni-hamburg.de/wp-content/uploads/homann_bruhn_24012011.pdf (Aufruf am 05.06.2014).

38 Siehe hierzu den Vertrag über die Arbeitsweise der Europäischen Union, Art. 19 (ex-Artikel 13 EGV), online abrufbar unter: https://dejure.org/gesetze/EU/19.html (Aufruf am 05.06.2014).

39 Vgl. Bundesarbeitsgemeinschaft der Freien Wohlfahrtspflege e. V. (BAGFW) (Hrsg.), Gemeinsame Erklärung zur interkulturellen Öffnung und zur kultursensiblen Arbeit für und mit Menschen mit Behinderung und Migrationshintergrund, Berlin 2012, online abrufbar unter: http://www.bagfw.de/fileadmin/media/Projekte_2013/Jahresbericht_2012/Gemeinsame_Erklärung_2012-01-23_final.pdf (Aufruf am 05.06.2014).

40 Vgl. ebd.

41 Vgl. Antidiskriminierungsstelle des Bundes (Hrsg.), Diskriminierung im Bildungsbereich und im Arbeitsleben. Zweiter Gemeinsamer Bericht der Antidiskriminierungsstelle des Bundes und der in ihrem Zuständigkeitsbereich betroffenen Beauftragten der Bundesregierung und des Deutschen Bundestages, Berlin 2013, S. 15, online abrufbar unter: http://www.uni-heidelberg.de/md/journal/2014/01/gemeinsamer_bericht_2013_diskriminierung.pdf (Aufruf am 08.06.2014).

42 Vgl. BRK-Allianz (Hrsg.), Für Selbstbestimmung, gleiche Rechte, Barrierefreiheit, Inklusion! Erster Parallelbericht der Zivilgesellschaft zur Umsetzung der UN-Behindertenrechtskonvention, Langfassung, Berlin 2013, online abrufbar unter: http://www.brk-allianz.de/index.php/parallel-bericht.html (Aufruf am 08.06.2014).

43 Vgl. Bundesministerium für Familie, Senioren, Frauen und Jugend (Hrsg.), Lebenslagen behinderter Frauen in Deutschland. Auswertung des Mikrozensus 2005, Berlin 2009, online abrufbar unter: http://www.bmfsfj.de/RedaktionBMFSFJ/Broschuerenstelle/Pdf-Anlagen/lebenslagen-behinderter-frauen-deutschland-kurzfassung,property=pdf,bereich=bmfsfj,sprache=de,rwb=true.pdf (Aufruf am 05.06.2014).

44 Vgl. M. Michel/M. Häußler-Sczepan, wie Anm. 28, S. 563.

45 Vgl. ebd. und S. Arnade/S. Häfner, wie Anm. 33, S. 141.

Brigitte Faber

Einbindung von Frauen mit Behinderungen als Expert_innen in eigener Sache

Grundproblematik

Mehrdimensionale Diskriminierung kommt bei Menschen mit Behinderungen relativ häufig vor; denn sie sind Frau oder Mann, trans- oder intergeschlechtlich; sie sind heterosexuell, bisexuell, lesbisch oder schwul, jünger oder älter; sie kommen aus unterschiedlichen sozialen Schichten und Herkunftsländern, haben verschiedene Hautfarben, sind alleinstehend, verwitwet, geschieden, verheiratet oder leben in einer Partner_innenschaft.

Interessenvertretungen von Menschen mit Behinderungen legen ihren Arbeitsschwerpunkt auf die Beseitigung von Diskriminierungen aufgrund von Behinderung. Die meisten der Organisationen arbeiten eher behinderungsspezifisch (beispielsweise zu Körper- oder Sinnesbehinderung); nur eine kleinere Zahl von Organisationen arbeitet behinderungsübergreifend. Eine kontinuierliche Berücksichtigung weiterer Diskriminierungsmerkmale, wie Genderfragen oder Migrationshintergrund, ist in der Mehrheit der Behindertenorganisationen recht selten gegeben. Häufig fehlt es zum Beispiel an genderspezifischem Wissen.

Frauenverbände konzentrieren ihren Arbeitsschwerpunkt auf die Beseitigung von Diskriminierungen aufgrund des biologischen und sozialen Geschlechts (*sex* bzw. *gender*), zum Teil unter Berücksichtigung weiterer Diskriminierungsmerkmale. Eine kontinuierliche Berücksichtigung spezifischer behinderungsbedingter Belange ist in der Regel jedoch nicht gegeben – und wenn doch, so beschränkt sich diese meist auf die bekannteren Formen von Behinderung, etwa die Belange von Rollstuhlfahrerinnen oder von sehbehinderten und blinden Frauen. Hier fehlt es an Wissen um behinderungsspezifische Diskriminierungen.

Praxisbeispiele gelungener Berücksichtigung der Belange von Frauen mit Behinderung

Frauen mit Behinderung und ihre Interessenvertretungen setzen sich seit vielen Jahren für die gleichwertige Berücksichtigung von gender- und behinderungsspezifischen Belangen ein. Im Folgenden wird anhand einiger Beispiele die gelungene Verankerung jeweils frauenspezifischer oder behinderungsspezifischer Belange durch Frauen mit Behinderung – als Expertinnen in eigener Sache – beschrieben.

Nationale Ebene

Die meisten Rehabilitationsangebote waren bis in die 1990er-Jahre – sowohl von der Struktur (Wohnortferne) als auch von den Inhalten – so etwa bei den Berufsangeboten – in erster Linie an männlichen Erwerbstätigen als Zielgruppe ausgerichtet. Trotz der rechtlichen Zusicherung verzichteten Frauen mit dem Eintritt einer Behinderung daher häufig auf eine berufliche Umschulung – und somit auf einen beruflichen Wiedereinstieg mit entsprechenden langfristigen finanziellen Konsequenzen.

Sozialgesetzbuch Neuntes Buch

1998 sahen Frauen mit Behinderung in der Neustrukturierung der gesetzlichen Regelungen zur Rehabilitation im Sozialgesetzbuch Neuntes Buch (SGB IX) – »Rehabilitation und Teilhabe behinderter Menschen« – die Möglichkeit, die Berücksichtigung der unterschiedlichen Belange und Lebenssituationen von Frauen und Männern bei der Gestaltung der Rehabilitationsmaßnahmen in einem Gesetzestext zu verankern. Sie traten mit entsprechenden Forderungen an die Politik heran. Diese bezogen sich unter anderem auf die Verbesserung der Reha-Leistungen unter Berücksichtigung frauenspezifischer Belange, die Beteiligung der Interessenvertretungen behinderter Frauen bei der Planung von Rehabilitationsangeboten, den Schutz vor sexualisierter Gewalt in Einrichtungen, das Wahlrecht auf gleichgeschlechtliche Pflege- oder Assistenzpersonen oder die Finanzierung von Reha-Leistungen, unabhängig von einer Erwerbstätigkeit.

Das zuständige Referat im Bundesministerium für Arbeit war demgegenüber aufgeschlossen – es wurde eine Arbeitsgruppe »Frauenbelange im SGB IX« eingerichtet, mittels der Frauen mit Behinderungen bei der Formulierung des Gesetzestextes des SGB IX eingebunden wurden. So gelang die Verankerung der Berücksichtigung der Belange von Frauen mit Behinderung als Grundauftrag in § 1, in dem festgeschrieben wurde, den besonderen Bedürfnissen behinderter und von Behinderung bedrohter Frauen Rechnung zu tragen. Als Beispiele für konkrete Regelungsbereiche des Sozialgesetzbuches, in denen Frauenbelange berücksichtigt wurden, können genannt werden: § 9 Wunsch- und Wahlrecht – mit Bezug auf die besonderen Bedürfnisse behinderter Mütter und Väter –, § 33 gleiche Chancen im Erwerbsleben – auch durch wohnortnahe und in Teilzeit nutzbare Angebote – sowie in § 44 die ergänzte Leistung der Übungen zur Stärkung des Selbstbewusstseins behinderter Frauen im Rahmen des Rehabilitationssports.

Um den Mitarbeiter_innen im Rehabilitationssystem die spezifischen Belange von Frauen mit Behinderung zu verdeutlichen, wurden nach dem Inkrafttreten des SGB IX bundesweit Schulungen – so etwa von der Bundesarbeitsgemeinschaft für Rehabilitation (BAR) – zu dem Thema durchgeführt; Frauen mit Behinderung waren dabei als Referentinnen einbezogen.

Die Verankerung der spezifischen Belange von Frauen mit Behinderung in einem Bundessozialgesetzbuch war 2001 ein großer Erfolg. Aus heutiger Sicht bedarf es allerdings eines breiteren Ansatzes, um der Mehrdimensionalität von Diskriminierung gerecht zu werden.[1] Die UN-BRK geht hier mit sehr gutem Beispiel voran.

Internationale Ebene

Menschenrechte sind universell, sie gelten für alle Menschen. Langjährige Erfahrungen in der gesellschaftlichen Wirklichkeit weltweit haben jedoch gezeigt, dass bei der konkreten Umsetzung der Menschenrechte nicht alle Menschen gleichermaßen berücksichtigt werden.

Aus dieser Erkenntnis heraus sind sowohl die Frauenrechts- als auch die Behindertenrechtskonvention der Vereinten Nationen entstanden. In beiden Konventionen werden die allgemeinen Menschenrechte noch einmal speziell mit Blick auf diese Zielgruppen – Frauen sowie Menschen mit Behinderungen – formuliert.

Die UN-Frauenrechtskonvention

Die am 18. Dezember 1979 von der Generalversammlung der Vereinten Nationen verabschiedete UN-Frauenrechtskonvention[2] benennt nicht ausdrücklich die Berücksichtigung der spezifischen Situation von Frauen mit Behinderung. Nationale Maßnahmen zur Umsetzung der Konvention erreichten Frauen mit Behinderung wenig oder gar nicht. So waren bzw. sind bis heute beispielsweise Hilfs- und Unterstützungsangebote für Frauen nach Gewalterfahrungen nicht nur in Deutschland zumeist nicht barrierefrei.

Erst 1995, auf der 4. Internationalen Frauenrechtskonferenz in Peking, gelang es Frauen mit Behinderung durch ihren persönlichen Einsatz vor Ort, die Berücksichtigung ihrer spezifischen Situation in der Pekinger Aktionsplattform in immerhin 10 der 12 benannten kritischen Problembereiche zu verankern.[3]

Sicher hat dies in hohem Maß dazu beigetragen, dass die spezifischen Probleme von Frauen und Mädchen mit Behinderung bei der Wahrnehmung ihrer Menschenrechte im Handlungsbereich der Umsetzung der Frauenrechtskonvention erheblich bekannter sind als noch vor 20 Jahren.

Die UN-Behindertenrechtskonvention

Zwischen 2002 und 2006 wurde bei den Vereinten Nationen die Behindertenrechtskonvention (UN-BRK) erarbeitet. Aufgrund der Erfahrungen mit allgemeinen nationalen Gesetzgebungen und Verordnungen für Menschen mit Behinderung wie auch bei der Umsetzung der Frauenrechtskonvention war es Frauen mit Behinderung wichtig, dass diesmal ihre sich von den Männern unterscheidende Lebenssituation ausdrücklich benannt und in den Handlungsvorgaben entsprechend berücksichtigt wurde.

Zu Beginn sah die Mehrheit der an der Erarbeitung der Konvention beteiligten Staatendelegierten allerdings keinerlei Handlungsbedarf in diese Richtung.[4] Die Konvention gelte doch für alle. Frauen mit Behinderung extra zu benennen, käme vielmehr einer Diskriminierung gleich – so als sei nicht selbstverständlich, dass Frauen mit Behinderung auch Menschen sind.

Innerhalb der Organisationen behinderter Menschen wurde die Problematik zwar teilweise anerkannt, doch es bestand die Befürchtung, die gesamte Konvention könne in Gefahr geraten, wenn die Frauen die Berücksichtigung von »Extra«-Wünschen einforderten. Es mussten daher sowohl die Staatendelegierten als auch die in New York anwesenden Mitstreitenden aus den Organisationen behinderter Menschen überzeugt werden, dass eine geschlechtersensible Formulierung der Konvention aus menschenrechtlicher Sicht notwendig und zum Nutzen aller ist.

Frauen mit Behinderungen aus unterschiedlichen Ländern der Erde erarbeiteten Informationsblätter sowie umfangreiche Arbeitspapiere und formulierten entsprechende Ergänzungsvorschläge zu verschiedenen Artikeln der Konvention. Auf den Sitzungen der Vereinten Nationen zur Schaffung der UN-BRK führten sie sowohl mit den Staatendelegierten als auch mit den Vertreter_innen der Nichtregierungsdelegationen unzählige Gespräche. Außerdem gelang es den Frauen innerhalb der kurzen, den Nichtregierungsorganisationen zugestandenen Redezeiten, ihre Belange zu den relevanten Artikeln darzulegen.

Diese Überzeugungsarbeit war erfolgreich: Die UN-BRK ist (neben der Frauenrechtskonvention) die erste Menschenrechtskonvention, die auf geschlechtsspezifische Unterschiede eingeht und deren Berücksichtigung einfordert. Gerade auch mit diesen Vorgaben gilt sie als zukunftsweisend für künftige Menschenrechtskonventionen.

Beispiel Forschung

In der vom Bundesministerium für Familie, Senioren, Frauen und Jugend (BMFSFJ) in Auftrag gegebenen, von März 2002 bis September 2004 durchgeführten repräsentativen Studie zum Ausmaß von Gewalt gegen Frauen in Deutschland[5] hatte die Gruppe der Frauen mit Behinderung trotz frühzeitiger Intervention ihrer Interessenvertretungen aus unterschiedlichen Gründen keine Berücksichtigung finden können.

Um für die Situation dieser Gruppe repräsentative Zahlen zu erhalten, wurde von 2009 bis 2011, erneut im Auftrag des Bundesministeriums, eine umfangreiche eigene Studie[6] durchgeführt. Die Zielgruppe der Studie – Frauen mit den unterschiedlichsten Behinderungen – war bereits seit Beginn der Konzeption der Studie mit ihrem Fachwissen eingebunden; auch im Verlauf der Studie wurden sie bei aufkommenden Fragen als Expertinnen in eigener Sache gefragt.

Die Beteiligung von Frauen mit Behinderung sowie die Berücksichtigung ihrer Kenntnisse haben sicherlich mit zu der ausgesprochen hohen Qualität dieser Studie beigetragen (vgl. zur Partizipation von Menschen mit Behinderung in der Forschung auch den Praxisbeitrag von Petra Flieger/Volker Schönwiese → S. 345 ff.).

▸ Zusammenfassung

Frauen mit Behinderung müssen immer wieder erfahren, dass ihre Belange nicht oder nur zum Teil Berücksichtigung finden – entweder als Frau oder als Mensch mit Behinderung. Von einer Berücksichtigung weiterer Diskriminierungsmerkmale ganz zu schweigen. Anhand von Beispielen – dem Neunten Buch des Sozialgesetzbuchs, der UN-Frauenrechts- und der UN-Behindertenrechtskonvention sowie einer Forschungsstudie – wird dargestellt, wie Frauen mit Behinderung als Expert_innen in eigener Sache eine erfolgreiche Verankerung ihrer Belange gelungen ist.

Anmerkungen

1 Siehe dazu Antidiskriminierungsstelle des Bundes (Hrsg.), Mehrdimensionale Diskriminierung – Begriffe, Theorien und juristische Analyse, Berlin 2010, online abrufbar unter: http://www.antidiskriminierungsstelle.de/SharedDocs/Downloads/DE/publikationen/Expertisen/Expertise_Mehrdimensionale_Diskriminierung_jur_Analyse.html (Aufruf am 01.10.2014).

2 Die offizielle Bezeichnung der Konvention lautet: *Convention on the Elimination of All Forms of Discrimination Against Women (CEDAW)*, auf Deutsch: Übereinkommen zur Beseitigung jeder Form von Diskriminierung der Frau. Die Konvention wurde bisher von 186 Staaten ratifiziert.

3 Die 12 kritischen Bereiche sind: A. Frauen und Armut, B. Bildung und Ausbildung von Frauen, C. Frauen und Gesundheit, D. Gewalt gegen Frauen, E. Frauen und bewaffnete Konflikte, F. Die Frau in der Wirtschaft, G. Frauen in Macht- und Entscheidungspositionen, H. Institutionelle Mechanismen zur Förderung der Frau, I. Menschenrechte der Frauen, Frauen und die Medien, J. Frauen und die Medien, K. Frauen und Umwelt, L. Mädchen. – Die Berücksichtigung jeweils spezifischer Belange von Frauen mit Behinderungen wird in 10 Bereichen, ausgenommen E. und J., ausdrücklich benannt.

4 Zur Erarbeitung der UN-BRK siehe auch den Beitrag von Theresia Degener in diesem Band → S. 55 ff.

5 Vgl. Bundesministerium für Familie, Senioren, Frauen und Jugend (Hrsg.), Lebenssituation, Sicherheit und Gesundheit von Frauen in Deutschland. Eine repräsentative Untersuchung zu Gewalt gegen Frauen in Deutschland, Berlin 2004, online abrufbar unter: http://www.bmfsfj.de/BMFSFJ/Service/Publikationen/publikationen,did=20560.html (Aufruf am 20.06.2014).

6 Vgl. Bundesministerium für Familie, Senioren, Frauen und Jugend (Hrsg.), Lebenssituation und Belastungen von Frauen mit Behinderungen und Beeinträchtigungen in Deutschland, Berlin 2012, Kurzfassung online abrufbar unter: http://www.bmfsfj.de/BMFSFJ/Service/Publikationen/publikationsliste,did=186150.html; Langfassung: http://www.bmfsfj.de/BMFSFJ/Service/Publikationen/publikationen,did=199822.html (Aufruf jeweils am 20.06.2014).

Leander Palleit[1] / Gudrun Kellermann

Inklusion als gesellschaftliche Zugehörigkeit – das Recht auf Partizipation am politischen und kulturellen Leben

Eine Gesellschaft kann nur dann für sich in Anspruch nehmen, inklusiv zu sein, wenn grundsätzlich alle ihre Mitglieder nicht nur auf dem Papier dazuzählen, sondern tatsächlich dazugehören – das heißt, nicht nur mitreden und mitmachen, sondern auch mitbestimmen und mitgestalten können. Ob dies der Fall ist, entscheidet sich im Großen wie im Kleinen: angefangen von der grundlegenden demokratischen Mitwirkung als Wählerin oder Wähler, über das eigene Engagement in öffentlichen Ämtern bzw. Funktionen oder in politischen Parteien, bis hin zur Tätigkeit oder Mitgliedschaft in Vereinen und Verbänden.

Die Wichtigkeit dieser gesellschaftlichen Dimension von Zugehörigkeit unterstreicht die UN-BRK bereits in ihrer Präambel, indem sie unter anderem den Zusammenhang zwischen einem verstärkten Zugehörigkeitsgefühl des Individuums und der menschlichen, sozialen und wirtschaftlichen Entwicklung einer Gesellschaft betont.[2] Außerdem widmet die Konvention den verschiedenen Facetten gesellschaftlicher Teilhabe zwei recht ausführliche Artikel: Artikel 29 gilt der Partizipation am politischen und öffentlichen Leben, Artikel 30 der Teilhabe am kulturellen Leben sowie an Erholung, Freizeit und Sport.

Im Hinblick auf die Partizipation von Menschen mit Behinderungen am politischen und öffentlichen Leben lautet der Kernsatz der Konvention: »Die Vertragsstaaten garantieren Menschen mit Behinderungen die politischen Rechte sowie die Möglichkeit, diese gleichberechtigt mit anderen zu genießen«.[3] In diesem Satz, so selbstverständlich er in einem demokratischen Rechtsstaat wie der Bundesrepublik scheinen mag, steckt ein sehr anspruchsvoller politischer Auftrag an alle Vertragsstaaten. Er zwingt dazu, die gesamten politischen Willensbildungsprozesse ebenso zu hinterfragen wie bestehende Verwaltungsabläufe und die Arbeits-, Kommunikations- und Entscheidungsstrukturen in Parteien, Verbänden, Kommunen, Vereinen und sonstigen gesellschaftlich relevanten Organisationen.

Das Recht zu wählen und gewählt zu werden

Die Pflicht zum Tätigwerden beginnt bereits beim grundlegendsten politischen Mitwirkungsrecht eines demokratischen Gemeinwesens: dem Recht zu wählen und gewählt zu werden. Dieses Recht muss für alle Menschen mit Behinderungen, unabhängig von der individuellen Ausprägung der Behinderung, gleichberechtigt mit anderen Menschen gewährleistet sein. Leider gilt diese demokratische Selbstverständlichkeit in Deutschland nach geltender Rechtslage für einige Menschen mit Behinderungen nicht, nämlich für diejenigen, bei denen man unterstellt, sie besäßen nicht die nötige Einsicht in die Tragweite einer Wahlentscheidung. Davon sind Menschen betroffen, für die eine Betreuung in allen Angelegenheiten angeordnet worden ist oder die straffällig geworden sind und im Rahmen des sogenannten Maßregelvollzugs in einem psychiatrischen Krankenhaus untergebracht sind. Sie sind, obwohl volljährig, von Gesetzes wegen automatisch vom aktiven und passiven Wahlrecht ausgeschlossen[4] und dürfen damit nicht mitbestimmen, wer sie regiert. Ein solcher pauschaler Ausschluss einer bestimmten Bevölkerungsgruppe vom Wahlrecht ist, auch wenn diese Gruppe noch so klein sein mag, mit Artikel 29 UN-BRK nicht in Einklang zu bringen.[5] Hier sind die Gesetzgeber in Bund und Ländern gefordert, diesen Menschenrechtsverstoß schnellstmöglich zu beenden, indem sie die diskriminierenden Ausschlusstatbestände aus den Wahlgesetzen streichen. Dies ist umso dringender geboten, als die Beseitigung dieser rein rechtlichen Barriere vergleichsweise leicht zu bewerkstelligen ist.[6]

Eine weitaus größere Herausforderung ist der praktische Aspekt des Wahlrechts: nämlich dafür zu sorgen, dass Menschen mit Behinderungen nicht nur wählen dürfen, sondern auch Bedingungen vorfinden, die sie in die Lage versetzen, von ihrem Wahlrecht tatsächlich selbst und wo nötig mit Assistenz[7] Gebrauch zu machen. Die UN-BRK macht insoweit eine klare Vorgabe: Wahlverfahren, -einrichtungen und -materialien müssen geeignet, zugänglich und leicht zu verstehen und zu handhaben sein[8]. Ziel dieser Regelung ist es, die unterschiedlichen Barrieren, die Menschen mit Behinderungen davon abhalten können, von ihrem Wahlrecht Gebrauch zu machen, in ihrer gesamten Breite anzugehen und abzubauen. Derartige Barrieren reichen von mangelndem Wissen über das eigene Wahlrecht und darüber, wie man wählt, bis hin zu unzugänglichen Wahlinformationen oder Wahllokalen.[9]

In Deutschland sind in dieser Hinsicht in den vergangenen Jahren einige Verbesserungen zugunsten von Menschen mit Behinderungen erzielt worden. So können sich Wähler_innen mit Behinderungen etwa bei der Stimmabgabe einer Hilfsperson bedienen oder mithilfe einer Stimmzettelschablone wählen.[10] Erst unlängst wurde die Bundeswahlordnung im Vorfeld der letzten Bundestagswahlen[11] nochmals geändert, um die Stimmzettel und Briefwahlunterlagen auch für sehbeeinträchtigte Wähler_innen lesbarer zu machen.[12] Außerdem soll seit Inkrafttreten der Änderungsverordnung im Mai 2013 aus den Wahlbenachrichtigungen hervorgehen, wo Informationen über barrierefreie Wahllokale und Hilfsmittel erhältlich sind.[13] Auch im Hinblick auf die Zugänglichkeit von Wahlinformationen hat sich einiges getan, etwa indem immer mehr Wahlprogramme der Parteien auch in Leichter Sprache zur Verfügung stehen.

Gleichwohl gibt es noch immer viele Wahllokale, die für Menschen mit Behinderungen unzugänglich sind, noch immer sind die Wahlunterlagen für viele auch nicht behinderte Menschen zu kompliziert und noch immer haben nicht alle Menschen mit Behinderungen gleichermaßen die Möglichkeit, sich umfassend über die zur Wahl stehenden Alternativen zu informieren.

Mitgestaltung der öffentlichen Angelegenheiten

So wichtig und elementar das Wahlrecht ist, so unzureichend wäre es jedoch, die politischen Teilhaberechte darauf zu beschränken. Ebenso wie jede_r andere Bürger_in haben Menschen mit Behinderungen das Recht, nicht nur über gewählte Repräsentant_innen an der Gestaltung der öffentlichen Angelegenheiten mitzuwirken, sondern dies auch ganz unmittelbar selbst zu tun.

Artikel 29 UN-BRK beschreibt insoweit mehrere Aufgaben für den Staat als Verantwortungsträger, die allesamt darauf zielen, die nötigen Rahmenbedingungen zu schaffen, damit Menschen mit Behinderungen in gleicher Weise, das heißt insbesondere auch gleich wirksam wie nicht behinderte Menschen, politisch und gesellschaftlich aktiv sein können. Zum einen geht es darum, öffentliche Ämter ausüben und öffentliche Aufgaben auf allen Ebenen staatlicher Tätigkeit – in Bund, Ländern und Kommunen – wahrnehmen zu können.[14] Zum anderen sollen aktiv Bedingungen geschaffen werden, damit Menschen mit Behinderungen sich in das gesellschaftliche Leben in seiner gesamten Bandbreite einbringen können. Dies schließt auch eine kollektive Komponente ein, nämlich funktionierende Vereins- und Organisationsstrukturen zur Gewährleistung wirkungsvoller Selbstvertretung.[15]

Menschen mit Behinderungen sollen also als Teil der politisch verfassten Gesellschaft begriffen werden und diese dort mitgestalten können, wo sie mitgestalten möchten, ohne dabei auf größere Barrieren zu stoßen als andere Menschen. Wenn die UN-BRK in Artikel 29 von der »Teilhabe am politischen und öffentlichen Leben« und von der »Gestaltung der öffentlichen Angelegenheiten« spricht, dann ist das jeweils in einem weiten Sinn gemeint: Umfasst sind die Partizipation an politischer Macht in Form von Gesetzgebung und Verwaltung auf allen Ebenen[16] ebenso wie die Teilhabe am öffentlichen Diskurs, die Mitwirkung in Bürgerinitiativen oder bei Volksbegehren sowie sonstige Formen gesellschaftlicher Aktivität.[17] Die Konvention knüpft hier an ein Rechtsverständnis an, das sich bereits im Zusammenhang mit anderen UN-Menschenrechtsverträgen durchgesetzt hat.[18] Von einer »wirksam[en] und umfassend[en]« Teilhabe behinderter Menschen am politischen und öffentlichen Leben – so die Forderung in Artikel 29 der UN-BRK – kann also kaum gesprochen werden, solange Menschen mit Behinderungen in politischen Parteien, in den Volksvertretungen und in der Verwaltung unterrepräsentiert sind, solange ihre Stimme nur zu sozialen oder »behindertenpolitischen« Themen gefragt ist und nicht auch zu allen anderen innen- und außenpolitischen Fragen, und solange Organisationen, in denen sich Menschen mit Behinderungen zur Wahrnehmung ihrer Interessen engagieren, größtenteils aufs Ehrenamt angewiesen sind. Um einen wesentlichen Schritt in Richtung eines wahrhaft inklusiven politischen Gemeinwesens voranzukommen, muss daher auf mehreren Ebenen umgesteuert werden. So braucht es etwa barrierefrei ausgestaltete Formen der Bürgerbeteiligung, die eine wirksame Mitsprachemöglichkeit auch dann eröffnen, wenn man zum Beispiel nicht persönlich präsent sein kann, Assistenzbedarf hat, andere Kommunikationsformen nutzt oder kognitiv eingeschränkt ist. Unter diesem Blickwinkel haben beispielsweise Online-Partizipationsverfahren eine wichtige Ergänzungsfunktion.[19] Neben inklusiveren Beteiligungsformaten braucht es ernsthafte Anstrengungen auch in anderer Hinsicht, zum Beispiel den größtmöglichen Verzicht auf Amtsdeutsch und politische Herrschaftssprache, barrierefreie Parteibüros und Versammlungsräume, eine an Vielfalt orientierte Diskussionskultur – um nur einige Aspekte der breit gefächerten Herausforderungen zu benennen.

Kulturelle Partizipation

Anfang 2014 versammelten sich Menschen mit und ohne Rollstuhl vor der Treppe der Hamburger Kammerspiele zu einer Demonstration. Anlass war die Premiere des Theaterstücks *Ziemlich beste Freunde*, in dem es um das enge Arbeitsverhältnis zwischen Philippe, der im Elektrorollstuhl sitzt, und seinem Assistenten Driss geht. Doch ausgerechnet potenziellen Zuschauer_innen im Rollstuhl blieb der Zutritt verwehrt, da der Saal nur über Treppen zu erreichen war. Die Veranstaltungsleitung wich einem persönlichen Gespräch aus und verwies auf die Aufführung des Stücks in barrierefreien Gebäuden im Jahr 2015. Dieses Argumentationsverhalten nahmen viele behinderte Menschen als Affront wahr, da keine aktive Auseinandersetzung mit ihrer Kritik stattfand.[20] Hier zeigt sich ein typisches Beispiel für die Missachtung des Rechts auf kulturelle Partizipation, die in Artikel 30 der UN-Behindertenrechtskonvention verankert ist.

Da der Begriff »Kultur« sich als sehr vielschichtig erweist, bietet es sich an, von »Kulturbegriffen« im Plural zu sprechen. Zurückgehend auf die lateinischen Wörter *colere* (pflegen, urbar machen) bzw. *cultura* (Landbau, Bebauung) bezeichnet Kultur das »gestaltend Hervorgebrachte«, sie umfasst somit »die vom Menschen durch die Bearbeitung der Natur mithilfe von planmäßigen Techniken selbst geschaffene Welt der geistigen Güter, materiellen Kunstprodukte und sozialen Einrichtungen«[21]. Das Wort »Partizipation« lässt sich auf das lateinische Nomen *pars, partis* (Teil) und das Verb *capere* (nehmen, fassen)[22] zurückführen. Kulturelle Partizipation im Sinne der UN-Behindertenrechtskonvention meint damit die Teilhabe an von Menschen geschaffenen und gestalteten Produkten der abstrakt geistigen und der greifbaren Ebene im öffentlichen Raum. Dazu gehören beispielsweise der Besuch von Theatern, Kinos, Museen, Bibliotheken, touristischen Stätten und Sehenswürdigkeiten wie auch die Teilnahme an sonstigen öffentlichen Freizeit- und Sportaktivitäten.

Zugang zu Medien und kulturellen Einrichtungen

Für die kulturelle Teilhabe spielen die Massen- und Printmedien eine wesentliche Rolle.[23] Bislang existieren nur inoffizielle Statistiken zu Videotext-Untertitelungen und Audiodeskriptionen im deutschen Fernsehen. So waren die ARD mit einem Anteil von 93 Prozent und das ZDF mit 77 Prozent an untertitelten Filmen im Februar 2014 führend, während andere TV-Sender deutlich seltener untertiteln.[24] Erheblich ungünstiger fällt die Quote bei der Gebärdensprachdolmetschung[25] aus, und 2010 wurden im Schnitt ganze zwei Filme je Tag mit Audiodeskription gesendet[26]. Waren viele Menschen mit Behinderung bislang von der Rundfunkgebührenpflicht befreit, müssen sie seit Januar 2013 eine ermäßigte Rundfunkgebühr zahlen. Taubblinde Menschen sind von dieser neuen Regelung ausgenommen. Die Beitragshöhe wird von Behindertenorganisationen kritisiert, da sie in keiner Relation zum bestehenden Angebot stehe.[27] Auch in Bezug auf das Internet sind Bemühungen um Barrierefreiheit als ungenügend zu werten. So stellen beispielsweise – trotz Frist bis zum März 2014 – noch nicht alle Bundesministerien gemäß BITV 2.0[28] ein Internetangebot in Leichter Sprache zur Verfügung.[29] Auch Gebärdenvideos standen im April 2014 bei lediglich 12 Prozent aller Bundesbehörden im Internet zur Verfügung.[30] Jedoch ist positiv zu werten, dass Leichte Sprache gegenwärtig zunehmend ins öffentliche Bewusstsein rückt.

Seit dem Inkrafttreten neuer Richtlinien der Filmförderungsanstalt sind in Deutschland nur noch Kinofilme zu fördern, die in der Endfassung mit Untertiteln für hörbehinderte Menschen und Audiodeskription für blinde und sehbehinderte Menschen versehen sind.[31] Nach einer Studie der Filmförderungsanstalt 2011 boten lediglich jeweils 0,4 Prozent der deutschen Kinos Filme mit Untertiteln und Audiodeskription und 4 Prozent Hörhilfen wie Induktionsschleifen an.[32]

Im Bereich Museen und Ausstellungen gibt es seit etwa 15 Jahren konkrete Aktivitäten zur Umsetzung von Barrierefreiheit.[33] So gaben der Deutsche Museumsbund, der Bundesverband Museumspädagogik und das Bundeskompetenzzentrum Barrierefreiheit 2013 einen Leitfaden für inklusive Museen heraus (siehe dazu den Beitrag von Ursula Wallbrecher → S. 299 f.).[34] Grundsätzlich ist festzuhalten, dass für blinde Menschen das Berührungsverbot von Exponaten aufzuheben ist (siehe dazu den Beitrag von Siegfried Saerberg → S. 302 ff.) und Zusatzangebote wie Museumsführungen in Leichter Sprache und Gebärdensprache vonnöten sind.

Disability Pride und Crip Culture[35]

Am 13. Mai 2013 fand in Berlin das Symposium »Behinderte auf der Bühne – Künstler oder Exponate?« statt.[36] Im Zentrum stand das Theaterstück »Disabled Theater«, das durch Stegreifdarstellungen von Menschen mit dem sogenannten Down-Syndrom polarisierte und in den Medien eine Diskussion zur Inklusion im Theaterspiel auslöste.[37] Der Autor und Schauspieler Peter Radtke hat darauf verwiesen, dass behinderten Menschen in der Regel eine Schauspielkarriere verwehrt bleibe, ihre Verkörperung von nicht behinderten Schauspieler_innen indes beim Publikum auf Irritation stoße.[38]

Am 13. Juli 2013 fand in Berlin erstmals nach amerikanischem Vorbild die »Mad & Disability Pride«-Parade statt, bei der »Verrücktheit« und Behinderung unter dem Motto »Küsst den Wahnsinn wach, liebt Krummbeine und Spasmus, begehrt Krücken und Katheter!« zelebriert wurden.[39] Während die Parade sich gegen gesellschaftliche Etikettierungen wendet, konzentrieren sich dagegen Events von gehörlosen Menschen auf die Darstellung der

Gehörlosenkultur und der Gebärdensprache, hier stehen die Aspekte Identität, Kultur und Ästhetik im Vordergrund. Das gipfelt unter anderem in den Gehörlosenkulturtagen, in *Deaf Poetry Slams*[40], im Deutschen Gebärdensprachfestival[41] und im Festival »Clin d'Œil«.[42] Außerhalb dieser Events sind gehörlose und auch schwerhörige Menschen jedoch von vielen kulturellen Angeboten ausgeschlossen.[43] So bemängelte der Deutsche Schwerhörigenbund in einer Stellungnahme von 2013, dass auf gesellschaftlicher Ebene die Interessen hörbehinderter Menschen, die keine Gebärdensprache nutzen, zu wenig Beachtung finden würden.[44]

Barrierefreiheit im Tourismus

Zwei Studien im Auftrag der Bundesregierung aus den Jahren 2003[45] und 2008[46] zur Bedeutung eines barrierefreien Tourismus lieferten für den Ersten Staatenbericht Deutschlands zur UN-BRK die Grundlage für die entsprechenden Kriterien der Qualitätsverbesserung.[47] Infolgedessen entstand 2008 die Arbeitsgemeinschaft »Barrierefreie Reiseziele in Deutschland«, ein Verbund aus acht Tourismusregionen und Städten.[48]

Eine zentrale Anlaufstelle für barrierefreien Tourismus ist in Deutschland die Nationale Koordinationsstelle Tourismus für Alle e. V.[49] 2011 startete sie in Kooperation mit dem Deutschen Seminar für Tourismus Berlin e. V. ein bis Juni 2014 laufendes Projekt, in dem verschiedene Angebote des öffentlichen Raums im Hinblick auf Barrierefreiheit untersucht werden, zum Beispiel Bahnhöfe, Verkehrsmittel, Hotels, kulturelle Einrichtungen wie Theater, Museen, Parks und Sehenswürdigkeiten.[50] Dabei kommen differenzierte Qualitätskriterien zum Einsatz, die zwischen den Kategorien »teilweise barrierefrei« und »vollständig barrierefrei« unterscheiden. Eine kritische Sichtung der Mindestanforderungen zeigte allerdings, dass die Definition »vollständig barrierefrei« subjektiv geprägt ist. So gilt etwa in Bezug auf »Menschen mit kognitiven Beeinträchtigungen«, dass neben Piktogrammen *entweder* Leichte Sprache *oder* akustische Sprachausgabe angeboten werden sollte.[51] Dennoch sind derartige Projekte weitreichende, wichtige Aktivitäten für die Weiterentwicklung eines barrierefreien Tourismus.

Integration und Inklusion im Sport

Die frühesten Behinderten-Sportgruppen waren im 19. Jahrhundert von der Sonderpädagogik geleitet mit dem Ziel, die Leistungs- und Bildungsfähigkeit von Kindern zu fördern. Vorreiter für den Erwachsenen-Sport waren gehörlose Menschen, die 1888 den ersten eigenen Sportverein gründeten.[52] 1924 fanden in Paris erstmals die vom International Committee of Sports for the Deaf (ICSD) ausgetragenen Deaflympics mit gehörlosen Sportler_innen statt.[53] Aufgrund der Kommunikation in der Gebärdensprache besteht bis heute eine Abgrenzung von den Paralympics, bei denen Sportler_innen mit verschiedenen Behinderungen gegeneinander antreten. Die Paralympics haben ihren Ursprung im Jahr 1948 und sind nach den Olympischen Spielen die weltweit zweitgrößte Sportveranstaltung. 1990 wurden erstmals Strategien zur Aufnahme einzelner paralympische Wettbewerbe in die Olympischen Spiele entwickelt, doch nach zahlreichen Debatten 2003 für gescheitert erklärt. Dafür werden seit 2008 die Olympischen und die Paralympischen Spiele (Paralympics) von einem gemeinsamen Organisationskomitee ausgerichtet.[54] Als ein Meilenstein ist zu werten, dass die Medaillenprämien bei den paralympischen Winterspielen in Sotchi 2014 erstmals denen der bei den Olympischen Spielen vergebenen Medaillen entsprachen.[55]

Eine weitere weltweite Sportbewegung sind die Special Olympics, die sich an Menschen mit »geistiger und mehrfacher Behinderung« richten[56] und ihre Wurzeln im Jahr 1968 in den USA haben. 1991 gründete sich Special Olympics Deutschland (SOD).[57] Mitte der 1980er-Jahre entwickelte SOD als Zusatzangebot das Konzept Unified-Sports®, das den gemeinsamen Wettkämpfen von Menschen mit und ohne Behinderung gilt.[58] Kritisch zu hinterfragen ist, warum – so wie auch in wissenschaftlichen Kreisen – am Begriff »geistige Behinderung« festgehalten wird, während das Netzwerk People First Deutschland e. V. als Interessenvertretung von Menschen mit Lernschwierigkeiten seit Jahren die Bezeichnung »Lernschwierigkeiten« fordert.[59]

Wenngleich Special Olympics, Paralympics, Deaflympics und die Olympischen Spiele nicht wirklich Beispiele für inklusiven Sport darstellen, existieren Aktivitäten in diese Richtung. So entwickelte Anfang 2013 der Deutsche Olympische Sportbund (DOSB) gemeinsam mit dem Deutschen Behindertensportverband, dem Deutschen Gehörlosen-Sportverband und mit Special Olympics Deutschland ein Informationspapier zur Inklusion im Sport.[60] Der DOSB verabschiedete schließlich im Dezember 2013 ein Positionspapier, in dem unter anderem auf die Notwendigkeit der finanziellen, staatlichen und politischen Unterstützung für die »Inklusion im und durch Sport« hingewiesen wird.[61]

Behinderten-Sport bietet zwar die Möglichkeit, kulturelle Identität nach Artikel 30 UN-BRK zu leben, aber das Ziel der Gesellschaft sollte es sein, Sportangebote durch stetigen Abbau von Barrieren und Lockerung von Regelungen für alle Menschen zu öffnen. Das erfordert die Bereitschaft für

Veränderungen im System Sport. Gerade Sport bietet die Chance, Inklusion fernab vom schulischen und beruflichen Leistungsdruck zu erfahren und zu »erlernen«.

▶ Zusammenfassung

Der Beitrag thematisiert politische und kulturelle Teilhabe als Kernelemente gesellschaftlicher Zugehörigkeit. Politische Teilhabe umfasst zum einen das aktive Wahlrecht für alle Menschen mit Behinderungen und die faktische Möglichkeit, davon Gebrauch zu machen. Zum anderen müssen alle die Möglichkeit haben, an der Gestaltung der öffentlichen Angelegenheiten mitzuwirken oder sich entsprechend zu organisieren. Dazu müssen die nötigen Rahmenbedingungen geschaffen, Barrieren abgebaut und bestehende Strukturen grundsätzlich überdacht werden. Ähnliches gilt für den Bereich der kulturellen Teilhabe. Dazu gehören beispielsweise der Besuch von Kultureinrichtungen wie Theater, Kino und Museen, touristischen Stätten sowie die Teilnahme an Sportangeboten.

Anmerkungen

1 Der Beitrag gibt die persönliche Meinung des Autors wieder.

2 Vgl. Buchstabe m) der Präambel: »in Anerkennung des wertvollen Beitrags, den Menschen mit Behinderungen zum allgemeinen Wohl und zur Vielfalt ihrer Gemeinschaften leisten und leisten können, und in der Erkenntnis, dass die Förderung des vollen Genusses der Menschenrechte und Grundfreiheiten durch Menschen mit Behinderungen sowie ihrer uneingeschränkten Teilhabe ihr Zugehörigkeitsgefühl verstärken und zu erheblichen Fortschritten in der menschlichen, sozialen und wirtschaftlichen Entwicklung der Gesellschaft und bei der Beseitigung der Armut führen wird«.

3 Art. 29 Satz 1 UN-BRK.

4 Vgl. § 13 Bundeswahlgesetz, § 6a Europawahlgesetz sowie gleichlautende Regelungen in den Landeswahlgesetzen.

5 Im Einzelnen dazu: Leander Palleit, Gleiches Wahlrecht für alle? Menschen mit Behinderungen und das Wahlrecht in Deutschland, Berlin 2011; ders., Deutschland braucht endlich ein inklusives Wahlrecht, Berlin 2012.

6 Diesbezügliche Versuche blieben bislang erfolglos. Im Bundestag gab es dazu zwar bereits Ende der vergangenen Legislaturperiode einen entsprechenden Gesetzentwurf, dieser fand jedoch keine Mehrheit (siehe das Protokoll der Plenarsitzung vom 21.02.2013: BT-PlPr 17/222, S. 27590D – 27606A), online abrufbar unter: http://dipbt.bundestag.de/dip21/btp/17/17222.pdf (Aufruf am 17.07.2014). Auf die Dringlichkeit einer politischen Überprüfung hat auch der Bundesrat in einer Ent-

schließung vom 22.03.2013 (BR-Drs. 49/13) hingewiesen und die Bundesregierung zum zügigen Tätigwerden aufgefordert, online abrufbar unter: http://dipbt.bundestag.de/dip21/brd/2013/0049-13.pdf (Aufruf am 17.07.2014).

7 Siehe Art. 29 a) iii) UN-BRK.

8 Siehe Art. 29 a) i) UN-BRK.

9 Siehe dazu Vereinte Nationen, Thematic Study by the Office of the United Nations High Commissioner for Human Rights on participation in political and public life by persons with disabilities (UN-Dok. A/HRC/19/36), New York 2011, Absatz Nr. 52, online abrufbar in englischer Sprache (auch in englischer Leichter Sprache) unter: http://www.ohchr.org/EN/Issues/Disability/Pages/ThematicStudies.aspx (Aufruf am 17.07.2014); zu weiteren Einzelheiten siehe Peter Trenk-Hinterberger, Erläuterungen zu Art. 29, in: Markus Kreutz/Klaus Lachwitz/Peter Trenk-Hinterberger (Hrsg.), Die UN-Behindertenrechtskonvention in der Praxis, Köln 2013, S. 304 f.

10 § 57 Bundeswahlordnung (BWO), online abrufbar unter: http://www.gesetze-im-internet.de/bwo_1985/__57.html (Aufruf am 17.07.2014).

11 Zehnte Verordnung zur Änderung der Bundeswahlordnung (BWO) vom 13. Mai 2013 (BGBl. I S. 1255), online abrufbar unter: http://www.bgbl.de/banzxaver/bgbl/start.xav?startbk=Bundesanzeiger_BGBl#__bgbl__%2F%2F*[%40attr_id%3D%27bgbl113s1255.pdf%27]__1405584110161 (Aufruf am 17.07.2014)

12 § 45 Absatz 5 Bundeswahlordnung (BWO), online abrufbar unter: http://www.gesetze-im-internet.de/bwo_1985/__45.html (Aufruf am 17.07.2014).

13 § 19 Absatz 1 Nr. 7 Bundeswahlordnung (BWO), online abrufbar unter: http://www.gesetze-im-internet.de/bwo_1985/__19.html (Aufruf am 17.07.2014).

14 Siehe Art. 29 a) ii) UN-BRK.

15 Siehe Art. 29 b) UN-BRK.

16 Vgl. dazu den Praxisbeitrag von Katrin Grüber und Martin Marquard in diesem Band → S. 289 ff.

17 Siehe dazu Vereinte Nationen, wie Anm. 9, Absätze Nr. 9 und 10.

18 Vgl. z. B. Art. 25 des Internationalen Pakts über bürgerliche und politische Rechte oder Art. 7 und 8 der UN-Frauenrechtskonvention; siehe hierzu Vereinte Nationen, wie Anm. 9, Absätze Nrn. 3–6.

19 Zu den Erfolgsfaktoren, Gestaltungsmöglichkeiten und Grenzen von Online-Beteiligungsverfahren anhand verschiedener Beispiele, siehe Stiftung Digitale Chancen/Institut für Informationsmanagement Bremen (Hrsg.), Leitfaden Bürgerbeteiligung barrierefrei erfolgreich, Bremen 2011, online abrufbar unter: http://www.digitale-chancen.de/transfer/downloads/md1005.pdf (Aufruf am 17.07.2014).

20 Siehe Ottmar Miles-Paul, Keine ziemlich besten Freunde, in: kobinet Nachrichten, veröffentlicht am 31.03.2014, online abrufbar unter: http://www.kobinet-nachrichten.org/de/1/nachrichten/29104/Keine-ziemlich-besten-Freunde.htm (Aufruf am 09.07.2014).

21 Ansgar Nünning, Dossier Kulturelle Bildung. Vielfalt der Kulturbegriffe (veröffentlicht am 23.07.2009), online abrufbar unter: http://www.bpb.de/gesellschaft/kultur/kulturelle-bildung/59917/kulturbegriffe?p=all (Aufruf am 02.11.2014).

22 Siehe Fritz Oser/Manuela Ullrich/Horst Biedermann, Partizipationserfahrungen und individuelle Kompetenzen. Literaturbericht und Vorschläge für eine empi-

rische Untersuchung im Rahmen des Projekts »Education à la Citoyenneté Democratique (ECD)« des Europarats, Fribourg (Schweiz) 2000, S. 13.

23 Siehe hierzu auch die Beiträge von Rebecca Maskos und Christian Rathmann/Ralph Raule in diesem Band → S. 308 ff. bzw. S. 320 ff.

24 Siehe dazu die Statistik »TV-Sendungen in Deutschland, Österreich und Schweiz mit Untertitel (nach Monate) – Jahr 2014«, Privatinitiative von Marco Strauß, online abrufbar unter: http://untertitel.superdeaf.de/download/Statistik_Untertitel-DeutschlandTV_2014.pdf (Aufruf am 14.05.2014).

25 Vgl. die Übersicht »Untertitel-Technik aller TV-Sender in Deutschland, Österreich und Schweiz«, Privatinitiative von Marco Strauß, online abrufbar unter: http://untertitel.superdeaf.de/download/UT-Technik_Feb2014.pdf (Aufruf am 14.05.2014).

26 Siehe die Stellungnahme des Deutschen Blinden- und Sehbehindertenverbandes e. V. (DBSV) zur Novellierung des Filmförderungsgesetz (FFG) vom 16.01.2012, online abrufbar unter: http://www.ffa.de/downloads/ffg2014/Deutscher Blinden- und Sehbehindertenverband.pdf (Aufruf am 14.05.2014).

27 Die TV-Sender kündigten allerdings im Zuge der Einführung der Rundfunkgebühr den Ausbau barrierefreier Sendungen an. Siehe hierzu http://www1.wdr.de/unternehmen/ausbau_barrierefreiheit100.html (Aufruf am 01.05.2014). – Zur Befreiung von der Rundfunkbeitragspflicht oder Ermäßigung des Rundfunkbeitrags, siehe unter http://www.rundfunkbeitrag.de/buergerinnen_und_buerger/ermaessigung_und_befreiung/index_ger.html (Aufruf am 22.06.2014).

28 Verordnung zur Schaffung barrierefreier Informationstechnik nach dem Behindertengleichstellungsgesetz, online abrufbar unter: http://www.gesetze-im-internet.de/bitv_2_0/(Aufruf am 14.05.2014).

29 Siehe dazu den Artikel »Bundesministerien versäumen ihre Frist bei Internetangeboten für Menschen mit Behinderung«, in: Der Spiegel, online abrufbar unter: http://www.spiegel.de/spiegel/vorab/fristversaeumnis-bei-internetangeboten-fuer-menschen-mit-behinderung-a-967395.html (veröffentlicht am 04.05.2014).

30 Siehe Franz Schmahl, BITV und Gebärdensprache, in: kobinet Nachrichten, veröffentlicht am 14.04.2014, online abrufbar unter: http://www.kobinet-nachrichten.org/de/1/nachrichten/29197/BITV-und-Geb%C3%A4rdensprache.htm/?search=geb%C3%A4rdensprache (Aufruf am 09.07.2014).

31 Dies gilt für Filme, für die ab dem 1. Mai 2013 ein Förderungsantrag gestellt wurde. Siehe Filmförderungsanstalt – Bundesanstalt des öffentlichen Rechts – Richtlinie für die Projektfilmförderung (§ 32 Abs. 1 Filmförderungsgesetz/FFG), Richtlinie »D. 2 RL Projektfilmförderung«, Fußnote auf S. 6, online abrufbar unter: http://www.ffa.de/downloads/ffg_regelsammlung/richtlinien/D02.pdf (Aufruf am 01.05.2014). – Siehe auch Bundeskompetenzzentrum Barrierefreiheit e. V., Filmförderungsanstalt fördert nur noch barrierefreie Filme (02.05.2013), online abrufbar unter: http://www.barrierefreiheit.de/news-details/filmfoerderungsanstalt_foerdert_nur_noch_barrierefreie_filme.html (Aufruf am 14.05.2014).

32 Siehe Filmförderungsanstalt, Struktur der Kinosäle in der Bundesrepublik Deutschland 2003 bis 2011. Analyse zu Größe, Programm, Lage, Ausstattung, Service und Investitionen (2011), online abrufbar unter: http://www.ffa.de/start/

download.php?file=publikationen/kinosaele_brd_2003_2011.pdf (Aufruf am 14.05.2014).

33 Vgl. dazu diverse Beiträge in dem Sammelband von Anja Tervooren/Jürgen Weber (Hrsg.), Wege zur Kultur. Barrieren und Barrierefreiheit in Kultur- und Bildungseinrichtungen, Wien/Köln/Weimar 2012.

34 Deutscher Museumsbund e. V./Bundesverband Museumspädagogik e. V./Bundeskompetenzzentrum Barrierefreiheit e. V., Das inklusive Museum – Ein Leitfaden zu Barrierefreiheit und Inklusion (2013), online abrufbar unter: http://www.barrierefreiheit.de/das_inklusive_Museum_ein_leitfaden_zu_barrierefreiheit_und_inklusion.html (Aufruf am 01.05.2014).

35 Frei zu übersetzen mit »Krüppel-Selbstbewusstsein und Krüppel-Kultur«. *Disability* wird eigentlich korrekterweise mit »Behinderung« übersetzt, meint aber im Sinne von *Disability Studies* vielmehr das Behindert-Werden durch Barrieren, Vorurteile und Regelungen. Der Begriff »Krüppel« wurde in den 1970er- und 1980er-Jahren bewusst von den sogenannten Krüppelgruppen der Behindertenbewegung verwendet, um auf Diskriminierungen durch die Gesellschaft hinzuweisen.

36 Archiv Theatertreffen; Behinderte auf der Bühne – Künstler oder Exponate?, siehe unter https://www.berlinerfestspiele.de/de/aktuell/festivals/theatertreffen/archiv_tt/archiv_tt13/tt13_programm/tt13_veranstaltungsdetail_64534.php (Aufruf am 11.07.2014)

37 Siehe zum Beispiel Benjamin Wihstutz, ... und ich bin der Schauspieler (Mai 2013), online abrufbar unter: http://bit.ly/1jqRDZk (Aufruf am 01.05.2014).

38 Vgl. Peter Radtke, Als behinderter Künstler auf dem Staatstheater, in: Angela Müller/Jutta Schubert (Hrsg.), Weltsichten – Beiträge zur Kunst behinderter Menschen, Hamburg 2001, S. 156–169, online abrufbar unter: http://www.peter-radtke.de/artikel/kuenstler.php (Aufruf am 01.05.2014). Radtke war 1980 auch Mitinitiator des »Münchner Crüppel Cabarets«, in dem behinderte Schauspieler_innen die Situation behinderter Menschen in der Gesellschaft persiflieren.

39 Im Juli 2014 fand die zweite Parade statt. Die erste wurde von behinderten, psychisch erkrankten und nicht behinderten Aktivist_innen (bestehend aus den Gruppen »ak moB/Arbeitskreis mit_ohne Behinderung«, »Arbeitskreis Psychiatriekritik«, »Das GENethische Netzwerk«, »Kritische Feministinnen« sowie Einzelpersonen, die schon länger in den Bewegungen organisiert sind) initiiert, es nahmen über 1 000 Menschen teil, bei der zweiten Parade über 2 000. Siehe dazu »immer wieder behindert und verrückt feiern« 2014, online abrufbar unter: http://www.pride-parade.de/text.html (Aufruf am 01.05.2014).

40 *Deaf Poetry Slam* lässt sich sinngemäß mit »Gebärdensprachpoesie-Wettkampf« übersetzen. Hier treten vor einem Publikum verschiedene gehörlose Menschen auf, die kurze Beiträge in Gebärdensprache vorführen, welche anschließend bewertet werden. Dabei kommt es u. a. auf sprachliche Ästhetik, Sprachspiel und Wortwitz an. Siehe hierzu http://deafpoetryslam.wordpress.com/(Aufruf am 17.07.2014).

41 Informationen dazu siehe unter http://www.gebaerdensprachfestival.de/(Aufruf am 01.05.2014).

42 Internationales, alle zwei Jahre stattfindendes europäisches Gehörlosenkultur-Festival in Reims/Frankreich, bei dem gehörlose Menschen aus aller Welt verschie-

dene künstlerische Werke mit Bezug zur Gehörlosengemeinschaft präsentieren. Informationen siehe unter http://www.clin-doeil.eu/ (Aufruf am 17.07.2014); Bericht über das zweite Festival im Jahr 2007 siehe unter http://www.kugg.de/kultur/Clin-d-oeil-2007_Bericht_HVogel.htm (Aufruf am 17.07.2014). Zahlreiche weitere Beispiele für kulturelle Aktivitäten gehörloser Menschen finden sich unter http://www.kugg.de/ (Aufruf am 01.05.2014).

43 Siehe dazu BRK-Allianz (Hrsg.), Allianz der deutschen Nichtregierungsorganisationen zur UN-Behindertenrechtskonvention, Für Selbstbestimmung, gleiche Rechte, Barrierefreiheit, Inklusion! Erster Bericht der Zivilgesellschaft zur Umsetzung der UN-Behindertenrechtskonvention in Deutschland (2013), online abrufbar unter: http://www.brk-allianz.de/attachments/article/87/beschlossene_fassung_final_endg-logo.pdf (Aufruf am 01.05.2014).

44 Siehe Deutscher Schwerhörigenbund e.V. – Bundesverband der Schwerhörigen und Ertaubten, Stellungnahme zum Teilhabebericht der Bundesregierung über die Lebenslagen von Menschen mit Beeinträchtigungen, online abrufbar unter: http://www.schwerhoerigen-netz.de/DSB/AKTUELL/stellung/2013/2013-03.pdf (veröffentlicht am 14.10.2013).

45 Die Studie wurde von einer Projektgemeinschaft durchgeführt, bestehend aus dem Institut für Geographie und dem Institut für Verkehrswissenschaft der Universität Münster und den Unternehmen NeumannConsult in Münster und Reppel + Lorenz Tourismusberatung GmbH in Karlsruhe. Siehe Peter Neumann/Paul Reuber (Hrsg.), Ökonomische Impulse eines barrierefreien Tourismus für alle, Langfassung einer Studie im Auftrag des Bundesministeriums für Wirtschaft und Arbeit, Münster 2004, online abrufbar unter: https://www.wwu-münster.de/imperia/md/content/geographie/pr/publikationen/mga/mga47.pdf (Aufruf am 01.05.2014).

46 Die Studie wurde im Auftrag des Bundesministeriums für Wirtschaft und Technologie (seit Dezember 2013 Bundesministerium für Wirtschaft und Energie/BMWi), vom Institut für Geographie der Westfälischen Wilhelms-Universität Münster und von PROJECT M GmbH durchgeführt. Siehe Bundesministerium für Wirtschaft und Technologie (Hrsg.), Barrierefreier Tourismus für Alle in Deutschland – Erfolgsfaktoren und Maßnahmen zur Qualitätssteigerung, Berlin, August 2008.

47 Siehe Bundesministerium für Arbeit und Soziales, Erster Staatenbericht der Bundesrepublik Deutschland zum Übereinkommen der Vereinten Nationen über Rechte von Menschen mit Behinderungen [2011], S. 78, online abrufbar unter: www.bmas.de/SharedDocs/Downloads/DE/staatenbericht-2011.pdf (Aufruf am 01.05.2014).

48 Siehe http://www.barrierefreie-reiseziele.de/index.php?id=44 (Aufruf am 01.05.2014).

49 Siehe http://www.natko.de/index.php/wir_ueber_uns (Aufruf am 01.05.2014).

50 Siehe http://www.deutschland-barrierefrei-erleben.de/index.php/teilnahme/ (Aufruf am 01.05.2014).

51 Siehe Deutsches Seminar für Tourismus (DSFT) Berlin e.V., Reisen für Alle. Das neue Kennzeichnungssystem für Alle, Orte und Betriebe der Tourismusbranche, online abrufbar unter: http://www.deutschland-barrierefrei-erleben.de/wp-content/uploads/2014/03/140303_gesamt_Version1.2.4_Anforderungen_Reisen-fuer-Alle.pdf (Aufruf am 01.05.2014).

52 Siehe dazu Sabine Radtke, Inklusion von Menschen mit Behinderung im Sport, in: Politik und Zeitgeschichte (APUZ 16–19, 2011), online abrufbar unter: http://www.bpb.de/apuz/33347/inklusion-von-menschen-mit-behinderung-im-sport?p=all (veröffentlicht am 12.04.2011).

53 International Committee of Sports for the Deaf (ICSD), History, online abrufbar unter: http://www.deaflympics.com/icsd.asp?history (Aufruf am 01.05.2014).

54 Siehe Jana Eisenstein/Birte Steven, Integration – Inklusion – Interaktion: Leitideen paralympischer Bestrebungen in olympische Strukturen, in: Florian Kiuppis/Stefan Kurzke-Maasmeier (Hrsg.), Sport im Spiegel der UN-Behindertenrechtskonvention. Interdisziplinäre Zugänge und politische Positionen, Stuttgart 2012, S. 153–161.

55 So beträgt die Prämie für den Gewinn einer Gold-Medaille 20000 Euro; im Jahr 2012 lag sie bei den Paralympics noch bei 7500 Euro und im Jahr 2000 bei 1350 Euro, während die bei den Olympischen Spielen errungene Gold-Medaille hingegen seit 2000 konstant mit 15000 Euro prämiert wurde; siehe Deutscher Behindertensportverband – National Paralympic Committee Germany, Medaillen-Prämien angehoben, online abrufbar unter: http://www.dbs-npc.de/leistungssport-nachrichten/items/sporthilfe-bringt-olympia-und-paralympics-praemien-auf-dieselbe-hoehe.html (veröffentlicht am 03.02.2014).

56 Siehe dazu http://specialolympics.de/was-ist-sod/organisation/ (Aufruf am 17.07.2014).

57 Siehe Wiebke Curdt/Saskia Schuppener, Integrative Erfahrungen und inklusive Perspektiven am Beispiel von Special Olympics Unified Sports, in: F. Kiuppis/St. Kurzke-Maasmeier (Hrsg.), wie Anm. 54, S. 162–180.

58 Siehe Sven Albrecht/Sonja Schmeißer, Umsetzung der UN-Behindertenrechtskonvention im Sport am Beispiel von Special Olympics, in: F. Kiuppis/St. Kurzke-Maasmeier (Hrsg.), wie Anm. 54, S. 181–188.

59 Siehe Mensch zuerst – Netzwerk People First Deutschland e. V., Dafür kämpfen wir: Wir wollen »Menschen mit Lernschwierigkeiten« genannt werden! Online abrufbar unter: http://www.people1.de/was_mensch.html (Aufruf am 01.05.2014).

60 Deutscher Olympischer Sportbund u. a., Informationspapier. Bewegung leben – Inklusion leben. Wege und Beiträge des organisierten Sports in Deutschland zu einer inklusiven Gesellschaft (Januar 2013), online abrufbar unter: http://www.dosb.de/de/sportentwicklung/inklusion/ueber-inklusion (Aufruf am 01.05.2014).

61 Deutscher Olympischer Sportbund, Inklusion leben – gemeinsam und gleichberechtigt Sport treiben. Grundsatzpapiere zur Inklusion (verabschiedet am 13.12.2013), online abrufbar unter: http://www.dosb.de/fileadmin/fm-dosb/arbeitsfelder/Breitensport/Inklusion/Downloads/DOSB-Positionspapier_zur_Inklusion.pdf (Aufruf am 01.05.2014).

Katrin Grüber / Martin Marquard

Partizipation und Barrierefreiheit am Beispiel der Arbeitsgruppen in den Senatsverwaltungen in Berlin

Im Dezember 2012 wurde Berlin mit dem Access City Award 2013 der Europäischen Kommission[1] »für seinen umfassenden und strategischen Ansatz«, die Stadt »barrierefrei und so für alle zugänglich zu machen«, ausgezeichnet.[2] Tatsächlich hat Berlin in den letzten zwanzig Jahren große Fortschritte auf dem Weg zu einer barrierefreien Stadt gemacht. Dies zeigt sich unter anderem im Öffentlichen Nahverkehr, in dem die Busse seit Dezember 2009 zu 100 Prozent barrierefrei sind. Auch die von der Senatsverwaltung für Stadtentwicklung und Umwelt veröffentlichten Handbücher zum Thema barrierefreie Stadtgestaltung sind für Bau- und Verkehrsplaner inzwischen zu Standardwerken geworden.[3]

Am Anfang dieser Entwicklung standen Protestaktionen der Selbstbestimmt-Leben-Bewegung[4] ab Ende der 1980er-Jahre gegen eine Senatspolitik, die ursprünglich auf Barrierefreiheit gänzlich verzichten und die daraus sich ergebenden Probleme mithilfe sozialer Dienste (Fahrdienste, Treppenhilfen u.a.) lösen wollte. Erst allmählich erkannten sowohl das Abgeordnetenhaus als auch der Senat die Expertise der Menschen mit Behinderung an, wie sich beispielsweise an dem Beschluss des Abgeordnetenhauses von Berlin vom 26. Oktober 1990 ablesen lässt, in dem der Senat ersucht wird, »in Zusammenarbeit mit den Behindertenverbänden bis zum 1. September 1991 Leitlinien zum Ausbau Berlins als behindertengerechte Stadt vorzulegen«.[5]

Dieser Beschluss war der offizielle Beginn einer systematischen Beteiligung von Menschen mit Behinderung an den sie betreffenden politischen Entscheidungen in Berlin bis heute in Arbeitsgruppen, Kommissionen, Ausschüssen oder anderen Gremien.

Aktive Beteiligung in Arbeitsgruppen

Entsprechend richtete die damalige Senatsverwaltung für Soziales Anfang 1991 unter ihrer Federführung eine Kommission ein, die in der Mehrheit aus behinderten Menschen bestand. Die von diesem Gremium erarbeiteten »Leitlinien zum Ausbau Berlins als behindertengerechte Stadt« wurden am 15. September 1992 vom Senat beschlossen und gelten bis heute.[6]

Auch an der Erarbeitung des Berliner Landesgleichberechtigungsgesetzes (LGBG)[7] vom 17. Mai 1999, dem in Deutschland ersten Gleichstellungsgesetz für Menschen mit Behinderung, waren diese und ihre Verbände aktiv beteiligt. Es definiert Behindertenpolitik als Querschnittsaufgabe und verpflichtet gemäß Artikel 11 der Verfassung von Berlin *alle* Senatsressorts zur »Herstellung gleichwertiger Lebensbedingungen von Menschen mit und ohne Behinderung«[8]. Als Instrument zur Umsetzung dieses Zieles sollten deshalb auf Vorschlag der Verbände in allen Senatsverwaltungen Arbeitsgruppen eingerichtet werden mit Vertreter_innen der jeweiligen Verwaltung und von Menschen mit Behinderung. Dies wurde 2001 tatsächlich in die Koalitionsvereinbarung zwischen den Berliner Landesverbänden von SPD und (damals) PDS aufgenommen[9], in den Jahren 2002 bis 2004 umgesetzt und im Koalitionsvertrag von 2006 noch einmal erneuert.[10] Die jetzige, seit Ende 2011 regierende Große Koalition von SPD und CDU hat zwar keinen entsprechenden Beschluss gefasst, die Arbeitsgruppen werden aber fortgeführt.

Struktur und Aufgaben der Arbeitsgruppen »Menschen mit Behinderung«

Die Arbeitsgruppen, die nun schon seit gut 10 Jahren bestehen, haben alle die gleiche Struktur: Die jeweilige Senatsverwaltung benennt eine Leitung, die für Tagesordnung, Einladungen, Moderation und Protokoll verantwortlich ist. Ständige Mitglieder sind der oder die Landesbeauftragte für Menschen mit Behinderung (LfB), eine Reihe von engagierten fach- und sachkundigen Menschen mit Behinderung vor allem aus dem Landesbeirat für Menschen mit Behinderung ein Vertreter oder eine Vertreterin aus dem Kreis der Bezirksbehindertenbeauftragten sowie ein Mitarbeiter oder eine Mitarbeiterin der Senatsverwaltung für Gesundheit und Soziales, Abteilung Soziales. Außerdem werden je nach Thema häufig weitere Fachleute einbezogen, bei der AG Bauen beispielsweise Architekt_innen oder bei der AG Verkehr Vertreter_innen der Berliner Verkehrsbetriebe.

Die Arbeitsgruppen »Menschen mit Behinderung« gründen auf der Idee, dass in jeder Verwaltung politische Vorhaben anstehen, die auch Auswirkungen auf die Lebenssituation von Menschen mit Behinderung haben können. Damit wird das Prinzip des *Disability Mainstreaming* umgesetzt, das bedeutet, dass Behinderung alle angeht. Gewährleistet wird dies unter anderem dadurch, dass vor jeder politischen Entscheidung grundsätzlich nach den möglichen Folgen für die Menschen mit Behinderung zu fragen ist. Jede Senatsverwaltung ist daher angehalten, ihre Vorhaben rechtzeitig vor Beschlussfassung in ihre jeweilige Arbeitsgruppe einzubringen und zur Diskussion mit den Betroffenen zu stellen. Gerade zu Fragen der Barrierefreiheit können die Expert_innen in eigener Sache oft wichtige Hinweise geben, wodurch Fehler und Folgekosten vermieden werden.

Funktionsweise der Arbeitsgruppen am Beispiel »Bauen und Verkehr«

Das Thema Barrierefreiheit war ursprünglich bei der für Gesundheit und Soziales zuständigen Senatsverwaltung angesiedelt, seit Juni 2002 sind die Arbeitsgruppen »Bauen und Verkehr – barrierefrei« der Senatsverwaltung für Stadtentwicklung und Umwelt zugeordnet. Sie tagen im thematischen Wechsel nach Möglichkeit monatlich. Die Protokolle sind öffentlich über das Internet zugänglich.[11]

Konkrete Auswirkungen der Partizipation behinderter Menschen in den Arbeitsgruppen sind unter anderem ablesbar an der Prioritätenliste für den Einbau von Aufzügen in der Berliner U-Bahn, an der Festlegung der Innenausstattung des Doppeldeckerbusses und der neuen Flexity-Straßenbahn mit vergrößerter Stell- und Rangierfläche für Rollstuhlfahrer_innen, an der Beschaffenheit von Blindenleitsystemen, an der Einbeziehung bei Großbauten wie Hauptbahnhof oder Flughafen, an der Überprüfung der Barrierefreiheit bei öffentlichen Neubauten wie auch historischen Gebäuden und Vielem mehr. Auch die Erarbeitung der oben erwähnten Handbücher fand in enger Abstimmung mit den Arbeitsgruppen »Bauen und Verkehr – barrierefrei« statt.[12]

So ist es für die Berliner Verkehrsbetriebe und auch für öffentliche, aber auch private Bauherr_innen immer selbstverständlicher geworden, die Anschaffung und Ausstattung von Fahrzeugen bzw. die Planung von größeren Bauvorhaben frühzeitig in den Arbeitsgruppen zu diskutieren, sodass die Expertise von Menschen mit Behinderung einfließen kann. Der Senator für Stadtentwicklung und Umwelt, Michael Müller, würdigte die Tätigkeit der Arbeitsgruppen folgendermaßen: »Erfolgreiche Arbeit braucht ein kompetentes Netzwerk. Mit Behindertenverbänden, Sachverständigen, Landes- und Bezirksbeauftragten für Menschen mit Behinderung, des Landesbeirates für Behinderte und weiterer Experten- und Fachgremien arbeitet die Senatsverwaltung für Stadtentwicklung und Umwelt seit 2001 in der Arbeitsgemeinschaft ›Bauen und Verkehr – barrierefrei‹ zusammen. Kontinuität und sachliche Zusammenarbeit haben zu unübersehbarem Erfolg geführt.«[13]

Partizipation soll »proaktives Instrument« werden

Die wirksame Einbeziehung der Menschen mit Behinderung in die sie betreffenden Entscheidungsprozesse wird in Zukunft immer wichtiger. Schließlich fordert die auch von Deutschland ratifizierte UN-Behindertenrechtskonvention die Partizipation von Menschen mit Behinderung ausdrücklich.[14] Die Arbeitsgruppen bei den Berliner Senatsverwaltungen, die es in dieser Form in den anderen Bundesländern weder auf Landes- noch auf kommunaler Ebene gibt, können dafür einen Vorbildcharakter haben und ein »wichtiger Beitrag zum Disability Mainstreaming« sein.[15]

Das Institut Mensch, Ethik und Wissenschaft (IMEW)[16] hat die Arbeitsweise der Arbeitsgruppen »Menschen mit Behinderung« untersucht und einen Katalog mit einer Vielzahl von Vorschlägen zu deren Weiterentwicklung vorgelegt, um sie zu einem proaktiven Instrument zu machen und so die Partizipation zu stärken, etwa durch eine rechtliche Verankerung im Landesgleichberechtigungsgesetz (LGBG).

Um die Partizipation von Menschen mit Behinderung zu gewährleisten, ist aber auch eine Verbesserung der Rahmenbedingungen erforderlich. So ist es beispielsweise für die Behindertenverbände zunehmend schwieriger, dem eigenen Anspruch auf Partizipation, wie in der UN-BRK vorgesehen, personell gerecht zu werden. Es muss Menschen mit Behinderung, die überwiegend ehrenamtlich tätig sind, möglichst einfach gemacht werden – unter anderem durch eine bessere personelle und sächliche Unterstützung.

Es sollte aber auch überlegt werden, inwieweit es möglich ist, die »wichtige Betroffenenperspektive durch erweiterte Fachkenntnisse zu ergänzen«, beispielsweise durch entsprechende Qualifizierung zu einzelnen Themen.[17] Denn so wie es für die Mitarbeitenden der Senatsverwaltungen wichtig ist, die Perspektive von Menschen mit Behinderung nachvollziehen zu können, so wichtig ist es auch für Menschen mit Behinderung, das Verwaltungshandeln zu verstehen, um so eine aktive und insbesondere proaktive Rolle einnehmen zu können. Dies gilt es zu fördern und zu festigen.

▶ Zusammenfassung

In Berlin gibt es bei allen Senatsverwaltungen Arbeitsgruppen, in denen Menschen mit Behinderung an der politischen Diskussion teilnehmen. Vor allem zu Problemen der Barrierefreiheit sind ihre Kenntnisse und Erfahrungen gefragt. Sie haben bereits bei vielen Entscheidungen auf dem Weg Berlins zu einer barrierefreien Stadt mitgewirkt. Die Arbeitsgruppen können ein Vorbild sein für die Umsetzung der Forderungen der UN-Behindertenrechtskonvention hinsichtlich der Partizipation von Menschen mit Behinderung: Die Verwaltungen lernen die Sicht der Menschen mit Behinderung und diese ihrerseits das Verwaltungshandeln besser kennen.

Anmerkungen

1 Der 2010 von der Europäischen Kommission ins Leben gerufene Access City Award gilt der Auszeichnung von Städten in der Europäischen Union für ihre vorbildliche Arbeit bei der Schaffung barrierefreier Umgebungen in allen Lebensbereichen. Der Preis soll Städte in ganz Europa anregen, zugänglicher zu werden. Weitere Informationen dazu siehe die Broschüre der Europäischen Kommission, Access City Award. Die EU-Städte dazu anregen, zugänglicher zu werden; Luxemburg 2013, online abrufbar unter: http://ec.europa.eu/justice/events/access-city-award-2014/files/access-city-award-2013-brochure_de.pdf (Aufruf am 10.07.2014).

2 Presseerklärung der Europäischen Kommission vom 03.12.2012, siehe unter http://www.presseportal.de/pm/35368/2375780/barrierefreie-staedte-berlin-mit-access-city-award-der-europaeischen-kommission-ausgezeichnet (Aufruf am 10.07.2014) – Umfassende Informationen zur Barrierefreiheit in Berlin auch unter http://www.albatrosggmbh.de/datenbankgestuetzte-beratung/mobidat/beschreibung.html (Aufruf am 10.07.2014).

3 Senatsverwaltung für Stadtentwicklung und Umwelt, Handbuch: Berlin – Design for all – öffentlich zugängliche Gebäude (2. Auflage), Berlin 2012; Senatsverwaltung für Stadtentwicklung und Umwelt, Handbuch: Berlin – Design for all – öffentlicher Freiraum, Berlin 2011, online abrufbar unter: http://www.stadtentwicklung.berlin.de/bauen/barrierefreies_bauen/de/handbuch.shtml (Aufruf am 10.07.2014)

4 Anfang 1987 führten in Berlin drastische Kürzungen beim Sonderfahrdienst »Telebus« zu anhaltenden Protesten der betroffenen Menschen mit Behinderung. Es entstand der »Spontanzusammenschluss Mobilität für Behinderte«, der in den Folgejahren unter der Losung »Bus und Bahn für alle« für einen barrierefreien öffentlichen Nahverkehr als Alternative zu Sonderdiensten eintrat.

5 Beschluss des Abgeordnetenhauses (AH) von Berlin, Drucksache Nr. 11/1259 (II.A.8) – 47. Sitzung des AH vom 26.10.1990. – Es handelt sich um die Erneuerung des nicht umgesetzten Beschlusses des AH, Drucksache Nr. 11/482 (II.A.8) –

21. Sitzung des AH vom 8. Dezember 1989 mit gleichem Wortlaut und Bezugsdatum 1. September 1990. Das Plenarprotokoll der Sitzung des Abgeordnetenhauses vom 26.10.1990 siehe unter http://130.73.102.69/eld/fedora/abghaus/Abge_Berl_1990_XI_47.pdf (Aufruf am 10.07.2014).

6 Siehe Leitlinien zum Ausbau Berlins als behindertengerechte Stadt vom 15.09.1992, online abrufbar unter: http://www.berlin.de/imperia/md/content/sen-soziales/menschenmitbehinderung/barrierefreiheit/leitlinien.pdf?start&ts=1187850724&file=leitlinien.pdf (Aufruf am 10.07.2014).

7 Gesetz zu Art. 11 der Verfassung von Berlin (Herstellung gleichwertiger Lebensbedingungen von Menschen mit und ohne Behinderung) vom 17. Mai 1999, Artikel I Landesgleichberechtigungsgesetz (LGBG), siehe unter http://www.berlin.de/sen/soziales/berliner-sozialrecht/land/rv/lgbg.html (Aufruf am 01.10.2014).

8 Vgl. Art. 11 der Verfassung von Berlin 1995, siehe unter http://www.nw3.de/rechtsarchiv/3verfassungsrecht/lvv.html#Berlin (Aufruf am 10.10.2014).

9 Siehe Koalitionsvereinbarung von 2001 zwischen SPD, Landesverband Berlin, und PDS, Landesverband Berlin, Kapitel II 14 (Soziales), Abschnitt 4.3, S. 43, online abrufbar unter: http://archiv.spd-berlin.de/w/files/spd-positionen/koalitionsvertrag2002.pdf (Aufruf am 10.07.2014).

10 Siehe Koalitionsvereinbarung 2006–2011 zwischen SPD, Landesverband Berlin, und PDS (Die Linke), Landesverband Berlin, Kapitel II 15 (Gesundheit), S. 66, online abrufbar unter: http://archiv.spd-berlin.de/w/files/spd-positionen/koalitionsvertrag2006_entwurf_gesamt.pdf (Aufruf am 10.07.2014).

11 Die Ergebnisprotokolle der Arbeitsgruppen »Bauen und Verkehr – barrierefrei« sind online abrufbar unter: http://www.stadtentwicklung.berlin.de/bauen/barrierefreies_bauen/de/ag_bauverkehr.shtml (Aufruf am 10.07.2014).

12 Vgl. Anm. 3. 2007 veröffentlichte die Senatsverwaltung für Stadtentwicklung und Umwelt erstmals ein Handbuch »Barrierefreies Planen und Bauen in Berlin – Öffentlich zugängliche Gebäude/Grundlagen und Beispiele«, das 2010 durch ein weiteres für den öffentlichen Freiraum ergänzt wurde. Beide Publikationen sind entstanden in enger Abstimmung mit den Arbeitsgruppen »Bauen und Verkehr – barrierefrei« bei der Senatsverwaltung für Stadtentwicklung und Umwelt, in denen zahlreiche Menschen mit Behinderung mitarbeiten.

13 Zitiert nach Handbuch Berlin – Design for all – Öffentlich zugängliche Gebäude, Vorwort wie Anm. 3, S. 5.

14 Siehe Übereinkommen über die Rechte von Menschen mit Behinderungen vom 13. Dezember 2006. Quelle: Bundesgesetzblatt (BGBl.) 2008 II, S. 1426, Art. 4 Abs. 3, siehe unter http://www.un.org/Depts/german/uebereinkommen/ar61106-dbgbl.pdf (Aufruf am 10.07.2014).

15 Siehe dazu Katrin Grüber/Stefanie Ackermann/Michael Spörke, Disability Mainstreaming in Berlin – das Thema Behinderung geht alle an, IMEW (Institut Mensch, Ethik und Wissenschaft) PROJEKT, Berlin 2011. – Die anlässlich des zehnjährigen Bestehens des Berliner Gleichberechtigungsgesetzes in den Jahren 2010/11 durchgeführte Studie des IMEW geht der Frage nach, inwieweit das Prinzip des *Disability Mainstreaming* in die Praxis der Berliner Verwaltung Eingang gefunden hat. Im Fokus der Untersuchung stehen die seit 2002 bei allen Senatsver-

waltungen eingerichteten Arbeitsgruppen »Menschen mit Behinderung« und ihre Bedeutung für die Umsetzung des Partizipationsgedankens im Sinne der UN-Behindertenrechtskonvention. Siehe auch unter http://www.imew.de/file admin/Dokumente/Volltexte/Projekt-DM-in-Berlin-web.pdf (Aufruf am 01.10.2014).

16 Das Institut Mensch, Ethik und Wissenschaft (IMEW) wurde im Jahr 2001 von neun Behinderten- und Sozialverbänden gegründet. Es sieht seine Aufgabe darin, die Perspektive von Menschen mit Behinderung und chronischer Krankheit in Wissenschaft, Politik und Gesellschaft nachhaltig zu verankern (*Disability Mainstreaming*). Die Arbeit des IMEW erfolgt interdisziplinär. Zu seinen Aufgaben gehört nicht nur der Transfer zwischen Wissenschaft, Gesellschaft und Politik, sondern auch deren Beratung. Ein Tätigkeitsschwerpunkt des IMEW in den letzten Jahren ist die Erstellung und Begleitung von Aktionsplanen zur Umsetzung der UN-Behindertenrechtskonvention (UN-BRK). Siehe auch unter http://www.imew.de/

17 Vgl. K. Grüber/St. Ackermann/M. Spörke, wie Anm. 15, S. 36.

Ursula Wallbrecher

Barrierefreiheit im Landesmuseum Mainz

Als im Jahr 2004 der Umbau des Landesmuseums Mainz begann, war in Deutschland von Inklusion noch keine Rede – genauso wenig wie von dem dazugehörigen Gedankengut[1]: Wir – die Mitarbeiter_innen des Museums – sprachen von Barrierefreiheit, und wir unterschieden dabei zwischen den Menschen mit unterschiedlichen Behinderungen – Rollstuhlfahrer_innen, Blinden, Gehörlosen – und definierten sie als zu berücksichtigende Zielgruppen. Durch die Konzentration auf rein bauliche Barrieren im Zusammenhang mit dem Umbau stand dabei vor allem die Gruppe der Rollstuhlfahrer_innen im Fokus.[2] Darüber hinaus sollten aber auch seh- und hörbehinderte Besucher_innen Angebote erhalten, mit deren Hilfe sie das Museum und seine Inhalte kennenlernen können.[3]

Barrierefreiheit ist ein wichtiger Baustein der Inklusion. Mit seiner umfassenden Barrierefreiheit ist das Landesmuseum Mainz daher ein Beispiel für die Umsetzung von Inklusion in einem öffentlichen Museum.

Zugang für alle

Der Zugang zum Landesmuseum erfolgt stufenlos mittels einer kraftverstärkten (motorisierten) Tür. Das Mitführen von Blindenführhunden ist erlaubt. Alle Räumlichkeiten sind barrierefrei erreichbar durch Rampen mit einer Neigung von höchstens 6 Prozent und Aufzüge mit Sprachausgabe. Zwei der Aufzüge sind so groß, dass mehrere Straßenrollstühle hineinpassen. Wie am Eingang, so sind auch alle Türen im Haus kraftverstärkt. Ein Glasanbau zum Innenhof ermöglicht eine stufenlose Verbindung der Gebäudeteile, die aus verschiedenen Jahrhunderten stammen und unterschiedliche Geschosshöhen haben. Die vorhandenen zwei Behindertentoiletten sind nach DIN-Norm[4] angelegt.[5]

Die Präsentation der Objekte in den Vitrinen ist nach Möglichkeit so gestaltet, dass die ausgestellten Exponate auch aus einer Sitzposition betrachtet werden können; Tischvitrinen sind meist unterfahrbar. Taktil erfassbare Elemente, sogenannte Hands-On, sollen es allen Besucher_innen ermöglichen, Werkstoffe, Formen und Vieles andere mehr zu »begreifen«. In fast jeder Abteilung gibt es Touchscreens (Berührbildschirme), die anfahr- und unterfahrbar für Rollstuhlfahrer_innen und im Neigungswinkel verstellbar sind; die Schrift lässt sich zweistufig vergrößern, der Bildschirm auf Invers-Darstellung (kontrastreich) umstellen.

Für sinneseingeschränkte Menschen gibt es folgende Angebote: Es stehen Audioguides zur Verfügung, die neben den »normalen« Führungen zu den Highlights des Hauses auch eine Führung mit Beschreibungen der Sammlungen und einzelner Kunstwerke speziell für Besucher_innen mit einer Sehbehinderung anbieten[6]. Diese Führung wird durch Sender an den wichtigsten Punkten des Hauses ausgelöst und leitet nicht zuletzt zu den Hands-On, den begreifbaren Objekten des Hauses. Auch das Museumspersonal leistet sehbehinderten Besucher_innen Unterstützung, etwa durch Begleitung oder andere Hilfestellungen. Für Menschen mit Hörbehinderung stehen PDAs *(Personal Digital Assistants)* bereit, auf denen Videos in Deutscher Gebärdensprache zu den Highlights des Hauses[7] abgerufen werden können und die mit »native signern« hergestellt worden sind.[8]

Im ersten Obergeschoss der sogenannten Arkade, dem Glasanbau, gibt es Hörstationen, die für Rollstuhlfahrer_innen anfahrbar und barrierefrei bedienbar gestaltet sind.

Über die oben genannten ständigen Angebote des Landesmuseums an seine sinneseingeschränkten Besucher_innen hinaus gibt es Angebote mit Projektcharakter, mit denen sich das Museum gezielt an bestimmte Gruppen von Menschen mit Behinderung wendet: spezielle Führungen für blinde und sehbehinderte Menschen mit Beschreibungen (Audiodeskriptionen), für gehörlose Menschen mit Gebärdensprachdolmetschung, Führungen für Menschen mit Lernschwierigkeiten sowie speziell für Rollstuhlfahrer_innen, die besondere Rücksicht auf die Sichtbarkeit der Objekte aus der Sitzposition nehmen.

Nicht zuletzt ist auch die Internetseite des Landesmuseums nach der BITV 2.0[9] weitgehend barrierefrei gestaltet, beispielsweise durch einen Alternativ-Text für Blinde und Sehbehinderte.

Folientastbücher

Das Konzept für diese Bücher wurde von einer Projektgruppe erarbeitet, die aus zwei Mitarbeiterinnen des Museums und drei Betroffenen – einer Geburtsblinden, einer Späterblindeten und einer Sehbehinderten – bestand. Mit dem Entwurf und der Produktion war die Deutsche Blindenstudienanstalt Marburg (blista) betraut.

Das erste Folientastbuch, das im März 2010 erschienen ist, bildet als Relief auf dem Deckblatt das »Goldene Ross« ab, das über der Fassade des ehemaligen kurfürstlichen Marstalls aufragt, der heute das Landesmuseum Mainz beherbergt[10]. Im Inneren des Buches befinden sich eine als Relief gestaltete Abbildung der Fassade und des Eingangs sowie mehrere Seiten Text in Braille- und in Großschrift über das Museum und seine Sammlung.

Das zweite Folientastbuch (Juni 2010) wagt sich an ein ganz neues Thema heran: die Beschreibung und Erläuterung eines Gemäldes. Für dieses Projekt wurde bewusst ein Bild gewählt, das nicht zu viele und im Relief nicht zu schwer darstellbare Informationen enthält: das Gemälde *Frauenkopf* von Pablo Picasso aus dem Jahr 1908, das der Künstler in seiner frühkubistischen Phase schuf. Es zeichnet sich durch einfache geometrische Formen und eine sehr zurückhaltende Farbgebung aus.

Auch Picassos Kunstwerk erscheint zunächst auf dem Deckblatt im Ganzen als Relief und farbig so eng wie möglich am Original orientiert. Im Inneren des Buches wird es mithilfe beschreibender Texte in Braille- und Großschrift sowie didaktisch aufgearbeiteten Folien für Menschen mit einer Sehbehinderung erfahrbar gemacht: Die Kunstpädagog_innen der blista haben dazu Folien geschaffen, auf denen die geometrischen Formen des Gemäldes einzeln ertastbar sind.[11]

Das dritte Folientastbuch (Februar 2011) widmet sich dem Gemälde *Madonna mit Christuskind* des italienischen Renaissancemalers Lorenzo di Credi, das um 1480/90 entstanden ist. Die Raumtiefe, die Feinheit der Figuren und Gegenstände, die Menge an Informationen und nicht zuletzt die Intensität der Farben – beispielsweise das Blau des Mantels der Madonna – für Menschen mit einer Sehbehinderung erfahrbar zu machen, war für alle beteiligten Projektmitarbeiter_innen eine echte Herausforderung. Es wurden einzelne Folien einmal für die Madonna, sodann für das Christuskind, schließlich für den Hintergrund geschaffen; darüber hinaus gibt es noch eine Folie mit einem Einzelelement aus dem Gemälde, einer Blumenvase, die einmal in ihrer Originalgröße, einmal zur besseren Ertastbarkeit vergrößert ausgeführt ist.[12] Erklärende und beschreibende Texte in Braille- und in Großschrift ergänzen das Buch. Besonders dieses Folientastbuch löst bei sehbehinderten Menschen große Freude aus und wird als Vorbild für solche Vorhaben in der Museumslandschaft ganz Deutschlands wahrgenommen. Am Ende des Buches befindet sich ein Text des Bischofs von Mainz, Karl Kardinal Lehmann, der sich dem Thema der Farben atmosphärisch nähert.

Leitfaden des Deutschen Museumsbundes[13]

Der Deutsche Museumsbund e. V. hat 2013 die Reihe seiner Leitfäden, die seinen Mitgliedern und allen Interessierten in gedruckter Form zur Verfügung stehen, um einen Band zu Barrierefreiheit in Museen erweitert. Dazu holte er sich zwei starke Partner an die Seite: das Bundeskompetenzzentrum Barrierefreiheit e. V. und den Bundesverband Museumspädagogik e. V. Wie die anderen Leitfäden sollte auch dieser Empfehlungen enthalten, die es Museen jedweder Organisationsform erlauben, einen eigenen Weg des Umgangs mit dem Thema zu finden und dabei an Standards orientiert zu arbeiten.

Eine große Arbeitsgruppe traf sich seit Januar 2012 mehrfach in Berlin und anderen Orten. Sie bestand aus Museumsfachleuten und Betroffenen aus verschiedenen Behinderungsgruppen. Aus dieser großen Runde wurde schließlich eine Kerngruppe gebildet, die sich regelmäßig traf und die Publikation schnell vorantrieb, sodass der Leitfaden zur Museums-Messe EXPONATEC in Köln im November 2013 vorgelegt werden konnte.

In seiner Einführung gibt der Leitfaden die Richtung vor: Er ist darauf angelegt, das Thema Barrierefreiheit in Museen tatsächlich im Geist der UN-Behindertenrechtskonvention zu behandeln, das heißt, ohne Trennung nach Behinderungsgruppen *alle* Menschen im Blick zu haben. Einerseits die Barrieren definierend, die es grundsätzlich bei einem Museumsbesuch (auch dessen Vor- und Nachbereitung betreffend) geben kann, werden andererseits Möglichkeiten zu deren Abbau aufgezeigt. Dabei werden die Bedarfe der unterschiedlichen Behinderungen ausführlich thematisiert. Grundlage der Angaben sind immer die maßgeblichen DIN-Normen[14].

Den Autor_innen des Leitfadens, darunter auch die Verfasserin dieses Beitrags, war es wichtig, darauf hinzuweisen, dass, wenn nicht immer gleich *alles*, so doch immer *etwas* möglich ist – und Mut zu machen, damit auch tatsächlich zu beginnen. Die »Philosophie der kleinen Schritte« war Maxime aller Angaben zu Gestaltungsmöglichkeiten, ohne dabei je die »optimale« barrierefreie Gestaltung aus dem Blick zu verlieren. Es ging den Herausgebern nicht zuletzt darum, Ängste in Bezug auf die Machbarkeit abzubauen und damit auch die berühmten »Barrieren in den Köpfen«.

Für Sonderausstellungen, die jeweils neu entworfen und geplant werden, besteht eine besonders große Chance, zumindest immer einige Aspekte der Barrierefreiheit zu verwirklichen. Diese Möglichkeit greift der Leitfaden auf und bietet praktisch und punktgenau Informationen zu den Grundlagen barrierefreier Gestaltung, die auch Ausstellungsarchitekt_innen an die Hand gegeben werden können.[15]

Gestaltung und Druck des Leitfadens wurden durch eine Förderung des Beauftragten der Bundesregierung für Kultur und Medien (BKM) ermöglicht.

Abschließend sei mir ein persönliches Statement gestattet: Es tut sich zwar gerade in neuerer Zeit ziemlich viel in der Museumslandschaft. Dennoch gilt: Egal ob Dauerausstellung oder Sonderausstellungen, ob Museen in Trägerschaft des Bundes, Landes oder der Kommune oder auch kleine, ehrenamtlich geführte Häuser, es muss allen Verantwortlichen – von wissenschaftlicher, politischer und von Verwaltungsseite – klar sein, dass mit der UN-Behindertenrechtskonvention Ansprüche formuliert worden sind, die nicht umsonst als »Recht« benannt werden. Das kann – da, wo die Möglichkeit besteht – durchaus auch bedeuten, dass zur Verwirklichung der Barrierefreiheit finanzielle Mittel in die Hand genommen werden müssen. Hier muss vor allem die Politik Verantwortung übernehmen. Auf jeden Fall ist ein grundsätzlich anderes Denken erforderlich: Weg von der Frage, ob sich das Engagement denn auch lohnt, hin zu dem grundsätzlichen Wollen, allen Menschen (und das ist durchaus wörtlich gemeint) den Zugang zu und das Verständnis von Kunst und Kultur zu ermöglichen.

▶ Zusammenfassung

Das Landesmuseum Mainz hat seit seinem Umbau Barrierefreiheit für Menschen mit Mobilitäts- und Sinneseinschränkungen in einem sehr umfassenden Sinn umgesetzt. Das Haus hat Barrierefreiheit zu einem eigenen Merkmal entwickelt und ist ständig mit der Weiterentwicklung dieses Themas befasst. Der vom Deutschen Museumsbund gemeinsam mit dem Bundeskompetenzzentrum Barrierefreiheit und dem Bundesverband Museumspädagogik herausgegebene Leitfaden zur Barrierefreiheit in Museen bietet Informationen, um mögliche Barrieren zu erkennen, und Lösungen, um diese zu beseitigen, sodass die Teilhabe aller an den Inhalten eines Museums möglich wird.

Anmerkungen

1 Hier ist vor allem der Gedanke gemeint, dass eine Gesellschaft nicht aus Menschen besteht, die entweder einer Norm entsprechen oder von dieser abweichen, sondern aus einer Vielfalt verschiedener Menschen, die alle von vornherein dasselbe Recht haben, an allen gesellschaftlichen Angeboten teilzuhaben.

2 Die damals gültige DIN 18024.2 hatte tatsächlich außer Mobilitätseinschränkungen keine andere Behinderung im Blick. Dies hat sich mit der DIN 18040 geän-

dert: Hier stehen nun über die Mobilitätseinschränkungen hinaus auch sensorische Behinderungen im Fokus.

3 Die zu dieser Zeit noch so genannten »geistig Behinderten« waren nicht Teil des Konzepts.

4 DIN 18024.2, also noch ohne Berücksichtigung anderer Behinderungsarten als der Mobilitätseinschränkung.

5 Eine davon ist mit einem höhenverstellbaren Toilettenbecken ausgestattet; ein Ausstattungsmerkmal, das auch die neuere DIN-Norm 18040 leider nicht fordert.

6 Mit diesem Service, Audiodeskription genannt, werden sehbehinderten und blinden Menschen visuelle Vorgänge mittels akustischer Bildbeschreibungen vermittelt.

7 Diese Führung entspricht, was Auswahl und Menge der beschriebenen Exponate betrifft, der Highlightführung auf den Audioguides.

8 Bei der Planung dieses Angebots wurde dem Museum von Seiten des Deutschen Gehörlosenbundes, der im Vorfeld dazu befragt worden war, die Wichtigkeit der Zusammenarbeit mit gehörlosen Darsteller_innen deutlich gemacht. An dieser Stelle sei auch darauf hingewiesen, dass grundsätzlich Betroffenenverbände in die Planung von Angeboten einbezogen werden sollten.

9 Siehe www.landesmuseum-mainz.de; zur BITV 2.0 siehe auch den Praxisbeitrag von Christian Bühler/Birgit Scheer in diesem Band → S. 197 ff.

10 Gleichzeitig ist diese wie alle anderen Folien auch in Farbe ausgeführt, sodass nicht sehende und sehende Besucher in ein Gespräch über die Abbildung eintreten können.

11 Alle Folien gibt es jeweils auch noch einmal in Papierform mit den entsprechenden Darstellungen in kontrastreicher Auflösung für Menschen mit einer Sehbehinderung oder auch »normalsichtige« Besucher_innen: Es soll damit ermöglicht werden, dass ein Austausch zwischen verschiedenen Besuchergruppen möglich ist.

12 Auch für dieses Folientastbuch gilt, dass alle in Relief gestalteten Elemente auf einem anderen Blatt auch in Farbe ausgeführt sind.

13 Deutscher Museumsbund e. V./Bundesverband Museumspädagogik e. V./Bundeskompetenzzentrum Barrierefreiheit e. V. (Hrsg.). Das inklusive Museum – Ein Leitfaden für Barrierefreiheit und Inklusion, Berlin 2013, online abrufbar unter: http://www.barrierefreiheit.de/das_inklusive_Museum_ein_leitfaden_zu_barrierefreiheit_und_inklusion.html (Aufruf am 30.06.2014). Ziel des Leitfadens ist es, die 2009 von Deutschland ratifizierte UN-Behindertenrechtskonvention im Bereich der Museen in die praktische Anwendung zu bringen.

14 Beispielsweise DIN 18040 Barrierefreies Bauen – Planungsgrundlagen – Teil 1: Öffentlich zugängliche Gebäude; DIN 32975 Gestaltung visueller Informationen im öffentlichen Raum zur barrierefreien Nutzung.

15 So enthält der Leitfaden (siehe Anm. 13) neben einem ausführlichen Begriffsglossar zum Beispiel auch hilfreiche Literaturangaben und Links sowie eine Liste von Organisationen, die sich als Kooperationspartner anbieten.

Siegfried H. X. Saerberg

»Art Blind« – ein multisensorisch erfahrbares Kunsterlebnis außerhalb des klassischen Museumsbetriebs

A R T
_ B L I
N D

Der Verein Blinde und Kunst e. V. präsentierte im Mai/Juni 2013 im Rahmen des »Sommerblut Kulturfestivals« im Stapelhaus, den Räumlichkeiten des BBK (Berufsverband bildender Künstler) Köln e. V., die Ausstellung »Art Blind« mit Werken 16 internationaler blinder und sehbehinderter bildender Künstler_innen aus neun Nationen.

Die Philosophie des Vereins und seiner Projekte ruht auf zwei Säulen. Zum einen zielt sie darauf, den vorwiegend auf Visualität beruhenden Ausstellungsbetrieb blinden und sehbehinderten Kunstrezipient_innen zugänglich zu machen, so durch die Entwicklung von Audiodeskriptionen[1] und Tastausstellungen. Zum anderen richtet sie sich auf die Förderung der Fähigkeiten blinder und sehbehinderter Menschen zur Kunstproduktion, unter anderem durch Workshops. Mit diesen Initiativen wird ein hervorstechendes Wesensmerkmal des Ausstellungsbetriebs konterkariert, wie er sich seit dem 19. Jahrhundert in Europa herausgebildet hat.

Anfassen verboten! Das Regime des Visuellen

Constance Classen und David Howes[2] haben die historische Entwicklung des Tastverbotes in Museen nachgezeichnet. Bis zum frühen 19. Jahrhundert war das Anfassen und Bewegen der Exponate durch die Museumsbesucher_innen durchaus üblich. So beschrieb beispielsweise die deutsche Schriftstellerin Sophie von La Roche (1730–1807) in ihrem Reisetagebuch, wie sie im Britischen Museum in London die Ausstellungsgegenstände betasten konnte,[3] darunter ein karthagischer Helm und ein römischer Spiegel. Dieser Möglichkeitsraum veränderte sich jedoch im Laufe des 19. Jahrhunderts. Nach Fiona Candlin[4] setzte hier allmählich eine klassenspezifische Distinktion ein: Die Museen öffneten sich für breite Publikumsschichten. Da Arbeiter und Kleinbürger als ungebildet und schmutzig etikettiert wurden, war der enge Kontakt zwischen Exponaten und Besucher_innen nun verpönt. So beklagte etwa die Kunstkritikerin Anna Jameson[5] in den 1840er-Jahren die »vulgären Besucher«, die im Museum herumplapperten, flirteten und alle Kunstwerke berührten.

Heute ist Tasten professionsspezifisch geregelt: Lediglich Konservator_innen und Kurator_innen dürfen Exponate anfassen. Visualität dominiert heute noch im herkömmlichen Ausstellungsbetrieb. Sie beginnt am augen- und hautfälligsten beim individuellen Verhalten. Tastberaubung herrscht. Anfassen verboten! Wer es dennoch wagt, seine Hand nach einem Exponat auszustrecken, wird von den Museumswächtern gemaßregelt.

Aber auch in der Dingwelt der Inszenierung wird Visualität konstruiert: »natürliches« Licht durchflutet den Museumsbau und wird mit »künstlichen« Beleuchtungen verstärkt. Vitrinen schotten die Exponate wie gläserne Panzer von den Besucher_innen ab.

Kataloge arbeiten bei der Vermittlung von Wissen mit sichtbaren, gedruckten Texten und Bildern. Exponate werden aufgrund ihrer visuellen Merkmale gezeigt: Wenn sie nämlich das, wofür sie stehen, deutlich sichtbar machen. Daher wird beim Sammeln und Bewahren genau auf visuelle Merkmale geachtet.

Insgesamt ist der Ausstellungsbetrieb ein mobiles Panoptikum. Kritikwürdig ist nicht diese Erscheinungsform, sondern ihre Einseitigkeit. Deren praktische Folgen sind:

- ein Habitus der Distanzierung von vielen sinnlichen Qualitäten des Lebens,
- das Sehen wird als der intellektuellste der Sinne hoch »angesehen«,
- der distanzierte, dekontextualisierte Blick wiederum schließt leibliche Präsentation aus, somit ist die Partizipation von Menschen mit (Seh-) Behinderungen extrem eingeschränkt.

Soziokulturelle Praktiken in Bezug auf die Produktion und Rezeption von »blinder Kunst« unterstützen diese einseitige Ausrichtung:

- Bildende Kunst wird üblicherweise visuell präsentiert.
- Der Kunstunterricht an Blindenschulen findet zumeist ohne Flankierung durch angemessene Wissensvermittlung in öffentlichen Institutionen wie Museen statt.
- Blinde und sehbehinderte Künstler_innen und Studierende werden an Kunsthochschulen oder Kunstakademien kaum gefördert.
- Die Öffentlichkeit weiß Werke blinder Künstler_innen nicht einzuschätzen, da Bewertungsmaßstäbe für nicht visuelle Kunst unterentwickelt sind. Auch gibt es keine Sammler_innen blinder Kunst oder noch kaum blinde Sammler_innen, daher auch keinen Handel damit.

Wege zum barrierefreien Kunsterlebnis

Barrierefreiheit beginnt schon vor dem Ausstellungsbesuch. Dies hat auch die Ausstellung »Art Blind« umgesetzt. Eine Audio-Wegbeschreibung, die den von einem Blinden gegangenen Weg vom Kölner Hauptbahnhof zum Stapelhaus aufzeichnete und die auf der Webseite zur Ausstellung abrufbar war, wies sehbehinderten und blinden Interessierten den Weg zur Ausstellung. Überdies stellte die Website auch Fotos und Audiodeskriptionen der Kunstwerke bereit sowie eine Beschreibung eines möglichen Ausstellungsrundgangs.[6]

Am Infotisch eingangs der Ausstellung befand sich ein Tastrelief des Ausstellungsraumes. Dort begann ein Leitsystem abwechselnd auf dem Boden mittels Taststreifen und an der Wand mittels Tastleiste, das mit Hand oder Fuß/Stock erfahrbar war.

Das Design des Katalogs vertauscht Barrieren von sehenden und nicht sehenden Menschen: Im Logo des Designers Bernd Hartwig (siehe am Beginn dieses Beitrags) gibt die Brailleschrift die Form für die Buchstaben in der sogenannten Schwarzschrift der Sehenden vor. Das so geschriebene Wort »Art_Blind« spiegelt sich in den neun Punkten des Braille-Worts »Art«. Formgebend ist die Brailleschrift. Der Lesefluss des Sehenden wird dadurch mit einer Barriere versehen. Die Schwarz-Weiß-Vertauschung im Druck spielt auf den Perspektiventausch der Ausstellung an. Ebenso die Braille-Elemente im Katalog, wie etwa die Namen der Künstler_innen.

Im Innenteil können zunächst nur die Konturen der Kunstwerke durch Relief-Lack ertastet werden. Erst dahinter liegen die Bild-Seiten, die, mittels Haftpunkten aneinander »gefesselt«, ihren visuellen Inhalt erst einmal verbergen. Diesen müssen sich die sehenden Leser_innen selber zugänglich machen durch das Lösen der aneinander haftenden Seiten. Der Katalog war also provozierend bewusst nicht barrierefrei für das sehende Publikum gestaltet. Dem Katalog lag zudem eine CD bei, auf der alle Texte sowohl auf Deutsch vorgelesen als auch über PC zweisprachig Englisch/Deutsch digital lesbar waren.

Beschilderungen mit erklärenden Texten zu Ausstellungsexponaten müssen allen Besucher_innen zugänglich sein. Grundsätzlich haben Braille- und Schwarzschrift dieselben Informationen zu enthalten. In der Ausstellung »Art Blind« waren beide Schriften auf den Beschilderungen angebracht: Die auf eine transparente Folie gedruckte Brailleschrift lag dabei über dem Schwarzschrifttext in einer für Sehbehinderte geeigneten Schriftgröße.

Berühren durften die Besucher_innen, ob blind oder nicht, sämtliche Kunstwerke, Gemälde, Zeichnungen, Skulpturen, Objekte und Installationen – wobei sie aufgefordert waren, ihre Hände vorher zu reinigen, Ringe und Armbänder abzulegen und die Werke langsam, vorsichtig, zärtlich und sorgfältig zu berühren.

Da Zeichnungen und Gemälde schwer nicht visuell zugänglich sind, konnten 33 Audiodeskriptionen auf einem Audioguide angehört werden. Hier ein Ausschnitt der Beschreibung eines Kunstwerks:

»Barbara Romain: *Bad Eye on the good Foot*, 2005, Acrylfarben auf Leinwand, 183 x 183 cm – Kontrastreich und in knalligen Farben ist die großformatige Leinwand übersät mit Formen und Symbolen, die in einen hellgelben Hintergrund eingebettet sind. Ein auffälliges, großes weißes X links unten und ein ebenfalls großes weißes Kreuz rechts oben, beide rot umrandet, bilden zwei markante Pole in dem wirren Gefüge. Stilisierte Augen und Schnecken in verschiedenen Farben sowie rundliche Gebilde, die jeweils einen roten und einen grünen Fleck umschließen, tauchen über das Bild verteilt mehrfach auf. Schlanke, schwarze organische Formen ziehen sich wie vereinzelte Wegabschnitte über die Bildfläche. Darauf sind mit weißer Farbe Symbole aneinandergereiht. Auch hier tauchen mehrfach das X, das Kreuz und die Schnecke auf, aber auch Kreise, Dreiecke und drei Pünktchen. Links oben ist eines dieser schwarzen Gebilde mit Spinnenbeinen und bedrohlich leuchtenden Augen ausgestattet. Farblich ist neben dem gelben Hintergrund und den schwarzen Akzenten die Farbe Rot dominant. Begleitet wird das Rot von einem leuchtenden Pink, das einen knalligen, lebensfrohen Effekt für sich verbuchen kann.«[7]

Bestandteile des Rahmenprogramms der Ausstellung waren zahlreiche Workshops, die von blinden und sehbehinderten Künstler_innen geleitet wurden, sowie ein Symposium »Visualität und Blindheit für die Kunst«, das, bewusst an den etablierten Hochschulbetrieb anknüpfend, in der Aula der Kunsthochschule für Medien Köln stattfand, um »blinde Kunst«

in diesen einzufügen. Das Symposium beschäftigte sich mit Themen wie »blinde« versus visuelle Kunst und den Möglichkeiten blinder und sehbehinderter Künstler_innen zur Aufnahme und Durchführung des Kunststudiums Weitere Themen waren soziale und ästhetische Chancen blinder und sehbehinderter Künstler_innen sowie alternative ästhetische Möglichkeiten visueller Kunst – aufgedeckt durch blinde und sehbehinderte Künstler_innen.

Um besondere Leistungen zu würdigen und die Aufmerksamkeit der Öffentlichkeit zu erregen, wurden zwei Blinde-und-Kunst-Preise verliehen: Den Publikumspreis, für den die Besucher_innen in Braille-, in Schwarzschrift oder per Diktieren eine Stimme für ein Kunstwerk abgeben konnten, erhielt der britische Künstler Jonathan Huxley (*1965) für seine Installation *A Boy's own Story*. Der Künstler Flavio Titolo (1960–1999) erhielt posthum den Blinde-und-Kunst-Ehrenpreis für sein Lebenswerk.

Der Ausstellungsbetrieb erfordert sensorische Alternativen

Die vom Ausstellungsbetrieb ausgeschlossenen Bevölkerungsgruppen zeigen dessen Defizite. Daher muss er radikal kritisiert und reformiert werden:

- Sammlungen müssen nicht visuelle Eigenschaften von Kunst ins Licht rücken.
- Konservator_innen müssen diese Eigenschaften pflegen und erhalten.
- Pädagogische Inhalte der Vermittlung müssen gestenreich, erzählerisch, anschaulich, fühlbar sein.
- Taktile Ausstellungspräsentationen müssen die Regel werden.
- Inszenierung von Kunst muss von der sakralen Huldigung zum wertschätzenden Umgang mit Kunst geändert werden.

Im Katalog zur Ausstellung »Art Blind« resümiert Marcus Weisen, Juror und Berater der Ausstellung und Accessibilityberater der European Blind Union (EBU): »Auf der Art Blind können wir die vielseitigen Qualitäten der Werke von Jonathan Huxley, Flavio Titolo und der anderen ausgestellten, professionellen Künstler bewundern. Wir sollten uns also daran erinnern, dass solches Talent die weiterführenden Schulen in die Pflicht nimmt, ihre Schüler künstlerisch zu fördern und den Kunstakademien die zwingende ethische Verpflichtung auferlegt, ihre Tore behinderten Studierenden zu öffnen.«[8]

▶ Zusammenfassung

Die Ausstellung »Art Blind« zeigte 2013 in Köln die Werke blinder und sehbehinderter bildender Künstler_innen. Der Autor dieses Textes, selbst blind, kuratierte die Ausstellung. Anders als im gewohnten Ausstellungsbetrieb, in dem Exponate nicht berührt werden dürfen, war es in der Kölner Ausstellung den Besucher_innen erlaubt, alle Kunstwerke zu betasten. Für blinde Besucher_innen standen zahlreiche unterstützende Mittel zur Verfügung, um die Ausstellung barrierefrei zu erleben. Dazu gehörten unter anderem ein Leitsystem, Audiodeskriptionen und der auf CD erhältliche Katalog.
Der Autor postuliert ein Umdenken im Ausstellungsbetrieb, aber auch an Kunstakademien und Kunsthochschulen, sodass blinde und sehbehinderte Menschen nicht von der Kunstproduktion und dem Ausstellungsbetrieb ausgeschlossen bleiben.

Anmerkungen

1 Audiodeskriptionen sind akustische Beschreibungen von Visuellem, die in Museen über Audioguides zu hören sind.

2 Constance Classen/David Howes, The museum as sensescape: Western sensibilities and indigenous artifacts, in: Elizabeth Edwards/Chris Gosden/Ruth Phillips (Hrsg.), Sensible Objects, Oxford 2005, S. 199–222.

3 Siehe Sophie von La Roche, Sophie in London 1786; being the diary of Sophie v. La Roche, translated from the German: Clare Williams, London 1933.

4 Siehe Fiona Candlin, Don't touch! Hands off! Art, blindness and the conservation of expertise, in: Body and Society, 10 (2004) 1, S. 71–90.

5 Siehe Anna Jameson, Companion to the Most Celebrated Private Galleries of Art in London, London 1844.

6 http://www.blindeundkunst.de/2013/05/17/art-blind/ weiterführender Link: http://www.siegfriedsaerberg.com/? Art_Blind (Aufruf am 24.07.2014).

7 Barbara Romain, Bad Eye on the good Foot, Audiodeskription auf der CD zum Ausstellungskatalog: Blinde und Kunst e. V. (Hrsg.), Art Blind, Köln 2013; erhältlich über info@blindeundkunst.de.

8 Marcus Weisen, Blinde und Kunst, in: Blinde und Kunst e. V. (Hrsg.), wie Anm. 7, o. S., erhältlich über info@blindeundkunst.de.

Rebecca Maskos

Bewundernswert an den Rollstuhl gefesselt – Medien und Sprache in einer noch nicht inklusiven Gesellschaft

Wir führen es fast täglich im Mund, das Wörtchen »blind«. Ohne dabei wirklich über Sehbehinderung zu sprechen, zumindest nicht direkt. Blindheit ist eine beliebte Metapher, überall. Da gibt es die blinde Liebe, das blinde Vertrauen, aber auch den blinden Hass und den blinden Gehorsam. Es gibt Blindtexte, Blindfische, Blindgänger und den Blinden mit dem Krückstock. Aber auch andere Körperteile – ob funktionsfähig oder nicht – kommen im Deutschen immer wieder in Redewendungen zu Wort. Wir stoßen auf taube Ohren, stehen mit dem falschen Fuß auf, fahren einer lahmen Ente hinterher oder machen jemandem Beine, dass ihm Hören und Sehen vergeht. Uns kann die bucklige Verwandtschaft den Buckel runterrutschen. Und sonst noch? Besser Arm ab als arm dran! Na, der Vergleich hinkt jetzt aber.

Ob jeder »Blindtext« gleich eine Diskriminierung darstellt, ist fraglich. Auch wird es von blinden Menschen meist nicht als ausgrenzend empfunden, wenn ihnen jemand »Auf Wiedersehen« oder »Wir sehen uns« sagt. Die meisten Rollstuhlfahrer_innen werden die Frage »Wo gehst du hin?« nicht krummnehmen. Fest steht allerdings, dass sich viele Menschen ärgern, wenn ihre Behinderung zur gängigen Metapher wird – etwa Blindheit als Symbol für Ignoranz allgemein.

Sprachliche Assoziationen prägen unser Denken. Auch wenn es uns nicht immer bewusst ist: Die Begriffe und Redewendungen, mit denen wir die Welt benennen und etikettieren, sind Ausdruck unserer Kultur und Gesellschaft. In ihnen drücken sich Bewertungen und Urteile aus, sie lassen manche Informationen aus oder fassen sie nur einseitig. Als solche kann Sprache behindern – Barrieren aufbauen, die es erst einmal zwar nur gedanklich gibt, die aber dennoch nicht weniger wirkmächtig sind als physische Barrieren. Denn Sprache ist auch Gewohnheit und prägt Normalitäten. Und Sprache selbst ist wiederum geprägt von einem sich fortwährend verändernden gesellschaftlichen und kulturellen Kontext. Ihre Begriffe sind ständig im Wandel, können ihre ursprünglichen Bedeutungen verlieren oder sie auf andere Bezeichnungen übertragen.[1]

So wurden die Worte »Behinderung« und »behindert« nach dem Ersten Weltkrieg propagiert als euphemistische Oberbegriffe und Alternativen zu einst sehr gebräuchlichen Benennungen wie »Krüppel«, »Idiot«, »Fallsucht« oder »Schwachsinn«. Das Wort »Behinderung« sollte den abwertenden Charakter einebnen in eine scheinbar neutrale Kategorie.[2] Unter Jugendlichen ist »behindert« indes heute ein neues Schimpfwort in Sachen Bloßstellung und Beschämung anderer, mit denen sie ein großes Abgrenzungsbedürfnis gegenüber vermeintlich Schwachen und Unfähigen teilen. Das brachte das Wort generell in Verruf – immer wieder wird unsicher gefragt, ob es denn in Ordnung sei, Menschen als »behindert« zu bezeichnen. Dabei sehen viele behinderte Menschen selbst den Begriff tatsächlich als neutral an – mit dem kleinen Unterschied, dass nach ihrem Verständnis sie behindert *werden* – durch Barrieren und die Einstellungen anderer Menschen. »Politisch korrekte« Alternativen wie »beeinträchtigt«, »gehandicapt« oder »andersfähig« halten viele von ihnen deshalb für nicht nötig.

(Nicht-)Behinderung in Medien und Journalismus

Zeitungen, Zeitschriften, das Internet, Hörfunk, Fernsehen und Kino haben einen großen Einfluss auf Einstellungen, Meinungen, Urteile und Vorurteile. Nicht nur, dass die von den Medien gewohnheitsmäßig verwendeten Sprachbilder zum Allgemeingut werden, viele Rezipient_innen übernehmen die Herangehensweisen der Medien und deren Blick auf die Gesellschaft oft kritiklos. Denn alternative Informationsquellen sind rar, besonders beim Thema Behinderung. So stammt auch in Deutschland der überwiegende Teil aller öffentlichen Informationen über das Thema Behinderung aus den Medien.

Das liegt hauptsächlich an den bislang weitgehend getrennten Lebenswelten behinderter und nicht behinderter Menschen. In Deutschland verlaufen die Lebenswege von behinderten Menschen – so sie einmal als solche eingestuft werden – in der Regel innerhalb von »Sonderwelten«: Vom Sonderkindergarten bis zur Sonderschule, vom Berufsbildungswerk bis zur Werkstatt, von der Wohngruppe des Einrichtungsträgers bis zur Disco für Behinderte. Aber auch außerhalb von Einrichtungen wird es behinderten Menschen durch Barrieren, Vorbehalte und Vorurteile zuweilen schwer gemacht, einen »normalen« Job zu bekommen, ins Kino oder in einen Club zu gehen. Aktuelle Studien belegen, dass Inklusion hierzulande noch sehr am Anfang steht.[3]

Wer nie mit behinderten Menschen in Kontakt kommt, der weiß kaum etwas über sie, höchstens das, was in Filmen, Büchern und TV-Serien vermittelt wird. Oft sind nicht behinderte Menschen nach einer Begegnung mit einem behinderten Menschen erstaunt, wie »normal« dieser ist. Denn nur wenige haben jemanden mit Behinderung im Freundes- oder Kolleg_innenkreis oder in der Familie.

Bei Journalist_innen ist das nicht anders. Bislang sind die Hürden des Zugangs zu journalistischen Berufen für Menschen mit Behinderungen recht hoch, vor allem wenn es um bezahlte Stellen oder dauerhafte Honoraraufträge geht. Viele Arbeitgeber_innen sehen uneingeschränkte Flexibilität und Mobilität als Voraussetzung für eine erfolgreiche Arbeit in den Medien an – auch wenn Journalist_innen mit Behinderungen zeigen, dass guter Journalismus ebenso mit Rollstuhl oder Lesegerät möglich ist. Fehlt die Begegnung mit solchen Kolleg_innen in den Redaktionen, wird beim Thema Behinderung möglicherweise häufiger zum sprachlichen Klischee oder zum stereotypen Bild gegriffen. Und so spiegelt sich in Medienberichten über behinderte Menschen fast ausschließlich die Perspektive nicht behinderter Menschen wider.

»Tatsächlich aber steckt der nichtbehinderte Journalist nicht in der Haut des Menschen mit Behinderung«, schreibt Peter Radtke, selbst behindert und Gründer der »Arbeitsgemeinschaft Behinderung und Medien«. »Folglich trifft auch seine Schlussfolgerung nur in den seltensten Fällen zu. Nachdem auch die Leser, Radiohörer oder Fernsehteilnehmer in der Regel nichtbehindert sind, halten sie die Projektion des Außenstehenden für durchaus nachvollziehbar und machen sie sich für ihr Menschenbild von Personen mit Behinderungen zu eigen. Hieraus ergibt sich die paradoxe Situation, dass die Berichterstattung zu Behindertenthemen mitunter eher der Vorstellung der Nichtbetroffenen vom Alltag behinderter Menschen entspricht als der tatsächlichen Situation.«[4]

Von »Sorgenkindern« zu »Superkrüppeln«: Berichterstattung über Menschen mit Behinderung

Dass der Alltag behinderter Menschen von Mühsal und Leid geprägt sei, diese Vorstellung ist in den Medien immer noch fest verankert.[5] Plastisch wird sie in der Wendung: »Er/sie ist an den Rollstuhl gefesselt.« Sie suggeriert, dass eine Behinderung ein normales, freies, aktives Leben unmöglich mache, als sei der Rollstuhl ein Gefängnis, das zum Stillstand verurteilt. Ein unzutreffendes Bild, denn die meisten Rollstuhlfahrer_innen empfinden es genau umgekehrt: Der Rollstuhl ermöglicht ihnen Bewegungsfreiheit und Mobilität.

Als »Sorgenkinder« und »Schützlinge« betitelt, sehen manche Medien behinderte Menschen auch nicht als erwachsene Subjekte, die für sich selbst sprechen können. Eine solche »Verkindlichung« zeigt sich besonders, wenn es um Menschen mit Lernschwierigkeiten bzw. sogenannten geistigen Behinderungen geht. Oft werden sie auch im fortgeschrittenen Alter von Journalist_innen geduzt oder mit dem Vornamen angesprochen. Oder sie werden gar nicht erst selbst angesprochen, sondern nur indirekt über ihre nicht behinderten Angehörigen oder Betreuer_innen.

Behinderte Menschen werden in der Regel als dauerhaft abhängig von der Hilfe anderer wahrgenommen. Viel zu oft dreht sich alles darum, was jemand *nicht kann* – statt um das, was jemand *kann*. Der medizinische Blick, der Menschen in »krank« und »gesund« einteilt, bestimmt immer noch viele Medien. Er sieht in einer Behinderung ein rein persönliches Defizit, blendet behindernde Umstände und Barrieren weitgehend aus. So werden behinderte Menschen zu dauerhaft Leidenden gemacht, zu »Opfern«. Ihre Krankheit wird zum »tragischen Schicksal«. Mitleid ist der Subtext, auch bei stehenden sprachlichen Wendungen, die das Leiden an etwas, zum Beispiel einer Querschnittlähmung oder an Kleinwüchsigkeit, zum Ausdruck bringen. Die Formulierung »leidet an« ist so gängig, dass die dahinterstehende, oft irrige Annahme eines dauerhaften Leidens nicht hinterfragt wird.

Bei allen Schwierigkeiten, Schmerzen und Verlusten, die eine Behinderung mit sich bringen kann, sehen viele Menschen ihre Behinderung jedoch nicht als permanentes Leiden an, sondern eher als eine Lebensform, mit der sie sich arrangiert haben und die für sie eine organisatorische Herausforderung darstellt: Barrieren müssen überwunden, Assistent_innen bezahlt und der Umgang mit sozialen Vorbehalten ihnen gegenüber gemanagt werden. Es ist also meist eher ein Leiden an den von der Umwelt gesetzten Barrieren als ein Leiden an der Beeinträchtigung selbst. Doch solche Perspektiven fehlen noch oft – selten thematisieren Medien Fragen nach dem Umgang mit und der Bewältigung von Barrieren.

Andererseits ernten Menschen mit Behinderung wiederum Bewunderung dafür, wie sie ihren normalen Alltag leben, dass sie alltägliche Dinge tun – arbeiten, einkaufen, Autofahren, ihren Hobbys nachgehen, feiern, Partner_innen, Freund_innen und Kinder haben. All das wird vor allem in Boulevardmedien vielfach als »mutige« und unvorstellbare Leistung eingeordnet: Behinderte Menschen »meistern« dann ihr »Schicksal« – mit viel »Lebensfreude«, und »trotz« der Behinderung. Beliebt sind in dieser Mediensparte vor allem auch behinderte »Macher_innen«, die sich von ihrer Behinderung »nicht aufhalten« lassen und scheinbar Übermenschliches leisten: der behinderte Firmenchef, die Paralympics-Athletin, der Bergsteiger mit Beinprothese. Sie sollen den Nichtbehinderten zeigen:

Lasst Euch mal nicht so hängen, strengt Euch an – »sogar« behinderte Menschen »schaffen es«. Gleichzeitig wirken diese Protagonist_innen wie ein Beruhigungsmittel gegen die Befürchtung, mit einer Behinderung wäre das Leben vorbei.

So vermitteln die Medien ein Bild, in dem es für behinderte Menschen nur zwei akzeptierte Rollen gibt: Die des Opfers auf der einen Seite und auf der anderen die des Helden oder der Heldin, des »Trotz-dem-Menschen«[6], der »Elitebehinderten«[7] oder des »Super-Krüppels«, wie zum Beispiel die US-amerikanische Behindertenbewegung den ehemaligen Superman-Darsteller und später querschnittgelähmten Christopher Reeve spöttisch nannte. Manchmal tauchen auch beide Bilder gleichzeitig auf. So schrieb etwa der »Bild«-Kolumnist Franz Josef Wagner über Samuel Koch, der seit seinem verunglückten Sprung in der TV-Sendung »Wetten dass ..?« vom Hals abwärts querschnittgelähmt ist. Wagner begegnete ihm auf einer Prominenten-Party: »Der Star waren Sie. (…) Ich bewundere Sie, lieber Samuel Koch, dass Sie auf einer Party sind und nicht in der Finsternis Ihrer Behinderung bleiben. Sie können nicht tanzen. (…) Sie haben nicht die Kraft, anderen Menschen Ihre Hand zu geben. Alles ist gelähmt. Was nicht gelähmt ist, sind Ihre Träume.«[8] Koch ist der »Star«, aber »alles« an ihm »ist gelähmt«, und Kochs Behinderung setzt Wagner gleich mit »Finsternis«. Für die sicher komplexen Lebensrealitäten Kochs bleibt in diesem einfachen Schema Glorifizierung/Abwertung kein Platz. »Batman oder Bettler«, wie es Peter Radtke formuliert, »zwischen diesen beiden Polen scheint es nichts zu geben«.[9] Beide Varianten individualisieren Behinderung: Das Problem liegt allein im Körper.[10]

Menschen, Monstren, Sensationen – Hintergründe von Stigmatisierung und klischeehafter Darstellung

Das einfache Schema ist verlockend, denn es schafft Distanz. Die US-amerikanische Autorin Rosemarie Garland-Thomson[11] legt dar, wie die gängigen Perspektiven auf Behinderung selten eine Augenhöhe mit behinderten Menschen erreichen: So ist der bewundernde Blick von unten nach oben gerichtet – hoch zu den behinderten »Held_innen«, die er auf einen Sockel stellt. Und ebenso wandert der entwertende Blick von oben auf sie herab – entweder aus Mitleid, »Verkindlichung« oder Verachtung.[12]

Autor_innen wie Volker Schönwiese, Tom Shakespeare und Rosemarie Garland-Thomson, allesamt Vertreter_innen der Disability Studies (zu Letzteren siehe auch den Beitrag von Anne Waldschmidt → S. 334 ff.), sehen die Vermeidung von Angst und Unsicherheit dabei als Hauptmotiv für diese Formen von distanzierender Darstellung.[13] »Behinderung passiert um uns herum öfter, als wir es erkennen und beachten, und wir hegen unausgesprochene Ängste vor der Möglichkeit, behindert zu werden – wir selbst oder eine uns nahestehende Person«, formulierte der 2012 verstorbene behinderte Historiker und Medienkritiker Paul K. Longmore. »Wovor wir uns ängstigen, das stigmatisieren und meiden wir häufig, und manchmal wollen wir es zerstören. Populäre Medienbeiträge spielen auf diese Ängste und Vorbehalte an, behandeln sie dabei nur schräg und bruchstückhaft, bemüht, dass wir uns unserer selbst vergewissern können.«[14]

Selbstvergewisserung – das heißt in diesem Fall, sich selbst zu bestätigen, nicht behindert, »normal« zu sein –, dabei helfen jene Darstellungen, die scheinbar eindeutige Bilder von behinderten Menschen produzieren, entweder als Opfer oder als Held_in. Ein klares Bild von »den Behinderten« zu haben, beruhigt die heimliche Angst, man könnte möglicherweise selbst »nicht ganz normal« oder »krank« sein. Klischee-Darstellungen von Behinderung vermitteln so auch ein Gefühl von Kontrolle und vermeintlicher Sicherheit, dass man selbst ja »gesund« ist. Auf der einen Seite das »Wir«, auf der anderen »die Anderen« – ähnliche Zweiteilungen kennen Wissenschaftler_innen auch aus Forschungen über Rassismus und Sexismus.[15]

Das kann besonders bedeutsam werden in Zeiten, in denen unklar ist, wer oder was überhaupt als »normal« gilt. Rosemarie Garland-Thomson zeigt am Beispiel der US-amerikanischen Freakshows (siehe hierzu auch den Beitrag von Christian Mürner/Udo Sierck → S. 27 ff.) des 19. und frühen 20. Jahrhunderts, wie die Zurschaustellung behinderter Menschen half, das Bild des »normalen Amerikaners« überhaupt erst herzustellen. Bei den »Freak-« oder »Sideshows«, eine neuzeitliche Version der europäischen Wunderkammern und Kuriositätenkabinette des 17. und 18. Jahrhunderts, wurden Menschen mit körperlichen Besonderheiten auf Jahrmärkten vorgeführt: »Das armlose Wunder«, »die bärtige Lady«, »der Schlangenmensch«, »der kleinste Mann der Welt«, »die siamesischen Zwillinge«. Die Freakshow ebnete die Unterschiede der aus vielen unterschiedlichen Ländern und Kulturen des US-amerikanischen *Melting Pot* stammenden Gaffenden ein: »Die Freak Shows präsentierten ein Verhältnis, in dem exotisierte behinderte und schwarze Menschen als physische Gegenstücke zum idealisierten Amerikaner fungierten. (...) Die immense Popularität dieser Shows (...) zeigt das Bedürfnis der Schaulustigen, fortwährend den Unterschied zwischen ›denen‹ und ›uns‹ zu beteuern, in einer Zeit, in der Immigration, die Emanzipation der Sklaven und das Wahlrecht für Frauen frühere verlässliche Indikatoren für Status und Privilegien durcheinanderbrachten (...)«[16].

Heute ist die Verunsicherung darüber, welchen körperlichen Standards man genügen muss, um als gesund, fit und leistungsfähig zu gelten, größer denn je. Und die »Freakshow« lebt weiter – zum Beispiel in Boulevard-TV-Shows und Dokumentationen, die sich um »außergewöhnliche Menschen« drehen.[17] In solchen Formaten geraten die vielfältigen Charaktere der vorgestellten Menschen, ihre Anliegen, Projekte und Wünsche aus dem voyeuristischen Blickfeld.

Zwischen Holzbein und Heiligenschein: »Narrative Prothesen« in Literatur und Film

Auch in fiktionalen Formaten tauchen behinderte Menschen traditionellerweise auf als eindimensionale, flache Charaktere. »Narrative Prothesen« nennen das die Literaturwissenschaftler David Mitchell und Sharon Snyder.[18] Sie zeigen anhand vieler Beispiele, wie behinderte Charaktere in Erzählungen oft nicht für sich selbst, sondern als Metapher für etwas Drittes stehen und für bestimmte Wendungen im Plot instrumentalisiert werden. Sie werden zu »Vehikeln«, die kulturelle Vorstellungen von Normalität stützen sollen, und erscheinen dabei weniger als aktiv handelnde Subjekte, sondern als Objekte, die etwas symbolisieren sollen.[19] Wir sehen zum Beispiel »böse« behinderte Charaktere, die Monstren gleichkommen und sich an der Welt für ihr erlittenes Unglück rächen wollen. Man denke etwa an die Grimm'sche Märchenfigur Rumpelstilzchen, Shakespeares Richard III. oder auch den Serienmörder Freddy Krueger aus der US-amerikanischen Horrorfilm-Reihe *A Nightmare on Elm Street*. Arm- oder Beinprothesen sind Symbole für den klassischen Bösewicht – berühmt ist das Holzbein des Kapitäns Ahab aus Herman Melvilles *Moby Dick* oder die Handprothese des Dr. No aus dem gleichnamigen James-Bond-Film.

Auf der anderen Seite finden wir behinderte »Engel« und »Heilige« – unschuldige Wesen, die ihr Leiden tapfer ertragen, um den anderen Menschen den richtigen Weg zu weisen. Berühmte Beispiele aus der Literatur sind der Glöckner von Notre-Dame in Victor Hugos gleichnamigem Roman, die gelähmte Klara in Johanna Spyris Kinderbuchklassiker *Heidi*, im Kinofilm *Die fabelhafte Welt der Amélie* der Maler Raymond Dufayel, der Glasknochen hat, oder der kleinwüchsige Tiny Tim Cratchit in der Verfilmung von Charles Dickens' *A Christmas Carol*.

Neben solch holzschnittartigen Bildern lassen sich viele weitere stereotyp erzählte Bilder ausmachen. Der britische Sozialwissenschaftler Colin Barnes unterscheidet insgesamt elf verschiedene mediale Bilder von behinderten Menschen: Der behinderte Mensch als »bemitleidenswert«, als »Opfer von Gewalt«, als »böse und hinterhältig«, als »seltsame Kuriosität«, als »Superkrüppel«, als »Objekt des Spotts«, als »sein eigener schlimmster

Feind«, als »Last für die Gesellschaft«, als »sexuell abnorm«, als »unfähig zur gesellschaftlichen Teilhabe« und – als »normal«.[20]

Auf dem Weg zu einer Normalität der Vielfalt

Was allerdings unter dem von Colin Barnes ausgemachten »normalen« Bild zu verstehen ist, bleibt schwer zu fassen. Sicher gehört dazu, dass behinderte Menschen in ihrer ganzen Vielfalt abgebildet werden – in derselben Vielfalt, in der auch Menschen ohne Behinderung in den Medien präsent sind. Und dazu gehört, dass nicht immer die Behinderung selbst im Vordergrund steht, sondern sie nur eine von vielen Eigenschaften ist. Eine solche Normalität verbreitet sich zunehmend in aktuellen Medienbildern behinderter Menschen. Größer angelegte Studien, die den Wandel der Darstellung behinderter Menschen in den Medien untersuchen, sind zwar noch selten. Doch einige aktuelle Studien weisen zumindest darauf hin, dass das mediale Bild behinderter Menschen pluraler geworden ist.[21] Zum einen tauchen sie öfter auf – und nicht immer nur als »Symbol« oder »narrative Prothese«, sondern als Charaktere mit vielschichtigen Eigenschaften.[22] Und einseitige Abziehbilder, wie das des bösen Krüppels, der sentimentalen Mitleidsfigur oder der medizinischen Kuriosität, werden seltener. Besonders im Kinofilm kann man diese Entwicklung beobachten. Filme wie *Ziemlich beste Freunde* (2011) aus Frankreich, der spanische Film *Me, too – Wer will schon normal sein?* (2009), die US-amerikanische Komödie *The Sessions – Wenn Worte berühren* (2012) und die deutschen Produktionen *Verrückt nach Paris* (2002) und *Auf den zweiten Blick* (2013) zeigen behinderte Protagonist_innen, deren Behinderung entweder nur eine untergeordnete Rolle spielt oder die in der Handlung nicht auf diese reduziert werden. Auch in US-amerikanischen Fernsehserien werden behinderte Menschen als attraktiv und als normaler Bestandteil der abgebildeten Realität gezeigt, oft ohne die Schwierigkeiten eines Lebens mit Behinderung auszublenden. Prominente Beispiele sind hier die seit Anfang 2011 auch im deutschen Fernsehen ausgestrahlte Serie *Glee*, die sich um den Schulchor einer fiktiven High School dreht, zu dessen Mitgliedern auch ein querschnittgelähmter Schüler gehört, oder die seit 2013 auch im deutschen digitalen Spartenkanal Sixx gesendete Doku-Soap *Push Girls*, in der vier rollstuhlfahrende Frauen die Protagonistinnen sind. Im deutschen Fernsehen ist Behinderung vor allem in den TV-Serien *Lindenstraße* und *Marienhof*, aber auch in anderen Vorabendformaten ein Dauerbrenner – mit wechselnden Konnotationen und teilweise auch althergebrachten Klischees. Formate wie der Münsteraner *Tatort* mit der Figur der kleinwüchsigen Pathologin Silke Haller alias »Alberich«, deren Behinderung mit viel Witz und eher nebenbei in die Handlung einfließt, sind in Deutschland indes immer noch selten.

Auch wenn die Tendenzen in der Darstellung behinderter Menschen in den Medien derzeit in die verschiedensten Richtungen gehen – das von ihnen vermittelte mediale Bild befindet sich in einem Umbruch. Das hat zum Beispiel die normalisierend bis provokante und oft inklusive britische Berichterstattung über die Paralympics 2012 gezeigt. Ein Umbruch ist nötig und auch politisch gewollt: Denn seit des Inkrafttretens der UN-Behindertenrechtskonvention 2008 sind auch die Medien in der Pflicht zur Inklusion. Artikel 8 der Konvention fordert sie dazu auf, »Menschen mit Behinderungen in einer dem Zweck dieses Übereinkommens entsprechenden Weise darzustellen« (Absatz 2 Buchstabe c). Die Vertragsstaaten sind des Weiteren dazu angehalten, »Klischees, Vorurteile und schädliche Praktiken gegenüber Menschen mit Behinderungen, einschließlich aufgrund des Geschlechts oder des Alters, in allen Lebensbereichen zu bekämpfen« (Artikel 8 Absatz 1 Buchstabe b) und deshalb auch auf »alle Medienorgane« (Absatz 2 Buchstabe c) entsprechend einzuwirken.

Das hat sicher erst einmal wenig konkrete Auswirkungen auf Zeitungsredaktionen, die ihre Inhalte immer noch unter großem Zeitdruck und mit entsprechenden Vorgaben der Chefredaktionen erstellen müssen. Doch die UN-Behindertenrechtskonvention ist eine gute Grundlage für Interventionen durch Rundfunkräte oder für die Arbeit behinderter Autor_innen und Aktivist_innen, von denen sich eine Vielzahl in der Blogger_innenwelt des Internets versammelt. Sie können durchaus auch größere Medienhäuser zum Umdenken bewegen. Beispiel Autismus: Als im Dezember 2012 Spiegel Online den Attentäter in einer Grundschule der US-amerikanischen Stadt Newtown als vermeintlich »autistisch« entlarvt hatte und damit seine erhöhte Aggressivität erklären wollte, traten autistische Blogger_innen einen Shitstorm los[23]. Spiegel Online veröffentlichte daraufhin die Reaktionen unter der Überschrift »Newtown-Berichterstattung: Autisten verurteilen Stigmatisierung«.[24]

Manche Netzaktivist_innen bieten auch praktische Aufklärungsarbeit und sind damit sehr erfolgreich: So zum Beispiel die Webseite Leidmedien.de des Berliner Vereins »Sozialhelden«, die 2013 für den Grimme-Online-Award nominiert war. Initiator und »Sozialhelden«-Vorstand Raúl Krauthausen, selbst kleinwüchsig und Rollstuhlfahrer, startete mit Leidmedien.de einen Online-Ratgeber für Journalist_innen und andere Medienschaffende mit praktischen Tipps, wie sie Floskeln und Klischees in ihrer Sprache und im Herangehen an das Thema Behinderung ausweichen können.

Bis zur Verwirklichung von Inklusion in den Medien ist es noch ein langer Weg. Schließlich sind noch nicht einmal die meisten Medien selbst barrierefrei – Angebote für gehörlose, blinde und sehbehinderte Menschen sowie für Menschen mit Lernschwierigkeiten (siehe dazu die Praxisbeiträge von Christian Rathmann/Ralph Raule und Susanne Göbel → S. 320 ff. bzw. S. 327 ff.) sind immer noch rar. Doch der Weg kann beginnen mit einem neuen Bewusstsein von Sprache, mit einem Interesse für die Lebensrealitäten behinderter Menschen, jenseits von Medizin, Therapie, Drama, Sensation und Leistungssport. Und er beinhaltet die Inklusion behinderter Menschen in den Alltag der Medienproduktion, sei es als O-Ton-Geber_in bei einer Straßenumfrage, als Talkshowgast zu einem Thema, das mit Behinderung nichts zu tun hat, oder als gleichberechtigt Mitarbeitende in Redaktionen.

▶ Zusammenfassung

»Trotz ihres schweren Schicksals leisten sie Unglaubliches« – Sätze wie diese stilisieren Menschen mit Behinderungen in den Medien oft zu Held_innen und Opfern. Für alltägliche Lebensrealitäten behinderter Menschen jenseits von Wunder und Tragödie bleibt in TV, Hörfunk, Print- oder Onlinemedien oft kein Platz, sei es in fiktionalen oder in journalistischen Formaten. Schon in der Sprache selbst dient der beeinträchtigte Körper als Metapher für Abwertendes oder Absurdes, und bereits das einst neutral gemeinte Wort »behindert« wird auf Schulhöfen zum Schimpfwort. Und wenn im Boulevard-Fernsehen behinderte Menschen noch immer als Sensationen gezeigt werden, scheint ein Ausweg weit entfernt. Doch die UN-Behindertenrechtskonvention enthält eine klare Botschaft, auch an die Medien: Enthindert euch und eure Bilder! Und tatsächlich scheint das mediale Bild behinderter Menschen allmählich pluraler zu werden.

Anmerkungen

1 Vgl. Kai Felkendorff, Ausweitung der Behinderungszone: Neuere Behinderungsbegriffe und ihre Folgen, in: Günther Cloerkes (Hrsg.), Wie man behindert wird. Texte zur Konstruktion einer sozialen Rolle und zur Lebenssituation betroffener Menschen, Heidelberg 2003, S. 25–52.

2 Vgl. Hans-Walter Schmuhl, Exklusion und Inklusion durch Sprache – Zur Geschichte des Begriffs Behinderung, Institut Mensch, Ethik, Wissenschaft, Expertise 11, Berlin 2010.

3 Vgl. Klaus Klemm, Inklusion in Deutschland – eine bildungsstatistische Analyse, Gütersloh 2013, online abrufbar unter: http://www.bertelsmann-stiftung.de/cps/rde/xbcr/SID-1459F639-E07159AA/bst/xcms_bst_dms_37485_37486_2.pdf (Aufruf am 24.06.2014).

4 Peter Radtke, Zum Bild behinderter Menschen in den Medien, in: Bundeszentrale für politische Bildung (Hrsg.), Aus Politik und Zeitgeschichte, B 08/2003, online abrufbar unter: http://www.bpb.de/apuz/27790/zum-bild-behinderter-menschen-in-den-medien (Aufruf am 24.06.2014).

5 Vgl. Lothar Sandfort, Medienmanifest, in: Hans Jürgen Kagelmann/Rosemarie Zimmermann (Hrsg.), Massenmedien und Behinderte, Weinheim 1982, S. 207–213; Colin Barnes, Disabling Imagery & The Media. An Exploration Of The Principles For Media Representations Of Disabled People, Halifax 1992; Franz-Joseph Huainigg, Schicksal täglich. Zur Darstellung behinderter Menschen im ORF, Innsbruck/Wien 1996; Simi Linton, Claiming Disability: Knowledge and Identity, New York 1998; Ingo Bosse, Behinderung im Fernsehen. Gleichberechtigte Teilhabe als Leitziel der Berichterstattung, Wiesbaden 2006.

6 Christian Mürner, Medien- und Kulturgeschichte behinderter Menschen. Sensationslust und Selbstbestimmung, Weinheim 2003, S. 27.

7 Volker Schönwiese, Vom transformatorischen Blick zur Selbstdarstellung, in: Petra Flieger/Volker Schönwiese (Hrsg.), Das Bildnis eines behinderten Mannes. Bildkultur der Behinderung vom 16. – 21. Jahrhundert, Neu-Ulm 2007, S. 43–64, hier S. 44.

8 Franz Josef Wagner, Lieber Samuel Koch, in: Bild vom 11.02.2013, online unter abrufbar unter: http://www.bild.de/news/standards/franz-josef-wagner/post-von-wagner-28468914.bild.html (Aufruf am 24.06.2014).

9 P. Radtke, wie Anm. 4, S. 9.

10 Vgl. Tom Shakespeare, Cultural Representations of Disabled People: dustbins for disavowal?, in: Disability & Society, 9 (1994) 3, S. 283–299.

11 Vgl. Rosemarie Garland Thomson, The Politics of Staring: Visual Rhetorics of Disability in popular Photography, in: Sharon L. Snyder u. a. (Hrsg.), Disability Studies. Enabling the Humanities, New York 2005.

12 Vgl. Cornelia Renggli, Behinderung in den Medien. Sichtbar und unsichtbar zugleich, in: Katholischer Mediendienst (Hrsg.), Medienheft, 23. November 2004, online abrufbar unter: http://www.medienheft.ch/kritik/bibliothek/k23_Renggli Cornelia.html (Aufruf am 24.06.2014); Dies., Nur Mitleid oder Bewunderung? Medien und Behinderung, in: Gisela Hermes/Eckhard Rohrmann, Nichts über uns ohne uns! Disability Studies als neuer Ansatz emanzipatorischer und interdisziplinärer Forschung über Behinderung, Neu-Ulm 2006, S. 97–107.

13 Vgl. V. Schönwiese, wie Anm. 7; T. Shakespeare, wie Anm. 10; Rosemarie Garland-Thomson, Extraordinary Bodies. Figuring Physical Disability in American Culture and Literature, New York 1997.

14 Paul K. Longmore, Screening Stereotypes: Images of Disabled People in Television and Motion Pictures, in: Allan Gartner/Tom Joe (Hrsg.), Images of the disabled, disabling images, New York 1987, S. 65–78, hier S. 66; Übersetzung ins Deutsche Rebecca Maskos.

15 Vgl. T. Shakespeare, wie Anm. 10; Simone de Beauvoir, Das andere Geschlecht, Reinbek 1951; Edward W. Said, Orientalismus, Frankfurt am Main 2012; Peggy Piesche, Der ›Fortschritt‹ der Aufklärung – Kants ›Race‹ und die Zentrierung des weißen Subjekts, in: Maureen Marsha Eggers u. a. (Hrsg.), Mythen, Subjekte, Masken. Kritische Weißseinsforschung in Deutschland, Münster, 2005, S. 30–39.

16 R. Garland Thomson, wie Anm. 13, S. 64 f.; Übersetzung ins Deutsche Rebecca Maskos.

17 Wie etwa den »Mann mit dem halben Körper«, »die dickste Frau der Welt«, »zwei Mädchen in einem Körper« oder »den Glasknochenmann«. Ihre Körpermerkmale und das damit verbundene »schwere Schicksal« werden vorgeführt, aber auch dessen heldenhaftes »Meistern«. Der Teaser vor dem Werbeblock ersetzt den Freakshow-Direktor, der einst die spektakuläre menschliche Sensation ankündigte.

18 Siehe David Mitchell/Sharon Snyder, Narrative Prosthesis: Disability and the Dependencies of Discourse, Ann Arbor 2001; siehe des Weiteren auch V. Schönwiese, wie Anm. 7; Georg Seeßlen, Freaks & Heroes. Wie die Traummaschine Kino Krankheit und Behinderung in unsere Wahrnehmung einschreibt, in: Stefan Heiner/Enzo Gruber (Hrsg.), Bildstörungen. Kranke und Behinderte im Spielfilm, Frankfurt am Main 2003, S. 31–40; Julia Ney, Die keine Rolle spielen. Menschen mit Behinderung im Film, Kühbach-Unterbernbach 2007.

19 Vgl. T. Shakespeare, wie Anm. 10; V. Schönwiese, wie Anm. 7.

20 Vgl. C. Barnes, wie Anm. 5; Übersetzung ins Deutsche Rebecca Maskos.

21 Vgl. Ingo Bosse, Der Unterschied als Aufmerksamkeitsgarant? Behinderung in den Krimiserien Tatort und Polizeiruf 110, in: Vierteljahresschrift für Heilpädagogik und ihre Nachbargebiete (VHN), 80 (2011) 1, S. 29–44; Florian Lock, Behinderung im Spiegel. Eine Zeitschriftenanalyse, Marburg 2011; Markus Scholz, Presse und Behinderung. Eine qualitative und quantitative Untersuchung, Wiesbaden 2012. Die Autorin dankt Ingo Bosse für seine Hinweise zum Forschungsstand in Deutschland.

22 Vgl. I. Bosse, ebd.

23 So in dem Blog Quergedachtes – Ein Blog über Autismus/Autismus und die medialen Nachwehen, veröffentlicht am 18.12.2012, online abrufbar unter: http://quergedachtes.wordpress.com/2012/12/18/autismus-und-die-medialen-nachwehen/ (Aufruf am 24.06.2014).

24 Siehe unter http://www.spiegel.de/gesundheit/psychologie/newtown-berichterstattung-autisten-verurteilen-stigmatisierung-a-873364.html (Aufruf am 24.06.2014).

Christian Rathmann / Ralph Raule[1]

Medien und Gebärdensprache – bestehende Angebote und Zukunftsperspektiven

Wenn man von Medien und deren Nutzung spricht, dann denken die meisten Menschen heutzutage unwillkürlich an Radio, Fernsehen, Printmedien und inzwischen auch an das Internet. Diese Medien haben sich etabliert und sind feste Bestandteile in unserem alltäglichen Leben.

Gehörlose Menschen haben allerdings eingeschränktere Möglichkeiten der Nutzung dieser Medien und demzufolge auch andere Nutzungsgewohnheiten, als man sie üblicherweise kennt und erwartet.

Die Zielgruppe der gehörlosen Menschen

Wenn wir hier von gehörlosen Menschen sprechen, dann konzentrieren wir uns auf die Gruppe der Menschen mit Hörbehinderung, welche ungeachtet ihres Hörgrades primär in der Gebärdensprache kommunizieren und die sich daher der Sprach- und Kulturgemeinschaft gehörloser Menschen zugehörig fühlen. Im Vordergrund der Kommunikation steht entsprechend die visuelle Wahrnehmung, während auditiven Informationen (fast) keine Bedeutung beikommt. In diesem Zusammenhang hat sich die Bezeichnung »visuell orientierte Personen« herausgebildet für Menschen, deren Kommunikation, trotz einer Versorgung durch technische Hilfsmittel, überwiegend visuell erfolgt und bei denen technischen Hilfsmitteln lediglich eine unterstützende, aber keine tragende Rolle in der Kommunikation zukommt. Das Bundesamt für Sicherheit in der Informationstechnik (BSI) geht in seinem E-Government-Handbuch[2] von etwa 200 000 Menschen aus, welche Gebärdensprache als Erstsprache benutzen.

Gebärdensprachen sind regional gewachsene Sprachen mit allen linguistischen Eigenschaften und somit nicht universal. Dennoch können viele Gehörlose trotz der regionalen Unterschiede international übergreifend kommunizieren. Diese Eigenschaft ist mit ein Grund für eine weltweite Verbundenheit der Sprach- und Kulturgemeinschaft gehörloser Menschen.

Funktionaler Analphabetismus

»Gehörlose können zwar nicht hören, aber sie können lesen« – dieser Ausspruch repräsentiert die gängige Meinung vieler Menschen über Gehörlosigkeit. Mit einer visuellen Kommunikation geht jedoch einher, dass viele Gehörlose nicht nur erhebliche Schwierigkeiten im Umgang mit der Lautsprache, sondern auch oft mit der Schriftsprache haben, die nichts anderes darstellt als eine Codierung der Lautsprache und für Gehörlose entsprechend schwer zugänglich ist.

Für gehörlose Menschen besteht wie für alle anderen Menschen auch eine Schulpflicht, und sie lernen Lesen und Schreiben. Dennoch bekommen sie keinen vollständigen Zugang zur Schriftsprache. Hinzu kommt, dass nur wenige Lehrkräfte in der Lage sind, in Gebärdensprache zu kommunizieren und zu unterrichten. So zeigt eine Untersuchung, dass lediglich 4 Prozent aller gehörlosen Schulabgänger_innen ein altersangemessenes Leseniveau erreichen, während sich 40 Prozent auf dem Niveau von Zweit- bis Drittklässlern bewegen und mehr als 50 Prozent als Nicht-Leser_innen gelten.[3]

Man spricht hier von einem »funktionalen Analphabetismus«, welcher die Unfähigkeit beschreibt, im Alltag die Schriftsprache so anzuwenden, »wie es im sozialen Kontext als selbstverständlich angesehen wird«.[4] Entsprechend können Gehörlose zwar Buchstaben erkennen und sind auch in der Lage, ihren Namen und Sätze zu schreiben, aber sie verstehen den Sinn längerer Texte entweder nicht oder nicht schnell und mühelos genug, um Schriftsprache für sich im Alltag zu nutzen und an der schriftlichen Kommunikation in der Gesellschaft entsprechend teilzunehmen.[5]

Nutzung der Medien aus der Sicht gehörloser Menschen

Wie aufgezeigt, gestaltet sich der Zugang zu Informationen für viele gehörlose Menschen nicht einfach, was sich auch auf die Nutzung von Medien auswirkt. Im Nachfolgenden wollen wir eine Nutzung der verschiedenen Medien durch Gehörlose vorstellen, wie sie derzeit vorkommt.

Printmedien

Printmedien zählen zu den Medien, welche aufgrund der hierfür erforderlichen Schriftsprachkompetenz nur von wenigen gehörlosen Menschen vollumfänglich genutzt werden können. Da Printmedien in gedruckter Schriftsprache erscheinen, ist deshalb eine Gestaltung mit Gebärdensprache nicht möglich, und sie sind daher für gehörlose Menschen nur eingeschränkt zugänglich.

Während mit Informationen in Leichter Sprache oftmals auch eine inhaltliche Reduzierung der Informationen einhergeht, können mittels Gebärdensprache Inhalte grundsätzlich auf jedem Niveau präsentiert werden. Leichte Sprache wird bewusst von Menschen mit Lernschwierigkeiten gefordert, nicht aber von gehörlosen Menschen.

Fernsehen – Untertitel und Gebärdensprache

Untertitel sind Textzeilen, welche am unteren Rand des Film- bzw. Fernsehbildes eingeblendet werden.Sie dienen dazu, akustische Informationen, die in einem Film vorkommen, visuell zugänglich zu machen und stellen daher für viele hörbehinderte Menschen eine Lösung dar, um den akustischen Barrieren in Filmen und Fernsehen zu begegnen.[6] Allerdings fühlen sich viele Menschen mit Hörbehinderung überfordert, wenn sie neben den wechselnden Bildinhalten zusätzlich Untertitel mitlesen müssen. Hinzu kommt auch, dass gehörlose Menschen aufgrund ihrer Schwierigkeiten mit der Schriftsprache große Probleme im Verfolgen der Untertitel haben. Letztlich ergibt sich daraus, dass eine vollständige Barrierefreiheit für sie nur dann gegeben ist, wenn die Inhalte in Gebärdensprache dargestellt werden.

Verdolmetschung der »Tagesschau«-Inhalte in Gebärdensprache

Täglich wird in dem vom ARD und ZDF betriebenen Spartensender Phönix die »Tagesschau« in Gebärdensprache verdolmetscht. Im Sommer 2013 wurde vonseiten der Fernsehsender der Versuch unternommen, diese Verdolmetschung in Gebärdensprache aus dem Programm zu nehmen. Dies führte zu erheblichen Protesten der Betroffenen wie auch aus den Reihen der Selbsthilfeorganisationen, sodass dieses Vorhaben nicht weiter verfolgt wurde. Die daraus resultierenden Gespräche zwischen den Fernseh-Sendern und den Selbsthilfe-Organisationen führten dazu, dass seitdem die Gebärdensprach-Dolmetscher_innen in der Sendung im Vordergrund stehen und es gehörlosen Menschen durch den damit vergrößerten Bildausschnitt leichter gemacht wird, die Gebärden zu verstehen. Auch wurde das Hauptbild in leicht angeschrägter Form verändert, was dem Raum optisch mehr Tiefe verleiht. Neben diesen technischen Änderungen werden zunehmend gehörlose Gebärdensprach-Dolmetscher_innen eingesetzt, weil diese von der Adressatengruppe als Muttersprachler_innen besser verstanden werden.

Das Wochenmagazin »Sehen statt Hören« und weitere Angebote der Dritten Programme

Im deutschen Fernsehen gibt es lediglich eine Sendung, die sich direkt an gehörlose Menschen wendet. Es handelt sich um das 30-minütige Magazin »Sehen statt Hören«, das einmal wöchentlich in den regionalen Dritten Programmen ausgestrahlt und vom Bayerischen Rundfunk produziert wird. Die Sendung befasst sich mit vielen Themen, die das kulturelle Leben gehörloser Menschen betreffen und wird über die gesamte Sendezeit von gehörlosen Moderatoren in Gebärdensprache begleitet. Zudem wird sie vertont und mit Untertiteln versehen, sodass auch nicht mit der Gebärdensprache vertraute Personen die Sendung verfolgen können.

Über die genannten Angebote hinaus bieten die Dritten Programme vereinzelt auch weitere Sendungen im Internet auf ihren Webseiten an, welche nachträglich in Gebärdensprache verdolmetscht wurden. Zumeist handelt es sich um regionale Nachrichten, welche zuvor schon ausgestrahlt wurden und zeitversetzt in der Mediathek abrufbar sind. Das gilt übrigens auch für das Wochenmagazin »Sehen statt Hören«.

Darstellung von gehörlosen Menschen und Gebärdensprache im Fernsehen

Auch wenn behinderte Menschen im Fernsehen noch nicht oft dargestellt werden, fällt schon eine gewisse Zunahme auf, und man erkennt auch beim Fernsehen das Bemühen um Realität.

Dennoch werden gehörlose Menschen im deutschen Fernsehen bislang fast immer von hörenden Schauspieler_innen dargestellt, die von den Lebensrealitäten gehörloser Menschen wenig wissen. Gehörlose erkennen anhand der Nutzung der Gebärdensprache sofort, ob es sich um Gehörlose handelt oder nicht, und sind empört, wenn sie von Hörenden gespielt werden. Das gilt auch für die inhaltliche Ausrichtung in Filmproduktionen, in denen gehörlose Personen dargestellt werden. Hier ist das Thema häufig einseitig darauf fokussiert, wie man diese »bemitleidenswerten« Menschen von ihrem Leiden befreit und wieder zum Hören bringen kann.

Wer Gehörlose kennt, weiß, dass Taubheit für viele keine schlimme Krankheit ist und sie entsprechend auch nicht davon »erlöst« werden wollen. Diese Erkenntnis hat sich bei vielen Drehbuchautoren und Filmproduzenten offenbar noch nicht durchgesetzt. So gesehen bedient man sich eingefahrener Muster und Klischees und behält sie weiter bei, was zur

Manifestierung dieses vermeintlichen Wissens über Gehörlose in der breiten Bevölkerung führt.

Zieht man an dieser Stelle ein Resümee, dann ist festzuhalten, dass Gebärdensprache im deutschen Fernsehen bislang nur ein Randthema ist und mehr als stiefmütterlich behandelt wird. Nachrichtensendungen werden suboptimal produziert. Spezielle Sendungen für Menschen mit Hörbehinderung wie das Magazin »Sehen statt Hören« werden nur einmal wöchentlich und zu ungünstigen Sendezeiten ausgestrahlt. Inhaltlich sowie auch darstellerisch werden gehörlose Menschen in herkömmlichen Fernseh- und Filmproduktionen jedoch bislang einseitig präsentiert bzw. nicht miteinbezogen. Das ist in Ländern wie den USA, Großbritannien oder Skandinavien anders. Dort ist im Unterschied zu Deutschland die Einbeziehung und auch die aktive Mitarbeit von gehörlosen Menschen ausdrücklich gewollt. Dagegen findet sich hierzulande bei einzelnen TV-Verantwortlichen auch die Ansicht, dass die Gesellschaft in Deutschland noch nicht so weit sei und Gebärdensprache für das deutsche Publikum nicht zumutbar wäre.

Das Internet und seine Bedeutung für gehörlose Nutzer_innen

Das Internet mit seinem interaktiven Charakter ist ein anderes Medium als das Fernsehen. Denn während nur wenige Einrichtungen als Sendeanstalten fungieren können und dadurch in ihren jeweiligen Sende-Kanälen die Inhalte vorgeben, kann im Internet praktisch jeder seine Inhalte veröffentlichen und auch zeitlich unbegrenzt zur Verfügung stellen.

Betrachtet man die Entwicklung des Internets, stellt man fest, dass sich das Internet mit zunehmender Bandbreite vom früher stark textlastigen Charakter hin zu einem immer mehr bildhaften, visuellen Medium verändert hat. Diese Entwicklung kommt gehörlosen Menschen sehr entgegen, denn der vermehrte Einsatz von visuellen Elementen und die Übertragung von bewegten Bildern entspricht eher ihren Bedürfnissen als das mühsame Lesen von Texten.

Nach einer Studie der »Aktion Mensch«[7] erleben gehörlose Internetnutzer_innen nicht etwa technische Barrieren bei der Bedienung von Webseiten, sondern Verständnisprobleme als größtes Problem. So nutzen Gehörlose das Internet auch eher zur Kommunikation untereinander (etwa mittels Skype) als zur Information: Sie sind nicht mehr passive Konsument_innen von Informationen, sondern aktive Teilnehmer_innen im weiten Feld des Internets.

Viele Gehörlose bleiben hingegen nur rezeptive Nutzer_innen, wenn es darum geht, eigene Texte oder Kommentare zu verfassen. So zeigen sie sich in der Benennung von Problemen sehr zurückhaltend. Das gilt auch, wenn Texte in Form von Videos in Gebärdensprache übersetzt werden und dabei keine andere Möglichkeit besteht, als schriftsprachlich zu kommunizieren. Hier würde sich anbieten, dass gehörlose Nutzer_innen in Gebärdensprache kommunizieren könnten. Doch noch gibt es nur wenige Möglichkeiten, in Gebärdensprache auch Fragen zu hinterlassen. So bleibt als beliebtes Nutzungselement die Face-to-Face-Interaktion via Video.

Insgesamt lässt sich sagen, dass das Internet als Kommunikationstool eine große Bedeutung für gehörlose Menschen hat bzw. unter allen genannten Medien das wichtigste ist.

Eine Option für die Zukunft: Hybrid-Fernsehen

Die Fokussierung auf Fernsehen und Internet führen zum Verständnis, dass die Erfüllung der Bedarfe gehörloser Menschen aufgrund ihrer Kommunikation mittels Gebärdensprache im visuellen Bereich liegt. In diesem Kontext ist auch zu erkennen, dass das Zusammenschmelzen von Fernsehen und Internet zu einem eigenen Medium neue Möglichkeiten und Chancen für gehörlose Menschen eröffnet.

Die Zukunft wird sicherlich im Hybrid-Fernsehen liegen, da hier die Möglichkeit besteht, die verschiedenen vorhandenen Programme mit weiteren Dienstleistungen aus dem Internet zu verknüpfen. So ist denkbar, dass in Sendungen öffentlich-rechtlicher Sender beispielsweise die dazugehörigen Untertitel von einem privaten Anbieter und die Einblendung gebärdensprachlicher Übersetzung von einem anderen privaten Anbieter per Mausklick eingebunden werden können.

Der interaktive Charakter des Internets in Kombination mit den Fernsehprogrammen eröffnet neue Möglichkeiten und auch Dienstleistungen, um gehörlosen Zuschauer_innen das Fernsehen so zu ermöglichen, dass es ihre speziellen Bedarfe erfüllen kann.

▸ Zusammenfassung

»Gehörlose können zwar nicht hören, aber sie können lesen« – dieser Ausspruch, der oft zu hören ist, repräsentiert die gängige Vorstellung vieler Menschen von Gehörlosigkeit. Nach dieser Auffassung stellen beispielsweise Printmedien für Gehörlose keine Barrieren dar. Dies ist jedoch ein Trugschluss, da gehörlose Menschen in Gebärdensprachen kommunizieren und diese anders strukturiert sind als Laut- und Schriftsprache. Der Beitrag befasst sich mit bestehenden Medienangeboten für gehörlose Menschen und zeigt zukünftige Perspektiven auf.

Anmerkungen

1 Beide Autoren sind hörbehindert und verwenden sowohl Deutsche Lautsprache wie auch Deutsche Gebärdensprache. Sie sind bilingual.

2 Siehe Bundesamt für Sicherheit in der Informationstechnik (BSI) (Hrsg.), E-Government-Handbuch, Bonn 2005, S. 9.

3 Vgl. Beate Krausmann, Schriftsprachkompetenz Gehörloser – eine Untersuchung anhand der Faxkommunikation. Wissenschaftliche Hausarbeit zur Ersten Wissenschaftlichen Staatsprüfung für das Amt des Lehrers an Sonderschulen, unveröffentlichte wissenschaftliche Hausarbeit, Berlin 1997, S. 3f.

4 Siehe dazu http://de.wikipedia.org/wiki/Analphabetismus (Aufruf am 27.06.2014). Anm. d. Red.: Zu weiteren Informationen zur Definition des Begriffs »Funktionaler Analphabetismus« siehe z. B. die Website des Bundesverbands Alphabetisierung und Grundbildung e. V.: http://www.alphabetisierung.de/infos/analphabetismus.html (Aufruf am 27.06.2014).

5 Anders ist es bei gehörlosen Schüler_innen, die bilingual unterrichtet werden, d. h. in Laut- und Gebärdensprache. Forschungen aus den USA und Deutschland zeigen, dass es ihnen in einem bilingualem Unterrichtsmodell durchaus möglich ist, ein altersgemäßes Leseniveau zu erreichen, wobei dem Einsatz von Gebärdensprache im Unterricht eine wesentliche Rolle zukommt – dies zeigt, dass weder Gehörlosigkeit per se als Grund für Leseschwierigkeiten gelten kann noch Lesekompetenz für gehörlose Menschen generell als utopisch anzusehen ist. – Siehe dazu Birkan Guldenoglu u. a., A Comparison of the Letter-Processing Skills of Hearing and Deaf Readers: Evidence from Five Orthographies, in: Journal of Deaf Studies and Deaf Education, 19 (2013), 2, S. 220–237; siehe unter http://www.ncbi.nlm.nih.gov/pubmed/24193771 (Aufruf am 17.07.2014). Des Weiteren Susan Mather/André Thibeault, Creating an involvement-focused style in bool reading with deaf and hard-of hearing students. The visual way, in: Charlene Chamberlain/Jill P. Morford/Rachel I. Mayberry (Hrsg.), Language acquisition by eye. Mahwah/New Jersey 2000, S. 191–219; Klaus B. Günther (Hrsg.), Bilingualer Unterricht mit gehörlosen Grundschülern. Zwischenbericht zum Hamburger Bilingualen Schulversuch, Hamburg 1999.

6 Untertitel-Symbol: In diesem Zusammenhang haben sich die Hörbehindertenverbände 2010 auf ein neues Untertitelsymbol verständigt, weil das bis dahin verwendete Symbol als defizitorientiert empfunden wurde. Hinzu kommt auch eine Öffnung hin zu anderen Nutzergruppen, die nicht als hörbehindert gelten und dennoch von Untertiteln profitieren können. Zu den Untertitelrichtlinien im deutschsprachigen Raum siehe die Website www.untertitelrichtlinien.de/index.html (Aufruf am 27.06.2014).

7 Aktion Mensch (Hrsg.), Web 2.0/barrierefrei. Eine Studie zur Nutzung Web 2.0. Anwendung durch Menschen mit Behinderung, Bonn 2010; siehe unter http://publikationen.aktion-mensch.de/barrierefrei/Studie_Web_2.0.pdf (Aufruf am 27.06.2014).

Susanne Göbel

Leichte Sprache öffnet Türen – Menschen mit Lernschwierigkeiten im Interview

Die Autorin im Gespräch mit Anette Bourdon, Nils Caßelmann, Stefan Göthling, Petra Groß, Anita Kühnel, Susanne Scholtes, Josef Ströbl und Rainer Werner

Barrierefreiheit ist vielfältig. So sind für Menschen, die einen Rollstuhl nutzen, Rampen eine Form der Barrierefreiheit, für blinde Menschen spielen Leitsysteme eine wichtige Rolle. Wie sehen jedoch die Bedarfe von Menschen mit Lernschwierigkeiten aus? Josef Ströbl, einer der Gründer der politischen Interessenvertretung von Menschen mit Lernschwierigkeiten, »Mensch zuerst – Netzwerk People First Deutschland e. V.«[1], bringt es auf den Punkt: »Für Menschen im Rollstuhl sind Treppen im Weg. Mir ist schwere Sprache im Weg. Ich brauche Leichte Sprache!«

Wo spielt Leichte Sprache[2] für Menschen mit Lernschwierigkeiten eine Rolle? Welche Erfahrungen machen sie mit unterschiedlichen Medienangeboten in Leichter Sprache? Was wünschen sie sich von Medien?

Susanne Göbel befragte acht Frauen und Männer mit Lernschwierigkeiten im Alter zwischen 24 und 59 Jahren über deren Erfahrungen im Umgang mit Medien und Sprache. Sie sind entweder bei »Mensch zuerst e. V.« aktiv oder treten für ihr Selbstbestimmungsrecht als Menschen mit Lernschwierigkeiten ein.

Leichte Sprache, das bedeutet unter anderem kurze Sätze, keine Fachwörter, große Schrift und Bilder.[3] Wem hilft Leichte Sprache?

Scholtes: Menschen mit Lernschwierigkeiten, damit sich alle verstehen.

Ströbl: Eigentlich für *alle* Menschen ist das sehr, sehr wichtig.

Göthling: … jedem Mensch, der auf dem Gebiet, worüber man redet, nicht so viel weiß (…), da wo ich noch kein Experte bin oder wo ich gar keiner werden will. (…) Ich möchte behaupten, es gibt viele hunderttausend Menschen, die in ganz normalen Firmen und Betrieben arbeiten, die auch Leichte Sprache benötigen und brauchen, die es aber nie in ihrem Leben zugeben würden, weil der Mensch ist so: Ich muss kompliziert sprechen, ich muss kompliziert tun, dann wirke ich intelligenter.

Warum ist Leichte Sprache für Sie wichtig?

Göthling: Ich will nicht, dass man über mich redet, man soll mit mir reden. Und das geht schon im Gespräch miteinander los. Im täglichen Leben. Ich bin ein Bürger der Gesellschaft, und ich möchte mich mit der Gesellschaft unterhalten …

Kühnel: Wenn ich Post kriege, Mietvertrag ist auch wichtig (…) damit ich's verstehe, vielleicht kann ich's dann mal selber beantworten, brauche keine Betreuung dazu.

Welche Informationen hätten Sie gerne in Leichter Sprache?

Ströbl: Als Erstes natürlich, schweres Wort, Kultur, möchte ich wissen, was in meiner Gemeinde, Stadt los wär' (…). Oder die Nachrichten, welche Apotheke, welcher Arzt, welche Ärztin immer am Wochenende Bereitschaft hat – das heißt ja so. Und das Programm der Volkshochschule.

Caßelmann: Betriebsanleitungen für den Fernseher lesen, für den Computer, für Handys, für alle elektrischen Geräte (…). Auch am Bahnhof manchmal, Fahrpläne oder Änderungen. Da wird unten so eine Seite hingeschrieben, wann Bauarbeiten sind, das könnte man auch besser erklären. Und Konservendosen in Großschrift, die Zutaten für die, die nicht so gut lesen können.

Was machen Sie, wenn Sie etwas nicht verstehen, zum Beispiel einen Text, in einem Gespräch oder bei einem Vortrag?

Groß: Ich frage nach, was sie gemeint haben (…), so können sie ja gleich noch mitlernen, die Personen.

Bourdon: … ich [heb] schon die Rote Karte[4] hoch. Aber manchmal, da reden die einfach weiter, aber dann fange ich an: ›Aber Halt hier! Ich habe es nicht verstanden. Ich möchte wissen, was Sie gesagt haben.‹ Da muss man ein bisschen mut[ig] sein.

Groß: Oder ich sage das gleich von Anfang an: ›Hier, ich bin eine Person, Mensch mit Lernschwierigkeiten, tun Sie die Sätze so einfach wie möglich übersetzen.‹

Lassen Sie uns jetzt über Medien sprechen: Zeitungen, Radio, Fernsehen, Bücher, Internet. Was nutzen Sie am meisten?

Groß: Ich benutze am meisten Computer und Internet.

Bourdon: Ich nehm' Fernsehen, Internet hab ich zwar auch, aber Internet kann ich nicht so gut benutzen (…), wenn man in einer Internetseite etwas suchen tut, weiß man nicht genau, wie man in eine Seite reinkommt. Das müsste noch ein bisschen besser beschrieben sein.

Ströbl: Also [mich] interessiert natürlich alles, aber (…) Zeitungen, Bücher (…) tu ich seit Jahren nicht mehr benutzen. Warum? Weil alleine die Schrift und Wortwahl (…), einfach: Ich hab aufgegeben.

Scholtes: Radio, Kassetten, Filme und so, so tolle Filme wie »Nemo«.

Groß: Ich kucke Fernsehen und kucke aber auch meistens bei Internet (…) bei kobinet[5]. Und die Nachrichten in Leichter Sprache.[6]

Welche Informationen in den Medien sollten in Leichter Sprache sein?

Göthling: … mehr die Tageszeitung so online. Eben Infos, die andere sogenannten normalen Menschen auch interessiert: Mal das, mal das. (…) Und Sachfragen, um etwas zu verstehen oder anderen erklären zu können.

Bourdon: Die Beschreibungen vom Internet, vom Computer: Wie geht man Schritt für Schritt weiter.

Caßelmann: Fachbücher über den Ersten und Zweiten Weltkrieg oder über die Kasseler Geschichte. Was mir auch Spaß machen würde: Wenn man auch mal ein Buch über Radtourpläne in Leichter Sprache.

Haben Sie schon Bücher in Leichter Sprache gelesen?

Kühnel: »Ziemlich beste Freunde« – was dem Mann passiert ist.

Göthling: Das war so ein Buch, was da auch eine Barriere durchbrochen hat, weil das war ein großer Kinoerfolg.

Groß: Ich fand es nicht gut. Steht ja drauf Einfache Sprache, das ist nicht Leichte Sprache, und du musst dann immer diese [Wörter lesen – Anm. d. Verf.], was unterstrichen ist, was ist da eigentlich gemeint. Die Leute, die das gemacht haben, die hätten mehr Betroffene fragen sollen, bevor sie das Buch gemacht haben.

Welche Bücher lesen Sie gerne?

Werner: Ich lese eigentlich sehr viel. Bücher über Pferde und Tiere. Auch Bücher über Kultur allgemein. Sport, Gesellschaft und so was.

Göthling: Ich würde mir auch manches Sachbuch nutzen, weil manchmal will man auf einem gewissen Gebiet, Erde oder Welt oder Tiere, mehr wissen …

Caßelmann: Ich würde ja auch gerne mal Krimis lesen, aber mir wäre wichtig, dass man die auch dann zum Beispiel als Hörspiel in Leichter Sprache übersetzt.

Wie dick dürfen für Sie Bücher in Leichter Sprache sein?

Göthling: Das kommt darauf an, wie spannend, wie interessiert es mich. Ich habe schon Bücher gelesen, da habe ich mich selber erwischt, da habe ich gedacht: Das hättest du vorher nie gedacht, dass du das durchliest. Und Tagesform hat bei mir sehr viel damit zu tun.

Bourdon: 50 Seiten. Mehr wie ein Ringbuch, mit einzelnen Heften, dass man weiß, welche Themen das sind.

Ströbl: Die Einzelhefte in Farben [jede Farbe steht für ein Thema – Anm. d. Verf.]. Und wenn's um Bücher gehen tut, dann ist die Seitenzahl offen. Mir ist dann sehr wichtig, Buchstaben in welcher Größe, wo es was geben tut [ein gutes und übersichtliches Inhaltsverzeichnis – Anm. d. Verf.], und Bilder dazu.

Was hilft Ihnen bei dicken Büchern? Oder bei Büchern in schwerer Sprache?

Kühnel: Am besten eine Wörterliste oder eine Seite schwer, eine leicht gegenüber …

Göthling: Was ich total Quatsch finde, wenn bei einem schweren Text die schweren Wörter dann irgendwo erklärt sind, blättere vor und zurück. Dann muss ich mich wieder durchquälen, wo warst du jetzt, das mache ich ein-, zweimal, und dann schmeiße ich es in die Ecke.

Bourdon: Eine Zusammenfassung. Und Beispiele dabei.

Caßelmann: Ganz wichtig, wenn man das teilweise mit Bildern, Fotos (...) macht.

Werner: Inhaltsverzeichnis wäre auch gut mit Wörtern. Dass man hinterher nachlesen kann: Das ist das.

Wie wichtig ist das Thema Politik für Sie? Und etwas darüber zu lesen?

Groß: Ich sage bei Politikern und Politikerinnen gleich Bescheid: ›Hier, macht doch mal das Wahlprogramm auf Leichte Sprache.‹

Ströbl: Bestimmte Parteien haben das schon gemacht. Und natürlich wäre es schön, wenn im Fernsehen die genauer in leicht sagen: Was haben die Parteien genau gesagt. Ich war selber mit Kollegin und Kollegen einmal unterwegs und hab die Politiker und Politikerinnen gefragt. Das gibt es auf Film.

Bourdon: Ich würde mir wünschen in der Politik, dass auch Menschen mit Lernschwierigkeiten dabei sind, dass die [Politiker_innen – Anm. d. Verf.] nicht selber entscheiden ...

Welche Internetseiten in Leichter Sprache kennen Sie? Welche Internetseiten in Leichter Sprache nutzen Sie?

Groß: Bei mir nach Thema: Lebenshilfe, Mensch zuerst, Meine Rechte. Ab und zu gehe ich auf Google und gebe ein: Leichte Sprache. Aber da kommt nicht immer das raus, was ich haben will. Da kommen diese ganzen Netzwerke oder wer Leichte Sprache anbietet.

Caßelmann: Ich chatte mit Freunden auf Facebook. Aber da muss man ganz dolle aufpassen, auf der Seite, wenn man Spiele spielt: Das Kleingedruckte. Das sollten deutlicher machen.

Wie finden Sie Bücher oder Internetseiten in Leichter Sprache?

Göthling: Wenn's viel mehr Sachen in leicht gäbe, das wird nicht nur von uns genutzt und gekauft (...), so viele Menschen mit Lernschwierigkeiten kann es gar nicht geben. Denn »Sendung mit der Maus« oder »Logo« kucken nicht nur Kinder und Menschen mit Lernschwierigkeiten, das kuckt die Gesellschaft.

Groß:	Für mich ist das schon wichtig, dass zum Beispiel das Persönliche Budget auf leicht erklärt wird. (...) Mir ist auch wichtig, dass ich das anhören kann und auf CD gibt.

Wie finden Sie die Idee Kinofilme in Leichter Sprache?

Kühnel:	Wäre gut, aber [es kommt darauf an – Anm. d. Verf.], um was der Film sich handelt.
Bourdon:	Im Kino schon, aber bitte keine Kindersprache. Ich brauche Leichte Sprache, ich möchte alles verstehen.

Wie berichten Medien über Menschen mit Lernschwierigkeiten? Was fällt Ihnen auf?

Göthling:	Ich habe manchmal das Gefühl, als ob die denken, wir sind andere als wie die Gesellschaft. Aber so sehe ich mich nicht. Ich bin ein Mensch der Gesellschaft, der vielleicht auch durch seinen Job gelernt hat, damit umzugehen.
Kühnel:	Wir wollen (...) nicht geistig behindert genannt werden, (...) das finden wir nicht gut. Wir wollen Menschen mit Lernschwierigkeiten genannt werden.
Ströbl:	Ich bin nicht was Besonderes. Ich will nicht besonders behandelt werden. Ich will nur gleich behandelt werden.
Werner:	... wir sind doch keine Kinder, wir sind doch erwachsene Menschen. Dieses Wort ›geistig behindert‹ schmeckt mir genauso wenig.
Scholtes:	[Ich will – Anm. d. Verf.] mit meinem Nachname genannt werden. Das ist ein wichtiger Name.

Haben Sie noch andere Ideen: Was könnten Medien anders machen?

Caßelmann:	Die Nachrichten im Radio. Es wäre nicht schlecht, wenn auch Behinderte einmal eine eigene Radiosendung aufnehmen. Dass auch mal einer von uns sagen kann: ›So sieht für uns die Welt aus.‹ Interviews mit Politikern, Sport und und und, dann kann man das alles in Leichter Sprache erklären, dann können wir es besser verstehen.
Bourdon:	Wir schreiben zusammen. Das wäre eine gute und wichtige Sache. Die Betroffenen, das ist das Wichtigste. Dass wir sagen, was uns fehlt, was hilft uns.

▶ Zusammenfassung

Egal, ob Briefe von Ämtern, Bedienungsanleitungen, medizinische Begriffe, Nachrichten in Zeitungen und im Fernsehen, im Radio oder Informationen im Internet: Die Sprache ist oft sehr schwer verständlich und für viele ein Hindernis. Acht Vertreter_innen von »Mensch zuerst e. V.«, der Interessenvertretung von Menschen mit Lernschwierigkeiten, sprechen unter anderem darüber, welche Informationen und Medien in Leichter Sprache sie sich wünschen, um im Alltag besser klarzukommen und ihr Leben selbstbestimmter gestalten zu können. Dabei denken sie nicht nur an sich, sondern machen deutlich: Leichte Sprache hilft vielen Menschen.

Anmerkungen

1 Weitere Informationen zu der politischen Interessenvertretung von und für Menschen mit Lernschwierigkeiten siehe unter www.menschzuerst.de.

2 Der Begriff »Leichte Sprache« wurde erstmals Ende der 1990er-Jahre von Menschen mit Lernschwierigkeiten (»Wir wollen nicht geistig behindert genannt werden!«) selbst geprägt. Im Gegensatz zur Einfachen (deutschen) Sprache gibt es für die Leichte Sprache ein Regelwerk, das Menschen mit Lernschwierigkeiten und Übersetzer_innen der Leichten Sprache zusammen entwickelt haben und weiter verfeinern. Mehr Informationen zu dem Unterschied von Leichter Sprache und Einfacher Sprache siehe unter http://de.wikipedia.org/wiki/Leichte_Sprache (Aufruf am 14.07.2014). – Im Zusammenhang mit der UN-Behindertenrechtskonvention (UN-BRK) taucht der Begriff der Leichten Sprache vermehrt auf. Leichte Sprache ist eine Möglichkeit, Menschen mit Lernschwierigkeiten einen barrierefreien Zugang zu Informationen zu ermöglichen.

3 Mehr Informationen siehe unter www.leichtesprache.org (Aufruf am 29.06.2014).

4 Auf der Roten Karte steht: »Halt! Leichte Sprache« Die Idee zur Roten Karte entstand in Anlehnung an die aus dem Sport bekannte Rote Karte Ende der 1990er-Jahre durch Mitarbeiter_innen der Interessenvertretung »Mensch zuerst e. V.« (siehe Anm. 1). Durch das Hochhalten der Karte signalisieren Menschen mit Lernschwierigkeiten (aber nicht immer nur diese) den jeweiligen Redner_innen, zum Beispiel bei öffentlichen Veranstaltungen, Vorträgen, Podiumsdiskussionen oder Tagungen, dass ihre Sprache nicht verstanden wird. Manche Veranstalter sind dazu übergegangen, die Rote Karte bereits zu Beginn einer Veranstaltung dem gesamten Publikum zur Verfügung zu stellen.

5 www.kobinet-nachrichten.org (Aufruf am 29.06.2014).

6 www.nachrichtenleicht.de (Aufruf am 29.06.2014).

Anne Waldschmidt

Disability Studies als interdisziplinäres Forschungsfeld

Behinderung neu denken – darum geht es den Disability Studies als interdisziplinäres Forschungsfeld.[1] Diese Zielsetzung schließt Kritik an den traditionellen, bislang vorherrschenden Ansätzen mit ein. Hergebrachte ›Behindertenwissenschaften‹ sind allzu sehr auf Problemlösung fixiert und können die Komplexität von Behinderung in ihrem Verhältnis zu Nichtbehinderung nicht hinreichend erfassen. Ausgeblendet wird zumeist, dass ›Anderssein‹ auf körperlicher, kognitiver, psychischer oder psycho-sozialer Ebene eine weitverbreitete Lebenserfahrung darstellt. Im Grunde ist Behinderung nicht die Ausnahme, die es zu kurieren gilt, sondern die Regel, die aus Sicht der Disability Studies in ihren vielfältigen Erscheinungsweisen zunächst einfach zu akzeptieren wäre. Schließlich gibt es auch in modernen, technisch-zivilisierten Gesellschaften immer die Möglichkeit von Verletzbarkeit, einfach weil der Mensch einen verletzlichen, mit Sinnen ausgestatteten Körper hat.[2]

Aus gesellschaftspolitischen und kulturellen Gründen gilt ›Behinderung‹ dennoch als Ausnahmestatus. Anscheinend wird sie, auch in fortgeschrittenen, modernen, durch Pluralität und Heterogenität gekennzeichneten Gesellschaften, als Abgrenzungskategorie zur ›Normalität‹ gebraucht. Für eine in diesem Sinne gesellschaftskritische Perspektive auf Behinderung ist folglich ein grundlagentheoretischer Blickwinkel notwendig. Genau um diesen geht es den neuen Studien zu Behinderung.

Im Folgenden wird zunächst das Forschungsfeld skizziert, seine Grundannahmen sowie die internationalen und deutschsprachigen Netzwerke, um daran anschließend die beiden für das wissenschaftliche Profil der Disability Studies zentralen Modelle von Behinderung darzustellen: das soziale und das kulturelle Modell. Der Schluss des Beitrages gilt dem Ansatz der emanzipatorisch-partizipativen Forschung, der ebenfalls zum Profil der Disability Studies gehört.

Grundannahmen der Disability Studies

Im Wesentlichen sind es drei Grundannahmen, die dem internationalen Forschungsfeld seine Konturen verleihen: Erstens verstehen sich die Disability Studies als kritischer Kontrapunkt zum (medizinisch, psychologisch und pädagogisch orientierten) Rehabilitationsparadigma, das ihnen als die Operationalisierung eines individuellen Modells von Behinderung gilt. Dieses Modell setzt Behinderung mit der Schädigung oder funktionalen Beeinträchtigung gleich und deutet sie als schicksalhaftes, persönliches Leid, das medizinisch-therapeutischer Behandlung oder sonderpädagogischer Förderung bedarf. Dabei haben die Expert_innen die Definitionsmacht inne und bestimmen die jeweiligen (Be-)Handlungsprogramme, denen sich die von Behinderung Betroffenen unterziehen müssen. Behinderte Menschen erhalten Sozialleistungen, für die sie dankbar sein sollen, deren Gewährleistung jedoch an soziale Disziplinierung gekoppelt ist. Als Kontrastfolie zu diesem Ansatz haben die Disability Studies das soziale Modell von Behinderung entwickelt, auf das an späterer Stelle noch eingegangen wird.

Zweitens begreifen die Disability Studies Behinderung als Konstruktion, wobei dieses sehr allgemeine, in den Sozial- wie auch in den Geistes- und Kulturwissenschaften benutzte Analysekonzept die unterschiedlichsten Theorieansätze umfasst. Im konstruktivistischen Sinne handelt es sich bei Beeinträchtigungen letztlich um gesellschaftliche Differenzierungsmerkmale und nicht um vermeintlich objektiv vorhandene, medizinisch-biologisch definierbare (kognitive, psychische oder körperliche) Abweichungen; umgekehrt sind medizinische Diagnosen eher ›Ankerpunkte‹ für Prozesse sozialer Ungleichheit und nicht (natur-)gegebene Kausalitäten. Ausgangspunkt ist die These, dass (Nicht-)Behinderung im Gesellschaftssystem hergestellt wird – konstruiert und produziert in wissenschaftlichen und alltagsweltlichen Diskursen sowie in politischen und bürokratischen Verfahren, hergestellt in alltäglichen Umgangsweisen und persönlich ›verinnerlicht‹ in der eigenen Identität. Somit gilt es, die verschiedenen Ebenen des Gesellschaftlichen in den Blick zu nehmen. Insbesondere sind die vielfältigen Inszenierungen von Normalität in Gesellschaft und Kultur, die Machtmechanismen in und durch Organisationen und die ebenfalls mächtigen Wissenschaftsdiskurse zu analysieren, um genauer zu verstehen, wie in und durch die Gesellschaft (Nicht-)Normalität hergestellt und abgesichert wird.

Nicht zuletzt wird – drittens – in den Disability Studies Behinderung als strukturelles Gewaltverhältnis angesehen, nämlich als Effekt von *ableism*. Diese Wortneubildung, die sich von dem englischen Adjektiv *able* (fähig, talentiert) ableitet, wird im deutschen Diskurs zumeist mit Behindertenfeindlichkeit bzw. behindertenspezifischer Diskriminierung gleichgesetzt. Präziser und allgemeiner formuliert ist damit eine Kritik an dem zentralen Stellenwert von Funktions- und Leistungsfähigkeit in unserer Kultur und Gesellschaft gemeint. Das Leistungsprinzip, die normative Erwartung von Funktionsfähigkeit übt Macht auf uns alle aus, bestimmt unser Handeln und unsere Identitäten und motiviert uns, gesund und kräftig, fit und schön sein zu wollen. Umgekehrt werden alle diejenigen abgewertet und ausgegrenzt, deren Körper nicht wie erwartet und vorgegeben funktioniert, deren Fähigkeiten als gesellschaftlich nicht relevant eingestuft werden, kurz, die als ›behindert‹ gelten. Somit ließe sich *ableism* womöglich besser mit »Funktionismus« ins Deutsche übersetzen, um die Analogie zu Sexismus und Rassismus als gleichfalls dominante gesellschaftliche Machtmechanismen zu verdeutlichen.

Abgesehen von diesem dreigegliederten, gesellschafts- und rehabilitationskritischen wie auch konstruktivistischen Grundkonsens bestehen in den Studien zu Behinderung durchaus beträchtliche Unterschiede, die sich seit der Etablierung zu Beginn der 1980er-Jahre herausgebildet haben. Im Laufe der Zeit sind die Disability Studies facettenreicher geworden; dass damit auch Konflikte und Kontroversen verbunden sind, versteht sich von selbst. Im Folgenden werden zwei wegweisende Konzepte der Disability Studies – das soziale und das kulturelle Modell von Behinderung (siehe dazu auch den Beitrag von Theresia Degener → S. 63 ff.) – näher beleuchtet, doch zuvor sei ein kurzer Überblick über den Forschungsstand gegeben.

Forschungsstand

International

Betrachtet man die Entstehungssituation der Disability Studies, muss der gesellschaftspolitische Hintergrund mit bedacht werden. Der sich in den 1960er- und 1970er-Jahren weltweit formierende Widerstand gegen überkommene Exklusionspraktiken und eine an Fürsorge und Mildtätigkeit orientierte ›Behindertenhilfe‹ bewirkten nicht nur öffentlichen Protest und die Entstehung der internationalen Behindertenbewegung, sondern auch die Entwicklung einer neuen *scientific community.* Zumeist ergriffen Wissenschaftler_innen, die Behinderung als eigene Lebenserfahrung kannten, die Initiative.

In den USA engagierten sich der Soziologe Irving Kenneth Zola (1935–1994) und der Historiker Paul K. Longmore (1946–2010) in der

Behindertenbewegung; sie wurden zu wissenschaftlichen Vordenkern des Feldes. Von zentraler Bedeutung für die nordamerikanischen Disability Studies war die Herausgabe des *Handbook of Disability Studies* (2001) und der fünfbändigen *Encyclopedia of Disability* (2006) durch den Soziologen Gary L. Albrecht[3] – auch wenn viele der in diesen beiden Lehrbüchern versammelten Beiträge noch dem medizinischen Blick auf Behinderung verhaftet sind. Der kulturwissenschaftlich ausgerichtete *Disability Studies Reader*, der seit 1997, mittlerweile in vierter Auflage, von dem Literaturwissenschaftler Lennard J. Davis herausgeben wird, hat ebenfalls das Forschungsfeld entscheidend geprägt.[4] Die Vielfalt der nordamerikanischen Disability Studies zeigt sich exemplarisch im Blick auf Autor_innen wie die Kulturwissenschaftlerin Rosemarie Garland-Thomson[5], die mit Arbeiten zu den Freakshows und der Interaktion des Anstarrens bekannt geworden ist (siehe auch die Beiträge von Christian Mürner/Udo Sierck → S. 27 ff. und Rebecca Maskos → S. 313), und den Literaturwissenschaftler Tobin Siebers, dessen *Disability Theory* kunst-, kultur- und körpertheoretische Beiträge umfasst.[6] Ebenfalls aus Sicht der Literaturwissenschaft machen David T. Mitchell und Sharon L. Snyder mit dem Begriff der *narrative prosthesis* auf das Paradox aufmerksam, dass sich die soziale Exklusion behinderter Menschen parallel zu einer vielfältigen Nutzung von Behinderung als Metapher und Motiv in Literatur und Kunst vollzieht.[7]

Auch in Großbritannien ist die Entwicklung der Disability Studies eng mit Wissenschaftler_innen verbunden, die selbst behindert sind – so etwa der Soziologe Michael Oliver, der erstmalig 1983 das bis heute diskutierte soziale Modell von Behinderung in die Diskussion einbrachte.[8] Bereits in den 1970er-Jahren starteten die britischen Disability Studies an der Open University, einer nationalen Fernuniversität, an der Kursprogramme außerhalb des akademischen Mainstreams entwickelt werden konnten. 1990 wurde an der nordenglischen Universität Leeds eine erste Forschungseinheit gegründet, die ab 2000 zum interdisziplinären *Centre for Disability Studies (CDS)* erweitert wurde. Gründungsdirektor war Colin Barnes, ein sehbehinderter Soziologe mit Bildungserfahrungen in Sonderschulen.[9] Vic Finkelstein (1938–2011), Initiator der britischen Behindertenbewegung und einer der ersten Vertreter des sozialen Modells von Behinderung, arbeitete ebenfalls an dem Zentrum; als Aktivist der südafrikanischen Anti-Apartheid-Bewegung hatte er 1968 politisches Asyl im Vereinigten Königreich erhalten. Außerhalb von Leeds hat die 2004 verstorbene Mairian Scott-Hill (alias Corker) mit ihren Diskursanalysen insbesondere zu Taubheit *(d/Deafness)* und Behinderung Pionierarbeiten veröffentlicht.[10] Der Soziologe Tom Shakespeare, ebenfalls ein prominenter Aktivist der britischen Behindertenbewegung, beschäftigt sich unter anderem mit den Themen Körper, Bioethik und Behinderung.[11] An verschiedenen Universitäten in Großbritannien sind in den letzten Jahren weitere Forschungseinrichtungen entstanden, mit denen sich die Disability Studies theoretisch und inhaltlich breiter aufgestellt haben. Medizin- und techniksoziologische Fragestellungen wie auch die Gender Studies stehen ebenso im Fokus wie die Forschungsbereiche Identität und Körper, Lebenslauf, Kindheit und Elternschaft sowie selbstbestimmtes Leben, persönliche Assistenz und behindertenpolitische Fragen oder auch die Sozial- und Kulturgeschichte von *disability*.

Deutschsprachiger Raum

In den letzten Jahrzehnten haben sich die Disability Studies nicht nur im angelsächsischen Sprachraum, sondern in vielen anderen Ländern und Regionen etabliert; auch bestehen mittlerweile internationale Fachgesellschaften – beispielsweise die *Society for Disability Studies* – und europäische Netzwerke wie etwa *ANED – Academic Network of European Disability experts*. Dagegen gibt es in den deutschsprachigen Ländern noch Nachholbedarf.

Zwar wurden auch im Umkreis der deutschen Behindertenbewegung bereits seit Beginn der 1980er-Jahre Versuche von Wissenschaftskritik unternommen. Gleichzeitig lässt sich eine Vielzahl von Veröffentlichungen[12] ausmachen – etwa zu den Themen Selbstbestimmung und persönliche Assistenz, Bioethik, Eugenik und nationalsozialistische Rassenhygiene, zur Lebenssituation behinderter Frauen und zur rechtswissenschaftlichen Debatte um bürgerrechtliche Gleichstellung –, die aufgrund der darin verfolgten Perspektiven im Rückblick dem Forschungsfeld zugerechnet werden können.

Dennoch ist der eigentliche Startpunkt der deutschsprachigen Disability Studies erst auf den Beginn des neuen Jahrhunderts zu datieren. Die beiden Tagungen »Der (im-)perfekte Mensch« (2001) und »PhantomSchmerz« (2002), die vom Deutschen Hygiene-Museum, der »Aktion Mensch« und der Humboldt-Universität zu Berlin in Dresden und Berlin veranstaltet wurden, waren die entscheidenden Startsignale.[13] Erstmalig für den deutschsprachigen Raum fand in diesem Rahmen eine Begegnung zwischen Sozial-, Erziehungs- und Kulturwissenschaften sowie den internationalen, vornehmlich nordamerikanischen Disability Studies statt. Anschließend konnte in Bremen im Rahmen des Europäischen Jahres der Menschen mit Behinderungen 2003 eine Sommeruniversität unter dem Titel »Disability Studies in Deutschland – Behinderung neu denken!« ausgerichtet werden, bei der die britischen Disability Studies vorgestellt wurden.[14]

Nach dieser Gründungsphase hat sich im letzten Jahrzehnt die weitere Etablierung als schwierig herausgestellt. So existiert in Deutschland bislang nur an der Humanwissenschaftlichen Fakultät der Universität zu Köln eine reguläre Universitätsprofessur Disability Studies mit einem sozialwissenschaftlichen Fokus; seit 2004 gibt es dort auch eine internationale Forschungsstelle für Disability Studies (iDiS). An der Universität Hamburg wurde 2005 ein vornehmlich lehrorientiertes Zentrum für Disability Studies (ZeDiS) gegründet, das seit 2014 an der Evangelischen Hochschule für Soziale Arbeit & Diakonie angesiedelt ist. Weitere Professuren für Disability Studies existieren an der Evangelischen Fachhochschule Bochum, mit rechtswissenschaftlichem Schwerpunkt im Fachbereich Soziale Arbeit, Bildung und Diakonie, sowie an der Alice-Salomon-Hochschule für Soziale Arbeit in Berlin. Seit dem Wintersemester 2013/14 gibt es eine Juniorprofessur für Disability Studies am Institut für Rehabilitationswissenschaften der Humboldt-Universität zu Berlin.

Auch in Österreich, an der Universität Innsbruck, soll demnächst eine Professur für Disability Studies in den Erziehungswissenschaften besetzt werden. Zusätzlich nennt eine ganze Reihe von Wissenschaftler_innen aus den unterschiedlichsten Disziplinen die Disability Studies als eigenen Lehr- und Forschungsschwerpunkt. Dem Aufbau von Netzwerken widmen sich in den deutschsprachigen Ländern die »Arbeitsgemeinschaft Disability Studies in Deutschland«, die Kooperationsplattform »DiStA – Disability Studies Austria« und die »Schweizerische Gesellschaft für Disability Studies«. Was die Forschung angeht, weisen diverse Sammelbände und Monografien, Fachzeitschriften mit Schwerpunktheften sowie die Buchreihe »Disability Studies: Körper – Macht – Differenz«, die im Bielefelder transcript Verlag erscheint, vielfältige Aktivitäten aus. Vergleicht man jedoch den Forschungsstand der Disability Studies in Deutschland, Österreich und der Schweiz mit der internationalen Forschungslandschaft, so muss man für den deutschsprachigen Raum immer noch eher von einem Entwicklungsland sprechen.

Während ein eigenständiges Profil der Disability Studies hierzulande noch kaum feststellbar ist, wird in der britischen Schule überwiegend die Bedeutung von Gesellschaftsstrukturen betont; dagegen kann man die Herangehensweise der nordamerikanischen Disability Studies als stärker kulturwissenschaftlich beschreiben. Diese grobe Trennlinie reflektiert die beiden Modelle von Behinderung, mit denen die Disability Studies arbeiten.

Das soziale Modell von Behinderung

Das im britischen Diskurs zuerst ausformulierte soziale Modell von Behinderung[15] geht von dem Kerngedanken aus, dass die Ebene der Beeinträchtigung *(impairment)* im Sinne klinisch relevanter Auffälligkeit von derjenigen der Behinderung *(disability)* unterschieden werden muss; letztere ist primär als eine Form sozialer Benachteiligung zu verstehen. Nach dieser – für die wissenschaftliche Identität der Disability Studies zentralen – Sichtweise entsteht *disability*, das heißt Behinderung, durch systematische Ausgrenzung und ist nicht einfach das Ergebnis medizinischer Diagnostik. Menschen werden nicht aufgrund gesundheitlicher Beeinträchtigungen behindert, sondern durch das soziale System, das ihnen marginalisierte Positionen zuweist und Barrieren gegen ihre Partizipation errichtet. Entsprechend stellt das soziale Modell Behinderung in den Kontext von Unterdrückung und Diskriminierung und thematisiert sie als soziales Problem, das wohlfahrtsstaatlicher Unterstützung und gemeinschaftlicher (Selbsthilfe-)Aktion bedarf.

Das soziale Behinderungsmodell hat sich nicht nur für die britischen Disability Studies als entscheidender Impuls erwiesen. Gleichermaßen anschlussfähig an wissenschaftliche Diskurse wie auch an politische Interessenvertretung und persönliche Lebenspraxis bietet es ein allgemeines Raster, das mit unterschiedlichen Theorieansätzen ebenso gefüllt werden kann wie mit politischer Programmatik und Identitätsstrategien. Ansätze, die mit dem sozialen Modell von Behinderung arbeiten, bedienen sich zumeist des Instrumentariums von Soziologie, Politikwissenschaft und empirischer Sozialforschung, aber auch in anderen Sozialwissenschaften (Recht, Ökonomie, Geschichte, Philosophie, Erziehungswissenschaft, Ethnologie etc.) findet das Modell Anwendung. Die Arbeiten zielen auf Gesellschaftskritik, nutzen zum Beispiel Ansätze der Lebenslaufforschung oder arbeiten im Bereich von Wohlfahrtsstaatanalyse, Menschenrechts- und Diskriminierungsforschung.

Das kulturelle Modell von Behinderung

Parallel zum sozialen Behinderungsmodell und seiner Diskussion, teilweise auch unbeeinflusst davon, hat sich in den Disability Studies ein zweiter Ansatz, eine eher geistes- und kulturwissenschaftlich ausgerichtete Analyse von Behinderung entwickelt.[16] Zwar gleicht das Feld der Cultural Disability Studies, verglichen mit dem des sozialen Modells, eher einem Flickenteppich, jedoch lässt sich aus der Vielzahl der vorhandenen Studien so etwas wie ein kulturelles Modell von Behinderung rekonstruieren.[17]

Aus Sicht der Kulturwissenschaften, zu denen unter anderem Anthropologie, Kunst-, Film- und Literaturwissenschaft wie auch Medienwissenschaft, Linguistik, Religionswissenschaft etc. gehören, genügt es nicht, Menschen mit Behinderungen als diskriminierte Randgruppe zu verstehen. Vielmehr muss es auch um ein vertieftes Verständnis der gesellschaftlichen Kategorisierungsprozesse gehen. Denn behinderte und nicht behinderte Menschen sind keine binären, strikt getrennten Gruppierungen, sondern einander bedingende, interaktiv hergestellte und strukturell verankerte Komplementaritäten. Die kulturwissenschaftliche Sichtweise unterstellt nicht – wie das soziale Modell – die Universalität des Behinderungsproblems, sondern lässt die Relativität und Historizität von Benachteiligung und Ausgrenzung zum Vorschein kommen. Der gesellschaftliche Status Nichtbehinderung/Behinderung wird als heuristisches Moment benutzt, dessen Analyse allgemeine kulturelle Praktiken und gesellschaftliche Strukturen zum Vorschein bringt, die sonst unerkannt geblieben wären. Kritisiert wird eine Gesellschaft, die damit beschäftigt ist, homogene Gruppen zu bilden und diese auf der Basis normativer Bewertungen zu hierarchisieren, anstatt die Heterogenität anzuerkennen und wertzuschätzen. Eine andere, tatsächlich inklusive Gesellschaft wird demzufolge erst dann möglich sein, wenn behinderte Menschen nicht als zu integrierende Minderheit, sondern als integraler Bestandteil von Gesellschaft und Kultur verstanden werden.

Soweit die beiden Modelle von Behinderung im Überblick.[18] Bewusst wird in diesem Beitrag ihre Unterschiedlichkeit hervorgehoben. Dabei geht es nicht darum, Konkurrenz herzustellen. Einerseits gilt es zu bedenken, dass das System der Wissenschaften höchst vielfältig ist und man eigentlich nur schematisch zwischen Sozial-, Geistes- und Kulturwissenschaften unterscheiden kann, da in vielen Disziplinen sozial- und kulturwissenschaftliche Theorietraditionen nebeneinander existieren. Dennoch wäre es voreilig, ein kombiniertes, sogenanntes soziokulturelles Modell von Behinderung bilden zu wollen, da sich die beiden Perspektiven tatsächlich unterscheiden. Mit der Fokussierung auf die Verschiedenheit von sozialem und kulturellem Modell sollen die Disability Studies dazu angeregt werden, in der weiteren Forschung das Spannungsverhältnis der beiden Denkansätze produktiv zu nutzen.[19] Darüber hinaus sind sicherlich auch von den Natur-, Technik-, Informations- und Lebenswissenschaften zukunftsweisende Beiträge für die Disability Studies zu erwarten, wenn es etwa um die Verwirklichung von Barrierefreiheit geht.

Emanzipatorische und partizipatorische Herangehensweisen

Mit den beiden, hier beschriebenen Modellen von Behinderung ist das Profil der Disability Studies noch nicht vollständig beschrieben. Zusätzlich hat das Forschungsfeld mit der Idee der emanzipatorisch-partizipativen Methodik eine eigene Herangehensweise entwickelt.[20] Ausgangspunkt ist zum einen der Gedanke, dass wissenschaftliche Praxis beitragen sollte zur Verbesserung der Lebenssituation behinderter Menschen und zu ihrer Emanzipation und der Befreiung aus bevormundenden Lebenslagen. Die Fragestellungen der Disability Studies sind deshalb orientiert an den Grundgedanken Teilhabe, Gleichstellung und Inklusion; sie verfolgen das Ziel des sozialen und kulturellen Wandels. Zum anderen gehen die Forschungsprojekte vorzugsweise partizipativ vor; sie beziehen Menschen mit Behinderungen möglichst in allen Arbeitsphasen mit ein, und zwar als aktiv und gleichberechtigt Handelnde (siehe den Praxisbeitrag von Petra Flieger/Volker Schönwiese → S. 345 ff.). Statt der Verobjektivierung der Betroffenen, die in konventionellen Untersuchungen insbesondere bei Personen mit nicht akademischen Bildungskarrieren und Lebenserfahrungen in Institutionen oft geschieht, sollen die Sichtweisen der ›Expert_innen in eigener Sache‹ in den Mittelpunkt rücken.

Ein zentrales Anliegen der Disability Studies ist es, behinderten Menschen den Zugang zu Wissenschaft und Forschung zu ermöglichen. Neben der emanzipatorisch-partizipativen Herangehensweise werden deshalb auch gezielte Nachwuchsförderung und die Entwicklung von Forschungsnetzwerken betrieben. Auch wenn es gegenwärtig der etablierten Wissenschaft im deutschsprachigen Raum noch schwerfällt, die neuen Studien zu Behinderung als innovativen Ansatz anzuerkennen: Langfristig gesehen haben die Disability Studies das Potenzial, die Forschungslandschaft zu (Nicht-)Behinderung entscheidend zu verändern.

▶ Zusammenfassung

Die Disability Studies sind ein interdisziplinäres Forschungsfeld, das sich vorgenommen hat, Behinderung und ihr Gegenteil, die Normalität, neu zu denken. Die Studien zu Behinderung verdanken ihr Entstehen den internationalen Behindertenbewegungen; sie distanzieren sich vom Rehabilitationsansatz, der Behinderung vorrangig als persönliches Schicksal ansieht. Als eigenen Ansatz haben die Disability Studies das soziale Modell von Behinderung entwickelt; danach entsteht Behinderung als Ergebnis von wirtschaftlichen Bedingungen, gesellschaftlichen Barrieren und diskriminierenden Handlungen. Aber auch kulturelle Zuschreibungen und Deutungsmuster sind an der Benachteiligung von behinderten Menschen beteiligt. Die Disability Studies haben deshalb auch ein kulturelles Modell von Behinderung entworfen. Nicht zuletzt tragen die Studien zu Behinderung dazu bei, dass behinderte Menschen gleichberechtigt in Wissenschaft und Forschung mit einbezogen werden.

Anmerkungen

1 Vgl. für eine ausführliche Darstellung Werner Schneider/Anne Waldschmidt, Disability Studies. (Nicht-)Behinderung anders denken, in: Stephan Moebius (Hrsg.), Kultur. Von den Cultural Studies bis zu den Visual Studies. Eine Einführung, Bielefeld 2012, S. 128–150.

2 Vgl. Anja Tervooren, Der verletzliche Körper. Überlegungen zu einer Systematik der Disability Studies, in: Anne Waldschmidt (Hrsg.), Kulturwissenschaftliche Perspektiven der Disability Studies, Kassel 2003, S. 37–48.

3 Vgl. Gary L. Albrecht/Katherine D. Seelman/Michael Bury (Hrsg.), Handbook of Disability Studies, Thousand Oaks 2001; Gary L. Albrecht (Hrsg.), Encyclopedia of Disability, Thousand Oaks (CA)/London/New Dehli 2006.

4 Vgl. Lennard J. Davis (Hrsg.), The Disability Studies Reader, New York/London 2013.

5 Vgl. Rosemarie Garland-Thomson, Extraordinary Bodies. Figuring Physical Disability in American Culture and Literature, New York 1997; dies., Staring. How We Look, New York 2009.

6 Vgl. Tobin Siebers, Disability Theory, Ann Arbor 2008; ders., Zerbrochene Schönheit. Essays über Kunst, Ästhetik und Behinderung, Bielefeld 2009.

7 Vgl. David T. Mitchell/Sharon L. Snyder, Narrative Prosthesis. Disability and the Dependencies of Discourse, Ann Arbor 2000.

8 Vgl. Michael Oliver, Understanding Disability. From Theory to Practice, London 2009.

9 Vgl. Colin Barnes/Geof Mercer (Hrsg.), Exploring Disability. A Sociological Introduction, Cambridge 2010.

10 Vgl. Mairian Corker, Deaf and Disabled, or Deafness Disabled, Buckingham/Philadelphia 1998.

11 Vgl. Tom Shakespeare, Disability Rights and Wrongs, London/New York 2006.

12 Vgl. für Einzelheiten Anne Waldschmidt, Disability Studies, in: Markus Dederich/ Wolfgang Jantzen (Hrsg.), Behinderung und Anerkennung. Behinderung, Bildung, Partizipation: Enzyklopädisches Handbuch der Behindertenpädagogik, Band 2, Stuttgart 2009, S. 125–133.

13 Vgl. Petra, Lutz/Thomas Macho/Gisela Staupe/Heike Zirden (Hrsg.), Der (im-)perfekte Mensch. Metamorphosen von Normalität und Abweichung, Köln/Weimar 2003.

14 Vgl. Gisela Hermes/Swantje Köbsell (Hrsg.), Disability Studies in Deutschland – Behinderung neu denken! Dokumentation der Sommeruni 2003, Kassel 2003; Anne Waldschmidt (Hrsg.), Kulturwissenschaftliche Perspektiven der Disability Studies, Kassel 2003.

15 Vgl. Mark Priestley, Worum geht es bei den Disability Studies? Eine britische Sichtweise, in: Anne Waldschmidt (Hrsg.), Kulturwissenschaftliche Perspektiven der Disability Studies, Kassel 2003, S. 23–35.

16 Vgl. für Details W. Schneider/A. Waldschmidt, wie Anm. 1, S. 142–148.

17 Ausführlicher zum Profil des kulturellen Modells von Behinderung siehe Anne Waldschmidt, Disability Studies: Individuelles, soziales und/oder kulturelles Modell von Behinderung?, in: Psychologie & Gesellschaftskritik, 29 (2005) 1, S. 9–31.

18 Für eine tabellarische Gegenüberstellung der verschiedenen Modelle von Behinderung siehe A. Waldschmidt, wie Anm. 17, S. 26.

19 Es werden auch immer wieder zusätzliche Modelle ins Spiel gebracht, bei denen es fraglich ist, ob es sich wirklich um neue oder nicht eher um Varianten eines der beiden in diesem Beitrag ausführlicher vorgestellten Modelle handelt. Siehe beispielsweise die Abgrenzung von sozialem und menschenrechtlichem Modell im Beitrag von Theresia Degener in diesem Band → S. 64 ff.

20 Vgl. Colin Barnes, Reflections on Doing Emancipatory Disability Research, in: John Swain u. a. (Hrsg.), Disabling Barriers – Enabling Environments, London 2004, S. 47–53.

Petra Flieger / Volker Schönwiese

Disability Studies und Partizipation in der Forschung – über ein Projekt zum Bildverständnis von Behinderung

Für die Forschung zu bzw. über Behinderung – Disability Studies – ist die Frage von zentraler Bedeutung, wie Behinderungen, im Sinne eines Behindert-Werdens durch soziale Barrieren und kulturelle Zuschreibungen, entstehen bzw. sich verändern. Dazu zählt die Analyse der sozialen Situation behinderter Menschen, die Zusammenhänge zwischen Kultur, Ökonomie und Politik berücksichtigt,[1] ebenso wie die Forschung zum Behindert-Werden aus kulturwissenschaftlicher Perspektive. Letztere untersucht interdisziplinär den »Bestand an Werten und Normen, Symbolen und Sprache, Traditionen und Institutionen, Wissen, Ritualen und Praktiken, Geschichte und Geschichten, die eine Gesellschaft entwickelt hat und in Erziehungs- und Bildungsprozessen an die Gesellschaftsmitglieder weiter gibt.«[2] Behinderungsforschung im Sinne der Disability Studies verlangt über diese inhaltlichen Orientierungen hinaus aber auch eine Veränderung der wissenschaftlichen Praxis selbst, denn Menschen mit Behinderungen sollen darin eine entscheidende und aktive Rolle einnehmen. So soll gewährleistet werden, dass Forschung für behinderte Menschen bedeutsam ist und zu einer Reduzierung des Behindert-Werdens führt.

Partizipative Forschungsstrategien ermöglichen behinderten Menschen mit unterschiedlichem sozio-ökonomischem Hintergrund, unterschiedlichen, vor allem auch nicht akademischen, Bildungskarrieren sowie divergierenden Lebenserfahrungen, zum Beispiel in Institutionen der Behindertenhilfe, die aktive Teilhabe an wissenschaftlicher Forschung. Dies soll das folgende Beispiel zeigen.

Ausgangspunkte: Analyse historischer und aktueller Blickweisen

Ein jahrhundertelang von der Wissenschaft nicht beachtetes Bildnis eines behinderten Mannes aus dem 16. Jahrhundert und die Neugier, mehr über dieses zu erfahren, waren der konkrete Ausgangspunkt für das partizipative Forschungsprojekt »Das Bildnis eines behinderten Mannes«[3]. Kooperationspartner bei dem Forschungsprojekt waren neben dem Kunsthistorischen Museum Wien, zu dessen Sammlung in Schloss Ambras das Bildnis gehört, das Institut für Erziehungswissenschaften der Universität Innsbruck und die in Innsbruck angesiedelte Selbsthilfeorganisation von Menschen mit Behinderungen »Selbstbestimmt Leben«.

Das Projekt fußte auf der Grundthese, dass alltagsförmige und institutionelle Umgangsweisen mit behinderten Menschen entscheidend an gesellschaftlichen Bildern und Vorstellungskonventionen ausgerichtet sind. Anhand realer Bilder aus der frühen Neuzeit und der Gegenwart sollten historische und aktuelle Blickweisen auf behinderte Menschen analysiert werden, um Aspekte der Wissensproduktion über Behinderung nachzuvollziehen. Vier Blicke standen dabei im Vordergrund: der neugierige, der medizinische, der mitleidige und der emanzipierte Blick.

Partizipatives Vorgehen

Die Partizipation im Forschungsprojekt wurde durch zwei Strategien umgesetzt: Erstens arbeiteten zwei Wissenschaftler_innen mit Behinderung im Projekt mit, zweitens wurde eine sogenannte Referenzgruppe aus Frauen und Männern mit Behinderungen eingerichtet. Der schulische bzw. berufliche Hintergrund der Mitglieder in der Referenzgruppe reichte von Sonderschul- bis zu Universitätsabsolvent_innen, vom Hilfsarbeiter über Maurer und Sozialarbeiter hin zum Kunsthistoriker, zur Juristin und Beraterin. Ihre Tätigkeit für das Forschungsprojekt erfolgte stundenweise, einerseits im Rahmen von Besprechungen, andererseits in Form von individuell erarbeiteten Beiträgen wie Texten oder Kunstwerken. Die Referenzgruppe kam regelmäßig zu Besprechungen zusammen. Diese gemeinsamen Sitzungen aller Projektmitarbeiter_innen, also auch der projektverantwortlichen Wissenschaftler_innen vonseiten der Universität und des Museums, stellten einerseits einen verbindlichen Rahmen her, andererseits eröffneten sie Spielräume für individuelle Zugänge, zum Beispiel die künstlerische, wissenschaftliche oder an Alltagserfahrungen orientierte Auseinandersetzung mit dem Forschungsthema. Wichtig für die Kontinuität der Referenzgruppe war die Bezahlung ihrer Mitglieder, die in partizipativen Projekten nicht selbstverständlich ist: In der Regel werden die wissenschaftlichen Mitarbeiter_innen bezahlt, nicht wissenschaftliche Mitarbeiter_innen jedoch nicht. Dies führt häufig dazu, dass nicht bezahlte Projektmitarbeiter_innen frühzeitig aussteigen.

Inhaltliche Schwerpunkte und Verschiebungen

Ursprünglich sollte der Referenzgruppe eine beratende Funktion zukommen, doch relativ schnell zeigte sich, dass es für deren Mitglieder wichtig war, sich mit eigenen, konkreten Aktivitäten am Forschungsprojekt zu beteiligen. Dazu zählten neben der Gestaltung der Ausstellung auf Schloss Ambras vor allem die Herstellung von Kunstwerken für diese Ausstellung sowie das Verfassen eines Wörterbuchs zu dem Bildnis eines behinderten Mannes. Gemeinsam wurden neben dem schon genannten Bildnis eines unbekannten behinderten Mannes aus der zweiten Hälfte des 16. Jahrhunderts zwei weitere wissenschaftlich bis dahin nicht beachtete Darstellungen recherchiert und zur Bearbeitung ausgewählt: das um 1578 entstandene Bildnis der »Elisabet Stulta« (= einfältige Elisabeth), einer »natürlichen« Närrin am Hof von Königin Anna in Prag[4], sowie ein Flugblatt aus dem Jahr 1620, das Wolf[f]gang Gschaidter abbildet und mit »Der kranck/oder krumme Tischler zu Ynßprugg« betitelt ist.[5]

Alle drei Bildwerke stellen historische Zeugnisse der Entwicklung von Blicken auf Menschen mit Behinderungen dar, die bis heute wirksam sind: Das Bildnis des behinderten Mannes aus dem 16. Jahrhundert ist ein Dokument für die Entwicklung einer Sicht der Trennung von Körper und Geist sowie eines medizinischen Blicks auf Personen mit Behinderungen.[6] Die »einfältige Elisabeth« wird über symbolträchtige Motive auf ihrem Gewand Trägerin des politisch-religiösen Zeitgedächtnisses[7], so können etwa der Esel und der Schwan als Verweise auf die Auseinandersetzung von Reformation und Gegenreformation gedeutet werden. Verena Oberhöller schreibt dazu: »Der aus Prag stammende ›Vorreformator‹ Jan Hus wurde 1415 während des Konzils von Konstanz als Ketzer hingerichtet. Er soll, bevor er am Scheiterhaufen verbrannt wurde, gesagt haben, dass sie heute zwar eine Gans braten, aber aus der Asche ein Schwan auferstehen würde. Im Tschechischen bezeichnet ›Hus‹ die ›Gans‹, und Luther wird als der auferstandene Schwan bezeichnet.« [8] Das Bild der Elisabeth ist keinem der üblichen Blicke auf Menschen mit Behinderungen zuzuordnen, bemerkenswert ist jedoch die Tatsache, dass eine »natürliche Närrin« in solch einem bedeutsamen Zusammenhang porträtiert wurde. In dem Flugblatt von 1620 wird die Darstellung des »siechen« Tischlers für Zwecke der

Gegenreformation instrumentalisiert: So ermahnt der Text unterhalb der Illustration die Betrachter_innen, beim Anblick des Mannes an die eigene Sterblichkeit zu denken, Geld zu spenden und zu beten.[9] Dieses Flugblatt ist das 400 Jahre alte Zeugnis eines mitleidigen Blicks auf Menschen mit Beeinträchtigung, der bis heute noch weit verbreitet ist.

Alle wissenschaftlichen Recherchen wurden in der gesamten Projektgruppe zur Diskussion gestellt, ausführlich besprochen, in den Zusammenhang mit dem eigenen Wissen und den Erfahrungen aller Teilnehmer_innen gestellt und schließlich verschriftlicht. Als Dokumentation der Perspektivenvielfalt und im Sinne eines gemeinsamen Produkts entstand so eine Sammlung von über 80 Texten zum historischen Bildnis eines behinderten Mannes aus dem 16. Jahrhundert, in denen sowohl Erfahrungs- als auch theoretisches Wissen aller Mitarbeiter_innen vielfältig gebündelt sind. Die Texte stellen das 400 Jahre alte Bildnis in komplexe historische und aktuelle Zusammenhänge und sind als *Kleines Wörterbuch zum Bildnis eines behinderten Mannes* veröffentlicht worden.[10]

Im Lauf des Projekts verschob sich der inhaltliche Schwerpunkt der Auseinandersetzung vor allem in eine Richtung: Weg von den durch Dritte hergestellten Bildern behinderter Menschen bzw. den Blicken Dritter auf behinderte Menschen hin zur Selbstdarstellung behinderter Frauen und Männer mit dem klaren Fokus auf einen emanzipierten Blick. In der Ausstellung wurden daher den historischen Werken Bilder und Objekte von behinderten Künstler_innen der Gegenwart als Kommentar gegenübergestellt,[11] darunter drei grüne, lebensgroße Puppen, die Frauen mit unterschiedlichen Formen von Beeinträchtigungen darstellten. Sie waren in weiße Unterwäsche gekleidet und behandelten das Thema Verletzlichkeit.[12] Der theoretische Ansatz der Blicke erweiterte sich kontinuierlich und dynamisch. Er umfasste schlussendlich nicht nur die fremden und eigenen Blicke auf Menschen mit Behinderungen, sondern auch die Blicke von Menschen mit Behinderungen auf Menschen ohne Behinderungen. Das Bildnis des unbekannten behinderten Mannes aus dem 16. Jahrhundert und dessen intensiver, an die Betrachter_innen gerichteter Blick symbolisiert diese Gegenseitigkeit auf eindringliche Weise.

Ein Thema, das in der ursprünglichen Projektkonzeption nicht berücksichtigt worden war, gewann durch die Partizipation vieler Menschen mit Behinderungen zunehmend an Bedeutung: Barrierefreiheit. Einerseits konnten die beteiligten Rollstuhlfahrer_innen aufgrund der fehlenden Barrierefreiheit in Schloss Ambras das Bildnis des behinderten Mannes erst sehr spät im Original sehen, andererseits kristallisierte sich der Wunsch nach Barrierefreiheit auch für die Ausstellung als wesentliches Qualitätskriterium heraus.

Alle inhaltlichen Verschiebungen belegen sehr gut den starken Einfluss der Referenzgruppe, durch die für das besagte Bildnis ein völlig neuer und stark erweiterter Kontext hergestellt wurde.

Der partizipative Ansatz als Qualitätsmerkmal in der Forschung

Die Ausstellung, und der dazu erschienene Katalog sowie der ergänzende Dokumentarfilm[13] und der wissenschaftliche Sammelband spiegeln die vielfältigen und für ein Forschungsprojekt ungewöhnlichen Perspektiven aller Beteiligten. Sie entsprechen eben nicht typischen Ergebnissen herkömmlicher Wissensproduktion und belegen den Erfolg des partizipativen Ansatzes, in den die Erfahrungen und das Wissen behinderter Menschen einfließen. Die Bedeutung der gemeinsamen Arbeit für die Qualität der Produkte und die gewonnenen Ergebnisse kann kaum überbewertet werden.[14]

Partizipative Forschungsstrategien in der wissenschaftlichen Forschung zu bzw. über Behinderung sind im deutschsprachigen Raum keinesfalls selbstverständlich. Eine positive Ausnahme stellt hier die Studie zur Lebenssituation von Frauen mit Behinderungen in Deutschland dar.[15] Diese Untersuchung zeigt ausgezeichnet, wie ein partizipativer Forschungsansatz auch bei großangelegten Studien in der Praxis berücksichtigt und realisiert werden kann. Expertinnen mit Behinderungen bzw. Selbstvertretungsorganisationen von Frauen mit Behinderungen standen dem Projektteam sowohl im Vorfeld als auch während der Durchführung der Studie in beratender und begleitender Funktion zur Seite. Im Rahmen der Studie wurden nicht nur Frauen, die in Privathaushalten leben, sondern auch in Einrichtungen der Behindertenhilfe lebende Frauen systematisch befragt, ein absolutes Novum für den deutschsprachigen Raum. Im Sinne der UN-Konvention über die Rechte von Menschen mit Behinderungen sollten partizipative Forschungsstrategien als Standard für die Forschung zum Thema Behinderung eingeführt werden.

▶ Zusammenfassung

Die Möglichkeit der aktiven Teilhabe von Menschen mit Behinderungen in wissenschaftlichen Forschungsprojekten ist wichtig. So wird durch die wissenschaftliche Praxis sichergestellt, dass die Forschung für Menschen mit Behinderungen bedeutsam ist. In einem Forschungsprojekt über ein 400 Jahre altes Bild eines behinderten Mannes ist dies gelungen: Eine Gruppe von Frauen und Männern mit Behinderungen hat die Themen und die Ergebnisse des wissenschaftlichen Projekts aktiv mitbestimmt und gestaltet. Es sollte mehr Forschungsprojekte zum Thema Behinderung geben, die eine Teilhabe behinderter Menschen praktizieren.

Anmerkungen

1 Vgl. Sascha Plangger/Volker Schönwiese, Bildungsgerechtigkeit zwischen Umverteilung, Anerkennung und Inklusion, in: Markus Dederich u. a. (Hrsg.), Gerechtigkeit und Behinderung. Heilpädagogik als Kulturpolitik, Gießen 2013, S. 55–76.

2 Anne Waldschmidt, Kulturwissenschaftliche Perspektiven der Disability Studies. Einführung in die Tagung, in: Dies. (Hrsg.), Kulturwissenschaftliche Perspektiven der Disability Studies. Tagungsdokumentation, Kassel 2003, S. 11–22, hier S. 16.

3 Die Laufzeit des Projektes erstreckte sich von März 2005 bis Dezember 2006. Als Ergebnisprodukt waren neben einem wissenschaftlichen Sammelband von Beginn an auch die Gestaltung einer Ausstellung auf Schloss Ambras vorgesehen. Am 8. Dezember 2006 wurde dann die Ausstellung »Das Bildnis eines behinderten Mannes. Blicke, Ansichten, Analysen. Bildkultur der Behinderung vom 16. bis 21. Jahrhundert« im Schloss Ambras bei Innsbruck eröffnet, die bis zum 30. Juni 2007 dort zu sehen war. – Das Bildnis eines behinderten Mannes stammt aus dem 3. Viertel des 16. Jahrhunderts (Öl auf Leinwand, H. 110 cm, B. 135 cm). Es ist auf Schloss Ambras bei Innsbruck in der Kunst und Wunderkammer ausgestellt und Teil der Gemäldegalerie des Kunsthistorischen Museums Wien, Inv.-Nr. 8344. Die Herkunft des Bildes ist unbekannt.

4 Menschen mit Behinderungen oder einer Lernschwäche wurden als »natürliche« Narren bezeichnet und hatten als solche keine Funktion als Spaßmacher.

5 Das um 1578 entstandene Frauenbildnis mit dem Titel »Elisabeth« (ELISABET STULTA = einfältige Elisabeth), eine 11,5 x 9,5 cm große Kopie eines älteren Gemäldes, gehört zur Sammlung des Kunsthistorischen Museums Wien; das Flugblatt aus dem Jahr 1620 (Landesmuseum Ferdinandeum, Innsbruck) zeigt den Innsbrucker Tischler Wolfgang Gschaidter und ist übertitelt: »Der kranck/oder krumme Tischler zu Ynßprugg,/welcher über das fünffzehendt Jahr in unerhörter Schwachhait ligt/ und noch allhie lebendig zu sehen ist« (Kupferstich 47,3 x 29,1 cm von Andreas Spängler). Die Darstellungen sind online abrufbar unter: http://bidok.uibk.ac.at/projekte/bildnis/index.html (Aufruf am 18.04.2014).

6 Vgl. Volker Schönwiese/Christian Mürner, Das Bildnis eines behinderten Mannes. Kulturgeschichtliche Studie zu Behinderung und ihre Aktualität, in: Psychologie und Gesellschaftskritik, Nr. 1/2005 (Nr. 113), S. 95–125, online abrufbar unter: http://bidok.uibk.ac.at/library/schoenwiese-bildnis.html (Aufruf am 18.04.2014).

7 Vgl. Verena Oberhöller, Zum Bildnis der Elisabeth: zwischen Anerkennung und Projektion, in: Petra Flieger/Volker Schönwiese (Hrsg.), Das Bildnis eines behinderten Mannes. Bildkultur der Behinderung vom 16. bis ins 21. Jahrhundert. Wissenschaftlicher Sammelband, Neu-Ulm 2007, S. 272–305, online abrufbar unter: http://bidok.uibk.ac.at/library/oberhoeller-elisabeth.html (Aufruf am 18.04.2014).

8 Ebd.

9 Siehe Christian Mürner/Volker Schönwiese, Wolffgang Gschaidter – Innsbrucker Wahrzeichen, in: P. Flieger/V. Schönwiese, Volker (Hrsg.), wie Anm. 7, online abrufbar unter: http://bidok.uibk.ac.at/library/muerner-innsbruck.html (Aufruf am 18.04.2014).

10 Vgl. Kleines Wörterbuch zum Bildnis eines behinderten Mannes, in: Volker Schönwiese/Christian Mürner (Hrsg.), Das Bildnis eines behinderten Mannes. Bildkultur der Behinderung vom 16. bis ins 21. Jahrhundert, Neu-Ulm 2006, S. 54–93.

11 Siehe dazu den Plan und die Fotos der Ausstellung unter: http://bidok.uibk.ac.at/projekte/bildnis/ausstellung.html (Aufruf am 18.04.2014).

12 Siehe die Fotos der Ausstellung sowie den Dokumentarfilm auf der Projekthomepage http://bidok.uibk.ac.at/projekte/bildnis/index.html (Aufruf am 18.04.2014), dort unter Projekte – Dokumentarfilm – Der Dokumentarfilm zum Projekt – Der Film »Das Bildnis eines behinderten Mannes« auf You Tube; siehe auch http://www.karin-flatz.com/bildnis_eines_behinderten_mannes (Aufruf am 02.09.2014).

13 Volker Schönwiese/Bernd Thomas, Das Bildnis eines behinderten Mannes. Blicke auf die Geschichte behinderter Menschen, Dokumentarfilm, 45 min mit Untertiteln und Audiodeskription, München 2006, online abrufbar unter: http://www.youtube.com/watch?v=A_bFO7fxIkU (Aufruf am 18.04.2014).

14 Weiterführende Informationen und Materialien zum Forschungsprojekt siehe auf der Projekthomepage http://bidok.uibk.ac.at/projekte/bildnis/index.html (Aufruf am 18.04.2014).

15 Monika Schröttle/Claudia Hornberg/Sandra Glammeier, Lebenssituation und Belastungen von Frauen mit Beeinträchtigungen und Behinderungen in Deutschland. Repräsentative Untersuchung im Auftrag des Bundesministeriums für Familie, Senioren, Frauen und Jugend, Kurzfassung, Berlin 2012, online abrufbar unter: http://www.bmfsfj.de/RedaktionBMFSFJ/Broschuerenstelle/Pdf-Anlagen/Lebenssituation-und-Belastungen-von-Frauen-mit-Behinderungen-Kurzfassung,property=pdf,bereich=bmfsfj,sprache=de,rwb=true.pdf (Aufruf am 16.06.2014). – Eine Zusammenfassung der Ergebnisse in Leichter Sprache ist online abrufbar unter: http://www.einfach-teilhaben.de/SharedDocs/Downloads/DE/LS/Aktuelles/2012_05_04_studie_ls.pdf?__blob=publicationFile (Aufruf am 18.04.2014).

Wiebke Schär / Wolfgang Angermann

Die Europäische Union als Vertragspartei der UN-Behindertenrechtskonvention

Die Umsetzung der UN-BRK durch die Europäische Union

Am 23. Dezember 2010 ist die Europäische Union (EU) als erste und bislang einzige zwischenstaatliche Organisation dem »Übereinkommen der Vereinten Nationen über die Rechte von Menschen mit Behinderungen«[1], beigetreten. Mit Inkrafttreten dieses Beitritts am 22. Januar 2011 hat die EU die UN-BRK als geltendes und bindendes Völkerrecht anerkannt und sich samt ihrer Organe verpflichtet, politische Maßnahmen und Programme mit den in der Konvention verankerten Rechten in Einklang zu bringen.[2] Die in der UN-BRK formulierten Leitprinzipien, wie zum Beispiel Nicht-Diskriminierung, Recht auf Selbstbestimmung, Inklusion, Partizipation und Barrierefreiheit, muss die EU im Rahmen ihrer Kompetenzen demgemäß beim Erlass von Rechtsvorschriften (etwa Richtlinien über das öffentliche Vergabewesen), beim Verwaltungshandeln – darunter fallen beispielsweise die Ausgestaltung von Förderprogrammen sowie die Bereitstellung von Informationen – und schließlich auch in den einschlägigen Urteilen des Europäischen Gerichtshofes beachten. Hier liegt also die Chance, aber auch die Herausforderung für die EU, im Rahmen ihrer Handlungsfelder, ihren Mitgliedsstaaten durch verbindliche und/oder empfehlende Instrumente und Maßnahmen entscheidende Impulse für die nationale Umsetzung der Konvention zu setzen.

Der Verhaltenskodex zur internen Regelung der Umsetzung

Wie sich die Umsetzung der UN-BRK auf EU-Ebene in ihren unterschiedlichen Organen regelt, ist bereits seit Dezember 2010 in einem sogenannten Verhaltenskodex[3] zwischen der Europäischen Kommission, dem Rat der EU und den Mitgliedsstaaten festgeschrieben. Punkt 11 des Kodex skizziert, dass der laut Artikel 33 Absatz 1 UN-BRK geforderte *focal point* – die staatliche

Anlaufstelle »für Angelegenheiten im Zusammenhang mit der Durchführung« des Übereinkommens[4] – bei der EU-Kommission[5] angesiedelt ist. Damit koordiniert Letztere die Zusammenarbeit der verschiedenen Abteilungen, Institutionen sowie der Mitgliedsstaaten. So ist die Kommission besonders als strategische Akteurin hinsichtlich der Umsetzung der UN-BRK zu verstehen. In Bezug auf die Pflicht zur regelmäßigen Erstellung von Berichten[6] seitens der Vertragsstaaten über die Implementierung der UN-BRK stellt Punkt 12 des Verhaltenskodex die Komplementarität zwischen der EU und den Mitgliedsstaaten fest: Das meint zum Beispiel die Kooperation zwischen der EU und ihren Mitgliedern im Sinne der gegenseitigen Unterstützung und Übermittlung relevanter Informationen, bevor es zur Einreichung eines Berichts an den zuständigen prüfenden UN-Fachausschuss zur Behindertenrechtskonvention kommt.

Des Weiteren regelt der Verhaltenskodex, dass die EU-Kommission im Sinne von Artikel 33 Absatz 2 und 3 UN-BRK einen Rahmen für »einen oder mehrere unabhängige Mechanismen« schafft und die Partizipation der Zivilgesellschaft sicherstellt. Nach Konsultationen von Betroffenen und ihren Organisationen sowie einer gründlichen Analyse der unterschiedlichen EU-Akteure in Bezug auf ihre behindertenpolitische Ausrichtung bilden folgende Akteur_innen den Rahmen dieses unabhängigen Mechanismus der EU: das Petitionskomitee des Europaparlaments, der/die Europäische Bürgerbeauftragte, die Europäische Grundrechteagentur (FRA), das Europäische Behindertenforum (EDF) sowie die EU-Kommission. Diese fünf Mitglieder kamen Anfang 2013 in der konstituierenden Sitzung zusammen und tragen gemeinsam, äquivalent zu den unabhängigen Mechanismen auf nationaler Ebene, die Verantwortung bezüglich der Förderung, des Schutzes und der Überwachung der Implementierung der UN-BRK auf EU-Ebene. Ob die Teilnahme der Europäischen Kommission an diesem unabhängigen Monitoring-Mechanismus gegen die Pariser Prinzipien der Vereinten Nationen von 1994 verstößt,[7] wird vom UN-Fachausschuss zur Behindertenrechtskonvention im Rahmen der Überprüfung des ersten Staatenberichts der EU zu beurteilen sein; denn es ist fraglich, ob die Europäische Kommission als Exekutivorgan der EU als unabhängig einzustufen ist.

Der Kodex regelt auch die genaue Aufgabenverteilung[8] und benennt damit, welche Politikbereiche in den alleinigen Zuständigkeitsbereich der EU und ihrer Institutionen fallen (etwa der gemeinsame Zolltarif oder die eigene öffentliche Verwaltung), in welchen Bereichen die EU-Mitgliedsstaaten ausschließliche Handlungskompetenz besitzen und schließlich jene Politikfelder, in denen eine geteilte Zuständigkeit zwischen der EU und den einzelnen Mitgliedsstaaten besteht. Letztgenannte Konstellation trifft auf viele der in der UN-BRK genannten Handlungsfelder zu, so die Beschäftigungspolitik, die Entwicklungszusammenarbeit, die Sozial- oder auch die Bildungspolitik. In der Praxis fallen diese Themen damit unter das Subsidiaritätsprinzip. Danach steht die EU den Mitgliedsstaaten grundsätzlich fördernd und ergänzend zur Seite und wird nur dann tätig, wenn die Maßnahmen auf der nationalen Ebene eines Mitgliedsstaates nicht befriedigend sind und daher besser auf der Ebene der Gemeinschaft erreicht werden können[9].

Der Auftrag des unabhängigen Überwachungsmechanismus schließt damit also allein die Bereiche der Rechtsvorschriften und Politiken in den Zuständigkeitsbereichen der EU sowie die Umsetzung der UN-BRK in der internen Verwaltung der EU-Institutionen mit ein. In der Praxis gestaltet sich die Arbeitsweise[10] des EU-Monitoring-Mechanismus wie folgt: Als eine Plattform des Austausches lädt die Europäische Kommission jährlich Vertreter_innen der nationalen Überwachungsmechanismen, der staatlichen Anlaufstellen sowie der Zivilgesellschaft zu einer Konferenz ein, dem sogenannten *Work Forum*, um sich über Implementierungspraktiken auszutauschen. Zweimal jährlich treffen sich die fünf Akteur_innen des EU-Monitoring-Mechanismus, der sowohl seine Agenda als auch Entscheidungen nach dem Prinzip der Einstimmigkeit festsetzt. Sie alle nehmen im Wechsel von zwei Jahren unterschiedliche Aufgaben wahr, wie die des Vorsitzes oder der Sekretariatsleitung.

Die von der EU-Kommission ins Leben gerufene *Disability High Level Group (DHLG)* spielt eine besondere Rolle bei der Umsetzung der UN-BRK auf EU-Ebene. In regelmäßigen Abständen trifft sich diese Arbeitsgruppe, die aus Abgesandten der Europäischen Kommission, Vertreter_innen der Mitgliedsstaaten und ihrer staatlichen Anlaufstellen sowie der Zivilgesellschaft besteht, um über die Implementierungsprozesse zu beraten. Seit 2008 veröffentlicht die DHLG gemeinsam mit der EU-Kommission jährlich einen Bericht[11], in dem Stellung bezogen und resümiert wird, welche Fortschritte in Bezug auf die Umsetzung der UN-BRK sowohl auf Ebene der EU wie auch der Mitgliedsstaaten erzielt wurden.

Strategien und Instrumente der EU

Der rechtsbasierende Ansatz, der von der UN-BRK ausgeht, hielt bereits 1996 mit der »neuen Strategie der Europäischen Gemeinschaft in der Behindertenthematik«[12] Einzug und läutete einen Paradigmenwechsel der Behindertenpolitik auf EU-Ebene ein, der mit Gesetzesinitiativen und der Schaffung verschiedener Instrumente einherging, was den Weg bereiten sollte für zukünftige Entwicklungen und Strategien im Handlungsfeld Menschen mit Behinderungen.[13] Die aktuelle, auch unter Zutun der

Zivilgesellschaft erarbeitete und dann von der Europäischen Kommission im November 2010 verabschiedete »Europäische Strategie zugunsten von Menschen mit Behinderungen 2010–2020 – Erneuertes Engagement für ein barrierefreies Europa«[14] ist zugleich eine Reaktion auf die in der UN-BRK verankerten Verpflichtungen und Instrumente zu deren Umsetzung. Diese Strategie zielt ab auf das Empowerment behinderter Menschen, sodass diese ihre Rechte selbstbestimmt wahrnehmen und in allen Bereichen des gesellschaftlichen Lebens partizipieren. Sie beschreibt den gezielten Abbau von Barrieren[15] in acht Themenbereichen: Barrierefreiheit, Teilhabe, Gleichstellung, Beschäftigung, Bildung, sozialer Schutz, Gesundheit, Maßnahmen in der Außenpolitik. Für diese Bereiche sind jeweils spezifische Vorhaben und Maßnahmen vorgesehen, die in einem bestimmten Zeitrahmen geplant[16] und deren Implementierung mit bestimmten Instrumenten wie Bewusstseinsbildung, finanzielle Förderung, Forschung, Datensammlung und Monitoring verbunden ist. Damit geht die Europäische Kommission über das in der Vergangenheit meistgenutzte Instrument, die Gesetzgebung, zur Implementierung des rechtsbasierenden Ansatzes hinaus. So sind Datensammlungen in allen Schlüsselbereichen vorgesehen, etwa im Bereich inklusiver Bildung bezüglich der Teilhabe am Bildungssystem von Menschen mit hohem Unterstützungsbedarf, wie desgleichen Auswertungen verschiedener Definitionen inklusiver Bildung in den EU-Mitgliedsstaaten oder der Anwendung von angemessenen Vorkehrungen[17] im Bereich Bildung und Ausbildung (damit ist der Abbau von Barrieren im Einzelfall gemeint, wie etwa die Bereitstellung eines höhenverstellbaren Schreibtisches für einen Schüler, der zur Fortbewegung einen Elektrorollstuhl nutzt und der somit gleichberechtigt mit seinen Mitschüler_innen lernen kann).[18]

Fortschritte in der Implementierung der vorgesehenen Maßnahmen greift die DHLG in Form ihrer jährlichen Berichte auf. Gemeinsam mit dem Bericht der EU an den UN-Fachausschuss zur Behindertenrechtskonvention in Genf bieten die Berichte eine angemessene Basis zur Überprüfung und Nachbesserung der Strategie samt ihrer Maßnahmen.

Innerhalb des Europäischen Parlaments gibt es bereits seit 1980 eine eher informelle Arbeitsgruppe, die sogenannte *Disability Intergroup*. Sie setzt sich aus Parlamentsabgeordneten aller Nationen zusammen, die zum Teil selbst mit einer Beeinträchtigung leben, und bringt mittels ihres Mainstreaming-Ansatzes die Rechte und Belange behinderter Menschen in die diversen Schlüsselkomitees ein. Ebenso spiegelt sie die gesamte Arbeit des Parlaments und übt somit Einfluss dahingehend aus, dass sich die EU-Politik in die richtige Richtung bewegt.[19]

Das Prinzip Partizipation

Dem Leitsatz »Nichts über uns ohne uns!« folgend werden Menschen mit Behinderungen als Expert_innen in eigener Sache samt ihrer Organisationen in den Prozess des Monitorings nach Artikel 33 Absatz 3 UN-BRK mit eingebunden. Innerhalb des EU-Monitoring-Mechanismus hat das Europäische Behindertenforum (EDF) als europaweite Selbstvertretungsorganisation derzeit für die Dauer von zwei Jahren den Vorsitz inne, während die Europäische Kommission das Sekretariat führt. Zudem ist das EDF auf europäischer Ebene als Stimme der Zivilgesellschaft aktiv; so arbeitet es derzeit an einem sogenannten Schattenbericht, der dem UN-Fachausschuss zur Behindertenrechtskonvention – neben dem von der EU eingereichten Bericht – zur Evaluierung der Implementierungsprozesse auf EU-Ebene dienen wird.

Des Weiteren stellt die Europäische Kommission – sowohl durch ihre Förderung europaweit tätiger Netzwerke als auch in ihrer Rolle als Initiatorin der Gesetzgebung – die Partizipation behinderter Menschen sicher, indem diese mit ihren Organisationen über unterschiedliche Kanäle und mittels diverser Instrumente (wie Stellungnahmen, Anhörungen oder Mitwirkung in Arbeitsgruppen) ihre Belange einbringen können. So macht sich das EDF beispielsweise stark dafür, dass die EU die Mittelvergabe aus dem Europäischen Strukturfonds an das Kriterium der Barrierefreiheit und das Leben in der Gemeinde bindet.[20]

Durch den Beitritt zur UN-BRK übt die EU – auch durch die »Europäische Strategie zugunsten von Menschen mit Behinderungen 2010–2020« – zweifelsohne Druck auf ihre Mitgliedsstaaten aus. Das Potenzial zur Transformation ist allerdings dadurch gedämpft, dass zahlreiche der in der UN-BRK genannten Politikbereiche unter das Subsidiaritätsprinzip fallen und zugleich viele Mitgliedsstaaten dem von der Konvention ausgehenden Paradigmenwechsel hin zu einem rechtsbasierenden Ansatz noch zögernd gegenüberstehen. Nicht zuletzt zeugt der unterschiedliche Stand der Entwicklungen in den einzelnen EU-Mitgliedsstaaten von der Komplexität beim Prozess der Implementierung, wofür der Themenbereich Inklusion kennzeichnend ist.

Die Situation von Menschen mit Behinderungen in einzelnen Mitgliedsstaaten – ein Vergleich

Bildungssystem

Auf der Basis einer Datenerhebung des Statistischen Amts der Europäischen Union, kurz Eurostat[21], geht die Europäische Kommission von etwa

80 Millionen in der EU lebenden Bürger_innen mit einer Behinderung aus sowie einem Anteil von 10 Prozent behinderter Menschen an der EU-Bevölkerung im arbeitsfähigen Alter. Dem aktuellen Bericht der *Disability High Level Group*[22] zufolge sind behinderte Menschen in der EU sozial und wirtschaftlich benachteiligt: So führen die eingeschränkten Bildungschancen unterschiedlicher Ausprägung in den einzelnen Mitgliedsstaaten zu erheblichen Entwicklungsverzögerungen und -störungen, und die mangelnde Teilhabe am Arbeitsleben birgt ein akutes Risiko der Isolation und Vereinsamung. Bedingt durch solche Isolation, eine häufig sehr begrenzte Lebensumgebung und Kommunikationshindernisse sind Menschen mit Behinderungen auch im allgemeinen Lebensalltag einem bedrückenden Mangel an Lebensqualität ausgesetzt.

Diese allgemeinen Feststellungen sind die Basis, von der ausgehend man den Versuch unternehmen kann, sich anhand von Beispielen ein Bild von der Situation behinderter Bürger_innen in einzelnen EU-Mitgliedsstaaten zu machen. Dabei ist länderübergreifend zu berücksichtigen, dass neben den erwähnten generellen Gegebenheiten die jeweils individuellen Dispositionen, wie Art der Beeinträchtigung, familiäre Faktoren etc., eine nicht zu unterschätzende Bedeutung für die persönlichen Möglichkeiten der Lebensgestaltung haben.

Ein erster Schritt, die Lebensumstände so zu gestalten, dass auch Menschen mit Behinderungen selbstverständlich am Leben in der Gemeinschaft teilhaben, ist ein auf dieses Ziel ausgerichtetes Bildungssystem. Nach einer Untersuchung von Andrea E. Ostheimer[23] haben 58 Prozent der Jugendlichen mit Behinderungen im Alter von 14 bis 18 Jahren in Europa keinen Schulabschluss, während es bei nicht behinderten Jugendlichen 41 Prozent sind. Die Wahrscheinlichkeit, dass Menschen mit Behinderungen einen Hochschulabschluss erlangen, ist – auch das spiegelt die Untersuchung – um 50 Prozent geringer als bei nicht behinderten Menschen. Diese Erkenntnis ist von besonderer Tragweite, wenn man berücksichtigt, dass ein inklusives Bildungssystem im Vergleich zur segregierten Ausbildung einen besser qualifizierten Bildungsabschluss, deutlich mehr Gelegenheit für soziale Bindungen und hilfreiche Vernetzungen sowie daraus folgend bessere Chancen für den Einstieg in das Berufsleben bietet.[24]

Artikel 24 UN-BRK (Bildung) fordert von den Vertragsstaaten inklusive Erziehungs- und Bildungssysteme auf Grundlage der Chancengleichheit ein. Beispielgebend für eine entsprechende Umsetzung innerhalb der EU-Mitgliedsstaaten ist Schweden.[25] Die Philosophie, wie sie in Artikel 24 UN-BRK zum Ausdruck kommt, ist dort bereits seit Langem Grundlage der Bildungspolitik und hat demzufolge auch Eingang gefunden in den nationalen Strategieplan zur Umsetzung der UN-BRK. Gemeinsame Früherziehung und gemeinsamer Schulunterricht von behinderten und nicht behinderten Kindern sind in Schweden selbstverständlich. Wird aufgrund der individuellen Bedarfslage personelle oder sächliche Unterstützung benötigt, um gemeinsam mit den Lernenden ohne Behinderung das Bildungsziel zu erreichen, stehen hierfür umfangreiche Unterstützungssysteme bereit, ohne dass die Betroffenen und/oder ihre Angehörigen langwierige Verwaltungsverfahren durchlaufen müssen. Nur in Fällen von Beeinträchtigungen, in denen die Bedarfslage unabweisbar eine spezielle Unterstützung in einem Umfang erfordert, die nur in einer Sondereinrichtung gewährleistet werden kann, werden solche Unterstützungen nach einem strengen Prüfverfahren bewilligt.

Auch in Italien sind die Weichen seit Jahrzehnten auf eine gemeinsame Erziehung und Ausbildung von Kindern und Jugendlichen mit und ohne Behinderungen gestellt.[26] Bereits seit 1992 fordert ein Gesetz für alle Schulen Barrierefreiheit, und zwar sowohl hinsichtlich der Gebäude selbst als auch ihrer Ausstattung. Die Schulen sind verpflichtet, alle geeigneten Hilfsmittel und Unterstützungsleistungen für behinderte Schüler_innen bereitzuhalten. Von besonderer Bedeutung sind in diesem Zusammenhang die sogenannten Klassenbeiräte, bestehend aus Lehrpersonen, unterstützenden Fachkräften und Familienangehörigen. Diese Beiräte entwickeln Pläne für die Gestaltung der begleitenden Hilfen im Unterrichtsalltag.[27] Die Umsetzung dieser Vorgaben scheint in der Praxis allerdings – möglicherweise aus finanziellen Gründen – auf nicht geringe Schwierigkeiten zu stoßen.[28] So kommt zum Teil heftige Kritik vonseiten der Betroffenen[29] im Hinblick auf die Chancengleichheit beim Erreichen der Bildungsziele und die dafür nötige Unterstützung bei bestimmten Arten der Beeinträchtigung.

In Großbritannien gibt es – ähnlich wie in Deutschland – traditionell eine Fülle von Sondereinrichtungen mit speziellem Förderauftrag, die ausgerichtet sind auf die unterschiedlichen Belange von Behinderungen. Zwar haben Ausnahmeregelungen in der Vergangenheit dazu geführt, dass die Förderung spezieller Bedürfnisse insbesondere für sogenannte Lernbehinderungen in Sondereinrichtungen verlagert wurde, die derzeit noch 40 Prozent der betroffenen Kinder und Jugendlichen besuchen,[30] die gesetzliche Vorgabe ist seit 1996 aber auch in Großbritannien eine gemeinsame Erziehung und Schulbildung. Jedes Kind – ob mit oder ohne Behinderung – hat demnach einen Anspruch auf Feststellung seines speziellen Förderbedarfs bei der Schulbildung. Da das britische Bildungssystem dezentral organisiert ist, bleibt es vor allem den lokalen Trägern überlassen, auf der Basis entsprechender Budgetzuweisungen für die Fördermaßnahmen zu sorgen.[31] Die behinderungsspezifisch ausgerichteten Organisationen und Einrichtungen bieten, je nach Kapazität, ein unterschiedlich breites Angebot an wohnort- und familienzentrierten Förderprogrammen.

In der Tschechischen Republik[32] wurde erst mit Beginn des Jahres 2004 die gesetzliche Grundlage für eine gemeinsame Schulbildung von Kindern und Jugendlichen mit und ohne Behinderung geschaffen. Seit der Ratifizierung der UN-BRK im Jahr 2009 besteht allerdings auch hier der politische Auftrag, das Schwergewicht mit steigender Tendenz auf die Umsetzung von Artikel 24 UN-BRK zu legen. Das führt dazu, dass Sondereinrichtungen zu Ressource-Zentren werden sollen, die zusätzlich von der Möglichkeit Gebrauch machen, ihrerseits gemeinsame Erziehung und Schulbildung anzubieten. Nach wie vor fehlt es aber an einer gesetzlich geregelten öffentlichen Finanzierung entsprechender Fördermaßnahmen. So bleibt es vielfach den Eltern überlassen, die Förderung und Assistenz für ihr Kind zu organisieren, sodass es noch ein weiter Weg zu einer wirksamen Umsetzung des Artikels 24 UN-BRK zu sein scheint.[33]

Arbeitsleben

Ziel jeder Ausbildung ist es, einen Abschluss zu erreichen, der hineinführt in einen Beruf als Grundlage für ein selbstbestimmtes und unabhängiges Leben. Aber auch hier stellt sich in der EU-weiten Gesamtschau die Situation für behinderte Menschen als prekär dar. Vor allem die jüngere Generation ist stark betroffen, obwohl man angesichts neuer kompensatorischer Technologien durchaus etwas anderes erwarten könnte. Nach der erwähnten Untersuchung von Andrea E. Ostheimer verfügen in Europa nur 38 Prozent der 16- bis 34-Jährigen mit einer Behinderung über ein Erwerbseinkommen, während dies bei den gleichaltrigen nicht behinderten Jugendlichen 64 Prozent sind. Die Wahrscheinlichkeit erwerbslos zu sein, ist bei behinderten Menschen zwei- bis dreimal so hoch wie bei nicht behinderten Menschen.[34] Je stärker der Grad der Behinderung, desto niedriger die Wahrscheinlichkeit ihrer Erwerbsbeteiligung. Behinderte Frauen sind noch geringer am Erwerbsleben beteiligt als behinderte Männer.[35] Viele Menschen mit Behinderungen sind entmutigt und haben es aufgegeben, eine Erwerbsarbeit zu suchen. Für Länder mit einem hohen Sozialleistungsstandard spricht man hier auch von der »Versorgungsfalle«. Gerade in diesem Kontext wirkt Artikel 27 UN-BRK (Arbeit und Beschäftigung) wegweisend, besonders in Verbindung mit den in Artikel 8 UN-BRK (Bewusstseinsbildung) vorgesehenen bewusstseinsbildenden Maßnahmen, die das Potenzial haben, bestehenden Vorurteilen und Unwissenheit entgegenzutreten.

So gibt es zum Beispiel in Schweden[36] spezielle Fördermaßnahmen für Arbeitsuchende mit einer Behinderung, und Arbeitgeber_innen wird Unterstützung bei der Beschäftigung behinderter Arbeitnehmer_innen geboten. Es besteht ein gesetzliches Diskriminierungsverbot sowohl im Zusammenhang mit der Arbeitssuche als auch für den Alltag im Betrieb. Dennoch zeigten die Ergebnisse einer Erhebung aus dem Jahr 2009, dass der Prozentsatz der von Arbeitslosigkeit betroffenen Menschen mit Behinderung mit 8,7 Prozent doppelt so hoch lag wie bei nicht behinderten Menschen.[37]

In Italien[38] sind Betriebe mit mehr als 50 Beschäftigten verpflichtet, 7 Prozent der Arbeitsplätze mit behinderten Arbeitnehmer_innen zu besetzen. Allerdings reichen bereits wirtschaftliche Gründe aus, dass Betriebe sich davon befreien lassen können oder sich, ähnlich wie in Deutschland, durch Zahlung einer sogenannten Ausgleichsabgabe sozusagen freizukaufen. Die Mittel aus dieser Ausgleichsabgabe fließen in einen staatlichen Fonds, aus dem Arbeitsplatzausstattungen, Arbeitsförderungsprogramme etc. für Menschen mit Behinderungen finanziert werden. Die Beschäftigungssituation ist von Region zu Region sehr unterschiedlich, mit einem deutlichen Nord-Süd-Gefälle, wobei Frauen mit Behinderungen besonders benachteiligt sind.

Ein solches Quotensystem hinsichtlich der Bereitstellung von Arbeitsplätzen für behinderte Menschen findet sich zum Beispiel auch in Griechenland.[39] Laut einer Erhebung aus dem Jahr 2007 beschäftigten aber tatsächlich nur 20 Prozent der aufgrund gesetzlicher Vorgaben verpflichteten Betriebe überhaupt Menschen mit Behinderung.[40]

Der Zugang zum Bildungssystem, zum allgemeinen Arbeitsmarkt, aber auch die Teilhabe am kulturellen und politischen Leben setzen die Beseitigung vielfach noch bestehender Barrieren sowohl auf der EU-Ebene insgesamt wie auch auf der Ebene der einzelnen Mitgliedsstaaten voraus. In vielen EU-Staaten sind gesetzliche Vorgaben für die Chancengleichheit von behinderten und nicht behinderten Menschen geschaffen worden; inwieweit diese im Alltag praktische Umsetzung finden, wird davon abhängen, ob durch die EU auf der Grundlage der Vorgaben durch die UN-BRK zukünftig verbindliche Richtlinien mit nachhaltigem Einfluss auf die nationale Gesetzgebung geschaffen werden, und davon, ob die Mitgliedsstaaten mehr als bisher dafür tun, dass in der allgemeinen Bevölkerung ein Bewusstsein für den Wert einer »Gemeinschaft für alle« an die Stelle des noch immer verbreiteten Hangs zum Schubladendenken und zur Aussonderung tritt.

▸ Zusammenfassung

Im Jahr 2011 ist die Europäische Union (EU) der UN-Behindertenrechtskonvention beigetreten. Das bedeutet einerseits, dass die EU in ihren Kompetenzbereichen mit ihren Maßnahmen und Instrumenten eine wichtige Chance hat, Einfluss auf ihre Mitgliedsstaaten auszuüben; andererseits bedeutet es, dass sich auch die Zivilgesellschaft auf EU-Ebene für die Rechte behinderter Menschen in der EU starkmachen kann. Heute leben in den 28 Staaten der EU etwa 80 Millionen Menschen mit Behinderungen. Davon ist eine Mehrzahl bei ihrer Ausbildung, im Beruf und auch in der Freizeit gegenüber nicht behinderten benachteiligt. Anhand der Beispiele zur Situation behinderter Menschen in den Bereichen Bildung und Arbeit in verschiedenen EU-Staaten zeigt sich der sehr unterschiedliche Stand der Entwicklung hinsichtlich der Umsetzung der Inhalte der UN-BRK.

Anmerkungen

1 Die Menschenrechtskonvention wird auch unter der Kurzbezeichnung UN-Behindertenrechtskonvention angeführt. In diesem Beitrag wird sie im Folgenden unter der Abkürzung UN-BRK aufgeführt.

2 Das zu der Konvention gehörige Fakultativprotokoll, das die individuelle (für Einzelpersonen oder Gruppen) Beschwerdemöglichkeit hinsichtlich der Verletzung der Konvention durch einen Vertragsstaat vorsieht, hat die EU (noch) nicht unterzeichnet. Zum Beschwerdeverfahren siehe den entsprechenden Abschnitt im Beitrag von Theresia Degener in diesem Band → S. 68 f.

3 Code of Conduct (2010/C 340/08), online abrufbar unter: http://eur-lex.europa.eu/LexUriServ/LexUriServ.do?uri=OJ:C:2010:340:0011:0015:EN:PDF (Aufruf am 14.05.2014).

4 Zum Koordinierungsmechanismus *focal point* siehe auch die Beiträge von Ulrike Knospe/Christian Papadopoulos und Sigrid Arnade in diesem Band → S. 77 ff. bzw S. 94 f.

5 Im Folgenden werden die Begriffe EU-Kommission und Europäische Kommission synonym verwendet.

6 Diese Berichtspflicht ist in Artikel 35 UN-BRK festgelegt.

7 Vgl. dazu den Beitrag von Valentin Aichele in diesem Band → S. 85 ff.

8 Vgl. Lisa Waddington, Equal to the Task? Re-Examining EU Equality Law in the Light of the United Nations Conventions on the Rights of Persons with Disabilities, in: Lisa Waddington/Gerard Quinn/Eilionoir Flynn (Hrsg.), European Yearbook of Disability Law, Vol. 4, Cambridge 2013.

9 Vgl. Anm. 3, Punkt 4 ff.

10 Vgl. die Präsentation von Annelisa Cotone auf dem »Work Forum« der Europäischen Kommission am 25. Oktober 2013, online abrufbar unter: http://ec.europa.

eu/justice/events/work-forum-disabilities-2013/files/panel_5_annelisa_cotone_eu_framework_to_promote,_protect_and_monitor_crpd.pdf (Aufruf am 14.05.2014).

11 Sechster Bericht der DHLG vom September 2013, online abrufbar unter: http://ec.europa.eu/justice/discrimination/files/dhlg_6th_report_en.pdf (Aufruf am 14.05.2014).

12 »A new European Community Disability Strategy«, online abrufbar unter: http://ec.europa.eu/employment_social/soc-prot/disable/com406/index_en.htm (Aufruf am 18.05.2014).

13 Siehe dazu David L. Hosking, Staying the Course: The European Disability Strategy 2010–2020, in: Lisa Waddington/Gerard Quinn/Eilionoir Flynn (Hrsg.), wie Anm. 8, S. 73–98.

14 European Disability Strategy 2010–2020, online abrufbar unter: http://eur-lex.europa.eu/LexUriServ/LexUriServ.do?uri=COM:2010:0636:FIN:EN:PDF (Aufruf am 14.05.2014); vgl. auch den Beitrag von Gabriele Weigt in diesem Band → S. 365 ff.

15 Siehe dazu The European Union, in: Lisa Waddington/Gerard Quinn/Eilionoir Flynn (Hrsg.), wie Anm. 8, S. 117–195.

16 Siehe Initial plan to implement the European Disability Strategy 2010–2020: List of Actions 2010–2015 {COM (2010) 636 final} {SEC (2010) 1324 final}, online abrufbar unter: http://eur-lex.europa.eu/LexUriServ/LexUriServ.do?uri=SEC:2010:1324:FIN:en:PDF (Aufruf am 14.05.2014).

17 Siehe dazu Valentin Aichele, Barrieren im Einzelfall überwinden. Angemessene Vorkehrungen gesetzlich verankern, Berlin 2012, online abrufbar unter: http://www.institut-fuer-menschenrechte.de/uploads/tx_commerce/positionen_nr_5_barrieren_im_einzelfall_ueberwinden.pdf (Aufruf am 29.05.2014).

18 Siehe Anm. 16, S. 13.

19 Die *Disability Intergroup* hat sich ein Arbeitsprogramm für den Zeitraum 2009–2014 auferlegt, indem die Prioritäten ihrer Aktionen gelistet und erläutert werden: Hier wird beispielsweise ihr Fokus auf die UN-BRK-konforme EU-Mittelvergabe genannt oder das Ziel, das Europaparlament für alle Menschen barrierefrei zu machen. Das Arbeitsprogramm ist online abrufbar unter: http://www.disabilityintergroup.eu/(Aufruf am 18.05.2014). In ihren regelmäßigen Sitzungen stellt sie die Partizipation der Zivilgesellschaft sicher, indem sie eng mit dem Europäischen Behindertenforum und seinen Mitgliedsorganisationen kooperiert.

20 Vgl. http://www.esf.de/portal/generator/20912/property=data/verordnung__1304__2013.pdf (Aufruf am 14.05.2014).

21 Siehe Statistik des Statistischen Amts der Europäischen Union (Eurostat), online abrufbar unter: http://epp.eurostat.ec.europa.eu/portal/page/portal/eurostat/home/ (Aufruf am 14.05.2014).

22 Siehe Anm. 11.

23 Online abrufbar unter: http://www.kas.de/upload/dokumente/verlagspublikationen/Inklusion/Inklusion_eu.pdf (Aufruf am 14.04.2014).

24 Vgl. auch den Bericht von Serge Eberswold (mit Marie José Schmitt und Mark Priestley), Inclusive education for young disabled people in Europe: Trends, issues

and challenges, April 2011, online abrufbar unter: http://www.disability-europe.net/content/aned/media/ANED%202010%20Task%205%20Education%20final%20report%20-%20FINAL%20(2)_0.pdf (Aufruf am 14.05.2014).

25 Umfassend dazu der ANED (Academic Network of European Disability experts)-Länderbericht zu Schweden von Kajsa Jerlinder/Berth Danermark, Mai 2010, online abrufbar unter: http://www.disability-europe.net/content/aned/media/Report%20on%20equality%20of%20educational%20and%20training%20opportunities%20for%20young%20disabled%20people%20-%20Sweden.pdf (Aufruf am 14.05.2014).

26 Siehe den ANED (Academic Network of European Disability experts)-Länderbericht zur Gesamtsituation in Italien von Maura Benedetti/Andrea Micangeli, online abrufbar unter: http://www.disability-europe.net/content/aned/media/ANED%202010%20Task%205%20Italy-%20Revised%20FP%20clean.pdf (Aufruf am 14.05.2014).

27 Siehe ebd.

28 Siehe Maura Benedetti/Andrea Micangeli, wie Anm. 26.

29 Siehe dazu Dino Capovilla, So einfach funktioniert Inklusion nicht. Stellungnahme zum Artikel »Inklusion – Gemeinsam anders«, erschienen in Die Zeit vom 31.05.2012, online abrufbar unter: http://www.fachportal-paedagogik.de/fis_bildung/suche/fis_set.html?FId=1007238&mstn=241&ckd=yes&mtz=1000&facets=y&maxg=5&ohneSynonyme=y&feldname1=Schlagw%F6rter&feldinhalt1=BEHINDERTER&bool1=or&next=1007297,1007323,1007737,1007750,1007755&prev=1007151,1007152,1007153,1007154,1007237&nHits=14193&marker=1 (Aufruf am 14.05.2014).

30 Siehe dazu den ANED (Academic Network of European Disability experts)-Länderbericht zu Großbritannien von Mark Priestley u. a., Mai 2010, online abrufbar unter: http://www.disability-europe.net/content/aned/media/Report%20on%20equality%20of%20educational%20and%20training%20opportunities%20for%20young%20disabled%20people%20-%20United%20Kingdom.pdf (Aufruf am 14.05.2014).

31 Siehe ebd.

32 Siehe den ANED (Academic Network of European Disability experts)-Länderbericht zur Tschechischen Republik von Jan Šiška/Libor Novosad, Mai 2010, online abrufbar unter: http://www.disability-europe.net/content/aned/media/Report%20on%20equality%20of%20educational%20and%20training%20opportunities%20for%20young%20disabled%20people%20-%20Czech%20Republic.pdf (Aufruf am 14.05.2014).

33 Siehe ebd.

34 Siehe Anm. 23.

35 Das belegen Zahlen für Deutschland von der Agentur für Gleichstellung im Europäischen Sozialfonds (ESF), online abrufbar unter: http://www.esf-gleichstellung.de/fileadmin/data/Downloads/Aktuelles/factsheet_behinderung.pdf (Aufruf am 14.05.2014).; Gendersensible Daten fehlen auf der EU-Ebene noch; zur Forderung einer gendersensiblen Datenerhebung siehe auch den Beitrag von Gisela Hermes in diesem Band → S. 261.

36 Vgl. dazu den Abschnitt zur Beschäftigung von Menschen mit Behinderungen in Schweden von Berth Danermark im ANED (Academic Network of European Disability experts)-Länderbericht zu Schweden, online abrufbar unter: http://

www.disability-europe.net/content/aned/media/SE%20-%20ANED%20 2009%20Employment%20Report%20Final.pdf (Aufruf am 14.05.2014).

37 Nähere Informationen im ANED (Academic Network of European Disability experts)-Länderprofil zu Schweden, April 2009, online abrufbar unter: http://www.disability-europe.net/content/aned/media/Sweden%20-%20ANED%20 country%20profile.pdf (Aufruf am 14.05.2014).

38 Nähere Informationen zur Beschäftigung von Menschen mit Behinderungen in Italien siehe den ANED (Academic Network of European Disability experts)-Bericht von Andrea Micangeli/Angela Puglisi/Rosanna Vignola, online abrufbar unter: http://www.disability-europe.net/content/aned/media/IT%20Employment %20report.pdf (Aufruf am 14.05.2014).

39 Ausführliche Untersuchung bei George N. Magoulios/Anna Trichopoulou, Employment status for people with disabilities in Greece, in: South-Eastern Europe Journal of Economics 1, 2012, S. 25–40, online abrufbar unter: http://www.asecu.gr/Seeje/issue18/magoulios.pdf (Aufruf am 14.05.2014).

40 Siehe dazu http://www.euroblind.org/convention/article-27--work-and-employment/nr/126#1 (Aufruf am 14.05.2014).

Gabriele Weigt

Inklusive Strategien und internationale Zusammenarbeit

Die globale Dimension der UN-BRK

Es kann als bezeichnend betrachtet werden, dass die Resolution zur Erarbeitung einer UN-Menschenrechtskonvention über die Rechte von Menschen mit Behinderung (UN-BRK) 2001 von Mexiko in die UN-Generalvollversammlung eingebracht wurde,[1] obwohl die Situation von Menschen mit Behinderung zu jenem Zeitpunkt bereits verstärkt in den Fokus der Vereinten Nationen gerückt war.

Mexiko zählt zu den typischen Schwellenländern, die Armut im Land ist heute immer noch in weiten Landesteilen dominierend: So leben gut 45 Prozent der Bevölkerung in Armut, knapp 10 Prozent der Menschen gelten als extrem arm.[2] Weltweit leben circa 80 Prozent der Menschen mit Behinderung in den sogenannten Entwicklungs- und Schwellenländern, wo sie vielfältigen Menschenrechtsverletzungen ausgesetzt sind. Diese erstrecken sich auf alle gesellschaftlichen Bereiche und führen auch dazu, dass Menschen nicht in der Lage sind, ihre grundlegenden Bedürfnisse zu sichern. Joshua Malinga aus Zimbabwe, ehemaliger Präsident der internationalen Selbstvertretungsorganisation von Menschen mit Behinderung *Disabled People's International (DPI)*, beschrieb die Lebenssituation im Rahmen einer internationalen Tagung 1998 wie folgt: »Während Menschen mit Behinderung in den Industrienationen für verbesserte Dienstleistungen und ein selbstbestimmtes Leben kämpfen, geht es uns ums Überleben«.[3]

Diese spezifischen Benachteiligungen von Menschen mit Behinderung in Entwicklungs- und Schwellenländern greift die UN-BRK ausdrücklich auf, indem sie in ihrer Präambel (Buchstabe t) darauf verweist, dass »die Mehrzahl der Menschen mit Behinderungen in einem Zustand der Armut lebt«, und auf die diesbezügliche »Erkenntnis« der Vertragsstaaten, dass die »nachteiligen Auswirkungen der Armut auf Menschen mit Behinderungen dringend angegangen werden müssen«. Nach Schätzungen der Weltbank leben circa 20 Prozent der extrem Armen (2013 waren dies weltweit circa 1,3 Milliarden Menschen, denen weniger als 1,25 US-Dollar pro Tag zur Verfügung stand) mit einer Behinderung.[4]

Nach der Verabschiedung der UN-BRK 2006 haben die Entwicklungs- und Schwellenländer denn auch zu einem schnellen Inkrafttreten der Konvention beigetragen, so befanden sich unter den 20 ratifizierenden Ländern 16 Entwicklungs- und Schwellenländer. Mit der Ratifizierung von Ecuador als 20. Land konnte die Konvention bereits am 3. Mai 2008 in Kraft treten. Im Prozess der Erarbeitung der Konvention (siehe dazu auch den Beitrag von Theresia Degener → S. 55 ff.) war aber schnell deutlich geworden, dass es keine Konvention geben würde, die nicht die Disparitäten zwischen den Industrienationen auf der einen und den Entwicklungs- und Schwellenländern auf der anderen Seite berücksichtigen würde. Gleichermaßen herrschte in der Weltgemeinschaft eine Situation vor, in der Menschen mit Behinderung in wichtigen Entwicklungszielen und -strategien kaum bis gar nicht einbezogen wurden. Obwohl sich diese an alle Menschen richten sollten, blieben Menschen mit Behinderung als größte vulnerable Gruppe de facto ausgeschlossen. So wurden Menschen mit Behinderung beispielsweise noch in den von 189 Ländern der Vereinten Nationen im Jahr 2000 verabschiedeten sogenannten Millenniumsentwicklungszielen (MDGs)[5] nicht erwähnt.

Die UN-BRK setzte hier ein wichtiges Zeichen. So weist die Präambel (Buchstabe g) nachdrücklich darauf hin, »wie wichtig es ist, die Behinderungsthematik zu einem festen Bestandteil der einschlägigen Strategien der nachhaltigen Entwicklung zu machen«.

Gleichzeitig konnte erreicht werden, dass zwei »internationale« Artikel in die Konvention aufgenommen wurden (Artikel 11 und Artikel 32). Besonders die Aufnahme des Artikels 32 zur Internationalen Zusammenarbeit gestaltete sich als ein schwieriger Prozess, da sich die Gebernationen im Feld der internationalen Entwicklungszusammenarbeit diesem lange widersetzten. Letztendlich gelang dies, da in der Konvention ebenfalls verankert werden konnte, dass jeder Vertragsstaat seine Verpflichtungen aus der Konvention zu erfüllen hat: Die Umsetzung der »Allgemeinen Verpflichtungen« (gemäß Artikel 4 UN-BRK) ist die Aufgabe jedes Staates, der die Konvention ratifiziert hat, und darf nicht von finanziellen Leistungen abhängig gemacht werden, die im Rahmen der internationalen Zusammenarbeit erbracht werden (Artikel 4 Absatz 2 UN-BRK).

Die »internationalen« Artikel

Mit Artikel 11 und 32 beinhaltet die Konvention zwei »internationale« Artikel, die für Menschen mit Behinderung in Entwicklungs- und Schwellenländern von besonderer Bedeutung sind. So verpflichtet Artikel 11 die Vertragsstaaten, »alle erforderlichen Maßnahmen« zu ergreifen, »um in Gefahrensituationen, einschließlich bewaffneter Konflikte, humanitärer Notlagen und Naturkatastrophen den Schutz und die Sicherheit von Menschen mit Behinderungen zu gewährleisten«.

Artikel 32 enthält die Verpflichtung, Menschen mit Behinderung in die internationale Zusammenarbeit einzubeziehen. Dies betrifft unterschiedliche Ebenen und Bereiche, einschließlich der Entwicklungszusammenarbeit. Für die in Entwicklungs- und Schwellenländern lebenden Menschen mit Behinderung ist dieser Artikel von großer Tragweite, da er die Vertragsstaaten verpflichtet, mit ihren Maßnahmen sicherzustellen, dass »die internationale Zusammenarbeit, einschließlich internationaler Entwicklungsprogramme, Menschen mit Behinderungen einbezieht und für sie zugänglich ist« (Absatz 1 Buchstabe a). Um die Teilhabe von Menschen mit Behinderung an der internationalen Zusammenarbeit zu verwirklichen, legt Artikel 32 Absatz 1 fest, dass die Vertragsstaaten »diesbezüglich geeignete und wirksame Maßnahmen [treffen], zwischenstaatlich sowie, soweit angebracht, in Partnerschaft mit den einschlägigen internationalen und regionalen Organisationen und der Zivilgesellschaft, insbesondere Organisationen von Menschen mit Behinderungen.«

Bestandsaufnahme

Behinderung und Entwicklung

Der World Report on Disability, der 2011 von der World Health Organization (WHO) und der Weltbank veröffentlicht worden ist, informiert als erster Bericht überhaupt über die Situation von Menschen mit Behinderung weltweit.[6] Demnach ist die geschätzte Zahl der Menschen mit Behinderung im Vergleich zu früheren Schätzungen der WHO, die bei etwa 10 Prozent der Weltbevölkerung lagen, deutlich nach oben korrigiert worden: Der Bericht spricht von weltweit mehr als 1 Milliarde Menschen mit Behinderungen, was einem Anteil von etwa 15 Prozent der Weltbevölkerung entspricht.[7] Es ist anzunehmen, dass der prozentuale Anteil noch höher ausfällt, wenn auch die Menschen berücksichtigt werden, die noch nicht in die ausgewerteten Studien einbezogen sind. So beruht der Bericht einerseits auf den besten, international verfügbaren Studien und Informationen, sieht sich aber gleichzeitig der Problematik gegenüber, dass Menschen mit Behinderung in Entwicklungs- und Schwellenländern bislang in offiziellen Statistiken nur bedingt erfasst werden. Um diesem Problem zu begegnen und gleichzeitig eine Vergleichbarkeit der Daten zu ermöglichen, existieren verschiedene internationale Initiativen. Als die umfassendste stellt sich das von WHO und Weltbank initiierte Projekt *Model Disability Survey* dar, mit dem international vergleichbare Daten zur Situation von Menschen mit Behinderung erhoben werden sollen.[8]

Zusammenhang zwischen Armut und Behinderung

Auch wenn der *World Report on Disability* eine zuverlässige internationale Vergleichbarkeit der Situation von Menschen mit Behinderung nicht ermöglicht, so stellt er doch die derzeit am besten verfügbaren wissenschaftlichen Informationen bereit. So bestätigt er zum einen den Zusammenhang zwischen Armut und Behinderung, wonach die Prävalenz von Behinderung in Ländern mit geringeren Einkommen im Vergleich zu Ländern mit höheren Einkommen (durchschnittliches Pro-Kopf-Einkommen der Bevölkerung) höher ist.[9] Besonders gefährdet, eine Behinderung zu erwerben, sind Menschen aus den ärmsten Bevölkerungsgruppen, Frauen und ältere Menschen. Risikofaktoren stellen unter anderem ein geringes Einkommen, Erwerbslosigkeit, ein geringes Bildungsniveau oder die Zugehörigkeit zu einer ethnischen Minderheit dar. Des Weiteren sind nicht alle Menschen mit Behinderung gleich stark benachteiligt, so bestehen Unterschiede hinsichtlich der Art der Behinderung. Deutlich geworden ist aber auch, dass Frauen mit Behinderung doppelt benachteiligt werden[10] (vgl. hierzu auch den Beitrag von Gisela Hermes → S. 253 ff.). Insgesamt konstatiert der Bericht, dass Menschen mit Behinderung einen schlechteren Gesundheitszustand, einen geringeren Bildungsstand, eine geringere ökonomische Teilhabe, höhere Abhängigkeiten und beschränkte Teilhabe haben im Vergleich zu Menschen ohne Behinderung. Außerdem ist die Armutsrate höher.[11]

Bereits in der 2004 von der Europäischen Kommission veröffentlichen *Guidance Note on Disability and Development* wird die Zahl der Menschen, die in Entwicklungs- und Schwellenländern unterhalb der Armutsgrenze lebt, auf 82 Prozent beziffert.[12] Laut einem Bericht der UNESCO für die *International Conference on Education 2008*[13] beträgt die Alphabetisierungsrate von Erwachsenen mit Behinderung 3 Prozent, die von Frauen mit Behinderung 1 Prozent. In Entwicklungs- und Schwellenländern haben 80–90 Prozent der Menschen mit Behinderung keine Arbeit.[14] Der

Zugang zu rehabilitativen Dienstleistungen und Hilfsmitteln ist in vielen dieser Länder sehr begrenzt.

Armut spielt auch bei der Entstehung von Behinderungen eine wichtige Rolle. Schätzungen zufolge sind für 50 Prozent der erworbenen Behinderungen in Entwicklungs- und Schwellenländern Armutsfaktoren verantwortlich, etwa 20 Prozent gehen auf die Folgen von Unter- und Mangelernährung zurück.[15] Die bereits bestehende Armutssituation in vielen dieser Länder verschärft sich zudem, wenn diese von kriegerischen Auseinandersetzungen oder verheerenden Naturkatastrophen betroffen sind. Bei Letzteren spielt der Klimawandel eine immer größere Rolle. In diesen Ländern potenzieren sich die Risikofaktoren, da die Menschen einerseits durch die vorherrschenden Armutsbedingungen eine Behinderung erlangen können, andererseits durch die direkten und indirekten Auswirkungen einer kriegerischen Auseinandersetzung (z. B. Landminen, Streumunition) oder einer Naturkatastrophe (ein Beispiel ist das schwere Erdbeben in Haiti im Jahr 2010). Diese Faktoren variieren je nach Land und dem spezifischen nationalen Kontext und werden ergänzt durch andere landesspezifische Faktoren wie Vorkommen von Krankheiten, Altersstruktur, Zahl der angeborenen Behinderungen und Unfälle (dazu zählen Verkehrs-, aber auch Arbeitsunfälle aufgrund unsicherer Arbeitsbedingungen), die ebenfalls langfristige Beeinträchtigungen zur Folge haben können.

Humanitäre Notlagen

Menschen, die in Entwicklungs- und Schwellenländern leben, sind von Katastrophen weit häufiger und gravierender betroffen als beispielsweise Menschen in Europa.[16] Circa 90 Prozent der Kriege und kriegerischen Auseinandersetzungen nach 1945 fanden in Entwicklungsländern (und in Ländern des ehemaligen Ostblocks) statt. Nach Angaben des *World Health Organization Collaborating Centre for Research on the Epidemiology of Disasters (CRED)* waren im Jahr 2012 über 100 Millionen Menschen von extremen Naturereignissen betroffen. Knapp 10 000 Menschen verloren dabei ihr Leben.[17] Neben Frauen, Kindern und alten Menschen sind Menschen mit Behinderungen in allen Katastrophensituationen einem erhöhten Risiko ausgesetzt. So kamen beispielsweise bei dem Erdbeben und Tsunami im März 2011 in Fukushima doppelt so viele Menschen mit Behinderung ums Leben wie Menschen ohne Behinderung. Auch werden die Belange von Menschen mit Behinderung noch äußerst unzureichend in der Katastrophenvorsorge, der akuten Notsituation sowie der Wiederaufbauphase berücksichtigt.[18]

Menschen mit Behinderung in der Entwicklungszusammenarbeit

UN-Ebene

Seit ihrer Gründung haben die Vereinten Nationen nicht nur eine Vielzahl völkerrechtlich bindender Vereinbarungen und Verträge verabschiedet, sondern sind in vielfältiger Weise auch entwicklungspolitisch tätig.

Nach einer Reihe von Konferenzen in den 1990er-Jahren, zum Beispiel der Erdgipfel 1992 in Rio de Janeiro oder die Weltsozialkonferenz 1995 in Kopenhagen, fand im Jahr 2000 der sogenannte Millenniumsgipfel statt, die bis dahin größte Zusammenkunft von Staats- und Regierungschefs.[19] Als Ergebnis wurde die »Millenniumserklärung« verabschiedet, aus der acht konkrete Entwicklungsziele abgeleitet wurden mit dem übergeordneten Ziel, die Armut bis zum Jahre 2015 zu halbieren. Obwohl in der internationalen Zusammenarbeit bereits vorher Armutsbekämpfungsstrategien existierten, beinhalteten die acht Millenniumsentwicklungsziele *(Millennium Development Goals/MDGs)* einen konkreten Ziel- und Zeithorizont.[20] Damit sollten die Fortschritte im Bereich der Armutsreduzierung besser überprüfbar gemacht werden. Zu diesem Zweck haben die Vereinten Nationen seitdem in regelmäßigen Abständen Konferenzen durchgeführt, um den Stand der Umsetzung der MDGs zu verfolgen (2005, 2010, 2013) und veröffentlichen regelmäßig Berichte darüber.

Internationale Vereinbarungen, die auf der Ebene der Vereinten Nationen erzielt werden, basieren auf Abstimmungen bzw. Entscheidungen ihrer Mitgliedsstaaten, diese wiederum beeinflussen auch die Politik in den Mitgliedsstaaten selbst. Die MDGs haben nach ihrer Verabschiedung weltweite Anerkennung erfahren und sich zur wichtigsten Entwicklungsstrategie der letzten Jahre entwickelt. Doch die Tatsache, dass Menschen mit Behinderung darin weder in den Zielen selbst explizit benannt werden noch in den Indikatoren zu deren Überprüfung, hatte zur Konsequenz, dass sie von vielen Entwicklungsprogrammen und -initiativen weitgehend ausgeschlossen blieben. Auch die *UN Standard Rules on the Equalization of Opportunities for Persons with Disabilities* von 1993, die in Regel 22 bereits die Forderung enthielten, Menschen mit Behinderung bei Entwicklungsprogrammen zu berücksichtigen, hatten keinen entscheidenden Einfluss, da sie kein völkerrechtlich verbindliches Dokument darstellen.[21]

In den Folgejahren bemühten sich die Vereinten Nationen, diesem Manko zu begegnen. So verabschiedete die UN-Generalvollversammlung in den Jahren 2003, 2005, 2007, 2008, 2010 und 2011 Resolutionen, die die Aufforderung beinhalteten, Menschen mit Behinderung in die Anstrengungen zur Erreichung der MDGs einzubeziehen. Erst bei der Überprüfungskonferenz zur Umsetzung der MDGs im Jahr 2010 wurden Menschen mit Behinderung in das Abschlussdokument aufgenommen[22] und mittels der 2011 verabschiedeten Resolution[23] wurde das erste hochrangige Treffen zum Thema Behinderung und Entwicklung im Rahmen der UN-Generalvollversammlung beschlossen. Auf dem dazu am 23. September 2013 tagenden Spitzentreffen der Vereinten Nationen *(High Level Meeting on Disability and Development)* unter Vorsitz des UN-Generalsekretärs Ban Ki-moon wurde die Notwendigkeit der Einbeziehung behinderter Menschen bei der Umsetzung der MDGs noch einmal unterstrichen wie auch, dass sie in eine Entwicklungsagenda nach 2015 (Post-2015-Agenda) einbezogen werden müssen. Dies ist ein wichtiges Ergebnis dieses Treffens, da die Diskussionen um diese Nachfolgeagenda (Post-2015-Prozess) bereits begonnen haben. Inzwischen wird weltweit auch unter dem Begriff *Beyond 2015* über eine Neufassung der MDGs diskutiert.

Europäische Union

In Ergänzung zur Entwicklungspolitik ihrer einzelnen Mitgliedsstaaten ist die Europäische Union (EU), wie die Vereinten Nationen – selbst auch entwicklungspolitisch tätig. Gemeinsam mit ihren Mitgliedsstaaten gilt die EU als weltweit größte Geldgeberin in der Entwicklungspolitik. Für die Arbeit der EU im Bereich Behinderung und Entwicklung stellen die *Charta of Fundamental Rights of the European Union*, der *Treaty on the Functioning of the European Union,* der *EU Disability Action Plan*, die *European Disability Strategy*, die *Resolution on Disability and Development*[24] und die UN-Konvention über die Rechte von Menschen mit Behinderungen die grundlegenden Dokumente dar.

Ab etwa Mitte der 1990er-Jahre setzte international eine Bewegung ein, in der auch einige Länder der EU – so Schweden, Norwegen und Großbritannien – Leitlinien und Themenpapiere veröffentlichten zur Integration von Menschen mit Behinderung in die Entwicklungszusammenarbeit. All diesen Dokumenten war gemeinsam, dass sie eine Berücksichtigung von Menschen mit Behinderung in *allen* Programmen der Entwicklungszusammenarbeit forderten anstelle der bis dahin gängigen Förderung von Menschen mit Behinderung in gesonderten Projekten, die nicht sehr zahlreich waren und in ihrer Reichweite zudem sehr begrenzt. In Deutschland setzte diese Diskussion mit Anfang des neuen Jahrtausends ein, zu einem Zeitpunkt, als auch andere Gebernationen mit der Diskussion um eine inklusive Entwicklungszusammenarbeit begonnen hatten.

In diesem internationalen Kontext veröffentlichte die EU 2004 eine viel beachtete *Guidance Note on Disability and Development for European Union Delegations and Services*[25], die einen ganzheitlichen und menschenrechtlichen Ansatz verfolgte und darauf gerichtet war, das Thema Behinderung und Entwicklung einem zweigleisigen Ansatz folgend nicht nur in allen relevanten Programmen und Projekten *(Mainstreaming)* zu berücksichtigen, sondern auch spezifische Projekte für Menschen mit Behinderung zu installieren. Obwohl die EU damit ein fortschrittliches Dokument veröffentlichte und eine große Zahl an spezifischen Projekten unterstützte, wies eine von der Europäischen Kommission beauftragte Studie aus dem Jahr 2010 noch darauf hin, dass insgesamt zu wenig geschehen war hinsichtlich der Berücksichtigung des Themas Behinderung in relevanten Sektorvorhaben und Programmen der EU.[26] Zudem muss erwähnt werden, dass die meisten dieser Projekte in der Trägerschaft von Nichtregierungsorganisationen lagen. Auch hatte die EU bis dato noch kein Politikpapier zum Thema Behinderung und Entwicklung erstellt. Im Jahr 2010 ist sie als Region der UN-BRK beigetreten (vgl. auch den Beitrag von Wiebke Schär und Wolfgang Angermann → S. 352 ff.) und hat zur Umsetzung der Konvention die *European Disabilitiy Strategy 2010–2020*[27] erstellt, in die auch das Thema Behinderung und Entwicklung aufgenommen worden ist. Darin soll mittels des zweigleisigen Ansatzes (der bereits in der *Guidance Note on Disability and Development* von 2004 enthalten ist) die Berücksichtigung des Themas Behinderung in den entwicklungspolitischen sowie humanitären Programmen der EU sichergestellt werden. Infrastruktur-Maßnahmen, die mit EU-Mitteln finanziert werden, sollen zugänglich für Menschen mit Behinderung sein und das Thema Behinderung soll in den Menschenrechtsdialog mit Partnerländern aufgenommen werden. Zur praktischen Umsetzung der Strategie ist die *Guidance Note on Disability and Development* von 2004 überarbeitet und 2012 veröffentlicht worden.[28]

Menschen mit Behinderung in der deutschen Entwicklungszusammenarbeit

In der deutschen Entwicklungszusammenarbeit sind Menschen mit Behinderung lange ›unsichtbar‹ geblieben, obwohl es auch hier bereits spezifische Projekte für Menschen mit Behinderung gab. In den 1990er-Jahren war das Thema Behinderung beim Bundesministerium für wirtschaftliche Zusammenarbeit und Entwicklung (BMZ) und dort im Gesundheitsreferat angesiedelt. Dennoch fanden Menschen mit Behinderung im 1994 veröffentlichten Sektorkonzept[29] Gesundheit keine Erwähnung, sondern wurden zum ersten Mal im 1999 aktualisierten Sektorkonzept Gesundheit berücksichtigt, gefolgt vom Positionspapier »Förderung sozialer Sicherheit und sozialer Sicherungssysteme in Entwicklungsländern« (2002)[30], allerdings nur als Empfänger von Wohlfahrtsleistungen.

Analog zur Entwicklung in anderen Industrienationen (alternativ: Geberländer) setzten sich ab dem neuen Jahrtausend deutsche Nichtregierungsorganisationen für eine bessere Berücksichtigung von Menschen mit Behinderung in der deutschen Entwicklungszusammenarbeit ein. Diesem Engagement ist es zu verdanken, dass das BMZ 2006 ein erstes Politikpapier zum Thema »Behinderung und Entwicklung«[31] veröffentlichte, welches zu diesem Zeitpunkt einen wichtigen Meilenstein darstellte: Das BMZ verpflichtete sich darin den Zielen eines menschenrechtlich orientierten, inklusiven Entwicklungsansatzes und einem sozialen Modell von Behinderung und leitete damit bereits einen Paradigmenwechsel ein. Im Folgenden gab das BMZ nach Deutschlands Unterzeichnung der UN-BRK im Jahr 2007 eine Studie in Auftrag, die die Konsequenzen der Konvention für die deutsche Entwicklungszusammenarbeit herausarbeiten sollte. Die Ergebnisse und Empfehlungen der Studie wurden 2009 veröffentlicht.[32] Als wichtigste Maßnahme wurde 2010 ein Sektorvorhaben bei der heutigen Gesellschaft für Internationale Zusammenarbeit (GIZ) ins Leben gerufen mit dem Ziel, die Inklusion von Menschen mit Behinderung in der deutschen Entwicklungszusammenarbeit zu verbessern. Weiterhin wurde ein Runder Tisch beim BMZ eingerichtet (der erste Runde Tisch fand am 27.04.2010 statt), der alle wichtigen Akteur_innen, und besonders die Zivilgesellschaft, in den Prozess einbinden soll. Im BMZ ist das Thema Behinderung mittlerweile im Referat Armutsbekämpfung, Soziale Sicherung, Sektorale und thematische Grundsätze angesiedelt.

Als ein weiterer Meilenstein kann die Erstellung des »Aktionsplans zur Inklusion von Menschen mit Behinderungen 2013–2015« bezeichnet werden, der im Februar 2013 veröffentlicht wurde und das Ziel hat, die Inklusion von Menschen mit Behinderung nachhaltig in den Strukturen der deutschen Entwicklungszusammenarbeit zu verankern.[33]

Inklusion ist noch nicht im Mainstream der Entwicklungszusammenarbeit angekommen

Die UN-BRK hat in den vergangenen Jahren deutlich dazu beigetragen, Menschen mit Behinderung in der Entwicklungszusammenarbeit zu stärken. Dies ist auf allen beschriebenen Ebenen zu beobachten. Dennoch besteht nach wie vor die Herausforderung, die Inklusion von Menschen mit Behinderung in der staatlichen wie in der nicht staatlichen Entwicklungszusammenarbeit (Nichtregierungsorganisationen und kirchliche Organisationen) systematisch zu verankern und zu einem selbstverständlichen Teil von Projekten und Programmen werden zu lassen. Wenngleich sich die Situation in den vergangenen Jahren deutlich verbessert hat, sind Menschen mit Behinderung noch nicht im Mainstream angekommen. Gleichzeitig gilt dabei zu bedenken, dass ihre Inklusion qualitativ angelegt sein muss, denn Inklusion allein nach dem Motto »Dabei sein ist alles« reicht nicht aus.

▶ **Zusammenfassung**

Mit den Artikeln 11 und 32 enthält die UN-Behindertenrechtskonvention zwei Artikel, die für Entwicklungs- und Schwellenländer von großer Wichtigkeit sind, da Menschen mit Behinderung von Armut und humanitären Notsituationen in diesen Ländern besonders betroffen sind. Gleichzeitig wurden sie vor dem Inkrafttreten der UN-BRK 2008 weder in Entwicklungsprogrammen noch in humanitären Notsituationen angemessen berücksichtigt. Daher ist die UN-BRK besonders für diese Länder von Bedeutung, da Menschen mit Behinderung nun in allen Projekten und Programmen der Entwicklungszusammenarbeit und humanitären Hilfe berücksichtigt werden müssen. So sind auf der Ebene der Vereinten Nationen, der Europäischen Union und im Rahmen der deutschen Entwicklungszusammenarbeit Strategien entwickelt worden, um Menschen mit Behinderung besser in diese Programme einzubeziehen.

Anmerkungen

1 Auf Initiative Mexikos wurde am 19. Dezember 2011 die UN-Resolution 56/1685 durch die UN-Generalversammlung verabschiedet, in deren Gefolge ein Ad-hoc-Ausschuss Vorschläge zur Erarbeitung einer Konvention zum Schutz und zur Förderung der Rechte von Menschen mit Behinderung prüfen sollte. Vom 29. Juli bis 9. August 2002 fand die erste Sitzung des Ausschusses am Sitz der Vereinten Nationen in New York statt.

2 Siehe http://www.bmz.de/de/was_wir_machen/laender_regionen/lateinamerika/mexiko/zusammenarbeit.html (Aufruf am 02.05.2014).

3 So Malinga auf dem Symposium »Local Concepts and Beliefs of Disabilities in Different Cultures« vom 21. bis 24. Mai 1998 in Bonn, veranstaltet von Behinderung und Entwicklungszusammenarbeit e. V. (Friedberg), dem Institut für Theorie und Praxis der Subsistenz e. V. (Bielefeld), dem Gustav-Stresemann-Institut e. V. (Bonn) sowie der Foundation Comparative Research (Amsterdam); Zitat mündlich überliefert und übersetzt von der Verfasserin, so auch in: Colin Barnes/Geof[frey] Mer-

cer, Disability: Emancipation, Community Participation and Disabled People, in: Gary Craig/Marjorie Mayo (Hrsg.), Community Empowerment: A reader in participation and development, London 1995, S. 33–45, hier S. 38.

4 Siehe http://www.un.org/disabilities/convention/facts.shtml (Aufruf am 12.05.2014).

5 Siehe dazu im Folgenden den Abschnitt »Menschen mit Behinderung in der Entwicklungszusammenarbeit/UN-Ebene« in diesem Beitrag → S. 370 f.

6 WHO/The World Bank, World Report on Disability, o. O. [Printed in Malta] 2011, siehe http://www.who.int/disabilities/world_report/2011/report.pdf (Aufruf am 30.05.2014).

7 Siehe ebd.

8 Siehe dazu http://ihrs.ibe.med.uni-muenchen.de/biopsycho/disabilitysurvey/index.html (Aufruf am 03.06.2014).

9 Siehe WHO/The World Bank, wie Anm. 6, Summary, S. 8.

10 Siehe ebd., S. 262.

11 Siehe WHO/The World Bank, wie Anm. 6, Summary, S. 10–12.

12 European Commission, Guidance Note on Disability and Development for European Union Delegations and Services, Brüssel 2004, S. 2, siehe http://ec.europa.eu/europeaid/infopoint/publications/development/19b_en.htm (Aufruf am 02.06.2014).

13 UNESCO, Inclusive Education: The Way of the Future, Genf 2008.

14 Siehe Vereinte Nationen, Fact Sheet 1, Employment of persons with disabilities, S. 1, online abrufbar unter: http://www.un.org/disabilities/documents/toolaction/employmentfs.pdf (Aufruf am 03.06.2014).

15 Vgl. Department for International Development (DFID), Disability, poverty and development, London 2000, S. 3, online abrufbar unter: http://www.handicap-international.fr/bibliographie-handicap/4PolitiqueHandicap/hand_pauvrete/DFID_disability.pdf (Aufruf am 03.06.2014).

16 Siehe dazu http://www.bmz.de/de/was_wir_machen/themen/umwelt/naturkatastrophen/hintergrund/index.html (Aufruf am 16.05.2014).

17 Siehe dazu http://www.drk.de/fileadmin/Weltweit/_Dokumente/WDR_2013_complete.pdf (Aufruf am 16.05.2014).

18 Siehe dazu http://www.handicap-international.de/fileadmin/redaktion/pdf/bonn_declaration.pdf (Aufruf am 16.05.2014).

19 Der Millenniumsgipfel *(Millennium Summit)*, offiziell die 55. Generalversammlung der Vereinten Nationen, fand vom 6. bis 9. September 2000 in New York statt.

20 Zu den MDGs siehe http://www.un-kampagne.de/index.php?id=90 (Aufruf am 04.05.2014).

21 Siehe dazu http://www.un.org/disabilities/default.asp?id=26 (Aufruf am 02.06.2014).

22 Siehe United Nations, Keeping the promise: united to achieve the Millennium Development Goals, A/RES/65/1, New York 2010. Siehe dazu http://daccess-dds-ny.un.org/doc/UNDOC/GEN/N10/512/60/PDF/N1051260.pdf?OpenElement (Aufruf am 02.06.2014).

23 Siehe United Nations, Realizing the Millennium Development Goals for persons with disabilities towards 2015 and beyond, A/RES/65/186. Siehe dazu http://daccess-dds-ny.un.org/doc/UNDOC/GEN/N10/523/70/PDF/N1052370.pdf?OpenElement (Aufruf am 03.06.2014).

24 Siehe http://www.europarl.europa.eu/charter/pdf/text_en.pdf, http://www.eudemocrats.org/fileadmin/user_upload/Documents/D-Reader_friendly_latest%20version.pdf; http://www.coe.int/t/e/social_cohesion/soc-sp/integration/02_council_of_europe_disability_action_plan/; http://ec.europa.eu/justice/discrimination/disabilities/disability-strategy/index_en.htm; http://www.europarl.europa.eu/sides/getDoc.do?type=MOTION&reference=P6-RC-2006-31&language=EN (Aufruf für alle Links am 04.06.2014).

25 Siehe European Commission, Guidance Note on Disability and Development for European Union Delegations and Services, Brüssel 2004. In nicht europäischen Ländern unterhält die EU Delegationen, die eine wichtige Rolle spielen bei der Umsetzung der Außenpolitik und -programme der EU. Siehe dazu http://ec.europa.eu/europeaid/infopoint/publications/development/19b_en.htm (Aufruf am 02.06.2014).

26 Siehe European Commission, Study of Disability in EC Development Cooperation, o. O. 2010, online abrufbar unter: http://ec.europa.eu/europeaid/what/social-protection/documents/223185_disability_study_en.pdf (Aufruf am 02.06.2014).

27 Siehe European Commission, European Disability Strategy 2010–2020, Brüssel 2010, online abrufbar unter unter http://ec.europa.eu/justice/discrimination/disabilities/disability-strategy/index_en.htm (Aufruf am 04.06.2014). Siehe dazu auch den Beitrag von Wiebke Schär/Wolfgang Angermann in diesem Band → S. 354 f.

28 Siehe Europe Aid: Disability-Inclusive Development Cooperation, Guidance Note for EU Staff, o. O. 2012, online abrufbar unter: http://ec.europa.eu/europeaid/what/social-protection/documents/disability_guidance_note_en.pdf (Aufruf am 02.06.2014).

29 Sektorkonzepte sind verbindliche Leitlinien für die deutsche Entwicklungszusammenarbeit im jeweiligen Sektor.

30 Bundesministerium für wirtschaftliche Zusammenarbeit und Entwicklung (BMZ), Förderung sozialer Sicherheit und sozialer Sicherungssysteme in Entwicklungsländern. Positionspapier des BMZ, Bonn 2002.

31 Siehe Deutsche Gesellschaft für Technische Zusammenarbeit (GTZ), Behinderung und Entwicklung. Ein Beitrag zur Stärkung der Belange von Menschen mit Behinderungen in der deutschen Entwicklungszusammenarbeit, Politikpapier, Eschborn 2006, online abrufbar unter: http://star-www.giz.de/dokumente/bib/06-0866.pdf (Aufruf am 02.06.2014).

32 Siehe Deutsche Gesellschaft für Technische Zusammenarbeit (GTZ), Umsetzung der VN-Konvention über die Rechte von Menschen mit Behinderungen im Rahmen der deutschen Entwicklungszusammenarbeit. Eine Zusammenfassung der Studie, Eschborn 2009.

33 Siehe Bundesministerium für wirtschaftliche Zusammenarbeit und Entwicklung (BMZ), Aktionsplan zur Inklusion von Menschen mit Behinderungen, BMZ-Strategiepapier 1/2013, Bonn/Berlin, online abrufbar unter: http://www.bmz.de/de/mediathek/publikationen/reihen/strategiepapiere/Strategiepapier325_01_2013.pdf (Aufruf am 02.06.2014).

Klaus Lachwitz

Exkurs: Das globale Zusammenwirken der Weltverbände von Menschen mit Behinderungen

Die UN-BRK entstand unter breiter Mitwirkung der Zivilgesellschaft, zumeist Vertreter_innen von Behindertenorganisationen (siehe dazu den Beitrag von Theresia Degener → S. 55 ff.). Dies stellt bis heute einen einmaligen Vorgang in der Geschichte der Vereinten Nationen dar – und blieb nicht ohne Auswirkung auf die Arbeit und Organisation der Behindertenverbände weltweit. Auf internationaler Ebene formte sich noch während der Verhandlungen zu der Konvention eine Allianz der Weltverbände von Menschen mit Behinderungen, die seitdem im Auftrag ihrer Mitglieder die Umsetzung der UN-BRK in den Vertragsstaaten kritisch begleitet.

Die International Disability Alliance (IDA)

Die Weltverbände von Menschen mit Behinderungen standen bereits seit 1999 in regelmäßigem Kontakt miteinander. Sie nahmen die Anregungen der an den Verhandlungen zur UN-BRK beteiligten Vertreter_innen der Zivilgesellschaft auf und vereinbarten, ihre bis dahin nur gelegentlich zusammentretende Arbeitsgruppe als *International Disability Alliance (IDA)* zu festigen. Aufgabe der Allianz war es zunächst, die Diskussionen im Ad-hoc-Komitee während der Verhandlungen kritisch zu verfolgen und die Mitglieder des Komitees mit abgestimmten Initiativen und möglichst konkreten Vorschlägen und Positionsbestimmungen zu einzelnen Menschenrechten zu konfrontieren. Nach Fertigstellung des Konventionsentwurfs und der einstimmigen Verabschiedung der UN-BRK in der Generalversammlung der Vereinten Nationen im Dezember 2006 wurde der Aufgabenbereich der IDA wesentlich erweitert.

Die Allianz wurde zum einen beauftragt, den Umsetzungsprozess der UN-BRK in den Staaten zu befördern, die den Konventionstext signiert bzw. den Ratifikationsprozess eingeleitet oder bereits vollzogen hatten. Zum anderen sollte sie Kontakt zu den Mitgliedern des gemäß Artikel 34 UN-BRK von den Vereinten Nationen zu bildenden Ausschusses für die Rechte von Menschen mit Behinderungen aufnehmen. Gleichzeitig wurde ein Gremium *(IDA Governing Body)* geschaffen, das sich aus für die IDA benannten Vertreter_innen der Weltverbände von Menschen mit Behinderungen zusammensetzt. Seit 2007 werden dort zweimal jährlich strategische Vorschläge zur Begleitung und Intensivierung des Umsetzungsprozesses der UN-BRK in den Vertragsstaaten erarbeitet. Das Gremium bringt zudem abgestimmte Positionspapiere in den UN-Ausschuss für die Rechte von Menschen mit Behinderungen ein.

Seit Juli 2013 ist die *International Disability Alliance* ein eingetragener Verein nach dem Recht der Schweiz. Ihr gehören zahlreiche Weltverbände bzw. regional organisierte Verbände von Menschen mit Behinderungen an.

Kernaufgaben der IDA

Die an die Allianz erteilten Aufträge haben mittlerweile ein erhebliches Ausmaß erreicht. So stehen die hauptamtlichen Mitarbeiter_innen in ständigem Kontakt mit den Mitgliedern des UN-Ausschusses für die Rechte von Menschen mit Behinderungen. Sie fertigen Positionspapiere und Gutachten an und organisieren Fachveranstaltungen (sogenannte *Side Events*), wenn sich der UN-BRK-Ausschuss zweimal jährlich zu seinen Sitzungen in Genf trifft oder das *United Nations Department of Economic and Social Affairs (UN DESA)*, unter dessen Aufsicht der Ausschuss steht, gemäß Artikel 40 UN-BRK zur Konferenz der Vertragsstaaten nach New York einlädt.

Im Fokus der IDA-Aktivitäten stehen jedoch die Berichte der Vertragsstaaten, die dem UN-BRK-Ausschuss gemäß Artikel 35 Absatz 1 und 2 UN-BRK vorgelegt werden müssen. So informiert das IDA-Sekretariat im Ausschuss regelmäßig über den Verhandlungsstand der einzelnen Berichte und nimmt an allen öffentlichen Ausschusssitzungen teil.

Wie die meisten Menschenrechtsausschüsse der Vereinten Nationen stellt es auch der UN-BRK-Ausschuss den nicht staatlichen Behindertenorganisationen *(Disabled People's Organizations/DPOs)* frei, sich kritisch zu den Staatenberichten zu äußern, die dem Ausschuss von den jeweiligen Regierungen vorgelegt werden. Es hat sich eingebürgert, dass sich DPOs auf nationaler Ebene zusammenschließen[1] und einen sogenannten Parallelbericht – auch »Schattenbericht« genannt (siehe dazu auch den Beitrag von Sigrid Arnade → S. 96 ff.) – anfertigen und dem Ausschuss zuleiten. Die

IDA hat deshalb beschlossen, vor allem in den Entwicklungsländern Trainingsseminare zu veranstalten, in denen unterschiedliche Gruppen von Menschen mit Behinderungen darauf vorbereitet werden sollen, sich auf nationaler Ebene zu organisieren, um sich den Herausforderungen der UN-BRK stellen zu können und Parallelberichte anzufertigen.

Wesentliches Element der Globalisierung der menschenrechtlichen Aktivitäten für Menschen mit Behinderung auf hohem Niveau ist die Sicherstellung eines zuverlässigen, umfassenden und aktuellen Informationsaustauschs. Auch auf diesem Gebiet hat sich die IDA zu einer weithin beachteten und anerkannten Anlaufstelle entwickelt. So veröffentlicht die Allianz monatlich das »IDA Disability Rights Bulletin«[2], das die wichtigsten menschenrechtlichen Aktivitäten der Vereinten Nationen und ihrer Sonderorganisationen[3] dokumentiert und auswertet. Darüber hinaus hat sich der Vorstand der IDA vorgenommen, jeden einzelnen Artikel der UN-BRK in einer eigenen Veröffentlichungsreihe zu analysieren und aus der Sicht der Weltverbände von Menschen mit Behinderung sowie der ihnen angeschlossenen regionalen und lokalen Mitgliedsverbände darzustellen. Die erste, im März 2013 veröffentlichte Ausgabe dieser Publikationsreihe befasst sich mit dem Wahlrecht von Menschen mit Behinderungen gemäß Artikel 29 UN-BRK (Teilhabe am politischen und öffentlichen Leben)[4]. In Bearbeitung befindet sich eine Ausgabe zu Artikel 13 UN-BRK (Zugang zur Justiz).

Einfluss auf die Vereinten Nationen

Nach den neuesten Schätzungen der Weltgesundheitsorganisation (WHO) leben etwa 1 Milliarde Menschen mit Behinderungen auf der Erde (dies entspricht einem Anteil von etwa 15 Prozent der Weltbevölkerung). Es ist deshalb nicht damit getan, den Blick allein auf die UN-BRK zu richten. Alle menschenrechtlichen Aktivitäten der Vereinten Nationen müssen die Belange von Menschen mit Behinderungen berücksichtigen. Deshalb bezieht die IDA inzwischen auch Stellung, wenn der Menschenrechtsrat der Vereinten Nationen *(Human Rights Council)* oder andere zum Schutz der Menschenrechte eingesetzte UN-Gremien *(Treaty Bodies)* zu Sitzungen einladen bzw. die ihnen zur Verfügung stehenden Instrumente des Menschenrechtsschutzes nutzen.

Besonderes Augenmerk legt die IDA insbesondere auf die Fortschreibung der Millenniumsentwicklungsziele *(Millennium Development Goals)*, die von den Vereinten Nationen im Jahr 2001 gemeinsam mit der Weltbank postuliert worden sind und die bis zum Jahr 2015 verwirklicht werden sollen (vgl. ausführlich zu dieser Thematik den Beitrag von Gabriele Weigt → S. 370 f.).

Die *International Disability Alliance* nimmt nicht für sich in Anspruch, die einzige internationale Stimme von Menschen mit Behinderungen zu sein, die auf die Vereinten Nationen und ihre Sonderorganisationen oder auf regionale Staatenvereinigungen (vgl. Artikel 44 UN-BRK) wie die Europäische Union Einfluss zu nehmen versucht. Es gibt überdies eine ganze Reihe anderer Nichtregierungsorganisationen (NGOs), die sich im Bereich der Behindertenhilfe großes Renommee erworben haben und insbesondere über ein Expertenwissen verfügen, das über viele Jahrzehnte gewachsen und in zahlreichen Mitgliedsstaaten der Vereinten Nationen verwurzelt ist.[5]

Gemeinsam mit diesen Nichtregierungsorganisationen und *Human Rights Watch (HRW)* hat die IDA zum Auftakt der im Juli 2013 in New York abgehaltenen UN-Konferenz der Vertragsstaaten (Artikel 40 UN-BRK) ein sogenanntes *Civil Society Forum (CSF)* im Plenarsaal der Vereinten Nationen organisiert und damit dazu beigetragen, dass die Zivilgesellschaft – wie in Artikel 33 Absatz 3 UN-BRK vorgesehen – in den »Überwachungsprozess« bei der Umsetzung der UN-Behindertenrechtskonvention einbezogen wird.

▶ Zusammenfassung

Die UN-Behindertenrechtskonvention ist mit Behindertenverbänden aus aller Welt verhandelt worden. Die Weltverbände für Menschen mit Behinderungen haben sich im Verlauf dieses Prozesses miteinander vernetzt und die seit 1999 bestehende *International Disability Alliance (IDA)* zu einem Weltdachverband mit Niederlassungen in Genf und New York ausgebaut. Die IDA unterhält enge Kontakte zum UN-Ausschuss für die Rechte von Menschen mit Behinderungen und berät ihre Mitgliedsverbände insbesondere bei der Abfassung von Parallelberichten zu den Staatenberichten der UN-BRK-Vertragsstaaten.

Anmerkungen

1 In Deutschland übernimmt diese Funktion die BRK-Allianz. Weitere Informationen siehe unter: www.brk-allianz.de.

2 Die ab Juli 2009 erschienenen Ausgaben des Bulletins sind online abrufbar unter: www.internationaldisabilityalliance.org/(Aufruf am 28.04.2014).

3 Darunter etwa die Weltgesundheitsorganisation *(World Health Organization/WHO)*, die Internationale Arbeitsorganisation *(International Labour Organization/ILO)*

sowie die Organisation der Vereinten Nationen für Erziehung, Wissenschaft und Kultur *(United Nations Educational Scientific and Cultural Organization/UNESCO)*.

4 Die erste Ausgabe ist online abrufbar unter: http://www.internationaldisability alliance.org/en/idas-human-rights-publication-series (Aufruf am 28.04.2014).

5 Dazu zählen u. a. – ohne Anspruch auf Vollständigkeit – Nichtregierungsorganisationen wie der *Disability Rights Fund (DRF)*, siehe unter: www.disabilityrightsfund.org; die Initiative *Global Partnership for Disability and Development (GPDD)*; das *International Disability and Development Consortium (IDDC)*, siehe unter: www.iddc consortium.net; das globale Netzwerk *Rehabilitation International (RI)*, siehe unter: www.riglobal.org (Aufruf aller Links am 28.04.2014).

Rika Esser / Johanna Kern

Inklusive Armutsbekämpfung in Togo

Es ist schwül-heiß, die Ventilatoren an der Decke surren. Obwohl die Veranstaltung schon vor einer Stunde hätte beginnen sollen, ist noch niemand da. In Afrika ticken die Uhren eben ein wenig anders als in Europa. Und dann geht es ganz schnell: Das Podium wird in Windeseile besetzt, nach und nach treffen die Teilnehmer_innen ein. Die Presse und das Fernsehen sind präsent – wir befinden uns bei einem Workshop für Journalist_innen in Lomé, der Hauptstadt von Togo, der sich mit der Frage beschäftigt: Wie sollen Menschen mit Behinderungen in den Medien dargestellt werden? Der Workshop ist Teil des Projekts »Inklusive Armutsbekämpfung in Togo« der Christoffel-Blindenmission (CBM) und der *Fédération Togolaise des Associations de Personnes Handicappées (FETAPH)* und zielt darauf, den Journalist_innen die Bedürfnisse und Belange behinderter Menschen nahezubringen.

Ein Mitarbeiter des Regionalbüros der Christoffel-Blindenmission führt engagiert und mit unterstreichenden Gesten in die Thematik ein: In Entwicklungsländern bedingen sich Behinderung und Armut oft gegenseitig.[1] Auch in Togo lebt der größte Teil der Menschen mit Behinderungen in Armutsverhältnissen und hat mit erschwertem Zugang zu Schulbildung und Gesundheitsversorgung, mit geringen Chancen auf eine geeignete Erwerbstätigkeit und mit wenig Mitspracherecht an politischen Entscheidungsprozessen zu kämpfen.

Die neue nationale Strategie zur Armutsminderung in Togo soll diesen Zustand ändern. In von dem Land selbst entwickelten Armutsreduzierungsstrategien *(Poverty Reduction Strategy Papers/PRSP)* wird dargelegt, wie es die Armut vermindern und die Lebenssituation der Bevölkerung verbessern will. Die Strategien bilden den nationalen Rahmen für die Umsetzung in den verschiedensten Sektoren (Gesundheit, Arbeit etc.) durch die Politikvertreter_innen und sind gleichzeitig Orientierung für die Geberländer im Rahmen der Entwicklungszusammenarbeit. In einem gemeinsamen Projekt arbeiten der togoische Dachverband zur Selbstvertretung von Menschen mit Behinderungen, die *Fédération Togolaise des Associations de Personnes*

Handicappées (FETAPH)[2], die Christoffel-Blindenmission (CBM) und das Bundesministerium für wirtschaftliche Zusammenarbeit und Entwicklung (BMZ) daran, die neue Armutsbekämpfungsstrategie des Landes inklusiv für Menschen mit Behinderungen zu gestalten.[3]

Armut und Behinderung

Das westafrikanische Land Togo ist eines der ärmsten Länder weltweit. Nach dem *Human Development Index 2012 (HDI*; dt. Index für menschliche Entwicklung) des Entwicklungsprogramms der Vereinten Nationen belegt es Rang 159 von 186 Ländern. 40 Prozent der Menschen in Togo leben in extremer Armut, ihnen stehen weniger als 1,25 US-Dollar am Tag zur Verfügung. Auch behinderte Menschen trifft die Armut im Land stark – allerdings gibt es keine nationalen Statistiken über deren Lebenssituation. Sie werden in vielerlei Hinsicht diskriminiert: So liegt beispielsweise die Einschulungsrate von behinderten Kindern auf dem Land in den nördlichen Regionen Togos bei nur 2 Prozent.[4]

Togo hat zwar die UN-Behindertenrechtskonvention (UN-BRK) im Jahr 2011 ratifiziert, dennoch ist das Bewusstsein, dass behinderte Menschen das Recht auf umfassende gesellschaftliche Teilhabe wie alle nicht behinderten Menschen auch realisieren möchten, sowohl in der Bevölkerung als auch unter den Politikvertreter_innen kaum vorhanden.

Zu Beginn des Projekts zur inklusiven Armutsbekämpfung im Jahr 2010 waren behinderte Menschen zwar teilweise in den Bereichen Gesundheit, Bildung und Arbeit der ersten Armutsreduzierungsstrategie (*PRSP-Complet*, 2009–2012)[5] berücksichtigt. Es mangelte jedoch an Mechanismen und den notwendigen Strukturen zur praktischen Umsetzung dieser Strategie. So fehlte den für die Umsetzung vor Ort zuständigen lokalen Komitees beispielsweise grundlegendes Wissen zur Strategie an sich sowie die technische Expertise, etwa über erfolgversprechende Möglichkeiten der Inklusion behinderter Menschen in den Arbeitsmarkt. Als die Strategie 2012 auslief, wurde noch im gleichen Jahr von der togoischen Regierung und internationalen Gebern der Prozess zur Entwicklung einer zweiten Armutsreduzierungsstrategie eingeläutet, einer Strategie zur Beschleunigung des Wachstums und Förderung der Beschäftigung für den Zeitraum 2012–2016 *(Stratégie de Croissance Accélérée et de Promotion de l'Emploi/ SCAPE).*[6]

Entwicklungszusammenarbeit für eine inklusive Gesellschaft

Als Dachverband von rund 40 Organisationen von und für behinderte Menschen war die FETAPH von Anfang an bei den Konsultationen mit der Zivilgesellschaft auf nationaler Ebene beteiligt und hat ihre Anliegen in den Prozess zur Erarbeitung der Strategie eingebracht. Der Dachverband betreibt sowohl Lobbyarbeit bei politischen Entscheidungsträger_innen als auch Sensibilisierungs- und Aufklärungskampagnen in der breiten Öffentlichkeit, um über Menschen- und Bürgerrechte zu informieren. Die FETAPH fördert den Dialog von Menschen mit Behinderungen mit den zuständigen Ministerien und Entscheidungsträger_innen Togos. Die Betroffenen sollen auf diese Weise befähigt werden, ihre Rechte gegenüber den staatlichen Interessensvertreter_innen einzufordern.

Ab 2010 organisierte der Dachverband in allen fünf Regionen des Landes Workshops mit lokalen Behindertenverbänden (FETAPH-Mitgliedsorganisationen) und Entscheidungsträger_innen, die die Kompetenzen in den Bereichen Behinderung, Armutsminderung und inklusive Entwicklung gestärkt sehen. »Die FETAPH hat in diesem Projekt oftmals die Rolle eines Vermittlers gespielt: Viele Akteure haben durch unsere Schulungen zum ersten Mal von der Armutsbekämpfungsstrategie erfahren«, so Marc Analene, Projekt-Koordinator bei der FETAPH.[7]

Auch Entscheidungsträger_innen in den Ministerien wurden auf nationaler Ebene geschult. Zudem ergab sich Schulungsbedarf insbesondere bei Journalist_innen und Architekt_innen, sodass für diese Berufsgruppen ebenfalls Workshops veranstaltet wurden, um sie für die Belange der behinderten Menschen zu sensibilisieren. Auch die Aufklärung über Inklusion innerhalb der Gesellschaft wurde vorangetrieben. Dazu gehörten Fernsehspots in der Amtssprache Französisch und in vier Lokalsprachen, die dazu aufforderten, »gemeinsam für eine bessere Welt« zu kämpfen. Auch zahlreiche Radiosendungen, Poster, Prospekte und Aufkleber wurden produziert, um für die Rechte von Menschen mit Behinderungen zu werben.

Die deutschen Geberorganisationen stärken den togoischen Dachverband durch methodische Fortbildungen, Organisationsberatung und Strategieentwicklung, damit der Dachverband FETAPH sein menschenrechtliches Engagement und seine Interventionsmöglichkeiten auf nationaler Ebene verbessern kann. Darüber hinaus wird die überregionale Vernetzung mit ähnlichen Dachverbänden in westafrikanischen Nachbarländern gefördert. Durch die kontinuierliche Beratung und finanzielle Unterstützung konnte sich die FETAPH organisatorisch und fachlich professionalisieren. Dadurch hat sie sich auf nationaler und lokaler Ebene als eine kompetente und anerkannte Gesprächspartnerin und Mittlerin für die Belange von Menschen mit Behinderungen positioniert: »Wir sind Menschen mit Behinderungen, aber wir dürfen uns nicht länger als Personen betrachten, die nur Mitleid und Wohlfahrt benötigen. Wir haben Talente, um zur Entwicklung unseres Landes beizutragen«, so der Jurist Germain Komivi Ayassou, Präsident des Administrativrates von FETAPH und Generalsekretär des togoischen Blindenverbandes (ATA).[8]

Die Erfolge

Durch die Maßnahmen des von der Christoffel-Blindenmission und dem Bundesministerium für wirtschaftliche Zusammenarbeit und Entwicklung geförderten Projekts »Stärkung der Rechte von Menschen mit Behinderungen durch die nationale Armutsbekämpfungsstrategie« berücksichtigt die zweite Armutsbekämpfungsstrategie der Regierung Togos behinderte Menschen in weit größerem Maß als die erste Strategie – auch Regierungsvertreter_innen betonen nun offiziell, dass die neue Strategie inklusiv ist. Dies ist beispielsweise in den Sektoren Gesundheit, Arbeit, soziale Sicherung, Gleichstellung der Geschlechter sowie Sport und Freizeit gelungen. Rund 15 öffentliche Einrichtungen wurden so umgestaltet, dass sie für behinderte Menschen zugänglich sind. Eine Frau mit Behinderung wurde in einem Bürgermeisteramt eingestellt, drei gehbehinderte Bewerber_innen wurden bei Stellenausschreibungen in lokalen Behörden berücksichtigt. Fünf Menschen mit Behinderung haben eine berufliche Umschulung oder eine andere Unterstützung zur Aufnahme einer beruflichen Tätigkeit erhalten. Im Bezirk Kara wurden zwei Personen mit Behinderung in das kommunale Planungskomitee aufgenommen. Die FETAPH hat zudem erreicht, dass die öffentlichen Busse eines Bezirkes Menschen mit Behinderungen nun kostenlos befördern. In einer anderen Region wurde ein eigenes Budget für die Ausrichtung des Internationalen Tags der Menschen mit Behinderungen (3. Dezember) aufgestellt.[9]

Doch die Arbeit ist längst nicht getan. Immer noch herrschen Armut, Vorurteile und Stigmatisierung in Togo vor. Weiter muss daran gearbeitet werden, die Strategie in allen Bereichen umzusetzen. Dabei spielen besonders die lokalen Komitees der FETAPH-Mitgliederorganisationen eine wichtige Rolle, die zur Überwachung der Umsetzung der Strategie in den einzelnen Regionen gegründet wurden und die immer noch großen Bedarf an Wissensvermittlung haben. Zudem bleibt es eine Herausforderung, die technische Fachexpertise für die praktische Umsetzung der Strategie in Bereichen wie dem Arbeitsmarkt oder dem Transportwesen zu vermitteln.

»Wenn wir wirklich wollen, dass sich die Dinge ändern, dass sich unsere Gesellschaft weiterentwickelt, dass die Menschen eine neue Sichtweise auf Behinderung haben, müssen wir beweisen, dass wir Träger von Rechten sind, dass wir etwas zu bieten haben und dass wir produktive Akteure sind«, so Germain Komivi Ayassou.[10] Genau dies will die FETAPH zukünftig verstärkt anpacken. Auf der Grundlage von Wachstumsbeschleunigung und Beschäftigungsförderung als Schwerpunkte der Armutsreduzierungsstrategie geht es der FETAPH darum, Menschen mit Behinderungen darin zu unterstützen, eine Ausbildung zu absolvieren, sich zu professionalisieren und Arbeit im privaten und öffentlichen Sektor zu finden. So wird die Organisation auch in Zukunft weiter dafür kämpfen, dass Armut von Menschen mit Behinderungen in Togo nachhaltig reduziert wird.

▶ Zusammenfassung

Durch politische Interessenvertretung sowie nationale und lokale Sensibilisierung und Öffentlichkeitsarbeit ist es gelungen, die nationale Armutsbekämpfungsstrategie in Togo inklusiv für Menschen mit Behinderungen zu gestalten. Armutsbekämpfungsstrategien werden von den Regierungen in Entwicklungsländern eigenverantwortlich erarbeitet, um die Situation der Bevölkerung im eigenen Land zu verbessern. In Togo werden heute auch Menschen mit Behinderungen in den Sektoren Bildung, Gesundheit, Arbeit und Beschäftigung, Zugang zu sauberem Trinkwasser, soziale Sicherung, Gleichstellung der Geschlechter sowie Sport und Freizeit berücksichtigt. Für die gesellschaftliche Praxis bedeutet dies, dass etwa öffentliche Einrichtungen barrierefrei umgestaltet werden, inklusive Personalgewinnung in lokalen Behörden betrieben wird oder öffentliche Busse Menschen mit Behinderungen in einigen Bezirken kostenlos befördern.

Anmerkungen

1 Siehe ausführlich dazu auch den Beitrag von Gabriele Weigt in diesem Band → S. 365 ff.

2 Die FETAPH vereinigt als nationaler Dachverband togoischer Menschen mit Behinderungen rund 40 Organisationen. Siehe dazu http://fetaph.appsland.com/ (Aufruf am 29.04.2014).

3 Für weitere Informationen zu dem Modellprojekt siehe Christoffel-Blindenmission e. V. (CBM), Inklusive Entwicklung: Good Practice Beispiele der CBM, Inklusive Armutsbekämpfungsstrategie in Togo. Ein Modellprojekt der Christoffel-Blinden-

mission in Togo, online abrufbar unter: www.cbm.de/inklusion_in_togo (Aufruf am 29.04.2014).

4 Siehe dazu den Beitrag »Politikern die Augen öffnen. In Togo spielt ein Dachverband von Menschen mit Behinderungen eine große Rolle bei der Umsetzung der nationalen Strategie zur Armutsminderung«, in: Inklusive Entwicklung. Die Dimension Behinderung in der Entwicklungszusammenarbeit mitdenken. Ein Dossier der Christoffel-Blindenmission Deutschland (CBM) in Zusammenarbeit mit der Redaktion welt-sichten, 3 (2012), S. 12–13, online abrufbar unter: http://www.cbm.de/static/medien/2012_Weltsichten_CBM_Inklusive_Entwicklung.pdf (Aufruf am 29.04.2014).

5 Siehe die Fassung der Strategie in französischer Sprache unter http://www.dsrptogo.tg/spip.php?rubrique15 (Aufruf am 29.04.2014).

6 Siehe die Fassung der Strategie in französischer Sprache unter http://www.dsrptogo.tg/IMG/pdf/SCAPE_2013-2017_version_finale.pdf (Aufruf am 29.04.2014).

7 Marc Analene in einem nicht veröffentlichten Gespräch zwischen CBM und FETAPH, Übersetzung aus dem Französischen Rika Esser.

8 Zitiert nach FETAPH Info, No. 024 (März 2012), online abrufbar unter: http://fetaph.appsland.com/IMG/pdf/fetaph_info_no_24.pdf (Aufruf am 29.04.2014), Übersetzung aus dem Französischen Johanna Kern.

9 Siehe dazu »Politikern die Augen öffnen«, wie Anm. 4, S. 12.

10 Zitiert nach FETAPH Info, wie Anm. 8, Übersetzung aus dem Französischen Johanna Kern.

Heinz Bude

Inklusion als sozialpolitischer Leitbegriff

Ein Essay

In der öffentlichen Debatte wird der Begriff der Inklusion heute weitgehend mit der Frage der Einbeziehung von Schüler_innen mit Behinderungen in den allgemeinen schulischen Unterricht assoziiert. Durch die Bezugnahme auf die einschlägige Konvention der Vereinten Nationen, die die Bundesrepublik Deutschland unterzeichnet hat, hat der Inklusionsbegriff, wie es Gundrun Wansing in ihrem Beitrag (→ S. 43 ff.) hervorhebt, »einen deutlich normativen, das heißt wertebasierten und richtungweisenden Charakter« erhalten.

Damit sind allerdings auch die Zentrierungen dieser Begriffsverwendung in den Hintergrund geraten. Wenn der normative Gehalt des Inklusionsbegriffs vor allem auf die Rechte von Menschen mit Behinderungen abhebt, wird sofort eine Konkurrenz zwischen den verschiedenen, unter sozialen Exklusionsbedrohungen stehenden Gruppen heraufbeschworen. Von den jeweiligen Advokaten werden die Teilhaberechte der Bürgerkriegsflüchtlinge ohne legalen Aufenthaltsstatus, der Deutschen mit Zuwanderungsgeschichte, der Menschen mit erweiterten sexuellen Identitäten, der alleinerziehenden Frauen und Männer oder der Kinder aus armen Haushalten geltend gemacht. Gibt für alle diese Gruppen die Erklärung über die Rechte von Menschen mit Behinderung, die UN-Behindertenrechtskonvention, die Richtung vor?

Eine zweite Engführung der Debatte ergibt sich aus der Zentrierung auf das Schulsystem. Seit 2008 hat sich insofern eine Veränderung in der Diskussion über Bildungsgerechtigkeit ergeben, als die unintendierten Folgen eines starren Blicks auf die schulische Bildung und die damit verbundene Fixierung auf die Zertifikatsvergabe deutlicher ins öffentliche Bewusstsein getreten sind. Gerade das System der dualen Bildung, das in den internationalen Vergleichsstudien über die Leistungsfähigkeit der Bildungssysteme in der OECD-Welt unterbelichtet geblieben war, erscheint ausweislich der erstaunten Berichte über das Produktionsmodell der »flexiblen Spezialisierung« als einer der Vorzüge der deutschen Volkswirtschaft, die sich in der tiefsten und schwersten Wirtschafts- und Finanzkrise nach 1945 als so außerordentlich robust erwiesen hat. Natürlich ist in der Debatte über die »Illusion der Chancengleichheit«, die Pierre Bourdieu und Jean-Claude Passeron schon 1964 angestoßen haben[1], die Verfasstheit des Bildungssystems ein wichtiger Bezugspunkt, aber die Reproduktion sozialer Ungleichheit muss umfassender begriffen werden, damit man die Möglichkeiten kompensatorischer Interventionen richtig einschätzen kann. Jedenfalls greift ein allein bildungspolitisches Verständnis von sozialer Inklusion zu kurz.

In der weltweiten Debatte über soziale Teilhabe ist seit rund zwanzig Jahren ein folgenreiches Abrücken vom Begriff der Integration zu dem der Inklusion zu konstatieren. Folgenreich ist dieser Begriffswechsel deshalb, weil damit eine Veränderung des normativen Bezugspunktes für die Stärkung von sozialem Zusammenhalt in der »Gesellschaft der Individuen«, wie Norbert Elias es formuliert hat[2], verbunden ist.[3] Für den Begriff der Integration ist die Unterstellung einer in ihren Grundfesten plausiblen Gesellschaft maßgebend. Die Zugewanderten sollen wie die Heranwachsenden in eine Gesellschaft integriert werden, so wie sie von den etablierten Kräften einer bestehenden Ordnung repräsentiert werden. Mit dem Begriff der Integration geht zumeist die Vorstellung der soziokulturellen und sozioökonomischen Hegemonie einer tragenden Mehrheitsklasse einher, die Standards für legitimes Verhalten setzt und Forderungen für notwendige Anpassungen aufstellt.[4] In Deutschland geben die Deutschen, die hier geboren sind, die die Traditionen des Landes verinnerlicht haben, die die Regeln von Sitte und Anstand beherzigen und die mit ihren Anstrengungen und ihrem Einsatz den Kern der ökonomischen Wertschöpfung gewährleisten, den Takt für die unterschiedlich definierten Anderen vor, die sich als Heranwachsende, Zugewanderte oder Randgruppen dem anzupassen haben, damit das Ganze nicht gefährdet wird.

Mit dem Begriff der Inklusion wird dieses Denken aufgegeben. Es geht nicht mehr darum, Gesellschaftsmitglieder in einen feststehenden Rahmen einzupassen, sondern diesen Rahmen selbst als einen Gegenstand von Aushandlungen zwischen prinzipiell Gleichberechtigten zu verstehen. Setzt der Begriff der Integration eine normativ integrierte Gesellschaft voraus, rechnet der Begriff der Inklusion mit prinzipiell kompetenten Subjekten, die aufgrund kommunikativer Anstrengungen dazu in der Lage sind, mit anderen die Gesellschaftlichkeit herzustellen, die es ihnen erlaubt, auf Dauer in Differenz miteinander zu leben. Bei Integration geht es um Normen und Werte, bei Inklusion um Kompetenzen und Prinzipien.

Der Begriff der Integration bezog sich in einer langen Nachkriegszeit auf eine Arbeitnehmergesellschaft mit der Dominanz des männlichen Haushaltsvorstandes im ethnisch homogenen Milieu.[5] In den »glorreichen« dreißig Jahren von der Mitte der 1950er- bis zur Mitte der 1980er-Jahre herrschte in Deutschland als Effekt des Völkermordes im Nationalsozialismus ein Ausmaß ethnischer Homogenität, wie es niemals vorher war und wie es niemals mehr sein wird. Dem entsprach die normative Dominanz ehelicher Lebensgemeinschaften mit geringen Scheidungsquoten und reproduktionssichernder Kinderzahl. Die materielle Grundlage dieser Lebensform wurde durch ein »Normalarbeitsverhältnis«[6] vollzeitiger, lebenslanger und qualifikationsadäquater Beschäftigung gewährleistet. Die war aber hauptsächlich auf die Männer zugeschnitten, die als »Breadwinner« für die materiellen Ressourcen eines Haushalts sorgten, in dem die Frauen mit unbezahlter Sorge- und Reproduktionsarbeit das alltagspraktische Regiment führten.[7] Von heute aus gesehen bildete dieses bevölkerungspolitische Arrangement die normative Folie für den Integrationsprozess: Die Männer dominierten in den Bildungsinstitutionen und auf den Arbeitsmärkten, die Ehen wurden als komplementäre Partnerschaften begriffen, in denen jede Partei ihren Part spielte, und in der nivellierten Mittelstandsgesellschaft mit dem Arbeitnehmer als Lichtgestalt sozialer Rechte und fairer Entlohnung war ethnische Heterogenität in Gestalt von »Fremd-« und »Gastarbeitern« die Ausnahme.

Dies alles ist heute nicht mehr der Fall. Die Beschäftigungsverhältnisse haben sich jenseits des Normalarbeitsverhältnisses pluralisiert. Zwar ist die absolute Mehrheit nach wie vor in abhängigen Beschäftigungsverhältnissen tätig, aber der Anteil an teilzeitlichen und befristeten Beschäftigungen nimmt kontinuierlich zu. Außerdem haben im Zuge der Projektförmigkeit der Hochproduktivitätsökonomie[8] im Werkzeugmaschinen- oder im Anlagenbau Honorarkomponenten in der Lohnform eine größere Bedeutung erfahren und schließlich hat in erheblichem Ausmaß eine Monetarisierung von Sorge- und Sozialisationsarbeit stattgefunden.

Ein zweiter großer Trend des gesellschaftlichen Wandels ist dadurch charakterisiert, dass die Frauen die Gewinnerinnen der Bildungsreformen der 1970er- und 1980er-Jahre darstellen. So studieren seit 1999 mehr junge Frauen als junge Männer an deutschen Universitäten, und es gibt keinerlei Anzeichen, dass dieser Trend gebrochen werden könnte. Auch gibt es beispielsweise mittlerweile Segmente in den hochwertigen unternehmensnahen Dienstleistungsbereichen, die von Frauen dominiert sind. Die Verteilzeitlichung der klassischen Professionen von Ärzten, Rechtsanwälten und Seelsorgern durch den wachsenden Anteil weiblicher Beschäftigung ist unübersehbar. In diesen Zusammenhang gehört auch die weitgehende Selbstverständlichkeit von nicht ehelichen Lebensgemeinschaften und von Ein-Eltern-Familien.

Der dritte große Trend, der unsere Gesellschaft nachhaltig verändert, ist die trotz gewisser staatlicher Stops und Gos ununterbrochen anhaltende Zuwanderung nach Deutschland. Die letzte große Zuwanderungswelle bildeten die Bürgerkriegsflüchtlinge der 1990er-Jahre aus dem zerfallenden Jugoslawien, aus Palästina, Afghanistan und dem Libanon sowie die Deutschen mit Staatsangehörigkeitsrechten aus Russland. Heute verändert vor allen Dingen die Binnenmigration innerhalb der EU die ethnische Zusammensetzung der deutschen Bevölkerung. Keine der etablierten politischen Parteien bestreitet mehr, dass Deutschland ein Einwanderungsland ist und im Blick auf seine rückläufige Bevölkerungszahl auch sein soll.

Diese Sachlage macht deutlich, dass ein auf einen festen normativen Rahmen bezogener Integrationsbegriff den Realitäten der deutschen Gesellschaft von heute nicht mehr angemessen ist. Denn was soll der Maßstab für Integration sein, wenn die Vielfältigkeit in Bezug auf Beschäftigungsverhältnisse, Lebensformen und ethnische Herkünfte regiert?

Inklusion lautet das Schlagwort der Stunde. Es stellt den Bezugsrahmen für ein neues staatliches Regime der Förderung, Unterstützung und Animierung von Befähigungen und Bereitschaften für eine Gesellschaft der Heterogenitäten dar. Die wichtigen Prinzipien dieses Begriffs sind die Ersetzungen von Logiken der Unterordnung durch solche der Gleichstellung, solche der Trennung durch solche der Einbeziehung, solche der Defizite durch solche der Differenz und solche der Identität durch solche der Diversität.[9] Ein institutionelles Curriculum der Inklusion will die Voraussetzungen dafür schaffen, dass die Einzelnen dazu in die Lage versetzt werden, sich wechselseitig die Freiheit zu ermöglichen, ein eigenes Leben zu führen. Da der weltanschauliche neutrale Staat dafür keine inhaltlichen Präferenzen vorgeben kann, kann das nur in der methodischen Befähigung zu einer kommunikativen Identitätsbildung bestehen. In der Sprache des deutschen Idealismus müssen wir uns darunter eine reflexive Form des Identitätsbewusstseins vorstellen, die die Identität des Ich als eine Art schwebende Identität von Identität und Alterität versteht. Die Zumutung besteht darin, sich selbst im Anderen zu finden, ohne die andere Person als Ausdruck meiner selbst zu missbrauchen.[10] Gesellschaftliche Inklusion bedeutet dann nicht, Einheitlichkeit zu schaffen, sondern Vielfältigkeit zu ermöglichen.

Aber dieses ethisch zweifellos anspruchsvolle Ziel beruht auf der gesteigerten Erwartung an die kommunikative Ich-Leistung der einzelnen Person. Man muss von sich selbst absehen können, um den anderen in den Blick zu bringen. Und das verlangt eine Einklammerung meiner eigenen Wünsche und Bedürfnisse. Denn ich verfüge über die Kompetenz zur Identitätsbildung nur in dem Maße, in dem es mir gelingt, die andere Person nicht als

Infragestellung meiner eigenen Person ansehen zu müssen, sondern sie als Bereicherung meiner eigenen Selbstinterpretation begreifen zu können. So gesehen setzt der Leitbegriff der inklusiven Gesellschaft das zur Inklusion befähigte Subjekt voraus.

Das generelle Leitbild der inklusiven Gesellschaft beruht auf zwei wesentlichen Gedanken. Das ist zum einen der Wechsel von einem normativen zu einem interpretativen Verständnis des sozialen Zusammenhalts; und zum anderen die Ersetzung von Konzepten einer formativen Ich-Entwicklung, bei der mit dem Eintritt ins Erwachsenenalter die Würfel gefallen sind, durch Prozess- und Interaktionsmodelle der Identitätsbildung, die die Offenheit nach vorne wie nach hinten betonen[11]. Die Vorstellung der gelingenden oder misslingenden Sozialisation in die Gesellschaft wird von der Vorstellung einer lebenslangen, von »kritischen Lebensereignissen« (Sigrun-Heide Filipp) markierten Entwicklung des sozialen Subjekts abgelöst.

In Abkehr von dem maßgeblich durch den amerikanischen Soziologen Talcott Parsons vertretenen Modell des »übersozialisierten Menschen« (Dennis H. Wrong[12]) hat sich in den Sozialwissenschaften seit den 1980er-Jahren eine gewisse Dekonstruktion des Gesellschaftsbegriffs durchgesetzt. Die Gesellschaft ist demnach kein Gehäuse, in dem die Einzelnen ihren Platz finden, sondern ein offenes Feld von Begegnungen und Beziehungen, die von den Subjekten untereinander immer neu und jeweils anders hergestellt und ausgehandelt werden. Niemand kann hier mehr darauf warten, dass ihr oder ihm gesagt wird, was zu tun und zu lassen ist. Man wird vielmehr zum Subjekt in Gesellschaft, indem man sich einbringt, in Szene setzt und mit den unterschiedlichsten Anderen einen »Arbeitskonsens« (Erving Goffman) in den Zwecken und Gegebenheiten einer Situation zustande bringt. Mit einem Wort: »Gesellschaft« wird den menschlichen »Mängelwesen« (Arnold Gehlen) nicht eingetrichtert, sondern von autonom handlungsfähigen und erlebnisbereiten »Kommunikationswesen« (Michael Tomasello) gemacht.

Im »interpretativen Paradigma« (Thomas P. Wilson) erscheint das Gesellschaftsmitglied als kompetentes Subjekt, das aufgrund seiner interpretativen und kommunikativen Kapazitäten normative Vorgaben im Dienste der Aufrechterhaltung der »ongoing activity« des sozialen Lebens (George Herbert Mead) variiert und flexibilisiert, reflektiert und kritisiert, inhibiert und modifiziert. Ein Verhalten, das gestern noch als abweichend angesehen wurde, wird heute als normal beurteilt, ein Buch, das vor zwanzig Jahren als Schund und Dreck rubriziert wurde, wird jetzt als Hochkultur behandelt, im Bizarren wird das Faszinierende, im Abstoßenden das Anziehende, im Fremden das Eigene entdeckt. Die inklusive Gesellschaft relativiert die normativen Konflikte und prämiert die kognitiven Prozeduren.

Die für die öffentliche Debatte entscheidende Inspiration für den Leitbegriff der gesellschaftlichen Inklusivität kam allerdings von der Konvention der Vereinten Nationen über die Rechte von Menschen mit Behinderungen (UN-BRK), die von der Vollversammlung der Vereinten Nationen nach langen Verhandlungen am 13. Dezember 2006 verabschiedet wurde. Darin wird der Umgang mit behinderten Menschen zum Testfall für den Charakter der sozialen Teilhabe in einer modernen Gesellschaft. Das betrifft in erster Linie Selbstbestimmungsrechte. Gerade an solchen Personen, denen man auf den ersten Blick Beeinträchtigungen körperlicher und geistiger Art zuschreiben kann, beweist sich, wie ernst und umfassend es eine staatlich verfasste Gesellschaft mit der Zuerkennung von Selbstbestimmungsrechten meint. Eine Gesellschaft, die Behinderte wegsperrt oder sich nicht darum kümmert, wie Menschen im Rollstuhl das öffentliche Verkehrssystem benutzen können, wird es auch mit Schutzrechten am Arbeitsplatz oder mit der Lohnfortzahlung im Krankheitsfall nicht so genau nehmen. Die Gewährleistung von verhaltensrelevanten Verwirklichungsbedingungen für ein selbstbestimmtes Leben von Behinderten erfordert nämlich eine bestimmte institutionelle Empathie, die für die materielle Kultur der Selbstbestimmung einer Gesellschaft überhaupt kennzeichnend ist: Gebäudezugänge, Verkehrsregelung, Stadtmöblierung, Sozialraumgestaltung und Wohnungsschnitte.

Inklusivität als sozialpolitische Maxime bezieht sich daher nicht allein auf ein Set sozialer Rechte für die/den einzelne_n Staatsbürger_in, sie betrifft die gesamte Ökologie alltäglicher Lebensführung. Das beinhaltet auch rehabilitative und präventive Strukturen, die nach dem Modell der Gemeindepsychiatrie oder dem der therapeutischen Wohngemeinschaften in der Lebenswelt ihren Ort und ihre Bewandtnis haben. Die entsprechenden Erfahrungen lehren, dass sich die inklusive institutionelle Maschinerie nicht völlig spezialisieren und professionalisieren darf, sie muss ihre gesellschaftliche Einbettung vielmehr als Voraussetzung ihrer Wirksamkeit für die Betroffenen begreifen. Der Alltagsverstand muss verstehen können, was das soll und wohin das führt. Sonst entstehen nur Inklusionsoasen, die mit den Inklusionsbedürfnissen der sie umgebenden Gesellschaft nichts mehr zu tun haben.

Der Maßstab des Umgangs mit Behinderung lässt keinen Lebensbereich unberücksichtigt. Heute kann man auch die Handhabung von Alltagsgegenständen, die Bedienungsanleitungen für elektronische Geräte oder den Anschluss ans Internet nicht ausschließen. Aber weil die Relevanzbereiche von Inklusivität immer umfassender werden und die Herstellung von Inklusivität sich als ein prinzipiell unabschließbarer Prozess entpuppt, werden die kleinen, seinerzeit von Michel Foucault mit den Worten Samuel Becketts aufgeworfenen Fragen immer drängender: »Wen kümmert's? Wer spricht?«[13]

Diese Fragen führen zu den Paradoxien des Inklusionsbegriffs. Wenn soziale Inklusion kompetente Subjekte voraussetzt, die ihre womöglich unlösbaren normativen Konflikte in prinzipiell anregende kognitive Differenzen zu verwandeln vermögen und dabei auf die Unterstellung eines gesellschaftlichen Ganzen mit Mitte und Spitze verzichten können, und wenn die Grundlage dieser komplexen Einigungen nach dem Geist der UN-Behindertenrechtskonvention die wechselseitige Anerkennung der Schwächen, Unzulänglichkeiten und blinden Flecken der Beteiligten darstellt, weil bei uns allen, wie Erving Goffman so eindrücklich dargelegt hat[14], stigmatisierbare Eigenschaften zu finden sind, dann wird klar, wie anspruchsvoll und anstrengend dieses Unterfangen der Einbeziehung und Abgleichung ist. Wenn das der Maßstab ist, was ist dann mit jenen Mitmenschen und Mitbürger_innen, die diese Voraussetzungen nicht erfüllen? Weil sie nicht über die erforderlichen kommunikativen Fähigkeiten verfügen, weil sie den Verlust des »guten Hirten« für den gesellschaftlichen Zusammenhalt beklagen oder weil sie von der Notwendigkeit sozialer Kämpfe überzeugt sind oder weil sie einfach nicht mehr daran glauben, dass vorläufige, zerbrechliche und punktuelle Einigungen etwas bringen. Die Problematik besteht in der verschwiegenen sozialen Exklusion durch propagierte gesellschaftliche Inklusion.

Die Entwicklung auf den Arbeitsmärkten zeigt, was damit gemeint ist. Die von Arbeits- und Industriesoziologen konstatierte »Kompetenzrevolution«[15] der industriellen Facharbeit in der exportorientierten Hochproduktivitätsökonomie, insbesondere im Automobilcluster oder in den Ausrüsterbranchen, wird durch das gleichzeitige Entstehen eines »Dienstleistungsproletariats«[16] erkauft. Während auf der einen Seite die Arbeit durch die Hereinnahme von Wissens- und Dienstleistungselementen infolge von »total quality management« immer wertvoller, reichhaltiger und teurer wird, werden auf der anderen Seite die »einfachen Dienstleistungen« in der Gebäudereinigung, beim Zustellwesen, in der Objektsicherung und in der Pflege trotz Tätigkeitsverdichtung und Zeitpressung im Preis gedrückt.

Auf den Facharbeitsmärkten herrscht allein schon aus Gründen der Demografie ein Mangel an Angebot, die »Jedermannsarbeitsmärkte« werden nicht zuletzt durch migrantische Zuwanderung unablässig aufgefüllt. Die Kompetenzvermutung entscheidet, wer sich begehrt fühlen kann und wer sich hinten anstellen muss. »Kompetenz« ist eben nicht nur Inklusionsbedingung, sondern zugleich Sortierungsmerkmal.

So droht eine inklusive Pädagogik, bei allen gut gemeinten Absichten, diese soziale Spaltung noch zu vertiefen. Das Lernen in heterogenen Gruppen, die nach Alter, ethnischer Abstammung, schulischer Leistungsfähigkeit, religiöser Selbstzurechnung und kategorieller Behinderung bunter gemischt sind, setzt nämlich genau besehen die zivilisatorischen Kompetenzen zumindest bei den Eltern voraus, die diese vorgeben einzuüben. Schulen werben in der Konkurrenz um eine nachwachsende Schülerschaft heute gerne damit, wie viele Herkunftsländer ihre Schüler_innen vertreten, ohne ein Wort darüber zu verlieren, welchen Bildungsabschluss die Eltern besitzen, welchem Beruf sie nachgehen und wo sie wohnen. Dann würde womöglich herauskommen, dass geförderte »biopolitische« Diversität oft auf einer relativen sozialen Homogenität beruht.

Schlaue Unterklassen-Eltern[17] wissen, dass man mit einem »I«[18] für das Kind bessere Bedingungen fürs schulische Lernen herausschlagen kann. Sie haben längst verstanden, dass es eines institutionellen Labels bedarf, um ihr Kind in einem sozialen Kreis zu platzieren, von dem sie als Familie für gewöhnlich ausgeschlossen sind. So verwirklicht sich ein Stück Inklusivität durch die traditionelle Cleverness der Unterklasse, die Gelegenheiten nutzt, die sich unter hochtrabenden Überschriften ergeben. Das sind unintendierte, aber positive Effekte von Fall zu Fall, denen freilich, wie es Paul E. Willis in seinem Klassiker dargelegt hat[19], eine strukturelle Logik entgegensteht, an der die meisten Eltern, denen man einen Mangel an Kompetenzen zur Inklusion unterstellt, scheitern.

Ein anderes Beispiel für Exklusion durch Inklusion sind die öffentlichen Aktivitäten. Die Beteiligung an Formen der Inklusion durch Partizipation verlangt heute die Kompetenz, sich bemerkbar zu machen. Dafür reicht es nicht, einfach bei einer Demonstration mitzulaufen und in Trillerpfeifen zu blasen. Die Beherrschung der Ironien des Ausdrucks stellt sich als eine Kompetenz eigener Art dar, die die Kenntnis der Protestkultur ebenso voraussetzt wie das Vertrautsein mit der Kunst des Happenings, der Assemblage oder des Trash. Selbst »Wutbürger« wissen sich zu artikulieren und kennen bei der Feststellung der Personalien durch die Polizei genau ihre Rechte. Wenn das »Volk« sich gegen den Neubau eines Bahnhofs oder gegen die »Gentrifizierung« eines Stadtteils erhebt, ist das nur ein bestimmter Teil, in dem die Gebildeten unter den Empörten die Mehrheit bilden[20].

Politische Inklusion jenseits von Parteien ist gerade nicht direkter und spontaner, sondern bringt die Unterscheidung zwischen Kompetenten und Inkompetenten mit sich. Es gibt Bilder und Berichte in den Medien, aber »die im Dunkeln« sieht man gerade wegen der offenen Foren auf dem Platz und der perfekten Kommunikation über soziale Netzwerke nicht. Je dichter die Inklusion, umso schärfer die Exklusion.

Ein letzter Hinweis betrifft die Aufgabe des Ganzheitsbezugs im Inklusionskonzept. Neuere Forschungen über die Wirkung des Exklusionsempfindens für Verläufe sozialer Exklusion machen auf die Bedeutung des

»gedachten Ganzens« (Emerich K. Francis) für die Verarbeitung von Mängellagen und Vulnerabilitätszuständen aufmerksam.[21] In einer identifizierten Gruppe von Menschen mit einer belastenden Lebenslage, die sich aus kumulierten Benachteiligungen ergibt was Einkommen, Schuldenstand des Haushalts, Beschäftigungsverhältnis betrifft, lassen sich in der Regel zwei Untergruppen bilden: Auf der einen Seite stehen diejenigen, die trotz ihrer misslichen Lebenssituation überzeugt sind, einen Ort in der Gesellschaft zu haben, auf der anderen Seite diejenigen, die sich als abgehängt und aussortiert empfinden. Die Ersten kommen irgendwie zurecht und rappeln sich wieder hoch; die Zweiten neigen zu deutlichen Zeichen der Selbstverwahrlosung, was das Interesse an der Welt, die Pflege des eigenen Körpers und den Zustand der häuslichen Umgebung angeht.

Man kann daraus schließen, dass selbst das kompetente Subjekt, das auf Einbeziehung des Anderen und Verhandlung der Regeln ausgerichtet ist, durchaus auf eine gesellschaftliche Einbettung angewiesen ist. Es ist jedenfalls wenig inklusiv gedacht, wenn man das Bestehen auf einem normativen Rahmen und das Bewusstsein von traditionellen Gehalten den »Modernisierungsverlierern« und »Wandlungsverweigerern« zuschiebt. Die Praktiken der Inklusion berufen sich auf eine Idee gleicher Freiheiten. Aber wie die Einbeziehung des jeweils Anderen aussieht, kann man nicht vorwegnehmen.

Wir werden auf Dauer mit einer vielgestaltigen Arbeitswelt in einem ethnisch heterogenen Milieu leben, in dem das Geschlechterverhältnis niemals klar ist. Bei diesen vielfältigen, von wechselnden Parteien geführten und mit überraschenden Vorschlägen konfrontierten Verhandlungen ist damit zu rechnen, dass jede Streitfrage ein anderes Muster von Emotionen und Zuordnungen, von Brüchen und Anschlüssen, von Unstimmigkeiten und Übereinstimmungen hervorruft. Die heute zwischen Wissenschaftlern, professionellen Praktikern, politischen Advokaten, aktivierten Eltern und selbstorganisierten Gruppen leidenschaftlich geführte Debatte über die Inklusion von Menschen mit Behinderungen belegt, dass Inklusion als gesellschaftlicher Prozess von verschiedenen Ausgangspunkten und mit wechselnden Interessiertheiten vorangetrieben wird. Der Kampf um gesellschaftliche Teilhabe ist dabei immer auch ein Kampf um das Recht. Es sind oft mächtig auftrumpfende, abwartend zuschauende und geflissentlich ignorierte Akteure im Spiel. Das Erstellen eines Inklusivitätsindex, der rechtliche Bestimmungen umsetzt, aber die Paradoxien ihrer Anwendung vergisst, kann freilich in die Irre führen. Vielleicht sind wir in der Diversität des Alltags, wie der europäische Pragmatist Bruno Latour meint[22], überhaupt mehr durch die Sorgen verbunden, die uns beschäftigen, als durch die Werte und Prinzipien, die wir hochhalten sollen.

▶ Zusammenfassung

Der vorliegende Essay zeichnet nach, welche normativen Konsequenzen sich aus der Umstellung vom Integrations- auf den Inklusionsbegriff ergeben. Dahinter steht eine längere Diskursgeschichte, die von der Verabschiedung von normativen Paradigma in den Sozialwissenschaften bis hin zur UN-Behindertenrechtskonvention im Jahr 2006 reicht. Allerdings bringt diese Vergewisserung der Herkünfte und der Implikationen des Begriffs der Inklusion beziehungsweise Inklusivität auch die Paradoxien der Begriffsverwendungen in den institutionellen Praktiken an den Tag. Der Beitrag will die Praktiker_innen der Inklusion daran erinnern, dass gute Praxis nicht Anwendung von Vorgaben, sondern Verhandlungen in der Sache darstellt.

Anmerkungen

1 Siehe Pierre Bourdieu/Jean-Claude Passeron, Die Illusion der Chancengleichheit, Frankfurt am Main 1971 (frz. Originalausgabe: Les héritiers. Les étudiants et la culture, Paris 1964).

2 Siehe Norbert Elias, Die Gesellschaft der Individuen, Frankfurt am Main 1996.

3 In der öffentlichen Debatte wird bisweilen gar von einer »Verpflichtung zum Systemwechsel« gesprochen.

4 Ein solches Bild haben etwa M. Rainer Lepsius und Ralf Dahrendorf gezeichnet; siehe M. Rainer Lepsius, Soziale Ungleichheit und Klassenstrukturen in der Bundesrepublik Deutschland, in: ders., Interessen, Ideen und Institutionen, Opladen 1990, S. 117–152; Ralf Dahrendorf, Gesellschaft und Demokratie in Deutschland, München 1965.

5 Siehe zur Skizzierung dieses epochenspezifischen Vergesellschaftungsmodells und seines sukzessiven Vergehens beispielsweise Heinz Bude, Was kommt nach der Arbeitnehmergesellschaft?, in: Ulrich Beck (Hrsg.), Die Zukunft von Arbeit und Demokratie, Frankfurt am Main 2000, S. 121–134.

6 Siehe Ulrich Mückenberger, Die Krise des Normalarbeitsverhältnisses, in: Zeitschrift für Sozialreform, Jg. 31, 1985, S. 415–475. Mückenberger hat mit diesem von ihm geprägten Ausdruck seinerzeit einen Coup gelandet. Die Literatur im Anschluss daran ist kaum mehr zu überblicken.

7 Siehe Rose Laub Coser, Authority and Structural Ambivalence in the Middle-Class Family, in: dies. (Hrsg.), The Family. Its Structures and Functions, London/New York 1974, S. 362–373. Bezogen auf Haushalt und Familie wurde von Laub Coser die wichtige Unterscheidung zwischen der »normativen Kompetenz« der Männer und der »faktischen« der Frauen gemacht: Die Männer diktieren als Väter beim gemeinsamen Abendessen, wann die heranwachsende Tochter am Samstagabend zu Hause zu sein hat, und die Frauen bestimmen als Mütter, wann die Tochter tatsächlich im Bett liegt.

8 Diese Tätigkeitsform definiert laut Luc Boltanski und Ève Chiapello, Der neue Geist des Kapitalismus, Konstanz 2003 (frz. Originalausgabe: Le nouvel Ésprit du Capitalisme, Paris 1999), bekanntlich eine neue Form des Kapitalismus.

9 Siehe dazu vor allem die Lissabon-Erklärung von 2006. Zur Bedeutung zum Beispiel Felix Welti, Behinderung und Rehabilitation: Ist das Besondere von allgemeinem Interesse für Recht und Politik?, in: Kritische Justiz, Jg. 45, 2012, S. 366–378. Und zu den Folgerungen etwa Friederike Heinzel/Annedore Prengel, Heterogenität als Grundbegriff inklusiver Pädagogik, in: Zeitschrift für Inklusion, Jg. 3, 2012; Elisabeth Tuider, Diversität von Begehren, sexuelle Lebensstile und Lebensformen, in: Renate-Bernike Schmidt/Uwe Sielert (Hrsg.), Handbuch Sexualpädagogik und Sexuelle Bildung, Weinheim 2013, S. 245–254.

10 So werden hier anerkennungstheoretische Ansätze in der Nachfolge von Hegel und dialogische in der von Emmanuel Levinas zusammengebracht.

11 In mustergültiger Klarheit dazu Lothar Krappmann, Soziologische Dimensionen der Identität. Strukturelle Bedingungen für die Teilnahme an Interaktionsprozessen, Stuttgart 1971.

12 Dennis H. Wrong, The Oversocialized Conception of Man in Modern Sociology, in: American Sociological Review, 26 (1961) 2, S. 183–193.

13 Siehe Michel Foucault, Was ist ein Autor [1969], in: ders.: Schriften zur Literatur, Frankfurt am Main 1988, S. 7–31. Siehe auch Heinz Bude/Andreas Willisch, Das Problem der Exklusion, in: dies. (Hrsg.), Das Problem der Exklusion. Ausgegrenzte, Entbehrliche, Überflüssige, Hamburg 2006, S. 17 f. – [Anm. d. Red.].

14 Siehe Erving Goffman, Stigma. Über Techniken der Bewältigung beschädigter Identität, Frankfurt am Main 2010 (amerikanische Originalausgabe: Stigma. Notes on the management of spoiled identity, Englewood Cliffs [New Jersey] 1963).

15 Michael Vester/Christel Teiwes-Kügler/Andrea Lange-Vester, Die neuen Arbeitnehmer. Zunehmende Kompetenzen – wachsende Unsicherheit, Hamburg 2007.

16 Friederike Bahl/Philipp Staab, Das Dienstleistungsproletariat. Theorie auf kaltem Entzug, in: Mittelweg 36, 19 (2010) 6, S. 66–93.

17 Siehe zur Kultur der Unterschicht auch Heinz Bude, Die Ausgeschlossenen. Das Ende vom Traum einer gerechten Gesellschaft, Bonn 2008, S. 120 ff. – [Anm. d. Red.].

18 Kürzel für Integrationsstatus – [Anm. d. Red.].

19 Siehe Paul E. Willis, Lerning to Labour. How Working Class Kids Get Working Class Jobs, New York 1977.

20 Siehe Wolfgang Kraushaar, Der Aufstand der Gebildeten, Hamburg 2012.

21 Siehe Heinz Bude/Ernst-Dieter Lantermann, Soziale Exklusion und Exklusionsempfinden, in: Kölner Zeitschrift für Soziologie und Sozialpsychologie, 58 (2006) 2, S. 232–252.

22 Bruno Latour, Von der Realpolitik zur Dingpolitik, Berlin 2005, S. 11 [»Es könnte sein, dass wir mehr durch unsere Sorgen, die Sachen, um die es uns geht, die Fragen, die uns beschäftigen, verbunden sind, als durch jede andere Reihe von Werten, Meinungen, Einstellungen oder Prinzipien.« – Anm. d. Red.].

Anhang

Text der UN-Behindertenrechtskonvention

Die amtliche gemeinsame Übersetzung von Deutschland, Österreich, Schweiz und Liechtenstein

Übereinkommen der Vereinten Nationen über die Rechte von Menschen mit Behinderungen

Präambel

Die Vertragsstaaten dieses Übereinkommens,

a) unter Hinweis auf die in der Charta der Vereinten Nationen verkündeten Grundsätze, denen zufolge die Anerkennung der Würde und des Wertes, die allen Mitgliedern der menschlichen Gesellschaft innewohnen, sowie ihrer gleichen und unveräußerlichen Rechte die Grundlage von Freiheit, Gerechtigkeit und Frieden in der Welt bildet,

b) in der Erkenntnis, dass die Vereinten Nationen in der Allgemeinen Erklärung der Menschenrechte und in den Internationalen Menschenrechtspakten verkündet haben und übereingekommen sind, dass jeder Mensch ohne Unterschied Anspruch auf alle darin aufgeführten Rechte und Freiheiten hat,

c) bekräftigend, dass alle Menschenrechte und Grundfreiheiten allgemein gültig und unteilbar sind, einander bedingen und miteinander verknüpft sind und dass Menschen mit Behinderungen der volle Genuss dieser Rechte und Freiheiten ohne Diskriminierung garantiert werden muss,

d) unter Hinweis auf den Internationalen Pakt über wirtschaftliche, soziale und kulturelle Rechte, den Internationalen Pakt über bürgerliche und politische Rechte, das Internationale Übereinkommen zur Beseitigung jeder Form von Rassendiskriminierung, das Übereinkommen zur Beseitigung jeder Form von Diskriminierung der Frau, das Übereinkommen gegen Folter und andere grausame, unmenschliche oder erniedrigende Behandlung oder Strafe, das Übereinkommen über die Rechte des Kindes und das Internationale Übereinkommen zum Schutz der Rechte aller Wanderarbeitnehmer und ihrer Familienangehörigen,

e) in der Erkenntnis, dass das Verständnis von Behinderung sich ständig weiterentwickelt und dass Behinderung aus der Wechselwirkung zwischen Menschen mit Beeinträchtigungen und einstellungs- und umweltbedingten Barrieren entsteht, die sie an der vollen, wirksamen und gleichberechtigten Teilhabe an der Gesellschaft hindern,

f) in der Erkenntnis, dass die in dem Weltaktionsprogramm für Behinderte und den Rahmenbestimmungen für die Herstellung der Chancengleichheit für Behinderte enthaltenen Grundsätze und Leitlinien einen wichtigen Einfluss auf die Förderung, Ausarbeitung und Bewertung von politischen Konzepten, Plänen, Programmen und Maßnahmen auf einzelstaatlicher, regionaler und internationaler Ebene zur Verbesserung der Chancengleichheit für Menschen mit Behinderungen haben,

g) nachdrücklich darauf hinweisend, wie wichtig es ist, die Behinderungsthematik zu einem festen Bestandteil der einschlägigen Strategien der nachhaltigen Entwicklung zu machen,

h) ebenso in der Erkenntnis, dass jede Diskriminierung aufgrund von Behinderung eine Verletzung der Würde und des Wertes darstellt, die jedem Menschen innewohnen,

i) ferner in der Erkenntnis der Vielfalt der Menschen mit Behinderungen,

j) in Anerkennung der Notwendigkeit, die Menschenrechte aller Menschen mit Behinderungen, einschließlich derjenigen, die intensivere Unterstützung benötigen, zu fördern und zu schützen,

k) besorgt darüber, dass sich Menschen mit Behinderungen trotz dieser verschiedenen Dokumente und Verpflichtungen in allen Teilen der Welt nach wie vor Hindernissen für ihre Teilhabe als gleichberechtigte Mitglieder der Gesellschaft sowie Verletzungen ihrer Menschenrechte gegenübersehen,

l) in Anerkennung der Bedeutung der internationalen Zusammenarbeit für die Verbesserung der Lebensbedingungen der Menschen mit Behinderungen in allen Ländern, insbesondere den Entwicklungsländern,

m) in Anerkennung des wertvollen Beitrags, den Menschen mit Behinderungen zum allgemeinen Wohl und zur Vielfalt ihrer Gemeinschaften leisten und leisten können, und in der Erkenntnis, dass die Förderung des vollen Genusses der Menschenrechte und Grundfreiheiten durch Menschen mit Behinderungen sowie ihrer uneingeschränkten Teilhabe ihr Zugehörigkeitsgefühl verstärken und zu erheblichen Fortschritten in der menschlichen, sozialen und wirtschaftlichen Entwicklung der Gesellschaft und bei der Beseitigung der Armut führen wird,

n) in der Erkenntnis, wie wichtig die individuelle Autonomie und Unabhängigkeit für Menschen mit Behinderungen ist, einschließlich der Freiheit, eigene Entscheidungen zu treffen,

o) in der Erwägung, dass Menschen mit Behinderungen die Möglichkeit haben sollen, aktiv an Entscheidungsprozessen über politische Konzepte und über Programme mitzuwirken, insbesondere wenn diese sie unmittelbar betreffen,

p) besorgt über die schwierigen Bedingungen, denen sich Menschen mit Behinderungen gegenübersehen, die mehrfachen oder verschärften Formen der Diskriminierung aufgrund der Rasse, der Hautfarbe, des Geschlechts, der Sprache, der Religion, der politischen oder sonstigen Anschauung, der nationalen, ethnischen, indigenen oder sozialen Herkunft, des Vermögens, der Geburt, des Alters oder des sonstigen Status ausgesetzt sind,

q) in der Erkenntnis, dass Frauen und Mädchen mit Behinderungen sowohl innerhalb als auch außerhalb ihres häuslichen Umfelds oft in stärkerem Maße durch Gewalt, Verletzung oder Missbrauch, Nichtbeachtung oder Vernachlässigung, Misshandlung oder Ausbeutung gefährdet sind,

r) in der Erkenntnis, dass Kinder mit Behinderungen gleichberechtigt mit anderen Kindern alle Menschenrechte und Grundfreiheiten in vollem Umfang genießen sollen, und unter Hinweis auf die zu diesem Zweck von den Vertragsstaaten des Übereinkommens über die Rechte des Kindes eingegangenen Verpflichtungen,

s) nachdrücklich darauf hinweisend, dass es notwendig ist, bei allen Anstrengungen zur Förderung des vollen Genusses der Menschenrechte und Grundfreiheiten durch Menschen mit Behinderungen die Geschlechterperspektive einzubeziehen,

t) unter besonderem Hinweis darauf, dass die Mehrzahl der Menschen mit Behinderungen in einem Zustand der Armut lebt, und diesbezüglich in der Erkenntnis, dass die nachteiligen Auswirkungen der Armut auf Menschen mit Behinderungen dringend angegangen werden müssen,

u) in dem Bewusstsein, dass Frieden und Sicherheit auf der Grundlage der uneingeschränkten Achtung der in der Charta der Vereinten Nationen enthaltenen Ziele und Grundsätze sowie der Einhaltung der anwendbaren Übereinkünfte auf dem Gebiet der Menschenrechte unabdingbar sind für den umfassenden Schutz von Menschen mit Behinderungen, insbesondere in bewaffneten Konflikten oder während ausländischer Besetzung,

v) in der Erkenntnis, wie wichtig es ist, dass Menschen mit Behinderungen vollen Zugang zur physischen, sozialen, wirtschaftlichen und kulturellen Umwelt, zu Gesundheit und Bildung sowie zu Information und Kommunikation haben, damit sie alle Menschenrechte und Grundfreiheiten voll genießen können,

w) im Hinblick darauf, dass der Einzelne gegenüber seinen Mitmenschen und der Gemeinschaft, der er angehört, Pflichten hat und gehalten ist, für die Förderung und Achtung der in der Internationalen Menschenrechtscharta anerkannten Rechte einzutreten,

x) in der Überzeugung, dass die Familie die natürliche Kernzelle der Gesellschaft ist und Anspruch auf Schutz durch Gesellschaft und Staat hat und dass Menschen mit Behinderungen und ihre Familienangehörigen den erforderlichen Schutz und die notwendige Unterstützung erhalten sollen, um es den Familien zu ermöglichen, zum vollen und gleichberechtigten Genuss der Rechte der Menschen mit Behinderungen beizutragen,

y) in der Überzeugung, dass ein umfassendes und in sich geschlossenes internationales Übereinkommen zur Förderung und zum Schutz der Rechte und der Würde von Menschen mit Behinderungen sowohl in den Entwicklungsländern als auch in den entwickelten Ländern einen maßgeblichen Beitrag zur Beseitigung der tiefgreifenden sozialen Benachteiligung von Menschen mit Behinderungen leisten und ihre Teilhabe am bürgerlichen, politischen, wirtschaftlichen, sozialen und kulturellen Leben auf der Grundlage der Chancengleichheit fördern wird,

haben Folgendes vereinbart:

Artikel 1

Zweck

Zweck dieses Übereinkommens ist es, den vollen und gleichberechtigten Genuss aller Menschenrechte und Grundfreiheiten durch alle Menschen mit Behinderungen zu fördern, zu schützen und zu gewährleisten und die Achtung der ihnen innewohnenden Würde zu fördern.

Zu den Menschen mit Behinderungen zählen Menschen, die langfristige körperliche, seelische, geistige oder Sinnesbeeinträchtigungen haben, welche sie in Wechselwirkung mit verschiedenen Barrieren an der vollen, wirksamen und gleichberechtigten Teilhabe an der Gesellschaft hindern können.

Artikel 2

Begriffsbestimmungen

Im Sinne dieses Übereinkommens

schließt »Kommunikation« Sprachen, Textdarstellung, Brailleschrift, taktile Kommunikation, Großdruck, leicht zugängliches Multimedia sowie schriftliche, auditive, in einfache Sprache übersetzte, durch Vorleser zugänglich gemachte sowie ergänzende und alternative Formen, Mittel und Formate der Kommunikation, einschließlich leicht zugänglicher Informations- und Kommunikationstechnologie, ein;

schließt »Sprache« gesprochene Sprachen sowie Gebärdensprachen und andere nicht gesprochene Sprachen ein;

bedeutet »Diskriminierung aufgrund von Behinderung« jede Unterscheidung, Ausschließung oder Beschränkung aufgrund von Behinderung, die zum Ziel oder zur Folge hat, dass das auf die Gleichberechtigung mit anderen gegründete Anerkennen, Genießen oder Ausüben aller Menschenrechte und Grundfreiheiten im politischen, wirtschaftlichen, sozialen, kulturellen, bürgerlichen oder jedem anderen Bereich beeinträchtigt oder vereitelt wird. Sie umfasst alle Formen der Diskriminierung, einschließlich der Versagung angemessener Vorkehrungen;

bedeutet »angemessene Vorkehrungen« notwendige und geeignete Änderungen und Anpassungen, die keine unverhältnismäßige oder unbillige Belastung darstellen und die, wenn sie in einem bestimmten Fall erforderlich sind, vorgenommen werden, um zu gewährleisten, dass Menschen mit Behinderungen gleichberechtigt mit anderen alle Menschenrechte und Grundfreiheiten genießen oder ausüben können;

bedeutet »universelles Design« ein Design von Produkten, Umfeldern, Programmen und Dienstleistungen in der Weise, dass sie von allen Menschen möglichst weitgehend ohne eine Anpassung oder ein spezielles Design genutzt werden können. »Universelles Design« schließt Hilfsmittel für bestimmte Gruppen von Menschen mit Behinderungen, soweit sie benötigt werden, nicht aus.

Artikel 3

Allgemeine Grundsätze

Die Grundsätze dieses Übereinkommens sind:

a) die Achtung der dem Menschen innewohnenden Würde, seiner individuellen Autonomie, einschließlich der Freiheit, eigene Entscheidungen zu treffen, sowie seiner Unabhängigkeit;

b) die Nichtdiskriminierung;

c) die volle und wirksame Teilhabe an der Gesellschaft und Einbeziehung in die Gesellschaft;

d) die Achtung vor der Unterschiedlichkeit von Menschen mit Behinderungen und die Akzeptanz dieser Menschen als Teil der menschlichen Vielfalt und der Menschheit;

e) die Chancengleichheit;

f) die Zugänglichkeit;

g) die Gleichberechtigung von Mann und Frau;

h) die Achtung vor den sich entwickelnden Fähigkeiten von Kindern mit Behinderungen und die Achtung ihres Rechts auf Wahrung ihrer Identität.

Artikel 4

Allgemeine Verpflichtungen

(1) Die Vertragsstaaten verpflichten sich, die volle Verwirklichung aller Menschenrechte und Grundfreiheiten für alle Menschen mit Behinderungen ohne jede Diskriminierung aufgrund von Behinderung zu gewährleisten und zu fördern. Zu diesem Zweck verpflichten sich die Vertragsstaaten:

a) alle geeigneten Gesetzgebungs-, Verwaltungs- und sonstigen Maßnahmen zur Umsetzung der in diesem Übereinkommen anerkannten Rechte zu treffen;

b) alle geeigneten Maßnahmen einschließlich gesetzgeberischer Maßnahmen zur Änderung oder Aufhebung bestehender Gesetze, Verordnungen, Gepflogenheiten und Praktiken zu treffen, die eine Diskriminierung von Menschen mit Behinderungen darstellen;

c) den Schutz und die Förderung der Menschenrechte von Menschen mit Behinderungen in allen politischen Konzepten und allen Programmen zu berücksichtigen;

d) Handlungen oder Praktiken, die mit diesem Übereinkommen unvereinbar sind, zu unterlassen und dafür zu sorgen, dass die staatlichen Behörden und öffentlichen Einrichtungen im Einklang mit diesem Übereinkommen handeln;

e) alle geeigneten Maßnahmen zur Beseitigung der Diskriminierung aufgrund von Behinderung durch Personen, Organisationen oder private Unternehmen zu ergreifen;

f) Forschung und Entwicklung für Güter, Dienstleistungen, Geräte und Einrichtungen in universellem Design, wie in Artikel 2 definiert, die den besonderen Bedürfnissen von Menschen mit Behinderungen mit möglichst geringem Anpassungs- und Kostenaufwand gerecht werden, zu betreiben oder zu fördern, ihre Verfügbarkeit und Nutzung zu fördern und sich bei der Entwicklung von Normen und Richtlinien für universelles Design einzusetzen;

g) Forschung und Entwicklung für neue Technologien, die für Menschen mit Behinderungen geeignet sind, einschließlich Informations- und Kommunikationstechnologien, Mobilitätshilfen, Geräten und unterstützenden Technologien, zu betreiben oder zu fördern sowie ihre Verfügbarkeit und Nutzung zu fördern und dabei Technologien zu erschwinglichen Kosten den Vorrang zu geben;

h) für Menschen mit Behinderungen zugängliche Informationen über Mobilitätshilfen, Geräte und unterstützende Technologien, einschließlich neuer Technologien, sowie andere Formen von Hilfe, Unterstützungsdiensten und Einrichtungen zur Verfügung zu stellen;

i) die Schulung von Fachkräften und anderem mit Menschen mit Behinderungen arbeitendem Personal auf dem Gebiet der in diesem Übereinkommen anerkannten Rechte zu fördern, damit die aufgrund dieser Rechte garantierten Hilfen und Dienste besser geleistet werden können.

(2) Hinsichtlich der wirtschaftlichen, sozialen und kulturellen Rechte verpflichtet sich jeder Vertragsstaat, unter Ausschöpfung seiner verfügbaren Mittel und erforderlichenfalls im Rahmen der internationalen Zusammenarbeit Maßnahmen zu treffen, um nach und nach die volle Verwirklichung dieser Rechte zu erreichen, unbeschadet derjenigen Verpflichtungen aus diesem Übereinkommen, die nach dem Völkerrecht sofort anwendbar sind.

(3) Bei der Ausarbeitung und Umsetzung von Rechtsvorschriften und politischen Konzepten zur Durchführung dieses Übereinkommens und bei anderen Entscheidungsprozessen in Fragen, die Menschen mit Behinderungen betreffen, führen die Vertragsstaaten mit den Menschen mit Behinderungen, einschließlich Kindern mit Behinderungen, über die sie vertretenden Organisationen enge Konsultationen und beziehen sie aktiv ein.

(4) Dieses Übereinkommen lässt zur Verwirklichung der Rechte von Menschen mit Behinderungen besser geeignete Bestimmungen, die im Recht eines Vertragsstaats oder in dem für diesen Staat geltenden Völkerrecht enthalten sind, unberührt. Die in einem Vertragsstaat durch Gesetze, Übereinkommen, Verordnungen oder durch Gewohnheitsrecht anerkannten oder bestehenden Menschenrechte und Grundfreiheiten dürfen nicht unter dem Vorwand beschränkt oder außer Kraft gesetzt werden, dass dieses Übereinkommen derartige Rechte oder Freiheiten nicht oder nur in einem geringeren Ausmaß anerkenne.

(5) Die Bestimmungen dieses Übereinkommens gelten ohne Einschränkung oder Ausnahme für alle Teile eines Bundesstaats.

Artikel 5

Gleichberechtigung und Nichtdiskriminierung

(1) Die Vertragsstaaten anerkennen, dass alle Menschen vor dem Gesetz gleich sind, vom Gesetz gleich zu behandeln sind und ohne Diskriminierung Anspruch

auf gleichen Schutz durch das Gesetz und gleiche Vorteile durch das Gesetz haben.

(2) Die Vertragsstaaten verbieten jede Diskriminierung aufgrund von Behinderung und garantieren Menschen mit Behinderungen gleichen und wirksamen rechtlichen Schutz vor Diskriminierung, gleichviel aus welchen Gründen.

(3) Zur Förderung der Gleichberechtigung und zur Beseitigung von Diskriminierung unternehmen die Vertragsstaaten alle geeigneten Schritte, um die Bereitstellung angemessener Vorkehrungen zu gewährleisten.

(4) Besondere Maßnahmen, die zur Beschleunigung oder Herbeiführung der tatsächlichen Gleichberechtigung von Menschen mit Behinderungen erforderlich sind, gelten nicht als Diskriminierung im Sinne dieses Übereinkommens.

Artikel 6

Frauen mit Behinderungen

(1) Die Vertragsstaaten anerkennen, dass Frauen und Mädchen mit Behinderungen mehrfacher Diskriminierung ausgesetzt sind, und ergreifen in dieser Hinsicht Maßnahmen, um zu gewährleisten, dass sie alle Menschenrechte und Grundfreiheiten voll und gleichberechtigt genießen können.

(2) Die Vertragsstaaten treffen alle geeigneten Maßnahmen zur Sicherung der vollen Entfaltung, der Förderung und der Stärkung der Autonomie der Frauen, um zu garantieren, dass sie die in diesem Übereinkommen genannten Menschenrechte und Grundfreiheiten ausüben und genießen können.

Artikel 7

Kinder mit Behinderungen

(1) Die Vertragsstaaten treffen alle erforderlichen Maßnahmen, um zu gewährleisten, dass Kinder mit Behinderungen gleichberechtigt mit anderen Kindern alle Menschenrechte und Grundfreiheiten genießen können.

(2) Bei allen Maßnahmen, die Kinder mit Behinderungen betreffen, ist das Wohl des Kindes ein Gesichtspunkt, der vorrangig zu berücksichtigen ist.

(3) Die Vertragsstaaten gewährleisten, dass Kinder mit Behinderungen das Recht haben, ihre Meinung in allen sie berührenden Angelegenheiten gleichberechtigt mit anderen Kindern frei zu äußern, wobei ihre Meinung angemessen und entsprechend ihrem Alter und ihrer Reife berücksichtigt wird, und behinderungsgerechte sowie altersgemäße Hilfe zu erhalten, damit sie dieses Recht verwirklichen können.

Artikel 8

Bewusstseinsbildung

(1) Die Vertragsstaaten verpflichten sich, sofortige, wirksame und geeignete Maßnahmen zu ergreifen, um

a) in der gesamten Gesellschaft, einschließlich auf der Ebene der Familien, das Bewusstsein für Menschen mit Behinderungen zu schärfen und die Achtung ihrer Rechte und ihrer Würde zu fördern;

b) Klischees, Vorurteile und schädliche Praktiken gegenüber Menschen mit Behinderungen, einschließlich aufgrund des Geschlechts oder des Alters, in allen Lebensbereichen zu bekämpfen;

c) das Bewusstsein für die Fähigkeiten und den Beitrag von Menschen mit Behinderungen zu fördern.

(2) Zu den diesbezüglichen Maßnahmen gehören:

a) die Einleitung und dauerhafte Durchführung wirksamer Kampagnen zur Bewusstseinsbildung in der Öffentlichkeit mit dem Ziel,

i) die Aufgeschlossenheit gegenüber den Rechten von Menschen mit Behinderungen zu erhöhen,

ii) eine positive Wahrnehmung von Menschen mit Behinderungen und ein größeres gesellschaftliches Bewusstsein ihnen gegenüber zu fördern,

iii) die Anerkennung der Fertigkeiten, Verdienste und Fähigkeiten von Menschen mit Behinderungen und ihres Beitrags zur Arbeitswelt und zum Arbeitsmarkt zu fördern;

b) die Förderung einer respektvollen Einstellung gegenüber den Rechten von Menschen mit Behinderungen auf allen Ebenen des Bildungssystems, auch bei allen Kindern von früher Kindheit an;

c) die Aufforderung an alle Medienorgane, Menschen mit Behinderungen in einer dem Zweck dieses Übereinkommens entsprechenden Weise darzustellen;

d) die Förderung von Schulungsprogrammen zur Schärfung des Bewusstseins für Menschen mit Behinderungen und für deren Rechte.

Artikel 9

Zugänglichkeit

(1) Um Menschen mit Behinderungen eine unabhängige Lebensführung und die volle Teilhabe in allen Lebensbereichen zu ermöglichen, treffen die Vertragsstaaten geeignete Maßnahmen mit dem Ziel, für Menschen mit Behinderungen den gleichberechtigten Zugang zur physischen Umwelt, zu Transportmitteln, Information und Kommunikation, einschließlich Informations- und Kommunikationstechnologien und -systemen, sowie zu anderen Einrichtungen und Diensten, die der Öffentlichkeit in städtischen und ländlichen Gebieten offenstehen oder für sie bereitgestellt werden, zu gewährleisten. Diese Maßnahmen, welche die Feststellung und Beseitigung von Zugangshindernissen und -barrieren einschließen, gelten unter anderem für

a) Gebäude, Straßen, Transportmittel sowie andere Einrichtungen in Gebäuden und im Freien, einschließlich Schulen, Wohnhäusern, medizinischer Einrichtungen und Arbeitsstätten;

b) Informations-, Kommunikations- und andere Dienste, einschließlich elektronischer Dienste und Notdienste.

(2) Die Vertragsstaaten treffen außerdem geeignete Maßnahmen,

a) um Mindeststandards und Leitlinien für die Zugänglichkeit von Einrichtungen und Diensten, die der Öffentlichkeit offenstehen oder für sie bereitgestellt werden, auszuarbeiten und zu erlassen und ihre Anwendung zu überwachen;

b) um sicherzustellen, dass private Rechtsträger, die Einrichtungen und Dienste, die der Öffentlichkeit offenstehen oder für sie bereitgestellt werden, anbieten, alle Aspekte der Zugänglichkeit für Menschen mit Behinderungen berücksichtigen;

c) um betroffenen Kreisen Schulungen zu Fragen der Zugänglichkeit für Menschen mit Behinderungen anzubieten;

d) um in Gebäuden und anderen Einrichtungen, die der Öffentlichkeit offenstehen, Beschilderungen in Brailleschrift und in leicht lesbarer und verständlicher Form anzubringen;

e) um menschliche und tierische Hilfe sowie Mittelspersonen, unter anderem Personen zum Führen und Vorlesen sowie professionelle Gebärdensprachdolmetscher und -dolmetscherinnen, zur Verfügung zu stellen mit dem Ziel, den Zugang zu Gebäuden und anderen Einrichtungen, die der Öffentlichkeit offenstehen, zu erleichtern;

f) um andere geeignete Formen der Hilfe und Unterstützung für Menschen mit Behinderungen zu fördern, damit ihr Zugang zu Informationen gewährleistet wird;

g) um den Zugang von Menschen mit Behinderungen zu den neuen Informations- und Kommunikationstechnologien und -systemen, einschließlich des Internets, zu fördern;

h) um die Gestaltung, die Entwicklung, die Herstellung und den Vertrieb zugänglicher Informations- und Kommunikationstechnologien und -systeme in einem frühen Stadium zu fördern, sodass deren Zugänglichkeit mit möglichst geringem Kostenaufwand erreicht wird.

Artikel 10

Recht auf Leben

Die Vertragsstaaten bekräftigen, dass jeder Mensch ein angeborenes Recht auf Leben hat, und treffen alle erforderlichen Maßnahmen, um den wirksamen und gleichberechtigten Genuss dieses Rechts durch Menschen mit Behinderungen zu gewährleisten.

Artikel 11

Gefahrensituationen und humanitäre Notlagen

Die Vertragsstaaten ergreifen im Einklang mit ihren Verpflichtungen nach dem Völkerrecht, einschließlich des humanitären Völkerrechts und der internationalen Menschenrechtsnormen, alle erforderlichen Maßnahmen, um in Gefahrensituationen, einschließlich bewaffneter Konflikte, humanitärer Notlagen und Naturkatastrophen, den Schutz und die Sicherheit von Menschen mit Behinderungen zu gewährleisten.

Artikel 12

Gleiche Anerkennung vor dem Recht

(1) Die Vertragsstaaten bekräftigen, dass Menschen mit Behinderungen das Recht haben, überall als Rechtssubjekt anerkannt zu werden.

(2) Die Vertragsstaaten anerkennen, dass Menschen mit Behinderungen in allen Lebensbereichen gleichberechtigt mit anderen Rechts- und Handlungsfähigkeit genießen.

(3) Die Vertragsstaaten treffen geeignete Maßnahmen, um Menschen mit Behinderungen Zugang zu der Unterstützung zu verschaffen, die sie bei der Ausübung ihrer Rechts- und Handlungsfähigkeit gegebenenfalls benötigen.

(4) Die Vertragsstaaten stellen sicher, dass zu allen die Ausübung der Rechts- und Handlungsfähigkeit betreffenden Maßnahmen im Einklang mit den interna-

tionalen Menschenrechtsnormen geeignete und wirksame Sicherungen vorgesehen werden, um Missbräuche zu verhindern. Diese Sicherungen müssen gewährleisten, dass bei den Maßnahmen betreffend die Ausübung der Rechts- und Handlungsfähigkeit die Rechte, der Wille und die Präferenzen der betreffenden Person geachtet werden, es nicht zu Interessenkonflikten und missbräuchlicher Einflussnahme kommt, dass die Maßnahmen verhältnismäßig und auf die Umstände der Person zugeschnitten sind, dass sie von möglichst kurzer Dauer sind und dass sie einer regelmäßigen Überprüfung durch eine zuständige, unabhängige und unparteiische Behörde oder gerichtliche Stelle unterliegen. Die Sicherungen müssen im Hinblick auf das Ausmaß, in dem diese Maßnahmen die Rechte und Interessen der Person berühren, verhältnismäßig sein.

(5) Vorbehaltlich dieses Artikels treffen die Vertragsstaaten alle geeigneten und wirksamen Maßnahmen, um zu gewährleisten, dass Menschen mit Behinderungen das gleiche Recht wie andere haben, Eigentum zu besitzen oder zu erben, ihre finanziellen Angelegenheiten selbst zu regeln und gleichen Zugang zu Bankdarlehen, Hypotheken und anderen Finanzkrediten zu haben, und gewährleisten, dass Menschen mit Behinderungen nicht willkürlich ihr Eigentum entzogen wird.

Artikel 13

Zugang zur Justiz

(1) Die Vertragsstaaten gewährleisten Menschen mit Behinderungen gleichberechtigt mit anderen wirksamen Zugang zur Justiz, unter anderem durch verfahrensbezogene und altersgemäße Vorkehrungen, um ihre wirksame unmittelbare und mittelbare Teilnahme, einschließlich als Zeugen und Zeuginnen, an allen Gerichtsverfahren, auch in der Ermittlungsphase und in anderen Vorverfahrensphasen, zu erleichtern.

(2) Um zur Gewährleistung des wirksamen Zugangs von Menschen mit Behinderungen zur Justiz beizutragen, fördern die Vertragsstaaten geeignete Schulungen für die im Justizwesen tätigen Personen, einschließlich des Personals von Polizei und Strafvollzug.

Artikel 14

Freiheit und Sicherheit der Person

(1) Die Vertragsstaaten gewährleisten,

a) dass Menschen mit Behinderungen gleichberechtigt mit anderen das Recht auf persönliche Freiheit und Sicherheit genießen;

b) dass Menschen mit Behinderungen gleichberechtigt mit anderen die Freiheit nicht rechtswidrig oder willkürlich entzogen wird, dass jede Freiheitsentziehung im Einklang mit dem Gesetz erfolgt und dass das Vorliegen einer Behinderung in keinem Fall eine Freiheitsentziehung rechtfertigt.

(2) Die Vertragsstaaten gewährleisten, dass Menschen mit Behinderungen, denen aufgrund eines Verfahrens ihre Freiheit entzogen wird, gleichberechtigten Anspruch auf die in den internationalen Menschenrechtsnormen vorgesehenen Garantien haben und im Einklang mit den Zielen und Grundsätzen dieses Übereinkommens behandelt werden, einschließlich durch die Bereitstellung angemessener Vorkehrungen.

Artikel 15

Freiheit von Folter oder grausamer, unmenschlicher oder erniedrigender Behandlung oder Strafe

(1) Niemand darf der Folter oder grausamer, unmenschlicher oder erniedrigender Behandlung oder Strafe unterworfen werden. Insbesondere darf niemand ohne seine freiwillige Zustimmung medizinischen oder wissenschaftlichen Versuchen unterworfen werden.

(2) Die Vertragsstaaten treffen alle wirksamen gesetzgeberischen, verwaltungsmäßigen, gerichtlichen oder sonstigen Maßnahmen, um auf der Grundlage der Gleichberechtigung zu verhindern, dass Menschen mit Behinderungen der Folter oder grausamer, unmenschlicher oder erniedrigender Behandlung oder Strafe unterworfen werden.

Artikel 16

Freiheit von Ausbeutung, Gewalt und Missbrauch

(1) Die Vertragsstaaten treffen alle geeigneten Gesetzgebungs-, Verwaltungs-, Sozial-, Bildungs- und sonstigen Maßnahmen, um Menschen mit Behinderungen sowohl innerhalb als auch außerhalb der Wohnung vor jeder Form von Ausbeutung, Gewalt und Missbrauch, einschließlich ihrer geschlechtsspezifischen Aspekte, zu schützen.

(2) Die Vertragsstaaten treffen außerdem alle geeigneten Maßnahmen, um jede Form von Ausbeutung, Gewalt und Missbrauch zu verhindern, indem sie unter anderem geeignete Formen von das Geschlecht und das Alter berücksichtigender Hilfe und Unterstützung für Menschen mit Behinderungen und ihre Familien und Betreuungspersonen gewährleisten, einschließlich durch die Bereitstellung von Informationen und Aufklärung darüber, wie Fälle von Ausbeutung, Gewalt und Missbrauch verhindert, erkannt und angezeigt werden können. Die Vertrags-

staaten sorgen dafür, dass Schutzdienste das Alter, das Geschlecht und die Behinderung der betroffenen Personen berücksichtigen.

(3) Zur Verhinderung jeder Form von Ausbeutung, Gewalt und Missbrauch stellen die Vertragsstaaten sicher, dass alle Einrichtungen und Programme, die für Menschen mit Behinderungen bestimmt sind, wirksam von unabhängigen Behörden überwacht werden.

(4) Die Vertragsstaaten treffen alle geeigneten Maßnahmen, um die körperliche, kognitive und psychische Genesung, die Rehabilitation und die soziale Wiedereingliederung von Menschen mit Behinderungen, die Opfer irgendeiner Form von Ausbeutung, Gewalt oder Missbrauch werden, zu fördern, auch durch die Bereitstellung von Schutzeinrichtungen. Genesung und Wiedereingliederung müssen in einer Umgebung stattfinden, die der Gesundheit, dem Wohlergehen, der Selbstachtung, der Würde und der Autonomie des Menschen förderlich ist und geschlechts- und altersspezifischen Bedürfnissen Rechnung trägt.

(5) Die Vertragsstaaten schaffen wirksame Rechtsvorschriften und politische Konzepte, einschließlich solcher, die auf Frauen und Kinder ausgerichtet sind, um sicherzustellen, dass Fälle von Ausbeutung, Gewalt und Missbrauch gegenüber Menschen mit Behinderungen erkannt, untersucht und gegebenenfalls strafrechtlich verfolgt werden.

Artikel 17

Schutz der Unversehrtheit der Person

Jeder Mensch mit Behinderungen hat gleichberechtigt mit anderen das Recht auf Achtung seiner körperlichen und seelischen Unversehrtheit.

Artikel 18

Freizügigkeit und Staatsangehörigkeit

(1) Die Vertragsstaaten anerkennen das gleiche Recht von Menschen mit Behinderungen auf Freizügigkeit, auf freie Wahl ihres Aufenthaltsorts und auf eine Staatsangehörigkeit, indem sie unter anderem gewährleisten, dass

a) Menschen mit Behinderungen das Recht haben, eine Staatsangehörigkeit zu erwerben und ihre Staatsangehörigkeit zu wechseln, und dass ihnen diese nicht willkürlich oder aufgrund von Behinderung entzogen wird;

b) Menschen mit Behinderungen nicht aufgrund von Behinderung die Möglichkeit versagt wird, Dokumente zum Nachweis ihrer Staatsangehörigkeit oder andere Identitätsdokumente zu erhalten, zu besitzen und zu verwenden oder einschlägige

Verfahren wie Einwanderungsverfahren in Anspruch zu nehmen, die gegebenenfalls erforderlich sind, um die Ausübung des Rechts auf Freizügigkeit zu erleichtern;

c) Menschen mit Behinderungen die Freiheit haben, jedes Land einschließlich ihres eigenen zu verlassen;

d) Menschen mit Behinderungen nicht willkürlich oder aufgrund von Behinderung das Recht entzogen wird, in ihr eigenes Land einzureisen.

(2) Kinder mit Behinderungen sind unverzüglich nach ihrer Geburt in ein Register einzutragen und haben das Recht auf einen Namen von Geburt an, das Recht, eine Staatsangehörigkeit zu erwerben, und soweit möglich das Recht, ihre Eltern zu kennen und von ihnen betreut zu werden.

Artikel 19

Unabhängige Lebensführung und Einbeziehung in die Gemeinschaft

Die Vertragsstaaten dieses Übereinkommens anerkennen das gleiche Recht aller Menschen mit Behinderungen, mit gleichen Wahlmöglichkeiten wie andere Menschen in der Gemeinschaft zu leben, und treffen wirksame und geeignete Maßnahmen, um Menschen mit Behinderungen den vollen Genuss dieses Rechts und ihre volle Einbeziehung in die Gemeinschaft und Teilhabe an der Gemeinschaft zu erleichtern, indem sie unter anderem gewährleisten, dass

a) Menschen mit Behinderungen gleichberechtigt die Möglichkeit haben, ihren Aufenthaltsort zu wählen und zu entscheiden, wo und mit wem sie leben, und nicht verpflichtet sind, in besonderen Wohnformen zu leben;

b) Menschen mit Behinderungen Zugang zu einer Reihe von gemeindenahen Unterstützungsdiensten zu Hause und in Einrichtungen sowie zu sonstigen gemeindenahen Unterstützungsdiensten haben, einschließlich der persönlichen Assistenz, die zur Unterstützung des Lebens in der Gemeinschaft und der Einbeziehung in die Gemeinschaft sowie zur Verhinderung von Isolation und Absonderung von der Gemeinschaft notwendig ist;

c) gemeindenahe Dienstleistungen und Einrichtungen für die Allgemeinheit Menschen mit Behinderungen auf der Grundlage der Gleichberechtigung zur Verfügung stehen und ihren Bedürfnissen Rechnung tragen.

Artikel 20

Persönliche Mobilität

Die Vertragsstaaten treffen wirksame Maßnahmen, um für Menschen mit Behinderungen persönliche Mobilität mit größtmöglicher Unabhängigkeit sicherzustellen, indem sie unter anderem

a) die persönliche Mobilität von Menschen mit Behinderungen in der Art und Weise und zum Zeitpunkt ihrer Wahl und zu erschwinglichen Kosten erleichtern;

b) den Zugang von Menschen mit Behinderungen zu hochwertigen Mobilitätshilfen, Geräten, unterstützenden Technologien und menschlicher und tierischer Hilfe sowie Mittelspersonen erleichtern, auch durch deren Bereitstellung zu erschwinglichen Kosten;

c) Menschen mit Behinderungen und Fachkräften, die mit Menschen mit Behinderungen arbeiten, Schulungen in Mobilitätsfertigkeiten anbieten;

d) Hersteller von Mobilitätshilfen, Geräten und unterstützenden Technologien ermutigen, alle Aspekte der Mobilität für Menschen mit Behinderungen zu berücksichtigen.

Artikel 21

Recht der freien Meinungsäußerung, Meinungsfreiheit und Zugang zu Informationen

Die Vertragsstaaten treffen alle geeigneten Maßnahmen, um zu gewährleisten, dass Menschen mit Behinderungen das Recht auf freie Meinungsäußerung und Meinungsfreiheit, einschließlich der Freiheit, Informationen und Gedankengut sich zu beschaffen, zu empfangen und weiterzugeben, gleichberechtigt mit anderen und durch alle von ihnen gewählten Formen der Kommunikation im Sinne des Artikels 2 ausüben können, unter anderem indem sie

a) Menschen mit Behinderungen für die Allgemeinheit bestimmte Informationen rechtzeitig und ohne zusätzliche Kosten in zugänglichen Formaten und Technologien, die für unterschiedliche Arten der Behinderung geeignet sind, zur Verfügung stellen;

b) im Umgang mit Behörden die Verwendung von Gebärdensprachen, Brailleschrift, ergänzenden und alternativen Kommunikationsformen und allen sonstigen selbst gewählten zugänglichen Mitteln, Formen und Formaten der Kommunikation durch Menschen mit Behinderungen akzeptieren und erleichtern;

c) private Rechtsträger, die, einschließlich durch das Internet, Dienste für die Allgemeinheit anbieten, dringend dazu auffordern, Informationen und Dienstleistungen in Formaten zur Verfügung zu stellen, die für Menschen mit Behinderungen zugänglich und nutzbar sind;

d) die Massenmedien, einschließlich der Anbieter von Informationen über das Internet, dazu auffordern, ihre Dienstleistungen für Menschen mit Behinderungen zugänglich zu gestalten;

e) die Verwendung von Gebärdensprachen anerkennen und fördern.

Artikel 22

Achtung der Privatsphäre

(1) Menschen mit Behinderungen dürfen unabhängig von ihrem Aufenthaltsort oder der Wohnform, in der sie leben, keinen willkürlichen oder rechtswidrigen Eingriffen in ihr Privatleben, ihre Familie, ihre Wohnung oder ihren Schriftverkehr oder andere Arten der Kommunikation oder rechtswidrigen Beeinträchtigungen ihrer Ehre oder ihres Rufes ausgesetzt werden. Menschen mit Behinderungen haben Anspruch auf rechtlichen Schutz gegen solche Eingriffe oder Beeinträchtigungen.

(2) Die Vertragsstaaten schützen auf der Grundlage der Gleichberechtigung mit anderen die Vertraulichkeit von Informationen über die Person, die Gesundheit und die Rehabilitation von Menschen mit Behinderungen.

Artikel 23

Achtung der Wohnung und der Familie

(1) Die Vertragsstaaten treffen wirksame und geeignete Maßnahmen zur Beseitigung der Diskriminierung von Menschen mit Behinderungen auf der Grundlage der Gleichberechtigung mit anderen in allen Fragen, die Ehe, Familie, Elternschaft und Partnerschaften betreffen, um zu gewährleisten, dass

a) das Recht aller Menschen mit Behinderungen im heiratsfähigen Alter, auf der Grundlage des freien und vollen Einverständnisses der künftigen Ehegatten eine Ehe zu schließen und eine Familie zu gründen, anerkannt wird;

b) das Recht von Menschen mit Behinderungen auf freie und verantwortungsbewusste Entscheidung über die Anzahl ihrer Kinder und die Geburtenabstände sowie auf Zugang zu altersgemäßer Information sowie Aufklärung über Fortpflanzung und Familienplanung anerkannt wird und ihnen die notwendigen Mittel zur Ausübung dieser Rechte zur Verfügung gestellt werden;

c) Menschen mit Behinderungen, einschließlich Kindern, gleichberechtigt mit anderen ihre Fruchtbarkeit behalten.

(2) Die Vertragsstaaten gewährleisten die Rechte und Pflichten von Menschen mit Behinderungen in Fragen der Vormundschaft, Pflegschaft[1], Personen- und Vermögenssorge, Adoption von Kindern oder ähnlichen Rechtsinstituten, soweit das innerstaatliche Recht solche kennt; in allen Fällen ist das Wohl des Kindes ausschlaggebend. Die Vertragsstaaten unterstützen Menschen mit Behinderungen in angemessener Weise bei der Wahrnehmung ihrer elterlichen Verantwortung.

(3) Die Vertragsstaaten gewährleisten, dass Kinder mit Behinderungen gleiche Rechte in Bezug auf das Familienleben haben. Zur Verwirklichung dieser Rechte und mit dem Ziel, das Verbergen, das Aussetzen, die Vernachlässigung und die Absonderung von Kindern mit Behinderungen zu verhindern, verpflichten sich die Vertragsstaaten, Kindern mit Behinderungen und ihren Familien frühzeitig umfassende Informationen, Dienste und Unterstützung zur Verfügung zu stellen.

(4) Die Vertragsstaaten gewährleisten, dass ein Kind nicht gegen den Willen seiner Eltern von diesen getrennt wird, es sei denn, dass die zuständigen Behörden in einer gerichtlich nachprüfbaren Entscheidung nach den anzuwendenden Rechtsvorschriften und Verfahren bestimmen, dass diese Trennung zum Wohl des Kindes notwendig ist. In keinem Fall darf das Kind aufgrund einer Behinderung entweder des Kindes oder eines oder beider Elternteile von den Eltern getrennt werden.

(5) Die Vertragsstaaten verpflichten sich, in Fällen, in denen die nächsten Familienangehörigen nicht in der Lage sind, für ein Kind mit Behinderungen zu sorgen, alle Anstrengungen zu unternehmen, um andere Formen der Betreuung innerhalb der weiteren Familie und, falls dies nicht möglich ist, innerhalb der Gemeinschaft in einem familienähnlichen Umfeld zu gewährleisten.

Artikel 24

Bildung

(1) Die Vertragsstaaten anerkennen das Recht von Menschen mit Behinderungen auf Bildung. Um dieses Recht ohne Diskriminierung und auf der Grundlage der Chancengleichheit zu verwirklichen, gewährleisten die Vertragsstaaten ein integratives Bildungssystem auf allen Ebenen und lebenslanges Lernen mit dem Ziel,

a) die menschlichen Möglichkeiten sowie das Bewusstsein der Würde und das Selbstwertgefühl des Menschen voll zur Entfaltung zu bringen und die Achtung vor den Menschenrechten, den Grundfreiheiten und der menschlichen Vielfalt zu stärken;

[1] Schweiz: Beistandschaft

b) Menschen mit Behinderungen ihre Persönlichkeit, ihre Begabungen und ihre Kreativität sowie ihre geistigen und körperlichen Fähigkeiten voll zur Entfaltung bringen zu lassen;

c) Menschen mit Behinderungen zur wirklichen Teilhabe an einer freien Gesellschaft zu befähigen.

(2) Bei der Verwirklichung dieses Rechts stellen die Vertragsstaaten sicher, dass

a) Menschen mit Behinderungen nicht aufgrund von Behinderung vom allgemeinen Bildungssystem ausgeschlossen werden und dass Kinder mit Behinderungen nicht aufgrund von Behinderung vom unentgeltlichen und obligatorischen Grundschulunterricht oder vom Besuch weiterführender Schulen ausgeschlossen werden;

b) Menschen mit Behinderungen gleichberechtigt mit anderen in der Gemeinschaft, in der sie leben, Zugang zu einem integrativen, hochwertigen und unentgeltlichen Unterricht an Grundschulen und weiterführenden Schulen haben;

c) angemessene Vorkehrungen für die Bedürfnisse des Einzelnen getroffen werden;

d) Menschen mit Behinderungen innerhalb des allgemeinen Bildungssystems die notwendige Unterstützung geleistet wird, um ihre erfolgreiche Bildung zu erleichtern;

e) in Übereinstimmung mit dem Ziel der vollständigen Integration wirksame individuell angepasste Unterstützungsmaßnahmen in einem Umfeld, das die bestmögliche schulische und soziale Entwicklung gestattet, angeboten werden.

(3) Die Vertragsstaaten ermöglichen Menschen mit Behinderungen, lebenspraktische Fertigkeiten und soziale Kompetenzen zu erwerben, um ihre volle und gleichberechtigte Teilhabe an der Bildung und als Mitglieder der Gemeinschaft zu erleichtern. Zu diesem Zweck ergreifen die Vertragsstaaten geeignete Maßnahmen; unter anderem

a) erleichtern sie das Erlernen von Brailleschrift, alternativer Schrift, ergänzenden und alternativen Formen, Mitteln und Formaten der Kommunikation, den Erwerb von Orientierungs- und Mobilitätsfertigkeiten sowie die Unterstützung durch andere Menschen mit Behinderungen und das Mentoring;

b) erleichtern sie das Erlernen der Gebärdensprache und die Förderung der sprachlichen Identität der Gehörlosen;

c) stellen sie sicher, dass blinden, gehörlosen oder taubblinden Menschen, insbesondere Kindern, Bildung in den Sprachen und Kommunikationsformen und mit den Kommunikationsmitteln, die für den Einzelnen am besten geeignet sind, sowie in einem Umfeld vermittelt wird, das die bestmögliche schulische und soziale Entwicklung gestattet.

(4) Um zur Verwirklichung dieses Rechts beizutragen, treffen die Vertragsstaaten geeignete Maßnahmen zur Einstellung von Lehrkräften, einschließlich solcher mit Behinderungen, die in Gebärdensprache oder Brailleschrift ausgebildet sind, und zur Schulung von Fachkräften sowie Mitarbeitern und Mitarbeiterinnen auf allen Ebenen des Bildungswesens. Diese Schulung schließt die Schärfung des Bewusstseins für Behinderungen und die Verwendung geeigneter ergänzender und alternativer Formen, Mittel und Formate der Kommunikation sowie pädagogische Verfahren und Materialien zur Unterstützung von Menschen mit Behinderungen ein.

(5) Die Vertragsstaaten stellen sicher, dass Menschen mit Behinderungen ohne Diskriminierung und gleichberechtigt mit anderen Zugang zu allgemeiner Hochschulbildung, Berufsausbildung, Erwachsenenbildung und lebenslangem Lernen haben. Zu diesem Zweck stellen die Vertragsstaaten sicher, dass für Menschen mit Behinderungen angemessene Vorkehrungen getroffen werden.

Artikel 25

Gesundheit

Die Vertragsstaaten anerkennen das Recht von Menschen mit Behinderungen auf das erreichbare Höchstmaß an Gesundheit ohne Diskriminierung aufgrund von Behinderung. Die Vertragsstaaten treffen alle geeigneten Maßnahmen, um zu gewährleisten, dass Menschen mit Behinderungen Zugang zu geschlechtsspezifischen Gesundheitsdiensten, einschließlich gesundheitlicher Rehabilitation, haben. Insbesondere

a) stellen die Vertragsparteien Menschen mit Behinderungen eine unentgeltliche oder erschwingliche Gesundheitsversorgung in derselben Bandbreite, von derselben Qualität und auf demselben Standard zur Verfügung wie anderen Menschen, einschließlich sexual- und fortpflanzungsmedizinischer Gesundheitsleistungen und der Gesamtbevölkerung zur Verfügung stehender Programme des öffentlichen Gesundheitswesens;

b) bieten die Vertragsstaaten die Gesundheitsleistungen an, die von Menschen mit Behinderungen speziell wegen ihrer Behinderungen benötigt werden, soweit angebracht, einschließlich Früherkennung und Frühintervention, sowie Leistungen, durch die, auch bei Kindern und älteren Menschen, weitere Behinderungen möglichst gering gehalten oder vermieden werden sollen;

c) bieten die Vertragsstaaten diese Gesundheitsleistungen so gemeindenah wie möglich an, auch in ländlichen Gebieten;

d) erlegen die Vertragsstaaten den Angehörigen der Gesundheitsberufe die Verpflichtung auf, Menschen mit Behinderungen eine Versorgung von gleicher Qualität wie anderen Menschen angedeihen zu lassen, namentlich auf der Grundlage der freien Einwilligung nach vorheriger Aufklärung, indem sie unter anderem durch Schulungen und den Erlass ethischer Normen für die staatliche und private Gesundheitsversorgung das Bewusstsein für die Menschenrechte, die Würde, die Autonomie und die Bedürfnisse von Menschen mit Behinderungen schärfen;

e) verbieten die Vertragsstaaten die Diskriminierung von Menschen mit Behinderungen in der Krankenversicherung und in der Lebensversicherung, soweit eine solche Versicherung nach innerstaatlichem Recht zulässig ist; solche Versicherungen sind zu fairen und angemessenen Bedingungen anzubieten;

f) verhindern die Vertragsstaaten die diskriminierende Vorenthaltung von Gesundheitsversorgung oder -leistungen oder von Nahrungsmitteln und Flüssigkeiten aufgrund von Behinderung.

Artikel 26

Habilitation und Rehabilitation

(1) Die Vertragsstaaten treffen wirksame und geeignete Maßnahmen, einschließlich durch die Unterstützung durch andere Menschen mit Behinderungen, um Menschen mit Behinderungen in die Lage zu versetzen, ein Höchstmaß an Unabhängigkeit, umfassende körperliche, geistige, soziale und berufliche Fähigkeiten sowie die volle Einbeziehung in alle Aspekte des Lebens und die volle Teilhabe an allen Aspekten des Lebens zu erreichen und zu bewahren. Zu diesem Zweck organisieren, stärken und erweitern die Vertragsstaaten umfassende Habilitations- und Rehabilitationsdienste und -programme, insbesondere auf dem Gebiet der Gesundheit, der Beschäftigung, der Bildung und der Sozialdienste, und zwar so, dass diese Leistungen und Programme

a) im frühestmöglichen Stadium einsetzen und auf einer multidisziplinären Bewertung der individuellen Bedürfnisse und Stärken beruhen;

b) die Einbeziehung in die Gemeinschaft und die Gesellschaft in allen ihren Aspekten sowie die Teilhabe daran unterstützen, freiwillig sind und Menschen mit Behinderungen so gemeindenah wie möglich zur Verfügung stehen, auch in ländlichen Gebieten.

(2) Die Vertragsstaaten fördern die Entwicklung der Aus- und Fortbildung für Fachkräfte und Mitarbeiter und Mitarbeiterinnen in Habilitations- und Rehabilitationsdiensten.

(3) Die Vertragsstaaten fördern die Verfügbarkeit, die Kenntnis und die Verwendung unterstützender Geräte und Technologien, die für Menschen mit Behinderungen bestimmt sind, für die Zwecke der Habilitation und Rehabilitation.

Artikel 27

Arbeit und Beschäftigung

(1) Die Vertragsstaaten anerkennen das gleiche Recht von Menschen mit Behinderungen auf Arbeit; dies beinhaltet das Recht auf die Möglichkeit, den Lebensunterhalt durch Arbeit zu verdienen, die in einem offenen, integrativen und für Menschen mit Behinderungen zugänglichen Arbeitsmarkt und Arbeitsumfeld frei gewählt oder angenommen wird. Die Vertragsstaaten sichern und fördern die Verwirklichung des Rechts auf Arbeit, einschließlich für Menschen, die während der Beschäftigung eine Behinderung erwerben, durch geeignete Schritte, einschließlich des Erlasses von Rechtsvorschriften, um unter anderem

a) Diskriminierung aufgrund von Behinderung in allen Angelegenheiten im Zusammenhang mit einer Beschäftigung gleich welcher Art, einschließlich der Auswahl-, Einstellungs- und Beschäftigungsbedingungen, der Weiterbeschäftigung, des beruflichen Aufstiegs sowie sicherer und gesunder Arbeitsbedingungen, zu verbieten;

b) das gleiche Recht von Menschen mit Behinderungen auf gerechte und günstige Arbeitsbedingungen, einschließlich Chancengleichheit und gleichen Entgelts für gleichwertige Arbeit, auf sichere und gesunde Arbeitsbedingungen, einschließlich Schutz vor Belästigungen, und auf Abhilfe bei Missständen zu schützen;

c) zu gewährleisten, dass Menschen mit Behinderungen ihre Arbeitnehmer- und Gewerkschaftsrechte gleichberechtigt mit anderen ausüben können;

d) Menschen mit Behinderungen wirksamen Zugang zu allgemeinen fachlichen und beruflichen Beratungsprogrammen, Stellenvermittlung sowie Berufsausbildung und Weiterbildung zu ermöglichen;

e) für Menschen mit Behinderungen Beschäftigungsmöglichkeiten und beruflichen Aufstieg auf dem Arbeitsmarkt sowie die Unterstützung bei der Arbeitssuche, beim Erhalt und der Beibehaltung eines Arbeitsplatzes und beim beruflichen Wiedereinstieg zu fördern;

f) Möglichkeiten für Selbständigkeit, Unternehmertum, die Bildung von Genossenschaften und die Gründung eines eigenen Geschäfts zu fördern;

g) Menschen mit Behinderungen im öffentlichen Sektor zu beschäftigen;

h) die Beschäftigung von Menschen mit Behinderungen im privaten Sektor durch geeignete Strategien und Maßnahmen zu fördern, wozu auch Programme für positive Maßnahmen, Anreize und andere Maßnahmen gehören können;

i) sicherzustellen, dass am Arbeitsplatz angemessene Vorkehrungen für Menschen mit Behinderungen getroffen werden;

j) das Sammeln von Arbeitserfahrung auf dem allgemeinen Arbeitsmarkt durch Menschen mit Behinderungen zu fördern;

k) Programme für die berufliche Rehabilitation, den Erhalt des Arbeitsplatzes und den beruflichen Wiedereinstieg von Menschen mit Behinderungen zu fördern.

(2) Die Vertragsstaaten stellen sicher, dass Menschen mit Behinderungen nicht in Sklaverei oder Leibeigenschaft gehalten werden und dass sie gleichberechtigt mit anderen vor Zwangs- oder Pflichtarbeit geschützt werden.

Artikel 28

Angemessener Lebensstandard und sozialer Schutz

(1) Die Vertragsstaaten anerkennen das Recht von Menschen mit Behinderungen auf einen angemessenen Lebensstandard für sich selbst und ihre Familien, einschließlich angemessener Ernährung, Bekleidung und Wohnung, sowie auf eine stetige Verbesserung der Lebensbedingungen und unternehmen geeignete Schritte zum Schutz und zur Förderung der Verwirklichung dieses Rechts ohne Diskriminierung aufgrund von Behinderung.

(2) Die Vertragsstaaten anerkennen das Recht von Menschen mit Behinderungen auf sozialen Schutz und den Genuss dieses Rechts ohne Diskriminierung aufgrund von Behinderung und unternehmen geeignete Schritte zum Schutz und zur Förderung der Verwirklichung dieses Rechts, einschließlich Maßnahmen, um

a) Menschen mit Behinderungen gleichberechtigten Zugang zur Versorgung mit sauberem Wasser und den Zugang zu geeigneten und erschwinglichen Dienstleistungen, Geräten und anderen Hilfen für Bedürfnisse im Zusammenhang mit ihrer Behinderung zu sichern;

b) Menschen mit Behinderungen, insbesondere Frauen und Mädchen sowie älteren Menschen mit Behinderungen, den Zugang zu Programmen für sozialen Schutz und Programmen zur Armutsbekämpfung zu sichern;

c) in Armut lebenden Menschen mit Behinderungen und ihren Familien den Zugang zu staatlicher Hilfe bei behinderungsbedingten Aufwendungen, einschließlich ausreichender Schulung, Beratung, finanzieller Unterstützung sowie Kurzzeitbetreuung, zu sichern;

d) Menschen mit Behinderungen den Zugang zu Programmen des sozialen Wohnungsbaus zu sichern;

e) Menschen mit Behinderungen gleichberechtigten Zugang zu Leistungen und Programmen der Altersversorgung zu sichern.

Artikel 29

Teilhabe am politischen und öffentlichen Leben

(1) Die Vertragsstaaten garantieren Menschen mit Behinderungen die politischen Rechte sowie die Möglichkeit, diese gleichberechtigt mit anderen zu genießen, und verpflichten sich,

a) sicherzustellen, dass Menschen mit Behinderungen gleichberechtigt mit anderen wirksam und umfassend am politischen und öffentlichen Leben teilhaben können, sei es unmittelbar oder durch frei gewählte Vertreter oder Vertreterinnen, was auch das Recht und die Möglichkeit einschließt, zu wählen und gewählt zu werden; unter anderem

i) stellen sie sicher, dass die Wahlverfahren, -einrichtungen und -materialien geeignet, zugänglich und leicht zu verstehen und zu handhaben sind;

ii) schützen sie das Recht von Menschen mit Behinderungen, bei Wahlen und Volksabstimmungen in geheimer Abstimmung ohne Einschüchterung ihre Stimme abzugeben, bei Wahlen zu kandidieren, ein Amt wirksam innezuhaben und alle öffentlichen Aufgaben auf allen Ebenen staatlicher Tätigkeit wahrzunehmen, indem sie gegebenenfalls die Nutzung unterstützender und neuer Technologien erleichtern;

iii) garantieren sie die freie Willensäußerung von Menschen mit Behinderungen als Wähler und Wählerinnen und erlauben zu diesem Zweck im Bedarfsfall auf Wunsch, dass sie sich bei der Stimmabgabe durch eine Person ihrer Wahl unterstützen lassen;

b) aktiv ein Umfeld zu fördern, in dem Menschen mit Behinderungen ohne Diskriminierung und gleichberechtigt mit anderen wirksam und umfassend an der Gestaltung der öffentlichen Angelegenheiten mitwirken können, und ihre Mitwirkung an den öffentlichen Angelegenheiten zu begünstigen, unter anderem

i) die Mitarbeit in nichtstaatlichen Organisationen und Vereinigungen, die sich mit dem öffentlichen und politischen Leben ihres Landes befassen, und an den Tätigkeiten und der Verwaltung politischer Parteien;

ii) die Bildung von Organisationen von Menschen mit Behinderungen, die sie auf internationaler, nationaler, regionaler und lokaler Ebene vertreten, und den Beitritt zu solchen Organisationen.

Artikel 30

Teilhabe am kulturellen Leben sowie an Erholung, Freizeit und Sport

(1) Die Vertragsstaaten anerkennen das Recht von Menschen mit Behinderungen, gleichberechtigt mit anderen am kulturellen Leben teilzunehmen, und treffen alle geeigneten Maßnahmen, um sicherzustellen, dass Menschen mit Behinderungen

a) Zugang zu kulturellem Material in zugänglichen Formaten haben;

b) Zugang zu Fernsehprogrammen, Filmen, Theatervorstellungen und anderen kulturellen Aktivitäten in zugänglichen Formaten haben;

c) Zugang zu Orten kultureller Darbietungen oder Dienstleistungen, wie Theatern, Museen, Kinos, Bibliotheken und Tourismusdiensten, sowie, so weit wie möglich, zu Denkmälern und Stätten von nationaler kultureller Bedeutung haben.

(2) Die Vertragsstaaten treffen geeignete Maßnahmen, um Menschen mit Behinderungen die Möglichkeit zu geben, ihr kreatives, künstlerisches und intellektuelles Potenzial zu entfalten und zu nutzen, nicht nur für sich selbst, sondern auch zur Bereicherung der Gesellschaft.

(3) Die Vertragsstaaten unternehmen alle geeigneten Schritte im Einklang mit dem Völkerrecht, um sicherzustellen, dass Gesetze zum Schutz von Rechten des geistigen Eigentums keine ungerechtfertigte oder diskriminierende Barriere für den Zugang von Menschen mit Behinderungen zu kulturellem Material darstellen.

(4) Menschen mit Behinderungen haben gleichberechtigt mit anderen Anspruch auf Anerkennung und Unterstützung ihrer spezifischen kulturellen und sprachlichen Identität, einschließlich der Gebärdensprachen und der Gehörlosenkultur.

(5) Mit dem Ziel, Menschen mit Behinderungen die gleichberechtigte Teilnahme an Erholungs-, Freizeit- und Sportaktivitäten zu ermöglichen, treffen die Vertragsstaaten geeignete Maßnahmen,

a) um Menschen mit Behinderungen zu ermutigen, so umfassend wie möglich an breitensportlichen Aktivitäten auf allen Ebenen teilzunehmen, und ihre Teilnahme zu fördern;

b) um sicherzustellen, dass Menschen mit Behinderungen die Möglichkeit haben, behinderungsspezifische Sport- und Erholungsaktivitäten zu organisieren, zu entwickeln und an solchen teilzunehmen, und zu diesem Zweck die Bereitstellung eines geeigneten Angebots an Anleitung, Training und Ressourcen auf der Grundlage der Gleichberechtigung mit anderen zu fördern;

c) um sicherzustellen, dass Menschen mit Behinderungen Zugang zu Sport-, Erholungs- und Tourismusstätten haben;

d) um sicherzustellen, dass Kinder mit Behinderungen gleichberechtigt mit anderen Kindern an Spiel-, Erholungs-, Freizeit- und Sportaktivitäten teilnehmen können, einschließlich im schulischen Bereich;

e) um sicherzustellen, dass Menschen mit Behinderungen Zugang zu Dienstleistungen der Organisatoren von Erholungs-, Tourismus-, Freizeit- und Sportaktivitäten haben.

Artikel 31

Statistik und Datensammlung

(1) Die Vertragsstaaten verpflichten sich zur Sammlung geeigneter Informationen, einschließlich statistischer Angaben und Forschungsdaten, die ihnen ermöglichen, politische Konzepte zur Durchführung dieses Übereinkommens auszuarbeiten und umzusetzen. Das Verfahren zur Sammlung und Aufbewahrung dieser Informationen muss

a) mit den gesetzlichen Schutzvorschriften, einschließlich der Rechtsvorschriften über den Datenschutz, zur Sicherung der Vertraulichkeit und der Achtung der Privatsphäre von Menschen mit Behinderungen im Einklang stehen;

b) mit den international anerkannten Normen zum Schutz der Menschenrechte und Grundfreiheiten und den ethischen Grundsätzen für die Sammlung und Nutzung statistischer Daten im Einklang stehen.

(2) Die im Einklang mit diesem Artikel gesammelten Informationen werden, soweit angebracht, aufgeschlüsselt und dazu verwendet, die Umsetzung der Verpflichtungen aus diesem Übereinkommen durch die Vertragsstaaten zu beurteilen und die Hindernisse, denen sich Menschen mit Behinderungen bei der Ausübung ihrer Rechte gegenübersehen, zu ermitteln und anzugehen.

(3) Die Vertragsstaaten übernehmen die Verantwortung für die Verbreitung dieser Statistiken und sorgen dafür, dass sie für Menschen mit Behinderungen und andere zugänglich sind.

Artikel 32

Internationale Zusammenarbeit

(1) Die Vertragsstaaten anerkennen die Bedeutung der internationalen Zusammenarbeit und deren Förderung zur Unterstützung der einzelstaatlichen Anstrengungen für die Verwirklichung des Zwecks und der Ziele dieses Übereinkommens und treffen diesbezüglich geeignete und wirksame Maßnahmen, zwischenstaatlich sowie, soweit angebracht, in Partnerschaft mit den einschlägigen internationalen und regionalen Organisationen und der Zivilgesellschaft, insbesondere Organisationen von Menschen mit Behinderungen. Unter anderem können sie Maßnahmen ergreifen, um

a) sicherzustellen, dass die internationale Zusammenarbeit, einschließlich internationaler Entwicklungsprogramme, Menschen mit Behinderungen einbezieht und für sie zugänglich ist;

b) den Aufbau von Kapazitäten zu erleichtern und zu unterstützen, unter anderem durch den Austausch und die Weitergabe von Informationen, Erfahrungen, Ausbildungsprogrammen und vorbildlichen Praktiken;

c) die Forschungszusammenarbeit und den Zugang zu wissenschaftlichen und technischen Kenntnissen zu erleichtern;

d) soweit angebracht, technische und wirtschaftliche Hilfe zu leisten, unter anderem durch Erleichterung des Zugangs zu zugänglichen und unterstützenden Technologien und ihres Austauschs sowie durch Weitergabe von Technologien.

(2) Dieser Artikel berührt nicht die Pflicht jedes Vertragsstaats, seine Verpflichtungen aus diesem Übereinkommen zu erfüllen.

Artikel 33

Innerstaatliche Durchführung und Überwachung

(1) Die Vertragsstaaten bestimmen nach Maßgabe ihrer staatlichen Organisation eine oder mehrere staatliche Anlaufstellen für Angelegenheiten im Zusammenhang mit der Durchführung dieses Übereinkommens und prüfen sorgfältig die Schaffung oder Bestimmung eines staatlichen Koordinierungsmechanismus, der die Durchführung der entsprechenden Maßnahmen in verschiedenen Bereichen und auf verschiedenen Ebenen erleichtern soll.

(2) Die Vertragsstaaten unterhalten, stärken, bestimmen oder schaffen nach Maßgabe ihres Rechts- und Verwaltungssystems auf einzelstaatlicher Ebene für die Förderung, den Schutz und die Überwachung der Durchführung dieses Übereinkommens eine Struktur, die, je nachdem, was angebracht ist, einen oder mehrere

unabhängige Mechanismen einschließt. Bei der Bestimmung oder Schaffung eines solchen Mechanismus berücksichtigen die Vertragsstaaten die Grundsätze betreffend die Rechtsstellung und die Arbeitsweise der einzelstaatlichen Institutionen zum Schutz und zur Förderung der Menschenrechte.

(3) Die Zivilgesellschaft, insbesondere Menschen mit Behinderungen und die sie vertretenden Organisationen, wird in den Überwachungsprozess einbezogen und nimmt in vollem Umfang daran teil.

Artikel 34

Ausschuss für die Rechte von Menschen mit Behinderungen

(1) Es wird ein Ausschuss für die Rechte von Menschen mit Behinderungen (im Folgenden als »Ausschuss« bezeichnet) eingesetzt, der die nachstehend festgelegten Aufgaben wahrnimmt.

(2) Der Ausschuss besteht zum Zeitpunkt des Inkrafttretens dieses Übereinkommens aus zwölf Sachverständigen. Nach sechzig weiteren Ratifikationen oder Beitritten zu dem Übereinkommen erhöht sich die Zahl der Ausschussmitglieder um sechs auf die Höchstzahl von achtzehn.

(3) Die Ausschussmitglieder sind in persönlicher Eigenschaft tätig und müssen Persönlichkeiten von hohem sittlichen Ansehen und anerkannter Sachkenntnis und Erfahrung auf dem von diesem Übereinkommen erfassten Gebiet sein. Die Vertragsstaaten sind aufgefordert, bei der Benennung ihrer Kandidaten oder Kandidatinnen Artikel 4 Absatz 3 gebührend zu berücksichtigen.

(4) Die Ausschussmitglieder werden von den Vertragsstaaten gewählt, wobei auf eine gerechte geografische Verteilung, die Vertretung der verschiedenen Kulturkreise und der hauptsächlichen Rechtssysteme, die ausgewogene Vertretung der Geschlechter und die Beteiligung von Sachverständigen mit Behinderungen zu achten ist.

(5) Die Ausschussmitglieder werden auf Sitzungen der Konferenz der Vertragsstaaten in geheimer Wahl aus einer Liste von Personen gewählt, die von den Vertragsstaaten aus dem Kreis ihrer Staatsangehörigen benannt worden sind. Auf diesen Sitzungen, die beschlussfähig sind, wenn zwei Drittel der Vertragsstaaten vertreten sind, gelten diejenigen Kandidaten oder Kandidatinnen als in den Ausschuss gewählt, welche die höchste Stimmenzahl und die absolute Stimmenmehrheit der anwesenden und abstimmenden Vertreter beziehungsweise Vertreterinnen der Vertragsstaaten auf sich vereinigen.

(6) Die erste Wahl findet spätestens sechs Monate nach Inkrafttreten dieses Übereinkommens statt. Spätestens vier Monate vor jeder Wahl fordert der General-

sekretär der Vereinten Nationen die Vertragsstaaten schriftlich auf, innerhalb von zwei Monaten ihre Benennungen einzureichen. Der Generalsekretär fertigt sodann eine alphabetische Liste aller auf diese Weise benannten Personen an, unter Angabe der Vertragsstaaten, die sie benannt haben, und übermittelt sie den Vertragsstaaten.

(7) Die Ausschussmitglieder werden für vier Jahre gewählt. Ihre einmalige Wiederwahl ist zulässig. Die Amtszeit von sechs der bei der ersten Wahl gewählten Mitglieder läuft jedoch nach zwei Jahren ab; unmittelbar nach der ersten Wahl werden die Namen dieser sechs Mitglieder von dem oder der Vorsitzenden der in Absatz 5 genannten Sitzung durch das Los bestimmt.

(8) Die Wahl der sechs zusätzlichen Ausschussmitglieder findet bei den ordentlichen Wahlen im Einklang mit den einschlägigen Bestimmungen dieses Artikels statt.

(9) Wenn ein Ausschussmitglied stirbt oder zurücktritt oder erklärt, dass es aus anderen Gründen seine Aufgaben nicht mehr wahrnehmen kann, ernennt der Vertragsstaat, der das Mitglied benannt hat, für die verbleibende Amtszeit eine andere sachverständige Person, die über die Befähigungen verfügt und die Voraussetzungen erfüllt, die in den einschlägigen Bestimmungen dieses Artikels beschrieben sind.

(10) Der Ausschuss gibt sich eine Geschäftsordnung.

(11) Der Generalsekretär der Vereinten Nationen stellt dem Ausschuss das Personal und die Einrichtungen zur Verfügung, die dieser zur wirksamen Wahrnehmung seiner Aufgaben nach diesem Übereinkommen benötigt, und beruft seine erste Sitzung ein.

(12) Die Mitglieder des nach diesem Übereinkommen eingesetzten Ausschusses erhalten mit Zustimmung der Generalversammlung der Vereinten Nationen Bezüge aus Mitteln der Vereinten Nationen zu den von der Generalversammlung unter Berücksichtigung der Bedeutung der Aufgaben des Ausschusses zu beschließenden Bedingungen.

(13) Die Ausschussmitglieder haben Anspruch auf die Erleichterungen, Vorrechte und Immunitäten der Sachverständigen im Auftrag der Vereinten Nationen, die in den einschlägigen Abschnitten des Übereinkommens über die Vorrechte und Immunitäten der Vereinten Nationen vorgesehen sind.

Artikel 35

Berichte der Vertragsstaaten

(1) Jeder Vertragsstaat legt dem Ausschuss über den Generalsekretär der Vereinten Nationen innerhalb von zwei Jahren nach Inkrafttreten dieses Übereinkommens

für den betreffenden Vertragsstaat einen umfassenden Bericht über die Maßnahmen, die er zur Erfüllung seiner Verpflichtungen aus dem Übereinkommen getroffen hat, und über die dabei erzielten Fortschritte vor.

(2) Danach legen die Vertragsstaaten mindestens alle vier Jahre und darüber hinaus jeweils auf Anforderung des Ausschusses Folgeberichte vor.

(3) Der Ausschuss beschließt gegebenenfalls Leitlinien für den Inhalt der Berichte.

(4) Ein Vertragsstaat, der dem Ausschuss einen ersten umfassenden Bericht vorgelegt hat, braucht in seinen Folgeberichten die früher mitgeteilten Angaben nicht zu wiederholen. Die Vertragsstaaten sind gebeten, ihre Berichte an den Ausschuss in einem offenen und transparenten Verfahren zu erstellen und dabei Artikel 4 Absatz 3 gebührend zu berücksichtigen.

(5) In den Berichten kann auf Faktoren und Schwierigkeiten hingewiesen werden, die das Ausmaß der Erfüllung der Verpflichtungen aus diesem Übereinkommen beeinflussen.

Artikel 36

Prüfung der Berichte

(1) Der Ausschuss prüft jeden Bericht; er kann ihn mit den ihm geeignet erscheinenden Vorschlägen und allgemeinen Empfehlungen versehen und leitet diese dem betreffenden Vertragsstaat zu. Dieser kann dem Ausschuss hierauf jede Information übermitteln, die er zu geben wünscht. Der Ausschuss kann die Vertragsstaaten um weitere Angaben über die Durchführung dieses Übereinkommens ersuchen.

(2) Liegt ein Vertragsstaat mit der Vorlage eines Berichts in erheblichem Rückstand, so kann der Ausschuss dem betreffenden Vertragsstaat notifizieren, dass die Durchführung dieses Übereinkommens im betreffenden Vertragsstaat auf der Grundlage der dem Ausschuss zur Verfügung stehenden zuverlässigen Informationen geprüft werden muss, falls der Bericht nicht innerhalb von drei Monaten nach dieser Notifikation vorgelegt wird. Der Ausschuss fordert den betreffenden Vertragsstaat auf, bei dieser Prüfung mitzuwirken. Falls der Vertragsstaat daraufhin den Bericht vorlegt, findet Absatz 1 Anwendung.

(3) Der Generalsekretär der Vereinten Nationen stellt die Berichte allen Vertragsstaaten zur Verfügung.

(4) Die Vertragsstaaten sorgen für eine weite Verbreitung ihrer Berichte im eigenen Land und erleichtern den Zugang zu den Vorschlägen und allgemeinen Empfehlungen zu diesen Berichten.

(5) Der Ausschuss übermittelt, wenn er dies für angebracht hält, den Sonderorganisationen, Fonds und Programmen der Vereinten Nationen und anderen zuständigen Stellen Berichte der Vertragsstaaten, damit ein darin enthaltenes Ersuchen um fachliche Beratung oder Unterstützung oder ein darin enthaltener Hinweis, dass ein diesbezügliches Bedürfnis besteht, aufgegriffen werden kann; etwaige Bemerkungen und Empfehlungen des Ausschusses zu diesen Ersuchen oder Hinweisen werden beigefügt.

Artikel 37

Zusammenarbeit zwischen den Vertragsstaaten und dem Ausschuss

(1) Jeder Vertragsstaat arbeitet mit dem Ausschuss zusammen und ist seinen Mitgliedern bei der Erfüllung ihres Mandats behilflich.

(2) In seinen Beziehungen zu den Vertragsstaaten prüft der Ausschuss gebührend Möglichkeiten zur Stärkung der einzelstaatlichen Fähigkeiten zur Durchführung dieses Übereinkommens, einschließlich durch internationale Zusammenarbeit.

Artikel 38

Beziehungen des Ausschusses zu anderen Organen

Um die wirksame Durchführung dieses Übereinkommens und die internationale Zusammenarbeit auf dem von dem Übereinkommen erfassten Gebiet zu fördern,

a) haben die Sonderorganisationen und andere Organe der Vereinten Nationen das Recht, bei der Erörterung der Durchführung derjenigen Bestimmungen des Übereinkommens, die in ihren Aufgabenbereich fallen, vertreten zu sein. Der Ausschuss kann, wenn er dies für angebracht hält, Sonderorganisationen und andere zuständige Stellen einladen, sachkundige Stellungnahmen zur Durchführung des Übereinkommens auf Gebieten abzugeben, die in ihren jeweiligen Aufgabenbereich fallen. Der Ausschuss kann Sonderorganisationen und andere Organe der Vereinten Nationen einladen, ihm Berichte über die Durchführung des Übereinkommens auf den Gebieten vorzulegen, die in ihren Tätigkeitsbereich fallen;

b) konsultiert der Ausschuss bei der Wahrnehmung seines Mandats, soweit angebracht, andere einschlägige Organe, die durch internationale Menschenrechtsverträge geschaffen wurden, mit dem Ziel, die Kohärenz ihrer jeweiligen Berichterstattungsleitlinien, Vorschläge und allgemeinen Empfehlungen zu gewährleisten sowie Doppelungen und Überschneidungen bei der Durchführung ihrer Aufgaben zu vermeiden.

Artikel 39

Bericht des Ausschusses

Der Ausschuss berichtet der Generalversammlung und dem Wirtschafts- und Sozialrat alle zwei Jahre über seine Tätigkeit und kann aufgrund der Prüfung der von den Vertragsstaaten eingegangenen Berichte und Auskünfte Vorschläge machen und allgemeine Empfehlungen abgeben. Diese werden zusammen mit etwaigen Stellungnahmen der Vertragsstaaten in den Ausschussbericht aufgenommen.

Artikel 40

Konferenz der Vertragsstaaten

(1) Die Vertragsstaaten treten regelmäßig in einer Konferenz der Vertragsstaaten zusammen, um jede Angelegenheit im Zusammenhang mit der Durchführung dieses Übereinkommens zu behandeln.

(2) Die Konferenz der Vertragsstaaten wird vom Generalsekretär der Vereinten Nationen spätestens sechs Monate nach Inkrafttreten dieses Übereinkommens einberufen. Die folgenden Treffen werden vom Generalsekretär alle zwei Jahre oder auf Beschluss der Konferenz der Vertragsstaaten einberufen.

Artikel 41

Verwahrer[2]

Der Generalsekretär der Vereinten Nationen ist Verwahrer[3] dieses Übereinkommens.

Artikel 42

Unterzeichnung

Dieses Übereinkommen liegt für alle Staaten und für Organisationen der regionalen Integration ab dem 30. März 2007 am Sitz der Vereinten Nationen in New York zur Unterzeichnung auf.

Artikel 43

Zustimmung, gebunden zu sein

Dieses Übereinkommen bedarf der Ratifikation durch die Unterzeichnerstaaten und der förmlichen Bestätigung durch die unterzeichnenden Organisationen

[2] Österreich, Schweiz: Depositar
[3] Österreich, Schweiz: Depositar

der regionalen Integration. Es steht allen Staaten oder Organisationen der regionalen Integration, die das Übereinkommen nicht unterzeichnet haben, zum Beitritt offen.

Artikel 44

Organisationen der regionalen Integration

(1) Der Ausdruck »Organisation der regionalen Integration« bezeichnet eine von souveränen Staaten einer bestimmten Region gebildete Organisation, der ihre Mitgliedstaaten die Zuständigkeit für von diesem Übereinkommen erfasste Angelegenheiten übertragen haben. In ihren Urkunden der förmlichen Bestätigung oder Beitrittsurkunden erklären diese Organisationen den Umfang ihrer Zuständigkeiten in Bezug auf die durch dieses Übereinkommen erfassten Angelegenheiten. Danach teilen sie dem Verwahrer[4] jede erhebliche Änderung des Umfangs ihrer Zuständigkeiten mit.

(2) Bezugnahmen auf »Vertragsstaaten« in diesem Übereinkommen finden auf solche Organisationen im Rahmen ihrer Zuständigkeit Anwendung.

(3) Für die Zwecke des Artikels 45 Absatz 1 und des Artikels 47 Absätze 2 und 3 wird eine von einer Organisation der regionalen Integration hinterlegte Urkunde nicht mitgezählt.

(4) Organisationen der regionalen Integration können in Angelegenheiten ihrer Zuständigkeit ihr Stimmrecht in der Konferenz der Vertragsstaaten mit der Anzahl von Stimmen ausüben, die der Anzahl ihrer Mitgliedstaaten entspricht, die Vertragsparteien dieses Übereinkommens sind. Diese Organisationen üben ihr Stimmrecht nicht aus, wenn einer ihrer Mitgliedstaaten sein Stimmrecht ausübt, und umgekehrt.

Artikel 45

Inkrafttreten

(1) Dieses Übereinkommen tritt am dreißigsten Tag nach Hinterlegung der zwanzigsten Ratifikations- oder Beitrittsurkunde in Kraft.

(2) Für jeden Staat und jede Organisation der regionalen Integration, der beziehungsweise die dieses Übereinkommen nach Hinterlegung der zwanzigsten entsprechenden Urkunde ratifiziert, förmlich bestätigt oder ihm beitritt, tritt das Übereinkommen am dreißigsten Tag nach Hinterlegung der eigenen Urkunde in Kraft.

---

[4] Österreich, Schweiz: Depositar

Artikel 46

Vorbehalte

(1) Vorbehalte, die mit Ziel und Zweck dieses Übereinkommens unvereinbar sind, sind nicht zulässig.

(2) Vorbehalte können jederzeit zurückgenommen werden.

Artikel 47

Änderungen

(1) Jeder Vertragsstaat kann eine Änderung dieses Übereinkommens vorschlagen und beim Generalsekretär der Vereinten Nationen einreichen. Der Generalsekretär übermittelt jeden Änderungsvorschlag den Vertragsstaaten mit der Aufforderung, ihm zu notifizieren, ob sie eine Konferenz der Vertragsstaaten zur Beratung und Entscheidung über den Vorschlag befürworten. Befürwortet innerhalb von vier Monaten nach dem Datum der Übermittlung wenigstens ein Drittel der Vertragsstaaten eine solche Konferenz, so beruft der Generalsekretär die Konferenz unter der Schirmherrschaft der Vereinten Nationen ein. Jede Änderung, die von einer Mehrheit von zwei Dritteln der anwesenden und abstimmenden Vertragsstaaten beschlossen wird, wird vom Generalsekretär der Generalversammlung der Vereinten Nationen zur Genehmigung und danach allen Vertragsstaaten zur Annahme vorgelegt.

(2) Eine nach Absatz 1 beschlossene und genehmigte Änderung tritt am dreißigsten Tag nach dem Zeitpunkt in Kraft, zu dem die Anzahl der hinterlegten Annahmeurkunden zwei Drittel der Anzahl der Vertragsstaaten zum Zeitpunkt der Beschlussfassung über die Änderung erreicht. Danach tritt die Änderung für jeden Vertragsstaat am dreißigsten Tag nach Hinterlegung seiner eigenen Annahmeurkunde in Kraft. Eine Änderung ist nur für die Vertragsstaaten, die sie angenommen haben, verbindlich.

(3) Wenn die Konferenz der Vertragsstaaten dies im Konsens beschließt, tritt eine nach Absatz 1 beschlossene und genehmigte Änderung, die ausschließlich die Artikel 34, 38, 39 und 40 betrifft, für alle Vertragsstaaten am dreißigsten Tag nach dem Zeitpunkt in Kraft, zu dem die Anzahl der hinterlegten Annahmeurkunden zwei Drittel der Anzahl der Vertragsstaaten zum Zeitpunkt der Beschlussfassung über die Änderung erreicht.

Artikel 48

Kündigung

Ein Vertragsstaat kann dieses Übereinkommen durch eine an den Generalsekretär der Vereinten Nationen gerichtete schriftliche Notifikation kündigen. Die Kündigung wird ein Jahr nach Eingang der Notifikation beim Generalsekretär wirksam.

Artikel 49

Zugängliches Format

Der Wortlaut dieses Übereinkommens wird in zugänglichen Formaten zur Verfügung gestellt.

Artikel 50

Verbindliche Wortlaute

Der arabische, der chinesische, der englische, der französische, der russische und der spanische Wortlaut dieses Übereinkommens sind gleichermaßen verbindlich.

Zu Urkund dessen haben die unterzeichneten, von ihren Regierungen hierzu gehörig befugten Bevollmächtigten dieses Übereinkommen unterschrieben.

Fakultativprotokoll zum Übereinkommen über die Rechte von Menschen mit Behinderungen

Die Vertragsstaaten dieses Protokolls haben Folgendes vereinbart:

Artikel 1

(1) Jeder Vertragsstaat dieses Protokolls (»Vertragsstaat«) anerkennt die Zuständigkeit des Ausschusses für die Rechte von Menschen mit Behinderungen (»Ausschuss«) für die Entgegennahme und Prüfung von Mitteilungen, die von oder im Namen von seiner Hoheitsgewalt unterstehenden Einzelpersonen oder Personengruppen eingereicht werden, die behaupten, Opfer einer Verletzung des Übereinkommens durch den betreffenden Vertragsstaat zu sein.

(2) Der Ausschuss nimmt keine Mitteilung entgegen, die einen Vertragsstaat des Übereinkommens betrifft, der nicht Vertragspartei dieses Protokolls ist.

Artikel 2

Der Ausschuss erklärt eine Mitteilung für unzulässig,

a) wenn sie anonym ist;

b) wenn sie einen Missbrauch des Rechts auf Einreichung solcher Mitteilungen darstellt oder mit den Bestimmungen des Übereinkommens unvereinbar ist;

c) wenn dieselbe Sache bereits vom Ausschuss untersucht worden ist oder in einem anderen internationalen Untersuchungs- oder Streitregelungsverfahren geprüft worden ist oder geprüft wird;

d) wenn nicht alle zur Verfügung stehenden innerstaatlichen Rechtsbehelfe erschöpft worden sind. Dies gilt nicht, wenn das Verfahren bei der Anwendung solcher Rechtsbehelfe unangemessen lange dauert oder keine wirksame Abhilfe erwarten lässt;

e) wenn sie offensichtlich unbegründet ist oder nicht hinreichend begründet wird oder

f) wenn die der Mitteilung zugrunde liegenden Tatsachen vor dem Inkrafttreten dieses Protokolls für den betreffenden Vertragsstaat eingetreten sind, es sei denn, dass sie auch nach diesem Zeitpunkt weiterbestehen.

Artikel 3

Vorbehaltlich des Artikels 2 bringt der Ausschuss jede ihm zugegangene Mitteilung dem Vertragsstaat vertraulich zur Kenntnis. Der betreffende Vertragsstaat übermittelt dem Ausschuss innerhalb von sechs Monaten schriftliche Erklärungen oder Darlegungen zur Klärung der Sache und der gegebenenfalls von ihm getroffenen Abhilfemaßnahmen.

Artikel 4

(1) Der Ausschuss kann jederzeit nach Eingang einer Mitteilung und bevor eine Entscheidung in der Sache selbst getroffen worden ist, dem betreffenden Vertragsstaat ein Gesuch zur sofortigen Prüfung übermitteln, in dem er aufgefordert wird, die vorläufigen Maßnahmen zu treffen, die gegebenenfalls erforderlich sind, um einen möglichen nicht wieder gutzumachenden Schaden für das oder die Opfer der behaupteten Verletzung abzuwenden.

(2) Übt der Ausschuss sein Ermessen nach Absatz 1 aus, so bedeutet das keine Entscheidung über die Zulässigkeit der Mitteilung oder in der Sache selbst.

Artikel 5

Der Ausschuss berät über Mitteilungen aufgrund dieses Protokolls in nichtöffentlicher Sitzung. Nach Prüfung einer Mitteilung übermittelt der Ausschuss dem betreffenden Vertragsstaat und dem Beschwerdeführer gegebenenfalls seine Vorschläge und Empfehlungen.

Artikel 6

(1) Erhält der Ausschuss zuverlässige Angaben, die auf schwerwiegende oder systematische Verletzungen der in dem Übereinkommen niedergelegten Rechte durch einen Vertragsstaat hinweisen, so fordert der Ausschuss diesen Vertragsstaat auf, bei der Prüfung der Angaben mitzuwirken und zu diesen Angaben Stellung zu nehmen.

(2) Der Ausschuss kann unter Berücksichtigung der von dem betreffenden Vertragsstaat abgegebenen Stellungnahmen sowie aller sonstigen ihm zur Verfügung stehenden zuverlässigen Angaben eines oder mehrere seiner Mitglieder beauftragen, eine Untersuchung durchzuführen und ihm sofort zu berichten. Sofern geboten, kann die Untersuchung mit Zustimmung des Vertragsstaats einen Besuch in seinem Hoheitsgebiet einschließen.

(3) Nachdem der Ausschuss die Ergebnisse einer solchen Untersuchung geprüft hat, übermittelt er sie zusammen mit etwaigen Bemerkungen und Empfehlungen dem betreffenden Vertragsstaat.

(4) Der Vertragsstaat unterbreitet innerhalb von sechs Monaten nach Eingang der vom Ausschuss übermittelten Ergebnisse, Bemerkungen und Empfehlungen dem Ausschuss seine Stellungnahmen.

(5) Eine solche Untersuchung ist vertraulich durchzuführen; die Mitwirkung des Vertragsstaats ist auf allen Verfahrensstufen anzustreben.

Artikel 7

(1) Der Ausschuss kann den betreffenden Vertragsstaat auffordern, in seinen Bericht nach Artikel 35 des Übereinkommens Einzelheiten über Maßnahmen aufzunehmen, die als Reaktion auf eine nach Artikel 6 dieses Protokolls durchgeführte Untersuchung getroffen wurden.

(2) Sofern erforderlich, kann der Ausschuss nach Ablauf des in Artikel 6 Absatz 4 genannten Zeitraums von sechs Monaten den betreffenden Vertragsstaat auffordern, ihn über die als Reaktion auf eine solche Untersuchung getroffenen Maßnahmen zu unterrichten.

Artikel 8

Jeder Vertragsstaat kann zum Zeitpunkt der Unterzeichnung oder Ratifikation dieses Protokolls oder seines Beitritts dazu erklären, dass er die in den Artikeln 6 und 7 vorgesehene Zuständigkeit des Ausschusses nicht anerkennt.

Artikel 9

Der Generalsekretär der Vereinten Nationen ist Verwahrer[5] dieses Protokolls.

Artikel 10

Dieses Protokoll liegt für die Staaten und die Organisationen der regionalen Integration, die das Übereinkommen unterzeichnet haben, ab dem 30. März 2007 am Sitz der Vereinten Nationen in New York zur Unterzeichnung auf.

Artikel 11

Dieses Protokoll bedarf der Ratifikation durch die Unterzeichnerstaaten des Protokolls, die das Übereinkommen ratifiziert haben oder ihm beigetreten sind. Es bedarf der förmlichen Bestätigung durch die Organisationen der regionalen Integration, die das Protokoll unterzeichnet haben und das Übereinkommen förmlich bestätigt haben oder ihm beigetreten sind. Das Protokoll steht allen Staaten oder Organisationen der regionalen Integration zum Beitritt offen, die das Übereinkommen ratifiziert beziehungsweise förmlich bestä-

[5] Österreich, Schweiz: Depositar

tigt haben oder ihm beigetreten sind und die das Protokoll nicht unterzeichnet haben.

Artikel 12

(1) Der Ausdruck »Organisation der regionalen Integration« bezeichnet eine von souveränen Staaten einer bestimmten Region gebildete Organisation, der ihre Mitgliedstaaten die Zuständigkeit für von dem Übereinkommen und diesem Protokoll erfasste Angelegenheiten übertragen haben. In ihren Urkunden der förmlichen Bestätigung oder Beitrittsurkunden erklären diese Organisationen den Umfang ihrer Zuständigkeiten in Bezug auf die durch das Übereinkommen und dieses Protokoll erfassten Angelegenheiten. Danach teilen sie dem Verwahrer[6] jede maßgebliche Änderung des Umfangs ihrer Zuständigkeiten mit.

(2) Bezugnahmen auf »Vertragsstaaten« in diesem Protokoll finden auf solche Organisationen im Rahmen ihrer Zuständigkeit Anwendung.

(3) Für die Zwecke des Artikels 13 Absatz 1 und des Artikels 15 Absatz 2 wird eine von einer Organisation der regionalen Integration hinterlegte Urkunde nicht mitgezählt.

(4) Organisationen der regionalen Integration können in Angelegenheiten ihrer Zuständigkeit ihr Stimmrecht bei dem Treffen der Vertragsstaaten mit der Anzahl von Stimmen ausüben, die der Anzahl ihrer Mitgliedstaaten entspricht, die Vertragsparteien dieses Protokolls sind. Diese Organisationen üben ihr Stimmrecht nicht aus, wenn einer ihrer Mitgliedstaaten sein Stimmrecht ausübt, und umgekehrt.

Artikel 13

(1) Vorbehaltlich des Inkrafttretens des Übereinkommens tritt dieses Protokoll am dreißigsten Tag nach Hinterlegung der zehnten Ratifikations- oder Beitrittsurkunde in Kraft.

(2) Für jeden Staat und jede Organisation der regionalen Integration, der beziehungsweise die dieses Protokoll nach Hinterlegung der zehnten entsprechenden Urkunde ratifiziert, förmlich bestätigt oder ihm beitritt, tritt das Protokoll am dreißigsten Tag nach Hinterlegung der eigenen Urkunde in Kraft.

Artikel 14

(1) Vorbehalte, die mit Ziel und Zweck dieses Protokolls unvereinbar sind, sind nicht zulässig.

(2) Vorbehalte können jederzeit zurückgenommen werden.

---

[6] Österreich, Schweiz: Depositar

Artikel 15

(1) Jeder Vertragsstaat kann eine Änderung dieses Protokolls vorschlagen und beim Generalsekretär der Vereinten Nationen einreichen. Der Generalsekretär übermittelt jeden Änderungsvorschlag den Vertragsstaaten mit der Aufforderung, ihm zu notifizieren, ob sie die Einberufung eines Treffens der Vertragsstaaten zur Beratung und Entscheidung über den Vorschlag befürworten. Befürwortet innerhalb von vier Monaten nach dem Datum der Übermittlung wenigstens ein Drittel der Vertragsstaaten die Einberufung eines solchen Treffens, so beruft der Generalsekretär das Treffen unter der Schirmherrschaft der Vereinten Nationen ein. Jede Änderung, die von einer Mehrheit von zwei Dritteln der anwesenden und abstimmenden Vertragsstaaten beschlossen wird, wird vom Generalsekretär der Generalversammlung der Vereinten Nationen zur Genehmigung und danach allen Vertragsstaaten zur Annahme vorgelegt.

(2) Eine nach Absatz 1 beschlossene und genehmigte Änderung tritt am dreißigsten Tag nach dem Zeitpunkt in Kraft, zu dem die Anzahl der hinterlegten Annahmeurkunden zwei Drittel der Anzahl der Vertragsstaaten zum Zeitpunkt der Beschlussfassung über die Änderung erreicht. Danach tritt die Änderung für jeden Vertragsstaat am dreißigsten Tag nach Hinterlegung seiner eigenen Annahmeurkunde in Kraft. Eine Änderung ist nur für die Vertragsstaaten, die sie angenommen haben, verbindlich.

Artikel 16

Ein Vertragsstaat kann dieses Protokoll durch eine an den Generalsekretär der Vereinten Nationen gerichtete schriftliche Notifikation kündigen. Die Kündigung wird ein Jahr nach Eingang der Notifikation beim Generalsekretär wirksam.

Artikel 17

Der Wortlaut dieses Protokolls wird in zugänglichen Formaten zur Verfügung gestellt.

Artikel 18

Der arabische, der chinesische, der englische, der französische, der russische und der spanische Wortlaut dieses Protokolls sind gleichermaßen verbindlich.

Zu Urkund dessen haben die unterzeichneten, von ihren jeweiligen Regierungen hierzu gehörig befugten Bevollmächtigten dieses Protokoll unterschrieben.

Versionen der UN-BRK im Internet

Auf der Homepage der Beauftragten der Bundesregierung für die Belange behinderter Menschen findet sich neben der amtlichen, gemeinsamen Übersetzung von Deutschland, Österreich, Schweiz und Liechtenstein

- die Schattenübersetzung der UN-BRK;
- das Originaldokument in englischer Sprache:
  https://www.behindertenbeauftragte.de/SharedDocs/Publikationen/DE/Broschuere_UNKonvention_KK.pdf?__blob=publicationFile

Auf der Homepage des Bundesministeriums für Arbeit und Soziales (BMAS) findet sich die

- UN-BRK in Leichter Sprache:
  http://www.bmas.de/DE/Service/Publikationen/a729L-un-konvention-leichte-sprache.html
  Auf der Webseite des BMAS kann die Version in Leichter Sprache als Printausgabe bestellt werden und steht als PDF zum Download bereit.
- UN-BRK in Gebärdensprache (DGS):
  http://www.bmas.de/DE/Service/Publikationen/d729-un-konvention-dgs-dvd.html
  Auf der Webseite des BMAS kann die kostenlose DVD mit einem Gebärdensprachfilm, der die UN-BRK übersetzt, bestellt werden.

H.-Günter Heiden

Zeittafel

Stationen der Menschenrechts- und Behindertenpolitik

Übersicht (in Auswahl) zu Menschenrechtsverträgen und Erklärungen auf UN-Ebene sowie wichtigen Gesetzen und Aktionen der politischen Behindertenbewegung auf europäischer und nationaler Ebene ab dem Jahr 1948 (bis 1990 alte Bundesrepublik).

10. Dezember 1948 Verabschiedung der *Allgemeinen Erklärung der Menschenrechte (AEMR)* durch die UN-Vollversammlung in Paris. Seitdem wird der 10. Dezember alljährlich als »Tag der Menschenrechte« begangen.

16. Juni 1953 Inkrafttreten des *Gesetzes über die Beschäftigung Schwerbeschädigter (Schwerbeschädigtengesetz)*. Eine Beschäftigungspflicht und eine Ausgleichsabgabe von 50 DM pro nicht besetztem Pflichtarbeitsplatz und Monat werden festgelegt. Im Sozialgesetzbuch Neuntes Buch (SGB IX) ist die Ausgleichsabgabe aktuell zwischen 105 und 260 Euro gestaffelt.

3. September 1953 Inkrafttreten der *Konvention zum Schutze der Menschenrechte und Grundfreiheiten* des Europarates *(Europäische Menschenrechtskonvention, EMRK)* in der Bundesrepublik.

28. Februar 1957 Inkrafttreten des *Gesetzes über die Fürsorge für Körperbehinderte und von einer Körperbehinderung bedrohte Personen (Körperbehindertengesetz)*. Die Eingliederung in das Erwerbsleben steht im Vordergrund.

18. Oktober 1961 Verabschiedung der *Europäischen Sozialcharta (European Social Charta, ESC)* des Europarats. In Kraft seit dem 26. Februar

1965, zum gleichen Datum in der Bundesrepublik. Artikel 15 befasst sich mit der beruflichen und sozialen Eingliederung behinderter Menschen.

1. Juni 1962 Inkrafttreten des *Bundessozialhilfegesetzes (BSHG)*, das unter anderem die Eingliederungshilfe für »behinderte Menschen« regelt. Damit wird der Begriff »Krüppel« aus der Gesetzessprache (Preußisches Krüppelfürsorgegesetz von 1920) entfernt. Das BSHG ist seit 1. Januar 2005 Bestandteil des Sozialgesetzbuches Zwölftes Buch (SGB XII).

9. Oktober 1964 Erstausstrahlung der Sendung »Aktion Sorgenkind« im ZDF. Im gleichen Monat Gründung der »Aktion Sorgenkind« als Verein. Die Aktion ruft zu Spenden und Loskäufen auf, um die Lebenssituation von Menschen mit Behinderungen zu verbessern. Aus den Lotterieerlösen werden Einrichtungen und Projekte der Behindertenhilfe finanziert.

21. Dezember 1965 Verabschiedung der *UN-Anti-Rassismus-Konvention (Internationales Übereinkommen zur Beseitigung jeder Form von rassistischer Diskriminierung/International Convention on the Elimination of All Forms of Racial Discrimination, ICERD)*. In Kraft seit dem 4. Januar 1969, in der Bundesrepublik seit dem 15. Juni 1969.

In Artikel 5 Absatz e) wird das »Recht auf öffentliche Gesundheitsfürsorge, ärztliche Betreuung, soziale Sicherheit und soziale Dienstleistungen« gewährleistet – »Behinderung« wird allerdings nicht direkt benannt.

16. Dezember 1966 Verabschiedung des *UN-Zivilpakts (Internationaler Pakt über bürgerliche und politische Rechte, IPbpR/International Covenant on Civil and Political Rights, ICCPR)*. In Kraft seit dem 23. März 1976, zum gleichen Datum in der Bundesrepublik.

Verabschiedung des *UN-Sozialpakts (Internationaler Pakt über wirtschaftliche, soziale und kulturelle Rechte, IPwskR/International Covenant on Economic, Social and Cultural Rights, ICESCR)*. In Kraft seit dem 3. Januar 1976, zum gleichen Datum in der Bundesrepublik. Das Fakultativprotokoll wurde von Deutschland noch nicht unterzeichnet.

Der *UN-Zivilpakt (IPbpR)* und der *UN-Sozialpakt (IPwskR)* bilden gemeinsam die *International Bill of Rights* und beschreiben damit im Bereich der Menschenrechte den Grundkodex der internationalen Völkergemeinschaft.

5. Oktober 1967 Gründung der »Bundesarbeitsgemeinschaft Hilfe für Behinderte«, heutiger Name »BAG SELBSTHILFE«. Der Dachverband vereint 116 Selbsthilfeorganisationen behinderter und chronisch kranker Menschen auf Bundesebene, in der Regel diagnosespezifisch arbeitend. Ihm gehören unter anderem die »Bundesvereinigung Lebenshilfe e. V.«, die »Deutsche Rheuma-Liga Bundesverband e. V.« sowie der »Deutsche Blinden- und Sehbehindertenverband e. V.« (DBSV) an.

20. Dezember 1971 Verabschiedung der *Erklärung der Rechte der geistig behinderten Menschen (Declaration on the Rights of Mentally Retarded Persons)* durch die UN-Generalversammlung.

April 1972 Gründung des weltweit ersten *Centers for Independent Living (CIL)* im kalifornischen Berkeley durch behinderte Aktivist_innen. Es steht für die »Selbstbestimmt-Leben-Idee« behinderter Frauen und Männer und ist Vorbild für die Gründung von vielen weiteren Zentren in den USA, die von behinderten Menschen selbst geleitet werden. Ab Mitte 1986 auch Zentren in der Bundesrepublik.

Oktober 1973 Beginn des Kurses »Bewältigung der Umwelt« an der Volkshochschule in Frankfurt am Main, angeboten von dem (nicht behinderten) Publizisten Ernst Klee und dem (behinderten) Sozialarbeiter Gusti Steiner. Thematisierung der gesellschaftlichen Ausgrenzung behinderter Menschen und Blockade der unzugänglichen Straßenbahn im Mai 1974 durch Teilnehmende des VHS-Kurses. In Anlehnung an den Kampfbegriff »Black is beautiful« der schwarzen US-Amerikaner_innen wird der Slogan »Behindert sein ist schön« kreiert, um neues Selbstbewusstsein herauszustellen. Der Kurs und die Aktion werden als Beginn der emanzipatorischen Behindertenbewegung betrachtet.

1. Mai 1974 Inkrafttreten des *Schwerbehindertengesetzes (SchwbG)*. Behinderung wird auf das Final-Prinzip (Betrachtung der Auswirkungen) umgestellt. Die Gewährung von sozialen

Leistungen wird damit nicht mehr von der Ursache (Kriegsbeschädigung, zivile Ursache etc.) der Behinderung abhängig gemacht.

9. Dezember 1975 Verabschiedung der *Erklärung über die Rechte von behinderten Menschen (Declaration on the Rights of Disabled Persons)* durch die UN-Generalversammlung.

1977 Gründung der ersten »Krüppelgruppe« in Bremen, danach auch in anderen Städten. Ab Anfang der 1980er-Jahre Entstehen von Frauenkrüppelgruppen. Die Krüppelbewegung entwickelt sich zu einer aktiven politischen Protestbewegung. Der bewusst provozierend gebrauchte Begriff »Krüppel« soll die gesellschaftlichen Verhältnisse der Aussonderung behinderter Menschen in Heimen, Sonderschulen etc. zum Ausdruck bringen. Die Zusammenarbeit mit Nichtbehinderten wird abgelehnt, um Bevormundung zu vermeiden. Die Krüppelgruppen geben von 1979 bis 1985 die »Krüppelzeitung« heraus, die als erstes Sprachrohr der Behindertenbewegung gilt.

18. Dezember 1979 Verabschiedung der *UN-Frauenrechtskonvention (Übereinkommen zur Beseitigung jeder Form von Diskriminierung der Frau/Convention on the Elimination of All Forms of Discrimination against Women, CEDAW)*. In Kraft seit dem 3. September 1981, in der Bundesrepublik seit dem 9. August 1985.

8. Mai 1980 Demonstration von rund 5000 Menschen in Frankfurt am Main gegen das sogenannte Frankfurter Urteil. Am 25. Februar 1980 hatte die 24. Zivilkammer des Landgerichts Frankfurt eine Entscheidung des Amtsgerichtes bestätigt, der zufolge die Anwesenheit einer Gruppe körperlich und geistig Behinderter im Vertragshotel dem Reiseveranstalter als »Reisemangel« zugerechnet werden könne. Einer klagenden Touristin stehe deshalb eine Entschädigung zu.

1981 »Internationales Jahr der Behinderten« auf Beschluss der UN-Generalversammlung vom 16. Dezember 1976. In der Bundesrepublik steht es unter dem Motto »Einander verstehen – miteinander leben!«. Das UN-Jahr stößt auf die Kritik der Krüppelbewegung, da es vom Geist der Sondereinrichtungen und der Fremdbestimmung gekennzeichnet sei.

24. Januar 1981	Bühnenbesetzung bei der Eröffnungsveranstaltung zum UN-Jahr der Behinderten in der Dortmunder Westfalenhalle durch Aktivist_innen der Krüppelbewegung.
18. Juni 1981	»Krüppelschläge« von Franz Christoph. Der Mitbegründer der Krüppelbewegung, schlägt während der REHA-Messe in Düsseldorf mit seiner Krücke auf den Bundespräsidenten Karl Carstens ein. Christoph kann erfolgreich demonstrieren, dass er als »Behinderter« nicht ernst genommen wird, seine Tat hat keine rechtlichen Folgen.
30. September – 4. Oktober 1981	Auf dem zweiten »Gesundheitstag Hamburg« berichten erstmals auch Frauen mit Behinderungen über ihre Diskriminierungserfahrungen.
12./13. Dezember 1981	Auf dem »Krüppeltribunal« in Dortmund prangern rund 400 behinderte Aktivist_innen die Menschenrechtsverletzungen im Sozialstaat an Menschen mit Behinderungen an.
3. Dezember 1982	Verabschiedung des »Weltaktionsprogramms für Behinderte« der Vereinten Nationen (»World Programme of Action concerning Disabled Persons«). Neben den bisherigen Zielen der Prävention und Rehabilitation wird auch die Herstellung der Chancengleichheit behinderter Menschen festgeschrieben.
1983–1992	Die Generalversammlung der Vereinten Nationen ruft die »Dekade der Menschen mit Behinderungen« (»United Nations Decade of Disabled Persons«) aus. Die UN-Mitgliedsstaaten sind aufgerufen, das UN-Weltaktionsprogramm in diesem Zeitraum umzusetzen. In Deutschland wird diese Dekade kaum öffentlich wahrgenommen.
10. Dezember 1984	Verabschiedung der *UN-Anti-Folter Konvention (Übereinkommen gegen Folter und andere grausame, unmenschliche oder erniedrigende Behandlung oder Strafe/Convention against Torture and Other Cruel, Inhuman or Degrading Treatment or punishment, CAT).* In Kraft seit dem 26. Juni 1987, in Deutschland seit dem 3. Oktober 1990. Erstmals werden in Bezug auf Behinderung die Bereiche Zwangspsychiatrie, Zwangsmedikation, Zwangsfixierung und Gewalt in der Pflege einer UN-Menschenrechtskonvention zugeordnet.

15. Oktober 1986 Gründung des ersten Zentrums für Selbstbestimmtes Leben (ZSL) in Bremen. Mit der Methode des Peer-Counseling (Gleichbetroffene beraten Gleichbetroffene) unterstützen sich Menschen mit Behinderungen. Zentren in Hamburg und Köln sowie in weiteren Städten folgen.

20. November 1989 Verabschiedung der *UN-Kinderrechtskonvention (Übereinkommen über die Rechte des Kindes/Convention on the Rights of the Child, CRC)*. In Kraft seit dem 2. September 1990, in Deutschland seit dem 5. April 1992. »Behinderung« findet in der Kinderrechtskonvention erstmals menschenrechtliche Erwähnung: in Artikel 2 (Diskriminierungsverbot, unter anderem aufgrund von Behinderung) und Artikel 23 (Rechte behinderter Kinder).

12. April 1990 Gründung des »Allgemeinen Behindertenverbandes der DDR«, der sich am 31. August in »Allgemeiner Behindertenverband in Deutschland e. V.« (ABiD) umbenennt. Der ABiD ist jedoch nur im Osten Deutschlands aktiv.

19. Oktober 1990 Gründung der »Interessenvertretung Selbstbestimmt Leben in Deutschland e. V.« (ISL) in Erlangen. Die ISL ist der Dachverband der Zentren für Selbstbestimmtes Leben und der deutsche Zweig der weltweiten Selbstvertretungsorganisation »Disabled Peoples' International« (DPI). Die Selbstbestimmt-Leben-Philosophie erhält damit eine organisatorische Grundlage auf Bundesebene.

18. Dezember 1990 Verabschiedung der *UN-Wanderarbeiterkonvention (Übereinkommen zum Schutz der Rechte aller Wanderarbeitnehmer und ihrer Familienangehörigen/International Convention on the Protection of the Rights of All Migrant Workers and Members of Their Families, ICRMW)*. In Kraft seit dem 1. Juli 2003. Deutschland hat dieses Übereinkommen weder unterzeichnet noch ratifiziert, da illegale Zuwanderung befürchtet wird. Thematisch ist der Bereich »Behinderung und Migrationshintergrund« berührt, auch wenn der Begriff »Behinderung« im Dokument nicht vorkommt.

23. Oktober 1991 Veröffentlichung des »Düsseldorfer Appells« auf der Düsseldorfer REHA-Messe durch das verbandsübergreifende Personenbündnis »Initiativkreis Gleichstellung Behinderter«. Kernforderungen sind eine Ergänzung für Menschen mit Behinderungen in Artikel 3 des Grundgesetzes und ein Behindertengleichstellungsgesetz nach dem Vorbild der USA. Der Appell begründet eine gleichstellungspolitische Kampagne von Behindertenverbänden, die 1994 bzw. 2002 Erfolg hat.

5. Mai 1992 Erster europaweiter Protesttag für die Gleichstellung behinderter Menschen, organisiert vom »European Network on Independent Living« (ENIL) und der europäischen Sektion von »Disabled Peoples' International« (DPI). In über 100 europäischen Städten wird für ein Gleichstellungsgesetz demonstriert. In Deutschland finden unter anderem große Demonstrationen in Berlin, Nürnberg und Kassel statt, auf denen auch die Ergänzung des Grundgesetzes gefordert wird.

11. August 1992 »Flensburger Urteil« des Amtsgerichts Flensburg. Das Urteil spricht einem Ehepaar eine zehnprozentige Reisekostenrückerstattung zu, da sich im Speisesaal des Hotels auch behinderte Urlauber befanden, deren Anblick bei den Mahlzeiten als für das Ehepaar nicht zumutbar gewertet wird.

3. Dezember 1993 Weltweit erster »Internationaler Tag der behinderten Menschen« aufgrund eines Beschlusses der UN-Generalversammlung vom 14. Oktober 1992, ab 1993 alljährlich den 3. Dezember als Aktionstag zu begehen.

20. Dezember 1993 Verabschiedung der *Rahmenbestimmungen zur Herstellung der Chancengleichheit für Behinderte (Standard Rules on the Equalization of Opportunities for Persons with Disabilities)* von den Vereinten Nationen im Anschluss an die »Dekade der Menschen mit Behinderungen«. Rechtlich unverbindlicher Vorläufer der *UN-Behindertenrechtskonvention* mit Empfehlungen, die auf die volle Teilhabe von Menschen mit Behinderung in der Gesellschaft zielen. Die Institution eines/einer Sonderberichterstatter_in zur Beobachtung der Umsetzung der Rahmenbestimmungen in den UN-Mitgliedsstaaten ist im Text festgeschrieben.

7.–10. Juni 1994 Beschluss der »Salamanca Erklärung« mit einem Aktionsrahmen zur Inklusion behinderter Schüler_innen auf der UNESCO-Weltkonferenz »Pädagogik für besondere Bedürfnisse: Zugang und Qualität« im spanischen Salamanca. Der Originaltext der Erklärung spricht vom Prinzip der »Inclusion« – die deutsche Übersetzung überträgt den Begriff mit »Integration«.

15. November 1994 Inkrafttreten des neuen Satzes 2 im Grundgesetz Artikel 3 Absatz 3: »Niemand darf wegen seiner Behinderung benachteiligt werden.«

3. Mai 1996 Verabschiedung der revidierten *Europäischen Sozialcharta (European Social Charta, ESC)* des Europarates, die die Fassung aus dem Jahr 1961 ersetzt. In Kraft seit dem 1. Juli 1999. Deutschland hat diese überarbeitete Fassung unterzeichnet, jedoch bislang nicht ratifiziert. Artikel 15 beschreibt das Recht behinderter Menschen auf Eigenständigkeit, soziale Eingliederung und Teilhabe am Leben der Gemeinschaft. Der Aspekt der Arbeitswelt (Fassung von 1961) wird in der revidierten Charta mit Aussagen zur Teilhabe behinderter Menschen in der Gesellschaft deutlich erweitert.

15.–18. August 1996 Erste europäische Konferenz behinderter Frauen in München. Am Rande der Tagung schließen sich die deutschen Teilnehmerinnen zu einem Bundesnetzwerk zusammen. Daraus entsteht 1998 »Weibernetz e. V. – Bundesnetzwerk von FrauenLesben und Mädchen mit Beeinträchtigung«.

4. April 1997 Verabschiedung der *Bioethik- bzw. Biomedizinkonvention (Übereinkommen zum Schutz der Menschenrechte und der Menschenwürde im Hinblick auf die Anwendung von Biologie und Medizin/Convention on Human Rights and Biomedicine)* des Europarates. In Kraft seit dem 1. Dezember 1999. Deutschland hat die Konvention aufgrund von Protesten der Zivilgesellschaft bisher weder unterzeichnet noch ratifiziert. In der Konvention sind unter anderem die Voraussetzungen für fremdnützige Forschung an nicht einwilligungsfähigen Menschen geregelt.

29. September 1997 Start der »Aktion Grundgesetz«. Mit Zeitungsanzeigen und einer Pressekampagne beginnt die »Aktion Sorgenkind« eine

Medien- und Antidiskriminierungskampagne. Ziel ist es, das Benachteiligungsverbot gemäß Artikel 3 des Grundgesetzes durch ein Gleichstellungsgesetz mit Leben zu füllen. Dazu erscheint das Buch *Die Gesellschaft der Behinderer.* Über 100 Verbände der Behindertenhilfe- und -selbsthilfe beteiligen sich an der Kampagne.

2. Oktober 1997

Verabschiedung des Vertrags von Amsterdam zur Erweiterung der Befugnisse der Europäischen Union durch die Staats- und Regierungschefs der EU. In Kraft seit dem 1. Mai 1999. Erstmals werden Menschen mit Behinderungen in einem EU-Vertrag erwähnt. In Artikel 13 (Nicht-Diskriminierung) ist das Merkmal »Behinderung« festgeschrieben. In einer Zusatzerklärung wird festgelegt, dass EU-Maßnahmen den Bedürfnissen behinderter Menschen Rechnung tragen müssen.

8. Oktober 1997

Ablehnender Beschluss des Bundesverfassungsgerichts zur Beschulung einer körperbehinderten Schülerin an einer Regelschule. Die Schulbehörden können »organisatorische, personelle oder finanzielle« Gründe angeben, um Schüler_innen mit Behinderung nicht aufzunehmen. Sie verstoßen nach Ansicht des Gerichts dann nicht gegen Artikel 3 des Grundgesetzes.

1. Dezember 1997

Beginn des Projektes »Wir vertreten uns selbst!«: Erstmaliger Zusammenschluss von Menschen mit Lernschwierigkeiten in Deutschland zu ihrer politischen Selbstvertretung, um sich für das Recht auf Leichte Sprache einzusetzen. Am 3. Februar 2001 gründet sich zum Ende des Projekts der Verein »Netzwerk People First Deutschland e.V.«. Auf der Mitgliederversammlung vom 1. Oktober 2005 stellt der Verein seinem Namen den Zusatz »Mensch zuerst« voran.

17. Mai 1999

Inkrafttreten des ersten Gleichstellungsgesetzes für behinderte Menschen – inklusive eines Frauenfördergrundsatzes – auf Länder-Ebene mit dem *Gesetz über die Gleichberechtigung von Menschen mit und ohne Behinderung (LGBG)* im Bundesland Berlin.
Mittlerweile gibt es in allen 16 Bundesländern Gleichstellungsgesetze für Menschen mit Behinderungen.

3. Dezember 1999 — Gründung des »Deutschen Behindertenrates« (DBR) in Berlin als Aktionsbündnis durch die Sozialverbände, die »Bundesarbeitsgemeinschaft Selbsthilfe« sowie durch unabhängige Behindertenverbände. Der DBR repräsentiert über seine Verbände rund 2,5 Millionen Menschen mit Behinderungen.

1. März 2000 — Umbenennung der »Aktion Sorgenkind«, deren Name vielfältig als diskriminierend bezeichnet und von behinderten Menschen kritisiert wurde, in »Aktion Mensch«.

11. Dezember 2000 — Verabschiedung der *Charta der Grundrechte der Europäischen Union* durch die Staats- und Regierungschefs der EU in Nizza. Rechtsverbindlich wird die Charta am 1. Dezember 2009 mit dem Vertrag von Lissabon. »Behinderung« wird in dieser Grundrechte-Charta in den Artikeln 21 (Nichtdiskriminierung) und 26 (Integration von Menschen mit Behinderung) thematisiert.

22. Mai 2001 — Verabschiedung der *Internationalen Klassifikation der Funktionsfähigkeit, Behinderung und Gesundheit (International Classification of Functioning, Disability and Health, ICF)* auf der 45. Weltgesundheitsversammlung der WHO. Wechsel vom medizinischen zum bio-psycho-sozialen Modell: Behinderung wird als Ergebnis einer Wechselwirkung zwischen persönlichen Faktoren und Umweltfaktoren verstanden.

1. Juli 2001 — Das Inkrafttreten des Sozialgesetzbuches Neuntes Buch (SGB IX) gilt als Beginn eines »Perspektivenwechsels« in der Behindertenpolitik, da »Selbstbestimmung und die Teilhabe am Leben in der Gesellschaft« für »behinderte oder von Behinderung bedrohte Menschen« erstmals normiert werden.

13. April 2002 — Gründung der »Arbeitsgemeinschaft Disability Studies Deutschland – Wir forschen selbst« an der Universität Dortmund mit 24 Gründungsmitgliedern. Entstanden in Großbritannien und den USA, verstehen sich die Disability Studies (DS) als interdisziplinär ausgerichtete Wissenschaft, die Behinderung nicht unter einem medizinischen Aspekt betrachtet, sondern vor allem als soziales und gesellschaftliches Geschehen

versteht. Die maßgeblichen Akteur_innen der DS leben in der Regel selbst mit Behinderung.

1. Mai 2002 Inkrafttreten des *Behindertengleichstellungsgesetzes (BGG)* des Bundes. Das BGG regelt die Herstellung von Barrierefreiheit im öffentlich-rechtlichen Bereich sowie Zielvereinbarungen von Behindertenverbänden mit privaten Unternehmen zur Herstellung von Barrierefreiheit und ein Verbandsklagerecht. Das BGG ist weltweit das erste Behindertengleichstellungsgesetz auf Bundesebene, das die Belange von behinderten Frauen thematisiert.

2003 »Europäisches Jahr der Menschen mit Behinderung« (EJMB) in allen Mitgliedsstaaten der EU. Ziel ist eine Sensibilisierung der Öffentlichkeit für das Recht der Menschen mit Behinderungen auf Nichtdiskriminierung. Das Motto des EJMB, vom Rat der Europäischen Union am 3. Dezember 2001 beschlossen, lautet »Nichts über uns ohne uns!« Es verdeutlicht die zentrale Rolle der Mitbestimmung von Menschen mit Behinderungen in allen Politikbereichen.

18. August 2006 Inkrafttreten des *Allgemeinen Gleichbehandlungsgesetzes (AGG)*. Das AGG ist Bestandteil des *Gesetzes zur Umsetzung europäischer Richtlinien zur Verwirklichung des Grundsatzes der Gleichbehandlung*. Es enthält ein arbeitsrechtliches und ein allgemeines zivilrechtliches Benachteiligungsverbot, das mehrere Merkmale umfasst, unter anderem das einer Behinderung.

13. Dezember 2006 Verabschiedung der *UN-Behindertenrechtskonvention (Übereinkommen über die Rechte von Menschen mit Behinderungen, UN-BRK/Convention on the Rights of Persons with Disabilities, CRPD)* sowie des zugehörigen Fakultativprotokolls, das die Arbeitsweise des Überwachungsausschusses (vgl. dazu § 34 UN-BRK) in der Frage von Individualbeschwerden regelt. In Kraft seit dem 3. Mai 2008, in Deutschland seit dem 26. März 2009.

20. Dezember 2006 Verabschiedung der *UN-Konvention gegen das Verschwindenlassen (Übereinkommen zum Schutz aller Personen vor dem Verschwindenlassen / Convention for the Protection of All Persons from Enforced Disappearance, CPED)*. In Kraft seit dem 23. Dezem-

ber 2010, zum gleichen Zeitpunkt auch in Deutschland. Bei dieser Konvention handelt es sich um den neunten und vorerst letzten Kernmenschenrechtsvertrag.
In Artikel 7 wird geregelt, dass die Straftat des Verschwindenlassens mit angemessenen Strafen geahndet werden soll, »welche die außerordentliche Schwere der Straftat berücksichtigen«. Dabei kann ein Vertragsstaat laut Absatz 2 b) dieses Artikels für das Strafmaß insbesondere dann »erschwerende Umstände vorsehen«, wenn es sich im Fall des Verschwindenlassens um Personen mit Behinderungen oder andere besonders verletzliche Personen handelt.

3. Mai 2008 Inkrafttreten der UN-BRK auf internationaler Ebene. 20 Staaten müssen ratifiziert haben.

26. März 2009 Inkrafttreten der UN-BRK in Deutschland mit dem Rang eines Bundesgesetzes.

22. Januar 2011 Inkrafttreten der UN-BRK in der Europäischen Union durch Beitritt nach Artikel 44 (Organisationen der regionalen Integration) der Konvention.

9. Juni 2011 Vorstellung des ersten »Weltbehindertenberichtes« (»World report on disability«) durch die Weltgesundheitsorganisation (WHO) und die Weltbank. Informationen zur weltweiten Situation behinderter Menschen mit Kapiteln zur Gesundheit, Rehabilitation, Bildung und Beschäftigung. Laut Bericht leben 1 Milliarde, rund 15 Prozent aller Menschen auf der Welt, mit einer Behinderung. Der Großteil von ihnen in Entwicklungsländern. Kinder und Frauen sind am stärksten betroffen.

15. Juni 2011 Beschluss des »Nationalen Aktionsplans« (NAP) der Bundesregierung zur Umsetzung der UN-Behindertenrechtskonvention – Unser Weg in eine inklusive Gesellschaft« durch das Bundeskabinett. Der Plan wird von den Behindertenverbänden als nicht weitgehend genug kritisiert.

3. August 2011 Beschluss des knapp 80-seitigen Ersten Staatenberichts der Bundesrepublik Deutschland zur Umsetzung der *UN-Behindertenrechtskonvention* in Deutschland durch das Bundeskabinett.

19. Januar 2012 Gründungsversammlung der BRK-Allianz als zivilgesellschaftliches Bündnis von knapp 80 deutschen Nichtregierungsorganisationen zur Begleitung der Staatenberichtsprüfung für Deutschland.

21./22. März 2013 Übergabe des ersten Parallelberichts der BRK-Allianz mit dem Titel »Für Selbstbestimmung, gleiche Rechte, Barrierefreiheit, Inklusion!« an den seinerzeitigen Vorsitzenden des Menschenrechtsausschusses des Deutschen Bundestages Tom Koenigs und die damalige Bundesarbeits- und Sozialministerin Ursula von der Leyen. Der Bericht versteht sich als Parallelbericht zum Staatenbericht der Bundesregierung.

13. Juli 2013 In Berlin findet erstmals die »Mad & Disability Pride Parade« statt, bei der behinderte Aktivist_innen unter dem Motto »Küsst den Wahnsinn wach, liebt Krummbeine und Spasmus, begehrt Krücken und Katheter!« ihre Behinderung zelebrieren. Das Konzept der Provokation im Sinne von »Disability Pride« hat sein Vorbild den USA. 1990 fand dort in Boston die erste »Pride Parade« statt.

14. April 2014 Beschluss der »Frageliste« (»List of Issues«) für Deutschland durch den UN-Fachausschuss in Genf. 25 Fragen müssen von der Bundesregierung in Vorbereitung der ersten Staatenberichtsprüfung zur Umsetzung der UN-BRK im April 2015 beantwortet werden.

30. Juni 2014 Weltweit ist die UN-BRK von 159 Staaten unterzeichnet und von 151 Staaten ratifiziert worden. Das Fakultativprotokoll haben 92 Staaten unterzeichnet und 84 ratifiziert. (Stand: 30. September 2014).

Literaturhinweise

Auswahl weiterführender Literatur

Ahrbeck, Bernd: Inklusion: Eine Kritik, Stuttgart 2014

Der Autor vertritt die Ansicht, dass viele der in der Inklusionsdebatte anstehenden Fragen ungeklärt sind, darunter auch grundsätzliche, was die konkrete Umsetzung wie auch die Fernziele der Inklusion anbelangt.

Aichele, Valentin/Deutsches Institut für Menschenrechte: Die UN-Behindertenrechtskonvention und ihr Fakultativprotokoll. Ein Beitrag zur Ratifikationsdebatte, Policy Paper No. 9, Berlin 2008

Ein Policy-Paper zu Fragen der Umsetzung der UN-BRK mit konkreten Empfehlungen aus der Perspektive des seinerzeitigen Ratifikationsprozesses.

Aktion Grundgesetz (Hrsg.): Die Gesellschaft der Behinderer. Das Buch zur Aktion Grundgesetz, Reinbek 1997

Begleitbuch zur bundesweiten Kampagne »Aktion Grundgesetz«, mit der die »Aktion Sorgenkind«, heute »Aktion Mensch«, die Situation behinderter Menschen darstellt und gesellschaftliche Veränderungen einfordert; einschließlich Darstellung der Kampagnenmaterialien.

Arnade, Sigrid: Weder Küsse noch Karriere. Erfahrungen behinderter Frauen, Frankfurt am Main 1992

Zwölf Porträts von behinderten Frauen, in denen die mehrfache Diskriminierung aufgrund des Frauseins und des Behindertseins deutlich wird.

Bertelsmann Stiftung/Beauftragter für die Belange behinderter Menschen/Deutsche Unesco-Kommission/Sinn-Stiftung (Hrsg.): Gemeinsam lernen – Auf dem Weg zu einer inklusiven Schule, Gütersloh 2012

Die mit dem »Jakob Muth-Preis für inklusive Schule« ausgezeichneten Schulen sowie internationale Beispiele zeigen, wie gemeinsames Lernen konkret aussehen und wie Deutschland sich zu einem inklusiven Bildungsstandort entwickeln kann.

Bielefeldt, Heiner/Deutsches Institut für Menschenrechte: Zum Innovationspotenzial der UN-Behindertenrechtskonvention, 3. aktualisierte und erweiterte Auflage, Essay No. 5, Berlin 2009

Grundlegender Essay aus menschenrechtlicher Sicht zur Bedeutung der UN-BRK.

Bösl, Elsbeth/Klein, Anne/Waldtschmidt, Anne (Hrsg.): Disability History: Konstruktionen von Behinderung in der Geschichte. Eine Einführung, Bielefeld 2010

Erster deutschsprachiger Sammelband zur historischen Analyse von ›Behinderung‹ im Anschluss an die Disability Studies. Grundlagentexte zu Konzeption und Methoden der Disability History sowie exemplarische Fallstudien zu Wissenschaftsgeschichte und subjektiven Erfahrungen, Institutionen und Politiken, Körper, Kunst und Kultur stellen das Forschungsfeld vor.

Bosse, Ingo (Hrsg.): Medienbildung im Zeitalter der Inklusion, Landesanstalt für Medien Nordrhein-Westfalen (LfM), Düsseldorf 2013

Die Dokumentation eröffnet einen ebenso praktischen wie theoretischen Zugang zur inklusiven Medienbildung und enthält eine kommentierte Linkliste sowie eine Aufstellung von Projekten und Initiativen.

BRK-Allianz – Allianz der deutschen Nichtregierungsorganisationen zur UN-Behindertenrechtskonvention (Hrsg.): »Für Selbstbestimmung, gleiche Rechte, Barrierefreiheit, Inklusion!« Erster Bericht der Zivilgesellschaft zur Umsetzung der UN-Behindertenrechtskonvention in Deutschland, Berlin 2013. Online abrufbar unter: http://www.brk-allianz.de/attachments/article/87/beschlossene_fassung_final_endg-logo.pdf (Stand: 01.05.2014)

Parallelbericht der Zivilgesellschaft zum Ersten Staatenbericht der Bundesregierung. Analog der Artikel der UN-BRK wird zur Vorlage beim UN-Fachausschuss die Lebensrealität der Menschen mit Behinderungen in Deutschland beschrieben einschließlich Forderungen zur Veränderung im Sinne der UN-BRK.

Bundesministerium für Arbeit und Soziales (Hrsg.): Teilhabebericht der Bundesregierung über die Lebenslagen von Menschen mit Beeinträchtigungen. Teilhabe – Beeinträchtigung – Behinderung, Bonn 2013. Online abrufbar unter: http://www.bmas.de/DE/Themen/Teilhabe-behinderter-Menschen/Meldungen/teilhabebericht-2013.html (Stand: 11.07.2014)

Der Teilhabebericht stellt eine Weiterentwicklung des Behindertenberichts dar. Er nimmt erstmals auch die Lebenslagen von Menschen mit Beeinträchtigungen in den Blick und umfasst auch die Menschen, die zwar mit gesundheitlichen Beeinträchtigungen leben, aber nicht als behindert oder schwerbehindert anerkannt sind.

– Zusammenarbeiten. Inklusion in Unternehmen und Institutionen. Ein Leitfaden für die Praxis, Bonn 2013. Online abrufbar unter: http://www.bmas.de/DE/Service/Publikationen/a755-leitfaden-aktionsplaene.html (Stand: 11.07.2014)

  Leitfaden zur Erstellung von Aktionsplänen mit guten Beispielen aus der Praxis zur Unterstützung von Unternehmen und Institutionen bei der Erstellung eigener Aktionspläne.

– Übereinkommen der Vereinten Nationen vom 13.12.2006 über die Rechte von Menschen mit Behinderungen sowie zu dem Fakultativprotokoll vom 13.12.2006 zum Übereinkommen der Vereinten Nationen über die Rechte von Menschen mit Behinderungen, Bonn 2011. Online abrufbar unter: http://www.bmas.de/SharedDocs/Downloads/DE/PDF-Publikationen/a729-un-konvention.html (Stand: 11.07.2014)

  Text der UN-BRK in deutscher, englischer und französischer Sprache.

– Übereinkommen der Vereinten Nationen über Rechte von Menschen mit Behinderungen. Erster Staatenbericht der Bundesrepublik Deutschland. Vom Bundeskabinett beschlossen am 3. August 2011 [o. O.]. Online abrufbar unter: http://www.gemeinsam-einfach-machen.de/SharedDocs/Downloads/DE/StdS/UN_BRK/2011_08_03_staatenbericht.html?nn=1008758 (Stand: 07.08.2014)

  Bericht der Bundesregierung an den UN-Fachausschuss über den Stand der Umsetzung der UN-BRK in Deutschland.

– Unser Weg in eine inklusive Gesellschaft. Der Nationale Aktionsplan der Bundesregierung zur Umsetzung der UN-Behindertenrechtskonvention, Berlin 2011. Online abrufbar unter: http://www.gemeinsam-einfach-machen.de/BRK/DE/StdS/Vorreiter/bund/bund_node.html (Stand: 11.07.2014)

  Aktionsplan der Bundesregierung, der sich nicht als abgeschlossenes Dokument versteht, sondern evaluiert und weiterentwickelt werden soll.

Bundesministerium für Bildung und Forschung (Hrsg.): Die wirtschaftliche und soziale Lage der Studierenden in der Bundesrepublik Deutschland 2012. 20. Sozialerhebung des Deutschen Studentenwerks durchgeführt durch das HIS-Institut für Hochschulforschung, Bonn/Berlin 2013. Online abrufbar unter: http://www.bmbf.de/de/22497.php (Stand: 13.07.2014)

Empirische Untersuchung zur wirtschaftlichen und sozialen Lage der Studierenden in Deutschland. Mit ausführlichen Darstellungen zu Studierenden mit gesundheitlichen Beeinträchtigungen.

Bundesministerium für Familie, Senioren, Frauen und Jugend (Hrsg.): Einmischen Mitmischen. Informationsbroschüre für behinderte Mädchen und Frauen. Neuauflage 2007. Auch in Leichter Sprache verfügbar. Online abrufbar unter: http://www.bmfsfj.de/RedaktionBMFSFJ/Broschuerenstelle/Pdf-Anlagen/Einmischen-Mitmischen,property=pdf,bereich=bmfsfj,sprache=de,rwb=true.pdf%3C/link (Stand: 13.07.2014)

In 14 Kapiteln werden jeweils einzelne Lebensbereiche von Mädchen und Frauen mit Behinderungen aufgegriffen. Darunter sind Themen der beruflichen Ausbildung und der Erwerbssituation behinderter Frauen ebenso wie Themen zu Sexualität, Mutterschaft und Familie, Leben mit Pflege und Assistenz oder die Bedeutung der bioethischen Diskussion für behinderte Frauen.

Bundesministerium für wirtschaftliche Zusammenarbeit und Entwicklung (Hrsg.): Aktionsplan zur Inklusion von Menschen mit Behinderungen. BMZ Strategiepapier 1–2013. Online abrufbar unter: http://www.bmz.de/de/mediathek/publikationen/reihen/strategiepapiere/Strategiepapier325_01_2013.pdf (Stand: 13.07.2014)

Ziel des Aktionsplanes ist es, durch geeignete Maßnahmen die Belange von Menschen mit Behinderungen in der Entwicklungszusammenarbeit systematisch zu berücksichtigen.

Daniels, Susanne von (Hrsg.): Krüppel-Tribunal. Menschenrechtsverletzungen im Sozialstaat, Köln 1983

Das Buch basiert auf Materialien, die auf dem »Krüppel-Tribunal« im Dezember 1981 in Dortmund anlässlich des »Internationalen Jahres der Behinderten« zusammengetragen wurden.

Degener, Theresia: Welche legislativen Herausforderungen bestehen in Bezug auf die nationale Implementierung der UN-Behindertenrechtskonvention in Bund und Ländern?, in: Behindertenrecht 02/2009, S. 34–52

Basisartikel; Übersicht für die Politik über acht Themenfelder, die im Licht der UN-BRK vordringlich bearbeitet werden müssen.

Deutsches Institut für medizinische Dokumentation und Information (Hrsg.): Internationale Klassifikation der Funktionsfähigkeit, Behinderung und Gesundheit (ICF), Genf [2005]. PDF-Fassung unter: http://www.dimdi.de/static/de/klassi/icf/index.htm (Stand: 30.10.2014)

Deutsche Übersetzung der *International Classification of Functioning, Disability and Health (ICF)* der Weltgesundheitsorganisation (WHO), die einen neuen Begriff von Behinderung entwickelt.

Deutsches Institut für Menschenrechte – Monitoring-Stelle zur UN-Behindertenrechtskonvention (Hrsg.): Positionen; Nr. 1–8 (2010–2013). Online abrufbar unter: http://www.institut-fuer-menschenrechte.de/monitoring-stelle/publikationen.html (Stand: 21.08.2014)

Schriftenreihe der Monitoring-Stelle in Standardsprache und Leichter Sprache zu wichtigen Themen der UN-BRK, etwa Partizipation, Aktionspläne, Bewusstseinsbildung. Laufend fortgeführt ab 2010.

European Commission: Report on the implementation of the UN Convention on the Rights of Persons with Disabilities (CRPD) by the European Union, Brüssel 05.06.2014 SWD (2014) 182 final. Online abrufbar unter: http://ec.europa.eu/justice/discrimination/files/swd_2014_182_en.pdf (Stand: 21.08.2014)

Erster Bericht der Europäischen Kommission über die Umsetzung der UN-Behindertenrechtskonvention auf Ebene der Europäischen Union.

Ewinkel, Carola/Hermes, Gisela u. a. (Hrsg.): Geschlecht behindert. Besonderes Merkmal Frau, München 1985

Der Klassiker zum Thema behinderte Frauen. Der Schwerpunkt dieses von behinderten Frauen verfassten Buches ist die Auseinandersetzung mit der Situation, einerseits eine Frau, andererseits behindert zu sein. Viele der benannten Probleme sind auch heute, nach fast 30 Jahren, noch aktuell.

Föhl, Patrick S./Erdrich, Stefanie/John, Hartmut/Maass, Karin (Hrsg.): Das barrierefreie Museum. Theorie und Praxis einer besseren Zugänglichkeit. Ein Handbuch, Bielefeld 2007

Das Buch stellt die unterschiedlichen Bedürfnisse von Menschen mit Behinderungen als Museumsbesucher_innen dar und präsentiert nationale und internationale Beispiele, in denen große und kleine Museen erfolgreiche Wege zur barrierefreien Gestaltung beschritten haben.

Frehe, Horst/Welti, Felix: Behindertengleichstellungsrecht. Textsammlung mit Einführungen, 2. Auflage, Baden-Baden 2013

Erste systematische Zusammenstellung des Rechts der Gleichstellung von Menschen mit Behinderungen. Vom Völkerrecht über europäisches Recht bis zu den Gleichstellungsgesetzen von Bund und Ländern und Auszügen aus dem Sozialrecht.

Fuchs, Peter/Buhrow, Dietrich/Krüger, Michael: Die Widerständigkeit der Behinderten, Zu Problemen der Inklusion/Exklusion von Behinderten in der ehemaligen DDR, in: Fuchs, Peter/Göbel, Andreas (Hrsg.): Der Mensch – das Medium der Gesellschaft?, Frankfurt am Main 1994, S. 239–263

Der Sammelband-Beitrag liefert eine Analyse mittels des Instrumentariums der funktionalen Systemtheorie, insbesondere des Begriffspaares Inklusion und Exklusion.

Grüber, Katrin/Ackermann, Stephanie/Spörke, Michael: Disability Mainstreaming in Berlin – Das Thema Behinderung geht alle an. Institut Mensch, Ethik und Wissenschaft (IMEW), Berlin 2011. Online abrufbar unter: http://www.imew.de/fileadmin/Dokumente/Volltexte/Projekt-DM-in-Berlin-web.pdf (Stand: 11.07.2014)

Im Zentrum dieser Studie steht die Frage, inwieweit das Prinzip des Disability Mainstreaming Eingang in das Verwaltungshandeln der Berliner Behörden gefunden hat. Mit konkreten Handlungsempfehlungen.

Heiden, H.-Günter (Hrsg.): »Niemand darf wegen seiner Behinderung benachteiligt werden«. Grundrecht und Alltag – eine Bestandsaufnahme, Reinbek 1996

In das Grundgesetz der Bundesrepublik wurde 1994 das Benachteiligungsverbot behinderter Menschen aufgenommen. Zwei Jahre danach wird in diesem Sammelband die Lebenswirklichkeit behinderter Menschen beschrieben.

– »Nichts über uns ohne uns!« – Von der Alibi-Beteiligung zur Mitentscheidung! Eine Handreichung zur Umsetzung des Gebotes der »Partizipation« der UN-Behindertenrechtskonvention, hrsg. von NETZWERK ARTIKEL 3 – Verein für Gleichstellung und Menschenrechte e. V., Berlin [Juni] 2014. Online abrufbar unter: http://www.nw3.de/attachments/article/115/Nichts%20%C3%BCber%20uns%20ohne%20uns%20-%20Von%20der%20Alibi-Beteiligung%20zur%20Mitentscheidung!.pdf (Stand: 09.07.2014)

Der Autor schlägt ein Paket von insgesamt 10 Maßnahmen für eine verbesserte Partizipation für Menschen mit Behinderungen und ihre Selbstvertretungs-Organisationen vor.

Hermes, Gisela (Hrsg.): Krücken, Babys und Barrieren: Zur Situation behinderter Eltern in der Bundesrepublik, 2. Auflage, Kassel 2001

Gisela Hermes, selbst behinderte Mutter, beschreibt ausgehend von ihren Erfahrungen die Lebensrealität behinderter Eltern in der Bundesrepublik. In vielen Interviews hat sie behinderte Eltern zu ihrer Lebenssituation befragt und die Ergebnisse in diesem Band zusammengestellt.

Hermes, Gisela/Rohrmann, Eckhard: Nichts über uns ohne uns! Disability Studies als neuer Ansatz emanzipatorischer und interdisziplinärer Forschung über Behinderung, Neu-Ulm 2006

Der Sammelband vereint Beiträge von Autor_innen mit unterschiedlichen disziplinären und biografischen Hintergründen, die aus ihrer jeweiligen Perspektive die Disability Studies vorstellen.

Integration: Österreich/Firlinger, Beate (Hrsg.): Das Buch der Begriffe. Sprache, Behinderung, Integration, Wien 2003. Online abrufbar unter: http://info.tuwien.ac.at/uniability/documents/Buch_der_Begriffe.pdf (Stand: 13.07.2014)

Ein ungewöhnliches Wörterbuch mit allen Begriffen rund um Sprache, Behinderung und Integration.

Jacob, Jutta/Köbsell, Swantje/Wollrad, Eske (Hrsg.): Gendering Disability. Intersektionale Aspekte von Behinderung und Geschlecht, Bielefeld 2010

Verschiedene Autor_innen diskutieren die zahlreichen Verflechtungen von Behinderung und Geschlecht aus intersektionaler Perspektive. Die Beiträge führen u. a. Erkenntnisse aus der Migrations- und Demografieforschung mit Diskussionen aus den Gender und Disability Studies zusammen.

Jantzen, Wolfgang: »...die da dürstet nach Gerechtigkeit«. Deinstitutionalisierung in einer Großeinrichtung der Behindertenhilfe, Berlin 2003

Der Band berichtet von der mehrjährigen intensiven Begleitung und Gestaltung eines derartigen Reformprozesses in einer Großeinrichtung mit etwa 270 Bewohner_innen.

Kiuppis, Florian/Kurzke-Maasmeier, Stefan (Hrsg.): Sport im Spiegel der UN-Behindertenrechtskonvention. Interdisziplinäre Zugänge und politische Positionen, Stuttgart 2012

Die Beiträge des Bandes untersuchen das Thema aus dem Blickwinkel der Soziologie, Theologie und Politikwissenschaften. Neben theoretischen Grundlagen sowie rechtlichen und politischen Rahmenbedingungen werden Handlungsräume in Politik, Kirche und Öffentlichkeit diskutiert.

Klee, Ernst: Behinderten-Report, Frankfurt am Main 1974

Standardwerk und erster umfassender Bericht über die Situation von Menschen mit Behinderungen in Deutschland. 1976 erschien vom Autor der Folgeband »Behinderten-Report II – Wir lassen uns nicht abschieben«, in dem die emanzipatorische Behindertenarbeit am Beispiel des Frankfurter VHS-Kurses »Bewältigung der Umwelt« beschrieben wird.

Köbsell, Swantje: Wegweiser Behindertenbewegung. Neues (Selbst-) Verständnis von Behinderung, Neu-Ulm 2012

Die Autorin zeichnet im ersten Teil die Entwicklung der emanzipatorischen (west-)deutschen Behindertenbewegung nach. Im zweiten Teil werden wichtige Projekte und Organisationen aufgeführt, die aus dieser politischen Bewegung heraus entstanden sind.

Kreutz, Markus/Lachwitz, Klaus/Trenk-Hinterberger, Peter: Die UN-Behindertenrechtskonvention in der Praxis. Erläuterung der Regelung und Anwendungsgebiete, Köln 2013

Der Band vermittelt Grundkenntnisse über die Inhalte der einzelnen Artikel der UN-BRK. Neben einer Analyse ihrer Auswirkungen und des damit verbundenen Änderungsbedarfs wird auf zentrale Fragestellungen wie etwa das Prinzip der Gleichstellung und Nichtdiskriminierung eingegangen.

Lutz, Petra/Macho, Thomas/Staupe, Gisela/Zirden, Heike (Hrsg.): Der (im-)perfekte Mensch. Metamorphosen von Normalität und Abweichung, Köln/Weimar 2003

Sammelband mit kulturwissenschaftlichem Fokus und erste deutschsprachige Publikation zu den Disability Studies. Behandelt werden Geschichte und Gegenwart von Abweichung und Normalität. Das inhaltliche Spektrum reicht von den Freakshows des 19. Jahrhunderts über die Prothetik des Ersten Weltkriegs bis zu den Biowissenschaften und genetischen Experimenten des 21. Jahrhunderts.

Montag Stiftung Jugend und Gesellschaft (Hrsg.): Inklusion vor Ort. Der kommunale Index für Inklusion – ein Praxishandbuch, Bonn 2011

Der »Index« ist ein umfangreicher Fragenkatalog, der es ermöglicht, über Inklusion auf kommunaler Ebene nachzudenken und selbst aktiv zu werden.

Mürner, Christian/Sierck, Udo: Behinderung. Chronik eines Jahrhunderts, Weinheim 2012

Anhand markanter Daten und Ereignisse zeichnen die Autoren den Wandel im Umgang mit Behinderung nach und erläutern Begriffe wie Eugenik, Stellvertretung, Selbstbestimmung, Würde oder Inklusion.

– Krüppelzeitung. Brisanz der Behindertenbewegung, Neu-Ulm 2009

Analyse aller 14 Ausgaben der »Krüppelzeitung«, die in den Jahren von 1979 bis 1985 erschien und das erste Organ der Krüppelbewegung war. Beleuchtet werden sowohl die handelnden Personen als auch die Themen der Zeitschrift.

NETZWERK ARTIKEL 3 – Verein für Gleichstellung und Menschenrechte Behinderter e. V. (Hrsg.): Schattenübersetzung. Übereinkommen über die Rechte von Menschen mit Behinderungen, 2. überarbeitete Auflage 2010. Online abrufbar unter: http://www.nw3.de/index.php/vereinte-nationen (Stand: 11.07.2014)

Da in der offiziellen deutschen Übersetzung der UN-BRK, die zwischen Deutschland, Österreich, Schweiz und Liechtenstein abgestimmt wurde, nach Ansicht der Zivilgesellschaft Kernbegriffe falsch übersetzt sind, wurde diese weit verbreitete Übersetzung erstellt.

– Interpretationsstandard der UN-Konvention über die Rechte von Menschen mit Behinderungen (CRPD) aus Frauensicht; erstellt von Sigrid Arnade und Sabine Häfner, Berlin 2009. Online abrufbar unter: http://www.nw3.de/attachments/article/91/091_i-standard-lang09s.pdf (Stand: 11.07.2014)

Arbeits- und Argumentationspapier zur Bedeutung der Frauen- und Genderreferenzen in der Behindertenrechtskonvention. Auch in deutscher Kurzfassung und in Englisch verfügbar.

Quinn, Gerard/Degener, Theresia: Human rights and disability. The current use and future potential of United Nations human rights instruments in the context of disability, New York/Genf 2002

Im Auftrag der Vereinten Nationen (Hoher Kommissar der VN für Menschenrechte) erstellte Hintergrundstudie zur Erarbeitung der UN-BRK.

Quinn, Gerard/Waddington, Lisa/Flynn, Elionóir (Hrsg.): European Yearbook of Disability Law, Vol. 1, Cambridge 2009

Das weltweit erste Jahrbuch zum Behindertenrecht mit Fokus auf der UN-BRK. Inzwischen liegen 4 Bände vor (Band 1: 2009, Band 2: 2011, Band 3: 2012, Band 4: 2013). Die Jahrbücher analysieren in regelmäßigen Abständen die wesentlichen Entwicklungen von Behindertenpolitik auf EU-Ebene und bieten damit kritische Einsicht u. a. in aktuelle Herausforderungen.

Reich, Kersten (Hrsg.): Inklusion und Bildungsgerechtigkeit. Standards und Regeln zur Umsetzung einer inklusiven Schule, Weinheim 2012

Die Einführung in internationale Standards und theoretische Grundlagen vermittelt vielfältige Informationen und praktische Hilfsmittel, um Inklusion und Bildungsgerechtigkeit in Deutschland zu Realität werden zu lassen.

Schär, Wiebke: »Wir sind bunt und frech – mutig und laut!« – Ein Geschichts-Lese-Buch über Scham, Aussonderung, Stolz und Emanzipation, Berlin 2014. Online abrufbar unter: http://www.isl-ev.de/index.php?option=com_content

&view=article&id=1075:broschuere-wir-sind-bunt-frech-mutig-und-laut-ein-geschichts-lese-buch-ueber-scham-aussonderung-stolz-und-emanzipation&catid=140&Itemid=406&lang=de (Stand: 11.07.2014)

Die Broschüre zeigt, wie sich das Verständnis von Behinderung im Laufe der Geschichte verändert hat. Sie hält inne an verschiedenen Stationen in der Geschichte, um darzustellen, welche Rolle Behinderung oder Krankheit in der Gesellschaft spielten, wie behinderte Menschen den Aufbruch wagten und der Aussonderung trotzten.

Tervooren, Anja/Weber, Jürgen (Hrsg.): Wege zur Kultur. Barrieren und Barrierefreiheit in Kultur- und Bildungseinrichtungen, Wien/Köln/Weimar 2012

Der Band präsentiert zum einen Wissen über gesetzliche Rahmenbedingungen sowie über bauliche und informationstechnische Standards zur Verbesserung der Zugänglichkeit von Museen, Bibliotheken und Hochschulen zum anderen auch über Präsentationsweisen von Kultur und Wissen, beispielsweise in Ausstellungen und Bibliothekskatalogen.

Verband Deutscher Verkehrsunternehmen e. V. (VdV)/VDV-Förderkreis e. V. (Hrsg.): Barrierefreier ÖPNV in Deutschland, 2. vollständig überarbeitete und erweiterte Auflage, Düsseldorf 2012

Deutsch-Englisches Standardwerk über Grundlagen, rechtliche Rahmenbedingungen, Finanzierung sowie Fahrzeug- und Haltestellengestaltung für einen barrierefreien öffentlichen Personennahverkehr.

Waldschmidt, Anne/Schneider, Werner (Hrsg.), Disability Studies, Kultursoziologie und Soziologie der Behinderung. Erkundungen in einem neuen Forschungsfeld, Bielefeld 2007

Interdisziplinärer Sammelband mit sozialwissenschaftlichem Schwerpunkt. Grundlegende Beiträge aus der Kultursoziologie, der Soziologie der Behinderung und den Disability Studies ermöglichen neue Sichtweisen auf Gesellschaft und Kultur. Das Buch regt dazu an, soziologische Schlüsselbegriffe wie Wissen, Körper, Macht, soziale Ungleichheit, Inklusion, Geschlecht, Interaktion und Biografie im Anschluss an die Disability Studies neu zu entdecken.

Wansing, Gudrun/Westphal, Manuela (Hrsg.): Behinderung und Migration. Inklusion, Diversität, Intersektionalität, Wiesbaden 2014

Sammelband zur bislang wenig beachteten Schnittstelle von Behinderung und Migration. Interdisziplinäre Betrachtung aus den Perspektiven der Erziehungs- und Sozialwissenschaft, Sozialen Arbeit sowie der Gesundheits- und der Rechtswissenschaft.

Welke, Antje (Hrsg.): UN-Behindertenrechtskonvention mit rechtlichen Erläuterungen, Berlin 2012

Kommentar ausgewählter Artikel der UN-BRK. Daneben werden Kenntnisse über Begriffe vermittelt, die für das Verständnis der Konvention von zentraler Bedeutung sind.

WHO/Weltbank: Weltbericht Behinderung 2011 (deutsche Übersetzung). Englischsprachiges Original: World Report on Disability. Beide Fassungen sind online abrufbar unter: http://www.bar-frankfurt.de/68.html?&tx_ttnews%5Btt_news%5D=110&cHash=4b879113e67175902f55537ad288fc88 (Stand: 11.07.2014)

Der Weltbericht liefert umfassende Informationen zur Situation behinderter Menschen weltweit, u. a. in den Bereichen Gesundheit, Rehabilitation, Bildung und Beschäftigung. Der Bericht umfasst auch die kritische Auseinandersetzung mit dem Armutsrisiko von Menschen mit Behinderungen.

Webseiten

Auswahl von Webseiten zu den Themen des vorliegenden Bandes

Weitere Webseiten sind im Adressenverzeichnis (→ S. 476 ff.) aufgeführt sowie im »Medienüberblick zum Thema Behinderung« (→ S. 470 ff.).
Links zu Behindertenverbänden sind zu finden unter:

- **http://www.deutscher-behindertenrat.de/ID25209**
  (Rubrik »Wir über uns« → »Mitglieder«)
- **http://www.brk-allianz.de/index.php/m-beteilgtengos.html**
  (Rubrik »Über die Allianz« → »Beteiligte NGOs«).

AGSVB – Arbeitsgemeinschaft der Schwerbehindertenvertretungen des Bundes
http://www.agsvb.de/
Zusammenschluss der Vertrauenspersonen und Hauptvertrauenspersonen bei den obersten Dienstbehörden des Bundes, die dort zuständig sind bei allen Fragen zur Einstellung und Beschäftigung schwerbehinderter Menschen. Aufgabe der Arbeitsgemeinschaft ist auch die Prüfung der Regelungen im Schwerbehindertenrecht sowie die Erarbeitung von Anregungen zur Weiterentwicklung des Rechts.

ANED – Academic Network of European Disability Experts
http://www.disability-europe.net/de
ANED trägt als europaweites akademisches Netz zur Unterstützung der Entwicklung von behindertenpolitischen Strategien der EU bei. Expertin für Deutschland ist Prof. Dr. Anne Waldschmidt, Universität zu Köln, iDiS – Internationale Forschungsstelle Disability Studies.

Arbeitsgemeinschaft Disability Studies in Deutschland
http://www.disabilitystudies.de
Die Mitglieder der Arbeitsgemeinschaft sind behinderte Wissenschaftler_innen und interessierte Aktivist_innen aus der Behindertenbewegung. Die Arbeitsgemeinschaft soll allen Interessierten einen Ort der Vernetzung bieten.

barrierefrei behindertengerecht planen – bauen – wohnen
http://nullbarriere.de/
Detailreiche Zusammenstellung der HyperJoint GmbH rund um barrierefreies Bauen: DIN-Normen, Bauordnungen der Länder, Hersteller- und Produktdatenbank etc.

Behinderung und Medien
http://www.ingobosse.de/cms/index.php?menuid=24
In der Rubrik »Behinderung und Medien« hält der Rehabilitations- und Medienwissenschaftler Ingo Bosse eine umfangreiche Datenbank mit Filmen zum Thema Behinderung bereit.

Bericht aus Genf
http://www.efh-bochum.de/homepages/degener/
Newsletter von Prof. Dr. Theresia Degener über die Arbeit des Genfer UN-Ausschusses zur UN-BRK.

BITV-Lotse
http://www.bitv-lotse.de/
Der Online-Leitfaden erläutert die Hintergründe der BITV (Barrierefreie-Informationstechnik-Verordnung) 2.0 und zeigt anhand von Beispielen, Tipps und Tools, wie Barrierefreiheit im Internetangebot umgesetzt werden kann.

Bundesarbeitsgemeinschaft der Integrationsämter und Hauptfürsorgestellen (BIH)
https://www.integrationsaemter.de
Die Integrationsämter sind zuständig für Leistungen an schwerbehinderte Menschen und ihre Arbeitgeber, die sogenannte Begleitende Hilfe im Arbeitsleben.

Deutsches Studentenwerk
http://www.studentenwerke.de/de/behinderung
Wissenswertes für Studieninteressierte und Studierende mit Behinderungen und chronischen Krankheiten; Handbuch »Studium und Behinderung«; Informations- und Beratungsstelle Studium und Behinderung (IBS)

Digital informiert – im Job integriert (Di-Ji)
http://www.di-ji.de/bzw. http://www.meldestelle.di-ji.de/
Die Webseite des Projekts »Digital informiert – im Job integriert« bietet eine umfangreiche Sammlung von Informationsmaterial zum Thema Inklusives Design digitaler Medien. Bei der Di-Ji-Meldestelle für digitale Barrieren können Barrieren in Webangeboten, Software, Apps, Dokumenten oder bei der Automatennutzung gemeldet werden.

Einfach für alle
http://www.einfach-fuer-alle.de/
Das Angebot der »Aktion Mensch« für ein barrierefreies Internet.

Europäisches Behindertenforum – European Disability Forum (EDF)
http://www.edf-feph.org/
Das EDF ist eine unabhängige Nichtregierungsorganisation, die die Interessen von rund 80 Millionen Europäer_innen mit Behinderungen vertritt.

Inklusion in Unternehmen
http://www.bmas.de/DE/Service/Publikationen/a755-leitfaden-aktionsplaene.html
In der vom Bundesministerium für Arbeit und Soziales (BMAS) herausgegebenen Broschüre (auch zum Herunterladen) mit dem Titel »Zusammenarbeiten – Inklusion in Unternehmen und Institutionen« finden sich auf den Seiten 189 bis 192 hilfreiche »Recherchetipps«.

Landesarbeitsgemeinschaft Lokale Medienarbeit NRW e. V. (LAG LM).
http://www.medienarbeit-nrw.de/cms-arbeitsschwerpunkte/inklusion/
Überblick über inklusive Projekte insbesondere zum Thema Inklusives Bildungssystem.

NatKo – Tourismus für alle Deutschland
http://www.natko.de
Die NatKo (früher »Nationale Koordinationsstelle Tourismus für alle e. V.«) ist eine gemeinsame Einrichtung von zehn Behindertenverbänden und versteht sich als zentrale Anlaufstelle bei Fragen rund um die Themen Barrierefreies Reisen und Tourismus für Alle.

Netzwerk Leichte Sprache
www.leichtesprache.org/
Das Netzwerk Leichte Sprache ist ein Zusammenschluss von Mitgliedern (Gruppen und Vereinen), die Texte in Leichte Sprache übersetzen und sich für die Verbreitung von Leichter Sprache einsetzen.

REHADAT – Informationssystem zur beruflichen Teilhabe
http://www.rehadat.info/
Umfangreiches Informationsangebot des Instituts der deutschen Wirtschaft zu verschiedenen Aspekten der beruflichen Rehabilitation und Teilhabe von Menschen mit Behinderung.

Reha-Recht – Die Onlineplattform für Rehabilitations – und Teilhaberecht
http://www.reha-recht.de
Diskussionsforum zum Thema Rehabilitationsrecht der Deutschen Vereinigung für Rehabilitation (DVfR), gegliedert in vier inhaltliche Rechtsbereiche.

Technische Jugendfreizeit- und Bildungsgesellschaft (tjfbg)
http://www.barrierefrei-kommunizieren.de
Informationen rund um die barrierefreie Arbeit mit dem Computer.

TESS-RELAY-Dienste GmbH
http://www.tess-relay-dienste.de
Telefondolmetschdienste in Gebärdensprache und Schriftsprache für den privaten und beruflichen Bereich.

United Nations Enable
http://www.un.org/disabilities/
Webseite der UN-Abteilung für Menschen mit Behinderungen. Hier ist alles zur UN-BRK im Original zu finden: Stand der Ratifikationen, Dokumentation der Staatenkonferenzen, Dokumente der Verhandlungen zur UN-BRK.

Urheberrecht und kreatives Schaffen in der digitalen Welt
http://irights.info/was-bringt-der-wipo-blindenvertrag
Der im Juni 2013 in Marrakesch geschlossene internationale Vertrag der Weltorganisation für geistiges Eigentum (World Intellectual Property Organization WIPO) erlaubt es, Bücher in für Blinde und Sehbehinderte lesbare Varianten zu überführen. Kaya Köklü analysiert den Vertrag im Detail und seine Folgen.

Wheelmap
http://wheelmap.org
Online-Karte zum Suchen, Finden und Markieren rollstuhlgerechter Orte.

Medienüberblick zum Thema Behinderung

Online-Zeitschriften, -Datenbanken und -Nachrichtenportale

http://www.archiv-behindertenbewegung.org/
Online-Datenbank der Archive der eingestellten und aktuellen Zeitschriften der Behindertenbewegung »Krüppel-Zeitung«, »Luftpumpe«, »Die Randschau« und »Mondkalb« (im Entstehen; Stand 13.07.2014)

http://autismus-kultur.de/
Netzwerk von Personen, die sich wissenschaftlich und politisch mit Autismus befassen. Das Netzwerk bietet fundierte Informationen über Autismus und setzt sich für ein barrierefreies und selbstbestimmtes Leben von Menschen im Autismus-Spektrum ein.

http://bidok.uibk.ac.at/
Digitale Volltextbibliothek der Universität Innsbruck mit Texten und Materialien zum Thema Integration und Inklusion von Menschen mit Behinderungen

http://www.bioskop-forum.de/publikationen/newsletter-behinderten politik.html
Online-Ausgabe des Newsletter Behindertenpolitik

http://www.bizeps.or.at/
BIZEPSINFO-Nachrichten und Informationen aus Österreich zum Thema Behinderung

http://das-organisierte-gebrechen.de
Online-Ausgabe des Magazins »Mondkalb – Zeitschrift für das Organisierte Gebrechen«

http://www.deafread.de/
Nachrichten und Blogs für gehörlose Menschen

http://www.kobinet-nachrichten.org/
Nachrichtenagentur behinderter Menschen im Internet

http://leidmedien.de/
Online-Ratgeber über Sprache und Behinderung

http://www.myhandicap.de/
Forum, Infos und Adressen für Menschen mit Behinderung

http://www.nachrichtenleicht.de/
Nachrichten in Leichter Sprache vom Deutschlandfunk

http://www.rehatreff.de/
RehaTreff online, Magazin für Menschen mit Mobilitätsbehinderung

http://rollingplanet.net/
Online-Magazin für Menschen mit Behinderung, Senioren und andere Sensationen

http://www.seh-netz.info/
Infoportal für Blinde und Sehbehinderte

http://www.startrampe.net/
Informationsplattform für Rollstuhlfahrer_innen und Querschnittgelähmte

http://www.taubenschlag.de/
Portal für gehörlose und schwerhörige Menschen

Fernsehen

http://www.abm-medien.de/
Neben der Fernseharbeit auf Kabel eins, 3sat, Sport1 und münchen.tv produziert die ›arbeitsgemeinschaft behinderung und medien e. V.‹ (abm) Imagefilme und Auftragsarbeiten.

http://www.3sat.de/page/?source=/ausanderersicht/144274/index.html
»Aus anderer Sicht«, Sendereihe, jeden 1. Freitag im Monat, 11.30 Uhr, 3sat

http://www.kabeleins.de/tv/challenge
»Challenge«, Aktiv im Leben, jeden ersten Sonnabend im Monat, 10 Uhr, Kabel eins

http://www.abm-medien.de/index.php?/mediathek/fernsehen/dinner-for-everyone/&menue=64
»dinner for everyone« – Inklusive Kochsendung, alle 2 Monate am jeweils 3. Sonnabend, 9.30 Uhr, Sport1

http://www.fernsehmagazin-grenzenlos.de/grenzenlos/
»Grenzenlos«, Reisemagazin für behinderte und ältere Menschen, alle 2 Monate am jeweils 3. Sonnabend, 9.30 Uhr, Sport1

http://menschen.zdf.de/
»Menschen – das Magazin«, sonnabends, 17.45 Uhr, ZDF

http://www.abm-medien.de/index.php?/fernsehen/sendereihen/normal/&menue=17
Die 30-minütige Wochensendung »Normal« gibt über alle Bereiche der »Behindertenszene« Auskunft in Form von Berichten, Reportagen, Diskussionen etc., sonnabends, 9.30 Uhr, Sport1

http://www.br.de/fernsehen/bayerisches-fernsehen/sendungen/sehen-statt-hoeren/index.html
»Sehen statt Hören. Wochenmagazin für Hörgeschädigte«, sonnabends, 10–10.30 Uhr, Bayerisches Fernsehen

www.mdr.de/selbstbestimmt/
Magazin »Selbstbestimmt«, sonntags, 9.45 Uhr, MDR Fernsehen

http://www.br.de/fernsehen/bayerisches-fernsehen/sendungen/stolperstein/index.html
»Stolperstein« Bayerischer Rundfunk (BR); unregelmäßig an Feiertagen im Bayerischen Fernsehen

Hörfunk

http://handicap.radio-z.net/de/
»Radio Handicap« auf Radio Z Nürnberg, jeden 2. Donnerstag, 18–19 Uhr, 95,8 MHZ

http://www.ohrfunk.de/
»Das Radio, das Brücken baut.« Ein Programm der Medieninitiative blinder und sehbehinderter Menschen in Deutschland e. V. (MIBS) Ohrfunk ist auch sonntags, 12–14 Uhr auf UKW 88,4 & 90,7 MHz mit der Sendung »Audiogramm« zu hören.

http://www.r4h.de/;
Livestream **http://www.r4h.de/radioprogramm/r4h-einschalten.html**
»R4H – das Radio für barrierefreie Köpfe«; Internetradio, das täglich 24 Stunden sendet.

http://www.slangradio.de/mmppage/webradio/DEU/index.html;
Livestream **http://www.slangradio.de/**
»Slang Radio – das Radio für ein barrierefreies Leben« sendet ausschließlich im Internet. Wer kein Internet hat, kann das Programm kann auch über Telefon hören unter der Telefonnummer: 0931 66399 3845.

Print (ohne Verbandszeitschriften)

Handicap – das Magazin für Lebensqualität
Info und Bestellung unter: **http://www.handicap.de**

Inklusiv! Das Gesellschaftsmagazin für alle
Zeitschrift zum Thema Inklusion von Margit Glasow
Info und Bestellung unter: **http://www.inklusiv-online.de/**

Menschen – das Magazin
Vierteljährliche Zeitschrift der »Aktion Mensch«
Info und Bestellung unter: **https://www.aktion-mensch.de/magazin/**

Mondkalb – Zeitschrift für das Organisierte Gebrechen
Vierteljährliche Gratiszeitung, die in Berlin in Kneipen, Volkshochschulen und Bibliotheken ausliegt
Info und Bestellung unter: **www.das-organisierte-gebrechen.de**

Newsletter Behindertenpolitik
Behindertenpolitische Beilage der Zeitschrift »BioSkop«
Info und Bestellung unter: **http://www.bioskop-forum.de/publikationen/zeitschrift-bioskop.html**

Ohrenkuss – Da rein da raus
Zeitschrift von Menschen mit Trisomie 21
Info und Bestellung unter: **http://ohrenkuss.de/**

RehaTreff – Magazin für Menschen mit Mobilitätsbehinderung
Info und Bestellung unter: **info@rehatreff.de** oder **http://www.rehatreff.de/aboservice/**

Rollstuhlkurier – Zeitschrift für Rollstuhlfahrer und mobilitätsbehinderte Menschen
Info und Bestellung unter: **http://www.escales-verlag.de/rollstuhl-kurier/**

ZB Zeitschrift Behinderte Menschen im Beruf
Info und Bestellung unter: **http://www.integrationsaemter.de/ZB/258c62/index.html**

Blogs

http://www.aktion-mensch.de/blog/
Blog der »Aktion Mensch«

http://aufgerollt.com/
Medienwatchblog zur Berichterstattung über behinderte Menschen

http://www.behindertenparkplatz.de/
Blog der rollstuhlnutzenden Journalistin Christiane Link zur Behindertenpolitik. Für ZEIT-ONLINE schreibt Link gerade einen neuen Blog: **http://blog.zeit.de/stufenlos/**

http://www.bloggerbund.de/
Bund behinderter Blogger – Direktlinks zu verschiedenen Blogs behinderter Menschen

http://blogs.faz.net/biopolitik/
Blog des Journalisten Oliver Tolmein zum Thema Biopolitik

http://fraugehlhaar:wordpress.com/
Blog von Laura Gehlhaar über das Leben in der Großstadt und das Rollstuhlfahren.

http://jule-stinkesocke.blogspot.de/
Prämierter Blog einer jungen Frau mit Behinderung

http://www.keinwiderspruch.de/
Blog über Projektemacher_innen mit Behinderung

http://meinaugenschmaus.blogspot.de
Blog der gehörlosen Aktivistin Julia Probst

http://notquitelikebeethoven.wordpress.com/
Blog des schwerhörigen Autors Alexander Görsdorf

http://quergedachtes.wordpress.com
Blog über Autismus von Aleksander Knauerhase

http://raul.de/
Blog des Vorstandes der »Sozialhelden« und Projektemachers Raúl Krauthausen

Barrierefreie Angebote im öffentlich-rechtlichen Programm von ARD und ZDF

http://www.daserste.de/specials/service/untertitel-das-erste-mediathek-102.html
ARD-Mediathek mit Untertitelungen und Audiodeskription

http://www.daserste.de/specials/service/untertitelte-sendungen-im-ersten-100.html
Untertitelte Angebote der ARD

https://www.ndr.de/fernsehen/service/Barrierefreie-Angebote-im-NDR,barrierefrei141.html
Barrierefreie Angebote des NDR

http://www1.wdr.de/themen/hilfe/sp_barrierefreiheit/barrierefreiheit108.html
Barrierefreie Angebote des WDR

http://www.zdf.de/Barrierefreiheit-26740882.html
Barrierefreie Angebote des ZDF

Zusammenstellung: Rebecca Maskos

Adressen

Adressenauswahl im Zusammenhang mit der Durchführung der UN-BRK auf Bundes- und UN-Ebene

Aktion Mensch e.V.
Heinemannstr. 36
53175 Bonn
Telefon: 0228 2092300
E-Mail: info@aktion-mensch.de
http://www.aktion-mensch.de

Die Aktion Mensch e.V. ist die größte private Förderorganisation im sozialen Bereich in Deutschland. Ihr Ziel ist es, den Inklusionsgedanken der UN-BRK in der Gesellschaft zu fördern und die Lebensbedingungen von Menschen mit Behinderungen, Kindern und Jugendlichen zu verbessern. Seit der Gründung im Jahr 1964 (als Aktion Sorgenkind e.V.) wurden rund 3,5 Milliarden Euro in Förderprojekte investiert. Mitglieder sind die sechs Wohlfahrtsverbände und das ZDF.

Antidiskriminierungsstelle des Bundes (ADS)
Glinkastraße 24
10117 Berlin
Telefon: 030 18555-1855
E-Mail: poststelle@ads.bund.de
http://www.antidiskriminierungsstelle.de

Die unabhängige Antidiskriminierungsstelle des Bundes (ADS) unterstützt Personen, die Benachteiligungen erfahren haben u. a. aufgrund ethnischer Herkunft, Geschlecht, Religion oder Weltanschauung, Behinderung, Alter oder sexueller Identität. Die ADS kann insbesondere über Ansprüche informieren, Möglichkeiten des rechtlichen Vorgehens im Rahmen gesetzlicher Regelungen zum Schutz vor Benachteiligungen aufzeigen, Beratungen durch andere Stellen vermitteln und eine gütliche Einigung zwischen den Beteiligten anstreben. Ihre gesetzliche Grundlage ist im Allgemeinen Gleichbehandlungsgesetz (AGG) von 2006 (Abschnitt 6, §§ 25–30) geregelt.

Die Antidiskriminierungsstelle bietet auch eine telefonische sowie E-Mail-Beratung an. Eine Beratung ist auch in Gebärdensprache möglich. Informationen und Kontakte siehe die angegebene Webseite.

Beauftragte der Bundesregierung für die Belange behinderter Menschen
Verena Bentele
Mauerstr. 53 (Kleisthaus)
10117 Berlin
Telefon: 030 18527-2944
E-Mail: buero@behindertenbeauftragte.de
http://www.behindertenbeauftragte.de

Die bzw. der Behindertenbeauftragte wird vom Bundeskabinett jeweils für die Dauer einer Legislaturperiode bestellt. Ernennung und Aufgaben sind seit dem 1. Mai 2002 durch das Gesetz zur Gleichstellung behinderter Menschen (§ 15 Behindertengleichstellungsgesetz BGG) geregelt. Die oder der Beauftragte der Bundesregierung für die Belange behinderter Menschen soll darauf hinwirken, gleichwertige Lebensbedingungen für Menschen mit und ohne Behinderungen in allen Bereichen des gesellschaftlichen Lebens zu schaffen. Dort ist zugleich die Koordinierungsstelle (staatlicher Koordinierungsmechanismus nach Artikel 33 UN-Behindertenrechtskonvention) angesiedelt.

Die Webseite www.inklusionslandkarte.de bietet gute Beispiele der Inklusion in Deutschland, und unter http://www.behindertenbeauftragte.de/DE/Wissenswertes/Links/links_node.html sind die Kontakte der Behindertenbeauftragten der Bundesländer zu finden.

Beauftragter der Bundesregierung für die Belange der Patientinnen und Patienten sowie Bevollmächtigter für Pflege
Karl-Josef Laumann
Friedrichstraße 108
10117 Berlin
Telefon: 030 18441-3420
E-Mail: patientenbeauftragter@bmg.bund.de
http://www.patientenbeauftragter.de

Der oder die Patientenbeauftragte der Bundesregierung ist bundesweit Ansprechpartner_in für alle Patient_innen, besonders für diejenigen, die in einem Bundesland ohne eine_n eigene_n Landesbeauftragte_n leben. Er/sie vertritt die Anliegen der Patient_innen im politischen Raum, in Gremien, auf Veranstaltungen und in der Öffentlichkeit. Vorrangig soll das Amt dazu beitragen, deren Rechte zu stärken und diese im Gesundheitssystem weiterzuentwickeln.

Beauftragter für Menschenrechtspolitik und Humanitäre Hilfe
Christoph Strässer
Werderscher Markt 1
10117 Berlin
Telefon: 030 5000-4765
E-Mail: mrhh-b-vz@diplo.de
http://www.auswaertiges-amt.de

Der oder die Beauftragte ist Ansprechpartner_in für Fragen der Menschenrechtspolitik und der Humanitären Hilfe. Zu den Aufgaben gehört es, die politischen Entwicklungen zu verfolgen und dem Bundesaußenminister Vorschläge zur Gestaltung der deutschen Politik in diesen Bereichen zu machen. Dies umfasst auch die Gewährleistung der Menschenrechte für Menschen mit Behinderungen.

BRK-Allianz
c/o NETZWERK ARTIKEL 3
Verein für Gleichstellung und Menschenrechte Behinderter e.V.
Krantorweg 1
13503 Berlin
Telefon: 030 4364441
E-Mail: brk.allianz@googlemail.com
http://www.brk-allianz.de

Zivilgesellschaftlicher Zusammenschluss im Jahr 2012 von knapp 80 Organisationen in Deutschland. Ziel der BRK-Allianz ist es, das erste Staatenberichtsprüfungsverfahren hinsichtlich der Umsetzung der UN-BRK in Deutschland vor dem UN-Fachausschuss in Genf zu begleiten, insbesondere durch die Erstellung eines koordinierten Parallelberichts. Die Allianz repräsentiert das gesamte Spektrum der behindertenpolitisch arbeitenden Verbände in Deutschland (Selbstvertretungsverbände, Behindertenselbsthilfe-, Sozial- und Wohlfahrtsverbände, Fachverbände der Behindertenhilfe und der Psychiatrie, Berufs- und Fachverbände aus dem Bereich der allgemeinen Schule sowie Elternverbände und Gewerkschaften).

Bundeskompetenzzentrum Barrierefreiheit e.V. (BKB)
Marienstraße 30
10117 Berlin
Telefon: 030 3002310-10
E-Mail: info@barrierefreiheit.de
http://www.barrierefreiheit.de

Zweckverband von derzeit 15 bundesweit tätigen Sozial- und Behindertenverbänden. Ziel ist die Umsetzung des Behindertengleichstellungsgesetzes (BGG), insbesondere die Herstellung von Barrierefreiheit.

Bundesministerium für Arbeit und Soziales (BMAS)
Referat V a 5, Focal Point, Umsetzung UN-Behindertenrechtskonvention (UN-BRK), Nationaler Aktionsplan
Wilhelmstraße 49
10117 Berlin
Bürgertelefon: 030 221911006 (Infos für Menschen mit Behinderungen)
E-Mail-Adressen für Gehörlose: info.deaf@bmas.bund.de und info.gehoerlos@bmas.bund.de
E-Mail: info@bmas.bund.de; http://www.bmas.bund.de

Der Focal Point beim BMAS ist die nationale Umsetzungsstelle der Bundesregierung für die UN-Behindertenrechtskonvention nach Artikel 33. Weitere Focal Points gibt es in jedem Bundesministerium sowie auf Ebene der Bundesländer.

Das BMAS bietet vielfältige Informationsmaterialien zum Bereich Behinderung an: http://www.bmas.de/DE/Service/Publikationen/inhalt.html; Hilfreich sind auch die Webseiten http://www.einfach-teilhaben.de (Behinderung allgemein) und http://www.gemeinsam-einfach-machen.de (Aktionspläne zur UN-BRK).

Committee on the Rights of Persons with Disabilities (CRPD)
Human Rights Treaties Division (HRTD)
Office of the United Nations High Commissioner for Human Rights (OHCHR)
Palais Wilson – 52, rue des Pâquis
CH-1201 Geneva (Switzerland)
Telefon: +41 22 9179703
E-Mail: crpd@ohchr.org
http://www.ohchr.org/EN/HRBodies/CRPD/Pages/CRPDIndex.aspx

Der Ausschuss für die Rechte von Menschen mit Behinderungen gemäß Artikel 34 UN-BRK setzt sich aus 18 Mitgliedern zusammen und hat seinen Sitz in Genf. Er besteht aus einem Gremium unabhängiger Expert_innen und überwacht die Umsetzung der Konvention. Der Ausschuss ist zuständig für die Prüfung der Staatenberichte nach Artikel 35 UN-BRK – bewertet durch sogenannte *Concluding Observations* (Abschließende Bemerkungen) – und verfasst sogenannte *General Comments* (Allgemeine Bemerkungen), die für die Auslegung der Inhalte der Konvention von Bedeutung sind. Der Ausschuss nimmt zudem Individualbeschwerden nach dem Fakultativprotokoll zur UN-BRK entgegen.

Deutsche UNESCO-Kommission e.V.
Colmantstraße 15
53115 Bonn
Telefon: 0228 60497-0
E-Mail: info-bibliothek@unesco.de
www.unesco.de

Deutschland ist seit dem 11. Juli 1951 Mitglied der UNESCO. Die Deutsche UNESCO-Kommission (DUK) wurde bereits ein Jahr zuvor am 12. Mai 1950 gegründet. Neben anderen Tätigkeitsbereichen im Rahmen ihrer Funktion als nationale Schnittstelle zwischen Staat, Zivilgesellschaft und der UNESCO setzt sich die Deutsche UNESCO-Kommission aktuell für die Verwirklichung inklusiver Bildung ein.

Deutscher Behindertenrat (DBR)
c/o Sozialverband Deutschland e.V. (Sekretariat 2014)
Stralauer Str. 63
10179 Berlin
Telefon: 030 726222-0
E-Mail: info@deutscher-behindertenrat.de
http://www.deutscher-behindertenrat.de

Der 1999 gegründete DBR vereint als Aktionsbündnis über 140 Organisationen behinderter und chronisch kranker Menschen und repräsentiert mehr als 2,5 Millionen Betroffene in Deutschland.
Der DBR ist kein Dachverband und besitzt damit kein generelles Vertretungsmandat. Die Mitgliedsorganisationen sind eigenständig und vertreten sich in aller Regel selbst. Der DBR vertritt die Interessen behinderter Menschen auch auf internationaler Ebene und ist Mitglied im Europäischen Behindertenforum (EDF). Laut der Statuten des Deutschen Behindertenrates wechseln turnusmäßig jedes Jahr der Vorsitzende und das Sekretariat des Sprecherrates.

Deutscher Bundestag – Ausschuss für Arbeit und Soziales
Platz der Republik 1
11011 Berlin
Telefon: 030 227-32487
E-Mail: arbeitundsoziales@bundestag.de
http://www.bundestag.de

Der »klassische« Ausschuss des Bundestages, in dem behindertenpolitische Themen in der Regel federführend beraten werden.

Deutscher Bundestag – Ausschuss für Menschenrechte und humanitäre Hilfe
Platz der Republik 1
11011 Berlin
Telefon: 030 227-33550
E-Mail: menschenrechtsausschuss@bundestag.de
http://www.bundestag.de

Aufgabe des Ausschusses ist die Weiterentwicklung der nationalen, europäischen und internationalen Instrumente des Menschenrechtsschutzes sowie der juristischen und politischen Aufarbeitung von Menschenrechtsverletzungen. Dem Ausschussvorsitzenden wurde im Jahr 2013, stellvertretend für den gesamten Bundestag, der Parallelbericht der BRK-Allianz zur Umsetzung der UN-BRK übergeben. Damit hat die Zivilgesellschaft deutlich gemacht, dass Behinderung aus einem menschenrechtlichen Blickwinkel zu sehen ist.

Deutscher Bundestag – behindertenpolitische Sprecher_innen
Platz der Republik 1
11011 Berlin

CDU/CSU: Uwe Schummer MdB
Telefon: 030 227-73794
E-Mail: uwe.schummer@bundestag.de

SPD: Kerstin Tack MdB
Telefon: 030 227-73194
E-Mail: kerstin.tack@bundestag.de

DIE LINKE: Katrin Werner MdB
Telefon: 030 227-74337
E-Mail: katrin.werner@bundestag.de

Bündnis90/Die Grünen: Corinna Rüffer MdB
Telefon: 030 227-72040
E-Mail: corinna.rueffer@bundestag.de

Alle vier Bundestagsfraktionen haben eine_n behindertenpolitische_n Sprecher_in für die Dauer der Legislaturperiode benannt. Sie sind einerseits erste Ansprechpartner_innen für die Zivilgesellschaft, wenn es um das Einbringen von behindertenpolitischen Anliegen in den Bundestag geht. Andererseits sind sie innerhalb des Parlaments die Fachpolitiker_innen zu allen Fragen rund um »Behinderung« und tragen behindertenpolitische Themen in ihre jeweilige Fraktion.

Deutsches Institut für Menschenrechte (DIMR)
Monitoring-Stelle
Leitung: Dr. Valentin Aichele
Zimmerstr. 26/27
10969 Berlin
Telefon: 030 259 359-450
E-Mail: monitoring-stelle@institut-fuer-menschenrechte.de
www.institut-fuer-menschenrechte.de

Unabhängige Stelle, die die Einhaltung der Rechte von Menschen mit Behinderungen fördert und die Umsetzung der UN-BRK in Deutschland überwacht gemäß Artikel 33 Absatz 2 der UN-Konvention. Die Monitoring-Stelle wurde im Mai 2009 von der Bundesregierung am Deutschen Institut für Menschenrechte (DIMR) eingerichtet.
Das DIMR bietet u. a. das online-Handbuch www.inklusion-als-menschenrecht.de an sowie eine Webseite zur UN-BRK in Leichter Sprache für Menschen mit Lernschwierigkeiten: www.ich-kenne-meine-rechte.de

International Disability Alliance (IDA)
150 route de Ferney, PO Box 2100
CH-1211 Geneva 2
Telefon: +41 22 7884273
E-Mail: info@ida-secretariat.org
www.internationaldisabilityalliance.org (englischsprachige Website)

Zivilgesellschaftlicher Zusammenschluss auf UN-Ebene aus acht weltweit arbeitenden Organisationen sowie vier regionalen Netzwerken behinderter Menschen. Ziel ist die vollständige Umsetzung der UN-BRK weltweit und die Verankerung der UN-BRK im UN-System.

Zusammenstellung: H.-Günter Heiden

Abkürzungsverzeichnis

AEMR	Allgemeine Erklärung der Menschenrechte *siehe* → UDHR
AGG	Allgemeines Gleichbehandlungsgesetz
ANED	Academic Network of European Disability experts
BGBl.	Bundesgesetzblatt
BGG	Gesetz zur Gleichstellung behinderter Menschen (Behindertengleichstellungsgesetz)
BGH	Bundesgerichtshof
BITV	Barrierefreie-Informationstechnik-Verordnung
BRK	*siehe* → UN-BRK
BT-DS	Bundestagsdrucksache
BVerfG	Bundesverfassungsgericht
BVerfGE	Entscheidungen des Bundesverfassungsgerichts
BWG	Bundeswahlgesetz
BWO	Bundeswahlordnung
CEDAW	Convention on the Elimination of All Forms of Discrimination Against Women/Übereinkommen zur Beseitigung jeder Form von Diskriminierung der Frau (Kurztitel: UN-Frauenrechtskonvention)
CRC	Convention on the Rights of the Child/Übereinkommen über die Rechte des Kindes (Kurztitel: UN-Kinderrechtskonvention)
CRPD	Convention on the Rights of Persons with Disabilities *siehe* → UN-BRK auch: Committee on the Rights of Persons with Disabilities (UN-Fachausschuss für die Rechte von Menschen mit Behinderungen)
DGS	Deutsche Gebärdensprache
DHLG	Disability High Level Group der EU/EU-Gruppe »Behinderungsfragen«
DiM	Diversity Management
DIMR	Deutsches Institut für Menschenrechte
DUK	Deutsche UNESCO-Kommission
EDF	European Disability Forum/Europäisches Behindertenforum

EGovG	E-Government-Gesetz des Bundes
EGVP	Elektronisches Gerichts- und Verwaltungspostfach
ESF	Europäischer Sozialfonds
EU	Europäische Union
EuGH	Gerichtshof der Europäischen Union (Europäischer Gerichtshof)
Eurostat	Statistik der Europäischen Kommission
EuWG	Europawahlgesetz
FFG	Filmförderungsgesetz
FRA	European Union Agency for Fundamental Rights/Agentur der Europäischen Union für Grundrechte
GER	Gemeinsamer Europäischer Referenzrahmen für Sprachen
GewSchG	Gewaltschutzgesetz
GG	Grundgesetz für die Bundesrepublik Deutschland
GKG	Gerichtskostengesetz
GVG	Gerichtsverfassungsgesetz
HDI	Human Development Index/Index für menschliche Entwicklung
HRC	Human Rights Council *siehe* → UNHRC
HRG	Hochschulrahmengesetz
HRK	Hochschulrektorenkonferenz
IAO	Internationale Arbeitsorganisation *siehe* → ILO
ICCPR	International Covenant on Civil and Political Rights *siehe* → IPbpR
ICESCR	International Covenant on Economic, Social and Cultural Rights *siehe* → IPwskR
IDA	International Disability Alliance
ILO	International Labour Organization *siehe* → IAO
IPbpR	Internationaler Pakt über bürgerliche und politische Rechte (Kurztitel: UN-Zivilpakt) *siehe* → ICCPR
IPwskR	Internationaler Pakt über wirtschaftliche, soziale und kulturelle Rechte (Kurztitel: UN-Sozialpakt) *siehe* → ICESCR
KMK	Kultusministerkonferenz
LGBG	Landesgleichberechtigungsgesetz
MDGs	Millennium Development Goals/Millenniumsentwicklungsziele
MRR	Menschenrechtsrat der Vereinten Nationen *siehe* → UNHRC
NAP	Nationaler Aktionsplan
NGO	Non-Governmental Organization/Nichtregierungsorganisation *siehe* → NRO
NHRI	National Human Rights Institution *siehe* → NMRI
NMRI	Nationale Menschenrechtsinstitution *siehe* → NHRI
NRO	Nichtregierungsorganisation *siehe* → NGO
OECD	Organisation for Economic Co-operation and Development/Or-

	ganisation für wirtschaftliche Zusammenarbeit und Entwicklung
OGS	Offene Ganztagsschule
OHCHR	Office of the United Nations High Commissioner for Human Rights/Büro des Hohen Kommissars der Vereinten Nationen für Menschenrechte
PBefG	Personenbeförderungsgesetz
PDA	Personal Digital Assistant
PRSP	Poverty Reduction Strategy Papers/Strategiepapiere zur Armutsreduzierung
SGB	Sozialgesetzbuch
UDHR	Universal Declaration of Human Rights *siehe* → AEMR
UK	Unterstützte Kommunikation
UN	United Nations *siehe* → VN
UN-BRK	UN-Übereinkommen über die Rechte von Menschen mit Behinderungen (Kurztitel: UN-Behindertenrechtskonvention) *siehe* → CRPD
UNCRPD	United Nations Convention on the Rights of Persons with Disabilities *siehe* → UN-BRK
UN DESA	United Nations Department of Economic and Social Affairs/ Hauptabteilung Wirtschaftliche und Soziale Angelegenheiten des UN-Sekretariats
UNESCO	United Nations Educational, Scientific and Cultural Organization/Organisation der Vereinten Nationen für Erziehung, Wissenschaft und Kultur
UNICEF	(ursprünglich: United Nations International Children's Emergency Fund, seit 1953:) United Nations Children's Fund/ Kinderhilfswerk der Vereinten Nationen
UNHRC	United Nations Human Rights Council/Menschenrechtsrat der Vereinten Nationen *siehe* → MRR
UN-FRK	UN-Frauenrechtskonvention *siehe* → CEDAW
UN-KRK	UN-Kinderrechtskonvention *siehe* → CRC
UN-Sozialpakt	*siehe* → IPwskR
UN-Zivilpakt	*siehe* → IPbpR
VN	Vereinte Nationen *siehe* → UN
WfbM	Werkstätten für behinderte Menschen
WHO	World Health Organization/Weltgesundheitsorganisation
WVO	Werkstättenverordnung

Sachregister

Das vorliegende Register beschränkt sich auf die Texte der Beiträge in Teil I bis III des Handbuchs. Unberücksichtigt sind demnach alle Begleit- und Zusatztexte sowie die Endnoten.

Die Registereinträge sind im Wesentlichen Stichworte, das heißt, sie sind so angegeben wie in den Texten verwendet. Die Begriffe »behindert« und »Behinderung« werden nur im Zusammenhang mit ausgewählten Stichworten angeführt, da es sich hier um eine einschlägige Publikation handelt. Stichworte, die sich auf bestimmte Personengruppen beziehen wie beispielsweise »Frauen« oder »Wissenschaftler_innen« meinen demnach »behinderte Frauen« respektive »behinderte Wissenschaftler_innen«.

C

D

E

J

K

Erstellung des Sachregisters:
Franziska Witzmann

Verzeichnis der Autor_innen

Aichele, Valentin, Dr. iur., LL. M. (Adelaide), Leiter der Monitoring-Stelle zur UN-Behindertenrechtskonvention. Kontakt: www.institut-fuer-menschenrechte.de/monitoringstelle.html

Angermann, Wolfgang, Assessor iur., Präsident der Europäischen Blindenunion (EBU). Kontakt: www.euroblind.org; w.angermann@dbsv.org

Arnade, Sigrid, Dr. med. vet., Journalistin, Moderatorin und Projektmanagerin, Geschäftsführerin der Interessenvertretung Selbstbestimmt Leben in Deutschland e. V. (ISL). Kontakt: sarnade@isl-ev.de

Bentele, Verena, Beauftragte der Bundesregierung für die Belange behinderter Menschen. Kontakt: www.behindertenbeauftragte.de; buero@behinderten beauftragte.de

Bethke, Andreas, Diplom-Biologe, Geschäftsführer des Deutschen Blinden- und Sehbehindertenverbandes e. V. (DBSV), Vorsitzender des Bundeskompetenzzentrums Barrierefreiheit e. V. (BKB). Kontakt: http://www.dbsv.org/; a.bethke@dbsv.org

Boenke, Dirk, Dr.-Ing., Bereichsleiter Verkehr und Umwelt, STUVA e. V. Kontakt: www.stuva.de/ueber-stuva/organisation/geschaeftsstelle/dirk-boenke.html; d.boenke@stuva.de

Bude, Heinz, Prof. Dr., Lehrstuhl für Makrosoziologie an der Universität Kassel. Kontakt: heinz.bude@uni-kassel.de

Bühler, Christian, Prof. Dr.-Ing., Leiter des Forschungsinstituts Technologie und Behinderung (FTB) der Evangelischen Stiftung Volmarstein, Inhaber des Lehrstuhls Rehabilitationstechnologie an der Technischen Universität Dortmund. Kontakt: c.buehler@ftb-esv.de

Degener, Theresia, Prof. Dr., LL. M. (Berkeley), Professorin für Recht und Disability Studies an der Evangelischen Fachhochschule Rheinland Westfalen Lippe (RWL), Bochum, Mitglied des UN-Ausschusses für die Rechte von Menschen mit Behinderungen. Kontakt: degener@efh-bochum.de

Diehl, Elke, Assessorin iur., Studium der Publizistik, Redakteurin im Fachbereich Print und Datenschutzbeauftragte der Bundeszentrale für politische Bildung. Kontakt: www.bpb.de; diehl@bpb.de

Esser, Rika, M. A., ehemalige Teamleiterin Anwaltschaftliche Arbeit/Advocacy bei der Christoffel-Blindenmission Deutschland e. V. (CBM). Kontakt: rika.esser@gmx.de

Faber, Brigitte, Diplom-Pädagogin, Projektkoordinatorin. Kontakt: www.weibernetz.de; brigitte.faber@weibernetz.de

Flieger, Petra, Mag.a phil., freie Sozialwissenschaftlerin.Kontakt: petra.flieger@pflie.at

Göbel, Susanne, M. A., Master of Social Work, Sozialarbeiterin (FH), Koordinatorin von Empowerment-Schulungen bei der Interessenvertretung Selbstbestimmt Leben in Deutschland e. V. (ISL). Kontakt: info@susanne-goebel.de

Grote, Annetraud, Assessorin iur., Juristin im Personalreferat des Paul-Ehrlich-Instituts. Kontakt: www.pei.de; Annetraud.Grote@pei.de

Guttzeit, Olaf, Konzernschwerbehindertenbeauftragter des Arbeitgebers, Head of CoE Life Balance & Disability Management bei Boehringer Ingelheim Pharma GmbH & Co. KG., Vorstandsmitglied im UnternehmensForum e. V. Kontakt: http://www.unternehmensforum.org

Grüber, Katrin, Dr., Biologin, Leiterin des Instituts Mensch, Ethik und Wissenschaft. Kontakt: info@imew.de

Heiden, H.-Günter, M. A., freiberuflicher Publizist, Koordinator der BRK-Allianz für das NETZWERK ARTIKEL 3, Verein für Menschenrechte und Gleichstellung Behinderter e. V. Kontakt: HGH@nw3.de

Hermes, Gisela, Prof. Dr., Diplom-Pädagogin, Diplom-Supervisorin. Lehrstuhl für Rehabilitation und Gesundheit an der Hochschule für Angewandte Wissenschaft und Kunst (HAWK) Hildesheim/Holzminden/Göttingen. Kontakt: gisela.hermes@hawk-hhg.de

Jahnke, Bettina, Diplom-Journalistin, Buchautorin und EX-IN Trainerin. Kontakt: www.icu-media.de

Kellermann, Gudrun, M. A., wissenschaftliche Mitarbeiterin. Kontakt: gudkel@web.de

Kern, Johanna, M. A., Referentin für anwaltschaftliche Arbeit/Advocacy bei der Christoffel-Blindenmission Deutschland e. V. (CBM). Kontakt: Johanna Kern@gmx.net

Köbsell, Swantje, Prof. Dr., Alice Salomon Hochschule Berlin. Kontakt: koebsell@ash-berlin.eu

Knospe, Ulrike, Leiterin des Referates »Umsetzung der UN-Behindertenrechtskonvention, Focal Point, Nationaler Aktionsplan« im Bundesministerium für Arbeit und Soziales. Kontakt: ulrike.knospe@bmas.bund.de

Kruse, Klemens, Assessor iur., Geschäftsführer des Bundeskompetenzzentrums Barrierefreiheit (BKB) e.V. Kontakt: http://www.barrierefreiheit.de/; kruse@barrierefreiheit.de

Lachwitz, Klaus, Rechtsanwalt, Präsident des Weltverbandes für Menschen mit geistiger Behinderung – Inclusion International, London; Generalsekretär der International Disability Alliance (IDA), Genf und New York. Kontakt: Klaus.Lachwitz@Lebenshilfe.de

Lang-Winter, Christina, Grundschullehrerin, Schulleiterin der Kettelerschule, Bonn. Kontakt: www.kettelerschule-bonn.de; c.lang@kettelerschule-bonn.de

Lemler, Kathrin, Studium der Erziehungswissenschaften an der Universität zu Köln, Bachelor of Arts (B. A.). Kontakt: www.kathrinlemler.de

Marquard, Martin, M. A., Studium der Publizistik, Politologie und Soziologie sowie Lehramtsstudium, Lehrer i. R., 2000–2010 Landesbeauftragter für Menschen mit Behinderung in Berlin. Kontakt: martinmarquard@versanet.de

Maskos, Rebecca, Diplom-Psychologin, Projektreferentin beim Bundesverband Frauenberatungsstellen und Frauennotrufe (bff) – Frauen gegen Gewalt e.V., freie Journalistin, Mitbegründerin von Leidmedien.de. Kontakt: http://maskos.wordpress.com/; rebecca.maskos@gmail.com

Mürner, Christian, Dr. phil., freier Autor und Behindertenpädagoge. Kontakt: C.Muerner@t-online.de

Palleit, Leander, Dr., Rechtsanwalt, wissenschaftlicher Mitarbeiter der Monitoring-Stelle zur UN-Behindertenrechtskonvention. Kontakt: www.institut-fuer-menschenrechte.de

Papadopoulos, Christian, Referent im Referat „Umsetzung der UN-Behindertenrechtskonvention, Focal Point. Kontakt: christian.papadopoulos@bmas.bund.de

Platte, Andrea, Prof. Dr. paed., Fachhochschule Köln, Fakultät für Angewandte Sozialwissenschaften, Institut für Kindheit, Jugend, Familie und Erwachsene. Kontakt: andrea.platte@fh-koeln.de

Rathmann, Christian, Prof. Dr., Universitätsprofessor für Gebärdensprachen und Gebärdensprachdolmetschen, Leitung des Instituts für Deutsche Gebärdensprache und Kommunikation Gehörloser, Universität Hamburg. Kontakt: http://www.idgs.uni-hamburg.de; christian.rathmann@uni-hamburg.de

Raule, Ralph, Diplom-Kaufmann, Vorsitzender des Gehörlosenverbandes Hamburg, Mitgesellschafter der Firma Gebärdenwerk GbR. Kontakt: www.glvhh.de; ralph.raule@glvhh.de

Rebstock, Markus, Dr. phil., Diplom-Geograph, wissenschaftlicher Mitarbeiter am Institut Verkehr und Raum der Fachhochschule Erfurt. Kontakt: http://www.fh-erfurt.de/fhe/vur/mitarbeiterinnen/projektmitarbeiterinnen/markus-rebstock/; rebstock@fh-erfurt.de

Rohrmann, Albrecht, Prof. Dr., Hochschullehrer für Sozialpädagogik mit den Schwerpunkten soziale Rehabilitation und Inklusion. Kontakt: http://www.uni-siegen.de/zpe/forschungsnetzwerke/teilhabeplanung/; rohrmann@zpe.uni-siegen.de

Rothenberg, Birgit, Dr. phil., Diplom-Pädagogin, Bereichsleitung Behinderung und Studium (DoBuS) am Zentrum für Hochschulbildung (zhb), Dortmund. Kontakt: birgit.rothenberg@tu-dortmund.de

Saerberg, Siegfried H.X., Dr., Dozent für Soziologie und Disability Studies an mehreren Universitäten, künstlerische Leitung und Kuration von Kunstprojekten und Ausstellungen, wissenschaftliche Vorträge, Seminare und zahlreiche Werke zu den Themen, Kunst, Kultur, Wissenschaft und Blindheit. Kontakt: www.siegfriedsaerberg.com; siegfriedsaerberg@gmx.de

Schär, Wiebke, M.A. European Studies, Bildungsreferentin bei der Interessenvertretung Selbstbestimmt Leben in Deutschland e.V. (ISL). Kontakt: wschaer@.isl-ev.de

Scheer, Birgit, Dr. phil., Diplom-Informatikerin, wissenschaftliche Mitarbeiterin im Forschungsinstitut Technologie und Behinderung (FTB) der Evangelischen Stiftung Volmarstein. Kontakt: b.scheer@ftb-esv.de

Schmidt-Ohlemann, Matthias, Dr. med., Facharzt für Orthopädie und physikalische und rehabilitative Medizin, Rheumatologie, Ltd. Arzt des Rehabilitationszentrums Bethesda Kreuznacher Diakonie, Landesarzt für Körperbehinderte, Vorsitzender der Deutschen Vereinigung für Rehabilitation. Kontakt: www.dvfr.de; Matthias.Schmidt.Ohlemann@googlemail.com

Schönwiese, Volker, a.o. Univ.-Prof. i.R. Dr., Aufbau des Lehr- und Forschungsbereiches der Inklusiven Pädagogik und Disability Studies sowie der Internetbibliothek zu Fragen der Integration behinderter Menschen (bidok)

am Institut für Erziehungswissenschaft der Universität Innsbruck. Kontakt: http://bidok.uibk.ac.at/; volker.schoenwiese@uibk.ac.at

Sierck, Udo, Diplom-Bibliothekar, Lehrbeauftragter der Evangelischen Hochschule Darmstadt im Studiengang Integrative Heilpädagogik/Inclusive Education, Autor. Kontakt: www.UdoSierck.de; UdoSierck@aol.com

Thies, Wiltrud, Leitende Beraterin und Fortbilderin im Projekt »sophie-scholl-inklusiv«, Schulleiterin der Sophie-Scholl-Schule Gießen a. D., Mitglied des Expertenkreises »Inklusive Bildung« der UNESCO-Kommission. Kontakt: Wiltrud.Thies@mail.de

Trenk-Hinterberger, Peter, Prof. em. Dr. iur., bis 2008 Inhaber des Lehrstuhls für Arbeits- und Sozialrecht an der Otto-Friedrich-Universität Bamberg. Kontakt: trenk-hinterberger@uni-bamberg.de

Vernaldi, Matthias, Peercounselor und Öffentlichkeitsarbeiter der Initiative »Sexybilities – Sexualität und Behinderung« bei der Arbeitsgemeinschaft für selbstbestimmtes Leben schwerstbehinderter Menschen e. V. (ASL) sowie Öffentlichkeitsarbeit beim Bündnis für selbstbestimmtes Leben behinderter Menschen, Redaktionsmitglied von »mondkalb – Zeitschrift für das organisierte Gebrechen«.

Waldschmidt, Anne, Univ.-Prof. Dr. rer. pol., Professorin für Soziologie und Politik der Rehabilitation, Disability Studies an der Humanwissenschaftlichen Fakultät der Universität zu Köln. Kontakt: http://www.idis.uni-koeln.de; http://www.hf.uni-koeln.de/30711

Wallbrecher, Ursula, M. A., Zentrale Steuerung Leihverkehr GDKE (Generaldirektion kulturelles Erbe Rheinland-Pfalz), Barrierefreiheit Landesmuseum Mainz. Kontakt: www.landesmuseum-mainz.de; ursula.wallbrecher@gdke.rlp.de

Wansing, Gudrun, Prof. Dr. phil., Universitätsprofessorin für das Fachgebiet Behinderung und Inklusion am Institut für Sozialwesen der Universität Kassel. Kontakt: https://www.uni-kassel.de/fb01/institute/sozialwesen/fachgebiete/behinderung-und-inklusion/prof-dr-gudrun-wansing.html; gudrun.wansing@uni-kassel.de

Weber, Erik, Prof. Dr., Diplom-Heilpädagoge; Professor für Integrative Heil pädagogik/Inclusive Education. Kontakt: http://www.eh-darmstadt.de/hochschule/personenverzeichnis/person/Weber/contact/; e.weber@eh-darmstadt.de

Weigt, Gabriele, Diplom-Pädagogin, Geschäftsführerin von Behinderung und Entwicklungszusammenarbeit e. V. (bezev). Kontakt: www.bezev.de; weigt@bezev.de

Welti, Felix, Prof. Dr. iur., Fachgebiet Sozialrecht der Rehabilitation und Recht der behinderten Menschen, Fachbereich Humanwissenschaften, Universität Kassel. Kontakt: http://www.felix-welti.de/; mail@felix-welti.de

Witsch, Heike, Bundesverband Selbsthilfe Körperbehinderter e. V. (BSK), Landesvertretung Schleswig-Holstein, Hohenwestedt, BSK-Expertin für barrierefreien öffentlichen Personennahverkehr. Kontakt: www.bsk-ev.org; HeWi_bsk@web.de